재무금융 리스크 관리

Financial Risk Manager Handbook 6th edition

Philippe Jorion, GARP
(Global Association of Risk Professionals)
/ 위정범

經文社

Financial Risk Manager Handbook + Test Bank: FRM Part I/Part II, 6 edition(9780470904015/0470904011)
by Philippe Jorion and GARP(Global Association of Risk Professionals)

This Korean edition was published by Kyung Mun Sa Publishing Co. Ltd. in 2014 by arrangement with John Wiley & Sons, Inc. through KCC(Korea Copyright Center Inc.), Seoul.

저자 서문

*Financial Risk Manager Handbook Plus Test Bank*는 재무금융 리스크관리 담당자를 위한 핵심적 기본지식을 제공한다. 리스크관리는 지난 10년 동안 빠르게 진화했고, 많은 기관들 안에서 필수불가결한 기능이 되었다.

이 *Handbook*은 원래 GARP의 FRM 시험 수험생들을 위해 만들어졌다. 따라서 광범위한 실질적 주제들을 체계적으로 일관성을 유지하면서 살펴본다. 이는 수학적 방법론, 주요 금융상품, 그리고 시장, 신용, 운영 리스크와 통합 리스크관리를 포함한다. 또한 리스크 전문가를 위해 투자 리스크관리 문제를 논의한다.

이 개정판은 최근의 금융시장 발전과 FRM 프로그램의 변화를 반영하여 완전히 새롭게 만들어졌다. 이제 이 책은 두 단계로 이루어진 FRM 시험 구조에 맞추어져 있다. 모든 장들이 최근의 금융시장과 규제의 발전을 반영하여 개정되었다. 특히, 최근의 이슈는 책의 후반부에 포함되었다. 고급 단일변수 및 다중변수 모형, 그리고 고급 옵션모형을 포함하는 새로운 장들이 추가되었다. 마지막으로, *Handbook*은 가장 최근 FRM 시험의 문제들을 포함한다.

현대 리스크관리 시스템은 기관 전체의 업무를 관통한다. 이를 반영하여, 이 *Handbook*은 광범위한 주제를 다룬다. 금융시장에 관한 지식을 이미 갖춘 독자들은 타인의 도움 없이 이 책을 이해할 수 있을 것이다. 가장 큰 효과를 얻을 수 있는 독자는 MBA 수준의 투자론 수업 또는 동등한 과목을 학습한 사람들이다.

마지막으로, 이 *Handbook*을 집필하는 과정에서 받은 도움들에 대해 감사한다. 특히, 이전 판들에 대해 코멘트를 해주었던 많은 독자들에게 감사하고 싶다. 더 나은 책을 만들 수 있도록, 모든 코멘트와 제안을 환영한다. 이 피드백은 FRM 자격의 높은 수준을 유지하는 데 도움을 줄 것이다.

Philippe Jorion

2010년 10월

저자 소개

Philippe Jorion은 University of California at Irvine의 Paul Merage 경영대학의 재무금융학 교수이다. 그는 Columbia University, Northwestern University, University of Chicago, 그리고 University of British Columbia의 교수를 역임했다. 또한, University of California at Berkeley와 University of California at Los Angeles의 금융공학 석사과정에서 리스크관리 과목을 강의했다. University of Chicago에서 M.B.A.와 Ph.D. 학위, 그리고 University of Brussels에서 공학 학위를 취득했다.

Jorion 박사는 또한 Pacific Alternative Asset Management Company(PAAMCO)의 대표이다. 이 회사는 약 100억 달러의 자산을 관리하는 세계적인 헤지펀드 모태펀드이다. PAAMCO는 모든 투자 헤지펀드에 대해 포지션 수준의 투명성을 요구하는 소수의 모태펀드의 하나이다. 이 정보의 용도는 포트폴리오 리스크의 여러 척도를 제공하고, 투자자들로 하여금 펀드의 알파 요인을 이해하고 스타일 드리프트를 발견하는 데 도움을 주는 도구를 개발하는 것이다.

Jorion 박사는 리스크관리와 국제재무금융 분야의 학자와 실무자들을 위한 100건 이상의 출판물의 저자이다. 그는 또한 많은 저서를 집필했다. 여기에는, 미국 역사에서 가장 큰 지방자치단체 파산을 처음으로 다룬 *Big Bets Gone Bad: Derivatives and Bankruptcy in Orange County*, 그리고 재무금융 실무자들을 위해 집필되어 업계의 표준이 된 *Value at Risk: The New Benchmark for Managing Financial Risk*가 포함된다.

Philippe Jorion은 빈번하게 학술 또는 전문가 컨퍼런스에서 연사로 나선다. 그는 많은 재무금융 학술지의 편집진이며, *Journal of Risk*의 편집위원장을 역임했다.

GARP 소개

1996년에 설립된 Global Association of Risk Professionals(GARP)는 세계적인 리스크관리 자격인증과 교육을 제공하는 선도적 비영리 기관이다. 회원은 167개국에서 약 10만 명에 달한다. 심도 깊은 전문성과 굳건한 명성을 가진 GARP는 세계적 기준을 설정하고, 국제적으로 가치를 인정받는 리스크관리 프로그램을 만든다. 모든 GARP 프로그램은 개념과 내용이 세계적으로 인정된 관행을 반영할 수 있도록 전 세계 전문가들의 참여를 통해 개발된다. GARP는 리스크 분야의 발전을 위해 봉사한다. GARP에 관해 더 자세히 알려면, www.garp.com을 방문하기 바란다.

FINANCIAL RISK MANAGER(FRM®) 자격증

이는 재무금융 리스크관리(FRM) 자격의 벤치마크로서, 리스크관리 전문가를 위한 세계적으로 인정받는 리스크관리 자격증이다. FRM은 세계적으로 인정되는 기준에 기초하여, 리스크관리의 전문역량을 객관적으로 측정한다. 지난 7년 동안 25%의 기하적 연간 성장률을 보이면서, FRM 프로그램은 세계의 모든 금융센터에서 대단한 성장을 경험했다. 이제 90개 이상의 나라에서 16,000명을 넘는 개인이 FRM 자격을 보유하고 있다. 또한 5명 이상의 FRM 등록자를 보유한 기관은 2003년의 105개로부터 2008년의 424개로 늘어났으며, 이는 FRM 프로그램의 세계적 인지도를 증명한다.

FRM 자격증 소유자만을 대상으로 하는, FRM의 지속적 전문교육(Continuing Professional Education: CPE) 프로그램은 계속 발전하는 리스크관리 분야의 역량을 더 발전시키는데 필요한 식견과 체계를 제공한다. FRM 프로그램에 관한 더 자세한 정보를 원하면, www.garp.com.frmexam을 방문하기 바란다.

기타 GARP 자격증

International Certificate in Banking Risk and Regulation(ICBRR)

은행 리스크 및 규제의 국제자격증(ICBRR)은 개인들로 하여금 현대 경제에서 은행이 당면하는 다양한 리스크, 규제, 그리고 감독기준에 관한 지식과 이해를 넓힐 수 있도록 한다. 특히 바젤 II 협약에 중점을 둔다. 이는 전문적 리스크관리자는 아니지만 리스크의 개념을 이해할 필요가 있는 직원들에게 이상적인 자격이다. ICBRR 프로그램은 조직의 모든 인원들이 리스크관리 담당자라는 인식 하에서 내부감사, 회계, 정보기술(IT), 법규, 준법, 그리고 판매 등의 부서 직원들을 위해 만들어졌다.

Energy Risk Professional Program

에너지리스크 전문가 프로그램(Energy Risk Professional Program: ERP®)은 주요 에너지 시장에 관한 대상자의 이해를 측정하고, 복잡한 구조에 내재된 물리적 그리고 재무적 리스크의 관리능력을 평가하기 위해 고안되었다. 이 프로그램은 실물과 금융 시장, 그들의 상호작용, 그리고 포함된 리스크에 관한 이해를 요구함으로써, 에너지 분야에 종사하거나 지원하는 모든 사람들에게 귀중한 기회를 제공한다.

GARP DIGITAL LIBRARY

세계에서 가장 큰 재무금융 리스크관리 전문 디지털 도서관으로서, GARP Digital Library (GDL)는 리스크관리 교육과 연구 자료의 허브이다. 도서관 특유의 iReadings™은 사용자들로 하여금 도서의 개별 장들을 다운로드함으로써 시간과 비용을 절약할 수 있도록 해준다. 12개 출판사에서 발간된 1,000건 이상의 문헌이 소장되어 있다. GDL 소장자료는 리스크관리에 관심 있는 모든 사람의 수요를 충족할 수 있는 자료를 제공한다. 더 자세한 정보를 원하면, www.garpdigitallibrary.org를 방문하기 바란다.

GARP EVENTS AND NETWORKING

GARP는 리스크 전문가들이 모여서 지식과 네트워크를 공유하고 이 분야의 선구적 전문가들로부터 배울 수 있는 세계적 컨벤션들을 주최한다. 컨벤션의 주요 내용은 실용적 통찰력을 제공하는 상호토론으로 진행되는 워크숍과 업계의 선구적 실무자들에 의해 제시되는 사례연구이다.

GARP의 지역별 지회는 재무금융 리스크 전문가들이 네트워크를 형성하고 리스크관리의 새로운 추세와 지식을 공유할 수 있는 기회를 제공한다. 52개 지회는 각자 연간 수차례 이상의 모임을 갖고, 리스크관리 분야의 세계적 또는 지역적 중요 이슈에 초점을 맞춘다.

GARP 서문

GARP의 공식적 사명은 선구적인 재무금융 리스크관리 전문가들의 조직이 되는 것이다. 이 기관은 회원들에 의해 그리고 회원들을 위해 운영되며, 교육, 훈련, 그리고 모험관행을 세계적으로 전파함으로써 리스크관리 분야의 발전에 공헌한다. 이 사명 수행의 일부로서, GARP는 또 다시 Philippe Jorion과 협력하여 *Financial Risk Manager Handbook Plus Test Bank*의 제6판을 출간했다.

이 *Handbook*은 GARP의 FRM위원회에 의해 발간된, FRM 시험의 주요 주제 및 소주제를 다루는 FRM Study Guide를 따르고 있다. 이 주제들은 FRM위원회에 의해 리스크관리 전문가들이 최근의 이슈를 다룰 때 사용하는 이론과 개념을 대표하는 내용으로 선정되었다.

이 Study Guide는 몇 년을 지나면서, FRM 수험자들에게 지침을 제공하려는 처음의 집필 의도를 훨씬 넘어서는 중요성을 갖게 되었다. Study Guide는 이제 전 세계의 대학, 교육 훈련가, 그리고 관리자들에 의해 대학원 수준의 경영 및 재무금융 과목을 개발하기 위해, 사설 또는 전문 도서관의 신간 구매를 위한 목록 선정의 참고자료로서, 직원 또는 구직자의 리스크관리 자질을 평가하는 객관적 틀로서, 그리고 재무금융 리스크관리 분야에 영향을 주는 중요한 최근 추세에 관한 안내서로서 사용되고 있다.

전 세계적인 재무금융 리스크관리 분야의 발전과 극적으로 성장한 인식에 힘입어, 자연스럽게 이 *Handbook*은 최초의 목적을 넘어선 확장된 역할을 담당한다. 이제, 세계의 전문가, 학자, 그리고 관리자들의 일차적인 참고 지침서가 되었다. 전문적 리스크관리자들은 리스크 관련 다양한 주제와 이론을 이해하고, 급격하게 변화하는 시장에 발맞추어 나가야 한다. Handbook은 이를 위해 만들어졌다. 재무금융 리스크관리 실무자들에게 재무금융 리스크 관련 이슈의 최신 개념과 접근법들을 제공한다. 또한, 독자의 학습경험을 강화하기 위한 문제와 지침서를 갖춘 고급 주제들을 다룬다.

*Handbook*의 제6판은 FRM 시험에 포함된 주요 주제 영역의 개정된 내용을 포함한다. 특히, 개정판은 근래 신용위기로부터 얻어진 최신의 교훈과 함께 더 최신의 새로운 FRM 예제들도 포함한다.

이 *Handbook*은 지속적으로 리스크 분야의 동태적 발전에 발맞추고, 동시에 진지한 리스크 전문가들로 하여금 전 세계의 리스크관리 분야에 영향을 주는 최신의 이슈들과 동행할 수 있도록 훌륭하고 비용효율적인 수단을 제공한다.

전문 자격증 프로그램의 신뢰성과 세계적 인지도를 높이는 일은 길고 복잡한 과정이다. GARP가 1997년에 처음으로 FRM 시험을 주관했을 때, 전문적 리스크관리자 그리고 이 능력과 연계된 세계적 자격의 개념은 현실보다 이론에 가까웠다. 현재 FRM 자격 보유자는 16,000명을 넘기 때문에, 이런 상황은 완전히 바뀌었다.

FRM은 이제 세계 어디에서든지 재무금융 리스크관리자의 벤치마크이다. FRM 인증을 받은 전문적 리스크관리자는 전문 역량을 습득하고, 세계적 기준에 부합하면서 실제로 재무금융 리스크를 동태적으로 측정하고 관리할 수 있는 능력을 증명한 것으로 세계적으로 인정받는다.

GARP는 세계의 재무금융 리스크 전문가들에게 이 *Handbook*을 지속적으로 제공하는 데 긍지를 갖고 있다. 저명한 리스크 전문가인 Philippe Jorion은 또 다시 대단히 훌륭한 참고서적을 집필했다. 이 *Handbook*은 모든 리스크 전문가들의 서가에 필수적인 책이다.*

Global Association of Risk Professionals

2010년 10월

* 참고로, 이 Handbook 원서에 첨부된 대화형 Test Bank는 FRM 시험을 준비하는 모든 사람들과, 시장, 신용, 그리고 운영 리스크 관리의 지식을 복습하고 넓히려는 리스크 전문가들의 복습자료이다. Test Bank는 2007, 2008, 2009년 FRM 시험으로부터 추출된 수백 개의 다지선택형 문제를 포함하며, 정답과 풀이를 제공한다.

역자 서문

역자는 세계적인 리스크관리 전문가 Philippe Jorion 교수의 *Financial Risk Manager Handbook Plus Test Bank*를 한국어로 번역하면서 큰 기쁨을 누렸다. 무엇인가 세상을 위해 기여하겠다는 외람된 목표에 가까이 간다는 느낌 때문이었다. 특히, 이 번역서는 대단히 높은 실용적 가치를 갖고 있다는 생각에서, 역자의 견마지로(犬馬之勞)를 다했다.

리스크관리는 재무금융학의 여러 분야 중에서 비교적 최근에 체계화된 과목이다. 따라서, 많은 훌륭한 저술들이 발간되었음에도 불구하고, 표준적인 지침서나 교과서로서 만족스러운 책은 드물다고 할 수 있다. Jorion 교수의 *Handbook*은 훌륭하게 정리된 체계 안에서, 리스크관리의 핵심적 기본지식을 독자들에게 제공한다. 이 책은 금융기관 또는 기업의 리스크관리 담당자의 실무 지침서, 대학원 과정의 교과서, 그리고 경영학 교육의 많은 부분이 학부에서 이루어지는 우리나라 현실을 감안할 때 학부 3~4학년의 교과서로서 대단히 유용하다. 또한 GARP의 리스크관리(FRM) 국제자격증을 준비하는 수험자들에게도 매우 값진 자료이다.

역자는 『재무금융 리스크 관리』에서 원저에 포함된 현대 리스크관리의 핵심적 지식과 함께 간결하면서 설득력 있는 문제까지 한국어로 전달하려고 노력했다. 이 책은 시장, 신용, 운영 리스크와 통합 리스크관리 그리고 투자의 리스크관리 주제들을 포함한다. 또한 최근 FRM 시험에 출제되었던 문제들을 예제로 제시하고 있다. 다만, 본래의 리스크관리 주제에 집중하기 위해, 역서는 원저의 수학적 방법론과 주요 금융상품 설명을 제외했다. 구체적으로, 원저의 제2장~제11장은 제외되었으며, 대신 이 장들의 내용을 요약하는 중요 공식들이 역서의 부록으로 첨부되었다. 더 상세한 내용을 원하는 독자는 관련 지식을 수리통계학, 투자론, 파생상품 교과서에서 쉽게 찾을 수 있다.

끝으로, 이 번역서의 출판을 흔쾌히 승낙해주신 경문사 한헌주 사장님을 비롯한 영업부 김광범 차장님, 편집부 한지윤 대리님, 그리고 예제의 번역 초고를 만들어주신 문안나 조교에게 감사드린다. 당연하게, 남아 있는 모든 오류는 역자의 책임이다. 더 좋은 책으로 다듬어 나갈 수 있도록, 많은 독자들의 관심과 지적, 그리고 제안을 기다린다.

위정범

2014년 7월

역자 소개

위정범 박사는 현재 경희대학교 경영학과의 재무금융학 교수이며, 한국경제연구원의 금융조세연구실장을 역임했다. 그는 서울대학교 경제학과를 졸업하고, 미국 University of Iowa에서 M.A., University of Oregon에서 Ph.D. 학위를 취득했다.

위정범 교수는 재무금융 분야의 수십 편의 논문과 저서를 출간했다. 여기에는, 한국의 외환·금융위기 이후 금융산업 구조조정을 중간 평가하고 향후 방향을 제시하는 『제1차 금융 구조조정의 평가와 향후 과제』, 사회 초년생이 노년까지 건전한 재정상태를 유지하기 위해 알아야 할 금융지식을 담은 『20대를 위한 스마트 금융생활 가이드』 등의 저서, 그리고 논문 “Bank Subordinated Notes and Debentures under Deposit Insurance System”과 “Pyramidal Structures and Competitive Strategies of Business Groups”가 포함된다.

위정범 교수는 한국경영학회, 한국금융학회, 한국재무학회, 한국재무관리학회, 한국증권학회, 한국파생상품학회 등의 임원 및 편집위원을 역임했다. 현재 KB국민카드, 중소기업진흥기금, 축산발전기금의 리스크관리위원장, 방송통신발전기금, 영화발전기금, 문화재보호기금 등의 자산운용/리스크관리/성과평가 위원을 맡고 있다.

차 례

PART 1 리스크관리의 기초

01 리스크관리

04 비선형(옵션) 리스크 모형

PART 2 시장리스크 관리

05 고급 리스크 모형: 단일 변수

06 고급 리스크 모형: 다중 변수

07 변동성리스크 관리

08 부동산저당대출 유동화 증권의 리스크

PART 3 신용리스크 관리

09 신용리스크 개관

10 부도리스크의 계리적 측정

11 부도리스크의 시장가격을 이용한 측정

12 신용노출

13 신용파생상품과 구조화 상품

16 유동성리스크

PART 5 투자 리스크관리

19 포트폴리오 리스크관리

20 헤지펀드 리스크관리

리스크관리의 기초

PART 01

Chapter 1

리스크관리*

재무금융 **리스크관리**(risk management)는 경제적 가치를 창출할 목적으로, 재무 또는 금융 리스크들을 인식하고, 평가하며, 측정하고, 관리하는 과정이다.

어떤 리스크는 합리적 수준에서 정확히 측정될 수 있다. 이런 리스크들은 이익과 손실의 확률분포를 만들어내는 통계적 도구에 의해 정량화될 수 있다. 다른 리스크들은 정형화된 측정은 어려우나, 여전히 중요하다. 리스크관리 담당자의 역할은 정량적 도구와 판단력을 모두 이용하여 재무금융 리스크를 평가하는 것이다.

금융시장이 최근 수십 년 동안 확대되는 과정에서, 리스크관리 기능은 더욱 중요해졌다. 리스크는 결코 완전히 제거될 수 없다. 더 일반적으로, 목표는 리스크를 최소화하는 것이 아니다. 현명하게 리스크를 부담하는 것이다.

측정될 수 있는 리스크는 더 잘 관리될 수 있다. 투자자는 더 높은 수익에 의해 보상받을 수 있다고 기대할 때에만 위험을 수용한다. 그러나 어떻게 위험과 수익의 균형을 맞출지 결정하려면, 리스크를 측정해야 한다.

Value at risk(VAR) 같은 중앙집중적 리스크관리 수단들은 1990년대 초에 개발되었다. 이들은 두 개의 아이디어를 결합한다. 첫째는 리스크는 기관이나 포트폴리오의 최상위 수준에서 측정되어야 한다는 것이다. 이 아이디어는 새로운 것은 아니다. 이는 전체 포트폴리오 차원의 리스크 측정을 강조한 해리 마코위츠(Harry Markowitz; 1952)에 의해 개발되었다.[1] 중앙집중적 리스크 척도는 헤지와 위험분산 효과를 적절하게 감안해야 한다. 또한 자기자본이 손실을 흡수하는 일반적 완충자본임을 반영해야 한다. 둘째 아이디어는 리

* FRM 시험 Part 1 주제. FRM 응시자는 이 장에서 설명되는 주제에 추가하여, GARP 윤리규정도 숙지해야 한다.

1) Harry Markowitz, "Portfolio Selection," *Journal of Finance* 7 (1952): 77－91.

스크는 현재 포지션에 기초하여, 미래지향적으로 측정되어야 한다는 것이다.

이 장은 리스크관리의 기초를 개괄한다. 제1.1절은 예시를 통해 리스크 측정 과정을 소개한다. 다음 제1.2절은 어떻게 리스크관리 과정의 품질을 평가할지 논의한다. 제1.3절은 리스크의 측정과 사업적 결정의 통합을 다루며, 이는 포트폴리오를 만드는 문제로 귀결된다. 투자자들의 포트폴리오 결정이 통합되면, 성과 평가와 리스크관리 평가의 척도로 사용될 수 있는 자산평가이론이 도출된다. 이는 제1.4절에서 다루어진다. 마지막으로, 제1.5절은 어떻게 리스크관리가 경제적 가치를 더할 수 있는지 살펴본다.

1.1 리스크의 측정

1.1.1 예시

리스크관리의 첫 단계는 리스크 측정이다. 예를 들어, 미국 주식에 투자된 1억 달러의 포트폴리오를 생각해보자. 투자자는 이익, 또는 투자의 성장에 대한 기대 때문에 이 포지션을 취했을 것이다. 그러나 이 포트폴리오는 리스크도 수반한다.

핵심 이슈는 이 포트폴리오의 기대수익이 수반된 위험을 정당화하느냐는 것이다. 결국, 대다수 경제적 문제에서처럼 상반관계(trade-off)가 존재한다. 이 문제에 대답하기 위해, 리스크관리 담당자는 이 투자의 잠재적 이익과 손실의 분포를 만들어야 한다. 이는 포트폴리오가 얼마나 손실을 입을 수 있는지 알려줌으로써, 투자자로 하여금 투자결정을 할 수 있도록 만든다.

정해진 목표기간, 예를 들어, 이 달의 포트폴리오 이익 또는 손실을 ΔP로 표시하자. 이 수치는 달러 같은 리스크 화폐(risk currency)로 측정되어야 한다. 이는 또한 초기 투자가치 P와 미래 수익률 R_P의 곱이다. 후자는 확률변수이며, **확률밀도함수**(probability density function)에 의해 표현되어야 한다. 리스크관리 담당자는 오랜 기간의 역사적 자료를 이용하여 〈그림 1.1〉을 만들어낸다.

이 그래프는 S&P 500 지수 총수익률의 1925년 이후 실제 분포에 기초한다. 곡선은 도수분포표를 매끄럽게 표현하며, 정규분포 같은 난순화 모형을 가정하지 않는다.

수직축은 이익 또는 손실의 빈도, 또는 확률을 나타내며, 이익/손실의 크기는 수평축에 표시된다. 곡선 하부의 전체 영역은 모든 실현가능성을 포함하며, 따라서 이 합계는 전체

그림 1.1 미국 주식의 월간 수익률 분포

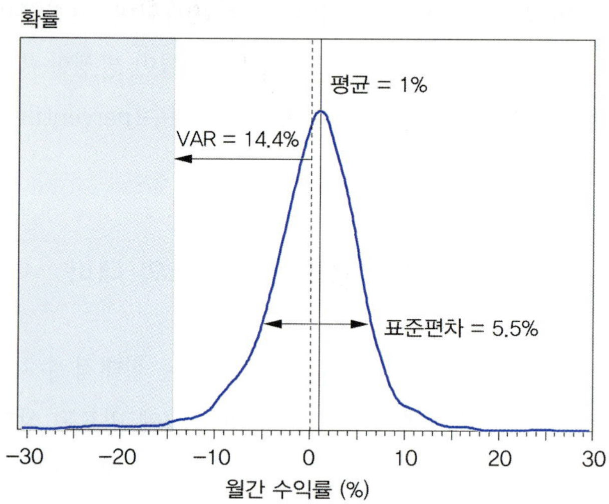

확률인 1이다.

빈도의 대부분은 분포의 중앙에 존재한다. 따라서 수익은, 양수이든 음수이든, 작을 가능성이 매우 높다. 분포의 꼬리들은 비교적 낮은 빈도를 가짐으로써, 높은 수익의 가능성은 낮음을 시사한다. 이는 금융자산의 수익이 갖는 전형적인 특성이다. 지금까지는, 이 패턴은 정규분포의 종 모양 곡선과 유사하다.

그러나 손실의 영역에서, 1개월에 10% 이상의 손실확률이 상당하다. 이 누적확률은 3%이다. 따라서 100개월의 반복되는 표본에서, 우리는 총 3개월 동안 10% 이상의 손실을 예상해야 한다. 이 리스크는 정규분포에 의해 예측되는 수준보다 높다.

만약 이 리스크가 투자자에게 지나치게 크면, 일부 자금은 현금성자산에 배분되어야 한다. 당연히, 이 대가는 더 낮은 기대수익이다.

이 확률분포는 몇 가지 방법으로 특징지어진다. 전체적 형태가 가장 많은 정보를 제공하며, 이는 대규모 이익보다 대규모 손실의 가능성이 더 높음을 보여주기 때문이다. 이 분포는 몇 개의 요약적 통계량만으로 묘사될 수 있으나, 이는 과도한 단순화임을 유의해야 한다. 다음 장들에서 이 통계량들의 공식적 정의가 제시된다.

- **평균**(mean), 또는 평균수익률은 월간 약 1%이다. 이는 $\mu(R_P)$, 또는 간단히 μ_P, 또는 다른 자산이 없으면 μ로도 표시된다.

- **표준편차**(standard deviation)는 약 5.5%이다. 이는 빈번하게 변동성으로 불리며, 평균 주변의 산포도의 척도이다. σ로 표시되며, 포트폴리오 분산인 σ^2의 제곱근이다.
- Value at risk(VAR)는 이보다 더 큰 손실이 발생할 확률을 일정 수준 이하로 통제하는 절사점이다. 이는 또한 분포의 백분위수(percentile)이다. 예를 들어, 신뢰수준 99%를 사용하면, VAR는 14.4%이다.

1.1.2 절대적 리스크와 상대적 리스크의 대비

지금까지 리스크는 수익의 산포도, 또는 절대적 수치로 측정된다고 가정했다. 그러나 어떤 경우, 리스크는 **벤치마크**(benchmark)에 비교된 상대적 수치로 측정되어야 한다. 예를 들어, 적극적 매니저의 성과는 미국 주식의 경우 S&P 500 지수 같은 시장지수의 성과에 비교된다. 또는, 투자자가 미래 부채를 부담하면, 벤치마크는 부채의 현재가치 지표이다. 어떤 투자자는 인플레이션의 영향이 반영된 이후의 수익을 측정하고 싶을 수도 있다. 이 모든 경우, 투자자는 **상대적 리스크**(relative risk)에 관심을 갖는다.

- **절대적 리스크**(absolute risk)는 투자의 초기 가치, 또는 아마도 현금으로 투자된 금액에 대비된 가치하락에 의해 측정된다. 리스크의 척도로서 표준편차를 이용하면, 금액으로 표시된 절대적 리스크는 다음과 같다.

$$\sigma(\triangle P) = \sigma(\triangle P/P) \times P = \sigma(R_P) \times P \tag{1.1}$$

- **상대적 리스크**(relative risk)는 벤치마크 지수 B에 대비하여 측정된다. 편차는 $e = R_P - R_B$이며, **추적오차**(tracking error)로도 불린다. 금액기준으로, 이는 $e \times P$이다. 리스크는 다음과 같다.

$$\sigma(e)P = [\sigma(R_P - R_B)] \times P = \omega \times P \tag{1.2}$$

여기에서, ω는 **추적오차 변동성**(tracking error volatility: TEV)으로 불린다.

이 두 가지 접근법을 비교하기 위해, 벤치마크 지수를 능가하도록 과제를 부여받은 적극적 주식포트폴리오의 매니저 경우를 생각해보자. 첫 해에, 적극적 포트폴리오 수익률은 -6%이고, 벤치마크는 -10% 하락했다. 따라서 초과수익률은 양수이다: $e = -6\% -$

(−10%)=4%. 절대적 성과는 음수이나, 상대적 포트폴리오 성과는 좋았다. 둘째 해에, 포트폴리오 수익은 +6%이다. 이는 절대적 척도에서는 양호하나, 만약 벤치마크가 +10% 상승했으면 그다지 좋지 않다.

예제 1.1 : 절대적 리스크와 상대적 리스크

투자 매니저는 벤치마크를 상회해야 한다는 과제를 받았다. 리스크는 어떻게 측정되어야 하는가?

a. 초기 투자에 대비한 상대적 손실
b. 기대 포트폴리오 가치에 대비한 상대적 손실
c. 벤치마크에 대비한 상대적 손실
d. 벤치마크에 기인한 손실

1.2 리스크 측정 과정의 평가

리스크 측정 과정의 주요 기능은 미래 이익과 손실의 분포를 추정하는 것이다. 이 작업의 첫 부분은 쉽다. 금액기준 수익의 규모는 초기 투자에 비례해야 한다. 다시 말해, 〈그림 1.1〉의 분포 하에서, 100백만 달러의 투자는 $\sigma(\Delta P) = \$100 \times 5.5\% = \$5.5$ (백만 달러)의 표준편차를 갖는다. 현재 포지션을 2배로 늘리면, 리스크는 11백만 달러로 증가한다.

이 작업의 두 번째 부분인 미래 수익률의 분포를 만드는 일은 훨씬 더 어렵다. 〈그림 1.1〉에서, 우리는 역사적 분포를 채택하고, 이것이 미래의 리스크를 잘 나타낸다고 가정하였다. 수익의 역사적 자료가 여러 번의 상이한 경기변동에 걸쳐 있으므로, 이는 합리적인 접근법이다.

그러나 항상 이런 것은 아니다. 최근의 역사에서 수익률은 일정했을 수 있다. 이는 수익이 미래에도 변하지 않는다는 뜻은 아니다. 예를 들어, 금 가격은 미국 정부에 의해 1934년부터 1967년까지 온스당 35달러로 고정되었다. 결국, 1967년까지 30년의 역사적 분포를 이용하면 리스크는 없을 것이다. 그러나 금 가격은 그 이후에 급격히 변동하기 시작했다. 2008년에 금 가격은 1,000달러에 달했다. 따라서 리스크관리 담당자의 책무는 역사적 자료가 직접적으로 적용되는지 판단하는 것이다.

어떻게 리스크 측정 과정의 품질을 평가할 것인가? 대규모 손실의 발생이 리스크관리의 실패를 의미하는 것은 아니다. 단순히 불운 때문일 수 있다. 주식 투자는 2008년 10월에 17%의 손실을 입었다. 이는 큰 손실이나, 〈그림 1.1〉은 이것이 예상할 수 없던 일은 아님을 보여준다. 예를 들어, 주식시장은 1931년 9월에 30%, 1987년 10월 19일에 22%의 손실을 입고, 그 이후에 회복했다. 따라서 리스크관리 담당자는 수익분포를 예측하는 일을 완벽하게 수행했다. 이 대규모 손실이 불운 때문인지 또는 리스크모형의 결함 때문인지 어떻게 구별할 수 있을까?

1.2.1 알려진 측정가능 리스크

이 문제에 대답하기 위해, 리스크를 다양한 범주로 구분하면 유용하다. 이 범주들은 (1) 알려져 있고 측정가능한 리스크, (2) 알려져 있으나 측정불가능한 리스크, (3) 알려져 있지 않으며 측정불가능한 리스크이다.[2] 첫째 범주는, 주식 포지션의 예처럼 적절히 인식되고 측정되는 리스크들을 포함한다. 손실은 여전히 불운과 포트폴리오 결정의 결합에 기인하여 발생한다.

그러나 이런 손실이 지나치게 빈번히 발생하면 안 된다. 신뢰수준 99%의 VAR가 14.4%로 보고되었다고 가정하자. 이런 조건에서, 수개월 동안의 연속적인 15% 이상의 손실은 매우 예외적이다. 만약 이런 일이 생기면, 이는 모형의 결함을 시사한다. 사후검증이 리스크 측정 시스템의 결함을 탐지하기 위해 어떻게 이용되는지는 후술되는 장에서 다루어진다.

1.2.2 알려진 측정불가능 리스크

둘째 범주는 알려진 측정불가능 리스크이며, 이는 모형에 존재하거나 존재한다고 알려져 있으나 리스크관리에 의해 적절히 측정되지 않는 모형의 약점을 포함한다. 예를 들어, 리스크관리 담당자는 중요한 알려진 리스크요인을 무시할 수 있다. 둘째, 리스크요인의 분포는 변동성과 상관관계를 포함하며, 부정확하게 측정될 수 있다. 셋째, 포지션을 리스크요인에 대한 노출로 대체하는 매핑 과정에 오류가 있을 수 있다. 이는 전형적으로 **모형리스**

2) Philippe Jorion, "Risk Management Lessons from the Credit Crisis," *European Financial Management* 15 (2009): 923–933.

크(model risk)로 불린다. 이런 리스크들은 위기분석에 의해 평가될 수 있으며, 이는 일상적 범위를 넘어서는 충격을 금융변수나 모형에 주어보는 것이다.

예를 들어 UBS은행이, 서브프라임과 Alt－A 등급의 부동산저당대출에 의해 담보된 구조화 신용증권 포지션으로부터, 2007년 한 해에 겪은 190억 달러의 손실을 생각해보자.[3] UBS는 완전히 안전한(그러나 높은 수익을 내는) 것으로 보았던 최고등급 트란셰들에 투자했다. 결국, 은행은 이 증권들에 노출된 900억 달러 상당의 포지션을 쌓았으며, 이는 410억 달러의 자기자본 장부가치에 비교된다. 이 은행은 리스크 측정 과정이 최근의 주택가격 상승기간에 기초한 단순화된 모형에 의존했다고 보고했다. 금의 사례처럼, 최근의 역사적 자료가 진정한 리스크에 관해 편의된 견해를 갖게 만들었다. 더욱이, UBS의 리스크관리 담당자는 신용평가기관의 등급에 지나치게 의존했다. 리스크관리가 투자의 하방리스크에 관한 시사점을 거의 제공하지 못했기 때문에, 이런 손실들은 리스크관리의 실패로 간주될 수 있다. 그러나 UBS의 보고서는 최고경영진에 의해 채택된 성장전략을 "후에 막대한 손실을 가져온 UBS의 서브프라임 포지션 축적의 주요 요인"으로 지적한다. 다시 말해, 최고경영진이 손실에 대해 가장 책임이 크다.

다른 형태의 알려진 측정불가능 리스크는 **유동성리스크**(liquidity risk)이다. 대다수 리스크 모형은 포지션이 선택된 목표기간 중에 청산될 수 있다고 가정한다. 현실에서, 이는 많은 요인들에 의존한다. 첫째는 자산의 내재적 유동성이다. 예를 들어, 미국 단기국채는 고금리채권에 비해 훨씬 더 유동적이다. 즉, 더 낮은 스프레드에서 그리고 더 작은 시장충격을 수반하며 거래된다. 둘째는 포지션 크기이다. 이는 포지션이 정상적인 거래활동에 비해 매우 클 때 특히 문제가 된다. 거래를 성사시키려면, 큰 폭의 가격 하락을 감수해야 할 가능성이 있다.

1.2.3 알려지지 않은 측정불가능 리스크

마지막 범주의 리스크는 곤란한 문제가 되는 경향이 있다. 이들은 대다수 시나리오의 범위를 완전히 벗어나는 사건들을 나타낸다. 예를 들면, 헤지전략을 혼란시킬 수 있는 공매

3) UBS, *Shareholder Report on UBS's Write－Downs* (Zurich: UBS, 2008)을 참고하라. 대출은, 신용수준의 내림차순으로, 프라임, Alt－A, 그리고 서브프라임으로 분류된다. 서브프라임 대출은 낮은 신용평점(전형적으로 850점 만점에서 640점 미만)을 받은 소비자에 대한 대출이다. Alternative A－증권의 약어인 Alt－A 대출은 차상위 범주(전형적으로 신용평점 680점 미만 또는 서류가 완전히 갖추어지지 않은 대출)이다. 서브프라임과 Alt－A 부동산담보대출은 다른(프라임) 대출보다 높은 신용리스크를 가질 것으로 기대된다.

도에 대한 갑작스러운 규제, 또는 은행산업의 부채축소를 촉진하는 투자은행의 상업은행으로의 전환 같은 구조적 변화를 포함하는 제도리스크이다. 실제로, 2010년의 서베이 조사에 의하면, 리스크관리 담당자들의 첫 번째 관심은 "정부의 법규 변경"이다.[4)]

비슷하게, 거래상대방 리스크도 완전히 고려되기 어렵다. 자신의 거래상대방을 아는 것만으로는 충분하지 않다. 거래상대방의 거래상대방도 알아야 한다. 다시 말해, 네트워크 외부효과가 존재한다. 예를 들어, Lehman사 도산의 결과를 완전하게 이해하려면, 금융 네트워크의 모든 부분집합들에 관한 정보가 필요하다.[5)] 어떤 개별 기업도 이 정보를 가질 수 없기 때문에, 이 전염리스크는 직접적으로 측정될 수 없다.

마찬가지로, 어떤 형태의 유동성리스크는 측정되기 매우 어렵다. 이는 비슷한 트레이더들의 활동과 포지션을 포함하나, 일반적으로 알려져 있지 않기 때문이다. 비유동적 시장에서, 만약 많은 수의 비슷한 포트폴리오가 동시에 매도되면, 피치 못할 매도는 훨씬 더 많은 비용을 수반한다.

이 범주는 때로 측정불가능한 리스크의 형태를 의미하는 **나이트의 불확실성**(Knightian uncertainty)으로 불린다. 금융기관은 대규모 거래상대방 실패, 또는 시스템 리스크를 견디기에 충분한 자본을 결코 보유할 수 없다. 이런 상황에서, 중앙은행이나 정부는 실질적으로 최종 결제수단의 리스크관리자이다.

1.2.4 리스크관리의 실패

더 일반적으로, 리스크관리 기능은 여러 가지 책무를 포함한다.

- 기업이 당면한 모든 리스크의 인식
- 리스크들의 측정과 감시
- 부여된 권한의 범위 안에서 리스크의 관리
- 리스크에 관해 의사결정권자와 소통

대규모 손실이 반드시 리스크관리의 실패를 뜻하는 것은 아니다. 이 손실은 알려진 측정가능한 리스크이고 기업에서 적절하게 소통되었을 수 있으며, 이 경우에는 불운의 결과

4) *Risk Governance: A Benchmarking Survey* (New York: Capital Markets Risk Advisors, 2010).
5) A. Haldane, *Why Banks Failed the Stress Test* (London: Bank of England, 2009).

이다. 궁극적으로, 리스크관리의 목표는 손실을 방지하는 것이 아니다.

한편, 이런 책무 가운데 하나라도 달성되지 못하면, 리스크관리는 실패할 수 있다. 어떤 리스크는 인식되지 않은 상태일 수 있다. 리스크 측정의 오류는 모형리스크, 유동성리스크, 또는 분포가 적절하게 측정되지 않기 때문에 발생할 수 있다. 리스크 한도가 준수되지 않았을 수도 있다. 마지막으로, 리스크관리는 효과적 소통이 없으면 실패한다.

예제 1.2 : FRM 시험 2009 – 문제 1-11

Bank United의 CEO는 CRO의 리스크 평가에 기초하여, 차입으로 조달된 CDO 포트폴리오에 대규모 투자를 결정했다. CRO는 이 포트폴리오가 1년 동안 10억 달러 이상의 손실을 낼 확률이 1%라고 추정했으며, 이 손실은 은행을 도산시킬 수 있다. 첫 연도말에 이 포트폴리오는 20억 달러의 손실을 냈고, 은행은 규제당국에 의해 폐쇄되었다.
다음 설명 중 옳은 것은 무엇인가?

a. 이 결과는 리스크관리의 실패를 보여준다. 은행은 재무적 곤경 가능성을 제거하지 않았기 때문이다.
b. 이 결과는 리스크관리의 실패를 보여준다. 극단적으로 가능성이 낮은 결과가 발생했다는 사실은 결과의 확률이 올바르게 추정되지 않았음을 의미하기 때문이다.
c. 이 결과는 리스크관리의 실패를 보여준다. CRO가 규제기관과 협의하여 은행의 폐쇄를 막지 못했기 때문이다.
d. 주어진 정보에 기초하여, 이것이 리스크관리의 실패인지 판단할 수 없다.

1.3 포트폴리오 구성

1.3.1 여러 자산의 비교

우리는 이제 기대수익과 위험의 결합을 포함하는 포트폴리오 구성 과정을 다룬다. 주식투자의 대안은 미국 장기국채투자라고 가정하자.

동일 기간 동안, 이 다른 자산집단의 평균 월간 수익률은 0.47%이었다. 이는 주식수익률의 절반이다. 월간 표준편차는 2.3%였으며, 역시 주식보다 낮다. 수치들이 더 실감나도록 만들기 위해, 월간 수익률은 〈표 1.1〉처럼 연율화되었다.

표 1.1 두 자산의 위험과 기대수익

	평균	변동성	상관계수
주식	11.2%	19.2%	
장기채권	5.6%	8.1%	0.13

여기에서 투자자는 두 개의 대안 중에서 선택하는 전형적인 상반관계에 직면한다. 〈그림 1.2〉와 같이 어느 대안도 다른 것을 지배하지 못한다.

이 그래프는 단순한 투자결정을 묘사한다. 더 일반적으로, 이런 그래프는 리스크를 수반하는 복잡한 사업적 결정을 나타낸다. 예를 들어, 은행은 어느 정도의 레버리지를 유지할지 결정해야 하며, 이는 대차대조표에서 자산을 자기자본으로 나눈 비율로 정의된다. 수평축은 은행의 신용등급을 나타낼 것이다. 한편에서, 더 높은 레버리지는 더 높은 리스크 그리고 더 낮은 신용등급을 뜻한다. 〈그림 1.2〉에서, 이는 오른쪽으로의 이동에 해당한다. 다른 편에서 더 높은 레버리지는 자기자본의 기대수익률이 더 높아야 함을 의미한다. 이는 대차대조표의 자기자본이 더 작기 때문에, 이윤은 더 작은 자기자본에 기반하기 때문이다. 〈그림 1.2〉에서, 이는 위쪽으로의 이동에 해당한다. 다시, 우리는 더 높은 리스크와 더 높은 수익 사이의 상반관계를 본다. 만약 리스크의 척도가 없으면, 어디에 투자할지에 관한 결정은 어려울 것이다.

그림 1.2 위험과 기대수익의 비교

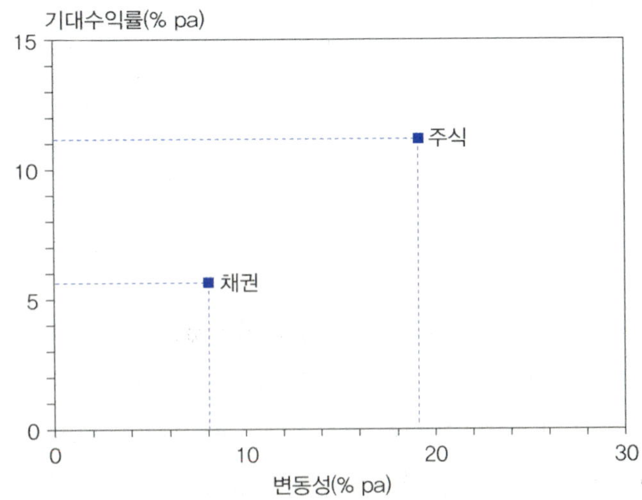

1.3.2 위험조정 성과의 측정

다음 문제는 어떻게 하나의 척도 안에서 성과를 위험에 대해 조정하느냐는 것이다. 같은 방법이 역사적 평균을 이용하는 과거의 성과 또는 예측된 수치를 이용하는 미래의 성과에 적용된다.

가장 단순한 척도는 **샤프 비율**(Sharpe ratio: SR)이며, 이는 평균수익률 $\mu(R_P)$가 무위험수익률 R_F를 초과하는 수치의 절대적 리스크에 대한 비율이다.

$$\mathrm{SR} = \frac{[\mu(R_P) - R_F]}{\sigma(R_P)} \tag{1.3}$$

샤프 비율은 절대적 단위로 측정된 총위험에 초점을 맞춘다. 이 접근법은 분모에, 수익의 변동성 대신 VAR를 포함하도록 확장될 수 있다.

〈그림 1.3〉은 두 투자대안들의 SR을 비교한다. 우리는 3%의 수익률을 가진 무위험자산, 또는 현금성자산을 갖고 있다고 가정하자. SR은 현금성자산으로부터 개별 자산을 연결하는 직선의 기울기이다. 이 직선은 현금성자산과 각 자산 사이의 포트폴리오 배합을 나타낸다. 이 예에서, 주식은 채권보다 높은 SR을 갖는다. 이는, 채권과 변동성은 같으나 수익률은 더 높은, 현금성자산과 주식의 배합이 선택될 수 있음을 의미한다.

그림 1.3 샤프 비율의 비교

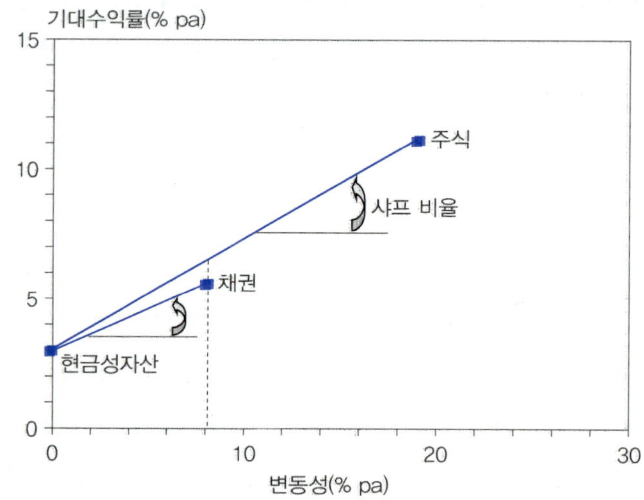

이는 상대적 리스크 척도로 확장될 수 있다. **정보비율**(information ratio: IR)은 포트폴리오 P의 평균수익률이 벤치마크 B를 초과하는 수치의 TEV에 대한 비율이다.

$$\mathrm{IR} = \frac{[\mu(R_P) - \mu(R_B)]}{\sigma(R_P - R_B)} \tag{1.4}$$

〈표 1.2〉는 예를 보여준다. 무위험이자율은 $R_F = 3\%$ 이고 포트폴리오의 평균수익률은 -6%, 변동성은 25%이다. 따라서 포트폴리오의 샤프 비율은 SR = [(−6%) − (3%)] /25% = −0.36이다. 이는 음수이기 때문에 절대적 성과는 미흡하다.

표 1.2 절대적 성과와 상대적 성과

	평균	변동성	성과
현금성자산	3%	0%	
포트폴리오 P	−6%	25%	SR = −0.36
벤치마크 B	−10%	20%	SR = −0.65
편차 e	4%	8%	IR = 0.50

이제, 동일 기간에 벤치마크 수익률은 −10%, 추적오차 변동성은 8%였다고 가정하자. 따라서 정보비율은 IR = [(−6%) − (−10%)]/8% = 0.50이며, 양수이다. 절대적 성과는 미흡하나, 상대적 성과는 양호하다.

추적오차 변동성은 포트폴리오 변동성 σ_P과 벤치마크 변동성 σ_B 그리고 이들의 상관계수 ρ로부터 계산될 수 있다. 이 책의 [부록 1.1]은 확률변수의 합의 분산은 각 분산의 합에 공분산의 2배를 더한 값으로 계산될 수 있음을 보여준다. 확률변수의 차의 경우, 분산은 다음과 같다.

$$\omega^2 = \sigma_P^2 - 2\rho\sigma_P\sigma_B + \sigma_B^2 \tag{1.5}$$

이 경우, 만약 $\sigma_p = 25\%$, $\sigma_B = 25\%$, 그리고 $\rho = 0.961$이면, $\omega^2 = 25\%^2 - 2\times 0.961 \times 25\% \times 20\% + 20\%^2 = 0.0064$이며, 따라서 $\omega = 8\%$ 이다.

IR은 동류 집단 안에서 적극적 매니저들의 성과를 비교하는 데 널리 사용된다. 이는 순수한 적극적관리 기술의 적극적 리스크의 크기에 대해 조정된 척도이다. 예를 들어, 두 매니저를 생각해보자. 매니저 A는 연간 2%의 TEV와 1%의 초과수익률을 갖고 있다. 매니저 B는 연간 6%의 TEV와 2%의 초과수익률을 갖고 있다. 매니저 A의 초과수익률은 더 낮지만, 정보비율은 1/2 =0.50 대 2/6 =0.33으로 더 높다. 결국, 그가 우월한 관리능력을 갖고 있다. 예를 들어, 매니저 A가 추적오차를 3배로 높이도록 요청받으면, 초과수익률은 3%가 될 것이다. 따라서 같은 수준의 추적오차인 6%를 기록한 매니저 B의 성과를 능가한다. 0.50의 정보비율은 전형적으로 자금 매니저들의 상위 25%에 해당하며, "양호"한 것으로 간주된다.[6)]

정보비율의 단점의 하나는 TEV는 평균수익률에 대해 조정되지 않는다는 것이다. 예를 들어, 어떤 포트폴리오가 벤치마크를 월간 0.10%씩 체계적으로 초과한다고 가정하자. 이 경우, 추적오차의 평균은 0.10%이고 표준편차는 0에 가깝다. 이 경우에 정보비율은 매우 높다. 즉, 만약 진정한 리스크가 쉽게 측정되지 않으면, 정보비율은 비현실적인 수치이다.

1.3.3 자산의 배합

지금까지 분석은 두 자산 가운데 하나를 선택하는 이산적(discrete) 선택을 고려했다. 더 일반적으로, 포트폴리오는 두 자산 사이에 배분될 수 있다. 자산 i에 대한 투자비중을 w_i로 표시하자. 전체 자산의 수를 N이라고 하면, 전액을 투자하면 $\sum_{1}^{N} w_i = 1$이 성립해야 한다. 다시 말해, 포트폴리오 투자비중의 합은 1이어야 한다.

전액 채권에 투자된, $w_1 = 1.00$과 $w_2 = 0.00$으로 표현되는 포트폴리오로부터 시작하자. 주식의 투자비중을 늘려가면, 우리는 포트폴리오 배합의 위험과 기대수익을 나타내는 선을 그릴 수 있다. 결국, 주식에만 투자된 포지션인 $w_1 = 0.00$과 $w_2 = 1.00$로 이동한다. 〈그림 1.4〉는 이 모든 포트폴리오들을 표시하는 선을 보여준다. 이는 투자자가 자산집단들에 대해 얼마를 배분할지 결정해야 하는 **자산배분**(asset allocation) 문제의 예이다.

이 선의 형태는 두 자산이 서로 공변동하는 정도를 측정하는 상관계수 ρ에 의존한다. 상관계수는 반드시 −1과 +1 사이에 있도록 크기가 조정되어 있다. 만약 $\rho = 1$이면, 두 자산은 서로 완전히 비례적으로 움직이며, 그 선은 직선이 된다.

더 일반적으로, 그 선은 곡선이다. 이는 흥미로운 관찰이다. 이 선은 채권과 같은 수준의 위험을 갖고 있으나 수익은 더 높은 포트폴리오를 포함한다. 따라서 분산된 포트폴리오는 단일 자산을 지배한다.

6) Grinold, Richard and Ronald Kahn, *Active Portfolio Management* (New York: McGraw−Hill, 2000).

그림 1.4 두 자산의 배합

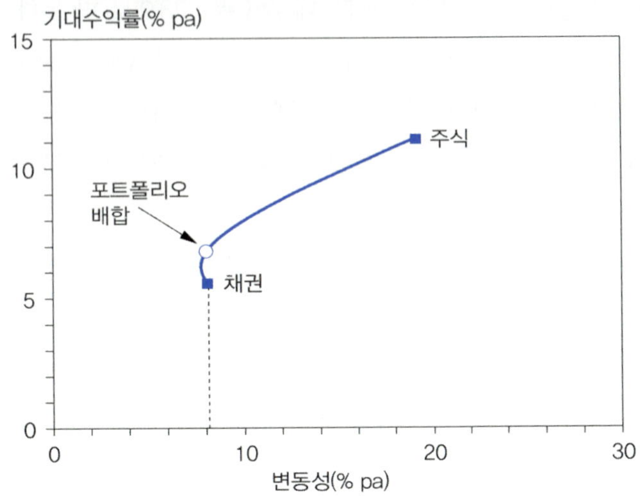

이 점을 증명하기 위해, 포트폴리오의 기대수익과 변동성 계산을 살펴보자. 포트폴리오 분산은 투자비중, 개별 자산의 분산, 그리고 상관계수에 의존한다.

$$\sigma_P^2 = w_1^2\sigma_1^2 + 2w_1w_2(\rho\sigma_1\sigma_2) + w_2^2\sigma_2^2 \qquad (1.6)$$

따라서 포트폴리오 분산의 제곱근인 변동성은 투자비중의 비선형 함수이다. 대조적으로, 포트폴리오 기대수익은 단순한 선형 평균이다.

$$\mu_P = w_1\mu_1 + w_2\mu_2 \qquad (1.7)$$

예를 들어, 채권 77%와 주식 23%의 배합을 생각해보자. 포트폴리오 평균은 쉽게 계산된다. 〈표 1.1〉의 자료를 이용하면, 이는 다음과 같다.

$$\mu_P = 0.77\times5.6 + 0.23\times11.2 = 6.9\%$$

수식(1.6)을 이용하면, $\rho = 1$일 때 포트폴리오 분산은 다음과 같다.

$$\sigma_P^2 = 0.77^2 8.1^2 + 2\times0.77\times0.23(1\times8.1\times19.2) + 0.23^2 19.2^2 = 113.49$$

포트폴리오 변동성은 10.65이다. 그러나 이 경우에, 이 값은 두 변동성의 선형 평균인 $\sigma_p = 0.77 \times 8.1 + 0.23 \times 19.2 = 10.65$이다. 따라서 이 점은 두 자산 사이의 직선에 위치한다.

다음으로, 상관계수가 〈표 1.1〉의 관찰값 $\rho = 0.13$인 경우를 생각해보자. 포트폴리오 배합은 이제 8.1%의 변동성을 갖는다. 이 포트폴리오는 채권과 같은 변동성, 그러나 더 높은 성과를 갖는다. 이 배합의 기대수익률은 6.9%이며, 채권의 5.6%보다 1.4%만큼 높다. 이는 분산투자의 효과를 예시한다.

마지막으로, 상관계수가 $\rho = -1$인 가상적 상황을 생각해보자. 이 경우, 분산은 3.32%, 그리고 변동성은 1.8%로 하락한다. 이는 낮은 상관계수는 포트폴리오 리스크를 낮추는 데 도움을 준다는 중요한 사실을 예시한다(적어도 포트폴리오의 투자비중들이 양수일 때).

1.3.4 효율적 포트폴리오

이제 더 일반적인 문제를 고려해보자. 예를 들어, S&P 500 지수에 포함된 $N = 500$ 종목의 주식들처럼 많은 수의 주식에 대한 분산투자이다. 이 주식들을 결합하는 방법은 대단히 많기 때문에, 이 문제는 해결될 수 없는 것으로 보일 수 있다. 그러나 마코위츠는 이 문제가 훨씬 더 간단한 선택으로 축소될 수 있음을 보였다.

그 출발점은 모든 자산들이 결합 정규분포를 따른다는 가정이다. 그러면, 포트폴리오 수익의 전체적 분포는 평균과 분산이라는 단지 두 개의 모수에 의해 요약될 수 있다.

분산투자 문제를 풀려면, 평균－분산(더 정확하게, 평균－표준편차) 평면의 **효율적 집합**(efficient set)을 알아내면 된다. 이는 최선의 위험－수익 특성을 가진 포트폴리오 배합들을 나타내는 점들의 궤적이다. 더 공식적으로, 투자비중의 집합 $\{w\}$로 표시되는 각 포트폴리오는, 주어진 포트폴리오 수익 μ_p에서 위험을 최소화한다.

$$\mathrm{Min}_w \sigma_p^2 \tag{1.8}$$

이 문제의 제약조건은 다음과 같다. (1) 포트폴리오 수익은 특정한 값 k이고,(2) 포트폴리오 투자비중의 합은 1이다. 이 특정한 값 k를 변화시킴으로써, 효율적인 집합을 추적할 수 있다.

포트폴리오 투자비중에 관련하여 공매도 제한이 없으면, 효율적 집합의 폐쇄형 해가 존재한다. 모든 효율적 포트폴리오는 두 포트폴리오의 선형결합이다. 첫째는 모든 전액 투자 포트폴리오 중에서 가장 낮은 변동성을 갖는 전체적 **최소분산 포트폴리오**(minimum-variance portfolio)이다. 둘째는 가장 높은 샤프 비율을 갖는 포트폴리오이다.

이 틀은 value at risk로 일반화될 수 있으며, 특히 수익의 분포가 두터운 꼬리를 가질 때 유용하다. 그러나 일반적 경우에 폐쇄형 해는 존재하지 않는다.

1.4 자산평가 이론

1.4.1 자본자산가격결정모형(CAPM)

이런 통찰은 윌리엄 샤프(William Sharpe, 1964)에 의해 개발된 **자본자산가격결정모형**(capital asset pricing model: CAPM)을 낳았다.[7] 샤프의 첫 단계는 주식들의 공분산 구조를 단일요인 모형을 이용하여 단순화하는 것이었다. 주식 i의 t월 중 수익률을 $R_{i,t}$, 무위험수익률을 $R_{F,t}$, 시장수익률을 $R_{M,t}$로 표시하자. 이제, 표본기간에 걸쳐 i의 초과수익률을 시장에 대해 회귀분석한다.

$$R_{i,t} - R_{F,t} = \alpha_i + \beta_i[R_{M,t} - R_{F,t}] + \epsilon_{i,t}, \quad t = 1, \ldots, T \tag{1.9}$$

기울기 계수 β_i는 i의 시장요인에 대한 노출을 측정하며 **체계적위험**(systematic risk)으로도 불린다. 절편은 α_i이다. 적극적으로 관리되는 포트폴리오에서, α는 관리능력의 척도이다. 마지막으로 ϵ_i는 잔차이다. 이 평균은 0이고, R_M과의 상관관계는 없도록 만들어졌으며, 다른 잔차들과의 상관관계는 없는 것으로 가정되어 있다.

이는 주식들의 상호작용은 모두 시장에 대한 노출에 기인하기 때문에, 단일요인 모형이다. 단순화를 위해, 무위험수익률 그리고 어차피 상수인 α를 무시하자. 이제 두 주식 i와 j 사이의 공분산을 살펴보자. 이것은 두 확률변수의 공변성 척도이다.

$$\text{Cov}(R_i, R_j) = \text{Cov}(\beta_i R_M + \epsilon_i, \beta_j R_M + \epsilon_j)$$

---

7) William Sharpe, "Capital Asset Prices: A Theory of Market Equilibrium under Conditions of Risk," *Journal of Finance* 19 (1964): 425–442.

$$= \beta_i \beta_j \mathrm{Cov}(R_M, R_M) + \beta_i \mathrm{Cov}(R_M, \epsilon_j) + \beta_j \mathrm{Cov}(R_M, \epsilon_i) + \mathrm{Cov}(\epsilon_i \epsilon_j)$$
$$= \beta_i \beta_j \sigma^2 (R_M) \qquad (1.10)$$

이 수식이 단순화되는 이유는 모든 ϵ이 R_M 그리고 다른 잔차들과 상관관계를 갖지 않기 때문이다. 따라서 자산 특유위험, 즉 ϵ은 **고유**(idiosyncratic)위험으로 불린다.

이런 단순한 요인구조는 모수의 수를 줄이기 때문에 대단히 유용하다. 예를 들어, 만약 100개의 자산이 있으면, 이론적으로 $N(N-1)/2=4{,}950$개의 상이한 변수쌍의 공분산이 존재한다. 이는 너무 많아 추정될 수 없다. 대조적으로, 수식(1.10)의 요인구조는 단지 100개의 모수 β_i와 시장분산만 포함한다. 이는 분석을 매우 단순화한다.

이런 종류의 근사값 계산은 리스크관리에서 널리 사용되는 과정인 **매핑**(mapping)의 핵심이다. 매핑은 개별 포지션을 작은 수의 기본적 리스크요인들에 대한 노출로써 대체한다. 이는 뒷장들에서 상세히 다루어질 것이다. 일단, 리스크관리 담당자는 그런 단순화가 적당한지 판단할 수 있는 능력과 함께 정량적 수단에 익숙해야 함을 지적한다.

샤프(Sharpe, 1964)는 다음으로 자본시장의 균형 조건을 살펴보았다. 투자자의 포트폴리오 최적화로부터 도출된 각 자산의 총수요는 자산의 공급(즉, 발행된 주식)과 일치해야 한다. 투자자들은 수익률의 분포에 관해 동질적 기대를 갖고 있고, 이는 정규분포라는 가정에 기초하기 때문에 총수요는 통합될 수 있다.

또한, 모형은 동일한 이자율로 차입 및 대여될 수 있는 무위험자산이 존재함을 가정한다. 대다수 경제모형에서 일반적인 것처럼, 자본시장은 완전하다고 가정된다. 즉, 거래비용은 없고, 증권은 무한히 작은 단위로 세분될 수 있으며, 공매도가 허용된다.

이 조건들 하에서, 샤프는 포트폴리오의 모든 주식의 가치가중 평균으로 정의된 시장포트폴리오는 모든 선택가능한 포트폴리오 중에서 가장 높은 샤프 비율을 갖는다는 것을 보였다. 따라서 이는 분명히 평균−분산 기준에서 효율적이다. 〈그림 1.5〉는 무위험자산 F를 시장포트폴리오 M에 연결하는 직선은 효율적 프런티어의 모든 포트폴리오 중에서 가장 높은 샤프 비율을 갖고 있음을 보인다. 이 직선은 **자본시장선**(capital market line: CML)으로도 알려져 있다. 이는 현금성자산과 주식의 어떤 결합도 지배한다.

F와 M 사이에 있는 포트폴리오는 각 자산에 양의 투자비중을 갖고 있다. 매우 위험회피적인 투자자는 F에 더 가까운 배합을 선택할 것이다. 위험수용적인 투자자는 시장 M에 더 가깝거나 심지어 넘어서는 포트폴리오를 선택할 것이다. M을 넘는 포트폴리오는 시장포트폴리오로 차입된(즉, 무위험이자율로 차입한 자금을 주식시장에 다시 투자하는)

그림 1.5 자본시장선

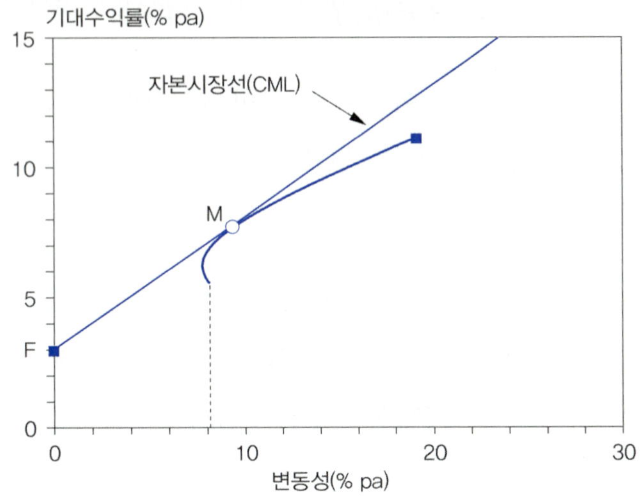

포지션을 나타낸다.

그러나 모든 투자자는 동일한 구성 비율로 주식을 보유해야 한다. 예를 들어, Exxon은 S&P 500 지수 중에서 가장 큰 기업이며, 시장의 약 4%를 차지한다. CAPM에 의하면, 모든 투자자는 자신의 주식 포트폴리오가 크든 작든 상관없이 Exxon에 4%를 투자해야 한다. 〈그림 1.5〉는 2**기금 분리**(two-fund separation) 개념을 보여준다. 모든 효율적 포트폴리오는 이 직선에 위치하며, 따라서 무위험자산과 시장이라는 2개 자산에 투자된 자금으로 분리될 수 있다.

마지막으로, 시장포트폴리오의 평균-분산 효율성은 시장에 포함된 모든 주식의 기대초과수익률과 체계적위험 사이에 선형관계가 있음을 의미한다. 임의의 주식 i에 관해, 다음 수식이 성립해야 한다.

$$E(R_i) = R_F + \beta_i[E(R_M) - R_F] \tag{1.11}$$

주식의 이 요구수익률은 자기자본비용으로도 간주될 수 있다. 다시 말해, 수식(1.9)의 α_i 항은 모두 0이어야 한다. 이는 적극적으로 관리되는 포트폴리오에서, α가 일반적으로 관리능력을 측정하는 척도로 사용되는 이유를 설명한다.

이 이론은 깊은 영향을 미쳤다. 이는 투자자가 용이하게 포트폴리오를 분산할 수 있다는 의미이다. 결국, 대부분의 고유위험은 사라진다. 대조적으로, 체계적위험은 분산될 수 없다. 이 점은 수식(1.11)이 주식 i의 리스크요인으로서 β_i만을 포함하는 이유를 설명한다. 변동성 σ_i는 리스크의 평가에 결코 직접 나타나지 않음에 주목해야 한다.

이는, 다음과 같이 정의되는, 대안적 성과척도인 **트레이너 비율**(Treynor ratio: TR)을 낳았다.

$$\mathrm{TR} = \frac{[\mu(R_P) - R_F]}{\beta_P} \tag{1.12}$$

만약 CAPM이 성립하면, 이 비율은 모든 자산에서 동일해야 한다. 수식(1.11)은 실제로 비율 $[\mu(R_i - R_F)]/\beta_i$이 상수임을 보인다.

TR은 높은 β에 대해 불이익을 주고, SR은 높은 σ에 대해 불이익을 준다. 시장과 비슷한 포트폴리오를 가진 투자자의 경우, β는 포트폴리오의 리스크에 대한 기여를 측정한다. 따라서 이는 잘 분산된 포트폴리오에 더 적합한 성과척도이다. 대조적으로, SR은 분산되지 않은 포트폴리오의 성과를 위험에 대해 조정하는 데 사용될 수 있다. 따라서 SR과 IR의 중요한 단점은 체계적위험에 대해 불이익을 주지 않는 것이다.

이것은 CAPM에서 직접 도출된 다른 성과척도를 만들어냈다. 적극적인 투자 매니저가 포트폴리오 P의 가치를 높였다고 주장한다고 가정하자. 관찰된 평균 초과수익률은 $\mu(R_P) - R_F$이다. 그러나 이 초과수익률의 일부는 시장 베타 때문일 수 있다. 이제, 성과의 적절한 척도는 **젠센 알파**(Jensen's alpha)이다.

$$\alpha_P = \mu(R_P) - R_F - \beta_P[\mu(R_M) - R_F] \tag{1.13}$$

어떤 포트폴리오에서, 만약 모든 주식이 CAPM에 의해 평가되면, 포트폴리오 알파는 0이어야 한다(실제로는, 관리수수료 및 다른 비용을 고려하면 음수이어야 한다).

요약하면, CAPM은 (1) 투자자들은 동질적 기대를 갖고 있다. (2) 정규분포를 따른다. (3) 자본시장은 완전하다. 그리고 (4) 시장은 균형 상태에 있다고 가정한다. 어려운 점은 시장포트폴리오는 이론적으로 세상의 모든 투자가능한 자산을 포함해야 한다는 것이다. 결국, 시장포트폴리오는 관측될 수 없다.

1.4.2 차익거래가격결정모형(APT)

CAPM의 설정은 단일요인 모형으로부터 출발한다. 이는 다요인 모형으로 일반화될 수 있다. 첫 단계는 자산수익의 변동이 다수의 리스크원천에 기인하는 리스크구조를 상정하는 것이다.

예를 들어, 주식시장에서, 소기업은 대기업과는 다른 행태를 보인다. 이는 두 번째 요인으로, 시장포트폴리오에 추가될 수 있다. 다른 가능한 요인들은 에너지 가격, 이자율 등이다. K개의 요인이 있는 경우, 수식(1.9)는 다음과 같이 일반화될 수 있다

$$R_i = \alpha_i + \beta_{i1} y_1 + \cdots + \beta_{iK} y_K + \epsilon_i \tag{1.14}$$

여기에서도, 잔차 ϵ은 요인들과 상관관계가 없도록 만들어지고, 다른 잔차들과도 상관관계는 없다고 가정된다. 수식(1.10)의 리스크분해는 동일한 형태로 일반화될 수 있다.

스티븐 로스(Steven Ross, 1976)에 의해 개발된 **차익거래가격결정모형**(arbitrage pricing theory: APT)은 이런 리스크구조에 기초하고, 차익거래는 금융시장에서 불가능하다는 가정에 의존한다.[8] 공식적으로, 포트폴리오는 잘 분산되고 거의 리스크를 갖지 않도록 만들어질 수 있다. 차익거래 기회가 존재하지 않으려면, 이 포트폴리오들의 기대수익률은 0이어야 한다. 이 조건들은 기대수익과 요인노출 사이에 선형관계가 있어야 함을 의미한다.

$$E[R_i] = R_F + \sum_{k=1}^{K} \beta_{ik} \lambda_k \tag{1.15}$$

여기에서, λ_k는 요인 k의 시장가격이다.

예를 들어, 하나의 요인만 존재하는 가장 단순한 경우를 생각해보자. 세 종목의 주식 A, B, C가 있고, 각각의 베타는 0.5, 1.0, 1.5이다. 이들의 기대수익률은 각각 6%, 8%, 그리고 12%라고 가정하자. 우리는 A 주식의 매수에 포트폴리오의 50%, C 주식의 매수에 50%, B 주식의 매도에 100%를 배분한 포트폴리오를 구성할 수 있다. 이 포트폴리오의 베타는 50%×0.5+50%×1.5−100%×1.0=0이다. 이 포트폴리오는 최초 투자금액이 없

8) Stephen Ross, "The Arbitrage Theory of Capital Asset Pricing," *Journal of Economic Theory* 13 (1976): 341−360.

고 위험이 없으므로, 기대수익은 0이어야 한다. 그러나 기대수익률을 계산하면 $50\% \times 6\% + 50\% \times 12\% - 100\% \times 8\% = +1\%$이 된다. 이는 차익거래 기회를 의미하나, 이런 가능성은 없어야 한다. 이 세 개의 기대수익률은 APT에 합치되지 않는다. A와 C로부터, $R_F = 3\%$ 그리고 $\lambda_1 = 6\%$이다. 결국 B의 APT 기대수익률은 수식(1.15)에 의해 $E[R_i] = R_F + \beta_{i1}\lambda_1 = 3\% + 1.0 \times 6\% = 9\%$이어야 한다.

단일요인의 경우, APT 기대수익률은 수식(1.11)의 CAPM과 매우 유사하다는 점에 유의하라. 그러나 해석은 완전히 다르다. APT는 균형에 의존하지 않고, 단지 차익거래 기회는 자본시장에 존재하지 않는다는 가정에 의존하다. 이는 훨씬 더 약한 조건이다. 심지어, 요인모형이 엄격하게 성립할 것을 요구하지 않는다. 대신, 잔여 위험이 매우 작을 것을 요구한다. 이 조건은, 만약 잘 분산된 포트폴리오 안에서 충분한 수의 공통요인이 인식되면, 충족된다. 잘 분산된 포트폴리오는 각 자산의 비중은 **매우 미세**(highly granular)함을 의미한다.

APT 모형은 시장이 인식되어야 한다고 요구하지 않으며, 이는 장점이다. 그러나 이 이론은 그 요인들이 무엇인지 가르쳐주지 않기 때문에 모형의 검증은 자의적이다.

요인 선택을 위해 몇 가지 접근법이 가능하다. 첫째, 구조적 접근법은 경제적 직관이나 경험에 기초하여 사전에 요인을 선택한다. 예를 들어, 가치, 기업규모, 그리고 모멘텀이 주식의 기대수익을 설명하는 데 널리 사용된다. 둘째는 통계적 접근법이며, 관찰된 자료로부터 요인을 추출한다. 예를 들어, **주성분 분석**(principal component analysis: PCA)은 자산수익의 상관계수행렬에 가장 부합하는 추정을 제공하는 기법이다. 첫 번째 PC는 이 행렬의 대각선에 대해 가장 좋은 근사값을 제공하는 자산수익들의 선형 결합이다. 두 번째 PC는 첫 번째 PC에 직교하면서 가장 좋은 근사값을 제공하는 자산수익들의 선형 결합이다. 이 분석은 남은 요인이 더 이상 유의하지 않을 때까지 계속될 수 있다.

이런 접근법은 대규모 포트폴리오처럼 큰 문제가 주어졌을 때, 리스크관리를 위해 매우 중요하다. 예를 들어, 리스크관리 담당자는 100종목의 주식으로 이루어진 포트폴리오의 차원을 10개 리스크요인 정도로 줄일 수도 있다. 이런 단순화는 계산시간을 단축하기 때문에 몬테칼로 시뮬레이션에서 특히 중요하다.

예제 1.3 : FRM 시험 2009 – 문제 1–4

CAPM Research Inc.의 애널리스트는 포트폴리오 A에 대해 21%의 수익률을 예상한다. 시장 위험프리미엄은 11%, 시장포트폴리오의 변동성은 14%, 그리고 무위험이자율은 4.5%이다. 포트폴리오 A의 베타는 1.5이다. 자본자산가격결정모형에 기초하여, 다음 설명 중 옳은 것은 무엇인가?

a. 포트폴리오 A의 기대수익률은 시장포트폴리오의 기대수익률보다 높다.
b. 포트폴리오 A의 기대수익률은 시장포트폴리오의 기대수익률보다 낮다.
c. 포트폴리오 A의 수익률은 시장포트폴리오보다 낮은 변동성을 갖는다.
d. 포트폴리오 A의 기대수익률은 시장포트폴리오의 기대수익률과 같다.

예제 1.4 : FRM 시험 2009 – 문제 1–6

포트폴리오 A의 기대수익률은 8%, 변동성은 20%, 베타는 0.5라고 가정하자. 시장의 기대수익률은 10%, 변동성은 25%이다. 마지막으로 무위험이자율은 5%이다. 포트폴리오 A의 젠센 알파는 무엇인가?

a. 10.0%
b. 1.0%
c. 0.5%
d. 15%

예제 1.5 : FRM 시험 2007 – 문제 132

다음 샤프 비율에 관한 설명 중 <u>틀린</u> 것은 무엇인가?

a. 샤프 비율은 포트폴리오의 체계적위험과 비체계적위험을 모두 고려한다.
b. 샤프 비율은 포트폴리오의 수익률이 무위험이자율을 초과하는 값을 포트폴리오 위험으로 나눈 값이다.
c. 샤프 비율은 분산되지 않은 포트폴리오들의 상대적 성과를 측정하기 위해 이용될 수 없다.
d. 샤프 비율은 자본시장선으로부터 도출된다.

예제 1.6 : 사프 비율과 정보비율

포트폴리오 매니저는 20%의 변동성을 부담하고 10%의 수익을 올린다. 벤치마크는 12%의 위험을 부담하고 8%의 수익을 올린다. 둘의 상관계수는 0.98이다. 무위험이자율은 3%이다. 다음 설명 중 옳은 것은 무엇인가?

a. 이 포트폴리오는 벤치마크보다 높은 SR을 갖는다.
b. 이 포트폴리오의 IR은 음수이다.
c. IR은 0.35이다.
d. IR은 0.29이다.

1.5 리스크관리의 가치

앞 절들은 대다수 투자 또는 사업적 결정은 대안적 선택들의 리스크에 관한 정보를 요구함을 보였다. 자산가격결정이론들은 또한 어떻게 리스크관리를 통해 경제적 가치를 증가시킬 수 있을지 생각할 수 있는 준거 틀을 제공한다.

1.5.1 리스크관리의 무관련성

CAPM은 투자자는 체계적위험을 싫어한다는 것을 강조한다. 투자자는 스스로 다른 비체계적위험을 분산할 수 있다. 따라서 체계적위험은 가격이 매겨져야 할 유일한 리스크이다.

기업은 변동성을 헤지하기 위해 금융파생상품을 이용할 수 있다. 그러나 만약 이것이 변동성은 변화시키지만 시장 베타를 변화시키지 않으면, 기업의 자본비용 그리고 가치평가는 바뀌지 않는다. 이런 결과는 CAPM의 전제인 완전 자본시장의 가정 아래에서만 유효하다.

예를 들어, 어떤 기업이 재무리스크를 헤지하는데, 이 리스크는 투자자들도 스스로 헤지할 수 있다고 가정하자. 예를 들어, 석유회사는 원유에 대한 노출을 헤지할 수 있다. 그러나 이 기업의 주식에 대한 투자자들은 그들이 원하면, 스스로 원유에 대한 노출을 쉽게 헤지할 수 있다. 예를 들어, 그들은 용이하게 거래되는 원유 선물을 이용할 수 있다. 이 상황에서 기업에 의한 리스크관리 행위는 경제적 가치를 증대시킬 수 없다.

이런 추상적 세계에서, 리스크관리는 실질적 영향이 없다. 이는 기업의 가치는 재무정책에 의존하지 않는다는 고전적 모딜리아니－밀러(Modigliani and Miller) 정리의 응용이다. 이 결과의 시사점은 투자자 스스로 쉽게 할 수 있는 재무적 행위를 회사가 하는 것만으로는 가치를 증대시킬 수 없다는 것이다. 오히려, 리스크관리 업무가 비용을 수반하면, 기업의 경제적 가치를 훼손할 수 있다

1.5.2 리스크관리의 관련성

그러나 MM 정리는 많은 가정에 기초한다. 재무적 곤경의 비용, 세금, 자본시장 접근 등 마찰비용이 없고, 금융시장 참가자들 사이에 정보비대칭이 없다는 것이다.

현실적으로 이 가정들의 일부가 충족되지 않으면, 리스크관리는 가치를 증대시킬 수 있다.

- 만약 대규모의 재무적 곤경 비용(cost of financial distress)을 피하는 데 도움을 주면 헤지는 가치를 증대시킨다. 파산 기업은 피치 못할 매각 또는 파산절차의 법률비용 때문에 빈번하게 가치 하락을 경험한다. 예를 들어, Lehman Brothers의 파산을 생각해보자. Lehman은 약 1,300억 달러의 채권을 갖고 있었다. 이 채권들의 가치는 2008년 9월 이후 1달러당 9.75센트로 하락했다. 이는 파산 사건 때문에 기업가치가 크게 하락했음을 의미했다.
- 법인세(taxes)도 마찰비용의 한 형태로 간주된다. 이연 조항이 없다고 가정하면, 실적이 매우 우수한 연도의 법인세는 많은 손실을 입은 해의 세금환급으로 상쇄되지 않는다. 세금은 소득이 양수이면 부과되므로, 옵션의 매수 포지션처럼 컨벡시티(convexity)를 갖는다. 따라서 이익을 안정화시키면, 회사는 여러 기간에 걸친 평균 세금을 낮추고 가치를 증대할 수 있다.
- 다른 마찰비용은, 외부조달(external financing)이 내부에서 조달된 자금보다 비쌀 때, 발생한다. 기업은 재무리스크를 헤지하지 않기로 결정할 수 있고, 이 경우 이익의 변동성은 증가한다. 실적이 좋은 해에, 사업자금은 내부조달된다. 실적이 나쁜 해에, 자본시장에서 차입하여 사업자금을 조달하는 것은 언제든지 가능하다. 그러나 외부차입 비용이 너무 높으면, 일부 가치 있는 사업들은 어려운 해에 자금을 조달

할 수 없다. 헤지는 이 **과소투자 문제**(underinvestment problem)를 피할 수 있도록 도움으로써, 기업가치를 증대시킨다.

- 정보비대칭의 한 형태는 경영자 재량의 대리인 비용(agency costs of managerial discretion)이다. 투자자들은 그들의 대리인으로서 경영자들을 고용하고, 기업을 운영하도록 재량권을 준다. 그러나 좋은 경영자와 나쁜 경영자가 언제나 쉽게 구별되는 것은 아니다. 헤지가 없으면, 이익은 외부 영향 때문에 등락한다. 이 점이 경영진 성과의 판단을 어렵게 만든다. 헤지가 존재하면, 핑계의 여지가 줄어든다. 나쁜 경영자는 쉽게 판별되고 해고되며, 기업가치는 상승한다.
- 다른 종류의 정보비대칭은 대주주가 회사의 사업에 전문성(expertise in the firm's business)을 갖고 있을 때 발생한다. 이런 전문성은 경영진을 더 효과적으로 감시할 수 있는 능력과 함께 기업가치를 증가시킬 수 있다. 전형적으로, 이 투자자들은 재산의 많은 부분을 해당 기업에 투자하고 있다. 그 재산은 분산투자되지 않았으므로, 기업이 리스크를 낮추면 그들의 투자 유인은 상승하고 따라서 기업가치는 증대된다.

실제로, 리스크관리 프로그램을 운영하는 기업들은 다른 기업들보다 높은 평가를 받는다는 실증적 증거가 존재한다. 그러나 이런 형태의 분석은 어려움을 내포한다. 연구자들은 동일하지만 헤지 프로그램만 다른 기업들을 볼 수 없다. 다른 복합적 효과가 작용할 수 있다. 헤지는 경영진의 수준과 상관관계를 갖고 있을 수 있다. 그러나 경영진의 수준은 이미 기업가치에 영향을 주고 있다. 예를 들어, 리스크관리 프로그램을 운영하는 기업은 재무리스크관리사(FRM)들을 고용할 가능성이 더 높다.

예제 1.7 : FRM 시험 2009 – 문제 1-8

완전시장에서 기업의 분산가능 위험을 줄이려는 목적을 가진 리스크관리 지출의 효과는 무엇인가?

a. 리스크관리 비용이 합리적이면, 기업은 주주들에게 더 매력적인 투자대상이 된다.
b. 자기자본비용을 줄임으로써 기업가치를 높인다.
c. 리스크관리 비용이 존재하면 기업가치는 감소한다.
d. 기업가치에 영향을 주지 않는다.

예제 1.8 : FRM 시험 2009 - 문제 1-2

재무적 곤경과 파산의 리스크를 낮춤으로써 현금흐름의 불확실성을 헤지하는 파생상품 계약을 기업이 이용하면?

a. 파생상품의 거래비용 때문에 기업가치는 감소한다.
b. 투자자들이 스스로 이런 리스크를 헤지할 수 없으므로, 기업가치를 높인다.
c. 투자자들이 비용 없이 그들의 리스크를 분산시킬 수 있으므로, 기업가치는 영향받지 않는다.
d. 체계적위험만 파생상품으로 헤지될 수 있으므로, 기업가치는 영향받지 않는다.

1.6 중요 공식

- 절대적 리스크 : $\sigma(\triangle P) = \sigma(\triangle P/P) \times P = \sigma(R_P) \times P$
- 상대적 리스크 : $\sigma(e)P = [\sigma(R_P - R_B)] \times P = \omega \times P$
- 추적오차 변동성(TEV) : $\omega = \sigma(R_P - R_B)$
- 샤프 비율(SR) : $\mathrm{SR} = [\mu(\mathrm{R_P}) - \mathrm{R_F}]/\sigma(\mathrm{R_P})$
- 정보비율(IR) : $\mathrm{IR} = [\mu(\mathrm{R_P}) - \mu(\mathrm{R_B})]/\omega$
- 트레이너 비율(TR) : $\mathrm{TR} = [\mu(\mathrm{R_P}) - \mathrm{R_F}]/\beta_{\mathrm{P}}$
- 젠센 알파 : $\alpha_P = \mu(R_P) - R_F - \beta_P[\mu(R_M) - R_F]$
- 다요인 모형 : $R_i = \alpha_i + \beta_{i1}y_1 + \cdots + \beta_{ik}y_K + \epsilon_i$
- CAPM 기대수익률 : $E(R_i) = R_F + \beta_i[E(R_M) - R_F]$
- APT 기대수익률 : $E[R_i] = R_F + \sum_{k=1}^{K}\beta_{ik}\lambda_k$

1.7 예제 풀이

예제 1.1 : 절대적 리스크와 상대적 리스크

c. 이는 적극적 포트폴리오의 벤치마크에 대비한 편차를 기준으로 측정된 리스크의 예이다. 보기 a.와 b.는 절대적 리스크에 관한 것이므로 옳지 않다. 보기 d.도 벤치마크

의 절대적 리스크에 관한 설명이므로 옳지 않다.

예제 1.2 : FRM 시험 2009 – 문제 1–11

d. 이런 투자 결정은 CEO의 역할이며, CRO의 것이 아니다. CRO는 10억 달러 이상의 손실을 입을 확률을 올바르게 추정하였다. 또한 분포에 관해 VAR 외의 정보가 없다. 따라서 이것은 불운일 수 있다. 만약 CRO가 그 확률이 0%라고 말했다면, 리스크관리의 실패일 수도 있다.

예제 1.3 : FRM 시험 2009 – 문제 1–4

a. CAPM에 의하면, 포트폴리오 A의 요구수익률은 실제로 $R_F+\beta[E(R_M)-R_F]=4.5+1.5[11]=21\%$이다. 베타가 1보다 크기 때문에 시장의 기대수익률인 15.5%보다 높아야 한다. 이 문제는 많은 불필요한 정보를 포함하고 있음에 유의하자.

예제 1.4 : FRM 시험 2009 – 문제 1–6

c. 이는 역으로 계산하는 문제이다. CAPM 수익률은 $R_F+\beta[E(R_M)-R_F]=5+0.5[10-5]=7.5\%$이다. 따라서 알파는 $8-7.5=0.5\%$이다.

예제 1.5 : FRM 시험 2007 – 문제 132

c. SR은 전체 리스크를 고려하며, 이는 체계적 및 비체계적위험을 포함한다. 따라서 a.와 b.는 옳은 설명이므로, 정답이 아니다. 비슷하게, S는 CML로부터 도출된다. CML은 시장은 평균분산 효율적이라는 의미이며, 따라서 모든 선택가능한 포트폴리오 중에서 가장 높은 샤프 지수를 갖고 있다. 마지막으로, SR은 고유위험을 포함하기 때문에, 분산되지 않은 포트폴리오를 평가하는 데 사용될 수 있다.

예제 1.6 : 샤프 비율과 정보비율

d. 포트폴리오와 벤치마크의 샤프 지수는 각각 $(10\%-3\%)/20\%=0.35$ 그리고 $(8\%-3\%)/14\%=0.36$이다. 따라서 이 포트폴리오의 SR은 벤치마크보다 낮다. a.는 옳지 않다. TEV는 $20\%^2+14\%^2-2\times0.98\times20\%\times14\%$의 제곱근, 즉 $\sqrt{0.00472}=6.87\%$이다. 따라서, 이 포트폴리오의 IR은 $(10\%-8\%)/6.87\%=0.29$이다. 이는 양수이므로, 보기 b.는 옳지 않다. 보기 c.는 포트폴리오의 SR이고 IR이 아니므로,

옳지 않다.

예제 1.7 : FRM 시험 2009 – 문제 1–8

c. 완전 시장에서, 기업의 분산가능 위험을 낮추는 리스크관리 행위는 자본비용에 영향을 주지 않는다. 따라서 가치를 증가시키지 않는다. 더욱이 이런 활동들이 비용을 수반한다면 기업가치는 감소한다.

예제 1.8 : FRM 시험 2009 – 문제 1–2

b. 재무적 곤경의 비용은 시장의 불완전성, 또는 사중비용(deadweight cost)이다. 헤지를 통해 기업들은 이 비용을 낮춘다. 이는 기업의 경제적 가치를 증가시킨다.

Chapter 2

리스크 모형 개관*

이 장은 리스크 모형들을 소개한다. 현대 리스크관리는 자산의 **포지션에 기반**(position-based)한다. 이는 **수익률 기반**(return-based) 정보보다 미래지향적이다. 포지션에 기반한 리스크 척도들은 포지션 변동을 포함한 포트폴리오 관리에 이용될 수 있기 때문에, 더 많은 정보를 제공한다.

이 책의 제2부는 주로 시장리스크 모형에 초점을 맞춘다. 이상적으로 리스크는 포트폴리오 또는 기관의 최상위 수준에서 측정되어야 한다. 이는 상이한 종류의 리스크들에서 이용될 수 있는 리스크 척도를 개발하게 만들었다. 이런 요약적 척도의 하나가 value at risk(VAR)이다. VAR는 전체 포트폴리오의 리스크를 나타내는 통계적 척도이며, 목표기간 중에 특정 신뢰수준에서 발생할 수 있는 최악의 손실로 간주된다. 더 일반적으로, 리스크관리 담당자는 이익과 손실의 전체적 분포를 평가해야 한다. 또한, 이 분석은 **위기분석**(stress test)에 의해 보완되어야 한다. 위기분석은 최근의 역사적 자료에 없는 극단적 시장상황 하에서 발생할 수 있는 잠재적 손실을 인식한다.

제2.1절은 금융시장의 리스크를 간략히 살펴본다. 제2.2절은 VAR 시스템의 광범위한 요소들을 설명한다. 제2.3절은 단일 리스크요인에 노출된 단순한 포트폴리오를 이용하여 VAR를 측정하는 방법을 보여준다. 또한, VAR 수치를 해석할 때 알아야 할 단점들을 논의한다. 제2.4절은 VAR의 모수, 즉 신뢰수준과 목표기간의 선택을 다룬다. 다음으로, 제2.5절은 위기분석의 실행방법을 보여준다. 마지막으로, 제2.6절은 어떻게 리스크 모형이 부분평가법과 완전평가법으로 분류되는지 설명한다.

* FRM 시험 Part 1 주제.

2.1 금융시장의 리스크 개요

2.1.1 재무금융 리스크의 종류

재무금융 리스크는 시장리스크, 신용리스크, 그리고 운영리스크를 포함한다. **시장리스크**(market risk)는 금융시장의 가격 또는 변동성 변화에 기인한 손실의 위험이다. 이는 일반적으로 **유동성리스크**(liquidity risk)를 포함한다. 유동성리스크는 자금수요를 충족하기 위해 포지션을 청산해야 할 때 발생하는 손실의 위험이다. 유동성리스크는 공식적으로 정량화되기 어렵다. 그러나 그 중요성 때문에 제16장에서 다루어진다. **신용리스크**(credit risk)는 거래상대방이 계약상 의무를 이행할 의사나 능력이 없기 때문에 발생하는 손실의 위험이다. 신용리스크는 제4부에서 다루어질 것이다. **운영리스크**(operational risk)는 실패했거나 부적절한 내부 절차, 시스템, 그리고 인원 또는 외부 사건의 결과로 발생하는 손실의 위험이다. 이 주제는 제15장에서 다루어질 것이다. 그러나 이 세 범주의 리스크들은 빈번히 상호작용하기 때문에 모든 분류기준은 어느 정도 자의적이다.

예를 들어, 신용리스크는 다른 종류의 리스크들과 상호작용할 수 있다. 가장 간단한 수준에서, 신용리스크는 대출이나 채권 같은 자산의 채무불이행 리스크를 포함한다. 그러나 자산이 시장에서 거래될 때, 시장리스크는 신용리스크도 반영한다. 예를 들어, 회사채를 생각해보자. 가격 변동의 일부는 무위험이자율의 변동에 기인하며, 이는 순수한 시장리스크이다. 나머지는 부도가능성에 관한 시장의 기대를 반영한다. 따라서 거래되는 자산의 경우, 시장리스크와 신용리스크의 명확한 구별기준은 없다. 다소 자의적으로 분류될 수밖에 없다. 더욱이, 운영리스크도 빈번하게 포함된다.

어떤 트레이더가 1백만 영국 파운드(GBP)를 현물로 A은행으로부터 사는 단순한 거래를 생각해보자. 2영업일 후 결제의 경우, 현재 환율은 $1.5/GBP이다. 따라서 우리의 은행은 2영업일 후에 1백만 파운드를 받고 1.5백만 달러를 지급해야 한다. 이 단순한 거래는 일련의 리스크를 포함한다.

- **시장리스크** : 당일 중에 현물환율이 변동할 수 있다. 환율이 몇 시간 후 $1.4/GBP로 변동한다고 가정하자. 트레이더는 포지션을 축소하고, 다른 B은행에 현물로 매도한다. 1백만 파운드의 가치는 이제 1.4백만 달러에 불과하다. 100,000달러의 손실은 투자의 시장가치의 변동이다.

- **신용리스크** : 다음날 B은행이 파산한다. 트레이더는 이제 C은행과 새로운 대체거래를 해야 한다. 만약 현물환율이 \$1.4/GBP로부터 \$1.35/GBP로 더 하락하면, B은행과 현물 매도에서 생긴 50,000달러 이익은 이제 리스크에 노출된다. 그 손실은 투자의 시장가치 변화가 양수일 때 발생할 수 있다. 따라서 시장리스크와 신용리스크의 상호작용이 존재한다.
- **결제리스크**(settlement risk) : 다음날 우리의 은행은 오전에 1.5백만 달러를 A은행으로 송금한다. A은행은 정오에 도산하고, 약속된 1백만 파운드를 보내지 않는다. 이는 Herstatt risk로도 알려져 있다. 이 독일 은행은 1974년에 이런 의무를 이행하지 않았고, 잠재적으로 전체 금융시스템을 위협했다. 손실은 이제 잠재적으로 달러 표시 원금 전액이다.
- **운영리스크** : 우리의 은행이 1.5백만 달러를 착오로 D은행으로 송금했다고 가정해보자. 2일 후에 우리의 백 오피스는 돈을 돌려받고, A은행에 보상 이자를 더해 송금한다. 손실은 원금에 대한 이자이다.

2.1.2 리스크관리 도구

과거에 리스크는 여러 가지 임시방편적 도구에 의해 측정되었으며, 이들은 다양한 리스크들에 공통적으로 사용될 수 없었다. 이 도구들은 **기준금액**(notional amount)과 **민감도 척도**(sensitivity measure)를 포함한다. 이 척도들은 리스크에 관한 유용한 통찰을 제공하나, 포트폴리오에 걸친 잠재적 손실의 일관적 추정치를 제공하지 못한다. 이들은 시장 간 변동성 차이, 리스크요인들의 상관관계, 그리고 리스크요인의 불리한 변동의 확률을 고려하지 못한다.

예를 들어, **역변동금리 채권**(inverse floater)을 생각해보자. 이 채권은 명목 원금 1억 달러에 대해, 16%로부터 현재 LIBOR의 2배를 차감한 이자율이 양수이면 이 금리를 지급한다. 이 중기채권의 초기 시장가치는 1억 달러이다. 이런 종류의 투자는 이자율 변동에 극히 민감하다. 이자율이 상승하면, 이자지급액은 급격하게 감소할 것이다. 또한, 할인율도 상승한다. 모든 채권처럼 이 투자는 미래 현금흐름을 현재로 할인함으로써 평가될 수 있다. 더 낮은 현금흐름과 더 높은 할인율의 결합은 채권가격을 급격히 하락시킨다.

문제는 투자자가 정해진 목표기간 동안 얼마나 손해 볼 수 있는지이다. 기준금액은 단지 간접적인 정보를 제공한다. 최악의 시나리오는 이자율이 8%를 초과하는 것이다. 이 상황에서, 이표율은 $16-2\times8=0$으로 하락할 것이다. 채권은 무이표채가 되고, 가치는 8%의 할인율에서 68백만 달러로 하락한다. 이는 \$100−\$68=\$32(백만 달러)의 손실을 발생시킨다. 손실이 크지만, 기준금액보다는 작다.

듀레이션 같은 민감도 척도는 더 도움이 된다. 이 경우, 이 채권은 비슷한 5년 만기 채권에 비해 3배의 수정 듀레이션을 갖고 있다. 즉, $D=3\times4.5$년$=13.5$년이다. 따라서 만약 이자율이 1% 상승하면, 채권 가치는 13.5% 하락한다. 이 듀레이션 척도는 채권의 극단적 이자율민감도를 드러낸다. 그러나 이런 재앙에 가까운 이자율 변동이 발생할 가능성이 있는가라는 질문에는 대답하지 못한다. 또한, 채권 가격과 수익률 사이의 비선형 관계를 무시한다.

다른 일반적 문제는 이 민감도 척도들은 투자자로 하여금 상이한 시장들에 걸쳐 리스크를 통합할 수 있도록 허용하지 않는다는 것이다. 이 투자자가 유로 같은 다른 통화로 표시된 채권의 포지션을 보유한다고 하자. 리스크는 가산되는가, 혹은 분산되는가?

VAR는 이 모든 문제들에 대해 일관적인 답을 제시한다. 하나의 수치가 전체 포트폴리오에 걸쳐 리스크를 통합한다. VAR는 레버리지와 분산투자를 감안하고, 확률을 포함한 리스크 척도를 제공한다.

만약 향후 1년 동안 신뢰수준 95%에서 최악의 이자율 상승이 1.65%이면, VAR는 다음과 같이 계산된다.

$$\text{VAR}=(\text{시장가치}\times\text{수정 듀레이션})\times\text{최악의 이자율 상승} \tag{2.1}$$

이 경우, $\text{VAR}=\$100\times13.5\times0.0165=\$22$(백만 달러)이다. 투자자는 이제 다음과 같이 말할 수 있다. 신뢰수준 95%에서 최악의 손실은 약 22백만 달러이다. 리스크관리 담당자는 이제 단순하고 직관적인 형태로 투자리스크를 설명할 수 있다.

기준금액이나 노출 같은 척도들은, 리스크가 발생하기 전에 즉 사전적으로 리스크를 통제하려는 노력의 일환으로, 한도를 정하기 위해 사용되었고 지금도 사용되고 있다. 이 척도들은 잠재적 손실액의 사전적 지표인 VAR에 의해 보완되어야 한다. 다른 리스크관리 도구들은 손실이 발생한 후에, 즉 사후적으로 포지션을 축소하는 규칙인 **손실 제한**(stop loss)을 포함한다. 손실제한은 특히 추세적 시장에서 유용하나, 손실 발생 후에 적용되기 때문에 단지 부분적인 보호를 제공한다. 다시 말해, 추가적 손실을 방지하는 것을 제외하면 너무 늦다.

2.1.3 손실의 원천

우리의 예는 시장손실의 원천을 구별하는 데 도움을 준다. 채권가치의 변화는 다음과 같이 설명된다.

$$dP = -(D^* P) \times dy \tag{2.2}$$

여기에서, D^*P는 금액기준 듀레이션이고 dy는 수익률 변화이다.

이 수식은 두 요소의 결합 때문에 손실이 발생할 수 있다는 일반적 원리를 보여준다.

1. 요인에 대한 노출, 즉 금액기준 듀레이션이다. 이는 포지션을 표현하는 설명변수이다.
2. 리스크요인 자체의 변동. 이는 포트폴리오 외부의 영향이다.

이것은 일반적인 분해방법이다. 이는 또한 체계적위험(systematic risk), 즉 주식시장에 대한 노출에도 적용된다. 우리는 일반적으로 주식 i의 수익률 R_i를 시장의 R_M에 기인하는 요소와 약간의 잔존 리스크로 분해할 수 있다.

$$R_i = \alpha_i + \beta_i \times R_M + \epsilon_i \approx \beta_i \times R_M \tag{2.3}$$

리스크에 영향을 주지 않는 상수 α_i와 분산되는 잔차 ϵ_i는 생략하자. 여기에서 R_i는 **수익률**(rate of return) 기준으로 표시되므로, 단위는 없다. 금액으로 표시된 가격 변화를 얻기 위해, 다음 수식을 도출한다.

$$dP_i = R_i P_i \approx (\beta P_i) \times R_M \tag{2.4}$$

괄호 안의 항은 노출이며, 선택변수이다.

선형 노출의 개념은 Δ로 표시되는 옵션의 델타(delta)에도 적용된다.[1] 도함수값 f의 변화는 기초자산 S의 가격 변화의 함수로 표현된다.

$$df = (\Delta) \times dS \tag{2.5}$$

수식(2.2), (2.4), 그리고 (2.5)는 가치 변화는 **노출**(exposure) 계수와 시장변수의 변화에 연계되어 있음을 보인다.

1) 혼동을 피하기 위해 옵션의 1차 도함수를 관행적인 Δ로 표시한다. 변화는 미세한 양 df와 dS로 표시된다.

시장 손실＝노출×금융변수의 불리한 변동

손실이 발생하려면, 노출이 존재하고 리스크요인의 불리한 변화가 있어야 한다. 따라서 우리는 노출을 변화시킴으로써 포트폴리오 리스크를 관리할 수 있다. 예를 들어, 채권 포트폴리오를 현금화하면 금액기준 듀레이션은 0이 된다. 이 경우에 이자율 변동은 포트폴리오 가치에 영향을 주지 않는다. 더 일반적으로, 포트폴리오 가치와 리스크요인 사이의 관계는 선형일 필요는 없다.

예제 2.1 : FRM 시험 2005 – 문제 32

다음 거래담당자 한도에 관한 보기들 중 옳은 것은 무엇인가?

Ⅰ. 시장에 추세가 존재하면, 손실제한 한도가 유용하다.
Ⅱ. 노출 한도는 분산투자를 감안하지 않는다.
Ⅲ. VAR 한도는 차익거래의 대상일 수 있다.
Ⅳ. 손실제한 한도는 손실을 방지하는 데 효과적이다.

a. Ⅰ, Ⅱ　　b. Ⅲ, Ⅳ
c. Ⅰ, Ⅲ　　d. Ⅱ, Ⅳ

2.2 리스크측정 시스템의 요소

〈그림 2.1〉과 같이 리스크 측정 시스템은 다음 세 단계를 결합한다.

1. **포트폴리오 포지션**(portfolio position)을 취합하여 리스크요인들에 대해 매핑한다.
2. 시장 자료로부터 **리스크요인**(risk factor)의 분포를 만든다(예를 들어, 정규분포, 실제 분포 등).
3. 세 모형(모수적 분포, 역사적 시뮬레이션, 몬테칼로 시뮬레이션) 가운데 하나를 이용하여, **포트폴리오 수익률의 분포**(distribution of portfolio return)를 구한다. 그리고 손실 리스크를 VAR로 요약한다.

예를 들어, 40억 달러 상당의 엔화를 매도하고 달러를 매수한 포지션을 생각해보자. 이

그림 2.1 리스크 시스템의 요소

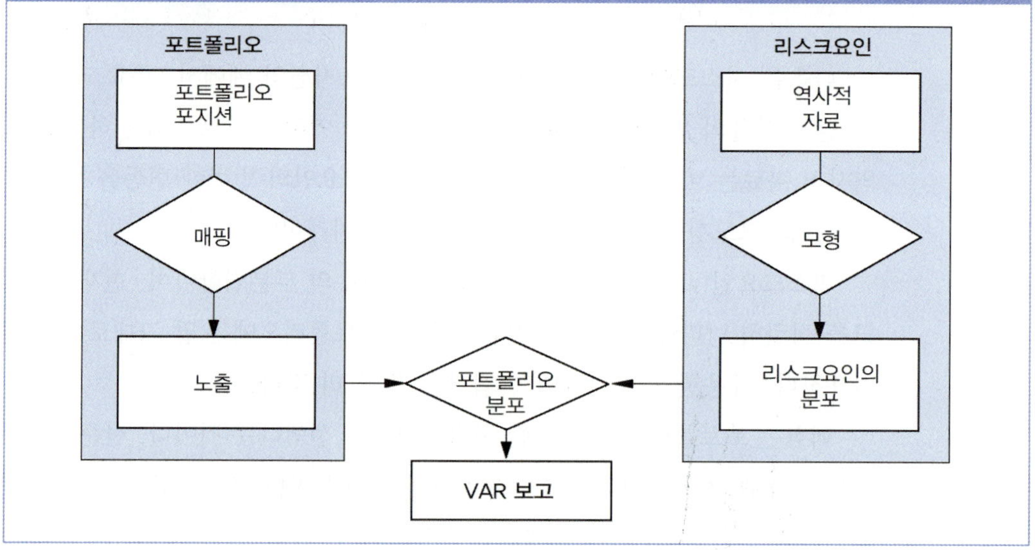

포지션은 달러화 대비 엔화 가치가 하락할 것이라고 예측하는 헤지펀드가 취할 수 있다. 당연하게 포트폴리오 매니저는 묻는다. 이 포지션은 하루에 얼마나 손해 볼 수 있는가?

2.2.1 포트폴리오 포지션

포트폴리오 포지션으로부터 시작하자. 이 예에서, 현재 포지션은 40억 달러 상당의 일본 엔화를 매도한 것이다.

모든 포지션은 목표기간 동안 변하지 않는다고 가정한다. 이 가정은 물론 트레이더가 적극적으로 포트폴리오를 회전시키는 상황에는 부합할 수 없다. 오히려 이는 단순화 가정이다.

진정한 리스크는 VAR 척도보다 크거나 또는 작을 수 있다. 만약 VAR가 더 낮은 트레이더 한도를 반영하는 마감 시점의 포지션에 기반하고, 그리고 트레이더들이 일중에 더 높은 리스크를 취한다면 진정한 리스크는 더 클 것이다. 반대로 만약 경영진이 손실한도를 부과하면, 다시 말해, 손실이 발생할 때 트레이더들이 취할 수 있는 리스크를 축소하면 진정한 리스크는 더 작을 수 있다.

2.2.2 리스크요인

다음은 리스크요인의 선택이다. 이 단일 포지션의 예에서, 주요 리스크요인은 명백히 엔/달러 환율의 변동이다. 우리는 환율에 관한 역사적 자료를 수집하는 것으로 시작한다. 역사적 자료는 미래 리스크를 대변하는 리스크요인의 빈번한 변동을 보여주기 때문에, 전통적 리스크모형이 유용한 결과를 제공하는 사례이다.

리스크요인(risk factor)들은 모든 시장변수의 부분집합이며, 현재 포트폴리오의 리스크를 적절히 나타내도록 정의된다. 대규모 포트폴리오에는 말 그대로 수만 종목의 증권이 가용하나, 유용한 리스크요인의 집합은 훨씬 더 작다.

핵심은 포트폴리오에 적합한 시장요인들을 선택하는 것이다. 단순한 고정소득 포트폴리오의 경우, 채권시장의 리스크요인 하나면 충분하다. 대조적으로, 높은 레버리지를 가진 포트폴리오에는 복수의 리스크요인이 필요하다. 옵션 포트폴리오에는 변동성이 리스크요인에 추가되어야 한다. 일반적으로, 투자전략이 복잡할수록 이용되어야 할 리스크요인의 수는 증가한다.

2.2.3 포트폴리오의 분포

마지막으로, 포트폴리오 포지션과 리스크요인의 변동에 관한 정보는 결합되어 포트폴리오 수익의 분포를 만들어낸다.

다음 절은 다양한 방법을 예시한다. 선택은 포트폴리오의 성격에 의존한다. 단순한 포트폴리오에는 간단한 방법이 충분할 수 있다. 고정소득 포트폴리오의 경우, 선형 모형이 적합할 수 있다. 대조적으로, 만약 포트폴리오가 옵션을 포함하면, 우리는 비선형 효과를 고려해야 한다. 플레인-바닐라(plain-vanilla) 옵션의 경우, 우리는 1차 도함수(델타)와 2차 도함수(감마)로 가격 변화의 근사값을 구할 수 있다. 디지털 또는 배리어 옵션 같은 더 복잡한 옵션의 경우 이것으로 충분하지 않다.

이런 이유 때문에 리스크관리는 과학이면서 예술이다. 리스크관리 담당자는 비용효율적인 리스크 척도를 얻기 위해 합리적인 근사값 계산법을 필요로 한다. 이들은 또한 트레이더들이 리스크관리 시스템의 약점을 찾으려 할 수 있다는 것을 알아야 한다.

리스크관리 시스템이 구축되면, 위기분석의 실행에도 이용될 수 있다. 리스크관리 담당자는 현재 포트폴리오에 대해 다양한 시나리오를 쉽게 적용할 수 있다. 시나리오는 단순히 리스크요인들의 미리 정해진 변동이다. 따라서 위기분석은 VAR 시스템의 단순한 확장이다.

> **예제 2.2 : 포지션에 기반한 리스크 척도**
>
> 표준적 VAR 계산법이 다기간으로 확장되면, 포지션은 고정되어 있다는 가정이 수반된다. 만약 리스크관리가 손실한도를 부과하면, 실제 VAR는?
>
> a. 같다.　　b. 계산된 값보다 크다.
>
> c. 계산된 값보다 작다.　　d. 알 수 없다.

2.3 하방 리스크 척도

2.3.1 VAR: 정의

VAR는 G-30(Group of Thirty)에 의해 인정받은 후, 1993년에 리스크 척도로 등장했다.[2] 그러나 VAR 배후의 방법론은 새로운 것이 아니다.

VAR는 금액으로 표현된 하방 리스크의 요약 척도이다. 일반적 정의는 다음과 같다.

VAR는 목표기간 중 최대손실이며, 실제 손실이 더 클 확률은 낮으며 사전에 선택된 수준이다.

2.3.2 VAR: 역사적 시뮬레이션

40억 달러 상당의 엔화를 매도한 우리의 포지션으로 돌아가자. 이 리스크를 측정하기 위해, 일별 엔/달러 환율의 역사적 자료를 사용할 수 있다. 예를 들어, 2000년부터 2009년까지 10년 기간을 생각해보자. 다음과 같이 달러 기준 일간 수익률을 시뮬레이션한다.

$$R_t(\$) = Q_0(\$)[S_t - S_{t-1}]/S_{t-1} \tag{2.6}$$

2) G-30은 사적인 비영리 조직이며, 민간 및 공공 부문 그리고 학계의 고위 대표자들로 이루어져 있다. 1990년대 초의 파생상품 파동 후에, G-30은 리스크관리의 이정표적 자료가 된 보고서를 발간했다. Group of Thirty, *Derivatives: Practices and Principles* (New York: Group of Thirty, 1993).

그림 2.2 일간 수익의 시뮬레이션

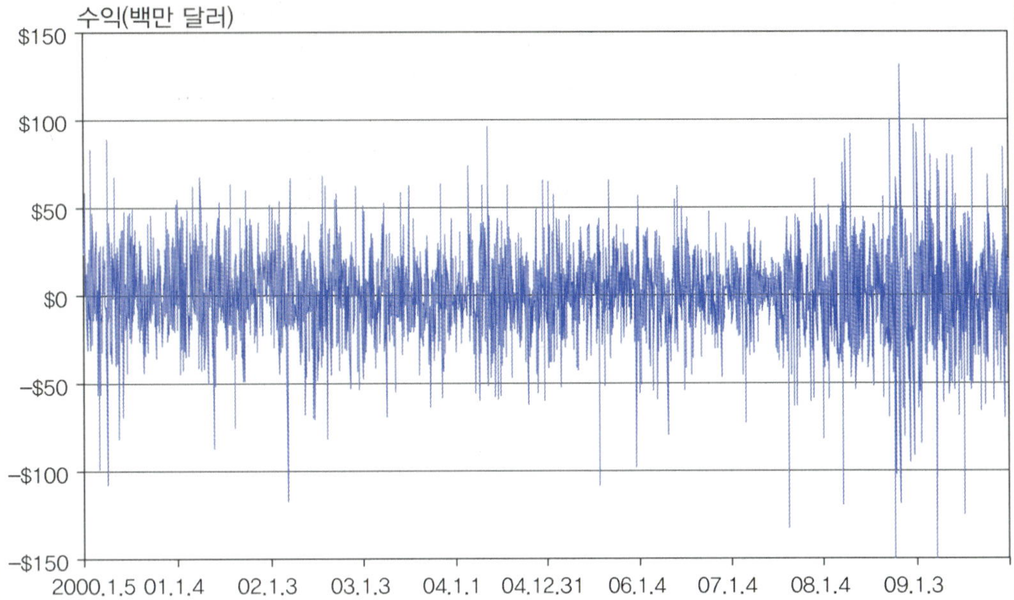

여기에서 Q_0는 포지션의 달러표시 현재가치, 그리고 S는 연속적인 2영업일에 걸쳐 측정된 달러 대비 엔화의 현물환율이다.

예를 들어, 가상적인 2일 동안 $S_1 = 112.0$ 그리고 $S_2 = 111.8$이라고 하자. 시뮬레이션된 수익은 다음과 같다.

$$R_2(\$) = \$4,000 \times [111.8 - 112.0]/112.0 = -\$7.2(\text{백만 달러})$$

이 작업을 전체 표본기간, 또는 2,527거래일에 걸쳐 수행하면, 〈그림 2.2〉에 표시된 가상적 수익의 시계열이 만들어진다. 이 방법은 현재 포트폴리오를 가까운 과거 자료를 이용하여 시뮬레이션하기 때문에 **역사적 시뮬레이션**(historical simulation)으로 불린다.

우리는 이제 일간 수익률의 빈도분포를 만들 수 있다. 이는 최악부터 최선까지 손실의 순서에 기초한다. 예를 들어, 150백만 달러를 초과하는 손실 2회, 150백만 달러부터 100백만 달러 사이의 손실이 8회 등이다. 빈도분포표, 또는 빈도분포는 〈그림 2.2〉의 그래프에 의해 표현된다.

이제 우리는 이 분포를 하나의 수치로 요약하려 한다. 우리는 분위수를 이용할 수 있으며, 이는 어떤 높은 **신뢰수준**(confidence level)에서 최대의 손실 수준이다. 예를 들어, 신뢰수준을 $c = 95\%$로 선택하자. 이는 **오른쪽 꼬리 확률**(right−tail probability)에 해당한다. VAR는 **왼쪽 꼬리 확률**(left−tail probability)인 $p = 1 - c$를 기준으로 정의될 수도 있다.

금액 기준 이익 또는 손실을 x로 표시하자. VAR는 손실이지만, 일반적으로 양수로 표시된다. 다음과 같이 음함수로 정의된다.

$$c = \int_{-\mathrm{VAR}}^{\infty} f(x)dx \tag{2.7}$$

결과가 이산적일 때, VAR는 오른쪽 꼬리 확률이 적어도 c인 가장 작은 손실이다.

때로 VAR는 평균과 분위수 사이의 편차로 보고된다. 이 두 번째 정의는 통상적인 것보다 더 일관성이 높다. 이는 목표일의 두 값 사이의 편차를 고려하기 때문에, 화폐의 시간가치를 감안한다. 그러나 대다수의 적용 사례에서, 목표기간은 대단히 짧고, 이 경우에 금융시계열의 평균수익률은 0에 가깝다. 결국, 두 정의는 일반적으로 비슷한 결과를 제공한다.

이 헤지펀드의 예에서, 우리는 절사값 $R^* > 0$을 찾고자 한다. 여기에서, $-R^*$보다 심한 손실의 확률은 $p = 1 - c = 5\%$이다. 총 $T = 2,527$개의 관찰값에서 절사값은 왼쪽 꼬리의 총 $pT = 0.05 \times 2,527 = 126$개의 관찰값에 해당한다. 우리는 순서대로 배열된 분포에서 절사값 $R^* = 42$백만 달러를 선택한다. 따라서 다음과 같이 말할 수 있다. 1일의 최대손실은 신뢰수준 95%에서 약 42백만 달러이다. 이는 기준금액 또는 노출이 전달할 수 없는 내용까지 포함하는 리스크의 표현방법이다.

2.3.3 VAR: 모수적 방법

VAR 측정의 다른 접근법은 수익의 분포가 정규분포 같은 특정 밀도함수에 속한다고 가정하는 것이다. 그러나 다른 분포들도 가능하다. 산포도 모수는 통상적인 표준편차로 측정되며, 이는 다음과 같이 정의된다.

$$\mathrm{SD}(X) = \sqrt{\frac{1}{(N-1)} \sum_{i=1}^{N} [x_i - E(X)]^2} \tag{2.8}$$

이 척도의 장점은 분위수 부근의 몇 개만이 아닌, 모든 관찰값을 고려한다는 것이다. 예를 들어 큰 음수는 분산의 계산에 영향을 미쳐서, SD(X)를 증가시킨다. 만약 우리가 분포의 형태를 미리 정할 용의가 있으면, 예를 들어 정규분포나 t-분포를 선택하면 표준편차는 가장 효율적인 산포도 척도이다. 예를 들어, 우리의 엔화 포지션에서 이 값은 SD=26.8백만 달러이다.

분포와 선택된 신뢰수준 c에 의존하는 승수 $\alpha(c)$를 이용하면, 표준편차는 VAR 척도로 전환될 수 있다.

$$\mathrm{VAR} = \alpha\sigma W \tag{2.9}$$

여기에서 σ는 수익률의 변동성이며, 단위는 없다. 그리고 W는 투자금액이며, 기준통화로 표시된다. 이 예에서, SD$=\sigma W$이며 달러로 표시된다.

만약 정규분포이고 $c=95\%$ 이면, $\alpha=1.645$ 이다. VAR 추정치는 $1.645\times 26.8=44$백만 달러이며, 이는 경험적 분위수인 42백만 달러로부터 멀지 않다.

수식(2.9)는 VAR를 평균에 대비하여 측정한다는 사실에 유의하자. 표준편차는 평균 주변의 산포도 척도이기 때문이다. 만약 초기 가치에 대비된 손실을 측정하는 것이 중요하면, VAR는 다음과 같다.

$$\mathrm{VAR} = (\alpha\sigma - \mu) W \tag{2.10}$$

여기에서 μ는 목표기간의 기대수익률이다. 이 예에서, 평균은 -0.1백만 달러로서 매우 작으며, VAR에 거의 영향을 미치지 않는다.

표준편차의 단점은 평균을 중심으로 대칭적이며, 큰 손실 또는 이익을 구별하지 못한다는 것이다. 또한, 표준편차로부터 VAR를 측정하려면 분포에 관한 가정이 필요한데, 이 가정이 유효하지 않을 수 있다.

VAR를 측정하기 위해 표준편차를 이용하는 것은 **모수적 접근법**(parametric approach)의 예이다(모수에 의해 특정되는 분포에 의존하기 때문이다). 앞 절의 VAR는 경험적 분포로부터 측정되었으며, 이는 **비모수적 접근법**(nonparametric approach)의 예이다.

2.3.4 VAR: 몬테칼로 시뮬레이션

마지막으로, 리스크 측정의 세 번째 접근법은 몬테칼로 시뮬레이션을 이용하여 수익을 시뮬레이션하는 것이다. 이 방법은 리스크요인의 분포에 관해 특정 밀도함수를 가정하고, 이 분포들로부터 포트폴리오 수익의 무작위 표본을 추출한다.

예제 2.3 : FRM 시험 2005 – 문제 43

ABC은행의 10-Q 보고서는 자사의 월간 VAR가 신뢰수준 95%에서 1,000만 달러라고 기술한다. 이 말의 적절한 해석은 무엇인가?

a. 만약 ABC은행의 월간 수익/손실 자료 100개를 수집하면, 1,000만 달러 이상의 손실이 발생한 달은 항상 다섯 달일 것이다.
b. 이 은행이 한 달 동안 1,000만 달러보다 작은 손실을 볼 확률은 95%이다.
c. 이 은행이 매 달 1,000만 달러 이하의 수익을 올릴 확률은 5%이다.
d. 이 은행이 한 달 동안 1,000만 달러보다 작은 손실을 볼 확률은 5%이다.

2.3.5 VAR: 단점

VAR는 유용한 요약적 지표이나, 단점을 갖고 있다.

- **VAR는 발생가능한 최악의 손실을 알려주지 않는다.** VAR는 이 값을 측정하도록 고안된 것은 아니다. 실제로 VAR 값은 p의 빈도로 초과될 것이다. 만약 신뢰수준이 95%이면, 이 사건은 100일 중 5일의 비율로 발생한다. 이는 지극히 정상적 현상이다. 실제로, 사후검증 과정은 초과발생 빈도가 p와 일관성을 갖는지 확인하기 위해 고안되었다. 사후검증은 제6장에서 다루어질 것이다.
- **VAR는 왼쪽 꼬리에 속한 손실을 기술하지 않는다.** VAR는 왼쪽 꼬리의 손실분포에 관한 정보를 전혀 제공하지 않는다. 다만, 그 정도 손실의 발생 확률을 알려준다. 〈그림 2.3〉의 경우, 42백만 달러보다 심한 손실의 평균값은 약 63백만 달러이며, 이는 VAR보다 약 50% 더 크다. 따라서 200백만 달러를 넘는 손실이 빈번하면 이상한 현상이다.

  그러나 VAR는 동일하더라도, 분포는 상이할 수 있다. 〈그림 2.4〉는 160백만 달러의 대규모 손실이 125회 발생한 분포를 예시한다. 그러나 42백만 달러 바로 밑의 왼쪽 관찰값이 1개 있기 때문에, VAR는 여전히 42백만 달러이다. 그러나 이 분포는, 원래 분포와는 달리, 매우 큰 손실이 지속될 확률이 높음을 의미한다.

  이는 다른 이상한 결과들을 만들어낼 수 있다. 예를 들어, 이 장의 범위를 넘어서지만, 포트폴리오 VAR가 구성요소들의 VAR 합계보다 큰 예를 만들 수 있다. 이 경

그림 2.3 일간 수익의 분포

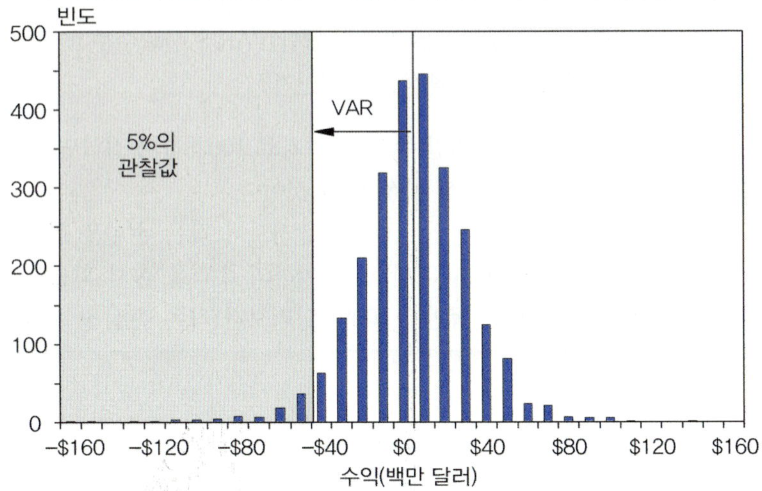

우, 리스크 척도는 저가법성(subadditivity)을 충족하지 못한다고 표현된다. 그러나 표준편차는 저가법성을 충족한다. 포트폴리오의 SD는 하위 포트폴리오들의 표준편차의 합보다 작거나 같아야 한다. 결국, 표준편차로부터 계산된 VAR도 저가법성을 충족한다.

■ **VAR 측정은 오차를 수반한다.** VAR 값 자체는 일상적인 표본 가변성을 갖고 있다. 우리의 예는 10년 동안의 일별 자료를 사용했다. 다른 표본, 또는 다른 길이의 표본기간은 다른 VAR 값을 가질 것이다. 상이한 통계적 방법 또는 단순화도 다른 VAR 값을 만들어낸다. 표본기간과 방법을 변화시키는 실험을 통해, VAR의 정확도에 관한 직관을 얻을 수 있다. 따라서 VAR 값의 정확도에는 한계가 있음을 기억하면 도움이 된다. 중요한 것은 전체적인 크기이다. 예를 들어, VAR를 41.989백만 달러로 보고하는 것은 어리석다. 이 경우, 첫 두 자리만 의미 있는 수치이다.

모수적 접근법의 장점의 하나는 역사적 시뮬레이션보다 정확하게 VAR를 추정한다는 것이다. 표준편차의 추정량이 표본의 모든 관찰값을 이용하기 때문이다. 대조적으로, 표본 분위수는 왼쪽 꼬리의 관찰값들을 세고, 추가로 단지 한 두 개의 관찰값을 더 사용한다.

그림 2.4 동일한 VAR를 가진 변형된 분포

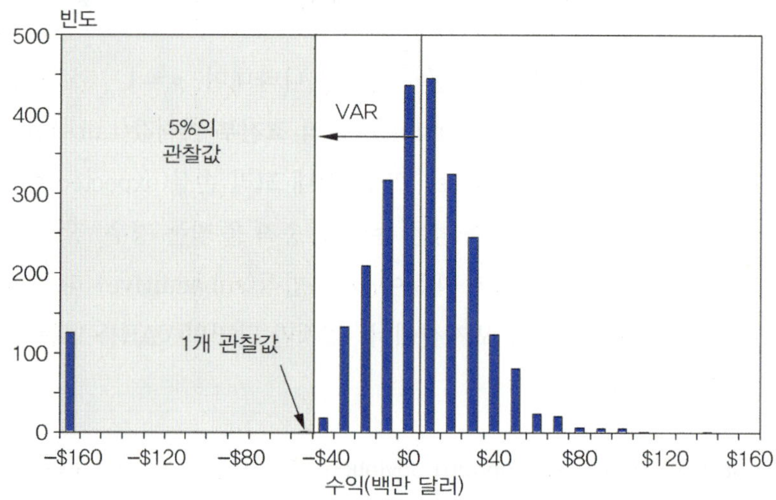

또한, VAR 척도는 최근의 역사적 자료에 기초하는 모든 리스크 척도들이 갖고 있는 문제점을 공유한다. 이상적으로, 과거의 표본기간은 미래 결과의 범위를 반영해야 한다. 그렇지 않으면, 최근의 역사적 자료에 기초한 모든 리스크 척도는 왜곡될 것이다.

2.3.6 대안적 리스크 척도들

관행적인 VAR 척도는 금액으로 측정된 분포의 분위수(quantile)이다. 이 단일 수치는 편리한 요약이지만, 이 단순성은 위험할 수 있다. 〈그림 2.4〉에서, 우리는 동일한 VAR에 의해 매우 다른 분포 형태가 숨겨질 수 있음을 알 수 있다. 제5장은 리스크 척도의 바람직한 특성들을 검토하고, VAR는 경우에 따라 바람직하지 못한 성질을 가질 수 있음을 보인다. 특히, 포트폴리오의 VAR는 하위 포트폴리오들의 VAR 합계보다 클 수 있다. 그렇다면 포트폴리오를 결합하면 리스크가 증가할 수 있으나, 이는 바람직하지 않은 성질이다. 대안적 리스크 척도들은 다음과 같다.

조건부 VAR(Conditional VAR) 연관된 개념은 VAR를 초과하는 손실의 기대값이다. 이 척도는, 손실이 VAR보다 크다는 조건 하에서, 손실의 평균을 측정한다. VAR 값을 $-q$로 표시하자. 공식적으로, 조건부 VAR(CVAR)는 다음 식의 부호를 바꾼 값이다.

$$E[X \mid X < q] = \int_{-\infty}^{q} xf(x)dx \;/\; \int_{-\infty}^{q} f(x)dx \tag{2.11}$$

이 분모는 VAR를 넘는 손실의 확률을 나타내며, $p = 1 - c$로도 표현된다. 이 비율은 또한 **기대 쇼트폴**(expected shortfall), **꼬리 조건부 기대값**(tail conditional expectation), **조건부 손실**(conditional loss), 또는 **기대 꼬리 손실**(expected tail loss)로 불린다. CVAR는, 포트폴리오가 VAR를 넘는 손실의 "충격"을 받는 경우, 잠재적 손실에 해당한다. CVAR는 꼬리 손실의 평균이기 때문에, 저가법적(subadditive) 리스크 척도에 포함됨을 증명할 수 있다. 우리의 엔화 포지션에서, 42백만 달러의 VAR를 넘는 손실의 평균은 CVAR=63백만 달러이다.

하방 표준편차(semistandard deviation) 이는 손실을 나타내는 관찰값들만 고려하도록, 일상적 표준편차를 단순히 확장한 것이다. 이런 관찰값들의 수를 N_L로 표시하자. 이 척도는 다음과 같다.

$$\text{SD}_L(X) = \sqrt{\frac{1}{(N_L)} \sum_{i=1}^{N} [\text{Min}(x_i, 0)]^2} \tag{2.12}$$

이 척도의 장점은 분포의 비대칭성을 고려한다는 것이다(예를 들어 음의 왜도, 그런데 이것은 특히 위험하다). 하방 표준편차는 때로 하방 리스크를 보고하는 데 이용되나, VAR보다 훨씬 덜 직관적이고 덜 빈번하게 사용된다.

드로다운(drawdown) 드로다운은 일정 기간 중 최고점으로부터의 하락이다. 이 기간 $[0, T]$ 중 시점 $t_{\text{MAX}} \in [0, T]$에 발생한 국지적 극대값을 x^{MAX}으로 표시하자. 이 값에 대비하여, 시점 t의 드로다운은 다음과 같다.

$$\text{DD}(X) = \frac{(x^{\text{MAX}} - x_t)}{x^{\text{MAX}}} \tag{2.13}$$

최대 드로다운은 기간 동안의 가장 큰 값, 또는 최고점부터 최저점까지의 하락이다(국지적 극대값부터 국지적 극소값까지).

이 척도는 수익이 기간별로 독립적이지 않을 때 유용하다. 예를 들어, 시장이 추세를 따르면, 장기적 누적손실은 더 짧은 기간의 자료를 이용하여 근사값을 구한 경우보다 크다.

만약 포트폴리오가 적극적으로 관리되면 드로다운은 리스크의 유용한 척도이다. 예를 들어, 포트폴리오보험 프로그램은 손실이 누적되면 포지션을 청산하기 때문에 위험자산의 고정된 포지션보다 낮은 드로다운을 가져야 한다.

이 척도의 단점은 과거지향적이라는 것이다. 이는 VAR처럼 현재 포지션으로부터 측정될 수 없다. 또한, 최대 드로다운이 발생하는 기간(즉, $t_{MAX} - t_{MIN}$)은 상이하다. 결국, 최대 드로다운 척도는 상이한 포트폴리오들을 직접적으로 비교할 수 없다. 반대로, 고정된 목표기간이나 연 단위로 계산된 VAR 또는 표준편차로는 가능하다.

예제 2.4 : FRM 시험 2003 – 문제 5

어떤 자산의 백분율 수익률 30개가 크기 순서대로 다음과 같을 때, VAR와 기대 쇼트폴을 90%의 신뢰수준에서 계산하라: −16, −14, −10, −7, −7, −5, −4, −4, −4, −3, −1 , −1, 0, 0, 0, 1, 2, 2, 4, 6, 7, 8, 9, 11, 12, 12, 14, 18, 21, 23.

a. VAR(90%)=10, 기대 쇼트폴=14
b. VAR(90%)=10, 기대 쇼트폴=15
c. VAR(90%)=14, 기대 쇼트폴=15
d. VAR(90%)=18, 기대 쇼트폴=22

예제 2.5 : FRM 시험 2009 – 문제 4–4

VAR보다 불리한 시나리오는 손실이 주어진 신뢰수준의 VAR를 초과하는, 즉 수익분포의 극단적 왼쪽 꼬리에 포함된 손실이 발생하는 시나리오로 정의된다. 다음 보기 중 어느 것이 VAR의 올바른 설명인가?

a. VAR는 VAR보다 불리한 시나리오 수익률의 평균이다.
b. VAR는 VAR보다 불리한 시나리오 수익률의 표준편차이다.
c. VAR는 VAR보다 불리한 시나리오 중에서 가장 비관적인 시나리오 수익(최대 손실)이다.
d. VAR는 VAR보다 불리한 시나리오 중에서 가장 낙관적인 시나리오 수익(최소 손실)이다.

2.4 VAR의 모수

VAR를 측정하려면, 먼저 두 개의 정량적 모수를 결정해야 한다. 이는 신뢰수준과 목표기간이다.

2.4.1 신뢰수준

신뢰수준 c가 높을수록, VAR 척도는 더 크다. 신뢰수준을 변화시키면, 수익의 분포 및 잠재적인 극단적 손실에 관한 유용한 정보를 얻는다. 그러나 99%, 99.9%, 99.99%, 또는 이 이상처럼 어디까지 높여야 하는가는 명백하지 않다. 이 값들은 각각 더 큰 손실 값을 만들어내지만, 손실 확률은 점점 더 하락한다.

다른 문제는 c가 높을수록 VAR 미만의 값이 발생하는 빈도는 감소하고, 높은 분위수 척도의 신뢰도는 낮다는 것이다. 예를 들어, 1,000개의 관찰값이 있으면 신뢰수준 99%에서 VAR는 10번째로 낮은 관찰값이다. 신뢰수준이 99.9%로 올라가면 VAR는 단순히 가장 낮은 관찰값이다. 마침내 관찰값 부족 때문에 이 표본에서 신뢰수준 99.99%의 VAR를 추정할 방법은 없다.

신뢰수준의 선택은 VAR의 용도에 의존한다. 대다수의 적용에서 VAR는 단지 하방 리스크의 기준 지표이다. 이 경우, 실제로 중요한 것은 모든 거래부서 또는 시점에 걸쳐 VAR 신뢰수준의 일관성(consistency)을 유지하는 것이다.

대조적으로 만약 VAR 값이 파산을 피하기 위해 축적해야 할 자본액을 결정하는 데 사용되면, 높은 신뢰수준이 바람직하다. 명백하게 기관들은 파산확률을 매우 낮은 수준에서 유지하고자 한다. 다만 **자본적정성**(capital adequacy) 용도는 기관 전체에 적용되고 거래부서에 국한되지 않는다.

다른 중요점은 VAR 모형은 검증될 수 있어야만 유용하다는 것이다. 이는 VAR를 초과하는 손실의 빈도가 $p = 1 - c$와 일치하는지 체계적으로 확인하는 사후검증의 목적이다. 이 목적을 위해 리스크관리 담당자는 c값을 너무 높지 않게 선택해야 한다. 예를 들어, $c =$ 99.99%이면 평균적으로 10,000 거래일 또는 40년에 한 번 초과 현상이 발생해야 한다. 다시 말해, VAR와 관련된 진정한 확률이 실제로 99.99%인지 확인하는 것은 불가능하다. 이런 이유들 때문에, 일반적인 권고는 지나치게 높지 않은 95% 내지 99% 같은 신뢰수준을 선택하는 것이다.

2.4.2 목표기간

목표기간 T가 길수록, VAR 척도도 크다. 근사값은 리스크요인의 행태와 포트폴리오 포지션, 두 요인에 의해 측정된다.

목표기간 1일로부터 더 긴 목표기간으로 확장하려면, 수익률이 독립적이고 동일한 분포(i.i.d.)를 따른다고 가정해야 한다. 그러면, 일간 변동성은 일 수의 제곱근을 곱함으로써 여러 날의 변동성으로 변환될 수 있다. 또한, 일간 수익률의 분포는 더 긴 목표기간의 경우에도 변하지 않는다고 가정해야 한다. 이는 분포의 집단을 소위 안정적 집단으로 제한하며, 정규분포는 이 집단의 하나이다.

$$\text{VAR}(T\text{일}) = \text{VAR}(1\text{일}) \times \sqrt{T} \tag{2.14}$$

이는 (1) 목표기간이 변해도 분포는 변하지 않고(즉, 정규분포의 경우 동일한 α), (2) 다양한 목표기간의 경우에도 분포는 동일하며(즉, 분산의 시간 불변성), 그리고 (3) 이노베이션은 일별로 독립적일 것을 요구한다.

핵심 개념

VAR는 시간의 제곱근을 곱함으로써 목표기간 1일으로부터 T일로 확장될 수 있다. 이 조정은 독립적이고 동일한(i.i.d.) 정규분포의 수익률일 때 유효하다.

목표기간의 선택은 또한 포트폴리오의 특성에 의존한다. 만약 포지션이 빨리 변하거나 또는 기초자산 가격이 변함에 따라 노출(예를 들어, 옵션의 델타)이 변동하면, 목표기간을 늘리는 것은 VAR 척도의 정확성을 낮춘다.

다시 말해, 목표기간의 선택은 VAR의 용도에 의존한다. 만약 목적이 하방 리스크의 정확한 준거 척도를 제공하는 것이면, 목표기간은 상대적으로 짧아야 한다. 이상적으로 포트폴리오의 대폭적 재조정의 평균 주기보다 짧아야 한다.

대조적으로, 만약 VAR 값이 파산을 피하기 위해 확보해야 할 자본 규모를 정하는 데 사용되면 긴 목표기간이 권장된다. **자본적정성** 목적의 경우, 금융기관들은 문제가 발생하면 시정조치를 취할 충분한 시간을 원할 것이다. VAR 목표기간은 정상적으로 포지션을 청산할 수 있도록 충분히 길어야 한다. 다시 말해, 덜 유동적인 자산은 더 긴 목표기간에 대해 평가되어야 한다.

실무에서 목표기간은 이익과 손실(P&L)의 보고주기보다 짧을 수 없다. 일반적으로 은행은 일별로 P&L을 측정하고, 기업은 더 긴 주기(일별부터 월별까지)를 이용한다. 이 주기는 VAR 목표기간의 하한이다.

다른 기준은 사후검증의 필요성과 연계되어 있다. 목표기간이 짧을수록 실현 P&L에 대해 VAR를 비교하는 데 사용될 수 있는 관찰값 수가 증가한다. 통계적 검증에서 더 많은 수의 관찰값은 더 높은 검증 파워를 의미한다. 즉, VAR 모형의 문제를 발견할 가능성이 더 높다. 따라서 사후검증 목적이면 가급적 짧게 목표기간을 정하도록 권장된다.

이런 이유들 때문에, 거래부서는 일반적으로 1일처럼 가급적 짧은 목표기간을 선택하도록 권고된다. 연기금과 같은 기관의 경우, 예를 들어 목표기간 1개월이 더 적합할 수 있다.

요약하면, 신뢰수준과 목표기간의 선택은 리스크 척도의 의도된 용도에 의존한다. 사후검증 목적이면, 낮은 신뢰수준과 짧은 목표기간을 선택해야 한다. 자본적정성 목적이면, 높은 신뢰수준과 긴 목표기간이 요구된다. 실무에서 이렇게 상충되는 목표들은 바젤 시장리스크 요구자본처럼 더 복잡한 기준에 의해 고려될 수 있다.

2.4.3 적용: 바젤 기준

리스크 모형의 중요한 용도는 자본적정성 목적이다. 바젤 은행감독위원회는 상업은행의 거래 포트폴리오의 시장리스크를 완충하기 위해 필요한 최소 요구자본을 설정하였다. 그 기준은 은행의 내부적 VAR 척도에 기초한 **시장리스크 요구자본**(Market Risk Charge: MRC)을 규정한다. 1996년에 정해진 최초의 기준은 다음 모수들을 요구한다.

- 10거래일 또는 2주의 목표기간
- 신뢰수준 99%
- 최소 1년의 역사적 자료 그리고 적어도 분기별로 갱신되는 표본기간

1996년에 정해진 **내부모형 접근법**(Internal Models Approach: IMA) 하에서, MRC는 **일반적 시장리스크 요구자본**(general market risk charge: GMRC) 그리고 다른 요소들을 포함한다.

$$GMRC_t = \mathrm{Max}\left(k\frac{1}{60}\sum_{i=1}^{60} VAR_{t-i},\ VAR_{t-1}\right) \tag{2.15}$$

GMRC는 최근 60일 동안의 거래 포트폴리오 VAR의 평균을 감독기관이 정한 승수 k(최소값 3)로 곱한 값과 직전일의 VAR를 포함한다. 바젤위원회는 1일 VAR 수치로부터 계산된 10일 VAR의 근사값을 허용한다. 따라서 VAR는 실제로 다음과 같다.

$$VAR_t(10,\ 99\%) = \sqrt{10} \times VAR_t(1,\ 99\%)$$

이론적으로 10일의 기간은, 금융기관이 문제에 처하는 경우, 은행 규제기관에 의한 시정조치에 필요한 시간에 해당한다. 마찬가지로, 신뢰수준 99%는 시장리스크에 기인한 은행파산 가능성을 낮은 수준으로 유지하려는 것이다. 그러나 매 100 기간마다 1번씩 발생한다는 조건은 높은 파산빈도이다. 1년 중에는 52/2=26회의 2주짜리 기간이 있다. 따라서 1회의 파산이 100/26=3.8년마다 기대되며, 이는 너무 빈번한 수치이다. 이는 바젤위원회가 추가적 안전을 보장하기 위해 승수 $k \geq 3$을 적용한 이유를 설명한다. 또한 이 요인은 두터운 꼬리, 불안정한 모수, 포지션 변동, 그리고 더 일반적으로 모형리스크로부터 보호하려는 것이다.

기준은 2009년에 수정되어 적어도 매월 갱신을 요구한다. 또한 GMRC는 위기 VAR 척도를 포함하도록 확대되었으며, 이는 제18장에서 설명된다.

예제 2.6 : FRM 시험 2008 – 문제 2-2

어떤 유동적 자산의 P&L 분포가 i.i.d. 정규분포를 따른다고 가정하자. 이 포지션은 신뢰수준 95%에서 100,000달러의 1일 VAR를 갖고 있다. 같은 포지션의 10일 VAR를 신뢰수준 99%에서 추정하라.

a. \$1,000,000　　b. \$450,000

c. \$320,000　　d. \$220,000

예제 2.7 : FRM 시험 2009 - 문제 4-3

포트폴리오의 일간 수익률이 독립적이고 동일한 정규분포를 따른다고 가정하자. 신입 정량적 애널리스트 Sam Neil은 포트폴리오 매니저로부터 10, 15, 20, 25일에 대한 포트폴리오 VAR를 추정하라는 요청을 받았다. 포트폴리오 매니저는 보기에 있는 Sam의 계산에서 무엇인가 잘못된 점을 발견하였다. 이 포트폴리오의 다음 VAR 가운데 다른 것들과 일관성을 갖지 않는 것은 무엇인가?

a. VAR(10일)=316백만 달러
b. VAR(15일)=465백만 달러
c. VAR(20일)=537백만 달러
d. VAR(25일)=600백만 달러

예제 2.8 : 시장리스크 요구자본

은행의 거래 포트폴리오의 95%, 1일 RiskMetrics VAR는 1,000,000달러이다. 1996년의 기준에 의한 일반적 시장리스크 요구자본의 근사값은 무엇인가?

a. 3,000,000달러　　b. 9,500,000달러
c. 4,200,000달러　　d. 13,400,000달러

2.5 위기분석

2.5.1 VAR 척도의 한계

우리는 앞 절에서 VAR 척도는 태생적 한계를 갖고 있음을 보았다. 또한 전통적인 역사적 시뮬레이션을 적용하면 **이동 표본기간**(moving window)의 선택 때문에 특별한 문제가 발생한다. 이는 전형적으로 1년 내지 3년의 역사적 자료를 이용한다.

2007년에 시작된 신용위기 중에 많은 은행에서 리스크관리 시스템이 실패했다. 일부 은행들은 예상보다 훨씬 더 빈번하고 큰 손실을 입었다. 예를 들어, 2007년 한 해에 UBS는 29회의 예외, 즉 VAR보다 심한 손실을 경험했다. 예상된 횟수는 두세 번(즉, 250일의 1%)이었다.

그림 2.5 S&P 500 주가지수의 변동성

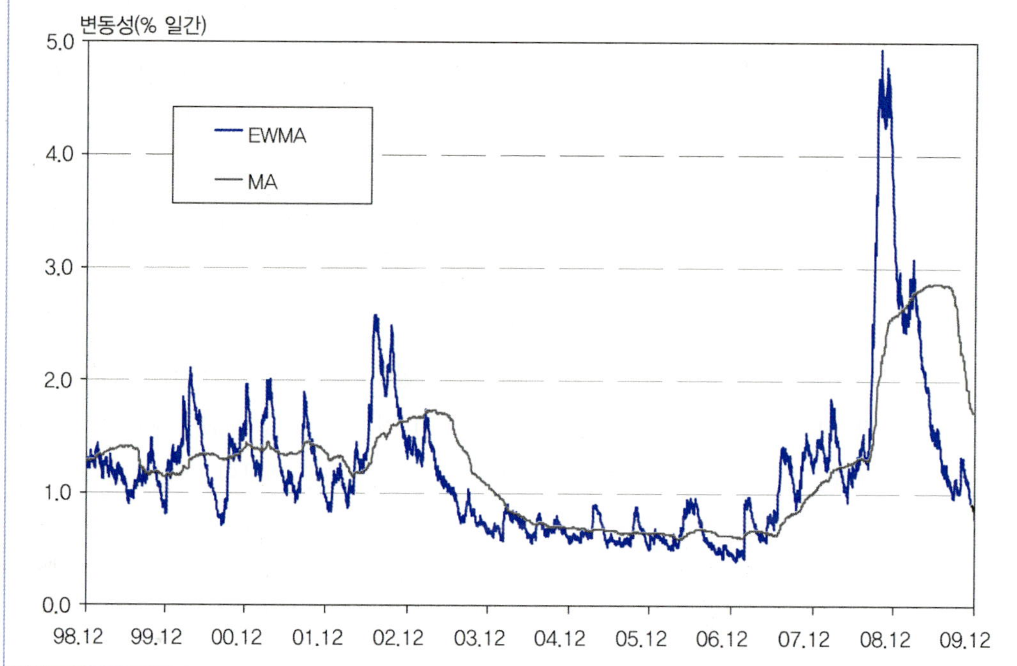

이는 부분적으로 2007년이 오랜 안정기 직후였기 때문이다. 예를 들어, 〈그림 2.5〉는 0.94의 감쇠계수를 가진 지수적 가중이동평균(EMWA)을 이용한, S&P 500 주가지수의 일별 변동성 예측치를 나타낸다. 이 모형은 2004년－2006년 기간 중에 변동성은 일평균 0.7%로 매우 낮았음을 보인다. 결국 많은 금융기관들이 2007년을 높은 레버리지에서 시작했다.

그러나 은행들은 EWMA 예측치를 이용하여 그들의 리스크를 모형화하지 않는다. 전형적으로 은행들은 매일 같은 가중치를 가진 이동 표본기간을 이용하며, 이는 기본적으로 이동평균(MA) 모형이다. 따라서 이 그래프는 MA 모형으로부터 나온 변동성 예측치도 보여준다. 이 그림은 MA 모형은 2007년 중반부터 변동성을 EWMA보다 체계적으로 낮게 평가했음을 보인다. 이는 많은 수의 예외를 설명한다. 이 사례의 교훈은 최근 자료는 리스크를 평가하는 데 충분하지 않다는 것이다. 이 때문에 전통적 VAR 모형은 반드시 위기분석에 의해 보완되어야 한다.

2.5.2 위기분석의 원칙

VAR는 **위기분석**(stress-testing)에 의해 보완되어야 하며, 이는 예외적으로 크지만 발생가능한 손실이 초래할 수 있는 상황을 이해하려는 목적을 갖고 있다. 위기분석의 단점의 하나는 VAR 척도보다 주관적이라는 것이다. VAR 값은 실현된 리스크를 반영한다. 한편, 극단적 시나리오는 실제 관찰을 반영하지 않거나 지나치게 극단적인 것으로 보이면 고위경영자들에 의해 쉽게 수용되지 않는다.

40억 달러 상당의 엔화를 매도한 우리의 헤지펀드 경우에서, 신뢰수준 95%의 일간 VAR는 42백만 달러 정도였다. 또한, 손실이 얼마나 더 악화될 수 있는지 아는 것은 유용한 정보일 것이다. 예를 들어 최근 20년 기간으로 돌아가면, 최악의 환율변동은 1998년 10월 7일의 −5.4%의 손실이었다. 이는 215백만 달러의 손실을 초래한다. 이런 손실은 발생가능하다.

위기분석은 리스크관리의 핵심적 과정이며 (1) 시나리오 분석, (2) 위기모형, 변동성, 그리고 상관계수, 그리고 (3) 정책대응 개발을 포함한다. **시나리오 분석**(scenario analysis)은 금융시장 변수들의 대규모 변동을 포트폴리오에 적용한다. 이 시나리오들은 다양한 방법에 의해 만들어질 수 있다.

- **핵심변수를 한 번에 하나씩 변화시키는** 것은 간단하고 직관적인 방법이다. 불행스럽게 금융변수들의 현실적 공변동을 평가하는 것은 어렵다. 모든 변수들이 동시에 최악의 방향으로 변동할 가능성은 낮다.
- **역사적 시나리오**를 이용할 수 있다. 예를 들어, 1987년의 주식시장 폭락, 1992년 영국 파운드화 폭락, 1984년 채권시장 폭락, Lehman사 파산 등이다.
- **예상 시나리오 설정**. 예를 들어, 미국 주식시장 폭락의 직접 및 간접적 영향을 분석한다. 이상적으로 시나리오는 대상 포트폴리오에 적합하게 현재 포지션에서 발생할 수 있는 최악의 상황을 평가해야 한다.
- **역 위기분석**(reverse stress test)은 대규모 손실의 가정으로부터 시작해서, 이런 손실을 초래할 수 있는 조건을 찾는다. 이런 종류의 분석은 금융기관으로 하여금 다른 시나리오를 생각하게 만들고, 금융위기의 전염처럼 일상적 위기분석에 포함되지 않은 이슈들을 다루도록 한다.

위기분석은 **사건리스크**(event risk)로부터 포트폴리오를 보호하는 데 유용하며, 이는 관찰가능한 정치적 또는 경제적 사건에 기인하는 손실의 위험이다. (위기분석의 관점에서) 문제점은 이런 사건들은 비교적 드물고 예측하기 어려울 수 있다는 것이다. 여기에는 다음의 사건들이 포함된다.

- 경제정책의 변화를 초래하는 정권교체
- 도산, 자본 통제, 통화의 태환정지, 세법 변경, 징발 등 경제정책의 변화
- 쿠데타, 내전, 침략 등 정치적 불안정 요소
- 통상적으로 다른 시장변수들의 급격한 변화를 수반하는 통화의 평가절하

그러나 위기분석의 디자인은 쉬운 일이 아니다. 최근의 기간은 시장이 체계적으로 충격받을 수 있음을 증명한다. 예를 들어, 러시아의 채무불이행을 예상한 사람은 거의 없었던 것 같다. 2001년의 아르헨티나 부도도 여러 측면에서 특별하다.

사례 아르헨티나 위기

아르헨티나(Argentina)는 신흥시장의 정치적 리스크의 좋은 예이다. 2001년까지, 아르헨티나 페소는 미국 달러에 대해 1 대 1의 환율로 고정되어 있었다. 정부는 어떤 비용을 지불하더라도 통화가치를 지키겠다고 약속했다. 그러나 아르헨티나는 수십 년만의 최악의 경제위기를 겪었으며, 이 사태는 과도한 차입비용에 의해 악화되었다.

2001년 12월에, 아르헨티나는 1,350억 달러의 외채에 대해 이자 지급을 중단한다고 발표했다. 이는 당시까지 가장 큰 국가부도 기록이다. 경제장관 Cavallo는 또한 자본유출을 막기 위해 은행계좌로부터의 인출에 대한 규제의 폐지를 발표했다. 거리의 데모와 폭동 속에서 25명이 사망한 후, Fernando de la Rua 대통령이 12월 20일에 사임했다. Duhalde 대통령이 1월 2일에 취임했고, 1월 6일에 화폐를 평가절하했다. 환율은 1페소/달러로부터 3페소 이상으로 급격히 변동했다.

이런 변동은 시나리오 분석에 의해 리스크관리 시스템으로 흡수될 수 있을 것이다. 그러나 전혀 예상되지 않았던 것은 은행의 대출과 예금을 달리 취급하겠다는 정부의 발표였다. 달러로 표시된 예금은 평가절하된 페소로 전환되었다. 그러나 달러로 표시된 대출은 1대1 환율에 의해 페소로 전환되었다. 대출(은행의 자산)이 하루 밤 사이에 예금(은행의 부채)보다 작은 가치를 갖게 되었기 때문에, 이 불일치는 은행 시스템의 많은 부분의 기술적 도산을 초래했다. 리스크관리 담당자들은 평가절하의 시장리스크 효과를 고려했으나, 이런 정치적 행동의 가능성을 고려한 사람은 거의 없었다.

2005년에 이르자, 아르헨티나 정부는 부채 액면금액의 약 30%를 상환하겠다고 제안했다. 역사적 기준에 의하면, 이 회수율은 매우 낮은 수준이었다.

위기분석의 목적은 잠재적 취약점을 찾는 것이다. 이는 기관이 모든 가능한 상황으로부터 완전히 보호되어야 한다는 것은 아니다. 만약 완전보호가 목적이면, 기관은 어떤 리스크도 수용할 수 없기 때문이다. 오히려, 위기분석과 대응책의 목적은 금융기관으로 하여금 파산하지 않으면서 발생 가능한 시나리오를 견뎌낼 수 있도록 하는 것이다. VAR 시스템이 존재하면, 위기분석은 쉽게 실행될 수 있다. 〈그림 2.1〉에서 필요한 일은 시나리오 값들을 리스크요인에 투입하는 것뿐이다.

예제 2.9 : FRM 시험 2008 – 문제 2-29

다음 위기분석에 관한 보기들 중 옳은 것은 무엇인가?

Ⅰ. 위기분석은 VAR 추정을 보완하여, 리스크관리 담당자들로 하여금 포트폴리오의 핵심적 약점을 인식하도록 도와줄 수 있다.

Ⅱ. 위기분석은 VAR 자료의 과거 기간에서는 발생하지 않았으나 여전히 발생 가능한 시나리오를 포함시킬 수 있도록 한다.

Ⅲ. 위기분석의 단점은 매우 주관적이라는 것이다.

Ⅳ. 많은 수의 시나리오들을 포함하면, 경영진이 포트폴리오의 리스크 노출을 더 잘 이해할 수 있다.

a. Ⅰ, Ⅱ
b. Ⅲ, Ⅳ
c. Ⅰ, Ⅱ, Ⅲ
d. Ⅰ, Ⅱ, Ⅲ, Ⅳ

예제 2.10 : FRM 시험 2006 – 문제 87

다음 중 위기분석에 관한 올바른 설명은 무엇인가?

a. 금융변수들의 집합 중에서 가능성은 낮지만 여전히 발생할 수 있는 사건이나 변동의 포트폴리오 가치에 대한 잠재적인 영향을 평가하는 데 사용된다.
b. 예측된 결과를 관찰된 실제 결과에 직접적으로 비교하는 리스크관리 수단이다. 예측치는 역사적 자료에 대해서도 비교된다.
c. a와 b 모두 맞다.
d. 올바른 보기가 없다.

예제 2.11 : FRM 시험 2008 - 문제 2-18

1억 5,000만 달러의 부실채권 포트폴리오의 매니저인 John Flag는 포트폴리오의 위기분석을 실행한다. 포트폴리오의 연율화된 수익률은 12%, 연율화된 수익률의 변동성은 25%이다. 지난 2년 동안, 이 포트폴리오의 일간 가치변동이 표준편차의 3배를 넘은 경우가 수차례 있었다. 이 포트폴리오가 일간 4배의 표준편차 사건을 경험하는 경우, 포트폴리오의 가치 변화를 추정하라.

a. 9억 4,800만 달러
b. 23억 7,000만 달러
c. 37억 5,000만 달러
d. 1억 5,000만 달러

2.6 VAR: 부분평가와 완전평가

이 절은 리스크 모형을 부분평가와 완전평가 방법으로 나누는 일반적 분류를 다룬다. **부분평가방법**(local valuation method)은 1차 그리고 2차 편도함수와 함께 금융상품의 현재 상태에서의 평가를 이용한다. 대조적으로 **완전평가방법**(full valuation method)은 리스크요인들의 넓은 범위에 걸쳐 금융상품을 재평가한다.

VAR에 대한 다양한 접근법은 〈그림 2.6〉에 설명되어 있다. 왼쪽 열은 **분석적 방법**(analytical methods)으로도 알려진 부분평가방법을 설명한다. 이는 선형 모형과 비선형 모형을 포함한다. 선형 모형은 공분산행렬 접근법에 기초한다. 공분산행렬은 요인모형, 또는 심지어 단일요인 모형인 대각선모형에 의해 단순화될 수 있다. 비선형 모형들은 1차 및 2차 편도함수를 고려한다. 후자는 감마 또는 컨벡시티로 불린다. 다음으로 오른쪽 열은 완전평가방법들을 설명하며, 역사적 또는 몬테칼로 시뮬레이션을 포함한다.

2.6.1 부분평가

VAR는 다양한 리스크요소를 고려하고 확률을 반영하여 손실을 표현해야 할 필요성을 인식한 것으로부터 탄생했다. 어떤 신뢰수준에서 최악의 수익률 변화 dy에 관한 듀레이션 수식을 확장하면 다음 결과를 얻는다.

그림 2.6 VAR의 평가방법

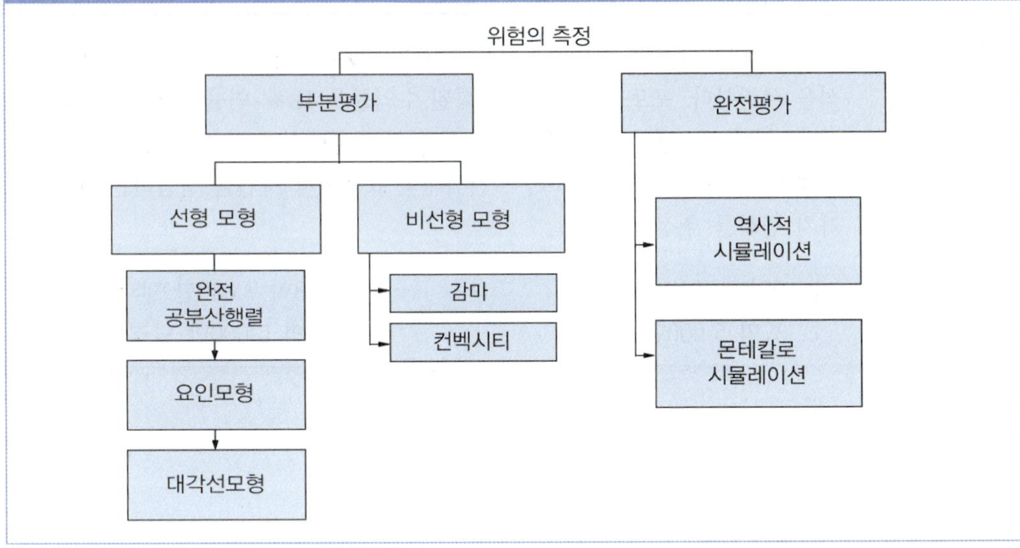

$$(\text{최악의 } dP) = (-D^* P) \times (\text{최악의 } dy) \tag{2.16}$$

여기에서 D^*는 수정듀레이션이다. 채권의 매수 포지션에서 최악의 수익률 변동은 예를 들면 유의수준 95%의 상승이다. 이는 같은 신뢰수준에서 채권가치의 하락을 초래한다. 이 접근법은 초기 상태의 가격과 노출의 정보를 이용하기 때문에 **부분평가**로 불린다. 결국, 채권의 VAR는 다음과 같다.

$$\text{VAR}(dP) = |-D^* P| \times \text{VAR}(dy) \tag{2.17}$$

더 일반적으로, **델타-정규분포**(delta-normal)법은 모든 포지션을 델타 노출로 대체하고, 리스크요인들이 다중정규분포를 따른다고 가정한다. 이 경우 VAR는 다음과 같다.

$$\text{VAR}(df) = |\Delta| \text{VAR}(dS) \tag{2.18}$$

이 접근법의 주요 장점은 단순성이다. 여기서 가격의 분포는 수익률 변동의 분포와 동일하다. 이 방법은 정규분포의 선형 결합은 정규분포이기 때문에, 특히 많은 리스크원천을 가진 포트폴리오에서 편리하다. 예를 들어, 〈그림 2.7〉은 어떻게 정규밀도(오른쪽 그림)와 결합된 선형 노출이 정규분포를 만드는지 보여준다. 이 선형 모형은 델타-감마로 불리는 2차항을 고려하는 근사값으로 확장될 수 있으며, 제4장에서 상세히 설명된다.

그림 2.7 선형 노출의 분포

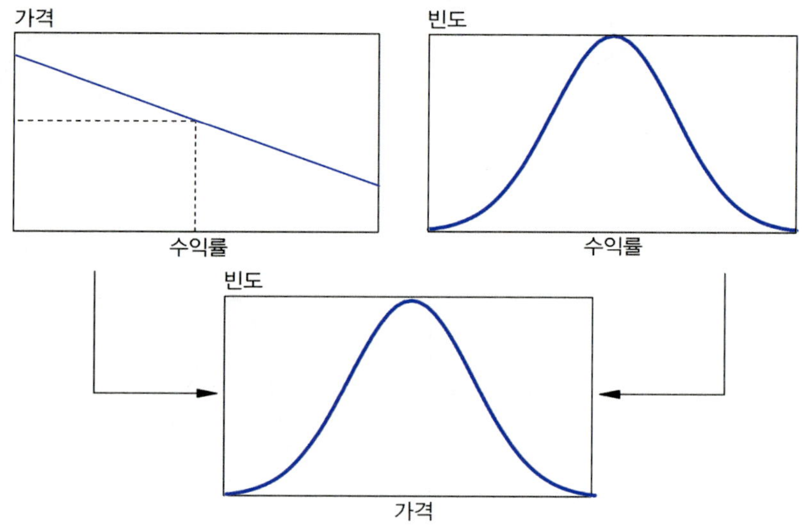

2.6.2 완전평가

더 일반적으로, 비선형 관계를 고려하려면, 상이한 수익률 시나리오 하에서 채권을 재평가해야 한다. 초기 수익률을 y_0로 표시하면, 다음 식이 성립한다.

$$(\text{최악의 } dP) = P[y_0 + (\text{최악의 } dy)] - P[y_0] \quad (2.19)$$

이 접근법은 자산의 재평가를 요구하기 때문에 **완전평가**(full valuation)로 불린다.

이 접근법은 〈그림 2.8〉에 예시되어 있다. 여기에서, 정규밀도와 결합된 비선형 노출은 더 이상 대칭적이지 않으며, 오른쪽으로 치우친 분포이다. 이는 더 정확하지만, 단순한 선형평가방법보다 복잡하다.

완전평가방법은 포트폴리오가 옵션을 포함할 때 특히 리스크요인의 변동이 큰 상황에서 필요하다. 이는 위기분석이 완전평가를 요구하는 이유를 설명한다.

그림 2.8 비선형 노출의 분포

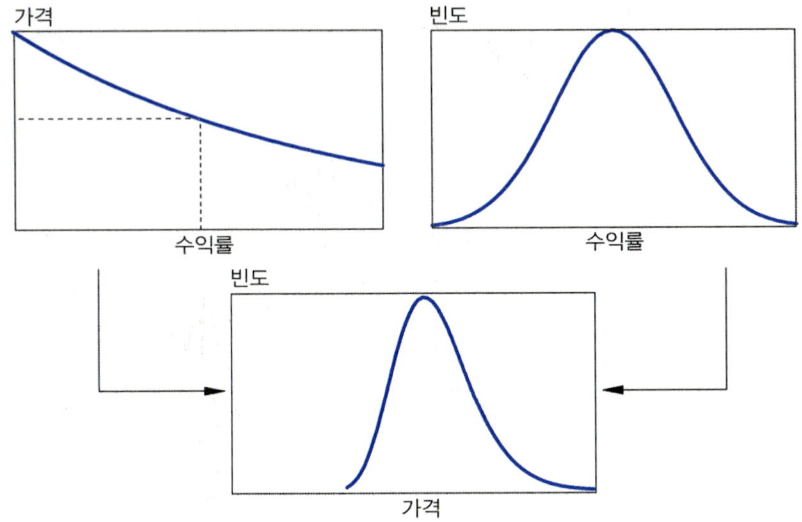

예제 2.12 : FRM 시험 2004 - 문제 II-60

다음 방법론 가운데 포트폴리오의 위기분석에 가정 적합한 것은 무엇인가?

a. 델타-감마 평가
b. 완전평가
c. 시가평가
d. 델타-정규분포 VAR

2.7 중요 공식

- VAR : $c = \int_{-\mathrm{VAR}}^{\infty} f(x)dx$
- CVAR : $E[X \mid X < q] = \int_{-\infty}^{q} xf(x)dx \,/\, \int_{-\infty}^{q} f(x)dx$
- 드로다운 : $\mathrm{DD}(X) = \dfrac{(x^{\mathrm{MAX}} - x_t)}{x^{\mathrm{MAX}}}$

- 기간 조정을 위한 제곱근 : $\text{VAR}(T\text{일}) = \text{VAR}(1\text{일}) \times \sqrt{T}$
- 시장리스크 요구자본 : $\text{GMRC}_t^{IMA} = \text{Max}\left(k\frac{1}{60}\Sigma_{i=1}^{60}\text{VAR}_{t-i}, \text{VAR}_{t-1}\right)$
- 선형 VAR, 고정소득 : $\text{VAR}(dP) = | -D^* P | \times \text{VAR}(dy)$
- 완전평가 VAR, 고정소득 : $(\text{최악 } dP) = P[y_0 + (\text{최악 } dy)] - P[y_0]$
- 델타 VAR : $\text{VAR}(df) = |\Delta|\text{VAR}(dS)$

2.8 예제 풀이

예제 2.1: FRM 시험 2005 – 문제 32

a. 손실제한 한도는 손실이 발생한 후 포지션을 축소하며, 이는 시장이 추세적일 때 유용하다. 노출 한도는 상관관계를 고려하지 않기 때문에, 분산투자의 효과를 감안하지 않는다. VAR 한도는 특히 취약한 VAR 모형의 경우, 차익거래의 대상이 될 수 있다. 마지막으로 손실제한 한도는 손실이 발생한 후 적용되므로, 모든 손실을 예방할 수 없다. 결국 보기 I.과 II.가 옳다.

예제 2.2: 포지션에 기반한 리스크 척도

c. 진정한 VAR는 계산된 수치보다 작을 것이다. 손실 한도는 손실이 축적되면, 포지션을 축소한다. 이는 옵션의 매수 포지션과 비슷하다. 옵션의 매수 포지션에서 가격이 상승하면 델타는 증가하고, 가격이 하락하면 델타는 감소한다. 옵션의 매수 포지션은 왼쪽 꼬리를 줄였으며 따라서 보호되지 않은 포지션보다 작은 리스크를 포함한다.

예제 2.3: FRM 시험 2005 – 문제 43

b. VAR는 최악의 손실이며 이 값보다 손실이 작을 확률은 95%이다. 또는, 손실이 더 클 확률은 5%이다. 따라서 b.가 옳다. 보기 d.는 "더 작은 손실"이라는 뜻이므로 옳지 않다.

예제 2.4: FRM 시험 2003 – 문제 5

b. 하방 10% 절사점은 세 번째로 낮은 관찰값이며, 이는 VAR =10이다. 기대 쇼트폴

은 꼬리에 포함된 관찰값들의 평균이며, 이는 15이다.

예제 2.5: FRM 시험 2009 – 문제 4-4

d. CVAR은 VAR보다 심한 손실의 평균이며, 따라서 보기 a.는 옳지 않다. 절대값으로 표현하면, VAR는 CVAR보다 항상 낮고 따라서 VAR는 가장 낙관적인 손실 예측이다.

예제 2.6: FRM 시험 2008 – 문제 2-2

b. 우리는 VAR를 99% 신뢰수준으로 조정해야 하며, 이 때 수식 $\$100,000 \times 2.326/1.645 = \$141,398$을 이용한다. $\sqrt{10}$을 곱하면, \$447,140을 얻는다.

예제 2.7: FRM 시험 2009 – 문제 4-3

a. 각 VAR를 시간의 제곱근으로 나눔으로써 일간 VAR를 계산한다. 이제 $316/\sqrt{10} = 100$, 그 다음에 120, 120, 그리고 120이다. 따라서 보기 a.가 일관성이 없다.

예제 2.8: 시장리스크 요구자본

d. 우선, 95% VAR를 99% 척도로 변환해야 한다. 다른 정보가 없으므로 정규분포를 가정한다. 이제 GMRC는 $3 \times VAR \times \sqrt{10} = 3 \times \$1,000,000(2.33)/1.65) \times \sqrt{10} = \$13,396,000$이다.

예제 2.9: FRM 시험 2008 – 문제 2-29

c. Ⅳ.를 제외한 모든 보기들이 옳다. 너무 많은 시나리오들은 리스크 노출을 해석하기 더 어렵게 만들기 때문이다.

예제 2.10: FRM 시험 2006 – 문제 87

a. 위기분석은 실제로 극단의 사건들의 영향을 평가하기 위해 사용된다. 보기 b.는 사후검증에 관한 것이며, 위기분석은 아니다.

예제 2.11: FRM 시험 2008 – 문제 2-18

a. 우선 변동성을 일간 척도로 전환하면 $25\%/\sqrt{252} = 1.57\%$이다. 곱셈으로부터 $150 \times 1.57\% \times 4 = \$9.45$이다.

예제 2.12: FRM 시험 2004 – 문제 II–60

b. 정의에 의해 위기분석은 리스크요인의 대규모 변동을 포함한다. 이는 포트폴리오의 완전 재평가를 요구한다.

Chapter 3

선형 리스크관리*

측정된 리스크는 관리될 수 있다. 이 장은 시장리스크의 적극적 관리를 다룬다. 리스크관리의 중요한 영역의 하나는 헤지이며, 이는 포트폴리오의 리스크 프로파일을 낮추는 포지션을 취하는 것으로 이루어진다.

헤지 기법은 선물시장에서 발전되었다. 여기에서, 예를 들어 농부들은 생산물의 가격리스크를 헤지하기 위해 금융상품을 이용한다. 이 경우 목표는 전체 포트폴리오의 변동성을 최소화하는 선물계약의 최적 포지션을 찾는 것이다. 이 포트폴리오는 두 개의 포지션으로 이루어져 있으며, 이들은 리스크요인에 노출된 고정된 재고와 헤지 수단이다.

이 장은 헤지 수단의 가치가 기초자산의 리스크요인에 선형적으로 연계된 상황에서 헤지를 살펴본다. 이는 선물, 선도, 그리고 스왑을 포함한다. 다음 장은 비선형 도구(예를 들어, 옵션)를 이용한 리스크관리를 살펴본다.

일반적으로 헤지는 **헤지 오차**(hedge slippage) 또는 **베이시스 리스크**(basis risk)를 초래할 수 있다. 헤지 수단의 수익변화가 재고 포지션의 가치변화를 완전히 상쇄하지 못할 때 베이시스 리스크는 발생한다. 베이시스 리스크가 원래 가격리스크보다 훨씬 더 낮을 때 헤지는 효과적이다.

이 장은 선형 헤지 수단을 이용한 리스크관리를 논의한다. 제3.1절은 단위 헤지를 소개하며, 여기에서 헤지되는 수량은 보호되는 수량과 동일하다. 제3.2절은 최적 헤지비율을 찾는 일반적 방법을 다룬다. 이 방법은 제3.3절에서 채권과 주식의 헤지에 적용된다.

* FRM 시험 Part 1 주제.

3.1 단위 헤지

3.1.1 선물을 이용한 헤지

미국의 수출회사가 7개월 후 125백만 엔을 지급받기로 약정한 상황을 생각해보자. 이것은 기초 포지션이며, 예상 재고로 간주될 수 있다. 완전 헤지는 장외시장(OTC)의 7개월 만기 선도계약일 수 있다. 이 예에서 장외시장 계약은 편리하지 않다고 가정하자. 대신 수출회사는 쉽게 매매할 수 있는 거래소의 선물계약을 이용하기로 결정한다.

표 3.1 선물 헤지의 예

항목	초기 시점	청산 시점	손익
시장 자료:			
만기(월)	9	2	
미국 이자율	6%	6%	
엔화 이자율	5%	2%	
현물(엔/달러)	¥125.00	¥150.00	
선물(엔/달러)	¥124.07	¥149.00	
계약 자료:			
현물(달러/엔)	0.008000	0.006667	−$166,667
선물(달러/엔)	0.008060	0.006711	$168,621
베이시스(달러/엔)	−.000060	−.000045	$1,954

시카고 상업거래소(현 CME Group)는 액면금액 12,500,000엔의 9개월 만기 선물계약을 상장한다. 수출회사는 7개월 후의 포지션을 상쇄하려고, 10계약의 매도 주문을 낸다. 이 계약들은 7개월 후 여전히 2개월의 잔존만기를 갖고 있을 것이다.[1)] 매도 금액이 기초자산과 같기 때문에, 이는 **단위 헤지**(unitary hedge)로 불린다.

이 경우 헤지는 헤지 기간의 종료까지 유지된다. 더 일반적으로, 우리는 **정태적 헤지**(static hedging)와 **동태적 헤지**(dynamic hedging)를 구별할 수 있다. 전자는 포지션을

1) 실제로 장기 계약의 유동성이 충분하지 않으면 수출회사는 가까운 만기의 계약을 사용하고, 만기 전에 다음 계약을 이용하여 연장할 수 있다. 복수의 요인이 존재할 때 이 관행은 **스택 헤지**(stack hedge)로 알려져 있다. 다른 종류의 헤지는 **스트립 헤지**(strip hedge)이며, 이는 많은 상이한 계약들로 노출들을 헤지하는 것을 포함한다. 스택 헤지는 스트립 헤지에 비해 더 많은 유동성 그러나 더 큰 베이시스 리스크를 갖고 있다. 헤지 거래자는 스택 헤지의 더 큰 유동성을 위해 추가적인 베이시스 리스크를 수용할 가치가 있는지 결정해야 한다.

취한 후 헤지 기간 동안 유지하고, 기간 중에 지속적으로 포트폴리오를 재조정한다. 동태적 헤지는 다음 장에서 살펴볼 옵션과 연계되어 있다.

〈표 3.1〉은 계약의 초기 및 종기 조건을 기술한다. 매일, 선물가격은 이자율 패리티에 의해 결정된다. 엔화가 급격히 평가절하, 즉 달러가 125엔에서 150엔으로 상승한다고 가정하자. 이는 예상 현금포지션에 ￥125,000,000×(0.006667−0.00800)=−$166,667의 손실을 발생시킨다. 그러나 이 손실은 선물의 이익(−10)×￥12,500,000×(0.006711−0.00806)=$168,621으로 상쇄된다. 순 금액은 1,954달러의 작은 이익이다. 전체적으로 수출회사는 헤지되었다.

이 예는 선물 헤지는 리스크요인의 변동효과를 제거함으로써, 상당히 효과적일 수 있음을 시사한다. 거래된 엔화 금액을 Q, 현물환율을 S, 그리고 선물환율을 F로 표시하자. 초기 시점은 1, 종료시점은 2이다. 헤지되지 않은 포지션의 P&L은 다음과 같다.

$$Q[S_2 - S_1] \tag{3.1}$$

단위 헤지하면, 총 이익은 다음과 같다.

$$Q[(S_2 - S_1)] - Q[(F_2 - F_1)] = Q[(S_2 - F_2) - (S_1 - F_1)] = Q[b_2 - b_1] \tag{3.2}$$

여기에서 $b = S - F$는 베이시스(basis)이다. 이익은 베이시스 변동에만 의존한다. 따라서 헤지 효과는 가격리스크를 베이시스 리스크로 전환하는 것이다. 매도 헤지 포지션은 베이시스 상승으로부터 이익을 얻기 때문에, 베이시스 매수(long the basis) 포지션으로 불린다.

핵심 개념

매도 헤지 포지션은 베이시스를 매수한다. 즉, 베이시스가 확대되거나 강화되면 이익을 얻는다. 이 포지션은 베이시스가 확대되면(현물 가격에 비해) 가치가 하락하는 헤지 수단을 매도하기 때문이다.

이 경우 베이시스 리스크는 많은 이유 때문에 최저 수준이다. 첫째, 현금과 선물이 같은 자산에 기초한다. 둘째, 통화의 경우, 현금-보유 관계가 매우 잘 적용된다. 셋째, 종료시점에서 잔존 만기는 상당히 짧다. 그러나 언제나 이런 것은 아니다.

3.1.2 베이시스 리스크

베이시스 리스크(basis risk)는 선물계약의 성격이 기초 포지션과 다를 때 발생한다. 선물계약은 특정 등급으로 표준화되어 있다. 예를 들어, 뉴욕 상업거래소에서 거래되는 석유선물은 서부텍사스 중질유(WTI)이다. 이는 계약에 대응하여 인도될 수 있는 원유의 등급을 규정한다. 그러나 헤지 거래자는 WTI와 완전히 상관되지 않은 다른 등급의 포지션을 보유할 수 있다. 따라서 베이시스 리스크는 현금-선물 스프레드가 헤지기간 중 확대 또는 축소될 불확실성이다. 그러나 만약 베이시스 변동이 현금 시장의 변동에 지배되면 헤지는 효과적이다.

대다수 상품의 경우 베이시스 리스크는 불가피하다. 조직화된 거래소는 상장된 계약에 대해 충분한 거래량과 유동성을 만들어내려고 노력하며, 이는 표준화를 요구한다. 투기자들도 거래량을 늘리고 시장유동성을 제공하는 데 도움을 준다. 따라서 유동성과 베이시스 리스크 사이에 상반관계가 존재한다.

베이시스 리스크는 **교차헤지**(cross-hedging)일 때 더 크며, 이는 현금 포지션과 완전히 다른 자산이나 상품에 대한 선물을 이용한다. 예를 들어, 노르웨이 크로너(NK)로 지급받을 예정인 미국의 수출회사는 달러/유로 환율의 선물계약을 이용하여 헤지할 수 있다. 달러에 비해, 유로나 NK는 비슷하게 변동한다. 그러나 약간의 베이시스 리스크는 잔존한다.

기초 포지션과 선물이 동일한 자산일 때, 베이시스 리스크는 가장 낮다. 그러나 상이한 만기 때문에, 약간의 베이시스 리스크는 남는다. 엔화 헤지 예에서 본 것처럼, 선물계약의 만기는 7개월이 아닌 9개월이다. 결국, 선물의 청산가격은 불확실하다.

〈그림 3.1〉은 미국 국채 선물을 이용한 헤지의 다양한 시간요소들을 나타낸다. 첫째 요소는 기초채권의 만기(maturity of the underlying bond)이며, 20년이라고 하자. 둘째 요

그림 3.1 헤지 기간과 계약 만기

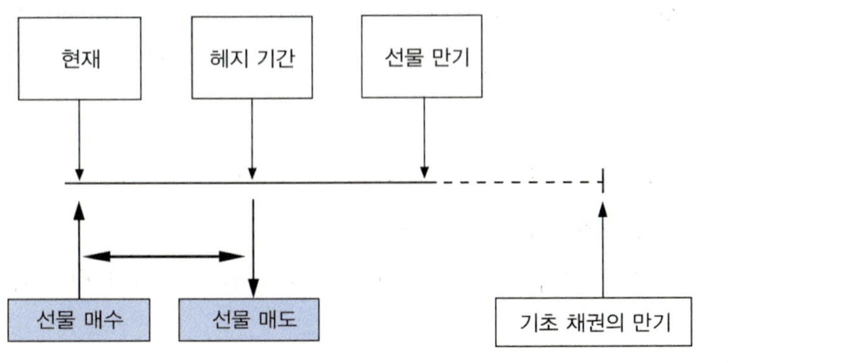

소는 선물의 잔존만기(time to futures expiration)이며, 9개월이라고 하자. 셋째 요소는 헤지 목표기간(hedge horizon)이며, 7개월이라고 하자. 베이시스 리스크는 헤지 목표기간이 선물 만기와 일치하지 않을 때 발생한다.

예제 3.1 : FRM 시험 2000 – 문제 79

어떤 시나리오 하에서 베이시스 리스크가 존재할 수 있는가?

a. 헤지가 (초기에는 기초자산의 만기와 일치했으나) 만기 전에 해제되었다.
b. 기초 자산과 헤지 수단의 상관계수가 1보다 작고 상이한 변동성을 갖고 있다.
c. 기초 상품과 헤지 수단은 유사하지 않다.
d. 위의 보기는 모두 옳다.

예제 3.2 : FRM 시험 2009 – 문제 3-14

Mary는 IBM 주식을 보유하고 있고, 2개월 후 그 달 중순의 미리 정해진 날에 매도할 것이다. Mary는 IBM 주식 가격의 리스크를 헤지하려 한다. 베이시스 리스크를 피하면서, 어떻게 가장 잘 헤지할 수 있을까?

a. IBM 주식의 2개월 만기 선도계약을 매도한다.
b. IBM 주식의 3개월 만기 선물계약을 매도한다.
c. S&P 500 지수의 2개월 만기 선도계약을 매도한다.
d. a.와 b.가 옳다.

예제 3.3 : FRM 시험 2009 – 문제 3-15

다음 보기 중 베이시스 리스크에 관한 옳은 설명은 무엇인가?

Ⅰ. 베이시스 리스크는 교차헤지 전략에서 발생한다. 그러나 기초자산과 헤지자산이 동일할 때, 베이시스 리스크는 없다.
Ⅱ. 매도 헤지 포지션은 예상되지 않은 베이시스 확대로부터 이익을 얻는다.
Ⅲ. 매수 헤지 포지션은 예상되지 않은 베이시스 축소로부터 이익을 얻는다.

a. Ⅰ과 Ⅱ　　b. Ⅰ과 Ⅲ　　c. Ⅱ　　d. Ⅲ

예제 3.4 : FRM 시험 2007 – 문제 99

다음 거래 중 주로 베이시스 리스크를 포함하는 것은 무엇인가?

Ⅰ. 11월 7일 만기 ICE 브렌트 원유 1,000 계약 매수, 그리고 11월 7일 만기 NYMEX WTI 원유 1,000 계약 매도
Ⅱ. 11월 7일 만기 ICE 브렌트 원유 1,000 계약 매수, 그리고 11월 7일 만기 ICE 브렌트 원유 등가격 옵션 2,000 계약 매수
Ⅲ. 11월 7일 만기 ICE 브렌트 원유 1,000 계약 매수, 그리고 12월 7일 만기 ICE 브렌트 원유 1,000 계약 매도
Ⅳ. 11월 7일 만기 ICE 브렌트 원유 1,000 계약 매수, 그리고 12월 7일 만기 NYMEX WTI 원유 1,000 계약 매도

a. 단지 Ⅱ와 Ⅳ
b. 단지 Ⅰ과 Ⅲ
c. 단지 Ⅰ, Ⅲ과 Ⅳ
d. 단지 Ⅲ과 Ⅳ

3.2 최적 헤지

앞 절은 단위 헤지의 예를 제공했으며, 두 시장의 거래금액은 같다. 일반적으로, 이런 헤지는 적당하지 않다. 우리는 헤지 수단의 거래금액을 결정해야 한다.

포트폴리오 매니저가 벤치마크보다 좋은 성과를 내기 위해 주의 깊게 선택된 회사채 재고를 보유한 상황을 가정하자. 그러나 매니저는 향후 3개월 동안의 이자율 상승으로부터 보호받고자 한다. 이 상황에서 전체 포트폴리오를 매도하고 단순히 나중에 재매입하는 것은 너무 비싸다. 대신 매니저는 파생상품 계약을 이용하여 일시적 헤지를 할 수 있는데, 예를 들면 단기국채 선물이다.

여기에서 재고 수량은 알려져 있기 때문에 유일한 리스크는 **가격리스크**(price risk)임에 유의하자. 그러나 언제나 이렇지는 않다. 예를 들어, 농부들은 작물의 가격과 수확량 모두에 관한 불확실성을 부담하고 있다. 그렇다면 수입(revenue)을 헤지하기 위해 수요와 공급 조건을 분석해야 하므로 헤지 문제는 훨씬 더 복잡하다.

3.2.1 최적 헤지비율

재고의 금액 변동을 ΔS, 선물 1계약의 가격 변화를 ΔF로 표시하자. 재고 또는 헤지 대상 포지션은 현존 또는 **예상**(anticipatory)일 수 있다. 예상 포지션은 상당한 정도의 확실성으로 미래에 수취할 포지션이다. 매니저는 재고 가치의 잠재적 변동 ΔS에 관해 우려한다.

만약 매니저가 선물 N계약을 매수하면, 포트폴리오의 총 가치변화는 다음과 같다.

$$\Delta V = \Delta S + N\Delta F \tag{3.3}$$

우리는 리스크를 최소수준으로 낮출 헤지를 모색해야 한다. 전체 포트폴리오의 분산은 다음과 같다.

$$\sigma^2_{\Delta V} = \sigma^2_{\Delta S} + N^2\sigma^2_{\Delta F} + 2N\sigma_{\Delta S,\, \Delta F} \tag{3.4}$$

변동성은 처음에는 수익률 대신 금액 기준으로 표시되어 있음에 유의하자. 우리가 포지션 금액을 안정화시키려 하기 때문이다.

N에 대해 도함수를 구하면 다음과 같다.

$$\frac{\partial\sigma^2_{\Delta V}}{\partial N} = 2N\sigma^2_{\Delta F} + 2\sigma_{\Delta S,\, \Delta F} \tag{3.5}$$

단순성을 위해, 아래첨자의 Δ를 생략하자. 수식(3.5)의 값을 0으로 만드는 N의 해는 다음과 같다

$$N^* = -\frac{\sigma_{\Delta S,\, \Delta F}}{\sigma^2_{\Delta F}} = -\frac{\sigma_{SF}}{\sigma^2_F} = -\rho_{SF}\frac{\sigma_S}{\sigma_F} \tag{3.6}$$

여기에서 σ_{SF}는 선물과 현물 가격 변동의 공분산이다. N^*는 **최소분산 헤지비율**(minimum variance hedge ratio)이다.

실제로 포트폴리오 가치와 단위 가격의 정의는 빈번하게 혼동된다. 여기에서 S는 수량(주식 수, 채권 수, 부셀, 갤런)과 단위 가격(주가, 채권가격, 밀가격, 석유가격 등)을 곱한 금액이다.

때로 단위가격을 기준으로 삼고, 변동성을 단위가격의 변화율(rate of change in unit

price)로 표시하면 편리할 수 있다. 이 때 변동성은 단위가 없다. 수량을 Q 그리고 단위가격을 s로 표시하면, $S=Qs$이다. 비슷하게, 선물 1계약의 기준금액은 $F=Q_f f$이다. 이제, 다음 수식들이 성립한다.

$$\sigma_{\Delta S} = Q\sigma(\Delta s) = Qs\sigma(\Delta s/s)$$

$$\sigma_{\Delta F} = Q_f\sigma(\Delta f) = Q_f f\sigma(\Delta f/f)$$

$$\sigma_{\Delta S,\Delta F} = \rho_{sf}[Qs\sigma(\Delta s/s)][Q_f f\sigma(\Delta f/f)]$$

수식(3.6)을 이용하면, 최적 헤지비율 N^*은 또한 다음과 같이 표시될 수 있다.

$$N^* = -\rho_{SF}\frac{Qs\sigma(\Delta s/s)}{Q_f f\sigma(\Delta f/f)} = -\rho_{SF}\frac{\sigma(\Delta s/s)}{\sigma(\Delta f/f)}\frac{Qs}{Q_f f} = -\beta_{sf}\frac{Q\times s}{Q_f\times f} \tag{3.7}$$

여기에서, β_{sf}는 $\Delta s/s$의 $\Delta f/f$에 대한 회귀식의 계수이다. 둘째 항은 현금 포지션과 선물계약의 크기에 대해 조정하는 요인을 나타낸다.

최적 금액 N^*는 $\Delta s/s$의 $\Delta f/f$에 대한 회귀식의 기울기 계수로부터 도출될 수 있다.

$$\frac{\Delta s}{s} = \alpha + \beta_{sf}\frac{\Delta f}{f} + \epsilon \tag{3.8}$$

표준적 회귀이론은 다음 관계를 제시한다.

$$\beta_{sf} = \frac{\sigma_{sf}}{\sigma_f^2} = \rho_{sf}\frac{\sigma_s}{\sigma_f} \tag{3.9}$$

따라서 **최선의 헤지**(best hedge)는 재고 가치(변화)의 헤지수단 가치에 대한 회귀식으로부터 구해진다.

핵심 개념

최적 헤지는 현금의 가치변화의 헤지수단의 수익변화에 대한 회귀식의 베타계수의 음수로 계산된다.

여기에서 더 나아갈 수도 있다. 최적 헤지에서 수식(3.4)의 N을 N^*로 대체하면 이익의 분산을 구할 수 있다. 결과는 다음과 같다

$$\sigma_V^{*2} = \sigma_S^2 + \left(\frac{\sigma_{SF}}{\sigma_F^2}\right)^2 \sigma_F^2 + 2\left(\frac{-\sigma_{SF}}{\sigma_F^2}\right)\sigma_{SF} = \sigma_S^2 + \frac{\sigma_{SF}^2}{\sigma_F^2} + 2\frac{-\sigma_{SF}^2}{\sigma_F^2} = \sigma_S^2 - \frac{\sigma_{SF}^2}{\sigma_F^2} \quad (3.10)$$

우리는 최적 헤지비율의 효율성을 원래 포트폴리오의 분산으로부터 하락한 크기로 측정할 수 있다.

$$R^2 = \frac{\left(\sigma_S^2 - \sigma_V^{*2}\right)}{\sigma_S^2} \quad (3.11)$$

수식(3.10)을 대입하면, $R^2 = \left(\sigma_S^2 - \sigma_S^2 + \sigma_{SF}^2/\sigma_F^2\right)/\sigma_S^2 = \sigma_{SF}^2/\left(\sigma_F^2\sigma_S^2\right) = \rho_{SF}^2$임을 알 수 있다. 이 단위 없는 수치는 결정계수로도 불린다. 즉, 수식(3.8)에서 독립변수 $\Delta f/f$에 의해 설명되는 $\Delta s/s$의 분산의 비율이다. 따라서 이 회귀식은 헤지의 **유효성**(effectiveness)을 알려주며, 이는 분산의 감소비율로 측정된다.

또한 수식(3.10)의 헤지된 포지션의 변동성을 R^2를 이용하여 표현할 수 있다.

$$\sigma_V^* = \sigma_S\sqrt{(1 - R^2)} \quad (3.12)$$

따라서 $R^2 = 1$이면 회귀식의 적합도는 완전하며, 결과 포트폴리오의 리스크는 없다. 이 상황에서 포트폴리오는 베이시스 리스크를 갖지 않는다. 그러나 만약 R^2가 매우 낮으면, 헤지 효과는 미미하다.

3.2.2 사례

어떤 항공사는 3개월 후 10,000톤의 제트항공유를 구매해야 한다는 것을 알고 있다. 이 회사는 선물계약을 이용하여 가격상승에 대비하려고 한다.

회사는 NYMEX에서 거래되는 난방유 선물계약을 이용하여 헤지할 수 있다. 1계약의 기준 수량은 42,000갤런이다. 제트항공유의 선물계약은 존재하지 않기 때문에, 리스크관리 담당자는 대신 난방유가 효율적인 헤지일 수 있는지 확인하려고 한다. 제트항공유의 현재 가격은 톤당 277달러이다. 난방유의 선물가격은 갤런당 0.6903달러이다. 제트항공유 가격의 3개월 변화율의 표준편차는 21.17%, 선물의 표준편차는 18.59%, 그리고 상관계수

는 0.8243이다.

다음을 계산하라.

1. 헤지되지 않은 연료가격 포지션의 기준금액과 금액표시 표준편차
2. 최적 선물계약 수, 가장 가까운 정수로 표시
3. 헤지된 연료가격의 금액표시 표준편차

풀이

1. 포지션의 기준금액은 $Q_s = \$2,770,000$이다. 금액표시 표준편차는 다음과 같다.

$$\sigma(\Delta s/s)sQ = 0.2117 \times \$277 \times 10,000 = \$586,409$$

참고로, 선물 1계약의 표준편차는 다음과 같다.

$$\sigma(\Delta f/f)fQ_f = 0.1859 \times \$0.6903 \times 42,000 = \$5,389.72$$

여기에서 선물의 기준금액은 $fQ_f = \$0.6903 \times 42,000 = \$28,992.60$이다.

2. 현금 포지션은 지급, 또는 채무에 해당한다. 따라서 회사는 보호를 위해 선물을 매수해야 한다. 먼저, 베타를 측정하면 $\beta_{sf} = 0.8243(0.2117/0.1859) = 0.9387$이다. 공분산 항은 $\sigma_{sf} = 0.8243 \times 0.2117 \times 0.1859 = 0.03244$이다. 기준금액에 대해 조정하면, $\sigma_{SF} = 0.03244 \times \$2,770,000 \times \$28,993 = 2,605,268,452$이다. 수식(3.7)을 이용하면, 최적 헤지비율은 다음과 같다.

$$N^* = \beta_{sf}\frac{Q \times s}{Q_f \times f} = 0.9387\frac{10,000 \times \$277}{42,000 \times \$0.69} = 89.7$$

또는, 반올림하면 약 90계약이다(아래에서 반올림은 무시된다).

3. 헤지된 포지션의 리스크를 구하기 위해, 수식(3.10)을 이용한다. 헤지되지 않은 포지션의 변동성은 $\sigma_S = \$586,409$이다. 헤지된 포지션의 분산은 다음과 같다

$$\begin{array}{ll} \sigma_S^2 = (\$586,409)^2 & = +343,875,515,281 \\ -\sigma_{SF}^2/\sigma_F^2 = -(2,605,268,452/5,390)^2 & = -233,653,264,867 \\ \hline V(\text{헤지된 포지션}) & = +110,222,250,414 \end{array}$$

제곱근을 취하면, 헤지된 포지션의 변동성은 $\sigma_V^* = \$331,997$이다. 따라서 헤지는 리스크

그림 3.2 헤지된 포지션의 리스크와 계약 수

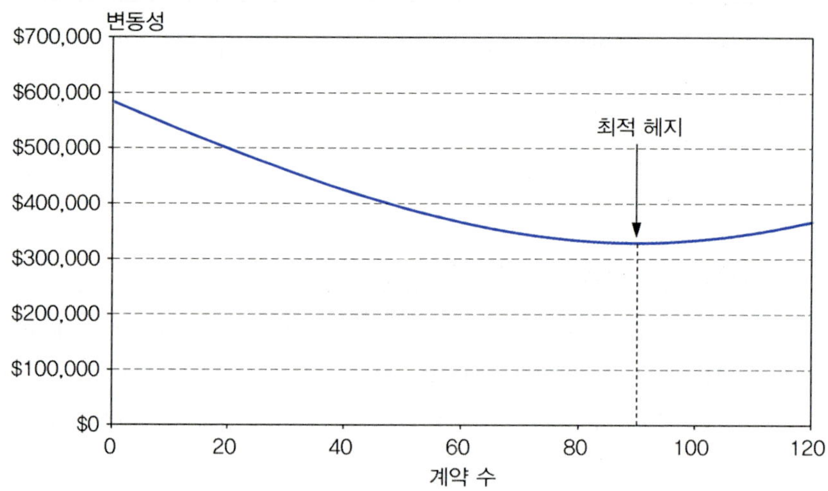

를 \$586,409로부터 \$331,997로 낮추었다. R^2을 계산하면, 헤지된 분산 대 헤지되지 않은 분산의 비율을 1로부터 뺀 수치는 (1－110,222,250,414/343,875,515,281)=67.95%임을 알 수 있다. 이는 정확하게 상관계수의 제곱 $0.8243^2=0.6795$, 또는 헤지의 유효성을 나타낸다.

〈그림 3.2〉는 헤지된 포지션의 리스크와 계약 수의 관계를 나타낸다. 헤지가 없으면, 변동성은 \$586,409이다. N이 증가하면, 리스크는 감소하며 $N^*=90$ 계약에서 최소값에 도달한다. 그래프는 또한 2차함수적 관계는 최소값 부근에서 비교적 평평하다는 것을 보여준다. 80과 100 계약 사이에서 임의로 선택하더라도, 총위험은 별다른 영향을 받지 않는다. 리스크가 상당히 감소하므로, 리스크관리 담당자는 헤지를 실행해도 좋을 것이다.

3.2.3 유동성에 관한 고려

선물 헤지는 시장리스크를 완화시킬 수 있으나, 다른 리스크를 초래할 수 있다. 선물계약은 일별로 시가평가된다. 따라서 많은 현금유입/유출이 발생할 수 있다. 특히 현금유출은 기초포지션으로부터의 현금유입과 상쇄되지 않을 때, 유동성 문제를 초래할 수 있다.

예제 3.5 : FRM 시험 2001 – 문제 86

만약 두 증권이 같은 변동성과 −0.5의 상관계수를 갖고 있으면, 그들의 최소분산 헤지비율은 무엇인가?

a. 1:1 b. 2:1 c. 4:1 d. 16:1

예제 3.6 : FRM 시험 2007 – 문제 125

어떤 기업은 서부 텍사스 중질유 10,000 배럴을 매입할 계획이다. 이 매입을 브렌트 원유 선물 계약으로 헤지할 계획이다. 현물과 선물 가격의 상관계수는 0.72이다. 현물가격의 변동성은 연간 0.35이다. 브렌트 원유 선물가격의 변동성은 연간 0.27이다. 이 기업의 헤지비율은 무엇인가?

a. 0.9333 b. 0.5554 c. 0.8198 d. 1.2099

예제 3.7 : FRM 시험 2009 – 문제 3-26

XYZ회사는 금을 생산하며, 3개월 후에 금 10,000온스를 그 때의 시장가격으로 팔 예정이다. 금 가격 변화의 3개월 표준편차는 3.6%이다. 가격노출을 헤지하기 위해, XYZ회사는 금 선물을 사용하여 헤지하기로 했다. 금 선물 1계약의 크기는 10온스이다. 금 선물가격의 표준편차는 4.2%이다. 금 선물과 현물 가격의 분기별 변화의 상관계수는 0.86이다. 이 가격 노출을 헤지하기 위해 몇 개의 선물 계약을 매수 또는 매도해야 하는가?

a. 623 계약 매도 b. 737 계약 매도 c. 632 계약 매수 d. 737 계약 매수

3.3 최적 헤지의 적용

여기에 소개된 선형모형은 매우 일반적이다. 우리는 이제 두 중요한 사례인 듀레이션 헤지와 베타 헤지에 적용한다. 전자는 채권시장, 후자는 주식시장에 적용된다.

3.3.1 듀레이션 헤지

수정 듀레이션(modified duration)은 이자율 변동에 대한 가격의 상대적 변동으로 측정된 노출 척도이다. 〔부록 2.1〕의 정의를 이용하여, 다음 수식을 세울 수 있다.

$$\Delta P = (-D^* P)\Delta y \tag{3.13}$$

여기에서 D^*는 수정 듀레이션이다. **금액 듀레이션**(dollar duration)은 D^*P로 표시된다. 이 수식에 듀레이션 모형의 수익률 변화 Δy는 만기별로 다르지 않다는 가정을 적용하면, 현물과 선물의 포지션은 각각 다음과 같다.

$$\Delta S = \left(-D_S^* S\right)\Delta y \qquad \Delta F = \left(-D_F^* F\right)\Delta y$$

여기에서 D_S^*과 D_F^*은 각각 S와 F의 수정 듀레이션이다. 이 관계들은 오차 없이 성립해야 한다는 것에 유의하자. 분산과 공분산은 다음과 같다.

$$\sigma_S^2 = \left(D_S^* S\right)^2 \sigma^2(\Delta y) \quad \sigma_F^2 = \left(D_F^* F\right)^2 \sigma^2(\Delta y) \quad \sigma_{SF} = \left(D_F^* F\right)\left(D_S^* S\right)\sigma^2(\Delta y)$$

이들은 수식(3.6)에 대입될 수 있다.

$$N^* = -\frac{\sigma_{SF}}{\sigma_F^2} = -\frac{\left(D_F^* F\right)\left(D_S^* S\right)}{\left(D_F^* F\right)^2} = -\frac{\left(D_S^* S\right)}{\left(D_F^* F\right)} \tag{3.14}$$

또는, 이는 다음과 같이 도출될 수 있다. 전체 포트폴리오의 수익을 다음과 같이 표시한다.

$$\begin{aligned}\Delta V &= \Delta S + N\Delta F \\ &= \left(-D_S^* S\right)\Delta y + N\left(-D_F^* F\right)\Delta y \\ &= -\left[\left(D_S^* S\right) + N\left(D_F^* F\right)\right] \times \Delta y\end{aligned}$$

대괄호 안의 항에 의해 표시된 순노출이 0이면, 이 수식의 값은 0이다. 다시 말해, 최적 헤지비율은 단순히 헤지의 금액 듀레이션에 대한 현금의 금액 듀레이션의 비율의 음수이다. 이 비율은 베이시스 포인트의 금액표시 가치(DVBP)로도 표현될 수 있으며, 다음과 같다.

$$N^* = -\frac{\mathrm{DVBP}_S}{\mathrm{DVBP}_F} \tag{3.15}$$

더 일반적으로, 포트폴리오의 총 듀레이션을 조정하기 위해 N을 도구로 사용할 수 있다. 목표 듀레이션이 D_V이면, 이 목표는 $[(D_S^* S) + N(D_F^* F)] = D_V^* V$, 또는 다음 관계가 성립할 때 달성될 수 있다.

$$N = \frac{(D_V^* V - D_S^* S)}{(D_F^* F)} \tag{3.16}$$

수식(3.14)는 위 수식의 특별한 경우이다.

핵심 개념

최적 듀레이션 헤지는 헤지 수단의 금액 듀레이션에 대한 포지션의 금액 듀레이션의 비율로 계산된다.

사례 미국 장기국채 선물 헤지

어떤 포트폴리오 매니저는 1,000만 달러 상당의 6.8년의 듀레이션을 가진 채권 포트폴리오를 보유하며, 3개월 동안 헤지하려고 한다. 현재 선물가격은 93-02이며, 기준금액은 100,000달러이다. 이 듀레이션은 최저가 인도채권의 듀레이션으로부터 도출될 수 있으며, 그 수치는 9.2년이다.

일관성을 위해 이 모든 값들은 헤지의 목표일 기준으로 측정되어야 한다. 따라서 포트폴리오와 선물의 듀레이션은 3개월 후 각각 6.8과 9.2년일 것으로 예측된다.[2)] 1,000만 달러는 포트폴리오의 선도 가치이나, 실무적으로 이 값은 현재 가치로부터 계산된다.

다음을 계산하라.

1. 선물계약 기준금액의 가치
2. 최적 보호를 위해 매도/매수할 계약 수

풀이

1. 기준 가치는 $[93 + (2/32)]/100 \times \$100,000 = \$93,062.5$
2. 최적 매도 계약 수는 수식(3.14)로부터 계산된다.

$$N^* = -\frac{(D_S^* S)}{(D_F^* F)} = -\frac{6.8 \times \$10,000,000}{9.2 \times \$93,062.5} = -79.4$$

또는 반올림 후 79 계약이다. 선물의 DVBP는 약 $9.2 \times \$93,000 \times 0.01\% = \$85$임을 유의하자.

사례 유로달러 선물 헤지

2월 2일에, 회사의 재무책임자는 7월 17일에 발행될 180일 만기 기업어음 500만 달러를 헤지하고자 한다. 예상 수입은 452만 달러이다. 9월 만기 유로달러 선물계약은 92에 거래되고, 기준금액은 100만 달러이다.

다음을 계산하라.

1. 선물계약의 현재 가치
2. 최적 보호를 위해 매도/매수할 계약 수

풀이

1. 현재 가치는 $\$10,000[100-0.25(100-92)]=\$980,000$이다. 선물계약은 3개월 LIBOR에 기초하므로, 듀레이션은 항상 3개월(90일)임을 유의하자.
2. 이자율이 상승하면, 차입비용이 증가한다. 우리는 이것을 이익, 또는 선물의 매도 포지션으로 상쇄해야 한다. 최적 계약 수는 수식(3.14)로부터 계산된다.

$$N^* = -\frac{(D_S^* S)}{(D_F^* F)} = -\frac{180 \times \$4,520,000}{90 \times \$980,000} = -9.2$$

또는 반올림 후 9 계약이다. 선물의 DVBP는 약 $0.25 \times \$1,000,000 \times 0.01\% = \$25$임을 유의하자. 이 경우, 헤지되는 포지션의 DVBP는 226달러이다. 25달러로 나누면 헤지 비율은 9이다.

예제 3.8 : 듀레이션 헤지

듀레이션에 기초한 헤지 계획은 이자율이 움직이는 방법에 관해 어떤 가정을 하는가?

a. 모든 이자율은 같은 크기로 변한다.
b. 수익률곡선의 작은 평행이동이 발생한다.
c. 수평적 이동이 기간구조에서 발생한다.
d. 이자율의 이동은 매우 높은 상관관계를 갖는다.

2) 이 장기국채 선물을 이용한 헤지방법은 매도자에 의해 보유된 옵션효과를 무시한다. 즉, 인도 및 시점 옵션이다. 또한, 선물의 듀레이션은 최저가인도 채권의 듀레이션을 환산계수로 나눈 값이다.

예제 3.9 : 유로달러 선물을 통한 헤지

만약 모든 현물 이자율이 1베이시스 포인트만큼 상승하면, 스왑 포트폴리오의 가치는 1,100 달러만큼 상승한다. 이 포트폴리오를 헤지하기 위해 유로달러 선물 몇 계약이 필요한가?

a. 44　　b. 22　　c. 11　　d. 1,100

예제 3.10 : FRM 시험 2007 – 문제 17

6월 2일에 1,000만 달러를 국채에 투자한 어떤 펀드 매니저는 이자율이 향후 3개월 동안 매우 변동적일 것으로 우려하고 있다. 이 매니저는 장기국채의 9월 선물계약을 이용하여 포트폴리오의 리스크를 헤지하기로 결정한다. 현재 선물가격은 95.0625 달러이다. 각 계약은 액면금액 10만 달러의 채권을 인도한다. 3개월 후 매니저의 채권포트폴리오 듀레이션은 7.8년이 될 것이다. 미국 장기국채의 선물계약에서 최저가인도(CTD) 채권은 이 계약의 만기에 8.4년의 듀레이션을 가질 것으로 예상된다. 장기국채 선물계약의 만기에, 기초 벤치마크 장기국채의 듀레이션은 9년이다. 이 펀드매니저는 이자율리스크 노출을 줄이기 위해 어떤 포지션을 취해야 하는가?

a. 94 계약 매도　　b. 98 계약 매도　　c. 105 계약 매도　　d. 113 계약 매도

예제 3.11 : FRM 시험 2004 – 문제 4

Albert Henri는 캐나다의 가장 큰 연금기금의 고정소득증권 매니저이다. 연금기금의 자산 포트폴리오의 현재가치는 40억 캐나다 달러이며, 기금 부채의 기대 현재가치는 50억 캐나다 달러이다. 각 수정 듀레이션은 8.254년과 6.825년이다. 이 기금은 현재 계리적 적자(자산 < 부채)를 갖고 있으며, Albert는 이 차이를 확대하면 안 된다. 현재 수익률곡선에 관한 두 개의 시나리오가 존재한다. 첫째 시나리오는 25bp 상승이고, 둘째 시나리오는 25bp 하락이다. 가장 유동적인 이자율 선물계약은 68,336 캐나다 달러의 현재가치와 2.1468년의 듀레이션을 갖고 있다. 두 시나리오를 별도로 분석함으로써, Albert Henri는 연금기금의 갭을 넓히지 않기 위해 무엇을 해야 하는가? 가장 좋은 대안을 선택하라.

	첫째 시나리오	둘째 시나리오
a.	아무 것도 안한다.	7,559 계약 매수
b.	아무 것도 안한다.	7,559 계약 매도
c.	7,559 계약 매수	아무 것도 안한다.
d.	아무 것도 안한다.	아무 것도 안한다.

3.3.2 베타 헤지

이제 주가지수 선물을 이용한 주식 헤지를 살펴보자. **베타**(beta), 또는 **체계적위험**(systematic risk)은 시장 m의 변동에 대한 포트폴리오 i의 수익률 노출 척도로 간주될 수 있다:

$$R_{it} = \alpha_i + \beta_i R_{mt} + \epsilon_{it} \tag{3.17}$$

여기에서 β는 체계적위험을 나타낸다. α는 절편이며, 리스크의 원천이 아니므로 리스크관리 목적에서는 무시될 수 있다. ϵ은 잔차요소이며, 시장과 상관관계가 없다. 앞 절들을 참고하고 잔차와 절편을 무시하면, 다음과 같이 표현할 수 있다.

$$(\Delta S/S) \approx \beta(\Delta M/M) \tag{3.18}$$

이제 1의 베타, 즉 $(\Delta F/F) = 1(\Delta M/M)$인 주가지수 선물계약을 사용할 수 있다고 가정하자. 옵션의 경우 베타는 순 델타 $(\Delta C) = \delta(\Delta M)$로 대체된다.

채권 듀레이션의 경우처럼 전체 포트폴리오의 수익률은 다음과 같이 표현된다.

$$\begin{aligned}\Delta V &= \Delta S + N\Delta F \\ &= (\beta S)(\Delta M/M) + NF(\Delta M/M) \\ &= [(\beta S) + NF] \times (\Delta M/M)\end{aligned}$$

대괄호 안의 항으로 표현된 순 노출이 0이면, 이 수식의 값은 0이다. 최적 매도 계약 수는 다음과 같다.

$$N^* = -\frac{\beta S}{F} \tag{3.19}$$

핵심 개념

주가지수 선물을 이용하는 최적 헤지는 현금 포지션의 베타와 가치를 곱한 값을 선물계약의 기준금액으로 나눔으로써 계산된다.

사례

포트폴리오 매니저는 1,000만 달러 상당의 주식 포트폴리오를 보유하고 있으며, S&P 500 대비 베타는 1.5이다. 현재 선물가격은 1,400이며, 배수는 250달러이다.

다음을 계산하라.

1. 선물계약의 기준금액
2. 최적 보호를 위해 매도할 계약 수

풀이

1. 선물계약의 기준금액은 $\$250 \times 1,400 = \$350,000$이다.
2. 최적 매도 계약 수는, 수식(3.14)로부터, 다음과 같다.

$$N^* = -\frac{\beta S}{F} = -\frac{1.5 \times \$10,000,000}{1 \times \$350,000} = -42.9$$

또는 반올림 후 43 계약이다.

3.3.3 일반적 고려 사항

헤지의 질은 수식(3.17)의 시장모형의 잔차 리스크의 크기에 의존한다. 대규모 포트폴리오에서, 잔차는 분산되어 사라지기 때문에, 근사값이 좋을 수 있다. 대조적으로, 주가지수로 헤지된 개별 주식은 좋지 않은 결과를 낳을 수 있다.

예를 들어, 전형적인 미국 주식과 S&P 500의 상관계수는 0.50이다. 산업지수에서 상관계수는 전형적으로 0.75이다. 수식(3.12)의 회귀식 유효성을 이용하면, 헤지된 포트폴리오의 변동성은 전형적인 주식의 헤지되지 않은 변동성의 약 $\sqrt{1-0.5^2} = 87\%$, 전형적 산업지수의 헤지되지 않은 변동성의 약 66%임을 알 수 있다. 따라서 전체 시장을 이용하여 주식 포트폴리오(산업지수)를 헤지하는 것이 더 효과적이다.

헤지에 관한 마지막 고려사항은 다음과 같다. 만약 헤지의 목표가 변동성을 낮추는 것이면, 헤지는 하방 리스크를 제거할 뿐 아니라 상승 잠재력도 제거할 것이다. 헤지의 목표는 리스크를 낮추는 것이며, 이익을 내는 것이 아니다. 따라서 헤지는 양쪽에 날을 가진 칼이다. 헤지가 유익한지 여부는 위험과 수익과 상반관계 안에서 판단되어야 한다.

예제 3.12 : FRM 시험 2009 – 문제 3-10

당신은 지수 선물을 사용하여 헤지해야 할 500만 달러의 포트폴리오를 보유한다. 포트폴리오와 헤지용도의 선물의 상관계수는 0.65이다. 포트폴리오의 표준편차는 7%이고, 헤지 수단의 표준편차는 6%이다. 지수 선물의 가격은 1,500달러이고, 한 계약의 크기는 선물가격의 100배이다. 다음 포지션 중 어느 것이 리스크를 가장 낮추는가?

a. 33 선물계약 매수　　b. 33 선물계약 매도
c. 25 선물계약 매수　　d. 25 선물계약 매도

예제 3.13 : FRM 시험 2007 – 문제 107

S&P 500 지수의 현재가치는 1,457이다. 그리고 각 S&P 선물계약은 지수의 250배를 인도한다. 시장가치 300,100,000 달러의 주식 매수만을 포함한 포트폴리오의 베타는 1.1이다. 포트폴리오의 베타를 0.75로 줄이려면, 얼마나 많은 S&P 선물계약을 매도해야 하는가?

a. 288 계약　　b. 618 계약　　c. 906 계약　　d. 574 계약

3.4 중요 공식

- 단위헤지한 포지션의 이익 : $Q[(S_2 - S_1) - (F_2 - F_1)] = Q[b_2 - b_1]$
- 매도 헤지 포지션=베이시스 매수, 또는 베이시스가 확대되면 이익
- 최적 헤지비율 : $N^* = -\beta_{sf} \dfrac{Q \times s}{Q_f \times f}$
- 최적 헤지비율(무단위) : $\beta_{sf} = \dfrac{\sigma_{sf}}{\sigma_f^2} = \rho_{sf} \dfrac{\sigma_s}{\sigma_f}$
- 헤지된 포트폴리오의 변동성 : $\sigma_V^* = \sigma_S \sqrt{(1 - R^2)}$
- 듀레이션 헤지 : $N^* = -\dfrac{(D_S^* S)}{(D_F^* F)}$
- 베타 헤지 : $N^* = -\beta \dfrac{S}{F}$

3.5 예제 풀이

예제 3.1: FRM 시험 2000 – 문제 79

d. 현금 가치와 헤지 포지션의 변동이 서로 완전하게 상쇄하지 않을 때, 베이시스 리스크는 발생한다. 이런 현상은 헤지 수단이 다르거나 상관관계가 1이 아닐 때 발생할 수 있다. 비슷한 헤지 수단의 경우에도 만약 헤지가 기초자산의 만기 전에 해제되면, 약간의 베이시스 리스크가 존재한다.

예제 3.2: FRM 시험 2009 – 문제 3-14

a. 헤지 수단의 만기가 헤지의 목표기간과 일치하고(예를 들어, 2개월) 헤지 수단이 같은 리스크요인에 노출됐을 때(예를 들어, IBM주식), 베이시스 리스크는 최소화된다.

예제 3.3: FRM 시험 2009 – 문제 3-15

c. 베이시스 리스크는 만기들이 다를 때 발생할 수 있다. 따라서 보기 a.는 옳지 않다. 매도 헤지 포지션은 베이시스를 매수한 것이며, 따라서 베이시스가 확대되면 이득을 얻는다. 왜냐하면 현물 가격에 비해 선물 가격이 하락하면, 이익이 발생하기 때문이다.

예제 3.4: FRM 시험 2007 – 문제 99

c. 상이한 만기 또는 계약을 동시에 매수 및 매수한 포지션에서는 주로 베이시스 리스크가 존재한다. 포지션 II.는 같은 계약을 두 배 매수한 것이며, 따라서 베이시스 리스크는 없다. (그러나 방향성 리스크는 크다.)

예제 3.5: FRM 시험 2001 – 문제 86

b. 첫째 증권에 대비하여, 둘째 증권에 투자하는 금액을 x라고 하자(또는 헤지비율). 이제 분산은 $1+x^2+2xp$에 비례한다. 이를 미분하고 그 값을 0으로 두면, $x=-p=0.5$이다. 따라서 한 증권의 금액은 다른 증권의 두 배이어야 한다. 또는, 헤지비율은 $N^*=-\rho\frac{\sigma_S}{\sigma_F}$이고, 즉 0.5이다. 보기 b.만 이 수치 또는 그 역수와 부합한다.

예제 3.6: FRM 시험 2007 – 문제 125

a. 최적 헤지비율은 $\beta_{sf} = \sigma_{sf}\dfrac{\sigma_s}{\sigma_f} = 0.72\,0.35/0.27 = 0.933$이다.

예제 3.7: FRM 시험 2009 – 문제 3-26

b. XYZ회사는 금 가격이 하락하면 손해를 입기 때문에, 헤지를 위해 선물을 매도한다. 최적 헤지비율은 $\rho\sigma_s/\sigma_f = 0.86\times 3.6/4.2 = 0.737$이다. 포지션의 크기를 고려하면, 매도 계약 수는 $0.737\times 10{,}000/10 = 737$이다.

예제 3.8: 듀레이션 헤지

b. 문제의 가정은 수익률 곡선의 (1) 수평 그리고 (2) 작은 이동이다. 보기 a.와 c.는 동일하고, 이동의 크기를 누락했다. 보기 d.는 완전(단순히 큰 것이 아닌) 상관관계와 작은 이동을 요구한다.

예제 3.9: 유로달러 선물을 이용한 헤지

a. 포트폴리오의 DVBP는 1,100달러이다. 선물의 DVBP는 25달러이다. 따라서 비율은 1,100/25=44이다.

예제 3.10: FRM 시험 2007 – 문제 17

b. 매도 계약 수는 $N^* = -\dfrac{(D_S^* S)}{(D_F^* F)} = -(7.8\times 10{,}000{,}000)/(8.4\times(95.0625)\times 1{,}000) = -97.7$, 또는 98 계약이다. 관련 선물의 듀레이션은 CTD의 듀레이션임에 유의하자. 다른 수치는 관련 없다.

예제 3.11: FRM 시험 2004 – 문제 4

a. 우선 자산과 부채의 달러 듀레이션을 계산해야 한다. 이는 각각 4,000×8.254 =33,016 그리고 5,000×6.825=34,125(백만 달러)이다. 부채의 달러 듀레이션이 자산보다 크기 때문에, 이자율 하락은 자산보다 부채를 더 증가시킨다. 결국 적자는 악화된다. Albert는 이자율 선물을 매입하여 상쇄해야 한다. 계약 수는 $(34{,}125 - 33{,}016)/(68{,}336\times 2.1468/1{,}000{,}000) = 7{,}559$이다.

예제 3.12: FRM 시험 2009 – 문제 3-10

d. 헤지 목적으로, 포트폴리오 매니저는 지수 선물을 매도해야 한다. 이는 포트폴리오 가치가 하락하면, 이익을 낸다. 이 포트폴리오의 베타는 0.65×(7%/6%)=0.758이다. 계약 수는 $N^* = -\beta S/F = -(0.758 \times 5{,}000{,}000)/(1{,}500 \times 100) = -25.3$, 또는 25 계약이다.

예제 3.13: FRM 시험 2007 – 문제 107

a. 앞 문제와 비슷하다. 그러나 헤지는 부분적이다(즉, 1.10로부터 0.75로 변화). 따라서 $N^* = -\beta S/F = -(1.10 - 0.75)300{,}100{,}000/(1{,}457 \times 250) = -288.3$ 계약이다.

Chapter 4

비선형(옵션) 리스크 모형*

앞장은 선형 리스크 모형에 초점을 맞추었다(즉, 선도나 선물 같은 계약을 이용하는 헤지이며, 이들의 가치는 기초 리스크요인과 선형관계를 갖는다). 정규 확률변수의 선형 결합도 정규분포를 따르기 때문에, 선형 헤지는 정규분포를 유지한다. 이는 리스크 분석을 현저히 단순화한다.

그러나 비선형 리스크 모형은 훨씬 더 복잡하다. 특히, 옵션 가치는 심한 비대칭 분포를 따를 수 있다. 리스크관리 담당자는 이런 종류의 리스크를 평가할 능력을 발전시켜야 한다. 옵션은 금융시장에 광범위하게 존재하기 때문이다. 이런 옵션은 동태적 거래에 의해 복제될 수 있다. 따라서 이 노력은 적극적 거래전략의 리스크에 관한 통찰력도 제공한다.

앞의 한 장에서, 우리는 시장손실은 두 요인의 결합에 기인한다는 것을 보았다. 이는 노출과 리스크요인의 불리한 변화이다. 따라서 대규모 손실은 리스크요인 때문에 발생할 수 있으며, 이는 불운이다. 그러나 노출 프로파일이 옵션 매도 포지션과 비슷하기 때문에 손실이 발생하는 경우도 빈번하다. 노출은 리스크관리 담당자의 통제 하에 있기 때문에, 이 상황은 관용되기 어렵다.

과제는 노출 프로파일에 관한 직관적 이해를 제공하는 척도를 개발하는 것이다. 제4.1절은 옵션평가와 테일러 근사값을 소개한다. 이는 블랙-숄즈 공식으로부터 시작한다. 그리스 문자로 표시되는 옵션의 편도함수는 제4.2절에서 분석된다. 제4.3절은 옵션 포지션의 분포 프로파일과 델타 및 감마를 이용한 value at risk(VAR) 측정을 다룬다.

* FRM 시험 Part 1 주제. 또한, FRM 시험 Part 1은 제10장의 신용등급을 포함함을 유의하라.

4.1 옵션 모형

4.1.1 정의

기초자산의 가격, 지수, 또는 수익률 등에 의해 가치가 결정되는 파생상품(derivative instrument)을 생각해보자. 예를 들어, 외국통화를 기초자산으로 하는 콜옵션을 고려하자. 다음 정의들을 이용한다.

S_t = 자산의 금액표시 현재 현물가격

F_t = 자산의 현재 선물가격

K = 옵션계약의 행사가격

f_t = 파생상품의 현재 가치

r_t = 국내 무위험수익률

r_t^* = 외국 무위험수익률(y로도 표시)

σ_t = S 변화율의 연간 표준편차

τ = 잔존만기

더 일반적으로, r_t^*는 자산 수익이며, 이는 주가지수 또는 채권의 배당이나 이자의 연간 수익률을 나타낸다.

대다수 옵션에서, 파생상품의 가치는 다음 함수로 표현될 수 있다.

$$f_t = f(S_t, r_t, r_t^*, \sigma_t, K, \tau) \tag{4.1}$$

계약 내용은 K와 잔존만기 τ로 표현된다. 다른 요인들은 파생상품 가치의 변동성을 초래하는 시장 움직임에 의해 영향을 받는다. 단순화를 위해, 다음 표현들에서 시간을 나타내는 아래첨자를 생략한다.

파생상품 평가는 결국 f값을 찾는 작업이며, 그 전제는 옵션의 만기 특성과 시장의 행태에 관한 가정들이다. 예를 들어, 선도계약의 가치는 매우 간단하다. 이는 다음과 같이 축약된다.

$$f = Se^{-r^*\tau} - Ke^{-r\tau} \tag{4.2}$$

더 일반적으로, 함수 f의 분석적 표현을 도출하지 못할 수 있다. 이 경우 수치적 방법이 필요하다.

4.1.2 테일러 전개식

우리는 f의 변동을 측정하고자 한다. 파생상품의 노출 프로파일은, 테일러 전개식에 의해 다음과 같이 국지적으로(locally) 표현될 수 있다.

$$df = \frac{\partial f}{\partial S}dS + \frac{1}{2}\frac{\partial^2 f}{\partial S^2}dS^2 + \frac{\partial f}{\partial r}dr + \frac{\partial f}{\partial r^*}dr^* + \frac{\partial f}{\partial \sigma}d\sigma + \frac{\partial f}{\partial \tau}d\tau + \cdots \qquad (4.3)$$

함수값은 S에 비선형적으로 의존하기 때문에 우리는 S의 2차항을 추가한다. 수식(4.3)의 항들은 비선형함수의 근사값을 1차 및 2차 다항식으로 측정한다.

옵션평가(option pricing)는 f에 관한 것이다. **옵션 헤지**(option hedging)는 편도함수를 이용한다. **리스크관리**(risk management)는 이들을 리스크요인의 변동과 결합하는 것이다.

〈그림 4.1〉은 유러피언 콜옵션의 가치와 기초자산의 관계를 나타낸다. 실제 가격은 굵은 실선이다. 가는 직선은 선형(델타) 추정치이며, 초기 점에서의 접선이다. 다른 선은 2차(델타와 감마) 추정치이다. 이는 더 많은 모수를 갖고 있기 때문에 훨씬 더 정확하게

그림 4.1 콜옵션 매수의 델타-감마 근사값

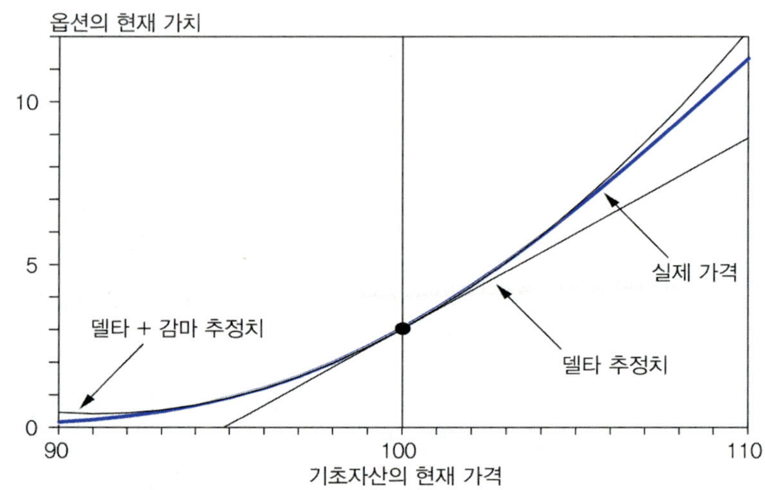

추정한다.

국지적 가격변동의 합을 다루기 때문에 우리는 포트폴리오 차원에서 민감도들을 합계할 수 있다는 데 유의하자. 이는 개별 증권들의 듀레이션을 적절히 가중합계하여 포트폴리오 듀레이션을 구하는 것과 비슷하다.

예를 들어, $\Delta = \frac{\partial f}{\partial S}$로 표시하면, 우리는 포트폴리오 또는 장부의 Δ_P를 총 민감도로 요약할 수 있다.

$$\Delta_P = \sum_{i=1}^{N} x_i \Delta_i \tag{4.4}$$

여기에서 x_i는 포트폴리오에 포함된 종류 i의 옵션 수량이다. 1차 가격리스크에 대해 헤지하려면, 포트폴리오의 순(net) 델타를 헤지하는 것으로 충분하다. 이는 모든 상품을 개별적으로 헤지하는 것보다 효율적이다.

테일러 전개식은 종종 열악한 근사값을 제공할 수 있다.

- 기초 리스크요인의 대규모 변동
- 만기에 가까운 옵션 또는 특수 옵션처럼 대단히 비선형적 노출
- σ가 S에 따라 변화하는 것 같은 교차 편도함수 효과

만약 이런 경우이면, 상품의 **완전재평가**(full revaluation)를 수행해야 한다. 아래첨자 0과 1로 각각 초기와 종기를 표시하면, 옵션가치의 변화는 다음과 같다.

$$f_1 - f_0 = f(S_1, r_1, r_1^*, \sigma_1, K, \tau_1) - f(S_0, r_0, r_0^*, \sigma_0, K, \tau_0) \tag{4.5}$$

4.1.3 옵션의 평가

이제 전통적인 유로피언 콜과 풋옵션의 다양한 도함수들을 살펴본다. [부록 2.3]에서 보는 것처럼 **블랙-숄즈**(Black-Scholes: BS) 모형은 폐쇄형 해를 제공한다. 여기에서부터 도함수들은 분석적으로 계산될 수 있다.

BS 모형 도출의 핵심은 옵션은 기초자산의 델타포지션으로 복제될 수 있다는 것이다. 따라서 자산과 옵션을 적절한 비율로 결합한 포트폴리오는 국지적으로, 즉 가격의 작은 변동의 경우에 무위험이다. 차익거래 가능성이 없으려면 이 포트폴리오는 무위험수익을 낳

아야 한다. 옵션 가치는 할인된 기대수익이다.

$$f_t = E_{\mathrm{RN}}\left[e^{-r\tau}F(S_T)\right] \tag{4.6}$$

여기에서 E_{RN}는 위험중립적 세계의 미래 수익의 기대값을 나타낸다. 즉, 무위험수익률에 의해 기초자산이 증식하고 할인되는 세계를 뜻한다.

유로피언 콜옵션의 경우, 최종 수익은 $F(S_T) = \mathrm{Max}(S_T - K, 0)$이고, 콜옵션의 현재 가치는 다음과 같다.

$$c = Se^{-r^*\tau}N(d_1) - Ke^{-r\tau}N(d_2) \tag{4.7}$$

여기에서, $N(d)$는 표준정규분포의 누적분포함수이다.

$$N(d) = \int_{-\infty}^{d}\Phi(x)dx = \frac{1}{\sqrt{2\pi}}\int_{-\infty}^{d} e^{-\frac{1}{2}x^2}dx$$

여기에서 Φ는 표준정규밀도함수이다. $N(d)$는 또한 표준정규변수의 값이 d일 때, 그 왼쪽 부분의 면적이다. d_1과 d_2의 값은 다음과 같다.

$$d_1 = \frac{\ln\left(Se^{-r^*\tau}/Ke^{-r\tau}\right)}{\sigma\sqrt{\tau}} + \frac{\sigma\sqrt{\tau}}{2},\quad d_2 = d_1 - \sigma\sqrt{\tau}$$

풋-콜 패리티에 의해, 유로피언 풋옵션의 가치는 다음과 같다.

$$p = Se^{-r^*\tau}\left[N(d_1) - 1\right] - Ke^{-r\tau}\left[N(d_2) - 1\right] \tag{4.8}$$

4.2 옵션의 편도함수

4.2.1 옵션의 민감도: 델타와 감마

유로피언 콜옵션의 폐쇄형 해로부터, 우리는 모든 편도함수를 도출할 수 있다. 가장 중요한 민감도는 **델타**(delta)이며, 이는 가격에 대한 1차 편도함수이다. 콜옵션의 경우, 델타

그림 4.2 옵션의 델타

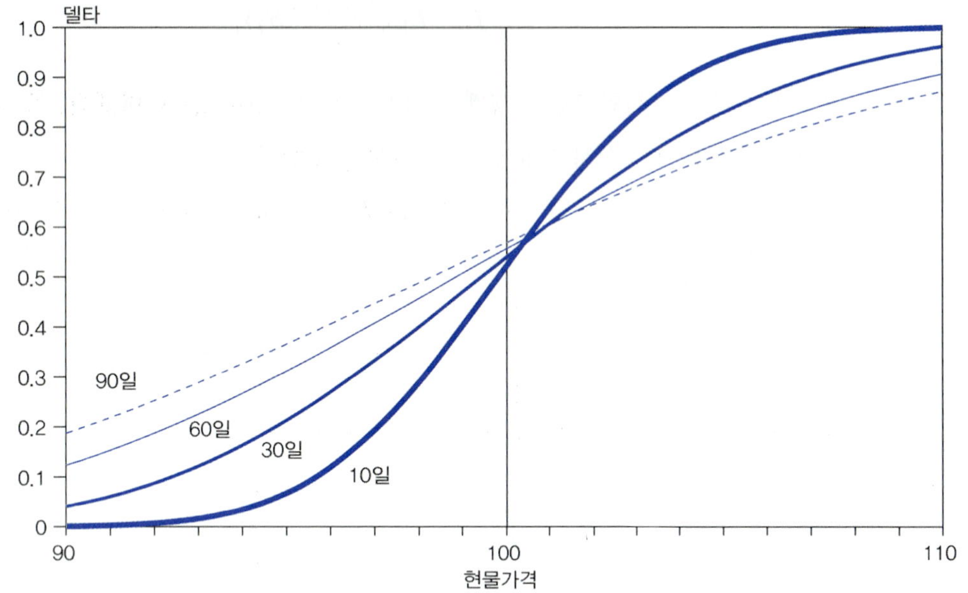

는 다음과 같이 양함수로 표현될 수 있다.

$$\Delta_c = \frac{\partial c}{\partial S} = e^{-r^*\tau} N(d_1) \tag{4.9}$$

이 함수값은 항상 양수이고 1보다 작다.

〈그림 4.2〉는 다양한 만기에서 델타를 S의 현재 가치에 연계시킨다. 그림의 본질적 특성은 Δ가 현물가격과 시간에 따라 상당한 크기로 변한다는 것이다. 현물가격이 상승하면, d_1과 d_2는 매우 커지고, Δ는 $e^{-r^*\tau}$에 수렴한다. 특히, 만기가 짧으면 1로 수렴한다. 이 상황에서, 옵션은 기초자산의 단순 포지션과 비슷하다. 실제로, 수식(4.7)의 극한은 $c = Se^{-r^*\tau} - Ke^{-r\tau}$이며, 이는 수식(4.2)의 선도계약의 가치와 정확히 일치한다.

다른 극단에서, 만약 S가 매우 낮으면, Δ는 0에 가깝고 옵션은 S에 별로 민감하지 않다. S가 행사가격 K에 가까울 때, Δ는 0.5에 근접하며, 그리고 옵션의 행태는 기초자산에 0.5를 투자한 포지션과 비슷하다.

핵심 개념

등가격 콜옵션의 델타는 0.5에 가깝다. 콜옵션이 깊은 내가격(ITM)일수록 델타는 1을 향해 이동한다. 콜옵션이 심한 외가격(OTM)일수록 델타는 0을 향해 이동한다.

풋옵션의 델타는 다음과 같다.

$$\Delta_p = \frac{\partial p}{\partial S} = e^{-r^* \tau}[N(d_1) - 1] \tag{4.10}$$

이 함수값은 항상 음수이다. 부호를 무시하면, 콜옵션의 Δ와 비슷한 행태를 보인다. 등가격(at-the-money: ATM) 풋옵션의 델타는 약 -0.5이다.

핵심 개념

등가격 풋옵션의 델타는 -0.5에 가깝다. 콜옵션이 깊은 내가격(ITM)일수록 델타는 -1을 향해 이동한다. 콜옵션이 심한 외가격(OTM)일수록 델타는 0을 향해 이동한다.

그림은 또한 옵션이 만기에 가까울수록 Δ 함수의 곡도는 심해짐을 보인다. 함수는 계단 형태 함수로 수렴한다(즉, $S < K$이면 0이고, 그 밖의 경우에는 1). 만기에 가까운 옵션은 불안정한 델타를 갖고 있다.

유로피언 콜 또는 풋옵션의 경우, 감마(Γ)는 2차항이다.

$$\Gamma = \frac{\partial^2 c}{\partial S^2} = \frac{e^{-r^* \tau}\Phi(d_1)}{S\sigma\sqrt{\tau}} \tag{4.11}$$

이 수식은 종 형태의 정규밀도함수 Φ를 갖는다. 이 수식은 또한 Δ의 S에 대한 편도함수이다. 따라서 Γ는 Δ의 불안정성을 측정한다. 동일한 조건의 콜옵션과 풋옵션의 감마는 같다는 점에 유의하자.

〈그림 4.3〉은 콜옵션의 감마를 나타낸다. 등가격 옵션의 감마가 가장 높다. 이는 S가 변하면, Δ가 매우 빠르게 변한다는 것을 의미한다. 대조적으로, 내가격 옵션과 외가격 옵션은 모두 낮은 감마를 갖고 있다. 그들의 델타는 각각 0 또는 1에 가까운 상수이기 때문이

그림 4.3 옵션의 감마

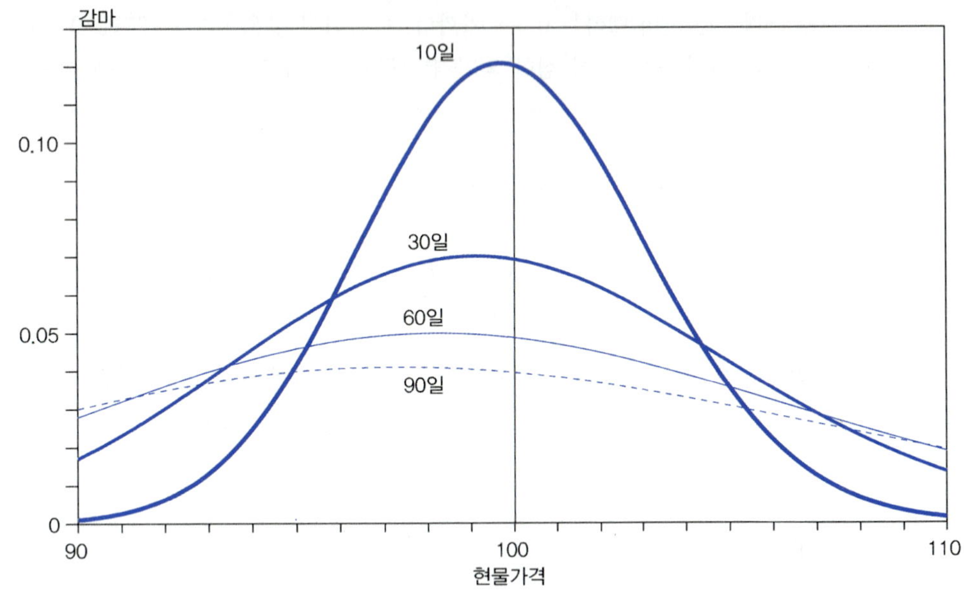

다. 이 그림은 또한, 만기에 근접하면 옵션의 감마는 증가한다는 것을 보인다. 이는 유용한 규칙이다(박스 참조).

핵심 개념

바닐라 옵션의 경우, 단기 등가격 옵션에서 감마가 가장 높다. 즉, 비선형성이 가장 현저하다.

따라서 감마는 채권의 컨벡시티 개념과 비슷하다. 그러나 고정금리 채권은 항상 양의 컨벡시티를 갖지만, 옵션의 컨벡시티는 양수 또는 음수일 수 있다. 양의 컨벡시티 또는 감마는 유익하다. 자산가치는 상대적으로 더 천천히 하락하고 더 빠르게 상승하기 때문이다. 반대로 음의 컨벡시티는 더 빠른 가치하락과 더 느린 가치상승을 의미하기 때문에 위험할 수 있다.

〈그림 4.4〉는 옵션 포지션의 델타와 감마 노출을 요약한다. 옵션의 매수 포지션은 콜 또는 풋에 상관없이 양의 컨벡시티를 갖는다. 매도 포지션은 음의 컨벡시티를 갖는다. 음의 컨벡시티의 불리한 효과를 부담하는 대가로, 옵션 매도자는 프리미엄을 받는다.

그림 4.4 옵션 포지션의 델타와 감마

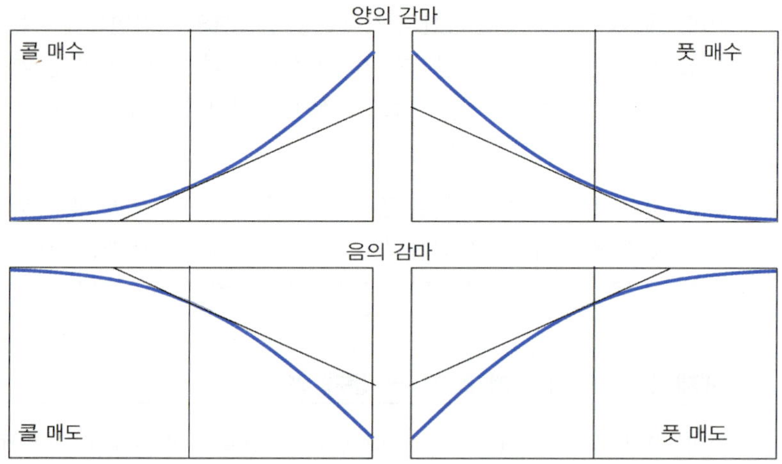

예제 4.1 : FRM 시험 2006 – 문제 91

어떤 자산의 배당수익률은 연간 10%이다. 이 자산에 대한 잔존만기 6개월의 선도계약 매수 포지션의 델타는 무엇인가?

a. 0.95
b. 1.00
c. 1.05
d. 추가 정보가 없으면, 계산할 수 없다.

예제 4.2 : FRM 시험 2004 – 문제 21

마이크로소프트 주식의 90일 만기 유러피언 풋옵션의 행사가격이 30달러이다. 마이크로소프트 주식의 현재 시장가격은 30달러이다. 이 옵션의 델타의 근사값은 무엇인가?

a. -1　　b. -0.5　　c. 0.5　　d. 1

예제 4.3 : FRM 시험 2006 – 문제 80

유러피언 콜옵션에 관한 다음 정보가 주어졌다. 잔존만기 2년; 연속복리 무위험이자율 4%; 연속복리 배당수익률 1%; $N(d_1)$=0.64이다. 이 옵션의 델타를 계산하라.

a. -0.64　　b. 0.36　　c. 0.63　　d. 0.64

예제 4.4 : FRM 시험 2009 - 문제 4-27

어떤 애널리스트는 기초자산의 가격변동이 옵션의 가격변동에 주는 영향을 분석하고 있다. 애널리스트는 콜과 풋의 델타가 기초자산의 가격변동에 가장 민감한 때를 찾으려 한다. 옵션은 유러피언 형이고, 블랙-숄즈 공식이 성립한다고 가정하자. 기초자산의 가격상승이 델타의 절대값에 가장 큰 영향을 주는 경우는 무엇인가?

a. 콜은 깊은 내가격, 풋은 깊은 외가격
b. 풋과 콜 모두 깊은 내가격
c. 풋과 콜 모두 깊은 외가격
d. 풋과 콜 모두 등가격

예제 4.5 : FRM 시험 2001 - 문제 79

어떤 은행은 주식 100,000주에 대해 300,000 달러의 콜옵션을 팔았다. 주식은 50에 거래되고, 옵션의 행사가격은 49, 만기는 3개월, 변동성은 20%, 그리고 이자율은 5%이다. 이 은행은 어떻게 델타 헤지하겠는가?

a. 65,000주를 매입한다.
b. 100,000주를 매입한다.
c. 21,000주를 매입한다.
d. 100,000주를 매도한다.

예제 4.6 : FRM 시험 2006 - 문제 106

현재의 옵션 매도 포지션은 델타중립적이며, 감마는 -600이라고 가정하자. 또한 0.75의 델타와 1.50의 감마를 갖고 있는 옵션이 거래된다고 가정하자. 감마중립적이고 델타중립적이려면, 다음 중 어느 전략을 구사해야 하는가?

a. 400 계약의 옵션을 매입하고 기초자산 300주를 매도한다.
b. 300 계약의 옵션을 매입하고 기초자산 400주를 매도한다.
c. 400 계약의 옵션을 매도하고 기초자산 300주를 매입한다.
d. 300 계약의 옵션을 매도하고 기초자산 400주를 매입한다.

4.2.2 옵션의 민감도: 베가

선형 계약과는 달리, 옵션은 현물가격의 변동 방향뿐 아니라 변동성에도 노출된다. 따라서 옵션은 변동성에 대한 투기로 간주될 수 있다.

옵션의 변동성에 대한 민감도는 **베가**(vega)로 불린다(때로 람다 또는 카파로도 불린

그림 4.5 옵션의 베가

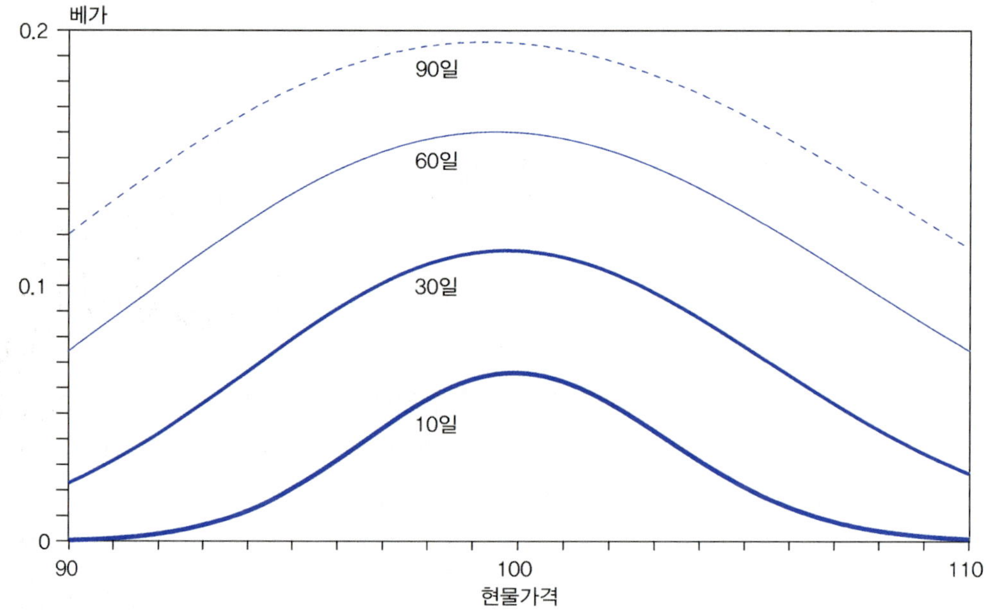

다). 유로피언 콜 및 풋옵션의 경우, 이는 다음과 같다.

$$\Lambda = \frac{\partial c}{\partial \sigma} = Se^{-r^*\tau}\sqrt{\tau}\Phi(d_1) \tag{4.12}$$

이 수식도 정규밀도함수 Φ의 종 형태를 띤다. 감마와 마찬가지로 베가는 비슷한 콜과 풋옵션의 경우 동일하다. 옵션 매수 포지션의 베가는 항상 양수이다.

〈그림 4.5〉는 콜옵션의 베가를 나타낸다. 그래프는 등가격 옵션이 변동성에 가장 민감하다는 것을 보여준다. 그러나 시간효과는 감마와는 다르다. $\sqrt{\tau}$ 항이 분모가 아닌 분자에 있기 때문이다. 따라서 베가는 만기에 가까워질수록 감소한다. 이는 만기에 가까워질수록 증가하는 감마로부터 구별된다.

핵심 개념

베가는 장기 등가격 옵션에서 가장 높다.

4.2.3 옵션의 민감도: 로우

국내 이자율에 대한 민감도는 **로우**(rho)로 불린다. 콜옵션의 경우, 다음과 같다

$$\rho_c = \frac{\partial c}{\partial r} = Ke^{-r\tau}\tau N(d_2) \tag{4.13}$$

풋옵션의 경우, 다음과 같다

$$\rho_p = \frac{\partial p}{\partial r} = -Ke^{-r\tau}\tau N(-d_2) \tag{4.14}$$

이자율 상승은 콜옵션의 가치를 높인다. 주어진 행사가격 K 하에서, 기초자산이 높은 비율로 성장하면, 행사확률이 상승하기 때문이다. 이자율이 무한대인 극한적 상황에서는 행사확률은 1이며 콜옵션은 주식과 동등하다.

〈그림 4.6〉과 같이 콜옵션의 로우는 양수이며, 내가격일 때 더 높다. 음의 로우를 갖는 풋옵션의 경우는 반대이다. 각 경우에 민감도는 잔존만기에 거의 비례한다.

콜과 풋옵션의 경우, 자산 수익률에 대한 노출은 각각 다음과 같다.

그림 4.6 콜옵션의 로우

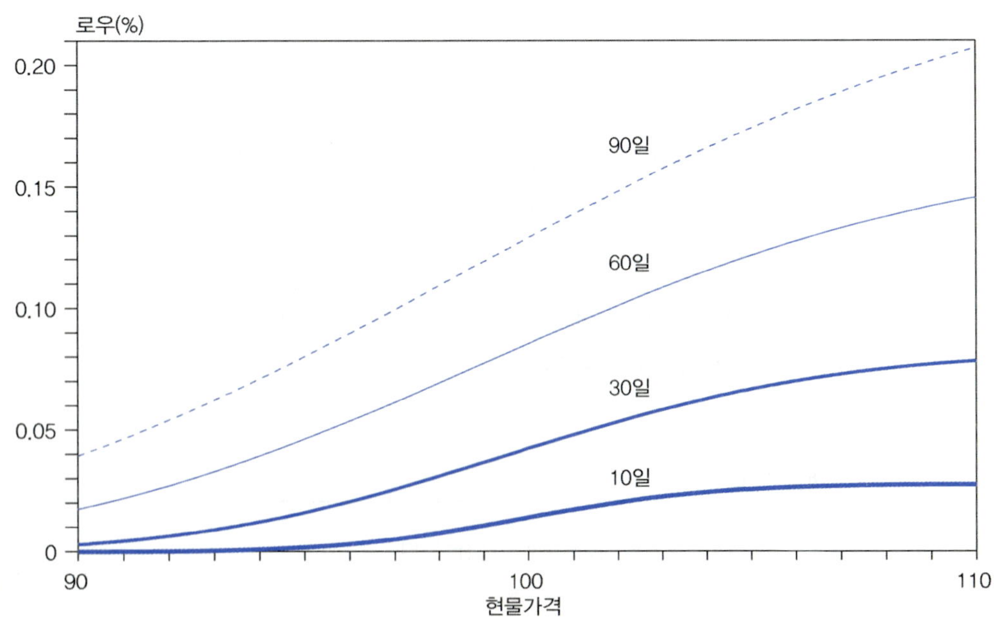

$$\rho_C^* = \frac{\partial c}{\partial r^*} = -Se^{-r^*\tau}\tau N(d_1) \tag{4.15}$$

$$\rho_P^* = \frac{\partial p}{\partial r^*} = Se^{-r^*\tau}\tau N(-d_1) \tag{4.16}$$

배당수익률의 상승은 기초자산 성장률을 낮춘다. 이는 콜옵션 가치에는 부정적, 풋옵션 가치에는 긍정적이다.

〈그림 4.7〉과 같이 콜옵션이 내가격일 때, 로우는 음수이고 절대값은 더 높다. 역시, 풋옵션의 경우에는 반대로 생각해야 한다. 각각의 경우, 민감도는 잔존만기에 비례한다.

그림 4.7 콜옵션의 로우*

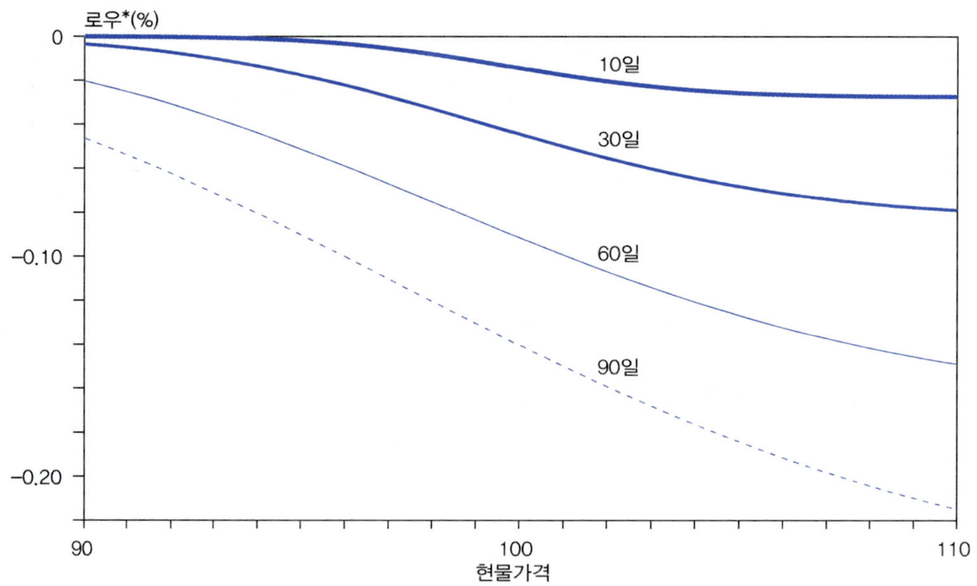

예제 4.7 : FRM 시험 2009 – 문제 4-26

Ms. Zheng은 런던은행에서 옵션 부서를 맡고 있다. 그녀는 배당이 옵션 부서가 보유한 옵션에 미치는 영향에 관해 우려한다. 그녀는 당신에게 어떤 옵션이 배당에 가장 민감한지 평가하도록 요청한다. 만약 옵션가치가 〔부록 2.3〕의 배당을 고려한 블랙-숄즈 모형에 의해 계산될 수 있다면, 당신의 대답은 무엇이 되겠는가?

a. 다른 조건이 모두 같으면 기대배당이 증가할 때, 외가격 콜옵션이 내가격 콜옵션보다 더 큰 가치하락을 경험한다.
b. 배당이 증가하는 경우, 내가격 풋옵션의 가치 상승은 항상 내가격 콜옵션의 가치 하락보다 크다.
c. 옵션의 종류를 일정하게 유지하면 기대배당이 증가할 때, 내가격 옵션은 가장 큰 절대값 변화를 경험하고 외가격 옵션은 가장 작은 절대값 변화를 경험한다.
d. 옵션의 종류를 일정하게 유지하면 배당지급의 결과로서, 등가격 옵션은 가장 큰 절대값 변화를 경험하고 외가격 옵션은 가장 작은 절대값 변화를 경험한다.

4.2.4 옵션의 민감도: 세타

마지막으로, 시간 경과에 기인한 옵션가치의 변동은 **세타**(theta)로 불린다. 이는 **시간 감쇠**(time decay)이기도 하다. 그러나 다른 요인들과는 달리, 잔존만기의 변화는 완전하게 예측될 수 있다. 시간은 리스크요인이 아니다.

유로피언 콜옵션의 경우, 세타는 다음과 같다.

$$\Theta_c = \frac{\partial c}{\partial t} = -\frac{\partial c}{\partial \tau} = -\frac{Se^{-r^*\tau}\sigma\Phi(d_1)}{2\sqrt{\tau}} + r^* Se^{-r^*\tau}N(d_1) - rKe^{-r\tau}N(d_2) \qquad (4.17)$$

유로피언 풋옵션의 경우에는 다음과 같다

$$\Theta_p = \frac{\partial p}{\partial t} = -\frac{\partial p}{\partial \tau} = -\frac{Se^{-r^*\tau}\sigma\Phi(d_1)}{2\sqrt{\tau}} - r^* Se^{-r^*\tau}N(-d_1) + rKe^{-r\tau}N(-d_2) \qquad (4.18)$$

콜과 풋옵션의 매수 포지션 모두에서, 세타는 일반적으로 음수이다. 이는 시간이 지나면 옵션가치는 하락함을 의미한다.

그러나 아메리칸 옵션의 Θ는 항상 음수이다. 옵션 보유자는 만기 전 행사를 선택할 수 있기 때문에, 단기 아메리칸 옵션의 가치는 장기 옵션에 비해 항상 낮다. 유로피언 옵션의 경우, 수식(4.17)과 (4.18)의 양수 항들은 세타가 모수에 따라서는 양수일 수 있다는 것을 의미한다. 그러나 이런 경우는 드물다.

〈그림 4.8〉은 기초자산의 여러 가지 가격과 만기에서 콜옵션 세타의 행태를 보여준다. 옵션의 매수 포지션에서 세타는 음수이다. 이는 옵션은 가치가 감소해가는 자산이라는 점

그림 4.8 옵션의 세타

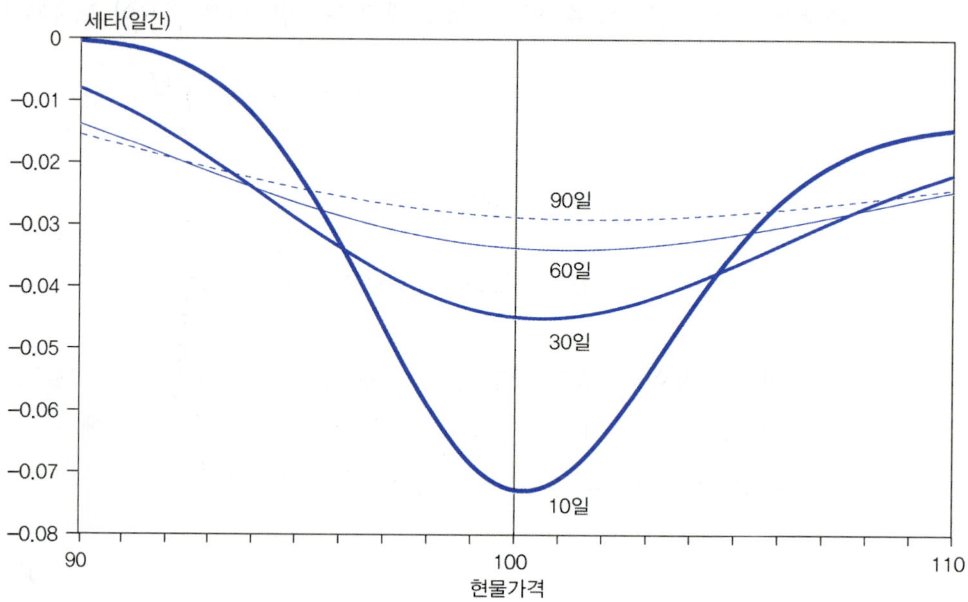

을 반영한다. 감마와 마찬가지로 단기 등가격 옵션에서 세타의 절대값이 가장 크다. 만기에 근접하면 등가격 옵션은 가치의 대부분을 상실한다.

4.2.5 옵션의 평가와 편도함수

옵션의 민감도를 정의하였으므로, 우리는 블랙-숄즈 공식을 도출하는 다른 접근법을 예시할 수 있게 되었다. 자산의 기초 과정은 **기하적 브라운 운동**(geometric Brownian motion: GBM)으로 알려진 확률과정을 따른다는 것을 상기하자.

$$dS = \mu S dt + \sigma S dz \tag{4.19}$$

여기에서 dz는 평균 0과 분산 dt의 정규분포를 따른다.

이 단일 리스크원천만을 고려하면, 수식(4.3)의 테일러 전개식을 이용할 수 있다. 도함수값은 S와 시간의 함수이며, $f(S,t)$로 표시될 수 있다. 문제는, 시간이 경과하면서, f가 어떻게 움직이느냐는 것이다.

개발자의 이름을 딴 **이토의 중간정리**(Ito's lemma)를 이용하여, 우리는 f의 확률과정을 S의 확률과정에 연계시킬 수 있다. 이 정리는 테일러 근사값을 확률적 환경에 맞도록 확장한 것으로 간주될 수 있다. GBM에 적용되면, 다음 수식이 도출된다.

$$df = \left(\frac{\partial f}{\partial S}\mu S + \frac{1}{2}\frac{\partial^2 f}{\partial S^2}\sigma^2 S^2 + \frac{\partial f}{\partial \tau}\right)dt + \left(\frac{\partial f}{\partial S}\sigma S\right)dz \tag{4.20}$$

이 수식은 다음과 같이 변형된다.

$$df = \left(\Delta\mu S + \frac{1}{2}\Gamma\sigma^2 S^2 + \Theta\right)dt + (\Delta\sigma S)dz \tag{4.21}$$

첫째 항은 추세이며, dt를 포함한다. 둘째 항은 dz를 포함하며, 확률적 요소이다.

다음으로, S와 f 사이에서 정교하게 균형을 유지함으로써 dz에 노출되지 않은 포트폴리오를 만든다. 이 포트폴리오는 다음과 같이 정의된다.

$$\Pi = f - \Delta S \tag{4.22}$$

수식(4.19)와 (4.21)을 이용하면, 그 확률과정은 다음과 같다.

$$\begin{aligned} d\Pi &= \left[\left(\Delta\mu S + \frac{1}{2}\Gamma\sigma^2 S^2 + \Theta\right)dt + (\Delta\sigma S)dz\right] - \Delta\left[\mu S dt + \sigma S dz\right] \\ &= (\Delta\mu S)dt + \left(\frac{1}{2}\Gamma\sigma^2 S^2\right)dt + \Theta dt + (\Delta\sigma S)dz - (\Delta\mu S)dt - (\Delta\sigma S)dz \\ &= \left(\frac{1}{2}\Gamma\sigma^2 S^2 + \Theta\right)dt \end{aligned} \tag{4.23}$$

이 단순화는 극히 중요하다. dz를 포함하는 항들이 서로 상쇄한다는 것에 주목하자. 포트폴리오는 이 리스크원천에 대해 면역화되었다. 동시에, μS의 항들도 서로 상쇄한다. μ가 포트폴리오의 추세로부터 사라진다는 사실은 중요하다. 이는 기초자산의 추세가 블랙-숄즈 공식에 나타나지 않는 이유를 설명하기 때문이다.

이어서, 우리는 포트폴리오 Π를 갖고 있지 않다는 데 주목한다. 차익거래가 존재하지 않도록, 포트폴리오 수익은 무위험수익률이어야 한다.

$$d\Pi = [r\Pi]dt = r(f - \Delta S)dt \tag{4.24}$$

만약 기초자산이 y의 배당수익률을 갖고 있으면, 이 수식은 다음과 같이 조정되어야 한다.

$$d\Pi = (r\Pi)dt + y\Delta S dt = r(f - \Delta S)dt + y\Delta S dt = [rf - (r-y)\Delta S]dt \tag{4.25}$$

수식(4.23)과 (4.25)의 추세를 서로 일치시키면, 다음 수식이 도출된다.

$$(r-y)\Delta S+\frac{1}{2}\Gamma\sigma^2 S^2+\Theta=rf \tag{4.26}$$

이는 블랙-숄즈 **편미분방정식**(partial differential equation: PDE)이다. 이 수식은 S로부터 가치가 도출되는 모든 계약, 또는 포트폴리오에 적용된다. 이 수식의 해는, 적절한 경계조건이 있으면, 유로피언 콜옵션의 BS 공식(4.7)을 만들어낸다.

우리는 이 관계를 이용하여, 어떻게 민감도들이 서로 연계되는지 이해할 수 있다. 동일한 기초자산을 가진 파생상품들로 이루어진 포트폴리오를 고려하자. 이 포트폴리오는 델타 헤지되어 있다. 수식(4.26)에서 $\Delta=0$으로 두면, 다음 수식이 도출된다.

$$\frac{1}{2}\Gamma\sigma^2 S^2+\Theta=rf \tag{4.27}$$

따라서, 이런 포트폴리오에서 Γ가 큰 양수일 때, 만약 rf가 작으면, Θ는 음수여야 한다. 다시 말해, 양의 감마를 가진 델타 헤지된 포지션은 가격리스크에서 유리하며, 음의 세타 또는 시간감쇠를 가져야 한다. 하나의 예는 매수 스트래들이다. 이런 포지션은 델타-중립적이고, 높은 감마, 또는 컨벡시티를 갖는다. S가 큰 폭으로 증가하거나 감소하면 유리하다. 그러나 이 포트폴리오는 시간 경과와 함께 가치가 급격히 감쇠하는 옵션의 매수를 포함한다. 따라서 Γ와 Θ 사이에 내재적 상반관계가 있다.

핵심 개념

델타 헤지된 포트폴리오에서 Γ와 Θ는 서로 다른 부호를 가져야 한다. 예를 들어, 양의 컨벡시티를 가진 포트폴리오는 시간감쇠를 겪어야 한다.

4.2.6 옵션의 민감도: 요약

우리는 이제 〈그림 4.1〉의 예시 자료를 이용하여, 옵션 포지션의 민감도들을 요약한다. 세 개의 행사가격 $K=90$, 100, 그리고 110이 고려된다. 옵션이 등가격일 때($K=100$), Γ, Λ, Θ 척도들이 가장 높다는 것을 증명한다. 이런 옵션은 가장 비선형적 패턴을 갖고 있다.

이 표는 또한 신뢰수준 95%에서 각 리스크요인의 최악의 일간 변동에 기인한 손실을 보여준다. S의 경우, 이는 $dS=-1.645\times20\%\times\$100/\sqrt{252}=-\$2.08$이다. 이것을 델타와 결합하면 잠재적 손실은 $\Delta\times dS=-\$1.114$, 또는 옵션가치의 약 1/4이다.

다음으로, 2차항 S^2을 고려한다. 신뢰수준 95%에서 이 리스크요인의 최악의 일간 변동의 제곱은 $dS^2=2.08^2=4.33$이다. 이를 감마와 결합하면, 잠재적 이익은 $\frac{1}{2}\Gamma\times dS^2=0.5\times0.039\times4.33=\$0.084$이다. 이것은 감마가 양수이기 때문에 이익을 의미한다. 그러나 1차 효과보다 훨씬 작다. 따라서 선형과 2차 효과를 고려하면, S에 기인하는 최악의 손실은 $-\$1.114+\$0.084=-\$1.030$이다.

σ의 경우 일간 변화의 변동성은 1.5% 수준임을 관찰할 수 있다. 따라서 최악의 일간 변동은 $-1.645\times1.5=-2.5\%$이며, 금액으로 -0.495달러이다. 마지막으로 r의 경우, 변화율의 연간 변동성을 1%로 가정한다. 최악의 일간 변동은 이제 $-1.645\times1/\sqrt{252}=-0.10\%$이며, 금액으로 -0.013달러이다. 따라서 대부분의 리스크는 S로부터 유래한다. 이 경우, Δ만을 이용한 선형 근사값은 하방 리스크의 대부분을 반영한다. 그러나 만기에 가까운 등가격 옵션의 경우, 2차항의 영향이 더 중요하다.

예제 4.8 : FRM 시험 2004 – 문제 65

다음 옵션의 편도함수에 관한 보기 중 옳은 것은 무엇인가?

a. 등가격 옵션을 매입할 때 세타는 크고 양수인 경향이 있다.
b. 감마는 긴 만기를 가진 내가격 옵션일 때 가장 크다.
c. 베가는 긴 만기를 가진 등가격 옵션일 때 가장 크다.
d. 깊은 내가격의 풋옵션의 델타는 +1로 근접한다.

예제 4.9 : FRM 시험 2006 – 문제 33

Marcat Securities의 시장리스크 담당자인 Steve는 S&P 500 지수옵션 거래부서의 리스크를 분석한다. 그의 리스크 보고서는 이 부서는 감마의 순매수와 베가의 순매도 상태임을 보여준다. 다음 옵션 포트폴리오 가운데 이 보고서와 일치하는 노출을 보이는 것은 무엇인가?

a. 이 부서는 긴 만기를 가진 콜의 상당한 매수 포지션과 짧은 만기를 가진 풋의 상당한 매도 포지션을 갖고 있다.
b. 이 부서는 긴 만기를 가진 풋의 상당한 금액의 매수 포지션과 짧은 만기를 가진 콜의

상당한 금액의 매도 포지션을 갖고 있다.

c. 이 부서는 긴 만기를 가진 콜의 상당한 매수 포지션과 짧은 만기를 가진 콜의 상당한 매도 포지션을 갖고 있다.

d. 이 부서는 짧은 만기를 가진 콜의 상당한 매수 포지션과 긴 만기를 가진 콜의 상당한 매도 포지션을 갖고 있다.

예제 4.10 : FRM 시험 2006 – 문제 54

다음 보기 중 옳지 않은 것은 무엇인가?

a. 유러피언 콜옵션의 베가는 옵션이 등가격일 때 가장 높다.

b. 유러피언 풋옵션의 델타는 기초주식의 가격이 상승하면 0으로 근접한다.

c. 등가격 유러피언 콜옵션의 감마는 옵션의 잔존만기가 짧을수록 감소한다.

d. 등가격 유러피언 콜옵션과 비교하면, 동일한 행사가격과 잔존만기를 가진 외가격 유러피언 콜옵션의 세타는 더 낮은 음의 값을 갖는다.

예제 4.11 : 베가와 감마

어떻게 트레이더는 베가 매도, 감마 매수 포지션을 만들 수 있는가?

a. 짧은 만기의 옵션을 매도하고, 긴 만기의 옵션을 매입한다.

b. 짧은 만기의 옵션을 매입하고 긴 만기의 옵션을 매도한다.

c. 짧은 만기의 옵션을 매도하고, 긴 만기의 옵션을 매도한다.

d. 짧은 만기의 옵션을 매입하고, 긴 만기의 옵션을 매입한다.

예제 4.12 : 베가와 세타

어떤 옵션 포트폴리오는 내재변동성의 증가에 대해 매우 불리한 민감도를 보인다. 그리고 이 포트폴리오는 시간이 지남에 따라 매우 큰 일간 손실을 경험하고 있다. 트레이더는 포트폴리오를 헤지하기 위해 어떤 전략을 채택할 것 같은가?

a. 단기 옵션을 매도하고, 장기 옵션을 매입한다.

b. 단기 옵션을 매입하고, 장기 옵션을 매도한다.

c. 단기 옵션을 매도하고, 장기 옵션을 매도한다.

d. 단기 옵션을 매입하고, 장기 옵션을 매입한다.

4.3 옵션의 리스크

4.3.1 옵션 수익의 분포

선도와 선물 같은 선형 파생상품과는 달리, 옵션의 수익은 본질적으로 비대칭적이다. 이는 반드시 기초요인의 분포 때문은 아니며, 오히려 노출 프로파일에 기인한다(기초요인의 분포는 대칭적인 경우가 많다). 옵션의 매수 포지션은 콜 또는 풋에 상관없이 양의 감마와 양의 왜도, 즉 긴 오른쪽 꼬리를 갖는다. 반대로 옵션의 매도 포지션은 음의 감마와 음의 왜도, 즉 긴 왼쪽 꼬리를 갖는다. 이는 〈그림 4.9〉에 예시되어 있다.

4.3.2 옵션의 VAR: 선형

우리는 이제 단순한 옵션 포지션의 VAR 공식을 요약한다. 정규분포를 가정하면, 기초자산의 VAR는 다음과 같다.

$$\mathrm{VAR}(dS) = \alpha S\sigma(dS/S) \tag{4.28}$$

여기에서 α는 원하는 신뢰수준에 대응한다(예를 들어, 신뢰수준 95%이면 $\alpha = 1.645$).

다음으로 옵션의 변동을 자산가치에 연계한다. 양의 Δ를 갖는 콜옵션의 매수 포지션을 고려하자.

그림 4.9 옵션의 매수 및 매도 포지션의 수익 분포

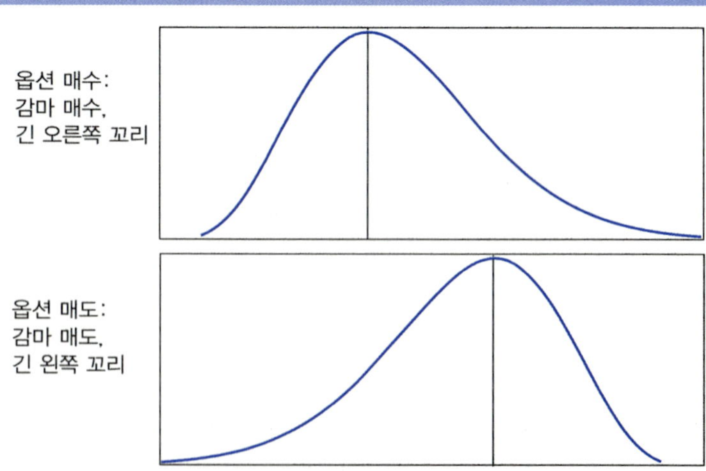

$$dc = \Delta \times dS \tag{4.29}$$

옵션의 VAR는 양수인 $\mathrm{VAR}_1(dc) = -dc = \Delta \times -dS = \Delta \times \mathrm{VAR}(dS)$이다. 일반적으로, 옵션의 선형 VAR는 다음과 같다.

$$\mathrm{VAR}_1(dc) = |\Delta| \times \mathrm{VAR}(dS) \tag{4.30}$$

4.3.3 옵션의 VAR: 2차식

다음에는, 테일러 전개식을 이용하여 비선형 효과를 고려하자.

$$df \approx \frac{\partial f}{\partial S} dS + (1/2)\frac{\partial^2 f}{\partial S^2} dS^2 = \Delta dS + (1/2)\Gamma dS^2 \tag{4.31}$$

금융상품의 가치가 기초 리스크요인의 단조함수일 때 테일러 전개식을 이용하여 리스크요인 S의 최악의 변동으로부터 f값의 최악의 변동을 구할 수 있다.

예를 들어, 콜옵션을 매수하면 최악의 값은 기초가격이 VAR(dS)만큼 하락할 때 발생한다. 이 옵션의 2차식으로 측정된 VAR는 다음과 같다

$$\mathrm{VAR}_2(dc) = |\Delta| \times \mathrm{VAR}(dS) - (1/2)\Gamma \times \mathrm{VAR}(dS)^2 \tag{4.32}$$

이 방법은 분석적인 2차항으로 델타-정규분포 VAR를 조정하기 때문에 **델타-감마**(delta-gamma)법으로 불린다. 그러나 이 단순한 조정은 수익함수가 단조함수일 때만 유효하다, 즉, 옵션가치 f와 S 사이의 1대 1 대응관계를 포함할 때이다.

수식(4.32)는 본질적 특성을 보여준다. 이는 양의 감마를 가진 옵션 매수 포지션의 리스크가 선형 모형의 값보다 작은 이유를 설명한다. 역으로 옵션의 매도 포지션은 음의 감마를 갖고 있으며, 따라서 선형 모형의 값보다 높은 리스크를 제시한다.

이는 또한 고정소득 포지션에도 적용된다. 여기에서 테일러 전개식은 수정 듀레이션 D^*와 컨벡시티 C를 이용한다.

$$dP \approx \frac{\partial P}{\partial y} dy + (1/2)\frac{\partial^2 P}{\partial y^2}(dy)^2 = (-D^* P)dy + (1/2)CP(dy)^2 \tag{4.33}$$

가격은 기초 수익률의 단조함수이기 때문에, 테일러 전개식을 이용하여 수익률의 최악의 변동으로부터 채권가격의 최악의 변동을 도출할 수 있다. $dy^* = \mathrm{VAR}(dy)$라고 하면, 다음 수식이 성립한다.

$$(\text{최악의 } dP) = P(y_0 + dy^*) - P(y_0) \approx (-D^* P)(dy^*) + (1/2)(CP)(dy^*)^2 \quad (4.34)$$

수식(4.32)와 비슷하게, 다음 수식이 도출된다.

$$\mathrm{VAR}(dP) = |-D^* P| \times \mathrm{VAR}(dy) - (1/2)(CP) \times \mathrm{VAR}(dy)^2 \quad (4.35)$$

이런 옵션들이 난해한 리스크관리 방법을 요구한다는 생각이 들지 않도록 비선형성의 정도를 고려해야 한다. 〈그림 4.10〉은 3개월 만기 콜옵션의 리스크를 예시한다. 이는 비선형성의 정도는 목표기간에도 의존한다는 것을 보여준다. 2주의 VAR 목표기간이면, S의 가능한 값의 범위는 상당히 좁다. 만약 S가 정규분포를 따르면, 옵션가치는 근사적으로 정규분포한다. 그러나 만약 VAR의 목표기간이 2개월로 설정되면, 노출의 비선형성은 넓은 가격변동 범위와 결합하여 심하게 치우친 분포를 만들어낸다.

따라서 플레인-바닐라 옵션의 경우, 선형 근사값은 VAR의 목표기간이 짧은 경우에 적합하다. 더 복잡한 옵션 또는 더 긴 VAR 목표기간의 경우, 리스크관리 담당자는 비선형성을 고려해야 한다.

그림 4.10 왜도와 VAR 목표기간

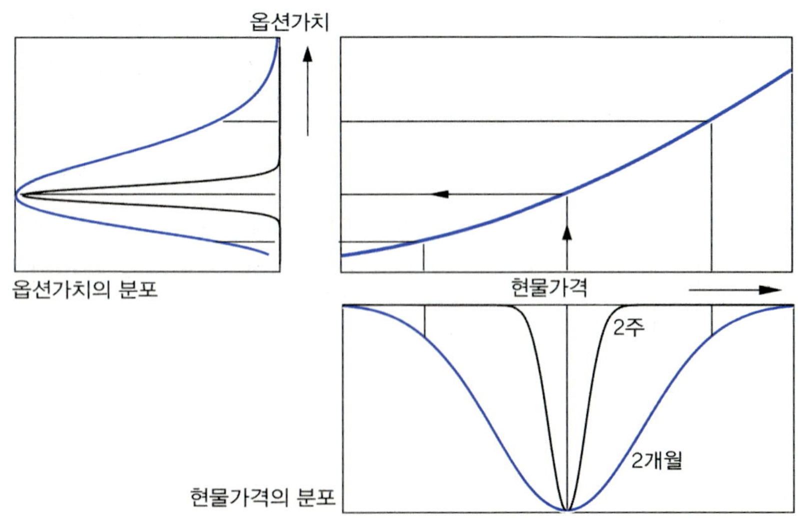

예제 4.13 : FRM 시험 2005 – 문제 130

Bovespa 주가지수 옵션의 행사가격은 3,000 브라질 레알(BRL)이다. 이 옵션의 델타는 0.6, 그리고 지수의 연간 변동성은 24%이다. 델타-노말 가정을 이용하면, 신뢰수준 95%의 10일 VAR는 무엇인가? 1년은 260일인 것으로 가정하라.

a. 44 BRL b. 139 BRL c. 2,240 BRL d. 278 BRL

예제 4.14 : FRM 시험 2009 – 문제 4-6

어떤 투자자는 기준금액 100,000달러인 기초 주식 포트폴리오에 대한 단기 등가격 풋옵션을 매수하였다. 만약 기초 포트폴리오의 95% VAR가 10.4%이면, 2차항이 고려될 때, 다음 옵션 포지션의 VAR에 관한 설명 중 옳은 것은 무엇인가?

a. 이 옵션 포지션의 VAR는 5,200달러보다 조금 많다.
b. 이 옵션 포지션의 VAR는 10,400달러보다 조금 많다.
c. 이 옵션 포지션의 VAR는 5,200달러보다 조금 작다.
d. 이 옵션 포지션의 VAR는 10,400달러보다 조금 작다.

4.4 중요 공식

- 블랙-숄즈 옵션평가모형 : $c = Se^{-r^*\tau}N(d_1) - Ke^{-r\tau}N(d_2)$
- 테일러 전개식 :

$$df = \frac{\partial f}{\partial S}dS + \frac{1}{2}\frac{\partial^2 f}{\partial S^2}dS^2 + \frac{\partial f}{\partial r}dr + \frac{\partial f}{\partial r^*}dr^* + \frac{\partial f}{\partial \sigma}d\sigma + \frac{\partial f}{\partial \tau}d\tau + \cdots$$

$$df = \Delta dS + \frac{1}{2}\Gamma dS^2 + \rho dr + \rho^* dr^* + \Lambda d\sigma + \Theta d\tau + \cdots$$

- 델타 : $\Delta_c = \frac{\partial c}{\partial S} = e^{-r^*\tau}N(d_1)$, $\Delta_p = \frac{\partial p}{\partial S} = e^{-r^*\tau}[N(d_1) - 1]$
- 감마(콜 및 풋옵션) : $\Gamma = \frac{\partial^2 c}{\partial S^2} = \frac{e^{-r^*\tau}}{S\sigma\sqrt{\tau}}\Phi(d_1)$
- 베가(콜 및 풋옵션) : $\Lambda = \frac{\partial c}{\partial \sigma} = Se^{-r^*\tau}\sqrt{\tau}\Phi(d_1)$

	콜 매수			풋 매수		
	외가격	등가격	내가격	내가격	등가격	외가격
Δ	$\rightarrow 0$	0.5	$\rightarrow 1$	$\rightarrow -1$	-0.5	$\rightarrow 0$
Γ	낮음	높음, >0 특히 단기	낮음	낮음	높음, >0 특히 단기	낮음
Λ	낮음	높음, >0 특히 장기	낮음	낮음	높음, >0 특히 장기	낮음
Θ	낮음	높음, <0 특히 단기	낮음	낮음	높음, <0 특히 단기	낮음

- 블랙-숄즈 PDE : $(r-y)\Delta S+\frac{1}{2}\Gamma\sigma^2 S^2+\Theta=rf$
- 옵션의 선형 VAR : $\mathrm{VAR}_1(dc)=|\Delta|\times\mathrm{VAR}(dS)$
- 옵션의 2차식 VAR : $\mathrm{VAR}_2(dc)=|\Delta|\times\mathrm{VAR}(dS)-\frac{1}{2}\Gamma\times\mathrm{VAR}(dS)^2$

4.5 예제 풀이

예제 4.1: FRM 시험 2006 – 문제 91

a. 선도계약의 매수 포지션의 델타는 $e^{-r^*\tau}=\exp(-0.10\times0.5)=0.95$이다.

예제 4.2: FRM 시험 2004 – 문제 21

b. 행사가격이 현물가격과 비슷하기 때문에 옵션은 ATM이다. 이는 풋옵션이기 때문에 델타는 -0.5에 가까워야 한다.

예제 4.3: FRM 시험 2006 – 문제 80

c. 이는 콜옵션이므로, 델타는 양수이어야 한다. 이 값은 $\Delta=\exp(-r^*\tau)\ N(d_1)=\exp(-0.01\times2)\times0.64=0.63$이다.

예제 4.4: FRM 시험 2009 – 문제 4-27

d. 〈그림 4.3〉으로부터, ATM 단기 옵션의 경우, 델타는 가장 민감하고 감마는 가장 높다. BS모형 하에서, 감마는 콜과 풋에서 동일하다.

예제 4.5: FRM 시험 2001 – 문제 79

a. 이는 약 0.5의 델타를 가진 등가격 옵션이다. 은행은 콜을 매도했으므로, 델타 헤지하기 위해 주식을 매입해야 한다. 델타가 0.54이면, 약 50,000주를 매입해야 한다. 보기 a.가 가장 근접하다. 나머지 대부분 정보는 불필요하다.

예제 4.6: FRM 시험 2006 – 문제 106

a. 감마가 음이기 때문에 포트포리오의 감마를 다시 0으로 높이기 위해 콜을 매입해야 한다. 숫자는 600/1.5=400계약의 콜이다. 그러나 이는 델타를 0으로부터 400*0.75=300으로 높일 것이다. 따라서 다시 델타를 0으로 만들기 위해, 300주를 매도해야 한다. 주식 포지션의 감마는 0임에 주의하라.

예제 4.7: FRM 시험 2009 – 문제 4-26

c. 〈그림 4.7〉과 같이, OTM 콜옵션은 배당에 그다지 민감하지 않다. 따라서 보기 a.가 옳지 않다. 이는 또한 ITM 옵션은 가장 큰 절대값의 ρ^*를 갖는다는 것을 보여준다.

예제 4.8: FRM 시험 2004 – 문제 65

c. ATM 옵션의 매수 포지션의 경우 세타는 음수이다. 따라서 a.는 옳지 않다. ATM 옵션의 감마는 작으며, 따라서 b.는 옳지 않다. ITM 풋의 델타는 −1에 가까우므로 d.는 옳지 않다.

예제 4.9: FRM 시험 2006 – 문제 33

d. 감마 매수는 높은 감마를 가진 옵션을 매수한 포트폴리오를 의미한다. 전형적으로 단기 ATM 옵션이다. 베가 매도는 높은 베가를 가진 옵션을 매도한 포트폴리오를 의미한다. 전형적으로 장기 ATM 옵션이다.

예제 4.10: FRM 시험 2006 – 문제 54

d. 베가는 ATM 유러피언 옵션에서 가장 높다. 따라서 보기 a.가 옳다. 델타는 음수이며, S가 증가하면 0으로 이동한다. 따라서 보기 b.는 옳다. ATM 옵션의 만기가 감소하면, 감마는 상승한다. 따라서 보기 c.는 옳다. 세타는 (절대값 기준으로) 단기

ATM 옵션에서 더 크다. 따라서 보기 d.는 옳지 않다.

예제 4.11: 베가와 감마

a. 옵션의 매수 포지션은 양의 감마와 베가를 갖는다. 감마(또는 델타의 불안정성)는 만기에 근접하면 증가한다. 베가는 만기에 가까우면 감소한다. 따라서 양의 감마와 음의 베가를 얻으려면, 단기 옵션을 매입하고 장기 옵션을 매도해야 한다.

예제 4.12: 베가와 세타

a. 이런 포트폴리오는 베가(변동성) 매도와 세타(시간) 매도이다. 델타 중립적이고 상이한 만기를 가진 옵션을 매입 및 매도하는 헤지를 실행해야 한다. 단기 옵션의 매수 포지션은 높은 음의 세타와 낮은 양의 베가를 갖는다. 단기 옵션을 매도하고 장기 옵션을 매입함으로써 헤지할 수 있다.

예제 4.13: FRM 시험 – 문제 130

b. 선형 VAR는 지수 가치의 최악의 변동으로부터 도출되며, 이는 $\alpha S\sigma\sqrt{T}=1.645\times 3{,}000(24\%/\sqrt{260})\sqrt{10}=232.3$이다. 0.6의 델타를 곱하면, 139를 얻는다.

예제 4.14: FRM 시험 2009 – 문제 4-6

c. 델타는 약 0.5이어야 하며, 이는 선형 VAR가 $\$100{,}000\times 10.4\%\times 0.5=\$5{,}200$임을 의미한다. 이 포지션은 옵션을 매수하고 양의 감마를 갖는다. 결국, 2차식 VAR는 5,200달러보다 낮아야 한다.

시장리스크 관리

PART 02

Chapter 5

고급 리스크 모형: 단일 변수*

우리는 이제 더 발전된 리스크 모형을 다룬다. 먼저 단일변수 리스크 모형을 고려한다. 다중변수 모형은 다음 장에 제시된다.

이 장은 전통적 리스크 모형의 개선을 다룬다. 실무적으로 대규모 기관의 리스크 모형 실행은 많은 간략화, 단순화, 주관적 판단을 요구한다. 리스크관리 담당자의 역할은 포트폴리오 리스크의 적당한 근사값을 합리적인 속도와 비용으로 제공하는 시스템을 고안하는 것이다. 문제는 어떻게 정확도가 합리적 수준인지 판단하느냐는 것이다.

따라서 리스크 모형은 반드시 사후검증 과정에 의해 보완되어야 한다. 이는 리스크의 예측치를 결과에 대해 체계적으로 비교하는 것을 포함한다. 사후검증의 틀은 제5.1절에서 제시된다.

다음으로, 비모수적인 전통적 역사적 시뮬레이션과 모수적인 델타-노말 방법을 넘어서, 꼬리 분위수의 추정을 개선하는 방법을 살펴본다. 제5.2절은 **극단치 이론**(extreme value theory: EVT)을 다루며, 이는 왼쪽 꼬리에 분석적 분포를 적합화시키는 데 이용될 수 있다. 이 방법은 비모수적 접근법으로 분류되며, 더 정확한 value at risk(VAR) 추정치를 제공한다. 또한 분석적 함수는 다른 신뢰수준의 VAR 근사값을 추정하는 데 사용될 수 있다.

마지막으로, 제5.3절은 리스크 척도의 성질을 고려한다. 리스크 척도가 선택된 조건들을 충족하면 일치성을 갖는다고 한다. 어떤 경우, VAR는 일치성을 갖지 못한다. 그러나 기대 쇼트폴은 이 성질을 충족한다.

* FRM 시험 Part 2 주제.

5.1 사후검증

모든 리스크 모형은 현실과 일치하는지 확인되어야 한다. **사후검증**(backtesting)은 VAR 예측치를 실제 수익에 체계적으로 비교하는 과정이다. 이 과정은 특히 리스크관리 담당자들에게 좋은 정보를 제공한다. 이는 모형의 단점을 찾아내고, 개선되어야 할 영역을 알려준다.

사후검증은 또한 은행규제 당국이 은행으로 하여금 내부 리스크 척도를 사용하도록 허용하는 이유의 하나이기 때문에 중요하다. 이 척도는 은행이 거래 포트폴리오를 지원하는데 필요한 규제자본 금액을 결정한다. 따라서 이 절은 또한 바젤위원회에 의해 바젤 I 자본협약의 시장리스크 개정본에서 부과된 사후검증의 틀을 다룬다.[1)]

사후검증은 일간 VAR 예측치를 실현된 이익과 손실(P&L)에 비교한다. 만약 실제 손실이 VAR보다 심하면, 이 사건은 **예외**(exception)로 기록된다. 리스크관리 담당자는 T개의 관찰값을 가진 관찰구간의 예외 수 x를 계산한다.

5.1.1 예외의 측정

먼저, **거래 결과**(trading outcome)를 정의해야 한다. 우리의 정의는 **실제 포트폴리오**(actual portfolio)의 다음날까지의 이익 또는 손실이다. 그러나 이 수익은 전일의 VAR에 정확하게 상응하지 않는다. 모든 VAR 척도는 거래일 마감부터 다음 거래일까지 동결된(frozen) 포트폴리오를 가정하며, 수수료 수입을 무시한다. 실제로는 거래 포트폴리오는 변화한다. 일중 거래는 일반적으로 리스크를 증가시킬 것이다. 수수료 수입은 더 안정적이며 리스크를 감소시킨다. 이 효과들이 서로 상쇄할 수 있더라도, 실제 포트폴리오는 VAR에 의해 예측된 수준보다 크거나 또는 작은 변동성을 가질 수 있다.

이 점이 VAR 척도를 정확하게 일치시키기 위해, 가상적 포트폴리오를 만들도록 권장하는 이유이다. 수익은 모든 증권의 실제 가격변화에 대해, 고정된 포지션을 적용함으로써 계산된다. 가격변화는 마감시간부터 마감시간까지의 것으로 측정된다.

바젤기준은 가상 그리고 실제 거래결과를 모두 이용하여 사후검증하도록 권고한다. 두 접근법은 리스크관리 시스템의 품질에 관해 보완적 정보를 제공할 수 있다. 예를 들어, 사후

1) Basel Committee of Banking Supervision, *Supervisory Framework for the Use of "Backtesting" in Conjunction with the Internal Models Approach to Market Risk Capital Requirements* (Basel: Bank for International Settlements, 1996).

검증은 실제 포트폴리오에서 실패하나 가상적 포트폴리오에서는 성공한다고 가정해보자. 이는 모형은 건전하나 실제 거래가 변동성을 증가시킴을 의미한다. 반대로 만약 사후검증이 가상적 모형에서 실패하면 결론은 리스크 모형이 결함을 갖고 있다는 것이 되어야 한다.

5.1.2 이항분포

99%의 신뢰수준 c에서 정의된 목표기간 1일의 VAR 척도를 고려하자. 이는 일간 예외의 확률은 $p=1-c=1\%$ 임을 의미한다. 사후검증 기간은 $T=250$ 일이다.

예외의 빈도는 확률변수 X이며, 이는 T회의 독립적인 **베르누이 시행**(Bernoulli trial)의 결과이다. 여기에서 각 시행은 $y=0$ 또는 $y=1$, 즉 성공 또는 실패로 귀결된다. 결국 X는 **이항분포**(binomial distribution)를 따르며, 밀도함수는 다음과 같다

$$f(x)=\binom{T}{x}p^{x}(1-p)^{T-x}, \quad x=0,1,\ldots,n \tag{5.1}$$

여기에서 $\binom{T}{x}$는 T개 중에서 x개를 한 번에 선택하는 조합의 경우의 수이며, 다음과 같다.

$$\binom{T}{x}=\frac{T!}{x!(T-x)!} \tag{5.2}$$

그리고 모수 p는 예외의 확률이며 0과 1 사이에 존재한다. 이항변수는 평균 $E[X]=pT$와 분산 $V[X]=p(1-p)T$를 갖는다.

예를 들어, $T=250$개의 관찰값으로 이루어진 표본에서 $x=0$개의 예외를 관찰할 확률을 알고 싶다고 하자. 이 때 실제 확률은 1%라고 하자. 이런 표본을 여러번 실행하면 당연히 평균적으로 $p\times T=2.5$개의 예외를 관찰할 것으로 기대해야 한다. 그러나 순전히 우연 때문에 전혀 예외가 없는 표본이 존재할 수 있다. 이 확률은 다음과 같다.

$$f(X=0)=\frac{T!}{x!(T-x)!}p^{x}(1-p)^{T-x}=\frac{250!}{1\times 250!}0.01^{0}0.99^{250}=0.081$$

따라서 귀무가설 하에서, 우리는 표본의 8.1%에서 예외가 없는 것을 관찰할 것으로 기대한다. 이 계산을 상이한 x값들을 사용하여 반복할 수 있다. 예를 들어, 여덟 개의 예외를 관찰할 확률은 $f(X=8)=\binom{250}{8}0.01^{8}(0.99)^{242}=0.02\%$ 이다. 이 확률은 매우 낮기 때문에 이런 결과가 발생하면 실제 확률이 1%인지에 관해 의문을 가져야 한다.

예제 5.1 : FRM 시험 2003 – 문제 11

신뢰수준 90%의 사후검증에서 250일로 계산된 거래연도 동안 얼마나 많은 예외가 예상되는가?

a. 10 b. 15 c. 25 d. 50

예제 5.2 : FRM 시험 2007 – 문제 101

어떤 국제적 대형 은행의 거래계정은 트레이더들이 감지하는 기회에 의해 그 규모가 결정된다. 시장리스크 담당자는 신뢰수준 95%에서 1일 VAR를 5,000만 달러로 추정한다. 당신은 이 담당자가 1일 VAR를 얼마나 잘 추정하였는지 평가해야 한다. 다음 중 담당자가 업무를 잘 수행하지 못한다는 가장 신빙성 높은 증거는 무엇인가? 손실은 동일하고 독립적인 분포를 따른다고 가정한다.

a. 과거 250일 동안 8번의 예외가 존재한다.
b. 과거 250일 동안 가장 큰 손실은 5억 달러이다.
c. 과거 250일 동안 평균 손실은 6,000만 달러이다.
d. 과거 250일 동안 예외는 없다.

5.1.3 정규분포를 이용한 근사값

T가 클 때 중심극한정리를 이용하여 정규분포로써 이항분포의 근사값을 구할 수 있다.

$$z = \frac{x - pT}{\sqrt{p(1-p)T}} \approx N(0, 1) \tag{5.3}$$

이는 편리한 지름길이다. 만약 판단기준이 95% 신뢰수준의 양측검증이면, $|z|$의 절사값은 1.96이다.

예를 들어, 여덟 개의 예외를 관찰하는 사건의 z값은 $z=(8-2.5)/1.573=3.50$으로 매우 높다. 따라서 적절한 모수를 가진 모형이 신뢰수준 99%에서 8개의 예외를 가질 가능성은 낮다.

5.1.4 사후검증의 판단기준

평균적으로 지난 1년 동안 250의 1%, 또는 2.5회의 예외가 기대된다. 너무 많은 예외는 모형이 VAR를 과소평가하거나 트레이더의 불운을 의미한다. 어떤 설명이 더 가능성이 높다고 판단해야 하는가?

이런 통계적 검증 틀은 두 종류의 오류를 고려해야 한다.

- **1종 오류**(type 1 error), 올바른 모형을 불운 때문에 기각할 확률이다.
- **2종 오류**(type 2 error), 잘못된 모형을 기각하지 않을 확률이다.

이상적으로, 1종 오류와 2종 오류율이 모두 낮은 판단기준을 만들어야 한다. 현실적으로는 한 종류의 오류와 다른 종류의 오류 가운데 상반관계가 존재한다. 대다수 통계적 검증은 1종 오류율을 예를 들어, 5%로 고정하고 2종 오류율을 극소화, 즉 검증의 파워를 극대화하는 구조를 취한다.[2)]

〈표 5.1〉은 1종 오류율의 함수로 예외 수의 절사값을 계산하기 위해, 어떻게 누적분포가 사용될 수 있는지 보여준다. 예를 들어, 다섯 개 이상의 예외를 관찰할 누적확률은 10.78%이다. 이는 가운데 열의 넷 이하를 관찰할 확률인 0.8922를 1로부터 뺀 값이다. 이 절사점을 사용하면, 올바른 VAR 모형이라도 11%의 비율로 실패할 것이다. 절사점을 높이

표 5.1 예외 빈도의 분포(T=250, p=0.01)

예외 빈도	확률	누적확률	1종 오류율
0	0.0811	0.0811	100.00%
1	0.2047	0.2858	91.89%
2	0.2574	0.5432	71.42%
3	0.2150	0.7581	45.68%
4	0.1341	0.8922	24.19%
5	0.0666	0.9588	10.78%
6	0.0275	0.9863	04.12%
7	0.0097	0.9960	01.37%
8	0.0030	0.9989	00.40%
9	0.0008	0.9998	00.10%
10	0.0002	0.9999	00.03%

2) 검증의 파워는 1에서 2종 오류율을 뺀 값이기도 하다.

면, 1종 오류율은 하락한다. 예를 들어, 판단기준이 10개 이상의 예외가 관찰되면 모형을 기각하는 것으로 바뀐다고 가정하자. 이는 1종 오류율을 10.78%에서 0.03%로 낮춘다. 따라서 올바른 모형은 거의 기각되지 않는다.

그러나 이는 잘못 만들어진 VAR 모형을 간과할 가능성을 높인다. 예를 들어, 트레이더가 의도적으로 VAR를 과소평가하려고 99% 대신 96%의 신뢰수준을 채택한다고 가정하자. 이는 예외의 예상빈도를 4%×250=10으로 만든다. 결국, 2종 오류율은 크게 증가하여 약 50%가 된다. 따라서 왜곡을 시도하는 트레이더는 쉽게 발각되지 않는다.

5.1.5 사후검증을 위한 바젤 기준

바젤위원회는 VAR의 일별 사후검증에 기초한 틀을 제시한다. 네 개 이하의 예외는 수용가능하며, 녹색 영역으로 정의된다. 예외 빈도가 5 이상이면, 은행은 황색 또는 적색 영역에 포함되며 누진적 벌칙을 받는다. 벌칙은 더 높은 요구자본이다. 대략적으로 요구자본은 신뢰수준 99%의 10일 VAR의 배수로 표현된다. 통상적인 배수는 3이다. 은행이 황색 영역에 진입한 후, 배수 k는 3에서 4로 상승하며, 〈표 5.2〉의 **가산 요인**(plus factor)을 따른다.

적색 영역으로 진입하면 자동적, 비재량적 벌칙이 부과된다. 이는, 만약 모형이 실제로 타당하면, 10개 이상의 예외를 관찰할 가능성은 극히 낮기 때문이다.

표 5.2 바젤 벌칙 영역

영역	예외 빈도	k의 잠재적 증가
녹색	0부터 4	0.00
황색	5	0.40
	6	0.50
	7	0.65
	8	0.75
	9	0.85
적색	≥10	1.00

만약 예외의 빈도가 황색 영역에 속하면, 감독기관은 예외의 원인에 따라 벌칙 부과에 관해 재량권을 행사할 수 있다. 바젤위원회는 아래 범주를 설정하고 있다.

- **모형의 기본적 완결성**(basic integrity of the model): 괴리는 포지션이 잘못 보고되거나 프로그램 코드의 오류 때문에 발생하였다. 이는 매우 심각한 결함이다. 이런 경우 반드시 벌칙이 부과되고 시정조치가 취해져야 한다.
- **모형의 정확성 부족**(deficient model accuracy): 괴리는 모형이 충분히 정확하게 리스크를 측정하지 못하기 때문에(예를 들어, 충분한 수의 리스크요인을 포함하지 않음) 발생했다. 이것 또한 심각한 결함이다. 반드시 벌칙이 부과되고 모형은 재검토되어야 한다.
- **일중 거래**(intraday trading): 포지션이 일중에 변경되었다. 이 경우 벌칙은 "고려되어야 한다." 만약 가상적 수익에 기초할 경우 예외가 사라진다면, 은행의 VAR 모형에는 문제가 없다.
- **불운**(bad luck): 시장의 변동성이 특히 높았거나 상관관계가 변했다. 이 예외들은 "적어도 가끔 발생할 것으로 예상되어야 한다." 이는 모형의 결함이 아닌 단순한 불운을 시사할 수도 있다.

5.1.6 사후검증의 평가

마지막으로, 예외검증은 예외의 발생빈도에만 초점을 맞춘다는 데 주목해야 한다. 이는 VAR는 단순히 분위수라는 개념과 일치한다. 그러나 빈도 접근법은 손실의 규모를 완전히 무시한다. 이는 VAR 기반 리스크 척도의 일반적 단점이며, 다른 절에서 후술되는 조건부 VAR(CVAR)에 의해 완화될 수 있다.

전통적 사후검증 접근법의 다른 문제는 손실의 시간적 패턴을 무시한다는 것이다. 이상적으로 예외들은 기간 중에 균등하게 발생해야 한다. 반대로 예외들이 단기간에 집중되는 경향이 있는 패턴은 리스크 척도의 약점이 있음을 시사한다. 대응방법으로, 리스크 모형은 리스크의 시간적 변이를 고려해야 한다. [부록 1.4]의 일반화된 자기회귀 조건부 이분산(GARCH) 모형을 이용할 수도 있다. 예를 들어, 사후검증에서 지난 1년 동안 단지 네 개의 예외가 관찰되면 바젤 기준을 통과한다. 그러나 이 네 개의 예외들이 마지막 달에 발생했다면 우려할 일이다. 포트폴리오가 조만간 큰 손실을 입을 가능성이 더 높기 때문이다.

예제 5.3 : FRM 시험 2002 – 문제 20

다음 과정 중 VAR 추정치의 유효성을 확인하는 데 필수적인 것은 무엇인가?

a. 위기분석
b. 시나리오 분석
c. 사후검증
d. 규제기관에 의해 승인되면 추가적 확인 절차는 필요없다.

예제 5.4 : 벌칙 영역

바젤 자본협약의 시장리스크 개정본은 250개의 관찰값 중에서 예외빈도가 다음과 같을 때 황색 영역으로 규정한다.

a. 3 내지 7　　b. 5 내지 9　　c. 6 내지 9　　d. 6 내지 10

예제 5.5 : FRM 시험 2002 – 문제 23

사후검증은 통상적으로 일간 이익과 손실을 모형에 의해 계산된 리스크 척도에 비교한다. 이는 리스크 측정 시스템의 질과 정확성을 측정하기 위한 것이다. 1996년의 시장리스크 개정본은 내부모형 요구자본에 수반되는 사후검증 틀을 설명한다. 이 사후검증 틀이 포함하는 것은 무엇인가?

Ⅰ. 예외값들의 크기
Ⅱ. 1일의 보유기간에 적합화된 리스크 척도의 사용
Ⅲ. 10일의 보유기간에 적합화된 리스크 척도에 대한 예외값들의 크기
Ⅳ. 예외값들의 수

a. Ⅱ와 Ⅲ　　b. Ⅱ　　c. Ⅰ과 Ⅱ　　d. Ⅱ와 Ⅳ

예제 5.6 : FRM 시험 2009 – 문제 5–6

Tycoon Bank는 99% 일간 VAR를 초과한 손실이 지난 해에 8일 있었다고 발표했다. 결국, VAR 시스템의 정확성에 관한 우려가 제기되었다. 지난 해 250일의 거래일이 있었다면, 다음 보기 중 옳은 것은 무엇인가?

Ⅰ. 신뢰수준 99%의 양측 z값 검증을 사용하면, 현재의 VAR 시스템은 은행 포트폴리오의 실제 리스크를 과소평가한다.
Ⅱ. 신뢰수준 99%의 양측 z값 검증을 사용하면, 현재의 VAR 시스템은 은행 포트폴리오의 실제 리스크를 과대평가한다.
Ⅲ. 만약 은행의 포트폴리오 변화가 낮은 위험과 매우 높은 수익률을 가진 일중 시장조성 활동으로부터 얻은 수익을 포함하면, 은행의 VAR 예외율은 정확하지 않을 수 있다.
Ⅳ. 만약 여덟 번의 예외들이 모두 지난 달에 발생하였다면, 이 모형은 잘못된 가정과 부적합한 모수에 관해 재검토되어야 한다.

a. Ⅰ과 Ⅲ
b. Ⅰ, Ⅲ, 그리고 Ⅳ
c. Ⅲ
d. Ⅰ, Ⅱ, 그리고 Ⅳ

5.2 극단치 이론

제2장에서 본 것처럼, VAR 척도는 두 방법 가운데 하나로 계산될 수 있다. 첫째는 비모수적(nonparametric) 방법이며, 최근의 역사적 수익의 시뮬레이션에 의존한다. 둘째는 모수적(parametric) 방법으로, 수익에 대해 분석적 밀도함수를 적용한다. 이 방법은 표준편차(모수)에 의해 요약되는 정규분포 등으로부터 VAR를 계산한다. 비모수적 방법은 더 일반적이나 덜 강력하며, 이런 특성은 통상적으로 가정이 거의 없는 경우에 나타난다. 결국 VAR 추정치는 표본의 가변성 때문에 특히 높은 신뢰수준에서 매우 부정확할 수 있다.

대안으로 이 절은 준모수적(semi-parametric) 방법이라고 할 수 있는 세 번째 방법을 다룬다. **극단치 이론**(extreme value theory: EVT)이 분석적 분포를 적용하기 위해 이용될 수 있는데, 다만 왼쪽 꼬리에만 적용된다. 이는 더 정확한 VAR 추정치를 제공할 수 있다. 또한, 다른 신뢰수준의 VAR 근사값을 구하기 위해 분석적 함수가 사용될 수 있다.

5.2.1 EVT 분포

EVT는 독립적 확률변수의 평균은 기초 분포에 상관없이 정규분포로 수렴한다는 중심극한정리의 확장으로 간주될 수 있다. 이는 분포의 평균 또는 중심을 다룬다.

리스크관리 목적에서, 분포의 꼬리는 중요하다. EVT 정리에 따르면, 절사점 μ보다 큰 x들의 극한분포는 다음 집합에 속한다.

$$F(y) = 1-(1+\xi y)^{-1/\xi},\ \ \xi \neq 0$$
$$F(y) = 1-\exp(-y),\ \ \xi = 0 \tag{5.4}$$

여기에서, $y=(x-u)/\beta$이다. 단순화를 위해, 손실 x는 양수로 표시되었고 y도 양수이다. 이 분포는 규모(scale) 모수인 $\beta>0$와 꼬리가 사라지는 속도를 결정하는 형태(shape) 모수인 ξ에 의해 특징지어진다.

이 접근법은 POT(peaks over threshold)로 불린다. 여기에서 u는 고정된 임계점이다. 이는 극한정리임에 유의하자. 따라서 EVT 분포는 단지 점근적으로(즉, u가 증가하면서) 유효하다.

이 분포는 다른 분포들을 특별한 경우로서 포함하기 때문에 **일반화된 파레토**(generalized Pareto: GP) 분포로 불린다. 예를 들어, 정규분포는 $\xi=0$에 해당하며 이 경우 꼬리는 지수적 속도로 사라진다. 전형적인 금융자료는 두터운 꼬리(fat tails)를 의미하는 $\xi>0$를 갖고 있다. 이 분포집단은 각각 $\xi\to 0$인 Gumbel, $\xi>0$인 Fréchet, 그리고 $\xi<0$인 Weibull 집합을 포함한다. 이 가운데 Fréchet 분포가 재무금융 리스크관리와 가장 관련 깊다. 대다수 재무금융 리스크요인들은 정규분포보다 두터운 꼬리를 갖고 있기 때문이다. Fréchet 분포집합은 t-분포와 파레토분포를 포함한다.

다른 접근법은 **구간 극대값**(lock maxima)이며, 이는 표본을 연속적인 구간들로 구분하고 각각에서 극대값을 찾는다. 이 경우, 정규화된 극대값의 극한분포는 **일반화된 극단치**(generaized extreme value: GEV) 분포이다.

두 접근법은 〈그림 5.1〉에 비교되어 있다. 왼쪽 패널에서, 선택된 관찰값들은 세 개의 관찰값을 포함하는 구간의 극대값들이다. 오른쪽 패널에서, 관찰값은 u보다 크면 항상 선택된다. 구간 극대값 접근법은 x_9, x_1, 그리고 x_8을 무시하며, 이는 이들이 이미 예외가 있는 구간에 존재하기 때문이다.

실제로 POT법이 더 널리 쓰인다. 임계점을 선택해야 하지만 자료를 더 효율적으로 이용하기 때문이다. 이 방법은 임계점보다 큰 값들의 분포에 집중하기 때문에 꼬리 손실의 리스크 측정에 더 잘 적용된다.

〈그림 5.2〉는 GP분포를 이용하여, 미국 주식시장 자료의 밀도함수 형태를 예시한다.

그림 5.1 EVT 접근법

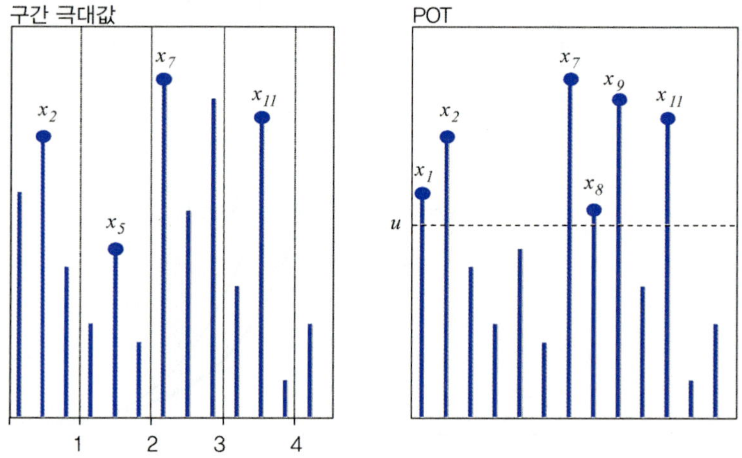

정규밀도는 상당히 빠르게 감소한다. $\xi = 0.2$이면, EVT 밀도는 정규밀도보다 두터운 꼬리를 갖는다. 이는 큰 손실의 확률이 더 높음을 의미한다. 이 점은 리스크관리 목적을 위해 중요한 관찰이다.

EVT 밀도는 단지 꼬리에서만 정의됨을 유의하자(즉, 손실 x가 여기에서는 2로 정해진 임의의 절사점을 초과할 때). 분포의 나머지는 기술되지 않는다.

5.2.2 VAR와 EVT

VAR는 CVAR와 마찬가지로, 수식(5.4)의 분석적 분포로부터 폐쇄형 해로서 도출될 수 있다. 이는 꼬리 모수 ξ와 산포도 모수 β의 추정을 요구한다.

이 작업은 다양한 통계적 접근법에 의해 수행될 수 있다. 한 가지 방법은 **최대우도**(maximum likelihood)이다. 먼저, 절사점 u를 정한다. 이는 충분한 수의 관찰값이 꼬리에 존재하도록 선택되어야 한다. 그러나 이 이론은 꼬리의 깊은 곳에서 가장 유효하다. 편리하고 적당한 선택은 자료의 5%가 꼬리에 포함되도록 만드는 것이다. 예를 들어, 만약 T=1,000개의 관찰값이 있으면, 왼쪽 꼬리의 50개 자료만 고려한다. 다음으로, u보다 큰 손실들만 고려하여 두 모수 ξ과 β에 대해 관찰의 우도를 극대화한다.

다른 추정방법은 **모멘트법**(method of moments)이다. 이는 GP 모멘트가 관찰된 모멘트에 일치하도록 모수를 적합화한다. 이 방법은 실행하기 더 쉽지만 덜 효율적이다.

그림 5.2 EVT와 정규밀도

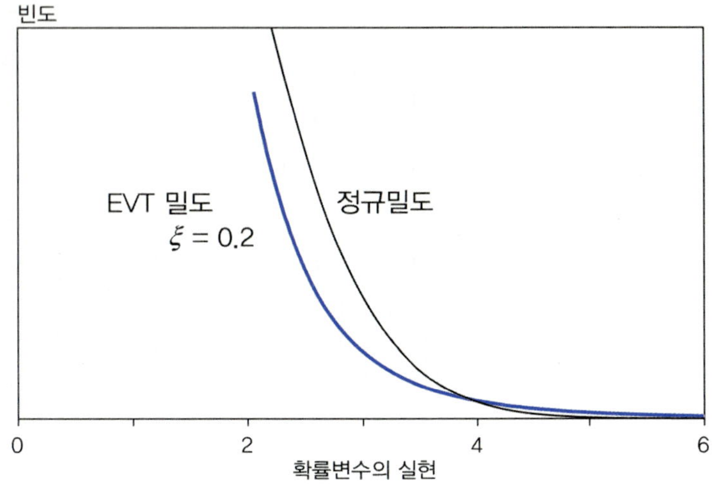

세 번째 방법은 널리 사용되는 Hill **추정량**(Hill's estimator)이다. 첫 단계는 모든 관찰값을 내림차순으로 정렬하는 것이다. 꼬리 지표는 다음 수식으로부터 추정된다.

$$\hat{\xi} = \frac{1}{k}\sum_{i=1}^{k} \ln X_i - \ln X_{k+1} \tag{5.5}$$

다시 말해, 이는 1부터 k번째 관찰값의 로그의 평균에서 다음 관찰값의 로그를 뺀 값이다. 그러나 k의 선택을 도와주는 이론은 없다. 실무적으로 k에 대한 ξ의 산포도의 평평한 영역에서 선택된다. 여기에서 이 추정량은 절사점의 선택에 지나치게 민감하지 않기 때문이다.

EVT의 문제의 하나는 여전히 꼬리에 있는 소수의 관찰에 의존한다는 것이다. 따라서 추정치는 비모수적 VAR에 비해 덜하지만 표본의 변화에 민감하다. 더 일반적으로 EVT 결과는 가정과 추정방법에 의존한다. 그리고 궁극적으로 역사적 자료에 여전히 의존한다. 그러나 역사적 자료는 재무금융 리스크를 제대로 반영하지 못할 수 있다.

예제 5.7 : FRM 시험 2009 – 문제 5-12

극단치 이론(EVT)은 수익분포의 꼬리에 관한 귀중한 통찰력을 제공한다. 다음 EVT와 그 적용에 관한 설명 중 옳지 않은 것은 무엇인가?

a. POT 접근법은 합리적인 임계점 선택을 요구하며, 결국 관찰되는 예외의 빈도를 결정한다. 임계점은 이론을 적용할 수 있도록 충분히 높아야 하고, 그러나 관찰된 예외의 빈도가 신뢰성 있는 추정치가 될 수 있도록 충분히 낮아야 한다.
b. EVT는 중심극한정리에 의해 정당화되는 분포(예를 들어, 정규분포)들이 극단치 추정에 사용될 수 있다는 점을 강조한다.
c. EVT 추정치는 상당한 모형리스크에 노출된다. 그리고 EVT 결과는 빈번하게 세부적 가정들에 대해 매우 민감하다.
d. 분포 꼬리의 관찰된 자료는 제한되어 있기 때문에, EV 추정치는 소표본 효과 및 다른 편의에 대해 매우 민감하다.

예제 5.8 : FRM 시험 2007 – 문제 110

극단치 이론(EVT)에 관한 다음 설명 중 옳지 않은 것은 무엇인가?

a. 전통적인 VAR 추정 접근법과 달리, EVT는 분포의 꼬리의 행태만 고려한다.
b. 전통적인 VAR 추정 접근법은 수익의 분포가 전체 영역에서 단일 분포를 따른다고 가정한다. 이는 수익 분포의 두터운 꼬리를 적절히 고려하지 못할 수 있다.
c. EVT는 꼬리를 정의하는 최적 임계점을 찾으려고 한다. 그리고 꼬리의 분포를 별도로 모형화한다.
d. 분포의 꼬리를 매끄럽게 만들어서, EVT는 실질적으로 예외값으로 규정될 수 있는 극단적인 사건이나 손실을 배제한다.

5.3 리스크 척도의 일치성

5.3.1 리스크 척도의 바람직한 특성

리스크 척도의 목적은 수익금 X의 전체 분포를 하나의 수치 $\rho(X)$로 요약하는 것이다. Artzner 외(1999)는 자본적정성 목적을 위한 리스크 척도의 네 가지 바람직한 특성을

제시한다.[3)]

1. **단조성**(monotonicity): 만약 $X_1 \le X_2$이면, $\rho(X_1) \ge \rho(X_2)$이다.
   즉, 만약 어떤 포트폴리오가 다른 것에 비해 체계적으로 낮은 값을 갖는다면, 모든 경우에서 더 큰 리스크를 가져야 한다.
2. **이동 불변성**(translation invariance): $\rho(X+k) = \rho(X) - k$
   즉, 포트폴리오에 현금 k를 더하는 것은 리스크를 k만큼 낮춰야 한다. 이는 가장 낮은 포트폴리오 값을 낮춘다. X와 마찬가지로 k는 금액으로 측정된다.
3. 1차 **동차성**(homogeneity): $\rho(bX) = b\rho(X)$
   즉, 포트폴리오의 크기를 b배 늘리는 것은 리스크 척도의 크기를 같은 배수로 늘려야 한다. 이 조건은 표준편차에 적용된다.
4. **저가법성**(subadditivity): $\rho(X_1 + X_2) \le \rho(X_1) + \rho(X_2)$
   즉, 포트폴리오의 리스크는 개별 리스크들의 합보다 작거나 같아야 한다. 따라서 포트폴리오들의 결합은 리스크를 증가시키지 않는다.

이 기준들의 유용성은 리스크 척도의 이상적 특성 그리고 더 중요하게 단순화된 리스크 척도들의 잠재적 문제에 관해 생각하도록 만든다는 것이다.

예를 들어, 1차 동차성은 대다수의 경우에 합리적인 것으로 보인다. 그러나 상당한 시장 충격 없이는 청산될 수 없는 거대 포트폴리오의 경우에는 문제점을 갖고 있다. 이 경우 리스크는 포트폴리오 크기에 비례하는 수준 이상으로 증가한다. 따라서 이 성질은 유동성리스크를 무시한다. 실제로 거의 모든 리스크 척도들은 이런 매우 다루기 어려운 문제를 안고 있다.

다음으로 저가법성은 포트폴리오의 리스크는 포트폴리오 구성요소들의 리스크 합계보다 작아야 한다는 의미이다. 다음 절에서 보는 것처럼 분위수에 기초한 VAR 척도는 이 성질을 충족하지 못한다.

그러나 정규분포를 가정하면, 표준편차에 기초한 VAR는 저가법성을 충족한다. 포트폴리오의 변동성이 변동성들의 합보다 작거나 같기 때문이다: $\sigma(X_1 + X_2) \le \sigma(X_1) + \sigma(X_2)$. 더 일반적으로 저가법성은 **타원형 분포**(elliptical distribution)에서 충족되며, 이는 t-분포처럼 동일한 밀도의 경로가 타원인 분포이다.

3) P. Artzner, F. Delbaen, J.-M. Eber, and D. Heath, "Coherent Measures of Risk," *Mathematical Finance* 9: 203-228.

5.3.2 사례: VAR와 저가법성

이제 VAR가 저가법성을 충족하지 못하는 예를 들어보자. 액면가 100,000달러, 부도확률 0.5%의 회사채에 투자하고 있는 트레이더를 생각해보자. 다음 기간에, 수익이 0인 정상 상태와 100,000달러의 손실이 발생하는 부도 상태 가운데 하나가 실현된다. 따라서 수익은 0.5%의 확률로 −100,000달러, 99.5%의 확률로 +0달러이다. 0달러를 벌 확률이 99%보다 크기 때문에, 분포의 평균을 무시하면, 99% 신뢰수준의 VAR는 0달러이다. 이는 오른쪽 꼬리의 확률이 적어도 99%라는 VAR의 정의에 일치한다.

이제, 동일한 특성과 독립적 수익을 가진 세 종목의 채권(A, B, 그리고 C)에 투자된 포트폴리오를 생각해보자. VAR 값의 합계는 $\mathrm{VAR}_S = \sum_i \mathrm{VAR}_i = \$0$이다. 〈표 5.3〉은 수익과 확률을 보고한다.

표 5.3 저가법성과 VAR: 예

상태	채권	확률	수익
부도 없음		0.995 × 0.995 × 0.995 =	$0
1종목 부도	A, B, 또는 C	3 × 0.005 × 0.995 × 0.995 =	−.$100,000
2종목 부도	AB, AC, 또는 BC	3 × 0.005 × 0.005 × 0.995 =	−.$200,000
3종목 부도	A, B, 그리고 C	0.005 × 0.005 × 0.005 =	−.$300,000

여기에서 부도가 없을 확률은 0.9851이며, 99%보다 작다. 따라서 포트폴리오 VAR는 100,000달러이며, 이는 99% 이상의 확률을 가진 최소값이다. 이 포트폴리오 VAR는 개별 VAR들의 합인 0보다 크다. 이 예에서 VAR는 저가법성을 충족하지 않는다. 이는 바람직하지 못한 성질이다. 포트폴리오 통합은 리스크를 크게 보이도록 만들기 때문에, 이것은 포트폴리오 통합을 저해하는 유인이다.

당연하게, 이 예는 다소 인위적이다. 그러나 VAR를 유일한 리스크 척도로 집착하는 행위의 리스크를 예시한다.

5.3.3 기대 쇼트폴

대조적으로 **조건부** VAR(conditional VAR: CVAR)는 **기대 쇼트폴**(expected shortfall) 또는 **기대 꼬리 손실**(expected tail loss)로도 불리며, 저가법성을 충족한다. CVAR는

VAR를 초과하는 손실의 평균이다: $\mathrm{CVAR} = E[-X \mid X < -\mathrm{VAR}]$.

각 채권에서, 꼬리에 단 하나의 관찰값이 있으며 따라서 CVAR_i=$100,000이다. 합계는 CVAR_S=$300,000이다. 이제 포트폴리오의 CVAR를 계산하자. 이것은 100,000달러를 초과하는 손실들의 확률가중 평균, 즉 (0.0000746×$200,000+0.0000001×$300,000)/0.0000747=$200,167이다. 이는 CVAR들보다 작으며, 따라서 CVAR는 저가법적 리스크 척도이다.

또한, CVAR는 선택이론의 관점에서 VAR보다 정당화될 수 있다. 투자자가 상이한 분포를 가진 두 포트폴리오 A와 B 중에서 선택해야 한다고 가정하자. 결정기준은 확률적 지배의 상이한 정의들에 기초할 수 있다. 한 예는 **1차 확률적 지배**(first-order stochastic dominance: FSD)이다. 이는 A의 누적분포함수가 B보다 체계적으로 낮을 것을 요구한다. 따라서 B가 나쁜 결과를 가질 확률이 항상 더 높다. 그러나 이것은 매우 엄격한 기준이다. 다른 예는 **2차 확률적 지배**(second-order stochastic dominance: SSD)이다. 포트폴리오 A는 만약 더 높은 평균과 더 낮은 리스크를 갖고 있으면, B를 지배한다. 이것은 전자보다 현실적인 기준이다. CVAR를 리스크 척도로 사용하는 것은 SSD와 일치하며, VAR는 현실성이 낮은 FSD를 요구한다.

실제로는, CVAR는 금융산업에서 거의 사용되지 않는다. 전통적으로 꼬리 손실에 더 많은 관심을 두는 보험산업에서 더 보편적으로 사용된다. 또한 사망률과 자연재해 사건의 통계적 분포는 긴 역사적 자료를 갖고 있으며, 기대 쇼트폴 분석에 더 적합하다.

그러나 리스크관리 담당자는 전체 분포를 VAR처럼 하나의 숫자로 요약하는 행위의 단점을 이해해야 한다. 트레이더는 낮은 VAR 그러나 매우 높은 CVAR를 가진 포트폴리오를 만들려고 할 수 있다. 이 경우 드물지만 매우 큰 손실을 입을 수 있다. 이는 비대칭적 포지션의 문제점이며, 여기에는 옵션 매도 포지션이나 신용리스크에 노출된 분산되지 않은 포트폴리오 등이 있다. 다음 장은 수십억 달러의 손실 사례를 보여주며, 이는 서브프라임 부동산저당대출에 기초한 부채담보부증권의 선순위 트란셰에서 발생한 것이다. 이런 선순위 트란셰는 외가격 옵션의 매도 포지션과 비슷하며, 드물지만 재앙적인 손실을 낼 수 있다.

예제 5.9 : FRM 시험 2008 - 문제 2-25

어떤 시장리스크 관리담당자는 수익/손실의 1,000일 동안의 역사적 정보를 사용하여, 일간 VAR를 99번째 백분위수, 즉 8백만 달러로 계산한다. 99번째 백분위수보다 큰 손실 관찰값들은 조건부 VAR를 계산하는 데 사용된다. 만약 VAR 수준보다 큰 손실이 백만 달러 단위로, 9, 10, 11, 13, 15, 18, 21, 24, 그리고 32이면, CVAR 값은 무엇인가?

a. 9백만 달러　　b. 32백만 달러　　c. 15백만 달러　　d. 17백만 달러

예제 5.10 : FRM 시험 2009 – 문제 5-8

Greg Lawrence는 ES Bank의 리스크 애널리스트이다. 과거 1,200일의 자료를 사용한 역사적 시뮬레이션을 통해 은행 포트폴리오의 99%의 일간 VAR를 추정한 후, 그는 VAR 척도가 꼬리 손실에 관해 충분한 정보를 제공하지 못할 가능성을 우려하였다. 그는 시뮬레이션 결과를 다시 살펴보기로 했다. 시뮬레이션된 일간 이익/손실을 오름차순으로 정렬하여 다음 결과를 얻었다.

순위	1	2	3	4	5	6
손익	−2,833	−2,333	−2,228	−2,084	−1,960	−1,751
순위	7	8	9	10	11	12
손익	−1,679	−1,558	−1,542	−1,484	−1,450	−1,428
순위	13	14	15			
손익	−1,368	−1,347	−1,319			

이 포트폴리오의 99%의 일간 기대 쇼트폴(ES)은 무엇인가?

a. 433달러　　b. 1,428달러　　c. 1,861달러　　d. 2,259달러

예제 5.11 : FRM 시험 2009 – 문제 5-14

다음 기대 쇼트폴(ES)에 관한 설명 중 옳지 않은 것은 무엇인가?

a. ES는 여러 포지션에 걸쳐 일관성 있는 리스크 척도를 제공하고, 상관관계를 고려한다.
b. ES는 나쁜 상태에서 무엇을 예상해야 할지 알려준다. 만약 포트폴리오가 나쁜 결과를 내면, 포트폴리오의 수익이 얼마나 나쁠지 예상할 수 있도록 한다.
c. 만약 리스크가 2차 확률적 지배에 의해 순위가 정해진다면, ES에 기초한 기준은 기대효용 극대화와 일치한다.
d. VAR처럼, ES는 저가법성(즉, 포트폴리오의 리스크는 개별 포지션들의 리스크 합보다 작거나 같은 성질)을 항상 충족하지는 않는다.

5.4 중요 공식

- 신뢰수준 $c=1-p$의 VAR를 가진 크기 T의 표본에서 예외의 기대빈도 :

  $E[X]=p\times T$

- 예외의 분포 : $f(x)=\binom{T}{x}p^{x}(1-p)^{T-x},\quad x=0,1,\ldots,n$
- $T=252$, 그리고 $c=99\%$일 때 예외의 빈도에 관한 바젤 기준 :

  녹색 영역 : $0\le n\le 4$

  황색 영역 : $5\le n\le 9$

  적색 영역 : $10\le n$

  꼬리의 분포(EVT) : $y=(x-u)/\beta$

5.5 예제 풀이

예제 5.1: FRM 시험 2003 – 문제 11

c. 이는 $p\times T=10\%\times 250=25$이다.

예제 5.2: FRM 시험 2007 – 문제 101

d. 우리는 평균적으로 $(1-95\%)250=12.5$의 예외를 예상해야 한다. 8번의 예외는 너무 적다. 그러나 이 차이는 단지 운 때문일 수 있다. 그러나 0번의 예외는 매우 드물며, 대단히 낮은 $1-(1-5\%)^{250}$의 확률을 갖고 있다. 이는 리스크관리 담당자가 지나치게 높은 VAR 추정치를 제공한다는 것을 의미한다. 또는 이익의 분포에 관한 추가적 정보가 없으면, 최대 또는 평균적 손실은 직접적으로 유용하지 않다.

예제 5.3: FRM 시험 2002 – 문제 20

c. VAR 추정치는 사후검증을 통해 실제 P&L 결과에 비교됨으로써 입증되어야 한다.

예제 5.4: 벌칙 영역

b. 〈표 5.2〉 참조.

예제 5.5: FRM 시험 2002 – 문제 23

d. IMA의 사후검증 틀은 일별 예외(즉, VAR보다 큰 손실)의 발생 회수만 센다. 따라서 이는 이상치의 빈도와 일간 VAR 척도를 포함한다.

예제 5.6: FRM 시험 2009 – 문제 5-6

b. z값은 $(8-2.5)/\sqrt{250\times0.01\times0.99}=3.5$이다. 이는 너무 크며(2보다 큼), VAR 모형이 잘 적합화되었다는 귀무가설을 기각한다. 따라서 VAR는 너무 낮고 보기 I.은 옳다. 보기 II.는 옳지 않다. 그러나 이것은 일중 매매 때문일 수 있으며, 따라서 III.도 옳다. 마지막으로, 만약 모든 여덟 번의 예외가 직전 월에 발생했으면, 집중된 것이다. 따라서 모형은 재검토되어야 하며, 보기 IV.는 옳다.

예제 5.7: FRM 시험 2009 – 문제 5-12

b. EVT 추정치는 추정리스크에 노출되어 있으며, 따라서 보기 c. 와 d.는 옳다. 그러나 EVT는 i.i.d. 확률변수의 평균은 (꼬리와 달리) 정규분포를 따른다는 중심극한정리(CLT)를 적용하지 않는다.

예제 5.8: FRM 시험 2007 – 문제 110

d. EVT는 꼬리의 정보만 이용하며, 보기 a.는 옳다. 델타-노말 VAR 같은 전통적 접근법은 전체 분포에 관해 고정적 확률밀도함수(p.d.f.)를 가정한다. 이는 두터운 꼬리의 정도를 과소평가할 수 있으며, 따라서 보기 b.는 옳다. EVT의 첫 단계는 꼬리의 절사점을 정하는 것이다. 다음에는, 꼬리 분포의 모수들을 추정한다. 따라서 보기 c.는 옳다. 마지막으로 EVT는 극단적인 사건을 (표본에 포함되어 있는 한) 무시하지 않는다.

예제 5.9: FRM 시험 2008 – 문제 2-25

d. CVAR은 VAR보다 큰 손실들의 평균이다. 이는 17백만 달러이다. 보기 a.와 b.는 각각 너무 낮고 높기 때문에 배제될 수 있다.

예제 5.10: FRM 시험 2009 – 문제 5-8

c. 이는 복잡한 계산을 요구하는 문제처럼 보이지만, 판단력을 이용하여 풀 수 있다.

$T=1,200$ 이면, 1% 왼쪽 꼬리는 12개의 관찰값이다. 따라서 VAR=1,428이다. 이것은 보기 a.와 b.를 배제한다. ES는 이제 관찰값 1부터 11까지의 평균이다. 단순순위를 이용하면, 중간점은 6번째 관찰값 -1,751이다. 가장 가까운 값은 1,861이므로, 정답은 보기 c.이다.

예제 5.11: FRM 시험 2009 - 문제 5-14

d. ES는 VAR처럼 분산투자를 고려하는 일관적 리스크 척도를 제공한다. 따라서 보기 a.는 옳다. 그러나 VAR와 달리, CVAR는 저가법적 리스크 척도이다.

Chapter 6

고급 리스크 모형: 다중 변수*

이제 대규모 포트폴리오의 리스크 측정을 살펴보자. 리스크 시스템은 세 개의 요소를 갖고 있다. (1) 포트폴리오 포지션 시스템, (2) 리스크요인 모형화 시스템, 그리고 (3) 통합 시스템이다.

첫째 요소는 제6.1절에 기술되어 있다. 포트폴리오 포지션들은 취합된 후, **매핑**(mapping) 과정을 거쳐야 한다. 매핑은 개별 자산을 선택된 리스크요인에 대한 노출로 대체하는 작업이다. 매핑은 리스크 측정 과정을 상당히 단순화한다. 자산이 너무 많기 때문에, 모든 자산들을 개별적으로 모형화하는 것은 불가능하다. 리스크관리의 예술은 대상 포트폴리오의 리스크 스펙트럼을 적절하게 포괄하는 한정된 리스크요인의 집합을 선택하는 것이다.[1)]

둘째 단계는 리스크요인들의 결합 변동을 기술하는 것이다. 두 접근법이 가능하다. 첫 번째는 분석적 분포, 예를 들어, 결합정규분포를 설정하는 것이다. 더 일반적으로 결합 변동은 제6.2절에 설명되는 코퓰러로 특징지어질 수 있다. 두 번째 접근법에서 결합분포는 추가적 가정 없이 단지 경험적 관찰로부터 도출될 수 있다.

셋째 단계는 포지션들과 리스크요인들을 통합한다. 제6.3절은 델타-노말 방법, 역사적 시뮬레이션(HS) 방법, 그리고 몬테칼로 시뮬레이션 방법을 포함하는 세 개의 중요한 value at risk(VAR) 모형을 기술한다. 이 방법들은 제6.5절에 예와 함께 제시되어 있다.

특별히 흥미로운 문제는 최근의 신용위기 중 VAR 모형의 성과이다. 이 점은 제 6.4절에서 논의되며, 또한 리스크 모형의 일반적 단점으로 확대된다.

* FRM 시험 Part 2 주제.

6.1 리스크 매핑

6.1.1 리스크의 단순화

현대의 리스크 측정 방법의 배후에 있는 기본 개념은 포트폴리오의 리스크를 가장 높은 차원에서 통합하는 것이다. 실무적으로, 각 포지션을 별도로 모형화하는 작업은 종종 너무 복잡하다. 대신, 단순화가 요구된다. 이것이 **리스크 매핑**(risk mapping)의 역할이며, 개별 포지션들의 노출을 주요 리스크요인에 대한 통합된 노출로 대체한다.

물론 이 아이디어는 새로운 것은 아니다. 예를 들어, 여러 주식 포지션을 포함하는 포트폴리오를 생각해보자. 윌리엄 샤프는 이 포트폴리오들의 리스크 측정을 단순화하는 방법을 고안했다. 그의 **대각선 모형**(diagonal model)은 개별 주식의 수익 변동을 공통적 주가지수 요소와 고유 요소로 분해한다. 대규모의 잘 분산된 포트폴리오에서, 고유 요소는 사라지고 공통 요소가 리스크의 주요 동인이 된다. 이는 개별 주식들을 동일한 주가지수의 포지션으로 매핑하는 것을 정당화한다.

더 일반적으로, 이 방법론은 어떤 시장에서도 이용될 수 있다. 〈그림 6.1〉은 예를 들어, 여섯 종목의 자산이 포함된 경우의 매핑 과정을 예시한다. 이들은 동일한 통화에 대한 상이한 만기를 가진 선도계약들이다. 리스크관리 담당자는 이 포지션들이 단지 세 개의 리스크요인에 대한 노출로 대체될 수 있는지 판단한다. 완결된 예는 이 장의 뒷부분에

그림 6.1 매핑 접근법

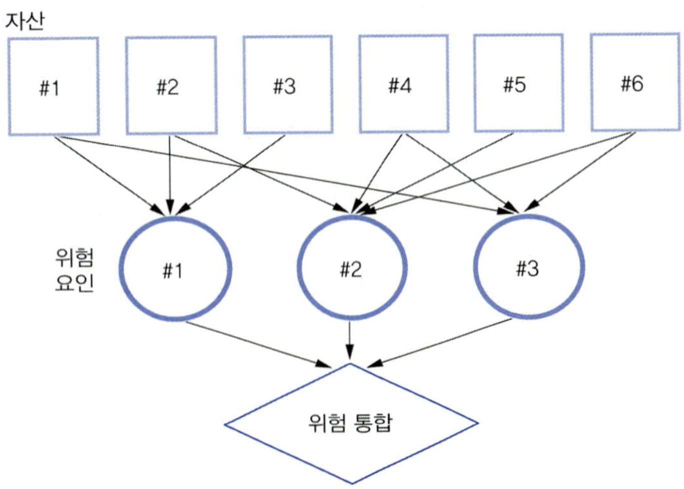

제시된다.

이 과정에 세 단계가 존재한다.

1. $N=6$개의 개별 포지션을 $K=3$개의 리스크요인에 대한 노출로 대체한다. 자산 i의 리스크요인 k에 대한 노출은 $x_{i,k}$로 표시된다.
2. 포트폴리오의 포지션들에 걸쳐 K개의 노출을 통합한다, $x_k = \sum_{i=1}^{N} x_{i,k}$. 이는 $K=3$개의 노출 금액을 만들어낸다.
3. 세 VAR 모형 가운데 하나를 이용하여, 노출과 리스크요인 변동 Δf로부터 포트폴리오 수익 $R_{p,t+1}$의 분포를 도출한다.

6.1.2 요인모형을 이용한 매핑

대각선 모형은 단일요인 모형의 단순화된 형태이며, 소극적 시장지수를 요인으로 선택한다. 이 모형은 주식 i의 수익을 전체시장의 수익과 잔차항으로 통계적으로 분해하는 데에서 출발하며, 잔차는 고유 또는 특유 수익으로 불린다. 우리는 주식 i의 수익 R_i를 (1) 상수, (2) 시장에 기인한 요소 R_M, 그리고 (3) 잔차항으로 분해한다.

$$R_i = \alpha_i + \beta_i \times R_M + \epsilon_i \tag{6.1}$$

여기에서 β_i는 주식 i의 체계적위험으로 불린다. 가정에 의해 잔차는 R_M과 상관관계가 없음에 유의하자. 이 대각선 모형은 모든 특유 위험은 상관관계를 갖지 않는다는 가정을 추가한다. 따라서 임의의 두 주식의 상관관계는 시장의 결합효과로부터 나와야 한다.

윌리엄 샤프(William Sharpe)의 공헌은 자본시장의 균형은 α_i를 제약함을 보인 것이다. 그러나 리스크관리 담당자에게 절편은 주된 관심사가 아니며, 다음의 논의에서 무시된다. 대신, 이 모형은 리스크 측정 과정을 단순화한다.

다양한 자산의 단순한 선형 포지션들로 이루어진 포트폴리오를 생각해보자. 다음 수식이 성립한다.

$$R_p = \sum_{i=1}^{N} w_i R_i \tag{6.2}$$

수식(6.1)을 이용하면, 포트폴리오 수익은 또한 다음과 같다.

$$R_p = \sum_{i=1}^{N}(w_i\beta_i R_M + w_i\epsilon_i) = \beta_p R_M + \sum_{i=1}^{N}(w_i\epsilon_i) \tag{6.3}$$

여기에서 가중평균 베타는 다음과 같다.

$$\beta_p = \sum_{i=1}^{N} w_i\beta_i \tag{6.4}$$

포트폴리오 분산은 다음과 같다.

$$V[R_p] = \beta_p^2 V[R_M] + \sum_{i=1}^{N}(w_i^2 V[\epsilon_i]) \tag{6.5}$$

왜냐하면 모든 잔차항은 상관되어 있지 않기 때문이다. 단순화를 위해 포트폴리오는 동일 가중치로 이루어져 있고, 즉 $w_i = w = 1/N$이며, 잔차의 분산은 모두 같다고, 즉 $V[\epsilon_i] = V$라고 가정하자. 자산의 숫자가 증가하면, 둘째 항은 다음과 같이 수렴한다.

$$\sum_{i=1}^{N}(w_i^2 V[\epsilon_i]) \rightarrow N \times [(1/N)^2 V] = (V/N)$$

이 수식은 N이 증가하면 0으로 수렴한다. 이 상황에서 유일한 잔존 위험은 일반적 시장리스크이며, 이는 베타의 제곱과 시장의 분산을 곱한 것이다.

$$V[R_p] \rightarrow \beta_p^2 V[R_M]$$

따라서 대규모의 잘 분산된 포트폴리오에서, 특유 위험을 무시하는 것이 정당화된다. 매핑 접근법은 주식 i에 투자된 금액 x_i를 주가지수에 투자된 금액 $x_i\beta_i$로 대체한다.

$$\text{주식 } i\text{에 대한 } x_i \rightarrow \text{지수에 대한 } (x_i\beta_i) \tag{6.6}$$

더 일반적으로, 이 접근법은 다중 요인으로 확장될 수 있다. 이 장 마지막의 부록은 어떻게 이 방법이 일반적 시장요인들로부터 공분산행렬을 만들 수 있는지 보여준다. 개별 증권은 먼저 선택된 리스크요인에 대해 매핑된다. 노출은 이제 전체 포트폴리오에 걸쳐 합계되고, 리스크는 최상위 수준에서 통합된다.

매핑 접근법은 일부 포지션의 역사적 수익률 자료가 없을 때 특히 유용하다. 대신, 그

포지션들은 선택된 리스크요인들로 매핑될 수 있다. 예를 들어, **기업공개**(initial public offering: IPO) 과정을 방금 거친 주식을 생각해 보자. 이 주식의 역사적 자료는 없다. 이런 주식은 상당히 위험할 수 있다. 현실적 해결책은 이 포지션을 비슷한 특성을 가진 주가지수(예를 들어 소형, 하이테크 주식)에 대해 매핑하는 것이다.

6.1.3 고정소득 포트폴리오의 매핑

포트폴리오 단순화의 다른 중요한 예로서, 무위험채권 포트폴리오의 분석을 생각해보자. 이 포트폴리오는 여러 시점에 지급될 상이한 수입들을 갖고 있으며, 기간은 다음날부터 30년 후까지이다. 이 모든 만기를 별도로 모형화하는 것은 비현실적이다. 대신, 단순화가 무위험수익률의 기간구조에 적용된다.

한 가지 단순화는 **만기 매핑**(maturity mapping)이며, 각 채권의 현재가치를 같은 만기의 리스크요인으로 대체한다. 그러나 이는 중도에 발생하는 현금흐름을 무시한다. 더 좋은 접근법은 **듀레이션 매핑**(duration mapping)이며, 채권의 만기와 같은 듀레이션을 갖는 무이표 리스크요인에 대해 채권을 매핑한다. 세 번째 접근법은 **현금흐름 매핑**(cashflow mapping)이며, 훨씬 더 정확하나 더 복잡하다. 이 방법은 각 채권 지급액의 현재가치를 각 현금흐름의 시점과 같은 만기를 갖는 무이표 리스크요인에 대해 매핑한다.

이제 다른 예로 회사채 포트폴리오를 고려하자. 이는 리스크요인의 차원을 무위험 기간구조 요인과 신용요인으로 확대한다. 역시 모든 증권을 개별적으로 모형화하는 것은 비현실적이다. 각 채권의 충분한 역사적 자료가 없을 수 있다. 또한, 역사적 자료는 부도 확률을 감안하지 않으면 쓸모없을 수도 있다. 더 일반적으로 역사적 자료는 채권의 현재 신용등급이나 듀레이션을 나타내지 못할 수도 있다.

다음에서, 리스크관리 담당자는 듀레이션 매핑을 사용하고, 가격 대신 수익률곡선의 변동을 리스크요인으로 선택한다고 가정하자. 리스크관리 담당자는 리스크요인들을 J개의 무이표 국채 수익률의 집합, 그리고 신용등급에 따라 정렬된 K개의 신용스프레드 s_k의 집합으로 제한할 수 있다고 생각한다. 이상적으로 이들은 포트폴리오 리스크의 좋은 근사값을 구하는 데 충분해야 한다.

우리는 이제 각 회사채 수익률 y_i의 변동을 가장 가까운 만기의 국채 요인 z_i의 변동과 신용등급 s_k의 변동으로 모형화한다. 또는 근사값을 구할 수 있다. 나머지 요소는 다른 i에 대해 독립적인 것으로 가정된 ϵ_i이다. 수식 $y_i = z_j + s_k + \epsilon_i$이 성립한다. 이 분해는 20년

그림 6.2 수익률 분해

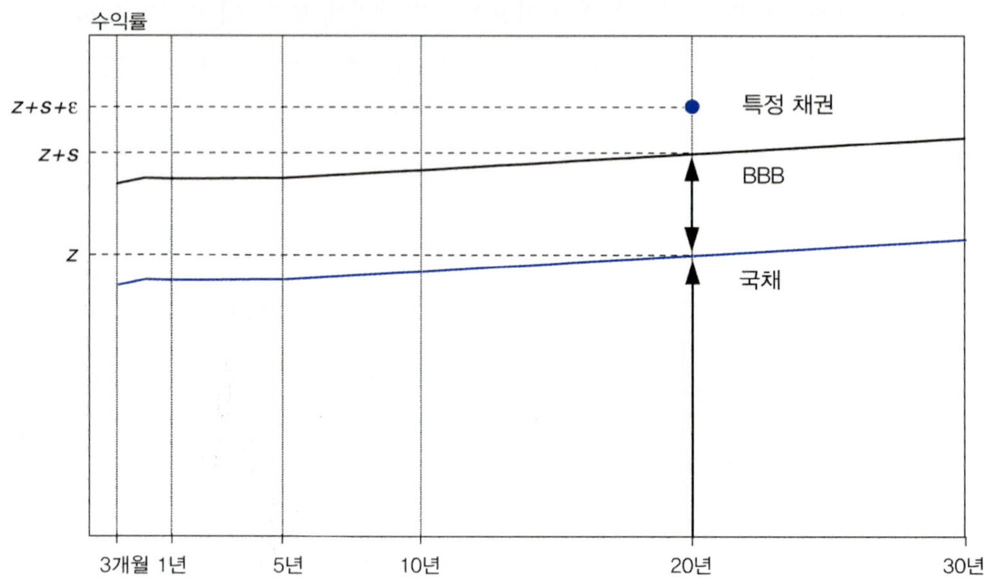

만기 BBB등급 회사채를 예로 들면, 〈그림 6.2〉에 예시되어 있다.

채권 i의 가격 변동은 다음과 같다.

$$\Delta P_i = -\mathrm{DVBP}_i \Delta y_i = -\mathrm{DVBP}_i \Delta z_j - \mathrm{DVBP}_i \Delta s_k - \mathrm{DVBP}_i \Delta \epsilon_i \qquad (6.7)$$

여기에서, DVBP는 관련 리스크요인의 베이시스 포인트의 가치이며, 수정 듀레이션과 채권가치를 곱한 값으로부터 바로 계산된다.

이제 N 포지션에 걸쳐 노출을 통합한다. 우리는 채권별로 n_i단위를 보유한다.

$$P = \sum_{i=1}^{N} n_i P_i \qquad (6.8)$$

이 수식으로부터 가격 변화가 도출된다.

$$\Delta P = \sum_{i=1}^{N} n_i \Delta P_i = -\sum_{i=1}^{N} n_i \mathrm{DVBP}_i \Delta y_i \qquad (6.9)$$

리스크요인 분해를 이용하면, 포트폴리오 가격 변동은 다음과 같다.

$$\Delta P = -\sum_{j=1}^{J} \mathrm{DVBP}_j^z \Delta z_j - \sum_{k=1}^{K} \mathrm{DVBP}_k^s \Delta s_k - \sum_{i=1}^{N} n_i \mathrm{DVBP}_i \Delta \epsilon_i \qquad (6.10)$$

여기에서, DVBP_j^z는 j번째 만기에 노출된 모든 채권의 $n_i\mathrm{DVBP}_i$의 합이다. 그리고 DVBP_k^s도 비슷하다. 주식 포트폴리오의 수식(6.5)처럼, 총분산은 다음과 같이 분해될 수 있다.

$$V[\Delta P] = \text{일반적 리스크} + \sum_{i=1}^{N} n_i^2 \mathrm{DVBP}_i^2 \, V[\Delta \epsilon_i] \qquad (6.11)$$

만약 포트폴리오가 잘 분산되었으면, 일반적 리스크 항이 지배적이어야 한다. 따라서 우리는 단순히 두 번째 항을 무시할 수 있다. 특유 위험을 무시하면 수천 종목으로 이루어진 포트폴리오는 단지 몇 개의 국채 만기들과 신용스프레드들에 대한 노출에 의해 특징지어진다. 이는 상당한 단순화이다.

매핑 접근법은 채권 i의 금액 x_i를 두 리스크요인에 대한 노출금액으로 대체한다.

$$\text{채권 } i \text{에 대한 } x_i \rightarrow \text{수익률}_j \text{ 에 대한 } (n_i\mathrm{DVBP}_i) + \text{스프레드}_k \text{에 대한 } (n_i\mathrm{DVBP}_i) \qquad (6.12)$$

6.1.4 매핑: 리스크요인의 선택

리스크요인의 선택은 포트폴리오의 특성에 의해 결정되어야 한다. 대각선 리스크 모형은, 섹터들에 걸쳐 잘 분산된 많은 작은 포지션들을 포함한 주식 포트폴리오의 경우, 충분할 수 있다. 그러나 한 영역에 집중된 소수 종목의 주식을 포함한 포트폴리오의 경우, 이 접근법은 리스크를 과소평가할 수 있다. 비슷하게 주식의 시장중립적 포트폴리오는 사실과 달리 리스크는 없는 것처럼 보일 것이다. 주식의 매수와 매도 포지션으로 이루어져, 베타가 0에 가까울 것이기 때문이다.

하나의 이자율 리스크요인에 대한 단순한 매핑 접근법은 단순 매수 포트폴리오에 완전히 적합할 수 있다. 기본적으로 모든 리스크 노출은 하나의 수치인 금액기준 듀레이션으로 요약된다.

다음으로 포트폴리오 매니저가 다양한 채권을 매수 및 매도함으로써 만든 0의 순듀레이션을 가진 거래 포트폴리오를 생각해보자. 이 경우 듀레이션 모형은 0의 총위험을 제시하나 이는 잘못된 결론이다. 더 많은 요인들이 필요하다. 다른 예는, 여러 행사가격과 만기에 걸쳐 다양한 옵션의 매수와 매도 포지션을 포함한 포트폴리오이다. 이 경우 기초 리스크

요인에 대한 선형 또는 2차항의 노출만 고려하면 불충분하다. 리스크관리 담당자는 내재변동성의 변동을 추가해야 한다. 시장이 더 복잡한 금융상품으로 진화함에 따라, 리스크관리자는 리스크 모형이 시대에 뒤처지고 중요 리스크를 간과하지 않도록 확인해야 한다.

핵심 개념

리스크요인의 수와 리스크 모형의 복잡성은 거래전략의 깊이에 의해 결정된다. 일반적으로 복잡한 포트폴리오는 더 복잡한 리스크 모형을 요구한다.

예제 6.1 : FRM 시험 2009 – 문제 2-7

다음 리스크요인의 매핑 접근법에 관한 설명 중 옳은 것은 무엇인가?

Ⅰ. 현금흐름(CF) 매핑 접근법 하에서, 고정소득 포트폴리오의 평균 만기에 연계된 리스크만 매핑된다.
Ⅱ. 현금흐름 매핑은 고정소득 포트폴리오의 가장 덜 정확한 리스크 매핑 방법이다.
Ⅲ. 듀레이션 매핑 접근법 하에서, 채권의 리스크는 같은 듀레이션의 무이표 채권으로 매핑된다.
Ⅳ. 더 많은 리스크요인을 사용하는 것은 일반적으로 더 정확하게 리스크를 측정한다. 그러나 모형화 과정과 리스크 계산을 위해 더 많은 시간을 요구한다.

a. Ⅰ과 Ⅱ　　b. Ⅰ, Ⅲ, 그리고 Ⅳ
c. Ⅲ과 Ⅳ　　d. Ⅳ만

예제 6.2 : FRM 시험 2002 – 문제 44

역사적 시뮬레이션(HS) 접근법은 실증적 분포와 많은 리스크요인들에 기초한다. RiskMetrics 접근법은 정규분포를 가정하고 주가지수들에 대해 매핑한다. 역사적 시뮬레이션 접근법은 다음 중 무엇을 포함하는 포트폴리오 대해 RiskMetrics 접근법보다 더 정확한 VAR 추정치를 제공할 가능성이 있는가?

a. 신흥시장의 소수의 증권들　　b. 대형시장의 소수의 지수들
c. 신흥시장의 다수의 증권들　　d. 대형시장의 다수의 지수들

예제 6.3 : FRM 시험 2007 – 문제 11

어떤 헤지 펀드 매니저는 대규모의 시장중립적 주식 포트폴리오를 위한 리스크 모형을 선택해야 한다. 그 베타는 0이다. 보유 주식 가운데 최근의 IPO들이 많다. 다음 대안들 중에서 가장 적합한 것은 무엇인가?

a. 작년에 추정된, 특유위험이 없는 단일지수 모형
b. 작년에 추정된, 고유위험이 없는 대각선 지수 모형
c. 산업과 스타일 요인들에 대해 포지션을 매핑하는 모형
d. 매우 짧은 표본구간을 사용하는 완전 공분산행렬 모형

6.2 리스크요인의 결합분포

리스크 시스템의 두 번째 요소는 리스크요인들의 결합분포를 설정하는 것이다. 한 가지 접근법은 비모수적 방법이며, 최근의 관찰값들을 이용한다. 다른 접근법은 모수적 방법이며, 결합분포의 분석적 함수와 모수 설정을 요구한다. 이 절은 리스크요인 결합분포의 핵심인 코퓰러 개념을 소개한다.

코퓰러는 **부채 담보부 증권**(collateralized debt obligation: CDO) 같은 금융상품을 모형화하는 데 집중적으로 사용된다. CDO는 N개의 부채증권의 집합이며, 각각의 가치는 차입자의 신용도에 의존한다. 각 신용의 개별적 리스크는 한계분포에 의해 묘사될 수 있다. 그러나 궁극적으로 중요한 것은 전체 포트폴리오의 손실분포이다. 따라서 CDO의 금융공학은 개별 신용들의 결합변동을 모형화할 것을 요구한다. 거래성 자산의 포트폴리오의 경우, 결합분포는 역사적 자료로부터 추정될 수 있다. 그러나 포트폴리오의 현재 신용자산은 부도 기록을 갖고 있지 않기 때문에, 신용 포트폴리오는 이런 사치를 누리지 못한다. 따라서 CDO의 손실분포를 만드는 일은 모수적 접근법에 의존해야 하며, 코퓰러의 특정을 요구한다. 코퓰러는 또한 시장리스크, 신용리스크, 그리고 운영리스크를 통합한 전사적 리스크 측정에 이용된다.

6.2.1 한계 밀도 및 분포 함수

한계분포는 각 리스크요인을 별도로 고려한다. 이 축약된 차원은 리스크요인의 모형화

를 더 용이하게 한다. 반대로, 결합분포는 다차원 때문에 훨씬 더 복잡하며, 더 많은 모수 추정을 요구한다. 이는 심각한 어려움을 초래한다. 이 문제는 뒷 절에서 보게 되는 것처럼 실제로 금융시장에서 대규모 손실을 초래했다.

〔부록 1.1〕로부터, 확률밀도함수 $f(u)$는 u 부근의 값을 관찰할 확률을 묘사한다는 것을 상기하자. 예를 들어, 정규밀도는 익숙한 종 모양의 곡선이다. 한편, 분포함수는 누적밀도 $F(x)=\int_{-\infty}^{x} f(u)du$이며, 대문자로 표시된다. 이 함수의 값은 항상 0과 1 사이에 있다. 즉, $0 \leq F(x) \leq 1$이다.

이제 간단한 두 리스크요인의 경우를 고려하자. 문제는 어떻게 리스크요인들에 걸쳐 한계 밀도, 또는 분포들을 연결하느냐는 것이다.

6.2.2 코퓰러

두 변수가 독립적일 때, 결합밀도는 단순히 한계밀도들의 곱이다. 그러나 금융변수들이 독립적인 경우는 거의 없다. 의존성은 **코퓰러**(copula)로 불리는 함수에 의해 모형화될 수 있으며, 이는 한계분포들을 결합분포로 연결 또는 결합한다.

공식적으로 코퓰러는 한계분포 $F(x)$와 모수 θ의 함수이다. 모수는 이 함수 특유의 값이다(한계분포의 특유 값이 아니다). 2개 변수의 경우, 두 개의 독립변수를 갖는다.

$$c_{12}[F_1(x_1), F_2(x_2); \theta] \tag{6.13}$$

결합 및 한계 분포의 연계는 Sklar **정리**(Sklar's theorem)에 의해 명백해진다. 임의의 결합밀도에 대해, 한계밀도들을 연결하는 코퓰러가 존재한다.

$$f_{12}(x_1, x_2) = f_1(x_1) \times f_2(x_2) \times c_{12}[F_1(x_1), F_2(x_2); \theta] \tag{6.14}$$

만약 독립성이 있으면, 코퓰러 함수는 항상 상수 1이다.

따라서 코퓰러는 확률변수들 사이의 의존성에 관한 모든 정보를 포함하나, 한계분포들에 관한 정보는 제공하지 않는다.

예를 들어, N개의 확률변수를 가진 다중 정규밀도를 고려하자. 결합 정규밀도는 평균의 벡터 x와 공분산행렬 Σ의 함수로 표현될 수 있다.

$$f^N(x_1, \ldots, x_N) = \frac{1}{(2\pi)^{N/2}|\Sigma|^{1/2}}\exp[-\frac{1}{2}(x-\mu)'\Sigma(x-\mu)] \quad (6.15)$$

코퓰러 개념을 사용하여, 이 수식은 N개의 상이한 한계 정규밀도와 결합 정규 코퓰러로 분해될 수 있다. 변수가 두 개이면, 다음과 같다.

$$f_{12}^N(x_1, x_2) = f_1^N(x_1) \times f_2^N(x_2) \times c_{12}^N[F_1(x_1), F_2(x_2); \rho] \quad (6.16)$$

여기에서, f_1^N과 f_2^N은 한계 정규밀도이다. 이들은 모수 μ_1과 σ_1, 그리고 μ_2와 σ_2를 갖고 있다. 또한, c_{12}^N는 정규 코퓰러이며, 이것의 유일한 모수는 상관계수 ρ_{12}임에 유의하라.

특히, $\mu_i = 0$ 및 $\sigma_i = 1$인 표준정규변수의 경우, 2변수 정규밀도는 다음과 같이 축약된다.

$$f_{12}^N(x_1, x_2) = \frac{1}{2\pi\sqrt{(1-\rho^2)}}\exp\left\{-\frac{(x_1^2 + 2\rho x_1 x_2 + x_2^2)}{2(1-\rho^2)}\right\} \quad (6.17)$$

상관계수가 0일 때, 이 수식은 다음과 같다.

$$f_{12}^N(x_1, x_2) = \frac{1}{2\pi}\exp\left\{-\frac{(x_1^2 + x_2^2)}{2}\right\} = \frac{1}{\sqrt{2\pi}}\exp\left\{-\frac{(x_1^2)}{2}\right\} \times \frac{1}{\sqrt{2\pi}}\exp\left\{-\frac{(x_2^2)}{2}\right\} \quad (6.18)$$

이는 실제로 x_1과 x_2의 한계정규밀도와 코퓰러의 곱이다. 두 변수가 독립적이기 때문에 코퓰러는 1이다.

따라서 코퓰러는 한계확률로부터 구분될 수 있다. 결합정규분포의 경우, 한계확률과 코퓰러는 모두 정규분포이다. 그러나 항상 이런 것은 아니다. 어떤 함수집합으로부터의 한계확률과 다른 함수집합으로부터의 코퓰러를 결합할 수도 있다.

정규 코퓰러는 리스크요인들 사이의 선형관계를 가정하며, 이는 통상적인 피어슨(Pearson) 상관계수로 측정된다. 그러나 일반적으로 이 관계는 선형일 필요는 없으며, 다른 종류의 코퓰러에 의해 지원될 수 있다.

리스크관리 담당자는 자료에 가장 적합한 코퓰러를 선택해야 한다. 먼저 분석적 함수를 선택하고, 다음에 최적 모수를 선택한다. 최우추정법 같은 표준적 통계 도구가 이용된다.

코퓰러의 중요한 특성은 **꼬리 의존성**(tail dependence)이다. 이는 다른 변수의 극단적 변동이 주어져 있을 때, 한 변수의 극단적 변동의 조건부 확률로부터 도출된다. 공식적으로 주어진 신뢰수준 c에서 상한과 하한의 조건부 확률은 다음과 같다.

$$P_U(c) = P[X_2 > F_{X_2}^{-1}(c) \mid X_1 > F_{X_1}^{-1}(c)] \quad (6.19)$$

$$P_L(c) = P[X_2 \leq F_{X_2}^{-1}(c) \mid X_1 \leq F_{X_1}^{-1}(c)] \quad (6.20)$$

상한의 꼬리 의존성은 c가 1로 수렴할 때 극한값이고, 하한의 꼬리 의존성은 c가 0으로 수렴할 때 극한값이다.

하한 의존성 모수가 0일 때, 코퓰러는 **꼬리 의존성**(tail dependence)을 보인다고 한다. 이는 정규 코퓰러에 해당한다. 예를 들어, 16%의 하한 절사점 확률을 고려해보자. 이는 $F_X^{-1} = -1$에 해당한다. 다음으로 $X_1 \leq -1$일 때, $X_2 \leq -1$의 조건부 확률을 계산한다. 상관계수 0.50을 가정하면, 이는 $P_L(16\%) = P[X_2 \leq -1 | X_1 \leq -1] = 42\%$이다. 다음에는 절사점을 -1로부터 -1.645로 변화시킨다. 조건부 확률은 이제 42%로부터 $P_L(5\%) = 22\%$로 하락한다. 계속해서 더 낮은 절사점인 -2.326을 고려한다. 조건부확률은 $P_L(1\%) = 9\%$로 계속 하락한다. 궁극적으로, 이는 0의 꼬리 의존성으로 수렴한다. 정규분포는 대칭적이므로, 상한과 하한의 꼬리 의존성은 모두 0이다.

따라서 정규 코퓰러는 꼬리 의존성을 복제할 수 없다. 실제로, 시장들은 전형적으로 금융위기 중에 동반 하락한다. 예를 들어, 미국과 영국 주식의 매수 포지션을 가진 포트폴리오를 생각해보자. 미국 시장이 급격히 하락할 때, 영국 시장도 함께 하락하는 경향이 있다. 이는 포트폴리오 손실을 악화시킨다.[1] 이 때문에 정규 코퓰러는, 꼬리 사건의 경우, 비현실적이다. 그러나 다른 코퓰러가 사용될 수 있다. 한 예는 t-코퓰러이며, 이는 꼬리 의존성을 보이므로 더 현실적이다. 따라서 리스크요인의 통계적 모형화는 미묘한 선택을 수반한다.

예제 6.4 : FRM 시험 2009 – 문제 2-9

Brenda Williams는 코퓰러를 사용하여 자산 수익률들 사이의 의존성을 모형화하려는 리스크 애널리스트이다. 그녀는 상사에게 이것이 가장 좋은 접근법임을 설득해야 한다. 다음 보기 중 옳은 것은 무엇인가?

1) F. Longin and B. Solnik, "Extreme Correlations of International Equity Markets," *Journal of Finance* 56 (2001): 649-676.

Ⅰ. 포트폴리오 자산의 수익 분포들 사이의 의존성은 리스크 측정에서 중요하다.
Ⅱ. 상관계수 추정치는 시장 변동성이 낮을 때 빈번하게 안정적으로 보이나, 시장의 위기상황에는 변동적이다. 따라서 긴 기간에 걸쳐 추정된 상관계수를 사용하여 계산된 리스크 척도는 위기 기간에는 리스크를 과소평가한다.
Ⅲ. 피어슨 상관계수는 두 자산 수익 사이의 의존성의 선형 척도이다. 이는 자산 수익률의 공분산을 변동성의 곱으로 나눈 비율과 같다.
Ⅳ. 코퓰러를 사용하여, 한계 분포함수들로부터 결합 수익의 분포함수를 만들 수 있다. 이는 자산 수익에 대해 더 일반적인 종류의 의존구조를 허용한다.

a. Ⅰ, Ⅱ, 그리고 Ⅲ
b. Ⅱ와 Ⅳ
c. Ⅰ, Ⅱ, Ⅲ, 그리고 Ⅳ
d. Ⅰ, Ⅲ, 그리고 Ⅳ

6.3 VAR 방법론

이제 다음 단계로 넘어간다. 포트폴리오의 노출이 통합되면, 리스크요인들의 변동과 결합되어 포트폴리오 수익의 분포 프로파일을 만든다. 이는 VAR로 요약된다. 세 가지 방법이 일반적으로 사용된다.

6.3.1 델타-노말법

델타-노말법(delta-normal method)은 가장 단순한 VAR 접근법이다. 포트폴리오의 노출은 선형이고, 리스크요인들은 결합정규분포한다고 가정한다. 즉, 부분평가법이다.

포트폴리오 수익은 정규변수의 선형결합이기 때문에 정규분포한다. 행렬 기호를 이용하면 포트폴리오 분산은 다음과 같다.

$$\sigma^2(R_{p,t+1}) = x_t' \Sigma_{t+1} x_t \tag{6.21}$$

여기에서 Σ_{t+1}는 목표기간의 공분산행렬의 예측치이다. 이 방법은 공분산행렬에 의존하기 때문에, 때로 **분산-공분산행렬**(Variance-covariance matrix)법으로 불린다.

포트폴리오 변동성이 금액으로 측정되면, VAR는 신뢰수준 c에 대응하는 표준정규편차 α로부터 바로 계산된다.

$$\mathrm{VAR} = \alpha\sigma(R_{p,t+1}) \tag{6.22}$$

이는 분산효과를 고려하기 때문에 **분산** VAR(diversified VAR)로 불린다. 한편, **미분산** VAR(undiversified VAR)는 단순히 각 리스크요인의 VAR의 합이다. 이는 모든 가격들이 동시에 최악의 방향으로 움직인다는 비현실적 가정을 한다.

이 접근법의 주된 장점은 매력적인 단순성이다. 분포는 분산에 의해 특징지어지며, 쉽게 폐쇄형 해로 계산된다. 또한 한계 및 요소 VAR의 분석적 표현을 가능하게 한다. VAR 척도는 또한 비모수적 척도보다 더 정확하다. 즉, 표본에 따른 가변성이 작다.

그러나 이 단순성은 또한 단점이다. 델타-노말법은 옵션 포지션 또는 내포된 옵션의 비선형적 효과를 고려하지 못한다. 또한 정규분포에 대한 의존성 때문에, 큰 관찰값의 경우 확률을 과소평가할 수 있다.

6.3.2 역사적 시뮬레이션법

이 단점들은 **역사적 시뮬레이션**(historical simulation: HS)이 가장 널리 사용되는 이유를 설명한다. HS는 과거(예를 들어, 지난 250일)로 돌아가서, 기간 중 리스크요인의 변동을 이용하여 가상적인 리스크요인 값을 추정한다. 여기에서, 포트폴리오 가치는 통상적으로 완전평가법에 의해 추정된다. 다시 말해, 이 방법은 역사적 자료의 "테이프"를 재생함으로써 현재의 포지션을 분석한다.

현재 시점을 t로 표시하고, 시점 1부터 t까지 자료를 관찰한다. 현재 포트폴리오 값은 P_t이며, 현재 리스크요인의 함수이다

$$P_t = P[f_{1,t}, f_{2,t}, \ldots, f_{N,t}] \tag{6.23}$$

우리는 역사적 분포로부터 요인변동의 표본을 추출하며, 이 때 비복원 추출법을 사용한다.

$$\Delta f_i^k = \{\Delta f_{i,1}, \Delta f_{i,2}, \ldots, \Delta f_{i,t}\} \tag{6.24}$$

여기에서부터 가상적 요인 값을 만들 수 있으며, 현재 시점부터 시작한다.

$$f_i^k = f_{i,t} + \Delta f_i^k \tag{6.25}$$

이 수식은 수식(6.23)과 함께 새로운 시나리오 하에서 현재 포트폴리오의 가상적 가치를 만드는 데 이용된다.

$$P^k = P\left[f_1^k, f_2^k, \dots, f_N^k\right] \tag{6.26}$$

이제, 현재 포지션 $R^k = (P^k - P_t)/P_t$으로부터 포트폴리오 가치의 변화를 계산할 수 있다.

다음으로, t개의 수익을 정렬하고, t번째 분위수에 해당하는 값 $R_p(c)$을 찾는다. VAR는 평균과 분위수 사이의 차이로 계산된다.

$$\text{VAR} = \text{Ave}\left[R_p\right] - R_p(c) \tag{6.27}$$

이 때, VAR는 평균에 대비하여 측정된다.

이 방법의 장점은 수익의 분포에 관해 특정 분포를 가정하지 않는다는 것이다. 단지 역사적 자료에 의존한다. 이는 정규분포로부터의 발전이다. 역사적 자료는 통상 두터운 꼬리를 포함하기 때문이다. HS는 또한 더 직관적이다. 왜냐하면 손실이 추적되어 특정 사건으로 귀결될 수 있고, 여기에서 리스크요인의 변동이 큰 손실의 원인에 관한 통찰력을 제공하기 때문이다.

이 방법의 주요 약점은 단기간의 역사적 자료에 의존하여 시장가격의 변동을 추정한다는 것이다. 만약 이 기간이 발생가능한 시장변동을 포함하지 못하면, 일부 리스크를 놓칠 수 있다.

6.3.3 몬테칼로 시뮬레이션법

몬테칼로 시뮬레이션법(Monte Carlo simulation method)은 역사적 시뮬레이션법과 비슷하다. 다만 리스크요인의 변동이 미리 정해진 분포로부터 만들어지는 것이 다르다.

$$\Delta f^k \sim g(\theta), \quad k = 1, \dots K \tag{6.28}$$

여기에서 g는 결합분포이고 θ는 모수이다. 리스크관리 담당자는 리스크요인들의 한계분포와 함께 코퓰러를 설정해야 한다. 이 작업은 예를 들어, 정규 또는 t-분포를 포함할 수 있다.

이 방법은 분포로부터 **유사 확률변수**(pseudo-random variable)의 표본을 추출하고, 완전평가법으로 포트폴리오를 재평가하며, 유사 수익을 도출한다. 이 값들은 정렬되어 원하는 VAR를 계산한다.

이 방법은 가장 유연하다. 그러나 또한 엄청난 계산 부담을 갖고 있다. 사용자는 확률과정에 관한 가정을 만들고, 이 가정들에 대한 결과의 민감도를 이해해야 한다. 따라서 **모형 리스크**(model risk)에 노출된다. 좋은 예는 신용평가기관들이 CDO의 리스크를 측정하기 위해 정규 코퓰러를 사용했던 관행이다. 앞 절에서 설명한 것처럼, 이 코퓰러는 실제 리스크를 과소평가한다.

몬테칼로 방법은 랜덤화 때문에 표본의 내재적 가변성 문제를 초래한다. 상이한 확률변수들은 다른 결과를 만들어낸다. 안정적인 VAR 척도로 수렴하기 위해 많은 반복시행을 요구한다. 다른 방법들과 달리 몬테칼로 시뮬레이션은 리스크 수치의 표본 가변성을 드러낸다.

마지막으로 모든 리스크요인들은 정규분포하고 노출은 선형일 때, 이 VAR는 델타-노말법에 의해 계산된 VAR로 수렴한다. 더 일반적으로 바람직한 실무적 관행은 세 가지 VAR 방법의 결과들을 비교하고, 수치들이 예상되는 형태로 서로 관련되어 있는지 확인하는 것이다.

6.3.4 VAR 방법들의 비교

〈표 6.1〉은 세 가지 주요 VAR 방법들의 비교를 요약한다. 이들 중에서, 델타-노말법이 가장 쉽고 신속하게 실행된다. 옵션 성격이 거의 없는 단순한 포트폴리오의 경우, 이 방법

표 6.1 VAR 접근법들의 비교

특성	델타-노말	역사적 시뮬레이션	몬테칼로 시뮬레이션
가치평가	선형	완전	완전
분포			
형태	정규	실제	일반적
극단적 사건	낮은 확률	최근 자료	가능
실행			
계산의 용이성	있음	평균적	없음
소통가능성	평균적	쉬움	어려움
VAR 정확도	매우 우수	단기 표본구간의 경우 열등	많은 반복시행의 경우 우수
주요 약점	비선형성, 두터운 꼬리	리스크의 시간 가변성, 특수한 사건	모형리스크

이 매우 적당하다.

한편, 옵션의 존재는 완전평가법을 요구한다. 또한 대다수 금융 시계열 자료는 두터운 꼬리를 갖고 있으며, 따라서 높은 신뢰수준의 정규분포 근사값은 낮은 신뢰도를 갖고 있다. 이 점은 왜 역사적 시뮬레이션이 가장 널리 사용되는 VAR 방법인지 설명해준다.

예제 6.5 : FRM 시험 2004 – 문제 51

2000년대 초, 어떤 리스크관리 담당자는 과거 3년 자료에 기초하여 기술주 펀드의 VAR를 계산한다. 이 펀드의 전략은 주식을 매입하고 외가격 풋옵션을 매도하는 것이다. 이 담당자는 VAR를 산출해야 한다. 다음 중 이 포트폴리오의 내재적 리스크를 가장 <u>적게</u> 대표하는 결과를 내는 방법은 무엇인가?

a. 완전평가법에 의한 역사적 시뮬레이션
b. 드리프트가 없다고 가정하는 델타-노말 VAR
c. 완전재평가에 의한, 드리프트가 없는 몬테칼로 스타일의 VAR
d. 모든 포지션에 대해 델타에 상응하는 선형노출을 사용하는 역사적 시뮬레이션

예제 6.6 : FRM 시험 2006 – 문제 114

다음 델타-노말 VAR에 관한 설명 중 가장 올바른 것은 무엇인가?

a. 델타-노말법은 자산 VAR의 정확한 추정치를 제공한다. 이는 정규분포하는 리스크 요인들의 선형 또는 비선형 결합으로 표현될 수 있다.
b. 델타-노말법은 등가격이나 등가격에 가깝고 만기에 근접한 옵션의 정확한 VAR 추정치를 제공한다.
c. 델타-노말법은 공분산행렬과 비교적 간단한 행렬의 곱셈을 이용하여, VAR 추정치를 제공한다.
d. 델타-노말법은 델타가 불안정한 영역에서도, 옵션과 다른 파생상품들의 정확한 VAR 추정치를 제공한다.

예제 6.7 : FRM 시험 2005 – 문제 94

다음 VAR 추정 방법에 관한 설명 중 <u>틀린</u> 것은 무엇인가?

a. 델타-노말 VAR 방법은 풋옵션 매입을 통해 포트폴리오보험을 실행하는 포트폴리오보다 동적 헤지를 통해 포트폴리오보험을 실행하는 포트폴리오에서 더 높은 신뢰성

을 갖는다.

b. 역사적 자료에 기초한 완전평가 VAR 방법은 상당한 옵션적 투자를 포함하는 대규모 포트폴리오에서, 델타-노말 VAR 방법보다 더 높은 신뢰성을 갖는다.

c. 델타-노말 VAR 방법은 주식 수익의 분포가 높은 첨도를 가질 때, 주식 포트폴리오의 실제 VAR를 과소평가할 수 있다.

d. 역사적 자료에 기초한 완전평가 VAR 방법은 리스크요인과 증권가격 사이의 비선형적 관계를 고려한다.

예제 6.8 : FRM 시험 2005 – 문제 128

천연가스 가격은 계절적 변동성을 보인다. 구체적으로 전체 선도곡선은 겨울에 더 높은 변동성을 보인다. 만약 VAR가 가중치 없는 역사적 시뮬레이션과 3년의 표본기간을 사용하여 추정되면, 다음 VAR에 관한 설명 중 옳은 것은 무엇인가?

a. VAR는 여름에 과대평가 되고 겨울에 과소평가 된다.

b. VAR는 여름에 과소평가 되고 겨울에 과대평가 된다.

c. VAR는 여름에 과대평가 되고 겨울에 과소평가 된다.

d. VAR는 여름에 과소평가 되고 겨울에 과대평가 된다.

예제 6.9 : FRM 시험 2004 – 문제 30

주식 P와 주식 Q에 관한 다음 정보가 주어진다. 주식 P의 수익의 분산 = 100; 주식 Q의 수익의 분산 = 225; 주식 P의 수익과 주식 Q의 수익 사이의 공분산 = 53.2이다. 1999년 말, 당신은 400만 달러 상당의 주식 P를 보유한다. 100만 달러를 주식 Q로 옮기고 300만 달러를 주식 P에 유지하는 전략을 고려하고 있다. 수익률의 표준편차로 계산된 리스크의 몇 퍼센트가 이 전략에 의해 감소하겠는가?

a. 0.5%　　b. 5.0%　　c. 7.4%　　d. 9.7%

6.4 리스크 시스템의 한계

리스크 측정 시스템의 목적은 포트폴리오의 잠재적 손실의 분포를 묘사하는 것이다. VAR는 하나의 수치로 포트폴리오의 수익 산포도를 요약하는 척도이며, 따라서 명백한 한계를 갖고 있다.

6.4.1 비유동적 자산

가격의 역사적 자료에 기초하는 모든 리스크 척도의 첫 번째 그리고 가장 명백한 한계는 **비유동성**(illiquidity) 효과이다. 제16장은 전적으로 유동성리스크에 할애되어 있다. 비유동적 자산은 빈번히 거래되지 않으므로, 관찰된 가격은 최근의 거래를 대표하지 않을 수 있다. 이 경우 가격은 **진부한**(stale) 자료이다. 예를 들어, 어떤 채권의 1개월 중 거래는 거의 0회이다. 이 경우 일별로 보고되는 가격은 평평하며, 산발적으로 조정된다. 결국, 변동성 척도는 하향 편의된다.

진부한 가격은 그 자체로 특정한 자기상관 패턴들을 드러낸다. 자기상관은 전통적 리스크 척도들을 개선하는 데 이용될 수 있다. 그러나 가격 자체가 별 의미를 갖지 않으면, 전통적 리스크 척도들은 동일한 한계를 내포할 수밖에 없다.

6.4.2 VAR를 초과하는 손실

제2장에서 설명된 것처럼, VAR 값은 최악의 손실 척도로 간주될 수 없다. 대신 어느 정도 규칙적으로(예를 들어, 통상적 99% 신뢰수준에서 1%의 빈도로) 초과되는 산포도 척도로 간주되어야 한다. 또한, VAR는 왼쪽 꼬리의 손실 수준을 묘사하지 않는다. 옵션의 매도 포지션 같은 금융수단은, 드물지만 일단 발생하면 극단적인 손실을 초래할 수 있다. 이런 취약성을 찾기 위해, VAR를 초과하는 손실의 분포도 조사되어야 한다.

6.4.3 매핑의 문제

또한, 이 장에서 본 것처럼 VAR 시스템의 실행은 빈번하게 단순화를 요구한다. 이는 포지션들을 선택된 리스크요인에 대해 매핑하는 것이다. 따라서 리스크관리 담당자는 리스크 시스템의 약점을 이해해야 한다.

2007년에 시작된 신용위기 중, 많은 은행에서 리스크관리 시스템이 실패했다. 어떤 은행은 예상보다 훨씬 빈번하고 큰 손실을 입었다. 예를 들어, UBS은행은 2007년에만 부동산저당대출 유동화 증권의 포지션으로부터 190억 달러의 손실을 입었다. 예상된 두세 번의 예외(즉, 250일의 1%) 대신, 이 은행은 29회의 예외, 즉 VAR를 초과하는 손실을 경험했다.[2] 동일한 한계는 위기분석에도 적용된다는 데 유의하자.

모든 금융시장의 변동성 상승효과에 추가하여, 많은 은행들은 서브프라임 부동산저당대출에 기초한 초-선순위의 AAA등급 트란셰에서 큰 손실을 경험했다. 제13장에서 보게 되는 것처럼, 이 구조들은 결합부도확률의 추정 필요성 때문에 모형화하는 데 상당히 복잡하다. 초-선순위 트란셰에 투자하는 것은 외가격 풋옵션을 매도하는 것으로 간주될 수 있다. 이는 우리가 아는 것처럼 비선형 수익을 포함한다. 부동산 시장이 상승하는 동안에 서브프라임 부채의 부도율은 비교적 낮았고, 초-선순위 부채는 안전했다. 따라서 가격변동성은 없었다. 그러나 부동산 시장이 급격히 바로잡히면서 풋옵션은 내가격으로 변했고, 초-선순위 부채에서 대규모 손실이 발생했다. 당연히, 이런 변동은 최근의 역사적 자료에서 전혀 존재하지 않았다. 이 자료는 주택시장의 지속적 상승을 반영했을 뿐 아니라, 증권들은 내재적 비선형성을 갖고 있었기 때문이다.

이 복잡성을 모형화하는 대신, 어떤 은행은 단순히 초-선순위 부채를 AAA 등급 회사채에 대해 매핑했다. 이는 증권의 비선형성을 무시하고, 신용등급을 맹목적으로 신뢰한 행동이었다. 이 경우 매핑 과정은 결함이 있으며, 잠재된 리스크에 관한 경고신호를 보내지 못한다.

6.4.4 최근의 역사적 자료에 대한 의존성

VAR 모형의 전통적 적용방법은 역사적 시뮬레이션처럼 **이동 표본기간**(moving window)을 포함한다. 표본기간의 선택은 상반관계를 내포한다. 더 긴 기간을 이용하면, 추정치는 더 정확하고 안정적이다. 시장이 변동하거나 더 과거의 자료가 없을 때에는 짧은 기간을 이용한 추정치가 더 적당하다.

그러나 이동 표본기간은 VAR 척도의 변화를 해석하는 데 어려움을 초래한다. 변화는 포지션 변동 또는 표본기간의 변화에 기인하거나 둘 모두에 기인할 수 있기 때문이다.[3]

표본기간이 짧을수록 VAR 값의 변동성은 더 크다. 전형적으로, 대다수 은행은 최대

2) 리스크관리의 약점에 관한 명백한 설명을 보려면, *Shreholder Report on UBS's Write-Down* (April 2008)을 참고하라.

3) 이는 다음과 같이 해결될 수 있다. 두 개의 VAR 척도로부터 시작한다. 첫째는 과거 VAR이며, 과거의 포지션과 리스크 설정을 사용한다. 둘째는 현재 VAR이며, 현재의 포지션과 리스크 설정을 사용한다. 효과는 현재 포지션과 과거 표본기간의 리스크 설정을 사용하는 VAR 척도를 추가함으로써 구분될 수 있다. 과거 VAR로부터의 변화는 포지션 변화의 영향만 보여준다.

1년 내지 3년의 역사적 자료를 포함하는 짧은 기간을 사용한다. 금융시장의 안정기 이후 이런 표본기간은 미래의 리스크를 과소평가할 수 있다. 이는 〈그림 2.5〉의 예에서 설명된 것과 같다.

이는 전통적 VAR 모형의 보완수단으로서 위기분석이 필요한 이유이다. 대신, 제18장에서 설명될 것처럼, 바젤위원회는 **위기** VAR(stressed VAR)를 시장리스크에 대한 요구자본에 추가했다. 이는 여전히 현재 포지션에 기초하나 리스크요인에 대한 고정된 충격을 이용한다.

6.4.5 경기순행성

관련된 문제는 위험민감 척도를 이용한 레버리지와 포트폴리오 관리의 결합이다. 리스크는 경기변동에 순행하는 경향을 갖고 있다. 경제확장기는 낮은 신용 스프레드와 리스크요인의 낮은 변동성을 수반하는 경향이 있다. 확장기에는 기본적 요인의 변동성이 더 낮을 뿐 아니라 부도율이나 위험회피도도 낮기 때문이다. 반대로, 침체기는 더 넓은 스프레드와 변동성으로 특징지어진다. 불가피하게, 우리는 경기변동 그리고 순행하는 변동성을 경험한다.

좋은 위험민감 척도 시스템은 이 변동성을 반영하고, 낮거나 높은 리스크의 기간에 관해 적절한 경고를 보낸다. 그러나 이 정보는 때로 포트폴리오의 **레버리지**(leverage) 수준을 결정하는 데 이용될 수 있다. 만약 트레이더가 고정된 변동성 목표를 갖고 있으면, 변동성이 낮은 시기는 레버리지를 높이도록 유도할 가능성이 있다.

예를 들어, 펀드 매니저가 고정된 변동성 목표 $\overline{\sigma} = 10\%$ 를 갖고 있다고 가정하자. 매니저는 시간가변 변동성을 가진 자산으로 이루어진 단일 포지션을 갖고 있다. 현재, 이 값은 $\sigma_t = 5\%$ 이다. 그러면 펀드 매니저는 목표 변동성에 도달하기 위해, 자산을 $l = 2$ 배로 레버리지할 수 있다. 그러나 만약 자산의 변동성이 $\sigma_t = 10\%$ 로 상승하면 매니저는 $l = 2$ 로부터 $l = 1$ 로 레버리지를 낮추어야 한다. 이는 포트폴리오의 절반을 매도하는 것이다.

따라서 변동성의 지속적 상승은 트레이더, 헤지펀드, 그리고 은행들로 하여금 장부의 레버리지를 낮추도록 강요할 수 있다. 만약 이들이 지속적 손실을 입고 있으면, 이 과정은 더욱 악화된다. 위험민감 척도와 레버리지의 결합은 **경기순행적 효과**(procyclical effect)를 만들어낼 수 있다. 더 일반적으로, 이는 경제적 또는 금융적 변동을 확대하는 상황을 묘사한다. 이 점은 제18장에서 보게 되는 것처럼, 은행규제 당국의 주요 관심사이다. 고민은 리스크에 더 민감한 규제는 자동적으로 더 경기순행적이라는 것이다.

다른 예는 선물계약의 거래에 적용되는 거래소의 증거금이다. 증거금은 고객의 부도 시 결제소를 보호하기 위해 고안된 것이다. 이는 전형적으로 높은 신뢰수준의 일간 VAR 척도에 기초한다. 예를 들어, 기준금액 100,000달러의 포지션의 전형적 개시증거금은 $m = 5\%$이다. 이는 $l = 1/m = 20$배의 레버리지를 가능하게 만든다. 변동성이 증가하는 시기에 거래소는 증거금을 높일 수 있다. 이는 단순히 건전성을 위한 것이다. 그러나 만약 고객들이 더 높은 증거금을 부담할 수 없으면, 이들은 포지션 청산을 강요당할 수 있다.

비슷하게, 은행이나 프라임 브로커는 **역환매 계약**(reverse repurchase agreement)을 이용하여, 다른 은행이나 자산 매니저에게 자금을 공급한다. 이 계약 하에서 고객은 은행에게 증권을 매도하고, 증권가치에서 **할인액**(haircut)을 뺀 액수의 현금을 조달한다. 결국 이 수수료는 고객의 부도에 기인한 손실로부터 은행을 보호하기 위한 증거금, 또는 완충자금의 기능을 한다. 〈표 6.2〉는 신용위기 기간 중에 할인율이 급격히 상승했음을 보인다. 심지어 가장 신용이 높고 유동적인 자산인 국채의 경우에도, 할인율은 0.25%로부터 3%로 상승했다. 유동성이 낮은 증권의 할인율은 100%에 달했으며, 이는 은행이 이들을 담보로 받아들이지 않았음을 의미한다.

표 6.2 전형적 할인율

증권	2007년 4월	2008년 8월
미국 국채	0.25%	3%
투자등급 채권	0~3%	8~12%
투기등급 채권	10~15%	25~40%
선순위 차입 대출	10~12%	15~20%
프라임등급 MBS	2~4%	10~20%
자산유동화 CDO, AAA	2~4%	95%
자산유동화 CDO, 주식	50%	100%

자료: Joint FSF-CGFS Working Group, *The Role of Valuation and Leverage in Procyclicality* (Basel: Bank for International Settlements, 2009).

이는 은행의 건전한 리스크관리 관행이었다. 은행은 가치평가가 불가능하고 시장이 존재하지 않는 증권을 보유하려 하지 않는다. 그러나 이 관행은 부채축소 압력을 악화시킴으로써 2007년의 혼란을 가중시켰다.[4)]

4) G. Gorton, "The Panic of 2007" (working paper, Yale School of Management, 2008).

6.4.6 거래의 구축효과

리스크 측정 모형의 다른 한계는 기업이 기본적으로 가격순응자라는 가정이다. 리스크 척도는 기업의 포트폴리오 청산의 가격충격을 거의 고려하지 않는다. 설상가상으로 같은 시기에 다른 트레이더가 동일한 (매수) 포지션을 어쩔 수 없이 매도할 가능성을 고려할 수 없다. 이는 다른 포지션들이 공개되지 않기 때문이다. 트레이더나 자산 매니저들이 같은 포지션을 동시에 매도하는 것은 때로 **군집행위**(herding)로 묘사된다. 거래가 이 현상의 영향을 받는 경우, **거래의 구축효과**(crowded trade)로 불린다.

6.5 사 례

6.5.1 시가평가(Mark-to-Market: MTM)

이제 간단한 예를 들어 VAR 계산을 예시한다. 문제는 통화선도계약의 일간 하방 리스크를 평가하는 것이다. VAR를 계산하려면 먼저 포트폴리오를 평가하고 포트폴리오 가치를 기본적 리스크요인에 대해 매핑한다. 다음에는 리스크요인들의 변동을 만들어낸다. 마지막으로 리스크요인과 평가모형을 결합하여 계약가치의 변동을 시뮬레이션한다.

우리는 1998년 12월 31일에, 3개월 후 1,000만 파운드를 매수하고 그 대신 1,650만 달러를 지급하는 선도계약을 보유하고 있다고 가정하자. 아래 정의들을 사용한다.

S_t = 파운드의 달러 표시 현재 현물가격
F_t = 현재 선도가격
K = 계약의 매수가격 집합
f_t = 계약의 현재가치
r_t = 국내 무위험이자율
r_t^* = 외국 무위험이자율
τ = 잔존 만기

외환시장의 관행에 맞추기 위해 현재가치 요소를 이산복리로 정의한다.

$$P_t = \text{PV}(\$1) = \frac{1}{1 + r_t\tau} \qquad P_t^* = \text{PV}(\$1) = \frac{1}{1 + r_t^*\tau} \tag{6.29}$$

1파운드를 매수하는 선도계약의 현재 시장가치는 다음과 같다.

$$f_t = S_t \frac{1}{1+r_t^* \tau} - K \frac{1}{1+r_t \tau} = S_t P_t^* - KP_t \tag{6.30}$$

이 수식은 세 개의 리스크요인에 노출된다. 현물환율과 두 개의 이자율이다. 또한 우리는 이 수식을 이용하여, 리스크요인에 대한 노출을 도출할 수 있다. 미분하면 다음 수식을 얻는다.

$$df = \frac{\partial f}{\partial S} dS + \frac{\partial f}{\partial P^*} dP^* + \frac{\partial f}{\partial P} dP = P^* dS + S dP^* - K dP \tag{6.31}$$

또는,

$$df = (SP^*) \frac{dS}{S} + (SP^*) \frac{dP^*}{P^*} - (KP) \frac{dP}{P} \tag{6.32}$$

직관적으로 이 선도계약은 다음 포지션들과 대등하다.

- 현물 환율에 대한 (SP^*) 상당의 매수 포지션
- 외국 증권의 (SP^*) 상당의 매수 포지션
- 국내 증권의 (KP) 상당의 매도 포지션(차입)

이제 이 계약을 시가평가할 수 있다. 금액 1,000만 파운드를 Q로 표시하면, 이 계약의 현재 시장가치는 다음과 같다.

$$V_t = Qf_t = \$10{,}000{,}000\ S_t \frac{1}{1+r_t^* \tau} - \$16{,}500{,}000 \frac{1}{1+r_t \tau} \tag{6.33}$$

평가일에 $S_t = 1.6637$, $r_t = 4.9375\%$, 그리고 $r_t^* = 5.9688\%$이라고 하자. 그러면 다음 관계가 성립한다.

$$P_t = \frac{1}{1+r_t \tau} = \frac{1}{(1+4.9375\% \times 90/360)} = 0.9879$$

또한 비슷하게 $P_t^* = 0.9854$이다. 이 계약의 현재 시장가치는 다음과 같다.

$$V_t = \$10{,}000{,}000 \times 1.6637 \times 0.9854 - \$16{,}500{,}000 \times 0.9879 = \$93{,}581$$

이는 근소하게 내가격이다. 이 공식은 리스크요인의 다양한 시나리오 하에서 계약가치의 분포를 도출하는 데 이용될 것이다.

6.5.2 리스크요인

이제 시장가격의 변동을 대표하기 위해 단지 최근 100일을 고려한다고 가정하자. 〈표 6.3〉은 8월 10일부터 시작하여 지난 100 영업일의 현물과 3개월 만기 환율의 호가들을 보여준다.

표 6.3 역사적 시장요인

	시장요인			
일자	달러의 유로이자율 (3개월-%pa)	파운드의 유로이자율 (3개월-%pa)	현물 환율 (달러/파운드)	번호
8/10/98	5.5938	7.4375	1.6341	
8/11/98	5.5625	7.5938	1.6315	1
8/12/98	6.0000	7.5625	1.6287	2
8/13/98	5.5625	7.4688	1.6267	3
8/14/98	5.5625	7.6562	1.6191	4
8/17/98	5.5625	7.6562	1.6177	5
8/18/98	5.5625	7.6562	1.6165	6
8/19/98	5.5625	7.5625	1.6239	7
8/20/98	5.5625	7.6562	1.6277	8
8/21/98	5.5625	7.6562	1.6387	9
8/24/98	5.5625	7.6562	1.6407	10
…				
12/15/98	5.1875	6.3125	1.6849	90
12/16/98	5.1250	6.2188	1.6759	91
12/17/98	5.0938	6.3438	1.6755	92
12/18/98	5.1250	6.1250	1.6801	93
12/21/98	5.1250	6.2812	1.6807	94
12/22/98	5.2500	6.1875	1.6789	95
12/23/98	5.2500	6.1875	1.6769	96
12/24/98	5.1562	6.1875	1.6737	97
12/29/98	5.1875	6.1250	1.6835	98
12/30/98	4.9688	6.0000	1.6667	99
12/31/98	4.9375	5.9688	1.6637	100

먼저, 이 호가들을 0의 평균과 일정한 산포도를 가진 진정한 확률변수로 변환할 필요가 있다. 〈표 6.4〉는 이자율의 일간 변화 dr 그리고 연계된 현재가치 요소의 상대적 변화 dP/P와 현물 환율의 상대적 변화 dS/S를 보여준다. 예를 들어, 첫 날에 다음 수식들이 성립한다.

$$dr_1 = 5.5625 - 5.5938 = -0.0313$$

그리고

표 6.4 시장요인의 변동

번호	시장요인의 변동				
	dr(1달러)	dr(1파운드)	dP/P(1달러)	dP/P(1파운드)	dS(달러/파운드)/S
1	−0.0313	0.1563	0.00000	−0.00046	−0.0016
2	0.4375	−0.0313	−0.00116	0.00000	−0.0017
3	−0.4375	−0.0937	0.00100	0.00015	−0.0012
4	0.0000	0.1874	−0.00008	−0.00054	−0.0047
5	0.0000	0.0000	−0.00008	−0.00008	−0.0009
6	0.0000	0.0000	−0.00008	−0.00008	−0.0007
7	0.0000	−0.0937	−0.00008	0.00015	0.0046
8	0.0000	0.0937	−0.00008	−0.00031	0.0023
9	0.0000	0.0000	−0.00008	−0.00008	0.0068
10	0.0000	0.0000	−0.00008	−0.00008	0.0012
…					
90	0.0937	0.0625	−0.00031	−0.00023	−0.0044
91	−0.0625	−0.0937	0.00008	0.00015	−0.0053
92	−0.0312	0.1250	0.00000	−0.00038	−0.0002
93	0.0312	−0.2188	−0.00015	0.00046	0.0027
94	0.0000	0.1562	−0.00008	−0.00046	0.0004
95	0.1250	−0.0937	−0.00039	0.00015	−0.0011
96	0.0000	0.0000	−0.00008	−0.00008	−0.0012
97	−0.0938	0.0000	0.00015	−0.00008	−0.0019
98	0.0313	−0.0625	−0.00015	0.00008	0.0059
99	−0.2187	−0.1250	0.00046	0.00023	−0.0100
100	−0.0313	−0.0312	0.00000	0.00000	−0.0018

$$dS/S_1=(1.6315-1.6341)/1.6341=-0.0016$$

이 정보는 이제 리스크요인의 분포를 만드는 데 사용된다.

6.5.3 VAR: 역사적 시뮬레이션

역사적 시뮬레이션법(historical simulation method)은 리스크요인의 역사적 변동을 이용하여, 미래의 잠재적 변동을 시뮬레이션한다. 예를 들어, 미국 이자율의 가능한 시나리오의 하나는 현재가치 $r_0=4.9375$로부터 시작하여, 다음날의 변동은 8월 11일의 관찰값과 비슷할 수 있다는 것이다. 이는 $dr_1=-0.0313$만큼의 감소이다. 새로운 값은 $r(1)=4.9062$이다.

우리는 다른 변수들의 시뮬레이션된 값들을 $r^*(1)=5.9688+0.1563=6.1251$과 $S(1)=1.6637\times(1-0.0016)=1.6611$로 계산한다. 이 새로운 값들에 기초하여, 우리는 선도계약을 재평가할 수 있으며, 이제 그 가치는 $V_t=\$10,000,000\times1.6611\times0.9849-\$16,500,000\times$

표 6.5 시장요인의 시뮬레이션

번호	시뮬레이션된 시장요인					가상적 시가평가 계약
	r(1달러)	r(1파운드)	S(달러/파운드)	현가(1달러)	현가(1파운드)	
1	4.9062	6.1251	1.6611	0.9879	0.9849	$59,941
2	5.3750	5.9375	1.6608	0.9867	0.9854	$84,301
3	4.5000	5.8751	1.6617	0.9889	0.9855	$59,603
4	4.9375	6.1562	1.6559	0.9878	0.9848	$9,467
5	4.9375	5.9688	1.6623	0.9878	0.9853	$79,407
6	4.9375	5.9688	1.6625	0.9878	0.9853	$81,421
7	4.9375	5.8751	1.6713	0.9878	0.9855	$172,424
8	4.9375	6.0625	1.6676	0.9878	0.9851	$128,149
9	4.9375	5.9688	1.6749	0.9878	0.9853	$204,361
10	4.9375	5.9688	1.6657	0.9878	0.9853	$113,588
…						
90	5.0312	6.0313	1.6564	0.9876	0.9851	$23,160
91	4.8750	5.8751	1.6548	0.9880	0.9855	$7,268
92	4.9063	6.0938	1.6633	0.9879	0.9850	$83,368
93	4.9687	5.7500	1.6683	0.9877	0.9858	$148,705
94	4.9375	6.1250	1.6643	0.9878	0.9849	$93,128
95	5.0625	5.8751	1.6619	0.9875	0.9855	$84,835
96	4.9375	5.9688	1.6617	0.9878	0.9853	$74,054
97	4.8437	5.9688	1.6605	0.9880	0.9853	$58,524
98	4.9688	5.9063	1.6734	0.9877	0.9854	$193,362
99	4.7188	5.8438	1.6471	0.9883	0.9856	−$73,811
100	4.9062	5.9376	1.6607	0.9879	0.9854	$64,073
	4.9375	5.9688	1.6637	0.9879	0.9854	$93.581

0.9879=$59,941이다.

이 계약은 가치가 하락한 파운드화를 매수하였기 때문에 현재 가치는 초기 가치 $93,581에 비해 하락했음에 유의하자.

새로운 계약 가치를 기록하고, 제1일부터 제100일까지 모든 변동에 대해 이 과정을 반복한다. 이렇게 만들어진 계약가치의 분포는 〈표 6.5〉의 마지막 열에 보고되어 있다.

마지막 단계는, 〈표 6.6〉과 같이 계약 가치를 정렬하는 것이다. 우리는 (목표일의 평균에 대해 비교하는 대신) 초기 가치 대비 VAR를 보고하려 한다고 가정하자. 표의 마지막 열은 포트폴리오 가치의 변화인 $V(k)-V_0$를 보고한다. 이 값은 200,752달러의 손실부터 280,074달러의 이익까지 범위에 있다.

이제, 〈그림 6.3〉과 같이, 선도계약의 리스크를 전체 분포로써 특징지을 수 있다. VAR의 목적은 하방 리스크의 척도로서 하나의 수치를 보고하는 것이다. 예를 들어, 95% 하위 분위수를 선택해보자. 〈표 6.6〉으로부터, 100개 가운데 다섯 번째 낮은 값은 −127,232달

표 6.6 포트폴리오 가치의 분포

번호	정렬된 값	
	가상적 시가평가	시가평가의 변화
1	−$107,171	−$200,752
2	−$73,811	−$167,392
3	−$46,294	−$139,875
4	−$37,357	−$130,938
5	−$33,651	−$127,232
6	−$22,304	−$115,885
7	−$11,694	−$105,275
8	$7,268	−$86,313
9	$9,467	−$84,114
10	$13,744	−$79,837
…		
90	$193,362	$99,781
91	$194,405	$100,824
92	$204,361	$110,780
93	$221,097	$127,515
94	$225,101	$131,520
95	$228,272	$134,691
96	$233,479	$139,897
97	$241,007	$147,426
98	$279,672	$186,091
99	$297,028	$203,447
100	$373,655	$280,074

그림 6.3 가치 변화의 경험적 분포

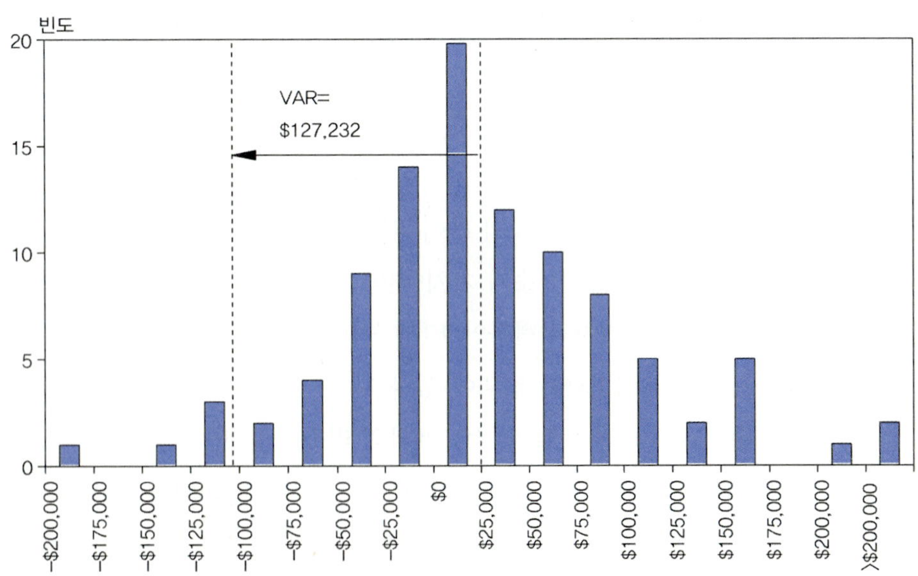

러임을 알 수 있다. 평균을 무시하면, 95% VAR는 $\text{VAR}_{\text{HS}} = \$127,232$이다.

6.5.4 VAR: 델타-노말법

델타-노말(delta-normal)법은 포트폴리오 가치의 분포를 만들기 위해 다른 접근법을 사용한다. 세 개의 리스크요인 (dS/S), (dP/P), (dP^*/P^*)가 결합정규분포 한다고 가정하자.

우리는 수식(6.32)를 다음과 같이 표현할 수 있다.

$$df = (SP^*)\frac{dS}{S} + (SP^*)\frac{dP^*}{P^*} - (KP)\frac{dP}{P} = x_1 dz_1 + x_2 dz_2 + x_3 dz_3 \qquad (6.34)$$

여기에서, dz는 정규변수이고 x는 노출이다.

Σ는 dz의 (3×3) 공분산행렬, x는 노출의 벡터라고 하자. $\sigma^2(df) = x'\Sigma x$로부터

표 6.7 공분산행렬 접근법

	$dP/P(\$1)$	$dP/P(£1)$	$dS(\$/£)/S$				
표준편차:	0.022%	0.026%	0.473%				
상관계수행렬:	$dP/P(\$1)$	$dP/P(£1)$	$dS(\$/£)/S$				
Σ $dP/P(\$1)$	1.000	0.137	0.040				
$dP/P(£1)$	0.137	1.000	−0.063				
$dS(\$/£)/S$	0.040	−0.063	1.000				
공분산행렬:	$dP/P(\$1)$	$dP/P(£1)$	$dS(\$/£)/S$				
Σ $dP/P(\$1)$	4.839E-08	7.809E-09	4.155E-08				
$dP/P(£1)$	7.809E-09	6.720E-08	−7.688E-08				
$dS(\$/£)/S$	4.155E-08	−7.688E-08	2.237E-05				
노출:							
x′	−\$16,300,071	\$16,393,653	\$16,393,653				
Σx	4.839E-08	7.809E-09	4.155E-08		-\$16,300,071		\$0.020
	7.809E-09	6.720E-08	−7.688E-08	×	\$16,393,653	=	−\$0.286
	4.155E-08	−7.688E-08	2.237E-05		\$16,393,653		\$364.852
$\sigma^2 = x'(\Sigma x)$ 분산:							
					\$0.020		
	−\$16,300,071	\$16,393,653	\$16,393,653	×	−\$0.286	=	\$5,976,242,188
					\$364.853		
σ	표준편차						\$77,306

그림 6.4 정규분포와 가치 변화

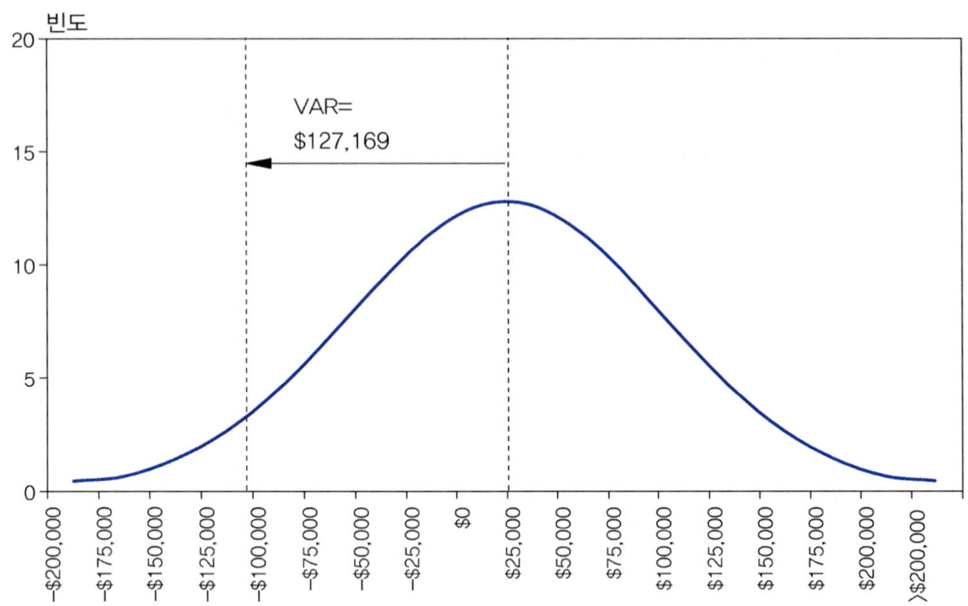

VAR를 계산한다. 〈표 6.7〉은 이 단계들을 자세히 보여준다. 먼저, 세 리스크요인의 공분산 행렬을 계산한다. 이 표의 최상부는 일간 수익의 표준편차와 상관계수를 보여준다. 이들로부터 공분산행렬을 만든다.

다음으로 이 표는 노출의 벡터 x'을 보여준다. 행렬의 곱 Σx는 다음 행들에 나타나 있다. 다음에, $x'\Sigma x$을 계산하면 분산을 얻는다. 제곱근을 구하면, $\sigma(df)=\$77,306$이다. 마지막으로, 1.645를 곱하여 95% 분위수로 변환한다. 이 값은 $VAR_{DN}=\$127,169$이다.

이 값이 앞에서 찾아낸 127,232달러의 VAR_{HS}에 얼마나 가까운지 주의해서 살펴보자. 이 변수들의 분포는 정규분포에 가까운 것으로 보인다. 실제로, 〈그림 6.3〉의 경험적 분포는 대략 정규분포처럼 보인다. 적합화된 분포는 〈그림 6.4〉에 제시된다.

예제 6.10 : FRM 시험 2008 – 문제 2-35

거래장부는 상관계수가 0.2인 다음 두 자산으로 이루어져 있다.

자산	기대수익률	연간 변동성	가치
A	10%	25%	$100
B	20%	20%	$50

만약 은행이 자산 A를 $50만큼 매각하고 자산 B를 $50만큼 매입하면, 99% 수준의 일간 VAR는 어떻게 변하겠는가? 정규분포와 250 거래일을 가정하라.

a. 0.2286　　b. 0.4571　　c. 0.7705　　d. 0.7798

6.6 중요 공식

- 결합분포의 한계분포 및 코퓰러로의 분해(Sklar 정리) :

  $f_{12}(x_1, x_2) = f_1(x_1) \times f_2(x_2) \times c_{12}[F_1(x_1), F_2(x_2); \theta]$
- 델타-노말 VAR : $VAR = \alpha\sigma(R_{p,t+1}),\ \sigma^2(R_{p,t+1}) = x_t' \Sigma_{t+1} x_t$
- 역사적 시뮬레이션 VAR : $\Delta f_i^k = \{\Delta f_{i,1}, \Delta f_{i,2}, \ldots, \Delta f_{i,t}\}$
- 몬테칼로 시뮬레이션 VAR : $\Delta f^k \sim g(\theta)$

6.7 예제 풀이

예제 6.1: FRM 시험 2009 – 문제 2-7

c. 현금흐름(CF) 매핑 접근법 하에서, 각 지급액은 (마지막 지급액에 국한되지 않고) 다른 리스크요인에 연계되어 있다. 따라서 보기 Ⅰ.은 옳지 않다. CF 매핑 접근법은 듀레이션이나 만기 매핑보다 정확하기 때문에 보기 Ⅱ.도 옳지 않다.

예제 6.2: FRM 시험 2002 – 문제 44

a. 이 문제는 자산의 분포와 분산투자의 효과를 다룬다. 신흥시장 증권들은 대형시장보다 변동성은 더 높고 정규분포의 가능성은 더 낮다. 또한 소규모 포트폴리오는 매핑

접근법에 의해 표현되기 더 어렵고, 정규분포일 가능성은 더 낮다. RiskMetrics 접근법은 조건부 분포가 정규분포를 따른다고 가정하고, 매핑으로 리스크를 단순화한다. 이는 정규분포를 근접하게 따르는 많은 주식이 있을 때 수용가능하다. 이는 보기 d.이다. 보기 a.는 가장 덜 분산된 포트폴리오를 설명하며, 이 경우에는 역사적 시뮬레이션법이 최선이다.

예제 6.3: FRM 시험 2007 – 문제 11

c. 보기 a.는 옳지 않으며, 이는 원래 0으로 설정된 포트폴리오 베타만 고려하기 때문이다. 따라서 리스크가 없다는 틀린 결론을 내리게 된다. 보기 b.는 보기 a.보다 낫지만, 역사적 자료가 없기 때문에 IPO 포지션의 리스크를 간과할 것이다. 보기 d.는 짧은 표본기간 때문에 신뢰성이 낮은 수치들을 만들어낼 것이다. 최선의 답은 IPO 포지션을 산업과 스타일 요인에 대한 리스크 노출로 대체하는 것이다.

예제 6.4: FRM 시험 2009 – 문제 2-9

d. 의존성은 매우 중요하며, 따라서 Ⅰ.은 옳다. 통상적인 피어슨 상관계수는 의존성의 선형 척도이며, 따라서 Ⅲ.은 옳다. 보기 Ⅳ.도 옳다. 보기 Ⅱ.의 경우, 상관계수는 위기 기간에 실제로 변화하나 이것이 장기 상관계수를 상향 또는 하향 편의하는지 분명하지 않다. 또한, 포트폴리오 리스크에 대한 영향은 포지션에 의존한다. 따라서 보기 Ⅱ.를 지지하는 충분한 정보가 존재하지 않는다.

예제 6.5: FRM 시험 2004 – 문제 51

d. 이 포트폴리오는 옵션을 갖고 있기 때문에, 완전재평가에 기초한 방법 a. 또는 c.가 적절하다. 다음으로 기술주들은 2000년 3월까지 큰 가격상승이 있었음을 상기하자. 1996년부터 1999년까지, 나스닥 지수는 1,300으로부터 4,000으로 상승했다. 이는 수익률 시계열의 양의 드리프트를 초래하였다. 따라서 드리프트에 대해 조정되지 않은 역사적 시뮬레이션은 시뮬레이션되는 수익률을 상향 편의한다. 즉, VAR를 과소평가한다.

예제 6.6: FRM 시험 2006 – 문제 114

c. 델타-노말 접근법은 비선형 수익의 경우에는 적절히 작동하지 않는다. 따라서 보기

a.는 옳지 않다. 비슷하게, 이 접근법은 만약 델타가 변하면, 옵션의 리스크를 적절하게 측정하지 못한다. 특히 등가격 옵션의 경우 그렇다. 따라서 보기 b.와 d.는 옳지 않다.

예제 6.7: FRM 시험 2005 – 문제 94

a. 완전평가법은 옵션을 포함한 포트폴리오의 경우 더 정확하며, 따라서 보기 b.와 d.는 옳다. 델타-노말 VAR는 분포가 두터운 꼬리를 갖고 있을 때, 리스크를 과소평가한다. 따라서 c.는 옳다. 보기 a.는 옳지 않다. 델타-노말 방법은 옵션의 단순 포지션 또는 그들의 동적 복제의 경우에는 열등하다.

예제 6.8: FRM 시험 2005 – 문제 128

a. 이 방법은 기본적으로 계절성을 무시하고, 3년의 표본기간의 평균 변동성을 추정한다. 결국, 만약 조건부 변동성이 겨울에 더 높다면 이 방법은 실제 리스크를 과소평가한다. 그리고 여름에는 반대로 작용한다.

예제 6.9: FRM 시험 2004 – 문제 30

b. 원래 포트폴리오의 분산은 1,600이며, 변동성은 40이다. 새 포트폴리오의 분산은 $3^2 \times 100 + 1^2 \times 225 + 2 \times 53.2 \times 3 \times 1 = 1,444$이며 변동성은 38이다. 이는 5%의 감소이다.

예제 6.10: FRM 시험 2008 – 문제 2-35

b. 먼저, 현재 포트폴리오의 분산을 계산한다. 이는 $(100 \times 0.25)^2 + (50 \times 0.20)^2 + 2 \times 0.2(100 \times 0.25)(50 \times 0.20) = 825$이다. VAR는 $\sqrt{825} \times 2.33 / \sqrt{250} = 4.226$이다. 새 포트폴리오는 각각 50달러와 100달러의 포지션을 갖고 있다. 분산은 $(50 \times 0.25)^2 + (100 \times 0.20)^2 + 2 \times 0.2(50 \times 0.25)(100 \times 0.20) = 656.25$이다. VAR는 이제 3.769이고, 차이는 -0.457이다. 새로운 VAR는 낮은 변동성을 가진 자산 B의 더 낮은 가중치 때문에 더 낮다. 또한 기대수익률은 무관련함에 유의하자.

부록 : 공분산행렬의 단순화

이 부록은 단순화된 공분산행렬을 만들기 위해 어떻게 대각선 모형이 사용될 수 있는지 보여준다. 이는 분석적 리스크 모형에 유용하다. $N=100$종목의 자산을 보유한다고 가정하자. 이는 공분산행렬이 $N(N+1)/2=5{,}050$개의 상이한 원소를 갖고 있음을 의미한다. 수식(6.1)과 같이, 단일요인 모형으로부터 출발하자.

$$R_i = \alpha_i + \beta_i \times R_M + \epsilon_i \tag{6.35}$$

결국, 임의의 두 주식 사이의 공분산은 다음과 같다.

$$\mathrm{Cov}[R_i, R_j] = \mathrm{Cov}[\beta_i R_M + \epsilon_i, \beta_j R_M + \epsilon_j] = \beta_i \beta_j \sigma_M^2 \tag{6.36}$$

이 수식은 잔차 요소는 상호간 그리고 시장과 상관관계가 없다는 가정을 이용한다. 주식의 분산은 다음과 같다.

$$\mathrm{Cov}[R_i, R_i] = \beta_i^2 \sigma_M^2 + \sigma_{\epsilon,i}^2 \tag{6.37}$$

따라서 공분산행렬은 다음과 같다.

$$\Sigma = \begin{bmatrix} \beta_1^2\sigma_M^2 + \sigma_{\epsilon,1}^2 & \beta_1\beta_2\sigma_M^2 & \cdots & \beta_1\beta_N\sigma_M^2 \\ \vdots & & & \\ \beta_N\beta_1\sigma_M^2 & \beta_N\beta_2\sigma_M^2 & \cdots & \beta_N^2\sigma_M^2 + \sigma_{\epsilon,N}^2 \end{bmatrix}$$

이 수식은 다음과 같이 변형될 수 있다.

$$\Sigma = \begin{bmatrix} \beta_1 \\ \vdots \\ \beta_N \end{bmatrix} [\beta_1 \cdots \beta_N] \sigma_M^2 + \begin{bmatrix} \sigma_{\epsilon,1}^2 & \cdots & 0 \\ \vdots & & \vdots \\ 0 & \cdots & \sigma_{\epsilon,N}^2 \end{bmatrix}$$

행렬로 표시하면, 다음과 같다.

$$\Sigma = \beta\beta' \sigma_M^2 + D_\epsilon \tag{6.38}$$

이 수식은 벡터 β의 N 요소, 행렬 D_ϵ의 대각선의 N 요소, 그리고 행렬 자체의 분산으로 이루어진다. 대각선 모형은 모수의 수를 $N\times(N+1)/2$으로부터 $2N+1$로 줄인다. 이는 상당한 개선이다. 예를 들어, 100종목의 자산이 있으면, 숫자는 5,050개로부터 201개로 준다.

가중치 w의 포트폴리오의 분산은 다음과 같다.

$$\sigma_p^2 = w'\Sigma w = (w'\beta)^2\sigma_M^2 + w'D_\epsilon w \tag{6.39}$$

이 수식은 포트폴리오 베타 $\beta_p = w'\beta$ 그리고 잔차의 분산에 의존한다. 만약 포트폴리오가 잘 분산되면, 잔차의 분산은 작다.

요약하면, 대각선 모형은 주식 포트폴리오의 리스크 구조를 상당히 단순화한다. 리스크관리 담당자는 개별 증권의 집중리스크를 통제하면서, 포트폴리오의 전체적 시장리스크 관리에 초점을 맞출 수 있다.

그러나 이 단일요인 모형은 주식집단들 사이의 공통효과를 간과할 수 있다. 예를 들어, 산업효과가 존재할 수 있다. 이 점을 고려하기 위해, 수식(6.35)는 K요인으로 일반화될 수 있다.

$$R_i = \alpha_i + \beta_{i1}y_1 + \cdots + \beta_{iK}y_K + \epsilon_i \tag{6.40}$$

여기에서 y_1, ..., y_K는 요인들이다. 이들이 서로 독립적일 때, 공분산행렬은 수식(6.38)을 다음과 같이 일반화한다.

$$\Sigma = \beta_1\beta_1'\sigma_1^2 + \cdots + \beta_K\beta_K'\sigma_K^2 + D_\epsilon \tag{6.41}$$

모수의 수는 이제 $(N\times K + K + N)$이다. 예를 들어, 100종목의 자산과 5개의 요인이 있으면, 이 수는 605이다. 이는 제약되지 않은 모형의 5,050보다 훨씬 작다. 여전히 포트폴리오 리스크는 리스크요인에 대한 포트폴리오의 노출 $\beta_{p,1}$, ..., $\beta_{p,K}$를 관리함으로써 통제될 수 있다.

Chapter 7

변동성리스크 관리*

옵션은 비선형 금융상품이며, 그 가치는 특히 변동성 모수에 의존한다. 따라서 옵션거래는 기초자산 가격의 방향뿐 아니라 변동성에 대한 투기를 내포한다. 앞 장들에서는 블랙-숄즈 평가공식과 편도함수들을 다루었다. 이 장은 변동성 거래를 포함한 더 발전된 모형을 살펴본다.

제7.1절은 어떻게 내재변동성이 옵션의 시장가격으로부터 도출될 수 있는지 설명한다. 눈에 띄는 예는 미국 주식들의 내재변동성 척도인 변동성지수(Volatility Index: VIX)이다. 이는 광범위한 리스크 척도로서 점차 널리 주목받고 있다. 더 일반적으로 VIX는 다양한 만기와 행사가격으로 확장되어야 한다. 이는 내재변동성 곡면의 개념을 만들어낼 것이다. 옵션 포트폴리오는 리스크 측정에 관한 특별한 과제를 제시한다. 복잡한 포트폴리오는 전체 변동성 곡면의 모든 기초 리스크요인들의 모형화를 요구하며, 이는 복합적 과제이다.

포트폴리오 차원에서 변동성의 비교는 평균 상관계수의 개념을 낳는다. 이는 제7.2절에서 논의된다. 다음으로 제7.3절은, 그 가치가 실현된 분산이나 상관계수에 의해 직접적으로 결정되는 파생상품 계약들을 제시한다. 제7.4절은 동태적 헤지의 해석을 다룬다. 리스크관리 담당자는 이 전략들을 잘 이해해야 한다. 이들은 많은 적극적 거래 전략에 관한 중요한 통찰력을 제공하기 때문이다.

마지막으로, 제7.5절은 전환채권과 신주인수권을 분석한다. 이들의 행사는 새로운 주식을 만들어내기 때문에 일반적인 주식 옵션으로부터 구별된다. 전환채권 거래는 헤지펀드에서 광범위하게 수행되는 활동이다.

---

* FRM 시험 Part 2 주제. 독자들은 〔부록 2.3〕에서 옵션의 평가공식을 참고하라. 또한, 제4장은 그리스 문자로 표시되는 편도함수들을 다루었다.

7.1 내재변동성

7.1.1 개념

우리는 일반적으로 파생상품의 가치를 기초자산 가치 및 다른 모수들의 함수로 표현할 수 있다.

$$f_t = f(S_t, r_t, r_t^*, \sigma_t, K, \tau) \tag{7.1}$$

여기에서 S_t는 기초자산의 현물가격이며, r_t과 r_t^*은 각각 국내 이자율과 자산수익률이다. 계약은 행사가격 K와 잔존만기 τ를 정의한다. 예를 들어, 유로피언 콜옵션의 블랙-숄즈(BS) 모형은 다음과 같다

$$c = Se^{-r^*\tau}N(d_1) - Ke^{-r\tau}N(d_2) \tag{7.2}$$

모든 모수들은 자산가치의 옵션기간 중 변동성인 σ를 제외하면, 관찰가능하다. 이 모수를 알면, 옵션의 이론가치를 계산할 수 있다.

또는 우리는 모형의 역을 취할 수 있다. 옵션 프리미엄의 시장가격 c_t를 관찰한다고 가정하자. 이제, 시장가격과 다른 모수들로부터 **내재 표준편차**(implied standard deviation: ISD), 즉 **내재변동성**(implied volatility)을 구할 수 있다. 여기에는 다음 평가함수가 이용된다.

$$\text{ISD}_t = f^{-1}(c_t, S_t, r_t, r_t^*, K, \tau) \tag{7.3}$$

이 함수는 비선형이기 때문에 ISD의 해는 Newton-Raphson법 같은 수치해석 과정을 요구한다. 이 최적화 과정은 ISD에 대한 편도함수를 이용하여 해로 수렴하며, 이 과정은 상당히 빠르다.

실제로, 어떤 시장은 프리미엄 대신 ISD를 직접 호가한다. 실제 거래에 요구되는 프리미엄은 표준적 평가모형으로부터 추정된다.[1] 변동성 호가는 빈번하게 프리미엄 호가보다 트레이더들에게 더 직관적이다. 이는 채권을 수익률로 호가하는 관행과 비슷하다. 수

1) 유로피언 옵션의 경우, BS 모형이 표준적이다. 아메리칸 옵션의 경우, 거래소들은 Whaley 평가모형을 이용하며, 이는 프리미엄의 효율적인 2차식 근사값을 구한다.

익률은 가격보다 직관적이고, 더 용이하게 상이한 증권 및 시점들에 걸쳐 비교할 수 있도록 한다.

ISD는 자산 변동성에 관한 시장의 견해를 반영한다. 그러나 BS 공식은 위험중립적 세계를 가정함에 유의하자. 따라서 ISD는 **위험중립적**(risk-neutral) 변동성이며, 실제 또는 객관적 변동성과 반드시 동일하지 않다. 따라서 자산가격의 리스크를 예측하려면, ISD는 조정을 필요로 한다.

비슷하게, $N(d_2)$는 콜옵션이 행사되는 위험중립적 확률을 반영한다. 이는 이항옵션을 평가하는 데 유용하다. 예를 들어, 만기에 S가 K보다 크면, Q를 지급하는 이항옵션의 가격은 단순히 $c = Qe^{-r\tau}N(d_2)$이다. 그러나 실제 행사확률은 다를 수 있다.

그러나 리스크관리 관점에서 ISD는 핵심이다. 옵션의 미래가치를 예측하려면, 우리는 내재변동성도 예측해야 한다. 따라서 옵션의 리스크를 측정할 때 ISD는 주요 리스크요인이다.

7.1.2 VIX

변동성 모수의 변화는 중요한 리스크원천일 수 있다. 〈그림 7.1〉은 S&P 주가지수에 대한 옵션의 내재변동성의 시간적 변화를 예시한다. 이는 **변동성지수**(Volatility Index: VIX)로도 알려져 있다. 내재변동성은 S&P 100 지수에 대한 등가격 최근월 옵션의 시장가격으로부터 도출된다. 이는 시카고 상품 옵션 거래소에 의해 계산된다.[2] VIX는 위험회피의 통합적 척도이기 때문에 때로 **공포지수**(fear index)로 불린다.

이 기간 동안, VIX 지수의 평균값은 21% 수준이었다. VIX의 일간 변화의 변동성은 약 2.4%였다.[3] 단순화를 위해 정규분포를 가정하면, 대다수 일간 변동은 〈그림 7.2〉와 같이 상하 5% 이내에 있게 된다.

그러나 이 분포는 정규분포로부터 많이 다르다. 대신 증가된 변동성을 반영하여 날카로운 첨점들을 드러낸다. 특히, VIX가 40%를 초과했던 시점은 1987년 10월의 폭락, 1998년 9월의 Long-Term Capital Management(LTCM) 위기, 2001년 9월의 세계무역센터 테러 이후, 2000~2002년의 약세시장의 저점이었던 2002년 7월, 그리고 2008년 9월에 급격히 악화된 신용위기 등이다.

2) 2003년에 이 방법론은 변경되었다. 새로운 VIX 지수는 다양한 행사가격의 S&P 500 지수 옵션의 가격으로부터 도출된다. 이 그래프는 과거 방법론을 사용한 VXO를 보여주며, 1986년부터 시작한다.

3) 평균회귀 때문에 일간 변동성은 연간 자료로 변환될 수 없음을 유의하라.

그림 7.1 VIX: 내재변동성

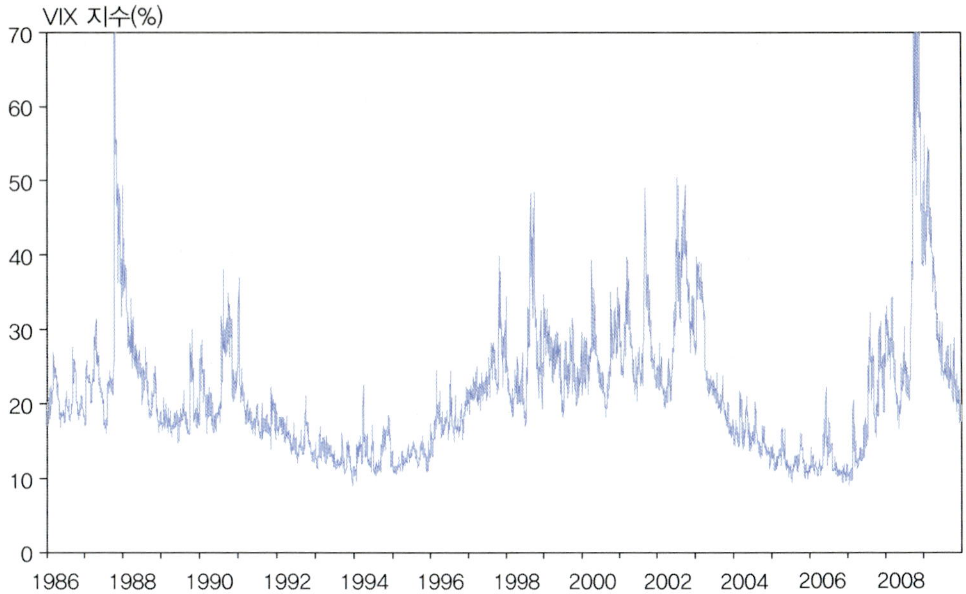

그림 7.2 내재변동성의 일간 변화

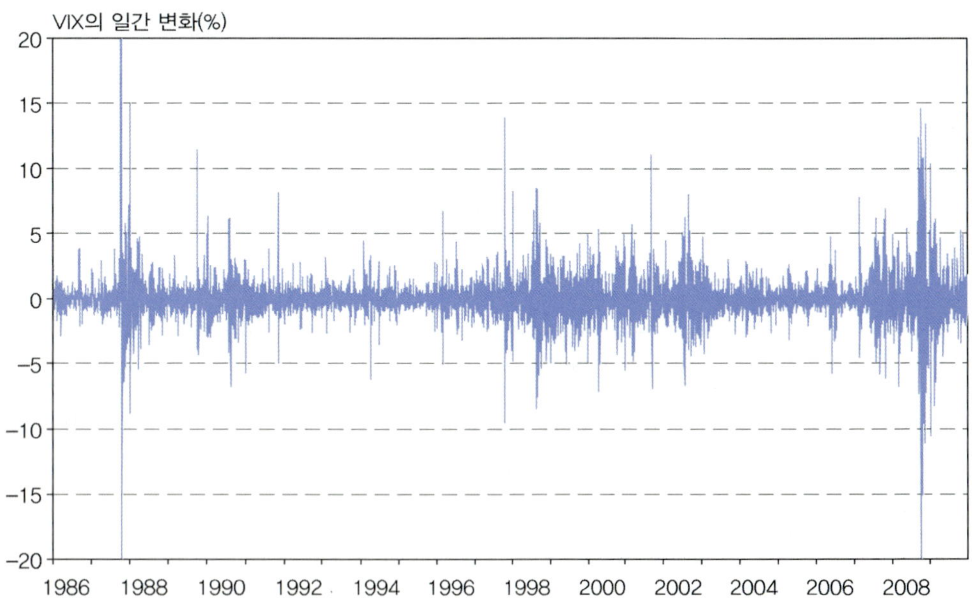

7.1.3 내재변동성 곡면

이론적으로 BS 모형은 단일 변동성 모수에 의존한다. 만약 모형이 옳으면, ISD는 여러 행사가격이나 만기에 걸쳐 동일해야 한다. 실제로는 우리가 관찰하는 바는 다르다. ISD는 행사가격이나 만기에 따라 체계적으로 변화한다.

ISD는 **내재변동성 곡면**(implied volatility surface)에 의해 표현될 수 있다. 이는 만기와 행사가격에 걸쳐 ISD를 표시하는 3차원 도표이다. 일반적으로 옵션 트레이더들은 이 변동성 곡면의 형태를 관찰하여 특이한 ISD를 갖는 섹터를 찾아낸다. 이는 옵션의 곡면을 S&P 500 주식시장 지수에 대해 표시한 〈그림 7.3〉에 예시되어 있다. 당시에 현물가격은 약 1,130이었다.

ISD의 행사가격에 대한 산포도는 일반적으로 **변동성 미소**(volatility smile)로 불리는 패턴을 보인다. 이는 현재가격에 비해 낮거나 높은 K에서, ISD가 증가한다는 의미이다. 이 효과는 다양한 시장, 특히 외환옵션에서 관찰된다.

주가지수 옵션의 경우, 이 효과는 더 비대칭적이다. 낮은 행사가격에서, ISD는 매우 높다. 음의 기울기 때문에 이는 **변동성 왜도**(volatility skew)로 불린다. 기울어진 미소는 때로 **스머크**(smirk)로 불린다. 다시 말해, 외가격(OTM) 풋옵션은 등가격(ATM) 또는 심지

그림 7.3 내재변동성 곡면

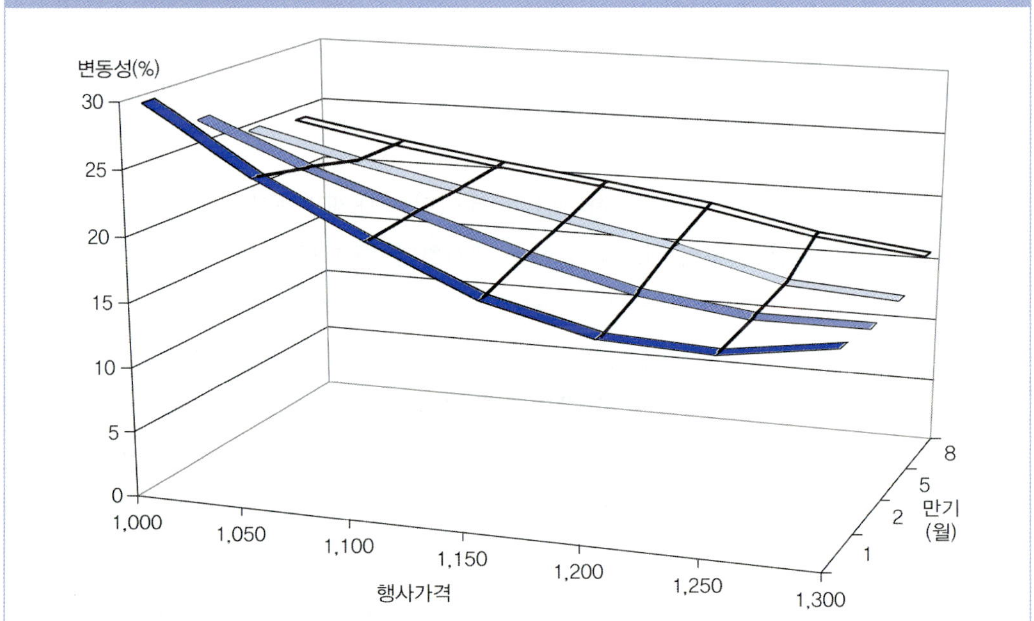

어 내가격(ITM) 풋옵션보다 더 높은 ISD에 의해 평가된다. 1987년 10월의 주식시장 폭락 전에 이 효과는 근소했다. 그러나 그 이후에는 더 현저해졌다.

다른 특징은 **변동성 기간구조**(term structure of volatility)이며, 이는 ISD가 만기에 따라 다른 현상을 일컫는다. 이는 불확실성이 다양한 기간에 걸쳐 균일하게 분포하지 않을 때 나타난다. 예를 들어, 개별 주식의 경우 실현된 변동성은 실적 발표일에 상승하는 경향이 있다. 〈그림 7.3〉에서 기간구조는 $K = 1,000$에서 하락하고 $K = 1,200$에서 상승한다.

이자율처럼, 변동성은 현물 및 선도에 기초하여 측정될 수 있다. 현재부터 미래시점 τ 사이의 총분산을 $\sigma_\tau^2\tau$로 표시하자. 이는 현물 척도이다. 기초 리스크요인의 변동은 시계열 상관관계를 갖지 않는다고 가정하면, 분산은 연율화 없이 단순히 시간에 걸쳐 합산된다. 현물 척도들의 결합이 선도 변동성 $\sigma_{1,2}$를 정의하는 데 사용될 수 있다.

$$\sigma_2^2 \times \tau_2 = \sigma_1^2 \times \tau_1 + \sigma_{1,2}^2 \times (\tau_2 - \tau_1) \tag{7.4}$$

예를 들어, 〈그림 7.3〉에서, 1개월과 3개월의 등가격 변동성은 각각 16.5%와 17.8%이다. 각 분산은 $16.5\%^2 \times (1/12) = 0.002269$와 $17.8\%^2 \times (2/12) = 0.005287$이다. 1개월부터 2개월까지의 선도 분산은 이제 0.003018이다. 연율화 후에 제곱근을 구하면 19.0%이다. 따라서 시장은 연율화된 변동성으로서 첫째 달에 16.5%, 그리고 둘째 달에 19.0%를 예상한다. 아마도 주요 불확실성이 둘째 달에 해소될 것으로 예상하는 것 같다. 예를 들어, 실적 발표 기간 등이다.

7.1.4 변동성 곡면의 예측

옵션의 수익을 예측하려면, 트레이더는 내재변동성 곡면의 진화도 예측해야 한다. 〈그림 7.4〉는 변동성 왜도의 진화를 예시한다. 초기의 곡선은, 행사가격 $K = 100$의 ATM 옵션의 경우, 18%의 ISD를 나타낸다. 문제는, 만약 현물가격이 $S = 100$으로부터 $S = 110$으로 변동하면, 곡선이 어떤 모습일지이다. 트레이더는 전형적으로 투자기간에 걸쳐 곡선의 근사값을 구하는 귀납적 접근법을 이용한다.

경직적 행사(sticky strike)로 불리는 첫째 시나리오에서, 곡선은 변하지 않고 ISD는 18로부터 17.5로 하락한다. 이는 변동성 곡선의 구조적 변화는 없고 가격 변동은 대체로 일시적이라고 가정한다. **경직적 가치**(sticky moneyness)로 불리는 둘째 시나리오에서, 곡선은 오른쪽으로 이동하고 ISD는 18%에 머문다(가치는 변화하지 않고 여전히 100%이

그림 7.4 변동성 왜도의 진화

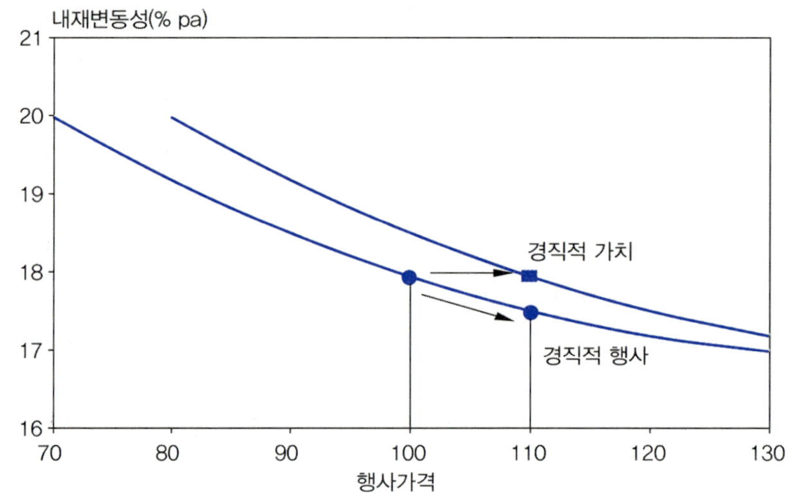

다). 이는 변동성 곡선의 항구적 이동을 가정한다. 이 가정들에 기초하여, 트레이더는 상이한 옵션거래 전략의 수익을 분석하고 가장 적절한 것을 선택할 수 있다. 더 일반적으로, 이는 내재변동성은 옵션거래의 주요 리스크요인임을 보여준다.

예제 7.1 : FRM 시험 2008 – 문제 2-11

당신은 플레인-바닐라 주식옵션을 시가평가해야 한다. 이 트레이더는 깊은 외가격 옵션을 매도하고, 등가격 옵션을 매수했다. 이 옵션들에는 뚜렷한 변동성 미소 패턴이 있다. 장부의 가치가 상승하면, 트레이더의 보너스도 오른다. 장부의 시가평가를 위해 어떤 접근법을 사용해야 하겠는가?

a. 변동성 추정의 더 높은 신뢰도 때문에, 등가격 옵션의 내재변동성을 사용한다.
b. 옵션거래 자료의 내재변동성 평균을 사용한다. 모든 옵션들은, 블랙-숄즈에 의하면 동일한 내재변동성을 가져야 하고, 당신은 어느 것이 정확한지 알 수 없기 때문이다.
c. 각 옵션에 대해 시장에 거래되는 가장 비슷한 옵션의 내재변동성을 사용한다.
d. 역사적 변동성을 사용하여 옵션시장의 평가 오류를 바로잡는다.

예제 7.2 : FRM 시험 2009 – 문제 5-1

주식옵션 가격의 내재변동성은 변동성 왜도를 보이고, 통화옵션 가격의 내재변동성은 변동성 미소를 보인다고 가정하자. 옵션가격의 내재변동성 곡선에 관한 다음 설명 중 옳은 것은 무엇인가?

Ⅰ. 깊은 외가격 주식 풋옵션의 내재변동성은 깊은 내가격 주식 풋옵션의 내재변동성보다 높다.
Ⅱ. 깊은 외가격 주식 풋옵션의 내재변동성은 깊은 등가격 주식 콜옵션의 내재변동성보다 높다.
Ⅲ. 깊은 내가격 통화 콜옵션의 내재변동성은 깊은 내가격 통화 풋옵션의 내재변동성과 같을 수 없다.
Ⅳ. 깊은 외가격 통화 콜옵션의 내재변동성은 깊은 등가격 통화 콜옵션의 내재변동성보다 높다.

a. Ⅰ과 Ⅲ　　b. Ⅰ과 Ⅳ　　c. Ⅱ와 Ⅲ　　d. Ⅱ와 Ⅳ

7.2 내재 상관계수

7.2.1 개념

내재변동성의 개념은, 만약 충분하게 많은 옵션이 있으면, 내재 상관계수로 확장될 수 있다. 첫째, 표준 옵션은 현금을 자산으로 교환하는 선택을 포함한다는 데 주목하자. 이는, 어떤 자산(B)을 양도하고 다른 자산(A)으로 교환하는, **교환옵션**(exchange option)의 특수한 경우이다. 이 콜옵션의 수익은 다음과 같다.

$$c_T = \text{Max}(S_T^A - S_T^B, 0) \tag{7.5}$$

여기에서, S^A와 S^B는 각각의 현물가격이다. 어떤 금융수단은 두 자산의 가치 중 극대값을 포함하며, 이는 하나의 자산과 교환옵션을 합친 포지션과 동등하다.

$$\text{Max}(S_t^A, S_t^B) = S_T^B + \text{Max}(S_T^A - S_T^B, 0) \tag{7.6}$$

Margrabe(1978)는 이 평가공식은 일반적 모형과 비슷함을 보였다. 다만 K는 자산 B의 가격(S^B)으로 대체되고, 무위험수익률은 자산 B의 수익률(q^B)로 대체된다.4) 변동성 σ는 이제 두 자산의 차액의 변동성이며, 다음과 같다.

$$\sigma_{AB}^2 = \sigma_A^2 + \sigma_B^2 - 2\rho_{AB}\sigma_A\sigma_B \tag{7.7}$$

이 옵션들은 또한 상관계수를 포함한다. 따라서 만약 우리가 A, B, 그리고 B를 A로 교환할 수 있는 옵션 등 3개 옵션의 조합을 갖고 있으면, σ_A, σ_B, 그리고 σ_{AB}를 계산할 수 있다. 이는 내재 상관계수를 추정할 수 있도록 해준다. 평가공식은 Margrabe **모형**(Margrabe model)으로 불린다.

더 일반적으로, 이는 두 개 이상의 불확실성 원천에 노출된 **무지개 옵션**(rainbow option)의 예이다. 예를 들어, **바스켓 옵션**(option on a basket)은 두 자산의 바스켓 $S_T^A + S_T^B$으로부터 가치를 도출한다. 이것의 변동성은 역시 내재 상관계수 $\sigma_{AB}^2 = \sigma_A^2 + \sigma_B^2 + 2\rho_{AB}\sigma_A\sigma_B$에 의존한다.

7.2.2 통화의 내재 상관계수

직접적 적용은 3개 통화옵션의 조합의 호가이다. 환율은 기준통화에 대한 비율로 표현되며, 기준통화는 통상적으로 달러이다. **교차환율**(cross rate)은 기준통화가 아닌 두 통화 사이의 교환비율이다. 예를 들어, 영국 파운드(GBP)의 달러 표시 가격을 S_1로 표시하고, 달러/유로(EUR) 환율을 S_2로 표시하자. 이제 유로/파운드 환율은 다음 비율이다.

$$S_3(\text{EUR/GBP}) = \frac{S_1(\$/\text{GBP})}{S_2(\$/\text{EUR})} \tag{7.8}$$

로그를 이용하면, 다음과 같이 변형될 수 있다.

$$\ln[S_3] = \ln[S_1] - \ln[S_2] \tag{7.9}$$

4) W. Margrabe, "The Value of an Option to Exchange One Asset for Another," *Journal of Finance* 33 (1978): 177-186. 또한, R. Stulz, "Options on the Minimum or the Maximum of Two Risky Assets: Analysis and Applications," *Journal of Financial Economics* 10 (1982): 161-185을 참고하라.

교차환율의 변동성은 다음과 같다.

$$\sigma_3^2 = \sigma_1^2 + \sigma_2^2 - 2\rho_{12}\sigma_1\sigma_2 \tag{7.10}$$

이 수식은 3개 분산의 조합으로부터 상관계수 ρ_{12}를 추정할 수 있음을 다시 보여준다.

실무적으로, 이 수식을 세울 때 약간의 주의가 필요하다. 수식(7.8)은 분자와 분모가 동일 통화로 표시되어 있다고 가정한다. 이 경우 교차환율의 로그는 두 환율의 차이이다. 동일 통화로 표시되지 않으면, 교차환율의 로그는 로그들의 합이다. 이 때에는 수식(7.10)의 음의 부호는 양의 부호로 바뀌어야 한다.

7.2.3 포트폴리오의 평균 상관계수

자산 포트폴리오의 ISD는 **평균 상관계수**(average correlation)를 통해 구성요소들의 ISD와 연계될 수 있다. 일반적으로, 포트폴리오 분산은 다음 수식에 의해 개별 변동성과 연계된다.

$$\sigma_p^2 = \sum_{i=1}^{N} w_i^2\sigma_i^2 + 2\sum_{i=1}^{N}\sum_{j<i}^{N} w_i w_j \rho_{ij}\sigma_i\sigma_j \tag{7.11}$$

모든 자산의 쌍이 동일한 상관계수 ρ를 갖는다고 가정하면 포트폴리오 분산은 다음과 같다.

$$\sigma_p^2 = \sum_{i=1}^{N} w_i^2\sigma_i^2 + 2\sum_{i=1}^{N}\sum_{j<i}^{N} w_i w_j (\rho)\sigma_i\sigma_j \tag{7.12}$$

이 상관계수는 개별 상관계수 ρ_{ij}들의 가중평균이다. 포트폴리오 및 모든 구성요소들의 측정된 옵션 ISD가 있으면, 우리는 수식(7.12)를 이용하여 포트폴리오의 평균 상관계수를 추론할 수 있다. 이 방법은 실현된 변동성 또는 내재변동성에 적용될 수 있다.

평균 상관계수는 포트폴리오 전체의 위험분산효과를 요약하는 척도이다. 다른 조건들이 일정하면, 상관계수의 상승은 포트폴리오의 총위험을 증가시킨다.

거래전략은 평균 상관계수의 변화를 이용하도록 고안될 수 있다. 예를 들어, **산포도 거래**(dispersion trade)는 지수 변동성의 매도 포지션을 취하고, 동시에 지수 구성요소들의 변동성을 매수하는 포지션으로 상쇄하는 것이다.

예제 7.3 : 내재 상관계수

환율들의 변동성이 다음과 같이 주어졌을 때, JPY/EUR과 EUR/USD 사이의 내재 상관계수는 무엇인가? JPY/USD는 8%; JPY/EUR는 10%; EUR/USD 6%이다.

a. 60% b. 30% c. -30% d. -60%

7.3 분산 스왑

분산 스왑(variance swap)은 실현된 분산에 대한 선도계약이다. 수익은 다음과 같이 계산된다.

$$V_T = (\sigma^2_{t_0, T} - K_V)N \quad (7.13)$$

여기에서 N은 기준금액이고, σ^2은 계약 기간 중에 실현된 분산으로 보통 다음과 같이 계산된다.

$$\sigma^2 = \frac{252}{\tau}\sum_{i=1}^{\tau}[\ln(S_i/S_{i-1})]^2 \quad (7.14)$$

그리고 K_V는 행사가격, 또는 선도가격이다. 분산 스왑은 어떤 기초자산에 대해서도 발행될 수 있으나, 주식이나 주가지수에 대한 것이 가장 보편적이다. 그들은 분산에 관한 직접적 견해에 기초한 거래를 가능하게 만든다. 매수 포지션은 높은 변동성에 대한 투기이다. 비슷한 계약은 **상관계수 스왑**(correlation swap)이다. 이 수익은 선택된 기간 동안 실현된 포트폴리오의 평균 상관계수에 연계된다.

예를 들어, 딜러가 S&P 500 지수에 대한 1년 만기 계약을 호가한다고 하자. 이 계약은 $K_V=(15\%)^2$ 그리고 $N=\$100,000/(\text{단위 변동성 포인트})^2$의 기준금액을 갖고 있다. 만약 만기에 실현된 변동성이 17%이면, 매수 포지션의 수익은 $[\$100,000/(1^2)][(17)^2-(15)^2]=\$100,000(289-225)=\$6,400,000$이다. 따라서 수익은 변동성의 2차함수이다. 이론적으로, 수익은 무제한이다.[5] 다른 선도계약과 마찬가지로, K_V는 계약의 초기 가치가 0이

5) 실제로 대다수 계약은 m^2K_V의 분산 상한값을 갖고 있다. 변동성 스왑도 가용하나 훨씬 덜 보편적이다. 분산

되도록 정해진다. 실제로, VIX **지수**(VIX index)의 새로운 버전은 S&P 500 지수에 대한 분산스왑의 공정한 행사가격이다. 이 가격은 변동성으로 호가된다.

잔존만기 $\tau = T-t$일의 분산스왑의 시장가치는 다음과 같다.

$$V_t = Ne^{-r\tau}[w(\sigma^2_{t_0,t} - K_V) + (1-w)(K_t - K_V)] \tag{7.15}$$

여기에서, $\sigma^2_{t_0,t}$는 초기 시점 t_0과 현재 시점 t 사이의 경과된 분산, w는 t_0으로부터 경과된 날짜 수의 비율, 그리고 K_t는 현재의 선도가격이다. 우리는 초기 시점에 $w=0$이고, V_0은 단순히 $K_t - K_V$에 비례함을 증명할 수 있다. 이 값은, 만약 스왑이 등가격으로 시작하면 0이다. 만기에 이 수식은 수식(7.13)으로 수렴한다.

이런 계약은 또한 **상관계수 거래**(correlation trading)를 가능하도록 만든다. 예를 들어, 두 주식으로 이루어진 지수를 생각해보자. 분산 스왑이 각 구성 주식 및 지수에 대해 발행될 수 있다. 지수의 실현된 분산은 두 분산 및 상관계수에 의존한다. 다른 조건들이 동일하면, 높은 상관계수는 높은 포트폴리오 분산을 의미한다. **매수 상관계수**(long correlation) 거래는 지수에 대한 분산 스왑을 매입하고 구성 요소들에 대한 분산 스왑을 매도한다.[6] 만약 상관계수가 증가하면, 매수 포지션은 매도 포지션보다 많은 이득을 얻는다. 따라서 이익을 창출한다.

7.4 동태적 거래

BS 모형의 도출과정은 어떻게 옵션을 평가하고 헤지할지 가르쳐준다. 훨씬 더 중요한 사실은 아마도 콜옵션 보유는 기초자산의 일부를 보유하는 것과 동등함을 보였다는 것이다. 이 비율은 시간에 따라 동태적으로 변한다.

스왑은 옵션의 조합을 이용하여 비교적 쉽게 헤지될 수 있기 때문이다. 변동성 스왑의 상황은 다르다.

6) 포지션을 분산중립적으로 유지하려면, 지수 스왑의 기준금액은 요소 스왑들의 합보다 커야 한다는 점에 유의하라.

그림 7.5 콜옵션의 동태적 복제

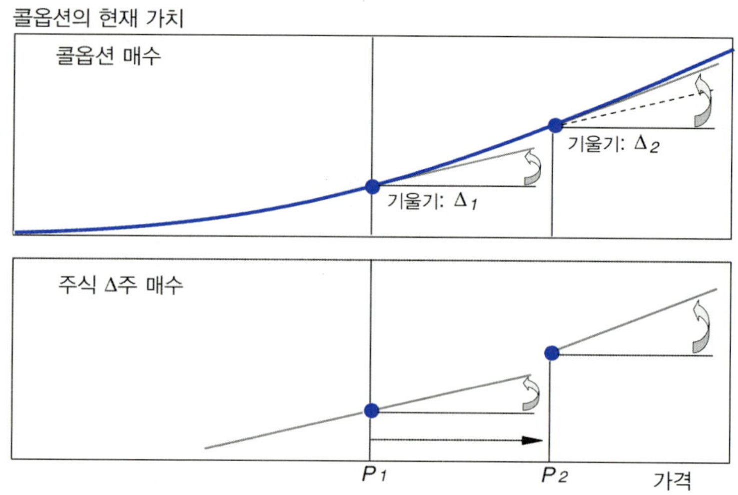

7.4.1 옵션의 동태적 복제

이 등가성은 콜옵션의 현재 가치를 현재 현물가격의 함수로 표현하는 〈그림 7.5〉에 예시되어 있다. 콜옵션의 매수 포지션은 기초자산의 부분적 포지션에 의해 복제된다. 등가격 포지션의 경우, 초기 델타는 약 0.5이다.

주식가격이 P_1로부터 P_2로 상승하면, 옵션 곡선의 기울기 또는 델타는 Δ_1로부터 Δ_2로 증가한다. 결국, 옵션은 기초자산의 더 큰 포지션에 의해 복제될 수 있다. 역으로, 주식가격이 하락할 때 포지션의 크기는 단계적 손실제한 주문에서처럼 감소한다. 따라서 동태적 조정은 가격이 상승하면 더 많은 자산을 매입한다. 반대로, 가격 하락 후에는 매도한다.

〈그림 7.6〉은 풋옵션의 동태적 복제를 보여준다. Δ가 -0.5에 가까운 등가격에서 출발한다. 가격 S가 상승하면, Δ는 0을 향해 증가한다. 초기 델타가 음수였으므로, 이 변화는 증가라는 데 유의하자. 콜옵션의 매수 포지션처럼, 기초자산 가격이 상승한 후 더 많은 자산을 매입한다. 대조적으로, 콜이나 풋의 매도 포지션은 반대의 패턴을 의미한다. 옵션 매도 포지션의 동태적 복제는 가격이 하락한 후 더 많은 자산의 매입을 의미한다.

전통적 옵션의 동태적 헤지는 헤지비율이 완만하게 변하기 때문에 비교적 단순하다. 다시 말해, 감마 또는 델타의 변화는 지나치게 높지 않다. 특수한 옵션은 헤지하기 더 쉽거나 더 어려울 수 있다.

그림 7.6 풋옵션의 동태적 복제

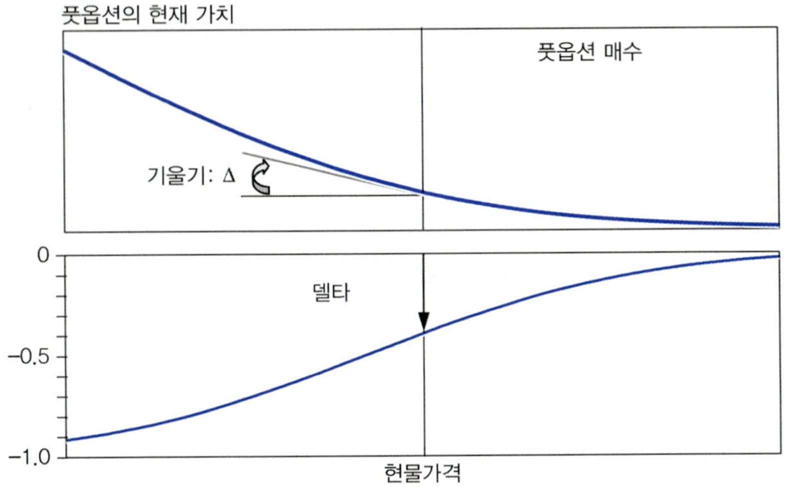

예를 들어 아시안(Asian) 옵션의 경우, 수익은 평균 가격에 의존하기 때문에 헤지는 더 쉽다. 평균가격은 만기가격보다 더 안정적이다. 대조적으로 불연속적 옵션의 경우, 헤지는 더 어렵다. 하나의 예는, 만기에 경계값의 바로 아래에서는 0 바로 위에서는 1을 지급하는 이항옵션이다. 이 수익구조는 바닐라 콜옵션의 델타와 동일하다. 결국 이들의 델타는 BS 콜옵션 모형의 감마와 동일한 형태를 갖는다. 대단히 가변적인 델타는 동태적 헤지를 더 어렵게 만든다. 다른 예는 배리어(barrier) 옵션으로, 델타는 배리어 근처에서 매우 불안정하다.

심지어 전통적 옵션에서도, 이런 옵션 복제전략의 성공은 가격의 확률과정이 연속적인 기하적 브라운 운동(GBM)을 따른다는 가정에 의존한다. 연속적 가격변동 하에서, 필요한 만큼 빈번한 재조정을 통해 옵션 수익을 근사적으로 복제하는 것은 이론적으로 가능하다. 실제로는 만약 가격이 급격하게 점프하면, 복제는 실패할 수 있다. 만약 가격이 짧은 기간 내에 큰 폭으로 하락하면, 델타의 하향조정이 이루어지기 전에 매수 델타 포지션에서 큰 손실이 발생한다.

7.4.2 옵션의 정태적 복제

앞 절은 어떻게 옵션 포트폴리오가 기초자산의 동태적 거래에 의해 복제될 수 있는지 보여주었다. 이 방법은 옵션의 가격오류가 있거나 또는 적당한 특성을 가진 옵션이 거래되지 않을 때 편리하다. 예를 들어, 2년 만기 풋옵션의 매수 포지션의 패턴을 복제하려는 투자자를 생각해보자. 이 옵션은 조직화된 거래소에서 활발하게 거래되지 않는다. 또는, 대상 옵션이 더 특수한 옵션일 수 있다.

다른 복제 접근법은 드물게 재조정되는 옵션 포트폴리오를 사용하는 것이다. **정태적 복제**(static replication)는 선택된 범위와 날짜에, 목표 옵션의 가치를 옵션 포트폴리오에 일치시킴으로써 달성된다.

예를 들어 만기 1년, 행사가격 100, barrier 120인 업앤아웃(up-and-out) 콜옵션을 생각해보자. 현재 주식 가격은 100이다. 만약 가격이 만기 전 언제든지 120에 도달하면, 옵션은 사멸한다. 경계값으로서, $S_T < 120$일 경우 $c_T = \mathrm{Max}(S_T - K, 0)$, $S_T \geq 120$일 경우 $c_t = 0$을 선택하자. 만기의 수익을 복제하기 위해, 우리는 $K = 100$의 콜옵션 1계약 매수와 $K = 120$의 콜옵션 2계약 매도를 결합할 수 있다. 후자는 $S > 120$일 경우의 가치손실을 대변한다. 더 많은 옵션을 사용하면, 복제 포트폴리오의 가치는 목표 패턴으로 수렴한다.

7.4.3 거래에 관한 시사점

리스크관리 담당자들에게 이 패턴들은 다양한 이유 때문에 극히 중요하다. 첫째, 이상하게 들릴 수 있지만 옵션 매수 포지션의 동태적 복제는 손실을 초래한다. 가격이 상승한 후에 자산을 매입하기 때문이다—다시 말해 너무 늦다. 거래는 매번 약간의 손실을 초래하며, 이는 정확히 옵션 프리미엄만큼 누적될 것이다. 그러나 이 프리미엄은 내재변동성 대신 목표기간에 걸쳐 실현된 변동성에 의해 발생됨에 유의하자.

핵심 개념

옵션 매수 포지션의 동태적 복제는 체계적으로 가격상승 후에 매입하고 가격하락 후에 매도한다. 이 과정은 결국 손실을 초래하며, 이 금액은 (내재변동성 대신) 실현된 변동성에 기초한 옵션 프리미엄에 해당한다.

다음으로 옵션을 매도하고 기초자산이나 선물을 사용하여 동태적으로 헤지하는 전략을 생각해보자. 트레이더가 콜옵션을 매도한다고 가정하자. 이는 음의 델타를 갖고 있으며, 양의 델타를 가진 기초자산의 포지션에 의해 동태적으로 헤지되어야 한다. 전체적으로, 이 포트폴리오는 델타-중립이다. 문제는 이 전략이 체계적으로 이익 또는 손실을 발생시키는지이다.

답은 옵션의 가격에 의존한다. 콜옵션 매도는 내재변동성의 함수인 수입을 고정시킨다. 동태적 헤지의 실행은 실현된 변동성의 함수인 비용을 유발한다. 따라서 만약 내재변동성이 실현된 변동성보다 큰 경향이 있으면, 이 전략은 평균적으로 이익을 창출한다.

실제로 이는 우리가 현실에서 관찰하는 바이다. 주식시장에서, 내재변동성은 실현된 변동성보다 큰 경향이 있다. 이는 왜 내재변동성 매도가 헤지펀드와 다른 트레이더들에 의해 채택되는 보편적 전략인지 설명해준다. 그 차이의 이유는 내재변동성은 위험중립적 척도이기 때문이다. 내재변동성은 리스크 프리미엄 때문에, 실현된 변동성으로부터 체계적으로 다를 수 있다.

실제로, 우리는 리스크 프리미엄을 설명할 수 있는 증거를 찾을 수 있다. VIX는 주식시장의 변동과 음의 상관관계를 갖는다. 〈그림 7.7〉은 1990년부터 2009년 기간의 월간 수익을 나타낸다. 그래프는 현저하고 유의한 음의 기울기를 갖고 있다. 이는 시장이 하락할 때, VIX는 상승하는 경향이 있음을 시사한다. 이 상황에서 델타-헤지된 옵션 매도는 손실을 초래한다.

그림 7.7 S&P 수익과 VIX 변화 사이의 관계

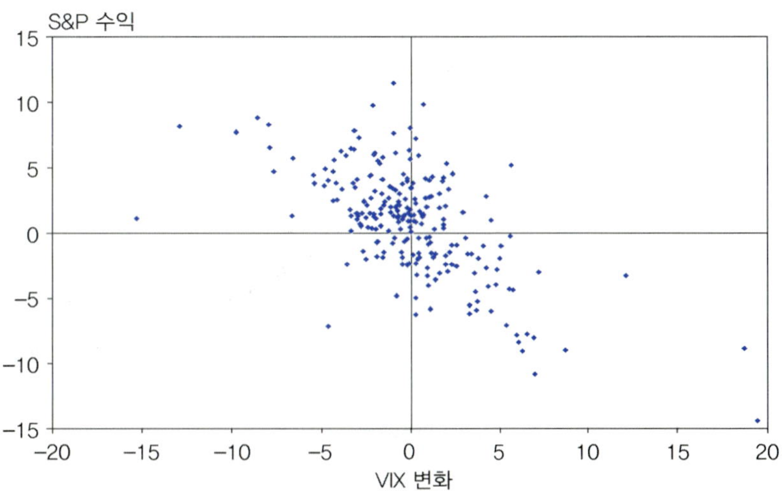

따라서 델타-중립 포트폴리오(동태적으로 헤지된, 옵션 매도 포지션)는 음의 베타를 갖는다. 이는 주식시장이 하락할 때 손실을 입는 경향이 있다. 이 점은 왜 변동성 매도 거래전략이 시간이 지나면 이익을 얻는 경향이 있는지 설명할 수 있다. 이 이익은 단순히 주식 프리미엄의 일부를 반영하는 것일 수 있다.

7.4.4 일반적 시사점

동태적 헤지는 더 많은 일반적 시사점을 갖고 있다. 이 자동적 거래 시스템은 만약 대규모로 적용되면 잠재적 불안정 요인이다. 가격 하락기의 매도는 하락 움직임을 악화시킬 수 있다. 1987년의 주가폭락은 포트폴리오보험 전술가들이 하락시장에서 대규모 매도를 했기 때문이라는 주장이 있다. 포트폴리오보험 전술가들은 실질적으로 풋옵션의 매수포지션을 복제하고 있었고, 시장이 하락할 때 맹목적으로 매도하였다.

또 하나의 요점은 가격하락 후 매도하는 이 패턴은 건전한 리스크관리 관행과 비슷하다는 것이다. 전형적으로, 트레이더들은 큰 손실을 입으면 포지션을 축소해야 한다. 이는 S가 하락할 때, Δ를 낮추는 것과 비슷하다. 따라서 손실제한 정책은 옵션의 매수 포지션과 유사점을 갖고 있다. 그들은 양의 감마, 대규모 손실의 가능성 축소, 그리고 양의 왜도를 갖는다.

예제 7.4 : FRM 시험 2009 - 문제 4-25

당신은 은행의 파생상품 부서를 담당하는 리스크관리 담당자이다. 어떤 트레이더가 콜옵션 300계약을 매도했다. 각 계약은 Nissan Motors 100주에 대한 것이고, 만기 90일 행사가격 1.80달러이다. 1주당 옵션의 델타는 0.60이다. 당신은 기초자산 18,000주를 매입함으로써, 옵션의 노출을 헤지했다. 다음날, 주가가 하락하고 옵션의 델타는 0.54로 줄었다. 옵션의 헤지 상태를 유지하기 위해, 당신은 무엇을 해야 하는가?

a. Nissan Motors의 18,000주 매입
b. Nissan Motors의 18,000주 매도
c. Nissan Motors의 1,080주 매입
d. Nissan Motors의 1,080주 매도

예제 7.5 : 동태적 헤지의 이익

트레이더가 만기까지 델타-헤지를 목적으로 등가격 콜옵션을 매입한다. 다음 중 옵션 기간 동안 가장 이익이 높을 수 있는 것은 무엇인가?

a. 내재변동성의 증가
b. 옵션 기간 동안 기초가격의 꾸준한 증가
c. 옵션 기간 동안 기초가격의 꾸준한 하락
d. 옵션 기간 동안 기초가격이 행사가격 근처를 오르내리는 드리프트

예제 7.6 : FRM 시험 2004 – 문제 26

어떤 무배당 주식의 현재 가치는 주당 100달러이다. 당신은 이 주식 100주에 대한 6개월 만기 유러피언 콜옵션 계약을 주당 행사가격 101달러에 매도했다. 옵션 매도의 리스크를 헤지하기 위해, 동태적 델타-헤지 구조를 이용하려 한다. 옵션의 델타는 0.50이다. 만약 주가가 주당 99달러로 하락하면, 델타는 0.44로 하락할 것으로 믿어진다. 델타-중립적 포지션을 만들기 위해, 현재(즉, 옵션 계약을 발행한 직후) 어떤 행동을 해야 하는가? 옵션 발행 후, 만약 주가가 주당 99달러로 하락하면, 그 시점(즉, 이후)에 델타-헤지 포지션의 재조정을 위해 어떤 행동을 취해야 하는가?

a. **현재**: 50주 매입; **이후**: 6주 매입
b. **현재**: 50주 매입; **이후**: 6주 매도
c. **현재**: 50주 매도; **이후**: 6주 매입
d. **현재**: 50주 매도; **이후**: 6주 매도

예제 7.7 : FRM 시험 2009 – 문제 5-3

트레이더 A는 행사가격 100달러 및 배리어 96달러의 다운앤아웃(down-and-out) 콜옵션을 트레이더 B로부터 매입한다. 두 트레이더는 배리어에서 델타-헤지를 해소해야 한다. 만약 가격 갭이 그들이 배리어에서 나가는 것을 방해한다면, 어느 트레이더가 더 큰 리스크에 노출되는가?

a. 트레이더 A가 더 위험하다.
b. 트레이더 B가 더 위험하다.
c. 두 트레이더는 동일하게 위험하다.
d. 둘 다 헤지되었기 때문에 누구도 위험하지 않다.

7.5 전환채권과 신주인수권

7.5.1 개념

이제 전환채권과 신주인수권을 다룬다. 이 수단들은 옵션적 특징을 갖고 있으나 일반적 옵션으로부터 구별된다. 예를 들어, 콜옵션이 행사될 때 매수자는 매도자로부터 주식을 매입한다. 주식의 순발행은 없다. 그러나 전환채권, 신주인수권, 그리고 경영자 주식옵션의 행사는 신주발행을 수반한다. 회사 스스로 옵션을 발행했기 때문이다. 주식 수가 증가하기 때문에, 기존 주식은 신주발행에 의해 **희석**(diluted)된다.

신주인수권(warrant)은 회사 스스로 자신의 주식에 대해 발행한 장기 콜옵션이다. 이는 전형적으로 채권과 함께 발행되었으나, 원래 부가되었던 채권으로부터 분리되어 거래된다. 신주인수권이 행사될 때, 결국 신주를 발행하는 기업으로 현금유입이 발생한다.

전환채권(convertible bond)은 회사 스스로에 의해 발행된 채권이다. 이 채권은 특정 시기에 미리 정해진 교환비율에 의해 주식으로 전환될 수 있다. 이는 일반적 채권과 신주인수권을 합친 것과 동등하다. 이것은 회사로 하여금 더 낮은 이표율로 부채를 발행할 수 있도록 한다.

예를 들어, **전환비율**(conversion ratio) 10인 채권은 보유자로 하여금 기준가 1,000달러인 채권을 보통주 10주로 전환할 수 있도록 한다. **전환가격**(conversion price)은 사실상 옵션의 행사가격이며, $1,000/10=$100이다. 회사는 전형적으로 깊은 외가격에서, 예를 들어 주식가격이 50달러일 때 전환채권을 발행한다. 주식가격이 예를 들어 120달러로 변동하면, 채권은 주식으로 전환되어 즉각적인 옵션 이익 ($120−$100)×10=$200을 낼 수 있다.

〈그림 7.8〉은 전환채권의 가치와 **전환가치**(conversion value)의 관계를 나타낸다. 전환가치는 현재 주식가격과 전환비율의 곱으로 정의된다. 전환채권 가치는 동일한 조건의 일반채권 가치 및 전환가치보다 커야 한다.

주식가격이 높을 때, 기업의 부도가능성은 낮고, 일반채권 가치는 안정적이며 무위험이자율로 할인된 현금흐름을 반영한다. 이 상황에서, 옵션 행사는 거의 확실하며 전환채권의 가치는 전환가치에 근접한다. 주식가격이 낮을 때, 기업의 부도가능성이 존재하고, 일반채권 가격은 부도손실을 반영하여 하락한다. 이 경우, 전환채권은 **버스트**(busted)되었다고 한다. 이 상황에서 옵션이 행사되지 않을 것은 거의 확실하고, 전환채권의 가치는 일반채권

그림 7.8 전환채권 가격과 전환가치

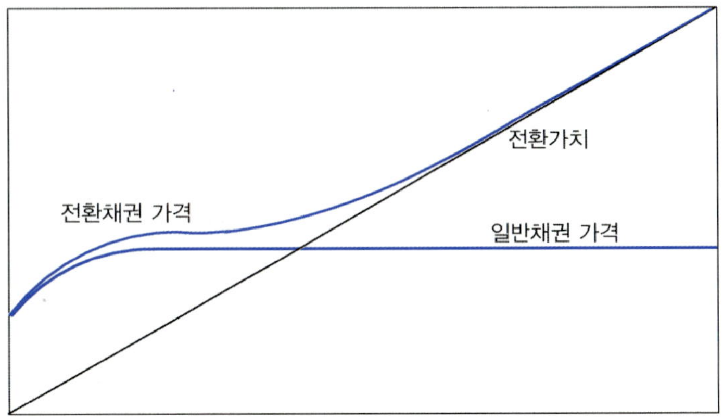

가치에 근접한다. 중간 영역에서, 전환채권의 가치는 전환가치 및 일반채권 가치 모두에 의존한다.

사례 전환채권

연간 이표율 8%, 만기 10년, 액면가 1,000달러의 전환채권을 고려하자. 동일 회사에 의해 발행된 비슷한 만기의 일반채권 수익률은 현재 8.5%이다. 일반채권의 현재 가치는 967달러이다. 채권은 10대 1의 비율로 주식으로 전환될 수 있다.

먼저 주식가격은 10달러로 가정하자. 전환가치는 500달러이며, 부채의 가치 967달러보다 훨씬 작다. 이는 〈그림 7.8〉의 왼쪽 영역에 해당한다. 만약 전환채권이 972달러에 거래되면, 예상 수익률은 8.42%이다. 이는, 옵션의 가치는 거의 없으므로, 일반채권의 수익률과 비슷하다.

다음에는 주가가 150달러라고 가정하자. 전환가치는 1,500달러이며, 일반채권 가치 967달러보다 훨씬 높다. 이는 〈그림 7.8〉의 오른쪽 영역에 해당한다. 만약 전환채권이 1,505달러에 거래되면, 예상 수익률은 2.29%이다. 이 경우 전환옵션은 내가격이며, 왜 수익률이 이렇게 낮은지 설명해준다.

한 가지 복잡한 문제는 대다수 전환채권은 기업의 재량에 의해 중도상환될 수 있다는 점이다. 전환증권은 몇 가지 이유로 중도상환될 수 있다. 첫째, 주식가격이 충분히 높을 때, 채권은 보통주로의 전환 강요를 위해 중도상환될 수 있다. 채권자는 전형적으로 1개월의 전환기간을 갖는다. 이 경우 **강요된 전환**(forced conversion)이다. 이 중도상환 특약은 회사로 하여금 전환에 대한 더 많은 통제권을 갖게 만든다. 또한, 채권자들로 하여금 행사가격을 지불하도록 강요함으로써, 회사는 자기자본을 조달할 수 있도록 만든다.

둘째, 옵션의 가치가 없을 때 중도상환옵션이 행사될 수 있다. 기업은 더 낮은 이자율로 부채를 재조달할 수 있다. 이는 비전환채권의 중도상환과 비슷하다. 다만 전환채권은 버스트 상태이어야 하며, 이는 주식가격이 전환가격보다 훨씬 낮을 때 발생한다.

7.5.2 평가

신주인수권과 전환채권은 표준적 옵션평가 모형을 신주의 희석효과에 대해 응용하면 평가될 수 있다. 회사가 N주의 주식과 M개의 신주인수권을 발행한 경우를 생각해보자. 각 신주인수권은 보유자로 하여금 고정된 가격 K에 γ주를 살 수 있도록 한다. 초기에, 기업의 자기자본 가치는 신주인수권을 포함한다. 즉, 다음과 같다.

$$V_0 = NS_0 + MW_0 \tag{7.16}$$

여기에서, S_0은 신주인수권 발행 직전의 주식가격이고, W_0은 신주인수권의 최초 가치이다.

희석 후 기업의 자기자본 총가치는 행사 전(신주인수권의 초기 가치를 포함하는) 자기자본 가치와 행사 수입의 합(즉, $V_T + M\gamma K$)을 포함한다. 주식 수는 $N+\gamma M$으로 증가한다. 신주인수권 보유자의 총수익은 다음과 같다.

$$W_T = \gamma \text{Max}(S_T - K, 0) = \gamma(S_T - K) = \gamma\left(\frac{V_T + M\gamma K}{N+\gamma M} - K\right) \tag{7.17}$$

이 값은 항상 양수이다. 단순화되면, 이 수식은 다음과 같다.

$$W_T = \gamma\left(\frac{V_T - NK}{N+\gamma M}\right) = \frac{\gamma}{N+\gamma M}(V_T - NK) = \frac{\gamma N}{N+\gamma M}\left(\frac{V_T}{N} - N\right) \tag{7.18}$$

이 수식은 주식가격에 대한 $n = \gamma N/(N+\gamma M)$개의 옵션과 동등하다. 신주인수권은 표준적 옵션모형에 의해 평가될 수 있다. 이 때 자산가격은 주가와 신주인수권 수입의 합에 배수 n을 곱한 값과 같다.

$$W_0 = n \times c\left(S_0 + \frac{M}{N} W_0, K, \tau, \sigma, r, d\right) \tag{7.19}$$

이 수식의 모수들은 통상적인 것들이다. 여기에서, 단위 기초자산 가치는 $\frac{V_0}{N} = S_0 + \frac{M}{N} W_0$ 이다. 이 수식은 W_0이 두 변에 모두 나타나기 때문에, 반복시행으로 풀이되어야 한다. 그러나 만약 M이 현재의 유통, 또는 발행 주식 수 N에 비해 작으면, 공식은 금액 γ단위의 단순한 콜옵션으로 축약된다.

$$W_0 = \gamma\, c(S_0, K, \tau, \sigma, r, d) \tag{7.20}$$

사례 전환채권의 평가

무이표 10년 만기 액면가 1,000달러의 전환채권을 생각해보자. 동일 회사에 의해 발행된 비슷한 만기의 일반채권의 수익률은 연속복리를 이용하면, 현재 8.158%이다. 일반채권의 가치는 442.29달러이다.

채권은 만기에만 10대 1의 비율로 보통주로 전환될 수 있다. 따라서 행사가격은 $K=$ \$100이다. 현재 주식가격은 60달러이다. 주식은 배당을 지급하지 않으며, 연간 변동성은 30%이다. 무위험이자율은 연속복리로 5%이다.

희석효과를 무시하면, 블랙-숄즈 모형은 옵션가치 216.79달러를 산출한다. 따라서 전환채권의 이론가격은 $P=\$442.29+\$216.79=\$659.08$이다. 만약 시장가격이 659달러보다 낮으면, 전환채권은 싸다고 할 수 있다. 물론, 이는 평가모형과 투입 가정이 옳다고 가정한 것이다.

7.5.3 리스크관리

전환채권은 기업 주식에 대한 콜옵션의 매수포지션을 포함함을 보았다. 따라서 옵션가치는 옵션에 영향을 미치는 일반적 요인에 의해, 특히 주가 상승과 내재변동성이 증가하면 상승해야 한다. 만약 전환채권이 기업에 의해 중도상환될 수 있으면, 전환옵션은 더 복잡하다. 중도상환 옵션은 채권 투자자의 옵션 매도 포지션이다. 또한, 전환채권의 가치는 일반 회사채처럼 이자율과 신용스프레드 상승에도 노출된다.

일부 헤지펀드 전략은 **전환채권 차익거래**(convertible bond arbitrage)에 기초한다. 이는 제20장에서 더 상세히 다루어진다. 이 헤지펀드 매니저들은 전형적으로 저렴한 전환채권을 매입하고, 이 결과인 델타를 기초주식을 매도함으로써 헤지한다. 매도 포지션은 **감마 거래**(gamma trading)로도 불리는 동태적 거래에 의해 적극적으로 관리된다. 옵션 매수 포지션의 복제는 손실을 초래하게 된다는 것을 상기하자. 한편, 전환채권 차익거래 매니저는 콜옵션의 매도 포지션을 복제한다. 이는 궁극적으로 실현된 변동성에 의존하는 이익을 창출한다. 만약 내재변동성이 충분히 낮으면, 이 활동들은 전체적으로 이익을 창출해야 한다.

전환채권으로부터 도출된 내재변동성은 VIX와는 다름을 인식하는 것이 중요하다. VIX는 거래소에 상장된 옵션들로부터 도출된 단기 변동성이다. 전환채권의 내재변동성은 유동성 요인에도 영향 받는 전환채권 가치를 반영한다. 실제로, 2008년에 VIX는 최고로 상승했음에도 불구하고, 전환채권 시장은 가치를 상실했다. 이는 채권시장의 심각한 유동성 문제를 반영했다. 프라임 브로커들은 헤지펀드로 하여금 부채를 축소하도록 만들었고, 이는 매수자가 거의 없는 시장에서 전환채권의 매도를 강요했다. 이 문제는 미국 증권거래위원회(SEC)가 주식 공매도를 규제했을 때 더 악화되었고, 전환채권 헤지 전략을 황폐화시켰다. 이것이 왜 Credit Suisse First Boston(CSFB)의 전환채권 차익거래 헤지펀드 지수가 2008년에 가치의 32%를 잃었는지 대략적으로 설명한다. 그러나 다음 해에 이 시장은 47% 상승했다.

예제 7.8 : 전환사채의 의사결정

액면가 100달러의 어떤 회사채는 40달러에 보통주로 전환가능하다. 회사는 106달러에 중도상환옵션을 행사했다. 채권은 현재 115달러에 팔리고, 주식의 현재 시장가격은 45달러이다. 채권보유자의 행동 가운데 가장 높은 가능성을 가진 것은 무엇인가?

a. 채권을 매도한다.
b. 채권을 보통주로 전환한다.
c. 기업이 106달러에 채권을 중도상환할 수 있도록 허용한다.
d. 모두 옳지 않다.

예제 7.9 : 전환채권의 중도상환옵션

전환채권이 일반적으로 콜옵션과 함께 발행되는 가장 중요한 이유는 무엇인가?

a. 투자자들의 분석을 더 어렵게 만들기 위해
b. 원치 않는 주식의 공개매입으로부터 보호하기 위해
c. 듀레이션을 줄이기 위해

d. 만약 내가격이면, 전환을 유도하기 위해

예제 7.10 : FRM 시험 2009 - 문제 3-20

이자율 변동성과 주가 변동성의 하락은 중도상환 전환채권의 가치에 어떤 영향을 주는가?

a. 이자율 변동성과 주가 변동성에 기인한 가치 상승
b. 각각 가치의 상승과 하락
c. 각각 가치의 하락과 상승
d. 둘 모두에 기인한 가치의 하락

7.6 중요 공식

- 내재 표준편차, 또는 변동성 ISD : $f^{-1}(c_t, S_t, r_t, r_t^*, K, \tau)$
- Margrabe 모형 : S를 S_A로 대체, K를 S_B로 대체, 그리고
  $\sigma_{AB}^2 = \sigma_A^2 + \sigma_B^2 - 2\rho_{AB}\sigma_A\sigma_B$로 정의
- 교차환율 : $S_3(\text{EUR/GBP}) = \dfrac{S_1(\$/\text{GBP})}{S_2(\$/\text{EUR})}$, $\sigma_3^2 = \sigma_1^2 + \sigma_2^2 - 2\rho_{12}\sigma_1\sigma_2$
- 포트폴리오 평균 상관계수 : $\sigma_p^2 = \sum_{i=1}^N w_i^2\sigma_i^2 + 2\sum_{i=1}^N \sum_{j<i}^N w_i w_j(\rho)\sigma_i\sigma_j$으로부터 계산된 ρ
- 분산 스왑의 수익 : $V_T = (\sigma^2 - K_V)N$
- 발행된 분산 스왑의 평가 : $V_t = Ne^{-r\tau}[w(\sigma_{t_0,t}^2 - K_V) + (1-w)(K_t - K_V)]$
- 신주인수권 평가 : $W_0 = n \times c\left(S_0 + \dfrac{M}{N}W_0, K, \tau, \sigma, r, d\right)$

7.7 예제 풀이

예제 7.1: FRM 시험 2008 - 문제 2-11

c. 이 장부는 시장가격에 가장 가까운 가격을 산출하는 변동성을 사용함으로써 평가되

어야 한다. 이는 가장 비슷한 옵션의 ISD를 사용하는 것을 의미한다. 보기 a.에서 제시된 ATM ISD를 사용하면, OTM 옵션의 매도 포지션의 가치를 과소평가한다. 결국, 인위적으로 트레이더의 이익을 부풀린다.

예제 7.2: FRM 시험 2009 – 문제 5-1

b. 변동성 왜도는, 주식의 경우, 외가격(OTM) 풋옵션의 ISD가 ITM 풋옵션보다 크다는 것을 의미한다. 따라서 보기 I.은 옳다. 반대로, ITM 풋옵션, 또는 동등하게 OTM 콜옵션의 ISD는 ATM 옵션과 비슷하다. 따라서 보기 II.는 옳지 않다. 변동성 왜도는, 통화의 경우, 외가격 옵션의 ISD가 ATM 옵션보다 크다는 것을 의미한다. 따라서 보기 IV.는 옳다. 한편, OTM과 ITM 옵션은 비슷한 변동성을 가질 수 있다(통화옵션의 경우). 따라서 보기 III.은 옳지 않다.

예제 7.3: 내재 상관계수

d. JPY/EUR와 EUR/USD의 로그값들의 합계는 JPY/USD의 로그값이다. 즉, ln〔JPY/USD〕=ln〔JPY/EUR〕+ln〔EUR/USD〕이다. σ^2(JPY/USD)$=\sigma^2$(JPY/EUR)$+\sigma^2$(EUR/USD)$+2\rho\sigma$(JPY/EUR)σ(EUR/USD), 또는 $8^2=10^2+6^2+2\rho 10\times 6$, 또는 $2\rho 10\times 6=-72$, 또는 $\rho=-0.60$.

예제 7.4: FRM 시험 2009 – 문제 4-25

b. 먼저, 초기 매입액이 옳은지 확인한다. 이는 0.60×300×100=18,000주이다. 만약 델타가 0.06 하락하여 0.54가 되면, 리스크관리 담당자는 0.06×300×100=1,800주를 매도해야 한다.

예제 7.5: 동태적 헤지의 이익

d. 이 문제의 중요한 측면은 옵션이 만기까지 보유된다는 사실이다. 내재변동성의 변화는 옵션가치를 변화시키기 때문에, 보기 a.는 옳지 않다. 그러나 만기보유 시에는 영향이 없다. 동태적 포트폴리오의 이익은 실제 변동성이 초기 내재변동성과 다른지에 달려 있다. 옵션이 만기에 내가격이 되는지에는 의존하지 않으므로, 보기 b.와 c.는 옳지 않다. 이 포트폴리오는, 만약 실제 변동성이 작아서 가격이 행사가격 주변에서 움직이면, 이익을 얻을 것이다(보기 d.).

예제 7.6: FRM 시험 2004 – 문제 26

b. 동태적 헤지는 콜의 매수 포지션을 복제해야 한다. 양의 델타 때문에, 이는 $\Delta \times 100 = 50$주 매수를 의미한다. 만약 델타가 감소하면, 이 포지션은 $(0.5-0.44)\times 100=6$주를 매도함으로써 조정되어야 한다.

예제 7.7: FRM 시험 2009 – 문제 5-3

b. 각 트레이더는 헤지로서, 다운앤아웃(down-and-out) 콜옵션을 동태적으로 복제한다. 트레이더 B는 옵션을 매도했으므로, 콜의 매수 포지션을 복제해야 한다. 다운앤아웃 콜옵션의 헤지비율은 배리어 아래에서 0으로 하락하는 급격한 불연속성을 제외하면 일반적인 경우와 같다. 배리어 바로 위에서 트레이더 B는 헤지비율(즉, 0.4)만큼 자산을 매수한다. 가격이 배리어 아래로 하락하면, 트레이더 B는 큰 손실을 입을 것이다. 직관적으로 이 손실은 반대 포지션을 가진 트레이더 A의 이익이다.

예제 7.8: 전환채권의 의사결정

a. 전환비율은 여기에서는 전환가격으로 표현된다. 이 채권의 전환비율은 100달러가 40달러로, 또는 채권 1구좌의 2.5주로의 전환이다. 즉각적 전환의 수익은 $2.5\times\$45 = \$112.5$이다. 중도상환가격은 106달러이다. 시장가격이 중도상환가격 그리고 전환가치보다 높기 때문에 채권은 중도상환 청구된다. 가장 높은 가치는 채권을 매도함으로써 달성된다.

예제 7.9: 전환채권의 중도상환옵션

d. 회사는 이자가 일반채권보다 낮기 때문에 전환채권을 발행한다. 또한, 이 채권들은 유리한 비율에서 전환을 강요하기 위해 중도상환 가능하다. 예를 들어, 앞의 문제에서 전환은 기업에 대해 40달러의 가격으로 자기자본을 제공한다. 한편, 시장가격은 45달러이다.

예제 7.10: FRM 시험 2009 – 문제 3-20

b. 주가 변동성의 감소는 주식 전환옵션의 가치를 낮추고, 따라서 전환채권의 가치를 낮춘다. 이자율 변동성의 감소는 이자율 콜옵션의 가치를 감소시킨다. 채권투자자는 이자율 옵션을 매도한 포지션을 갖기 때문에 이는 전환채권의 가치를 높인다.

Chapter 8

부동산저당대출 유동화 증권의 리스크*

이 장은 부동산저당대출 유동화 증권(mortgage-backed security: MBS)의 평가와 리스크관리를 다룬다. 이들은 주거용 또는 상업용 부동산저당대출의 집합에 의해 담보되는 현금흐름을 가진 증권이다. MBS 시장은 **증권화**(securitization)의 한 예이다. 증권화는 자산집합을 만들고 이 집합에 대한 권리를 표시하는 증권을 발행하는 과정이다.

부동산저당대출의 상환은 전형적으로 연금으로 구조화되어 있으며, 이는 이자와 원금 상각을 포함하는 정기적인 지급을 수반한다. 그러나 부동산저당대출의 핵심적 특징의 하나는 주택소유자가 언제든지 원금을 상환할 수 있다는 것이다. 따라서 주택소유자는 조기상환 옵션을 매수하고 있다.

이는 MBS의 리스크 분석을 일반채권보다 상당히 복잡하게 만든다. 통상적인 이자율리스크와 신용리스크에 추가하여, MBS는 조기상환리스크를 포함한다. 이는 제8.1절에서 논의된다. 이 내포된 옵션매도 때문에, MBS는 변동성리스크에 노출된다. 이 점이 왜 MBS 증권의 수익률이 다른 증권보다 수익률 스프레드로 불리는 금액만큼 높은지 설명한다. 이 스프레드는 옵션요소와 옵션-조정 스프레드(OAS)로 분해될 수 있다.

제8.2절은 MBS와 증권화 과정을 논의한다. 최근의 신용위기에서 드러난 증권화 과정의 문제점을 다룬다. 마지막으로, 제8.3절은 MBS 상품을 부동산저당대출 담보부 증권(CMO)의 트란셰들로 나누는 작업을 설명한다.

* FRM 시험 Part 2 주제.

8.1 조기상환리스크

8.1.1 부동산저당대출의 연금 구조

일반적인 고정소득증권처럼 부동산저당대출 평가의 첫 단계는 예상되는 현금흐름을 배열하는 것이다. 부동산저당대출은 고정 또는 변동 금리 상환으로 구조화될 수 있다. 단순화를 위해, 매월 고정적 현금흐름 C_t를 가정한다. 가격-수익률 관계는 다음과 같다.

$$P = \sum_{t=1}^{T} \frac{C_t}{(1+y)^t} \tag{8.1}$$

100,000달러에 대해 연 수익률 6%를 제공하는 전형적인 30년 만기 고정금리 부동산저당대출을 생각해보자. 월간 상환금은 $C = \$600$이다. 초기에, 이 가운데 500달러는 이자 $I_t = (6\%/12) \times \$100{,}000$, 나머지 $P_t = C - I_t = \$100$는 원금을 상환한다. 다음 달 초에 원금은 99,900달러로 감소하므로, 다음 이자상환금은 감소하고 정기적 원금상환금은 증가한다. 만기에 근접하면, 연금 지급금의 대부분은 원금을 상환한다.

이 채권의 만기는 $T = 30$년이지만, 더 우수한 척도는 원금상환금의 시간적 프로파일을 고려하는 **평균 존속기간**(average life: AL)이다.

$$AL = \sum_{t=1}^{T} tP_t/P \tag{8.2}$$

이 경우 $AL = 19.3$년이다. 또한, 원금과 이자 상환금을 모두 고려하는 듀레이션 척도도 계산될 수 있다. 이 경우 $D = 10.8$년이다. 이것도 수익률 변동에 대한 채권가격의 민감도를 표현한다. 이 척도들은 다른 조건은 동일한 비균등상환 채권의 $AL = 30$과 $D = 14.0$에 비해, 상당히 낮다는 데 주목해야 한다.

부동산저당대출의 집합을 다룰 때, 그 특성은 가중평균 만기(WAM), 가중평균 금리(WAC), 그리고 가중평균 존속기간(WAL)에 의해 묘사된다.

8.1.2 조기상환 스프레드

그러나 고정 상환금의 경우에도, 주택소유자가 원금을 조기상환할 가능성이 있기 때문에 현금흐름은 불확실하다. 차입자 입장에서, 이는 옵션의 매수 포지션이다. 대여자에게 이는 매도 포지션이다.

어떤 경우 조기상환은 확률변수이다. 예를 들어, 주택소유자가 직장을 옮기거나 가정 사정 때문에 집을 팔 때이다. 다른 경우 조기상환은 더 예측가능하다. 이자율이 하락할 때, 주택소유자들은 더 낮은 비용으로 재조달할 수 있으므로 조기상환은 증가한다. 따라서 이는 회사채 시장에서 일반적인 중도상환채권과 비슷하다. 여기에서 차입자는 정해진 시점에 정해진 가격으로 채권을 다시 매수할 수 있는 옵션을 갖고 있다.[1)]

일반적으로, 이 요인들은 부동산저당대출의 재조달 패턴에 영향을 준다.

- **부동산저당대출 금리와 현재 이자율 사이의 스프레드** : 만약 현재의 부동산저당대출 금리가 주택소유자가 상환하는 금리 아래로 하락하면, 차입자는 더 낮은 이자율로 대출을 재조달할 유인을 갖는다. 따라서 스프레드 확대는 조기상환을 증가시킨다. 중도상환채권처럼 상당한 비용을 절감할 수 있으면, 큰 이득이 존재한다.
- **대출의 햇수** : 부동산저당대출의 실행 직후, 조기상환율은 일반적으로 낮다. 차입의 고정비용 때문일 것이다. 조기상환은 이후 시간경과와 함께 점점 증가하여 안정적 또는 성숙한 수준에 이른다. 이는 **성숙효과**(seasoning)로 알려져 있다.
- **재조달 유인** : 재조달비용이 낮을수록, 주택소유자가 빈번하게 재조달할 가능성은 증가한다.
- **이자율의 과거 경로** : 만약 이자율이 과거에 높았으나 최근 하락했으면, 재조달 가능성은 더 높다. 이 시나리오에서 조기상환은 과거에 낮았으나, 급격히 증가한다. 반대로 이자율이 상당 기간 낮았으면, 원금의 대부분은 이미 조기상환되었을 것이다. 이 경로의존성은 통상적으로 **번아웃**(burnout)으로 불린다.
- **부동산대출의 금리 수준** : 더 낮은 금리는 부담가능성과 회전율을 높인다.
- **경제활동** : 더 많은 근로자가 근무지를 옮기기 때문에 이직률이 증가하는 경제상황은 조기상환 가능성을 높인다.
- **계절적 영향** : 주택 매입은 전형적으로 봄에 빈번하며, 따라서 조기상환은 초가을에 증가한다.

1) 어떤 채권은 동시에 풋옵션도 포함한다. 즉, 투자자는 차입자에게 채권을 다시 매도할 수 있는 옵션을 갖고 있다. 이 경우 투자자는 옵션을 매수하고 있다.

그림 8.1 조기상환 패턴

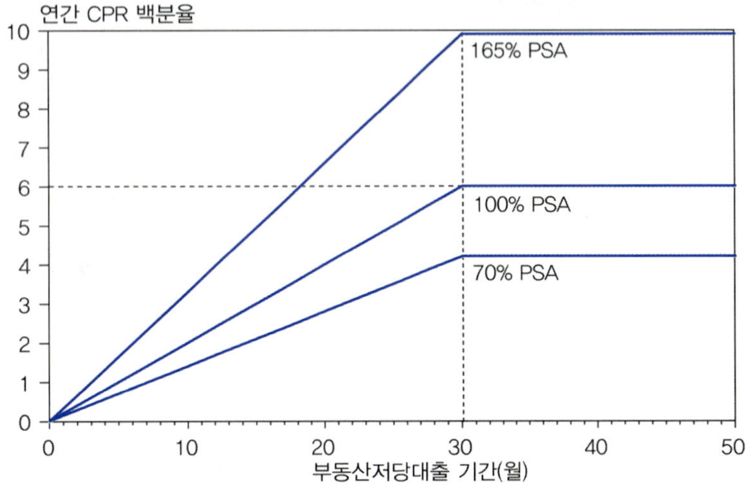

조기상환율은 소위 **조건부 조기상환율**(conditional prepayment rate: CPR)로 요약되며, 이는 연율화된 수치이다. 이 수치는 **월간 조기상환율**(single monthly mortality: SMM)로 알려진 월별 수치로 다음과 같이 변환될 수 있다.

$$(1-\text{SMM})^{12} = (1-\text{CPR}) \tag{8.3}$$

예를 들어, 연간 CPR=6%이면 조기상환된 원금의 월간 비율은 $\text{SMM}=1-(1-0.06)^{1/12}=0.005143$, 또는 월 0.514%이다. 월초 잔금(BMB)이 BMB=$50,525이고 예정된 원금(SP) 상환액이 SP=$67인 대출의 경우, 조기상환액은 0.005143×($50,525−$67)=$260일 것이다.

부동산저당대출을 평가하려면, 포트폴리오 매니저는 채권의 잔존기간에 걸친 예상 조기상환 일정을 만들어야 한다. 이는 앞에 기술된 모든 요인들에 의존한다.

조기상환은 **공모증권협회**(Public Securities Association: PSA)의 조기상환모형으로 알려진 업계표준에 대비하여 설정될 수 있다. PSA 모형은 CPR은 첫 달에 0.2%, 다음 30개월 동안 월 0.2%씩 증가하여 6%로 상승하고, 이후에는 유지된다고 가정한다. 공식적으로, 이는 다음과 같다.

$$\text{CPR}=\text{Min}[6\%\times(t/30),\ 6\%] \tag{8.4}$$

이 패턴은 〈그림 8.1〉에 100% PSA 속도로서 표현되어 있다. 관행적으로 조기상환 패턴은 PSA 속도의 백분율로 표시된다. 예를 들어, 165% PSA는 더 빠른 패턴, 70% PSA는 더 느린 패턴을 표현한다.

사례 CPR의 계산

20개월 전에 실행된 150% PSA의 부동산대출을 생각해보자. CPR과 SMM은 무엇인가? PSA 속도는 Min[6%×(20/30), 6%]=0.04이다. 인수 150을 적용하면, CPR=150%×0.04=0.06이다. 이는 SMM=0.514%를 의미한다.

다음 단계는, 조기상환 속도 패턴에 기초하여, 현금흐름을 예측하는 것이다. 〈그림 8.2〉는 액면금액 1백만 달러와 금리 6%의 30년 만기 대출의 현금흐름 패턴을 나타낸다. "조기상환 없는 경우"의 수평선은 전혀 조기상환 없는 고정적인 6,000달러의 연금 상환을 나타낸다. "100% PSA"선은 현금흐름이 증가하여 30개월 후에 정점에 이르고 이후에는 감소하는 패턴이다. 이 정점은 CPR의 6% 수준의 안정화에 상응한다. 이 패턴은 더 빠른 조기상

그림 8.2 다양한 PSA 속도의 현금흐름

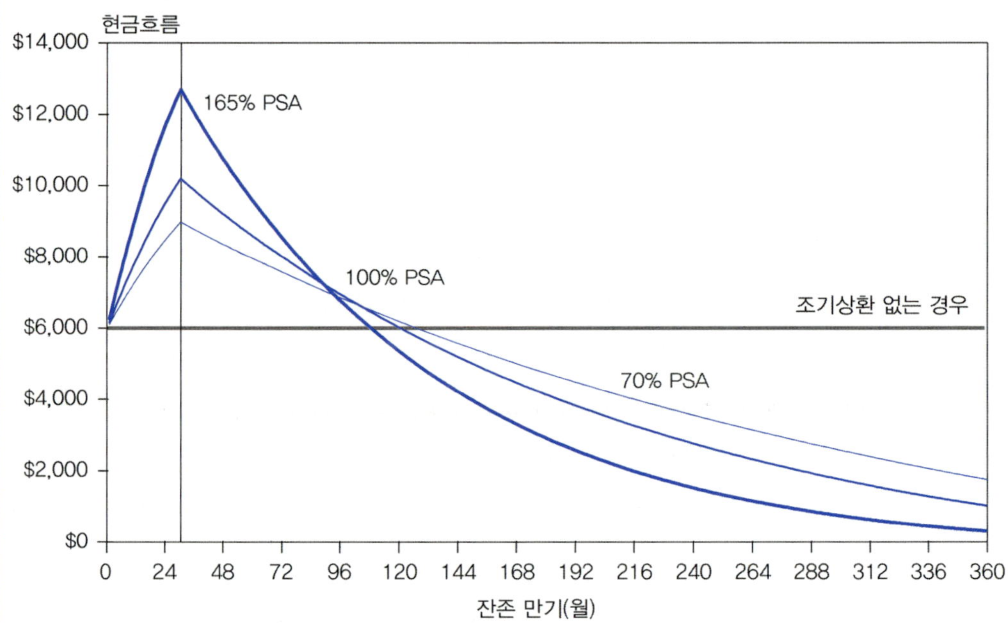

환을 가정하는 "165% PSA"선에서 더 현저하다.

빠른 조기상환은 이후의 상환액을 낮춘다. 이는 왜 100% PSA선이 초기에 70% 선보다 높고 원금이 더 빨리 상환됨에 따라 이후에 더 낮은지 설명한다.

예제 8.1 : FRM 시험 2008 - 문제 2-37

MBS는 기초자산이 부동산저당대출의 집합인, 증권의 한 종류이다. 차입자가 채무를 불이행하는 신용리스크에 추가하여, 부동산저당대출은 조기상환리스크를 갖고 있다. 차입자는 통상적으로 이자율의 유리한 변화 때문에, 대출을 일찍(언제든지) 조기상환할 수 있는 옵션을 갖고 있기 때문이다. 투자자 입장에서 부동산저당대출 유동화 증권은 조기상환 불가능 부동산저당대출 집합과 다음 중 무엇의 매수 포지션과 동등한가?

a. 기초자산에 대한 아메리칸 콜옵션의 매수
b. 기초자산에 대한 아메리칸 콜옵션의 매도
c. 기초자산에 대한 유러피언 풋옵션의 매도
d. 기초자산에 대한 아메리칸 풋옵션의 매수

예제 8.2 : SMM의 계산

부동산저당대출 유동화 증권의 연간 CPR이 6%라고 가정하자. 상응하는 월간 조기상환율(SMM)은 무엇인가?

a. 0.514% b. 0.334% c. 0.5% d. 1.355%

8.1.3 조기상환리스크의 측정

우리는 현금흐름을 예측했으므로, 이제 이들을 현재가치로 할인할 수 있다. 다음 단계는, 이 값들의 변화로부터 계산되는 리스크의 측정이다. 다른 고정소득 상품처럼 부동산저당대출은 이자율 등락에 기인하는 시장리스크 그리고 주택소유자의 부도에 기인하는 신용리스크에 노출된다. 앞에서 부동산저당대출은 원금이 일찍 상환되는 리스크인 조기상환리스크에 노출됨을 보았다.

예를 들어, 〈그림 8.3〉에 예시된, 8% 부동산저당대출을 생각해보자. 이자율이 6%로 하락하면, 주택소유자는 합리적으로 대출을 일찍 조기상환하고 재조달할 것이다. 비용 6%는 8%보다 낮기 때문이다. 대출의 평균 존속기간이 단축되기 때문에, 이는 **단축리스크**(con-

그림 8.3 부동산저당대출의 음의 컨벡시티

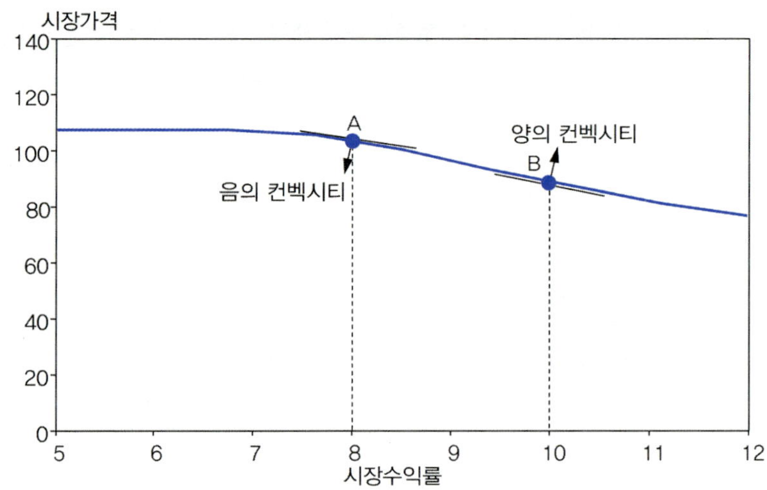

traction risk)로 불린다. 반대로, 만약 이자율이 10%로 상승하면, 주택소유자가 일찍 재조달할 가능성은 감소하고 조기상환은 감속할 것이다. 대출의 평균 존속기간이 확대되기 때문에, 이는 **연장리스크**(extension risk)로 불린다.

〈그림 8.3〉과 같이, 이 특성은 A점에서 음의 컨벡시티를 초래한다. 이는 부동산저당대출 투자자는 옵션 매도 포지션을 갖는다는 사실을 반영한다. 반대로 B점에서 이자율은 매우 높고, 주택소유자가 일찍 재조달할 가능성은 낮다. 따라서 옵션은 거의 무가치하고 부동산저당대출은 통상적 컨벡시티를 가진 일반채권과 비슷한 행태를 보인다.

이런 가변적 현금흐름 패턴은 표준적 듀레이션 척도의 신뢰성을 저해한다. 대신, 제1장에 설명된 것처럼 민감도 척도가 **유효 듀레이션**(effective duration)과 **유효 컨벡시티**(effective convexity)를 사용하여 계산된다. 이 척도들은 세 가지 수익률에서 추정된 부동산저당대출 가격에 기초한다. 이들은 어떻게 이자율 변화가 조기상환에 영향을 미치는지에 관해 적당한 가정을 만들어낸다.

〈표 8.1〉은 예를 제시한다. 경우마다, 우리는 25bp의 상승이동과 하락이동을 고려한다. 첫째 "불변" 패널에서, PSA 속도는 165 PSA에 고정된 것으로 가정된다. 둘째 "변동" 패널에서, 이자율이 하락하면 더 높은 PSA 속도, 이자율이 상승하면 더 낮은 PSA 속도를 가정한다. 이자율이 하락할 때, 부동산저당대출 가치는 상승하나 불변 PSA 속도의 경우보다 덜 상승한다. 이는 단축리스크를 반영한다. 이자율이 상승할 때, 부동산저당대출 가치는

조기상환 속도가 변하지 않는 경우보다 많이 감소한다. 이는 연장리스크를 반영한다.

표 8.1 유효 듀레이션과 컨벡시티의 계산

	초기	불변 PSA		변동 PSA	
수익률	7.50%	+25bp	−25bp	+25bp	−25bp
PSA		165 PSA	165 PSA	150 PSA	200 PSA
가격	100.125	98.75	101.50	98.7188	101.3438
듀레이션		5.49년		5.24년	
컨벡시티		0		−299	

유효 듀레이션(effective duration)은 다음과 같이 측정된다.

$$D^E = \frac{P(y_0 - \Delta y) - P(y_0 + \Delta y)}{(2P_0 \Delta y)} \tag{8.5}$$

유효 컨벡시티(effective convexity)는 다음과 같이 측정된다.

$$C^E = \left[\frac{P(y_0 - \Delta y) - P_0}{(P_0 \Delta y)} - \frac{P_0 - P(y_0 + \Delta y)}{(P_0 \Delta y)} \right] \Big/ \Delta y \tag{8.6}$$

첫째 "불변" 패널에서, 유효 듀레이션은 5.49년이고 유효 컨벡시티는 0에 가깝다. 둘째 "변동" 패널에서, 유효 듀레이션은 5.24년이고, 유효 컨벡시티는 음수이며, 예상대로 상당히 크다.

핵심 개념

부동산저당대출 투자는 음의 컨벡시티를 갖고 있다. 이는 주택소유자에게 허용된 일찍 조기상환할 수 있는 옵션의 매도 포지션을 반영한다. 이는 이자율이 상승할 때 연장리스크, 이자율이 하락할 때 단축리스크를 초래한다.

부동산저당대출의 옵션적 성격은 수익을 높인다. 증권이 높은 가치를 갖고 있는지 확인하기 위해, 포트폴리오 매니저는 옵션요소를 모형화해야 한다. 가장 보편적으로 사용되는 접근법은 **옵션조정 스프레드**(option-adjusted spread: OAS)이다.

우리는 **정태적 스프레드**(static spread)로부터 시작한다. 이는 MBS 수익률과 동일한 가중평균 존속기간을 가진 중기국채 수익률의 차이이다. 더 좋은 척도는 **제로 스프레드**(zero spread)이다. 이는 무이표 수익률에 가산되는 고정 스프레드이며, 예상 현금흐름의 할인된 가치를 현재 가격과 일치하도록 만드는 값이다.

$$P = \sum_{t=1}^{T} \frac{C_t}{(1 + R_t + ZS)^t} \tag{8.7}$$

OAS 방법은 다양한 이자율과 조기상환 시나리오를 시뮬레이션함으로써, 옵션비용을 계산한다. OAS는 다음과 같이 조정된 스프레드로 측정된다.

$$\text{OAS} = \text{제로 스프레드} - \text{옵션 비용} \tag{8.8}$$

이 값은 금융상품의 순 가산금리를 나타낸다. 동일한 리스크집단 내에서, 증권거래의 OAS는 높을수록 유리하다.

OAS는 시간의 흐름에 대해 스프레드보다 안정적이다. 후자는 옵션요소의 영향을 받기 때문이다. 이는 왜 시장 활황기에(예를 들어, 장기국채 수익률이 하락할 때), 이표채 형태의 부동산저당대출의 수익률 스프레드가 증가하는지 설명한다. 이 부동산저당대출들은 일찍 조기상환될 가능성이 더 높으며 따라서 덜 매력적이다. 이들의 옵션비용은 상승하며, 수익률 스프레드를 높인다. 또한 이자율의 변동성이 증가할 때, 옵션비용은 상승하며 제로 스프레드도 높이는 경향이 있다.

예제 8.3 : FRM 시험 2000 – 문제 3

낮은 프리미엄의 부동산저당대출 패스쓰루(pass through) 증권의 전형적인 가격 행태는 무엇인가?

a. 미국 장기국채와 비슷하다.
b. 플레인-바닐라 회사채와 비슷하다.
c. 이자율이 하락할 때, 가격 상승폭은 동일한 듀레이션의 미국 장기국채보다 크다.
d. 이자율이 하락할 때, 가격 상승폭은 동일한 듀레이션의 미국 장기국채를 시차를 두고 뒤따른다.

예제 8.4 : FRM 시험 2003 – 문제 52

다음 가격-수익률 곡선은 어떤 종류의 채권을 나타내는가? 그리고 어떤 수익률 수준에서 컨벡시티는 0인가?

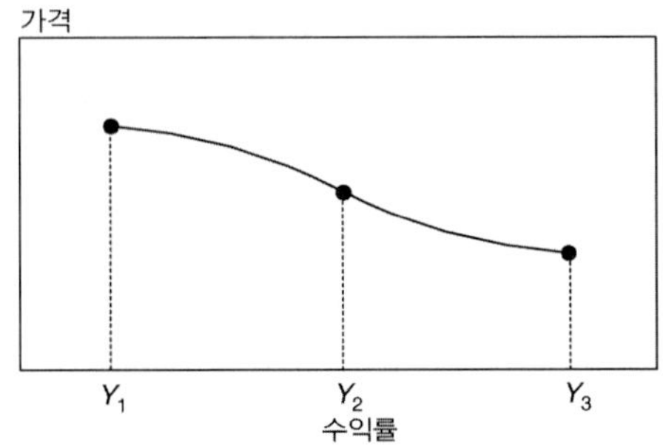

a. 풋옵션이 부가되고, Y_2에서 컨벡시티가 0에 가까운 채권
b. 풋옵션이 부가되고, Y_1과 Y_3에서 컨벡시티가 0에 가까운 채권
c. 콜옵션이 부가되고, Y_2에서 컨벡시티가 0에 가까운 채권
d. 콜옵션이 부가되고, Y_1과 Y_3에서 컨벡시티가 0에 가까운 채권

예제 8.5 : FRM 시험 2006 – 문제 93

당신은 콜옵션이 부가된 비슷한(같은 신용등급, 만기, 유동성, 이자율) 미국 회사채 두 종목을 분석하고 있다. 다음 자료는 미국 장기국채 수익률을 상회하는 명목 스프레드, Z 스프레드, 미국 장기국채 현물곡선에 대비한 옵션-조정 스프레드(OAS)이다.

	X	Y
명목 스프레드	145	130
Z 스프레드	120	115
OAS	100	105

비슷한 무옵션 채권에 대한 시장의 명목 스프레드는 100 베이시스 포인트이다. 다음 보기 중 옳은 것은 무엇인가?

a. X만 저평가되어 있다.
b. Y만 저평가되어 있다.
c. X와 Y 모두 저평가되어 있다.
d. X 또는 Y 어느 것도 저평가되어 있지 않다.

8.2 증권화

8.2.1 증권화의 원리

부동산저당대출의 문제점의 하나는 거래될 수 없다는 것이다. 과거에 이들은 저축대부조합 같은 금융기관에 의해 발행되고 보유되었다. 그러나 이런 관행은 효율적으로 헤지할 능력이 없는 업체에 리스크를 집중시킨다. 또한 부동산저당대출로 유입될 수 있는 자본을 제한한다. **부동산저당대출 유동화 증권**(mortgage-backed security: MBS)은 이 문제를 해결하기 위해 고안되었다. MBS는 거래가능한 증권이며, 부동산저당대출의 집합에 대한 청구권을 표시한다.[2)]

이는 증권화의 예이다. 증권화는 자산을 모으고 이 집합에 대한 권리를 표시하는 증권을 발행하는 과정이다. 이 자산들은 **발행기관**(originator, 또는 issuer)에 의해 만들어진다.

이 과정의 첫 단계는 **특수목적회사**(special-purpose vehicle: SPV 또는 special-purpose entity: SPE)로 불리는 새로운 법적 주체를 설립하는 것이다. 발행기관은 자산집합을 구성하고, SPV에 매각한다. 다음 단계에서 SPV는 그 금융자산들에 기초하는 거래가능한 청구권 또는 증권을 발행한다. 〈그림 8.4〉는 기본적 증권화 구조를 나타낸다.

이 구조의 주요 장점은 자산유동화증권(ABS) 투자자를 발행기관의 신용리스크로부터 보호한다는 것이다. 그러나 이는 SPV에 대한 실질적 자산매각을 요구한다. 그렇지 않으면 발행기관의 채권자는 파산처리 과정에서 SPV의 자산을 압류하려고 시도할 수 있다. 다른 장점은 집합화는 다양한 자산에 걸친 미리 만들어진 분산투자효과를 제공한다는 것이다.

증권화의 성장은 모든 사람들에 대한 주요 자본제공자인 은행의 **탈중개화**(disintermediation)에 의해 가속화되었다. 은행은 금융중개자로 기능할 때, (대차대조표에 부채로 기록되는) 자금을 조달하여 (자산으로 기록되는) 대출을 제공한다. 증권화에 의해 자산과 부채는 모두 대차대조표에서 사라진다. 따라서 영업을 위해 필요한 자기자본을 덜 요구한다. 증권화는 발행기관이 자기자본을 덜 보유할 수 있도록 허용함으로써 자본규제를 완화시킨다. 예를 들어, 부동산저당대출의 요구자본이 너무 높으면, 은행은 부동산저당대출을 증권으로 분사화함으로써 이득을 얻을 것이다. 필요 자기자본이 급격히 감소하기 때문이다.

2) MBS 시장은 1980년대 초에 주로 Solomon Brothers에 의해 개발되었다. 이는 대단히 흥미로운 책인 Michael Lewis, *Liar's Poker* (New York: Norton, 1989)에 기술되어 있다.

그림 8.4 증권화

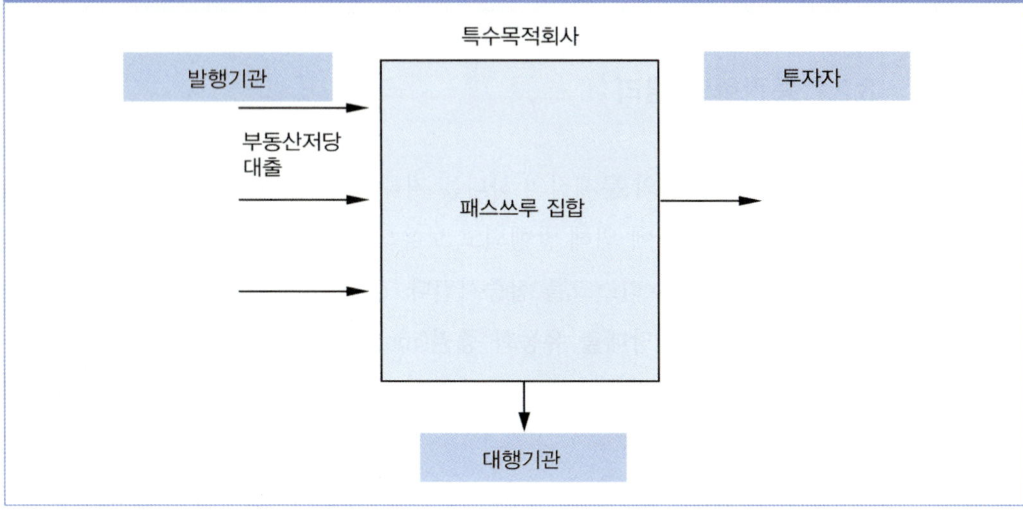

증권화는 발행기관에게 추가적 자금조달 원천이 된다. 증권화는 은행의 리스크 프로파일 관리에도 이용될 수 있다. 만약 증권화된 자산이 은행의 나머지 자산들과 같은 리스크를 갖고 있으면, 은행의 규모는 축소되어도 상대적 위험은 변하지 않는다. 한편, 담보자산이 나머지 자산에 비해 훨씬 더 위험하면, 은행은 증권화를 통해 리스크 프로파일을 낮출 것이다.

모든 종류의 자산이 ABS에 포함될 수 있다. 부동산저당대출, 자동차대출, 학자금대출, 카드대금, 외상매출금, 그리고 부채증권이 포함된다. 이 자산들은 **담보**(collateral)로 불린다. 일반적으로, 담보자산에 대한 상환금을 수취하는 일은 계속적인 서비스 업무를 요구한다. 이는 **대행기관**(servicing agent)에 의해 수행된다. 통상적으로 발행기관이 대행업무도 수행하고, 수수료를 받는다.

자산의 현금흐름은 수수료 차감 후에, SPV를 거쳐 증권소유자들에게로 지급된다. 증권화가 **패스쓰루**(pass-through)로 구조화되면, 단일 채권집단이 존재하고 모든 투자자들은 현금흐름을 같은 비율로 받는다. SPV가 상이한 증권집단을 발행하면, 채권들은 **트란셰**(tranche)로 불린다.[3] 또한 제13장에서 보게 될 것처럼 ABS 트란셰에 대한 청구권을 교환하기 위한 파생상품이 만들어질 수 있다.

지금까지 우리는 대차대조표 난외 증권화를 살펴보았다. 다른 집단은 대차대조표 난내 증권화이며, 이는 **보호된 채권**(covered bond) 또는 독일어로 Pfandbriefe로 불린다. 이 구

3) 이는 케이크 같은 물건의 조각(slice)에 해당하는 프랑스어 단어이다.

조 안에서 은행은 대출을 일으키고, 이 대출에 의해 담보된 증권을 발행한다. 이 거래는 장부에 기입된다. 이 구조는 담보부 회사채와 비슷하나 많은 유럽 시민법 국가들에서 더 강력한 법적 보호를 받는다. 다른 차이는 부동산저당대출의 부도가 발생하면, 투자자들이 은행에 대해 청구권을 갖는 것이다. 결과적으로, 은행은 신용리스크에 대한 보증을 제공한다.

MBS 증권화의 경우, 담보는 주거용 또는 상업용 부동산저당대출로 이루어진다. 이들은 각각 RMBS와 CMBS로 불린다. 이들의 기본적 현금흐름 패턴은 주택소유자가 원금과 이자를 갚기 위해 매월 고정적 상환금을 지급하는 연금으로부터 시작한다. 결국, 이 현금흐름들의 순현재가치는 이자율리스크, 조기상환리스크, 그리고 채무불이행리스크에 노출된다.

그러나 실제로 대다수 MBS는 신용리스크에 대한 제3자 보증을 갖고 있다. 예를 들어, Fannie Mae에 의해 발행된 MBS는 원래 차입자가 도산하는 경우에도, 이자와 원금 전액에 대한 보증을 갖고 있다. Fannie Mae는 미국 정부에 의해 보증된 기관이다. 이 경우 **정부보증 사업**(government-sponsored enterprise: GSE)이 **부동산저당대출 발행기관**(mortgage issuer)이다. 이런 부동산대출 패스쓰루는 때로 **참가증권**(participation certificate)으로 불린다.

한편, 민간 발행 MBS는 신용리스크에 노출되며, 신용등급 평가를 받는 경우가 있다. 기초 부동산저당대출의 신용리스크는 FICO **신용평점**(FICO credit score) 같은 차입자 신용의 척도에 의해 평가될 수 있다.[4] 다른 요인들은 주택가치 대비 대출의 비율, 차입자의 소득이나 자산 대비 채무의 비율, 그리고 대출에 수반되는 서류를 포함한다. 최저 신용등급의 대출은 전형적으로 FICO 평점이 640 미만이며, **서브프라임**(subprime)으로 불린다. 프라임과 서브프라임 대출의 중간에서 Alt-A 대출은 비표준적 특성을 포함하나 A등급 신용도의 차입자를 갖고 있다.

8.2.2 증권화의 이슈

2007년에 시작했던 금융위기는 증권화 과정의 심각한 문제점을 드러냈다. 증권화는 은행으로 하여금 대차대조표로부터 자산을 이동시킬 수 있도록 만들었다. 은행의 자본을 자유롭게 하고, 리스크를 많은 투자자들에게 분산하였다. 이론적으로 이는 실질적 이득을 제공하였다.

4) Fair Isaac Corporation(FICO)는 공개적으로 거래되는 기업이다(Bill Fair and Earl Issac에 의해 설립). 널리 사용되는 소비자 신용등급 척도를 제공한다. FICO 평점은 300과 850의 범위에 있으며, 중앙값은 723이다.

실제로는 **발행-분배**(originate-to-distribute) 모형의 실패가 신용위기에 기여했다. 이 모형은 인수, 신용평가, 그리고 투자자 실사를 포함하는 많은 핵심적 부분에서 실패했다.

전통적인 은행 모형에서, 은행이나 저축기관은 부동산저당대출을 인수하고 대차대조표에 유지한다. 이는 대출을 신중하게 심사하고 품질을 자세히 감시할 유인을 만들어낸다. 그러나 대출이 증권화되면, 발행기관은 대출의 품질에 관심을 기울일 유인을 덜 갖는다. 수입이 발행금액에 의존하기 때문이다. 결국 다른 주체가 손실을 부담한다. 이는 열등한 품질의 대출, 특히 서브프라임 등급 대출의 대량 증가를 초래했다. 이들은 증권으로 포장되었고, 상당히 빨리 부실화하였다. 이는 **도덕적 해이**(moral hazard) 문제이다. 여기에서 금융기관은 사업의 리스크에 완전히 노출된 경우와는 달리 행동한다.

은행이 대출의 증권화를 결정할 때, 분산투자나 자본활용이 아닌 차입자에 관한 부정적 정보 때문에 추가적 문제가 발생한다. 이는 증권화된 대출 가운데 낮은 품질의 대출로 체계적 편의를 초래한다. 자산유동화 증권 투자자들은 스스로를 보호하기 위해 발행 은행으로 하여금 리스크의 일부를 보유하도록 요구할 수 있다. 그러나 이것으로 항상 충분하지는 않다. 이는 **역선택**(adverse selection) 문제이며, **비대칭 정보**(asymmetric information)에 기인한다. 실제로, Berndt and Gupta(2008)는 대출이 유통시장에서 매각된 차입 기업의 주가는 다른 기업들보다 낮다는 것을 발견한다.5)

더욱이 이 대출들의 대다수는 복잡한 증권화 구조를 갖게 된다. 투자자들은 맹목적으로 신용평가에 의존했다. 그러나 기관들이 기초자산의 신용에 관해 충분히 깊은 분석을 수행하지 않았기 때문에 이 신용평가들은 부정확한 것으로 드러났다.

또한 자산 증권화는 매우 쉬웠으므로, 주거용 부동산 시장의 대출 총액은 증가했다. 이는 추가적 주택 수요를 만들어내고, 주택가격을 기본적 가치보다 더 많이 상승시켰다.

증권화 과정은 다시 발행 은행들을 괴롭혔다. 많은 은행들은 자산유동화 증권에 투자하는 별도 법인을 설립했다. 하나의 예는 **구조화 투자회사**(structured investment vehicle)이다. 이는 본질적으로 실질적 은행이며, 자산유동화 증권에 투자하고 단기차입을 통해 자금을 조달한다. 신용위기 동안 이 부채의 투자자들은 SIV의 상환능력을 우려하였고, 투자의 대환을 거절했다. 따라서 SIV는 심각한 유동성리스크에 노출되었다.

이는 많은 은행들로 하여금 이들이 보증을 제공했던 도산 SIV의 자산을 다시 대차대조

5) 다른 가능한 설명은 매각된 대출을 가진 차입자는 은행 감시의 규율기능에 노출되지 않으며, 비최적 투자를 한다는 것이다. A. Berndt and A. Gupta, "Moral Hazard and Adverse Selection in the Originate-to-Distribute Model of Bank Credit" (working paper, Carnegie Mellon University, 2008)을 참고하라.

표 안으로 흡수하도록 강요했다. 은행들은 특히 불리한 환경에서 추가 자기자본을 조달해야 했다. 결국, 증권화는 기대되었던 자본제약 완화효과를 제공하지 못했다.

마지막으로, 증권화시장이 얼어붙었을 때 많은 은행들과 대출 발행기관들은 **재고**(warehoused), 즉 일시적으로 보유될 예정이던 대출에 묶였다. 부동산시장이 급락하고 많은 대출이 부실화하면서, 이 은행들은 일시적 보유로 간주되었던 대출에서 대규모 손실을 입었다.

예제 8.6 : FRM 시험 2009 – 문제 9-2

많은 사람들은 신용위기를 악화 또는 초래했다는 이유로, 은행의 발행-분배 모형을 비난했다. 은행의 발행-분배 모형의 신용위기 중 실적에 관한 다음 설명 중 옳지 않은 것은 무엇인가?

a. 발행-분배 모형은 모든 종류의 대출에서 실패했다.
b. 부동산저당대출 발행기관들은 위기 중 큰 손실을 입었고, 많은 기관들이 파산했다.
c. 재고리스크는 서브프라임 부동산저당대출 발행기관들의 손실의 주요 원인이었다.
d. 발행-분배 모형은 은행의 리스크를 축소함으로써 체계적위험을 낮출 수 있다. 그러나 위기 중에 드러난 놀라운 점은 은행이 리스크를 유지한 수준이었다.

8.3 트란셰 분할

8.3.1 개념

앞에서 본 것처럼, 부동산저당대출 유동화 증권은 음의 컨벡시티를 초래하는 조기상환 리스크에 노출된다. 이 특성은, 예측가능한 상환금을 가진 고정소득증권을 원하는 투자자들에게는 매력적이지 않다. 이들은 상환금을 부채에 대응시키려고 한다.

이에 따라, 업계는 MBS에 기초하는 더 매력있는 특성을 가진 증권집단을 개발했다. 이는 **부동산저당대출 담보부 증권**(collateralized mortgage obligation)이다. 이들은 MBS 집합의 현금흐름을 여러 부분으로 재분배하는 새로운 증권들이다.

〈그림 8.5〉는 트란셰 분할 과정을 예시한다. MBS 집합으로부터 발생하는 현금흐름은 SPV로 들어간다. 이 기구는 트란셰로 불리는, 다양한 특징을 가진 상이한 청구권들을 발행한다. 예를 들어, 제1순위 트란셰의 현금흐름은 원래 현금흐름보다 더 예측가능하도록 구

그림 8.5 트란셰 분할

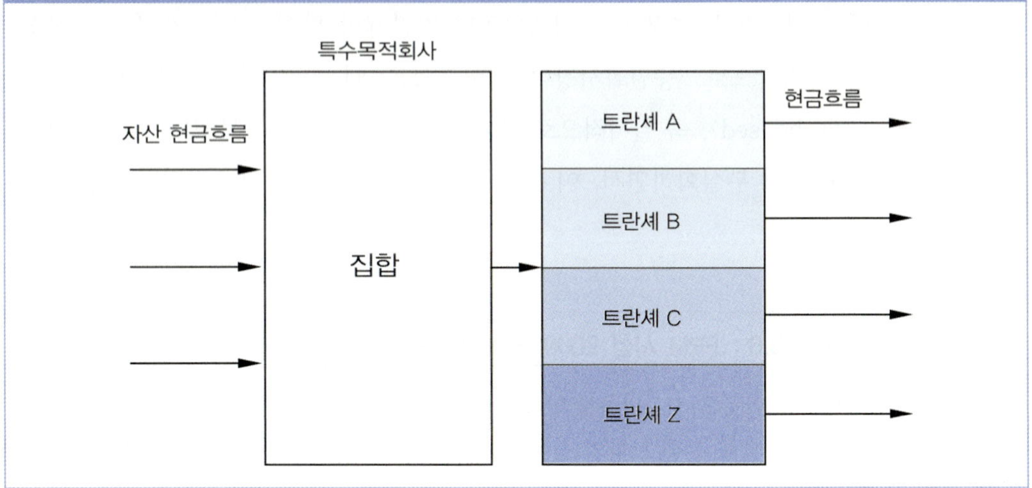

조화되어 있다. 불확실성은 다른 트란셰들로 넘겨진다.

MBS 집합으로부터 시작하여, 금융공학은 투자자의 수요에 가장 부합하는 증권을 고안했다. 그러나 현금흐름과 리스크는 완전히 보존된다는 것을 인식하는 것이 중요하다. 이들은 트란셰들에 걸쳐 재분배될 뿐이다. 어떤 변형이라도 최종 상품은 기초증권과 파생증권 상품 사이의 보존법칙을 따른다.[6]

매 시점에서, SPV의 현금유입과 현금유출은 동일하다. 결국, 우리는 동일한 시장가치와 리스크 프로파일을 갖고 있다. 특히, 트란셰들의 포트폴리오의 가중 듀레이션과 컨벡시티의 합계는 원래의 듀레이션 및 컨벡시티와 일치한다. 만약 트란셰 A가 기초증권보다 작은 컨벡시티를 갖는다면, 다른 트란셰들은 더 큰 컨벡시티를 가져야 한다.

비슷한 구조들이 **채권 담보부 증권**(collateralized bond obligation), **대출 담보부 증권**(collateralized loan obligation), **부채 담보부 증권**(collateralized debt obligation)에 적용된다. 이들은 각각 채권, 대출, 또는 부채(채권과 대출)에 의해 담보된 거래가능 채권의 집합이다. 이 구조들은 신용리스크를 재배치하며, 뒷장들에서 더 자세히 설명된다.

6) 프랑스 대혁명 중에 사형당한 화학자 Antonie Lavoisier는 *Rien ne se perd, rien ne se crée*(아무것도 없어지지 않고, 아무것도 창조되지 않는다)라고 말했다

핵심 개념

트란셰 분할은 기초증권의 총현금흐름, 총가치, 그리고 총위험을 재배치한다. 언제나 총현금흐름, 총가치, 그리고 총위험은 담보와 동일해야 한다. 만약 어떤 트란셰가 담보보다 덜 위험하면, 다른 트란셰들은 더 위험해야 한다.

예제 8.7 : FRM 시험 2000 – 문제 13

CLO는 일반적으로

a. 시장에서 개별적으로 거래될 수 있는 대출집합이다.
b. 패스쓰루이다.
c. 대출 포트폴리오에 의해 담보된 채권집합이다.
d. 답은 보지에 없다.

예제 8.8 : FRM 시험 2004 – 문제 57

자산 담보부 증권을 평가할 때, 투자자의 분석과정에서 중요성이 가장 낮은 것은 무엇인가?

a. 자산 발행기관의 채무집중 수준
b. 기초 증권화 거래의 구조
c. 거래의 기초자산의 채무자의 신용도
d. 증권화 구조 안의 기초자산의 품질

8.3.2 역변동금리 부채

트란셰 분할의 개념을 예시하기 위해, 이자율리스크를 두 트란셰로 나눈 단순한 구조를 예로 들어보자. 담보는 5년 만기, 6% 이표율, 1억 달러의 일반적 중기채권으로 이루어져 있다. 이는 LIBOR를 지급하는 기준금액 5,000만 달러의 변동금리 채권(FRN) 그리고 12%-LIBOR를 지급하는 기준금액 5,000만 달러의 **역변동금리 채권**(inverse floater)으로 분할될 수 있다. 역변동금리 채권의 이표율 C_{IF}는 0 아래로 내려갈 수 없으므로 변동금리 채권의 이표율 C_F에 추가적 조건을 부과한다. 정확한 공식은 다음과 같다.

$$\text{이표율}_F = \text{Min(LIBOR, 12\%)} \qquad \text{이표율}_{IF} = \text{Max(12\%} - \text{LIBOR, 0)}$$

우리는 현금유출의 합은 현금유입의 합과 정확히 같음을 증명한다. 각 이자 상환금에 대해, 백만 달러 단위의 다음 수식이 성립한다.

$$\$50\times \text{LIBOR}+\$50\times(12\%-\text{LIBOR})=\$100\times 6\%=\$6$$

따라서 이는 완벽한 일치이다. 만기에 총상환액은 5,000만 달러의 두 배이며, 합계는 1억 달러이다. 따라서 역시 일치한다.

우리는 또한 원래 구조의 리스크를 두 요소의 리스크로 분해할 수 있다. 평평한 기간구조를 가정하고, 원래의 5년 만기 채권의 듀레이션은 $D=4.5$년이라고 하자. 포트폴리오의 금액표시 듀레이션은 다음과 같다.

$$\$50{,}000{,}000\times D_F+\$50{,}000{,}000\times D_{\text{IF}}=\$100{,}000{,}000\times D$$

이자율 개정 직전에, 변동금리 채권의 듀레이션은 $D_F=0$에 가깝다. 따라서 역변동금리 채권의 듀레이션은 $D_{\text{IF}}=(\$100{,}000{,}000/\$50{,}000{,}000)\times D=2\times D$, 즉 9년이며, 원래 채권의 두 배이다. 역변동금리 채권의 듀레이션은 원래 채권의 만기보다 훨씬 크다는 데 유의하자. 이는 듀레이션은 이자율 민감도 척도라는 점을 예시한다. 현금흐름이 불확실할 때, 듀레이션은 반드시 만기에 연계되지 않는다. 직관적으로, 첫째 트란셰인 변동금리 채권의 리스크는 0이다. 따라서 모든 리스크는 둘째 트란셰인 역변동금리 채권에 의해 흡수되어야 한다. 포트폴리오의 총위험은 보존된다.

이 분석은 더 높은 레버리지를 가진 역변동금리 채권으로 쉽게 확장된다. 이표율이 LIBOR의 두 배에 고정되었다고 가정하자. 예를 들어, $18\%-2\times\text{LIBOR}$이다. 원금은 변동금리 채권에 x 그리고 역변동금리 채권에 $100-x$만큼 배분되어야 한다. 따라서 이자 상환액은 보존된다. 다음 수식들이 성립한다.

$$x\times\text{LIBOR}+(100-x)\times(18\%-2\times\text{LIBOR})=\$6$$

$$[x-2(100-x)]\times\text{LIBOR}+(100-x)\times 18\%=\$6$$

LIBOR는 시간에 따라 변할 것이기 때문에, 대괄호 안의 항은 언제나 0이어야만 이 수식이 충족된다. 이는 $3x-200=0$, 또는 $x=\$66.67$(백만 달러)임을 뜻한다. 따라서 기준금액의 2/3는 변동금리 채권, 1/3은 역변동금리 채권에 배분되어야 한다. 역변동금리 채권은 이제 원래 채권의 세 배의 듀레이션을 갖는다.

예제 8.9 : 역변동금리 부채의 듀레이션

액면가로 평가된 10년 만기 채권의 이자율과 수정 듀레이션이 각각 6.0%, 7.5라고 가정하자. 18%−2×LIBOR의 이자율을 갖고 액면가로 평가된 10년 만기 역변동금리 부채의 수정 듀레이션은 대략 얼마인가?

a. 7.5　　b. 15.0　　c. 22.5　　d. 0.0

예제 8.10 : FRM 시험 2004 – 문제 69

LIBOR는 4%이다. 어떤 매니저는 포트폴리오의 듀레이션을 높이려고 한다. 다음 증권 가운데, 포트폴리오의 듀레이션을 가장 크게 높이기 위해 매니저가 매입해야 하는 것은 무엇인가?

a. 연간 8%−LIBOR를 지급하는 10년 만기 역변동금리 부채
b. 연간 12%−2×LIBOR를 지급하는 10년 만기 역변동금리 부채
c. 연간 LIBOR를 지급하는 10년 만기 역변동금리 부채
d. 연간 이자율 4%를 지급하는 10년 만기 고정금리 채권

예제 8.11 : FRM 시험 2003 – 문제 91

다음 중 역변동금리 부채의 특징을 가장 정확하게 반영한 것은 무엇인가(부가된 옵션 없음)?

a. 역변동금리 부채의 포트폴리오는 비슷한 만기의 일반 변동금리 부채의 포트폴리오보다 조금 더 높은 듀레이션 리스크를 갖는다.
b. 역변동금리 부채의 보유자는 이자율 스왑에서 변동금리를 수취하고 고정금리를 지급함으로써, 인위적으로 고정금리 채권으로 포지션을 변환할 수 있다.
c. 역변동금리 부채는 벤치마크 이자율 상승에 대해 헤지한다.
d. 주어진 수익률 변화에 대해, 역변동금리 부채의 가격은 비슷한 만기의 고정금리 채권만큼 변한다.

8.3.3 CMO

담보가 부동산저당대출로 구성되었을 때, CMO는 원금상환액을 여러 트란셰로 분배하는 순위를 정하는 것이라고 할 수 있다. 이는 **순차적 상환 트란셰**(sequential-pay tranche)

그림 8.6 MBS로부터 IO와 PO의 생성

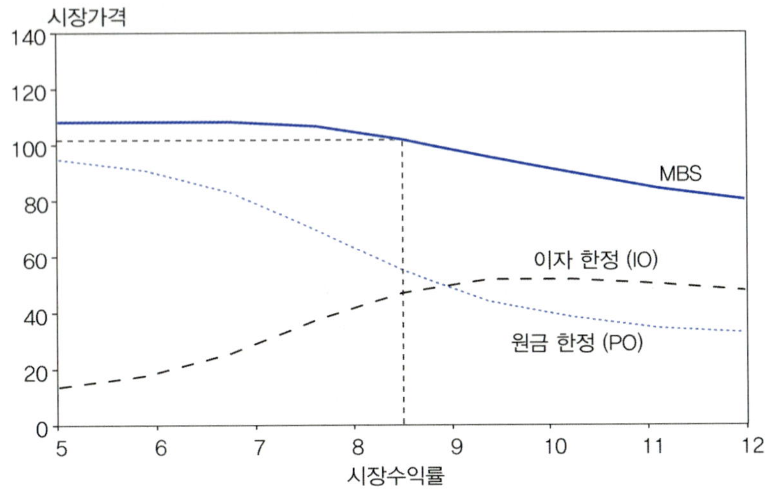

로 불린다. 예를 들어, 트란셰 A는 전체 기초 부동산저당대출의 원금상환액으로부터 첫 번째로 분배받는다. 이는 트란셰 A의 현금흐름에 더 많은 확실성을 부여하고, 이 트란셰를 일부 투자자들에게 더 부각시킨다. 당연히 이것은 다른 트란셰들에게 손해이다. 트란셰 A에 대한 원금상환이 완결되면, 트란셰 B가 모든 기초 MBS들의 원금상환액으로부터 분배받는다. 이 과정은 다른 트란셰들로 이어진다.

조기상환리스크는 **계획상각 등급**(planned amortization class: PAC)에 의해 더 최소화될 수 있다. 모든 조기상환리스크는 CMO 구조의 **지원**(support) 채권으로 불리는 다른 채권들로 이전된다. PAC 채권은 담보의 조기상환이 특정 PSA 범위, 예를 들어 100 내지 250 PSA에 유지되면, 고정된 상환 일정을 제공한다. 이는 PAC **칼라**(PAC collar)로 불린다. 이 구조가 만들어지면 원금상환액은 매월 이 두 극단적 값들의 최소 상환액으로 정해진다. 시간경과에 따라 이는 더 안정적인 상환패턴을 보장한다.

다른 널리 사용되는 형태는 IO/PO 구조이다. 이는 MBS를 두 요소로 분할한다. **이자 한정**(interest only: IO) 트란셰는 기초 MBS의 이자상환금만 수취한다. **원금 한정**(principal only: PO) 트란셰는 이제 원금상환금만 수취한다. 여전히, IO와 PO의 시장가치 합계는 MBS와 정확히 일치해야 한다. 〈그림 8.6〉은 IO와 PO의 가격 행태를 묘사한다. 두 요소의 수직합은 항상 MBS 가치와 일치한다.

PO를 분석하려면, 모든 원금상환액의 합은 상수임에 유의하면 도움이 된다(채무불이행 리스크는 없기 때문이다). 시점만 불확실하다. 대조적으로, 모든 이자상환금의 합은 원금상환금의 시점에 의존한다. 원금상환이 늦으면 이자상환금의 합은 증가한다.

만약 이자율이 하락하면, 원금상환은 앞당겨진다. 이는 단축리스크를 반영한다. 원금이 일찍 상환되고 할인율이 하락하기 때문에 PO의 가치는 급격히 상승한다. 한편, 빠른 조기상환은 MBS 존속기간 중 이자상환액의 감소를 의미하며, 이는 IO에게 불리하다. IO 가치는 하락한다.

반대로, 만약 이자율이 상승하면 조기상환은 느려진다. 이는 연장리스크를 반영한다. 원금이 늦게 지급되고 할인율이 상승하기 때문에 PO 가치는 하락한다. 그러나 더 느린 조기상환은 MBS 존속기간 중 이자상환액의 증가를 의미하며, 이는 IO에게 유리하다. IO 가치는, 할인율 상승효과가 지배적 영향이 되는 수준까지 상승한다. 따라서 IO는 음의 듀레이션을 가진 증권이다. 〈그림 8.6〉은 실제로 IO선이 양의 기울기를 갖고 있음을 보인다. 이는 음의 듀레이션을 의미한다.

예제 8.12 : FRM 시험 2006 – 문제 43

다음 중 음의 듀레이션을 갖는 부동산저당대출 담보부 증권은 무엇인가?

a. 이자 한정(IO) 요소
b. 역변동금리 채권
c. 부동산저당대출 패스쓰루
d. 원금 한정(PO) 요소

예제 8.13 : FRM 시험 2004 – 문제 45

MBS를 전문적으로 다루는 최고리스크책임자(CRO)로서, 당신은 이자 한정(IO) 요소와 원금 한정(PO) 요소가 이자율 변화에 어떻게 반응하는지 설명해야 한다. 다음 보기 중 옳은 것은 무엇인가?

a. 이자율이 하락할 때, PO와 IO 요소의 가치는 상승한다.
b. 이자율이 하락할 때, PO의 가치는 상승하고 IO의 가치는 하락한다.
c. 이자율이 상승할 때, PO의 가치는 상승하고 IO의 가치는 하락한다.
d. 이자율이 상승할 때, PO와 IO의 가치는 상승한다.

예제 8.14 : FRM 시험 2009 – 문제 5-10

다음 부동산저당대출 유동화 증권에 관한 설명 중 옳지 않은 것은 무엇인가?

a. MBS의 가격은 수익률곡선 트위스트에 대해 무이표채보다 민감하다.
b. 이자율이 MBS 이표율보다 높을 때, MBS는 이자율 변화에 대해 회사채와 비슷하게 반응한다.
c. 수익률 변동성이 증가하면, MBS의 가치는 상승한다.
d. 조기상환율의 변화 때문에 부동산저당대출과 MBS는 음의 컨벡시티를 보인다. 즉, 이자율이 하락할 때, 조기상환은 증가한다.

예제 8.15 : FRM 시험 2009 – 문제 5-11

George Smith는 리스크관리부서의 애널리스트이며, 부동산저당대출 집합을 검토하고 있다. 조기상환리스크는 부동산저당대출의 평가를 복잡하게 만든다. 다음 중 일반적으로 부동산저당대출의 조기상환리스크에 영향을 주는 것으로 간주되는 요인은 무엇인가?

Ⅰ. 이자율 변화
Ⅱ. 부동산저당대출의 햇수
Ⅲ. 계절
Ⅳ. 주택의 햇수
Ⅴ. 미상환 원금의 금액

a. Ⅰ, Ⅱ, 그리고 Ⅴ
b. Ⅰ, Ⅱ, Ⅲ, 그리고 Ⅴ
c. Ⅰ, Ⅱ, Ⅳ, 그리고 Ⅴ
d. Ⅲ 그리고 Ⅳ

8.4 중요 공식

- 평균 존속기간 : $AL = \sum_{t=1}^{T} tP_t/P$
- 조건부 조기상환율(CPR), 월간 조기상환율(SMM) : $(1 - SMM)^{12} = (1 - CPR)$
- 공모증권협회(PSA) 모형 : $CPR = Min[6\% \times (t/30), 6\%]$
- 옵션조정 스프레드 : OAS = 제로 스프레드 − 옵션 비용

8.5 예제 풀이

예제 8.1: FRM 시험 2008 – 문제 2-37

b. 이는 아메리칸 콜옵션과 비슷하다. 차입자는, 만약 이자율이 하락하거나 가격이 상승하면, 언제든지(아메리칸 vs. 유러피언) 상환할 수 있기 때문이다.

예제 8.2: SMM의 계산

a. $(1-6\%)=(1-\text{SMM})^{12}$을 이용하면, SMM=0.51%이다.

예제 8.3: FRM 시험 2000 – 문제 3

d. MBS는 음의 컨벡시티 때문에 일반채권 형태의 국채 또는 회사채로부터 구별된다. 이자율이 하락할 때, 주택소유자는 일찍 조기상환한다. 이는 같은 듀레이션의 일반채권보다 가격상승이 작음을 의미한다.

예제 8.4: FRM 시험 2003 – 문제 52

c. 이자율이 하락할 때 가격상승의 한계가 있기 때문에, 이는 중도상환채권이어야 한다. 이것은 채무자가 채권을 중도상환할 것이라는 사실을 반영한다. 컨벡시티는 Y_1에서 음수이고, Y_2에서는 0에 가깝다.

예제 8.5: FRM 시험 2006 – 문제 93

b. 명목 스프레드와 Z 스프레드는 콜옵션을 고려하지 않는다. 대신, 비교는 OAS에 초점을 맞춘다. 이는 Y의 경우 더 높고, 또한 무옵션 채권의 경우 100bp보다 높다.

예제 8.6: FRM 시험 2009 – 문제 9-2

a. 부동산저당대출의 문제점은 특히 서브프라임 대출에서 다른 종류의 부채보다 훨씬 컸다. 따라서 보기 b.와 c.는 옳지 않다. 발행기관은 증권화되기 전의 대출을 대차대조표에 기재하는 데 따른 재고리스크 때문에 손실을 입었다. 이 대출들의 가치가 하락했을 때 손실이 발생했다.

예제 8.7: FRM 시험 2000 – 문제 13

c. CMO처럼 CLO는 담보인 대출 포트폴리오에 의해 보증된 거래가능 증권들을 뜻한다.

예제 8.8: FRM 시험 2004 – 문제 57

a. 발행기관의 파산은 SPV에게 영향을 주지 않는다. 따라서 발행기관의 재무적 상태는 가장 덜 중요한 요인이다. 다른 모든 요인들은 증권화를 평가할 때 중요하다.

예제 8.9: 역변동금리 부채의 듀레이션

c. 앞의 논리와 마찬가지로, 우리는 고정금리 채권을 2/3의 FRN과 1/3의 역변동금리 채권으로 나누어야 한다. 이는 역변동금리 채권의 상환액이 LIBOR에 두 배로 연계되도록 만든다. 결국, 역변동금리 채권의 듀레이션은 채권 듀레이션의 3배이어야 한다.

예제 8.10: FRM 시험 2004 – 문제 69

b. 변동금리 채권의 듀레이션은 0에 가깝다. 10년 만기 일반채권의 듀레이션은 약 9년이다. 첫째 역변동금리 채권(보기 a.)의 듀레이션은 약 $2\times9=18$년이다. 둘째(보기 b.)는 $3\times9=27$년이다.

예제 8.11: FRM 시험 2003 – 문제 91

b. 역변동금리 채권의 듀레이션은 FRN의 0에 가까운 듀레이션, 또는 심지어 같은 만기의 고정금리 채권보다 높다. 따라서 보기 a.와 d.는 옳지 않다. 이자율이 상승할 때 손실이 발생한다. 따라서 보기 c.는 옳지 않다. 역변동금리 채권은 고정금리 채권의 매수 포지션과 고정수취/변동지급 스왑의 합과 동등하다. 따라서 b.는 옳다.

예제 8.12: FRM 시험 2006 – 문제 43

a. IO의 가치는 이자율이 상승하면 증가한다. 이 시나리오에서 부동산저당대출의 조기상환이 낮기 때문이다. 더 적은 조기상환은 더 많은 총 이자상환액을 의미한다. 이는 IO의 가치를 높인다.

예제 8.13: FRM 시험 2004 – 문제 45

b. PO는 양의 듀레이션, IO는 음의 듀레이션을 갖는다. 따라서 이들은 이자율 하락에

대해 반대 방향으로 반응한다.

예제 8.14: FRM 시험 2009 – 문제 5-10

c. 수익률 변동성이 증가하면, 옵션비용은 증가하고 수익률도 상승한다. 이는 가격하락을 의미한다. MBS는 음의 컨벡시티를 갖기 때문에 보기 d.는 옳다. 높은 이자율은 낮은 조기상환을 뜻하고, MBS를 일반채권과 비슷하게 만든다. 따라서 보기 b.는 옳다.

예제 8.15: FRM 시험 2009 – 문제 5-11

b. 주택의 햇수를 제외한 모든 요인들이 조기상환율에 영향을 미친다.

신용리스크 관리

PART 03

Chapter 9

신용리스크 개관*

신**용리스크**(credit risk)는 거래상대방이 계약상 의무를 이행하지 않음으로부터 발생하는 경제적 손실의 리스크이다. 이 영향은 상대방이 채무를 이행하지 않는 경우 현금흐름을 대체하는 비용으로 측정된다.

이 장은 신용리스크의 측정을 소개한다. 신용리스크 연구는 지난 몇 년 동안 큰 발전을 경험했다. 시장리스크 측정방법의 발전에 힘입어 금융기관들은 이제 처음으로 포트폴리오의 신용리스크를 정량화하려는 시도를 하고 있다.

그러나 신용리스크는 특유의 어려움을 포함한다. 부도확률, 부도 시 손실(LGD), 그리고 신용노출의 분포가 만들어져야 한다. 이들은 모두 신용손실에 기여하며, 포트폴리오 안에서 측정되어야 한다. 상대적으로 시장리스크를 value at risk(VAR)를 사용하여 측정하는 것은 쉽다. 이 어려움들이 2007년에 시작된 신용위기 중에 많은 모형들이 제대로 기능하지 않았던 이유를 설명한다.

그러나 대다수 금융기관에서 시장리스크의 중요성은 신용리스크보다 낮다. 실제로, 은행 시스템의 신용리스크에 대비하여 축적된 위험자본 금액은 시장리스크에 대한 금액보다 현저하게 크다. 금융기관의 역사 또한 가장 큰 은행파산들은 신용리스크에 기인했음을 보여준다.

신용리스크는 미래 채무 또는 거래 중 지급불이행 가능성을 포함한다. 제9.1절은 통상 1일의 짧은 기간 중에 다른 통화로 표시된 원금들을 교환하는 데에서 발생하는 **결제리스크**(settlement risk)를 소개한다. 우리는 결제리스크에 대한 노출 및 관리수단을 논의한다.

* FRM 시험 Part 2 주제.

그러나 전통적으로 신용리스크는 채무의 존속기간 중에 발생하는 **결제 전 리스크**(pre-settlememt risk)로 간주된다. 제9.2절은 신용리스크 시스템의 요소들과 신용리스크 측정 시스템의 진화를 분석한다. 제9.3절은 포트폴리오의 다양한 신용상품들의 부도확률이 주어졌을 때 포트폴리오 신용손실의 분포를 만드는 방법을 보여준다.

포트폴리오 신용리스크의 핵심 요인은 부도의 상관관계이다. 제9.4절은 1억 달러의 고정된 포트폴리오를 가정하고, 채무자 수가 증가함에 따라 어떻게 손실의 분포가 상관관계에 의해 극적으로 영향받는지 보여준다.

9.1 결제리스크

9.1.1 결제 전 리스크와 결제리스크

거래상대방 신용리스크는 결제 전 및 결제리스크를 포함한다. **결제 전 리스크**(pre-settlement risk)는 거래의 존속기간 중 거래상대방이 채무를 이행하지 않는 데 기인하는 손실의 리스크이다. 이는 대출이나 채권의 부도, 또는 파생상품 거래에 요구되는 지급의 불이행을 포함한다. 결제 전 리스크는 계약체결 후 결제까지의 장기간－수년－에 걸쳐 존재한다.

대조적으로 **결제리스크**(settlement risk)는 현금흐름의 교환에 기인하며, 훨씬 더 단기적 성격을 갖는다. 이 리스크는 기관이 요구되는 지급을 이행하면 발생하고, 반대급부가 수취될 때까지 존재한다. 이 리스크는 상이한 표준시간대에서 지급이 이루어질 때, 특히 기준금액이 다른 통화로 교환되는 외환거래에서 가장 높다. 결제 불이행은 거래상대방의 도산, 유동성 제약, 또는 운영상 문제에 의해 초래될 수 있다.

대다수의 경우 운영문제에 기인한 결제 실패는 추가적 이자 지급과 같은 작은 경제적 손실을 초래한다. 그러나 어떤 경우 손실이 대단히 많아 이전된 지급액 전체로 확대될 수 있다. 대규모 결제리스크의 예는 1974년 Herstatt 은행의 실패이다. 파산일에 이 은행은 많은 거래상대방들로부터 지급받았으나, 거래의 다른 상대방들에게 지급하기 전에 도산했다.

9.1.2 결제리스크의 관리

1996년 3월, 국제결제은행(BIS)은 하루 1.2조 달러에 달하는 민간부문 거래를 포함하는 세계 외환시장의 결제리스크를 낮출 방법을 찾아야 한다고 경고하는 보고서를 발표했다.[1)] 이 보고서는 중앙은행들은 "현재 FX 거래의 결제관행으로부터 발생하는 리스크에 관해 상당한 관심"을 갖고 있다고 언급했다. "한 거래상대방의 리스크노출 금액이 은행의 자기자본보다 클 수 있다"는 사실은 **시스템 리스크**(systemic risk)를 초래한다고 설명했다. 규제행위의 가능성은 결제리스크를 다시 살펴보도록 만들었다.

거래의 여러 단계들을 살펴보면, 그 상태는 다섯 범주로 분류될 수 있다.

1. **취소 가능**(Revocable) : 금융기관이 거래상대방의 동의 없이 지급을 취소할 수 있을 때
2. **취소 불가능**(Irrevocable) : 지급 후 그리고 상대방으로부터의 지급기한 전
3. **불확실**(Uncertain) : 상대방으로부터의 지급기한 후, 그러나 실제 수취 전
4. **결제 완료**(Settled) : 상대방의 지급이 수취된 후
5. **결제 실패**(Failed) : 상대방이 지급하지 않았음이 확인된 후

결제리스크는 1일 내지 3일 동안의 취소불가능과 불확실 단계에서 발생한다.

이런 종류의 신용리스크는 상당한 경제적 손실을 초래할 수 있으며, 결제리스크의 단기적 성격은 결제 전 리스크로부터 구별되는 기본적 차이점이다. 결제리스크의 관리는 **실시간 총액결제**(real-time gross settlement: RTGS) 시스템 같은 특별한 수단을 요구한다. 이 시스템들은 금융기관이 지급을 더 이상 중단할 수 없는 시점과 거래상대방으로부터 자금 수취 사이의 시간 간격을 줄이려는 목적을 갖고 있다.

결제리스크는 상계 협약에 의해 추가적으로 관리될 수 있다. 하나의 형태는 두 은행을 포함하는 **양자간 상계**(bilateral netting)이다. 은행들은 서로 거래총액을 지급하는 대신 금액들을 합계하여 통화별 순 잔액만 결제한다. 수단의 차원에서 상계는 **차액계약**(contracts for differences: CFD)에 의해서도 이루어진다. 다른 통화로 표시된 원금들을 교환하는 대신, 계약은 계약기간 말에 달러로 결제된다.[2)]

---

1) Committee on Payment and Settlement Systems, *Settlement Risk in Foreign Exchange Transactions*, BIS (1996), (online) www.bis.org/publ/cpss1.pdf.

2) 이들은 **차액결제 선도계약**(nondeliverable forwards)과 비슷하다. 이는 신흥시장 통화를 신흥시장의 법률체계 밖에서 거래하는 데 사용되며, 역시 달러로 결제된다.

다음 단계는 **다자간 상계 시스템**(multilateral netting system)이며, 이는 **연속적 연계 결제**(continuous-linked settlements)로도 불린다. 여기에서 지급액은 시스템에 속한 여러 은행들 사이에서 상계된다. 이 아이디어는 1998년에 60개 가입은행으로 설립된 CLS Bank가 2002년 9월 9일에 업무를 시작하면서 실현되었다. 매일 저녁, CLS Bank는 회원 은행들에게 다음 날의 지급 일정을 제공한다. 자금이 수취되고 모든 거래가 확인될 때까지 지급은 이루어지지 않는다. 리스크는 이제 상계기관의 리스크로 축소되었다. 결제리스크를 낮춘 것에 추가하여, 상계 시스템은 가입 은행들 사이의 거래 수를 90%까지 줄임으로써 거래비용을 절감하는 이점을 갖고 있다.

예제 9.1 : 결제 리스크

외환의 결제리스크는 일반적으로 무엇에 기인하는가?

a. 교환되는 기준금액　　b. 교환되는 순가치
c. 관련된 복수의 통화와 국가　　d. 환율의 높은 변동성

예제 9.2 : 다자간 상계 시스템

다음 다자간 상계 시스템에 관한 설명 중 옳지 않은 것은 무엇인가?

a. 참가기관들이 중앙 상계기관에 리스크를 집중시키기 때문에 실제로 시스템 리스크는 증가할 수 있다. 중앙 상계기관의 실패는 모든 참가기관들을 리스크에 노출시킨다.
b. 리스크의 중앙 상계기관 집중은 중앙 상계기관의 높은 안정성 때문에 리스크를 제거한다.
c. 결제비용과 신용노출을 변화시킴으로써, 외환계약의 다자간 상계 시스템은 신용관계의 구조를 바꾸고 외환시장의 경쟁에 영향을 줄 수 있다.
d. 지급의 상계시스템에서 순부채 포지션의 참가기관들은 중앙 상계기관에 순 결제금액을 지급해야 한다. 이제 중앙 상계기관은 순신용 포지션의 참가기관들에게 지급해야 한다.

9.2 신용리스크 개관

9.2.1 신용리스크의 요인

이제 전통적으로 결제 전 리스크로 정의되는 신용리스크의 요인들을 살펴본다. 신용리스크 측정 시스템은 거래상대방의 채무불이행에 기인하는 손실의 리스크를 정량화하려고 시도한다. 신용리스크의 분포는 다음 변수들에 의해 결정되는 복합적 과정으로 간주될 수 있다.

- **부도**(default) : 이는 거래상대방 상태의 이산변수이다-상대방은 부도 또는 그렇지 않은 상태이다. 이는 특정 **부도확률**(probability of default: PD)로 발생한다.
- **신용노출**(credit exposure: CE) : 이는 거래상대방에 대한 청구권의 경제적 또는 시장 가치이다. 부도시점에는 **부도 시 익스포저**(exposure at default)로도 불린다.
- **부도 시 손실률**(loss given default: LGD) : 이는 부도에 기인하는 손실의 비율이다. 예를 들어, 부도는 단지 30%의 **회수율**(fractional recovery rate)이라는 결과로 귀결되는 상황을 가정하자. LGD는 이제 노출의 70%이다.

신용의 매수 포지션은 내포된 옵션의 매도 포지션에 상응함을 이해하는 것이 중요하다. 차입자는 채무불이행 옵션을 갖는다는 사실이다. 예를 들어, 일반적인 신용민감 채권을 생각해보자. 이는 무위험채권보다 높은 이자를 지급하나, 그 대신 채무자가 도산하면 자본손실을 입는다. 이 지급 패턴, 즉 잠재적인 미래 자본손실을 대가로 일정 프리미엄을 받는 것은 옵션의 매도 포지션과 정확하게 같다.

전통적으로 신용리스크는 대출 또는 채권에서 측정되었다. 이런 자산의 노출 또는 경제적 가치는 기준금액이나 액면금액에 가깝다. 이는 채권의 경우 수용가능한 근사값이다. 그러나 양 또는 음의 가치를 가질 수 있는 파생상품의 경우 명백히 다르다. 신용노출은 양의 자산가치로 정의된다.

$$\mathrm{CE}_t = \mathrm{Max}(V_t, 0) \tag{9.1}$$

이는 만약 거래상대방이 채권을 보유한 상태에서 도산하면, 전액 지급되어야 하기 때문이다. 반대로 만약 거래상대방이 채무자이면, 일부만 회수가능하다. 이 비대칭성은 대다수 계약이

*no walk-away clauses*를 갖고 있다는 사실에 의해 설명될 수 있다. 이는 파산한 주체에게 빚진 상대방이 계약으로부터 벗어날 수 없도록 만든다. 따라서 결제 전 리스크는, 계약의 대체비용이 기관의 입장에서 양의 가치를 갖고 있을 때(즉, 내가격일 때)에만 발생한다.

9.2.2 신용리스크의 측정

신용리스크 측정 수단의 진화는 다음 네 단계를 거쳤다:

1. **기준금액**(notional amounts), 단순 노출의 합계
2. **위험가중 금액**(risk-weighted amounts), 대략적으로 위험조정된 노출의 합계
3. **신용등급과 결합된 기준금액**(notional amounts combined with credit ratings), 부도확률에 대해 조정된 노출의 합계
4. **내부적 포트폴리오 신용모형**(internal portfolio credit models), 모든 차원의 신용리스크의 통합

초기에 리스크 척도는 총 기준금액에 기초했다. 이 금액에 승수 예를 들어 8%가 적용되어, 신용리스크에 대비한 적립금인 요구자본 금액이 계산되었다.

이 접근법의 문제는 부도확률의 가변성을 무시한다는 것이다. 1988년 바젤위원회는 신용리스크를 대략적으로 **신용도**(credit class)에 의해 분류하는 체계를 만들고, 기준금액에 곱해야 할 위험가중치를 정했다. 이는 은행으로 하여금 선택한 리스크와 연관되게 자본을 보유하도록 만든 최초의 시도였다. 바젤 기준은 뒷장에서 더 상세히 설명된다.

그러나 이 위험가중치들은 지나치게 단순하며, 은행으로 하여금 바젤 자기자본 규제의 제약 하에서 주주 이익을 극대화하기 위해 포트폴리오를 변화시키려는 인센티브를 갖도록 만든다. 이는 상업은행의 대차대조표에 더 많은 리스크를 초래하는 왜곡적 영향을 미쳤으나, 1988년 규정의 의도된 목적은 분명히 아니다. 예를 들어, AAA등급과 C등급 회사채 사이에 전혀 차이가 없었다. 낮은 신용도의 대출은 높은 신용도의 대출보다 수익성이 높지만 동일한 금액의 규제 자본을 요구한다. 따라서 일부 은행들은 대출의 구성을 낮은 신용으로 변화시키는 것으로 대응했다. 이 때문에 은행들로 하여금 자체의 내부적 또는 외부의 신용등급을 사용할 수 있도록 허용하는 바젤 II 기준이 만들어졌다. 이 신용등급들은 더 정교한 신용리스크를 나타낸다.

이런 개선에도 불구하고, 신용리스크는 모든 노출에 대해 개별적으로 계산된 후에 합계

된다. 이 접근법은 내부적 포트폴리오 신용모형과 달리 분산효과를 적절히 고려하지 못할 수 있다. 이 모형들은 특별한 문제를 초래했고, 결국 바젤위원회에 의해 자본적정성 규제로서 수용되지 않았다.

9.2.3 신용리스크와 시장리스크

최근에 개발된 시장리스크 측정 수단들은 신용리스크를 측정하는 데 매우 가치있는 것으로 나타났다. 그러나 〈표 9.1〉에 기술된 바와 같이, 시장리스크와 신용리스크 사이에는 많은 중요한 차이가 있다.

표 9.1 시장리스크와 신용리스크의 비교

항목	시장리스크	신용리스크
리스크의 원천	시장리스크	부도리스크, 회수리스크, 시장리스크
분포	주로 대칭적, 두터운 꼬리 가능	왼쪽 왜도
목표기간	단기(일)	장기(년)
통합	사업/거래 단위	전체 기업 vs. 거래상대방
법적 고려사항	해당 없음	매우 중요

앞에 언급된 것처럼 신용리스크는 세 종류의 리스크를 가진 복합적 과정으로부터 발생한다. 이 리스크의 속성은 대부분의 시장리스크 요인과는 달리 심하게 왼쪽으로 치우친 분포를 만든다. 신용리스크는 옵션의 매도 포지션과 비슷하기 때문이다. 최선의 상황에서, 거래상대방은 약속된 지급을 이행하고 손실은 발생하지 않는다. 최악의 상황에서 전체 금액을 잃는다.

목표기간도 다르다. 시장리스크의 경우, 시정조치에 필요한 시간은 상대적으로 짧다. 신용리스크의 경우 훨씬 더 길다. 또한, 신용파생상품의 출현이 신용리스크의 헤지를 쉽게 만들었음에도 불구하고, 신용리스크의 포지션은 시장리스크보다 훨씬 느리게 회전한다.

마지막으로 통합수준이 다르다. 시장리스크의 한도는 거래부서, 사업단위, 그리고 궁극적으로 전체 기업에 적용될 수 있다. 대조적으로, 신용리스크의 한도는 금융기관의 모든 포지션에 대해 거래상대방 수준에서 정해져야 한다.

신용리스크의 법적인 고려사항도 매우 중요하다. 예를 들어, 노출은 상계계약에 의해 통제될 수 있다. 마지막으로, 채무불이행 사건은 항상 법적 절차를 수반한다.

9.3 신용리스크의 측정

9.3.1 신용손실

신용모형에 관한 통찰력을 발전시키기 위해, 손실이 오직 부도의 영향으로 발생하는 간단한 경우로부터 시작하자. 이는 **부도상태**(default mode)로 불린다. 다시 말해, 중간적 단계의 시가평가는 없다. 이 예는 은행의 고유장부에 포함된 대출의 전형이며, 거래장부에서 보유된 채권과는 대조된다.

상이한 채무자들에 의해 발행된 N 종목의 금융상품으로 이루어진 포트폴리오의 신용손실(CL)의 분포는 다음과 같이 묘사될 수 있다.

$$\mathrm{CL} = \sum_{i=1}^{N} b_i \times \mathrm{CE}_i \times (1 - f_i) \tag{9.2}$$

여기에서,

b_i = (베르누이) 확률변수이며, 부도가 발생하면 1, 아니면 0의 값을 갖는다. 부도확률은 p_i이며, 따라서 $E[b_i] = p_i$이다.

CE_i = 부도 시점의 신용노출

f_i = 회수율, 또는 $\mathrm{LGD}_i = (1 - f_i)$은 부도 시 손실률

이론적으로 이들은 모두 확률변수일 수 있다. 만약 이들이 독립적이면, 예상 신용손실은 다음과 같다.

$$E[\mathrm{CL}] = \sum_{i=1}^{N} E[b_i] \times E[\mathrm{CE}_i] \times E[\mathrm{LGD}_i] = \sum_{i=1}^{N} p_i \times E[\mathrm{CE}_i] \times E[\mathrm{LGD}_i] \tag{9.3}$$

신용 분포의 요인들을 이해하기 위해, 모든 채권자가 동일한 부도 분포와 부도 시 손실률을 갖는 단순한 경우를 고려해보자. 노출은 동일하며, 1달러로 고정된다.

실제 신용손실은 이제 다음과 같다.

$$\mathrm{CL} = \sum_{i=1}^{n} \mathrm{LGD}_i \tag{9.4}$$

여기에서, n은 손실의 실제 빈도이며, 0과 N 사이의 값이다. 이는 확률변수들의 확률적

합이며, 각각은 실제 LGD이다.

앞과 같이, 신용손실의 기대값은 다음과 같다.

$$E[\mathrm{CL}] = E[n]E[\mathrm{LGD}] = NpE[\mathrm{LGD}] \tag{9.5}$$

다른 조건이 동일하면, 예상 신용손실은 부도확률 p의 선형함수이다.

이제 CL의 표준편차로 측정된 산포도를 고려하자. 총분산의 법칙에 의해 다음 수식이 성립한다.

$$V[\mathrm{CL}] = E\{V[\mathrm{CL}\,|\,n]\} + V\{E[\mathrm{CL}\,|\,n]\} \tag{9.6}$$

이는 다음과 같이 변형된다.

$$V[\mathrm{CL}] = E\{nV[\mathrm{LGD}]\} + V\{nE[\mathrm{LGD}]\}$$

여기에서, 첫 항은 독립적 변수들의 합의 분산은 분산의 합이라는 사실에 기초한다. 이제 다음 관계가 성립한다.

$$V[\mathrm{CL}] = E[n]V[\mathrm{LGD}] + V[n]\{E[\mathrm{LGD}]\}^2 = NpV[\mathrm{LGD}] + Np(1-p)\{E[\mathrm{LGD}]\}^2$$

이 수식은 $N=1$일 때, 다음과 같이 변형된다.

$$\mathrm{SD}[\mathrm{CL}] = \sqrt{pV[\mathrm{LGD}] + p(1-p)\{E[\mathrm{LGD}]\}^2} \tag{9.7}$$

우리는 신용손실의 변동성은 LGD 분산과 부도지표 분산 $V[b] = p(1-p)$에 의해 결정됨을 알 수 있다.

그러나 예상 신용손실과는 달리, SD(CL)과 p의 관계는 비선형적이다. p가 작을 때 대략 $\sqrt{p}$에 비례한다. 결국 p가 상승하면 SD(CL)는 E(CL)보다 빠르게 증가한다. 예를 들어, p가 0으로부터 0.01로 변할 때 그 제곱근은 0에서 0.10으로 변한다. 따라서 부도율이 더 높으면, 신용손실의 산포도는 평균손실보다 큰 경향이 있다.

예제 9.3 : FRM 시험 2002 – 문제 130

당신은 어떤 회사에게 무담보 대출을 제공했다. 이 대출은 일시에 5,000만 달러를 지급함으로써 상환될 것이다. 이 회사의 거래기간 중 파산확률은 3%이다. 당신의 계산에 의하면, 만약 이 회사가 도산하면, 당신은 이 대출의 70%를 파산법원으로부터 회수할 것이다. 만약 예상 신용손실과 동일한 신용충당금을 보유해야 하면, 당신이 보유해야 하는 충당금은 얼마인가?

a. $450,000　　b. $750,000　　c. $1,050,000　　d. $1,500,000

예제 9.4 : FRM 시험 2009 – 문제 6-7

어떤 은행은 한도금액 $50,000의 대출을 약정했고, 이 가운데 80%는 현재 대출중이다. 대출의 채무불이행 확률은 다음 해에 2%, 부도 시 손실률은 50%로 가정된다. LGD의 표준편차는 40%이다. 부도의 드로다운(즉, 미인출 대출의 비율)은 60%로 가정된다. 은행의 예상 그리고 예상외손실(표준편차)은 얼마인가?

a. 예상손실 = $500, 예상외손실 = $4,140
b. 예상손실 = $500, 예상외손실 = $3,220
c. 예상손실 = $460, 예상외손실 = $3,220
d. 예상손실 = $460, 예상외손실 = $4,140

예제 9.5 : FRM 시험 2008 – 문제 3-5

예상외손실(UL)은 손실의 표준편차이고, 예상손실은 평균손실(EL)로 정의하자. 또한, LGD는 부도 시 손실률, EDF는 기대부도빈도로 정의된다. 다음 보기 중 옳은 것은 무엇인가?

Ⅰ. EL은, EDF가 증가하면, 선형적으로 증가한다.
Ⅱ. EL은 빈번하게 UL보다 높다.
Ⅲ. EDF가 증가하면, UL은 EL보다 훨씬 빠른 비율로 증가한다.
Ⅳ. LGD가 낮을수록, EL과 UL 모두의 손실 백분율은 더 높다.

a. 단지 Ⅰ　　b. Ⅰ과 Ⅱ　　c. Ⅰ과 Ⅲ　　d. Ⅱ와 Ⅳ

9.3.2 결합사건

더 일반적으로 많은 수의 신용이 있으면 신용손실의 산포도는 결정적으로 부도사건들의 상관관계에 의존한다. 부도사건들이 통계적으로 독립적일 때, 폐쇄형 해는 쉽게 도출될 수 있다. 이는 어떤 결합사건의 확률은 단순히 개별 사건들의 확률의 곱이기 때문에, 분석을 현저하게 단순화한다.

$$p(A \text{ and } B) = p(A) \times p(B) \tag{9.8}$$

다른 극단에서 만약 두 사건이 완전히 상관되어 있으면, 다시 말해 A가 도산하면 항상 B도 도산하면, 다음 관계가 성립한다.

$$p(A \text{ and } B) = p(B \mid A) \times p(A) = 1 \times p(A) = p(A) \tag{9.9}$$

한계확률들이 같을 때, $p(A) = p(B)$이다.

예를 들어, 한계확률들이 $p(A) = p(B) = 1\%$라고 가정하자. 그러면 결합사건의 확률은 독립적인 경우에 0.01%, 완전상관된 경우에 1%이다.

더 일반적으로, 결합부도의 확률은 한계확률과 상관계수에 의존함을 알 수 있다. 〔부록 1.1〕과 같이, 곱의 기대값은 분산에 관련된다.

$$E[b_A \times b_B] = \text{Cov}[b_A, b_B] + E[b_A]E[b_B] = \rho\sigma_A\sigma_B + p(A)p(B) \tag{9.10}$$

b_A가 베르누이 변수이면, 〔부록 1.1〕과 같이 표준편차는 $\sigma_A = \sqrt{p(A)[1-p(A)]}$ 이다. b_B도 마찬가지이다. 이제 다음 관계가 성립한다.

$$p(A \text{ and } B) = \text{Corr}(A, B)\sqrt{p(A)[1-p(A)]}\sqrt{p(B)[1-p(B)]} + p(A)p(B) \tag{9.11}$$

예를 들어 만약 상관계수가 1이고 $p(A) = p(B) = p$이면, 다음 관계가 성립한다.

$$p(A \text{ and } B) = 1 \times [p(1-p)]^{1/2} \times [p(1-p)]^{1/2} + p^2 = [p(1-p)] + p^2 = p$$

이는 수식(9.9)와 같다.

그러나 만약 상관계수가 0.5이고 $p(A) = p(B) = 0.01$이면, $p(A \text{ and } B) = 0.00505$이다. 이는 한계확률의 절반에 불과하다. 이 예는 전체 결합분포를 나타내는 〈표 9.2〉에 제시되어 있다. 어떻게 각 행과 열의 확률들이 합계되어 한계확률이 되는지 살펴보자. 이 정보로부터, 우리는 모든 나머지 확률들을 추론할 수 있다. 예를 들어, A가 도산할 때 B는 도산하지 않을 확률은 0.01－0.00505＝0.00495이다. 이는 전체 표를 결합확률들로 채울 수 있도록 만든다.

표 9.2 결합확률(부도 상관계수=0.5)

A	B 부도	B 비부도	한계확률
부도	0.00505	0.00495	0.01
비부도	0.00495	0.98505	0.99
한계확률	0.01	0.99	

9.3.3 사례

신용손실 분포의 예로서 세 채권 A, B, 그리고 C를 포함하는 1억 달러의 포트폴리오를 생각해보자. 이들은 다양한 부도확률을 갖고 있다. 단순화를 위해 (1) 노출은 상수이고, (2) 부도 시 회수율은 0이며, (3) 세 발행기관의 부도사건은 독립적이라고 가정한다.

〈표 9.3〉은 노출과 부도확률들을 나타낸다. 기대손실은 $E[\mathrm{CL}] = \sum p_i \times \mathrm{CE}_i = 0.05 \times 25 + 0.10 \times 30 + 0.20 \times 45$로 쉽게 계산된다. 또는 다음과 같다.

$$E[\mathrm{CL}] = \sum p_i \times \mathrm{CE}_i = \$13.25(\text{백만 달러})$$

이는 많은 반복적 가상 표본들의 평균 신용손실이다. 이 계산은 매우 쉽고, 분포에 관해 부도확률을 제외한 다른 정보를 요구하지 않는다. 또한, 일반적 관행대로 손실은 양수로 표시된 데 유의하자.

대조적으로 최악손실 척도를 도출하려면 우리는 전체 분포를 알 필요가 있다. 이는 모든 가능한 상태를 나타내는 둘째 패널에서 이루어진다. 상태 1에서 부도는 전혀 발생하지 않으며, 독립성 가정 하에서 확률은 $(1-p_1)(1-p_2)(1-p_3)=(1-0.05)(1-0.10)(1-0.20)=0.684$이다. 상태 2에서 채권 A는 부도, 다른 채권들은 그렇지 않다. 이 확률은 $p_1(1-p_2)(1-p_3)=0.05(1-0.10)(1-0.20)=0.036$이다(다른 상태들의 경우도 비슷하게 계산된다).

〈그림 9.1〉은 신용손실의 빈도분포 그래프이다. 또한 이 표는 어떻게 분산을 계산하

표 9.3 포트폴리오 노출, 부도리스크, 그리고 신용손실 (단위: 백만 달러)

발행기관	노출	확률
A	\$25	0.05
B	\$30	0.10
C	\$45	0.20

부도 i	손실 L_i	확률 $p(L_i)$	누적 확률	예상 $L_i p(L_i)$	분산 $(L_i - \text{EL}_i)^2 p(L_i)$
없음	\$0	0.6840	0.6840	0.000	120.08
A	\$25	0.0360	0.7200	0.900	4.97
B	\$30	0.0760	0.7960	2.280	21.32
C	\$45	0.1710	0.9670	7.695	172.38
A, B	\$55	0.0040	0.9710	0.220	6.97
A, C	\$70	0.0090	0.9800	0.630	28.99
B, C	\$75	0.0190	0.9990	1.425	72.45
A, B, C	\$100	0.0010	1.0000	0.100	7.53
계				\$13.25	434.7

는지 다음과 같이 보여준다.

$$V[\text{CL}] = \sum_{i=1}^{N} (L_i - E[\text{CL}])^2 p(L_i) = 434.7$$

이는 표준편차는 $\sigma(\text{CL}) = \sqrt{434.7} = \$20.9$임을 의미한다.

그림 9.1 신용손실의 분포

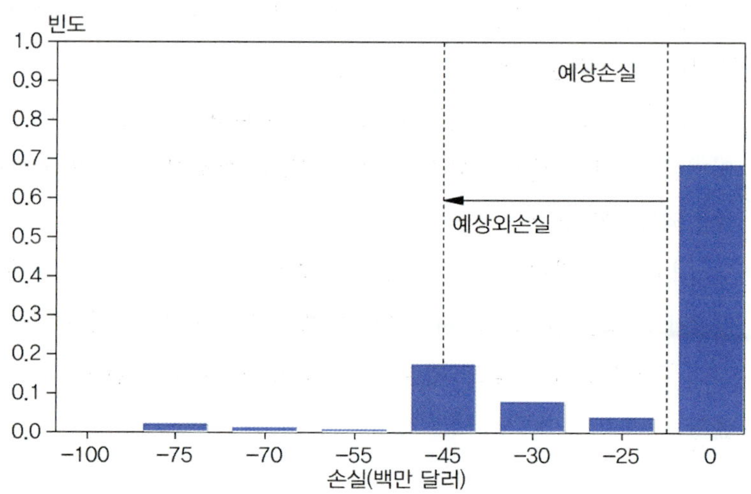

그림 9.2 신용손실의 누적분포

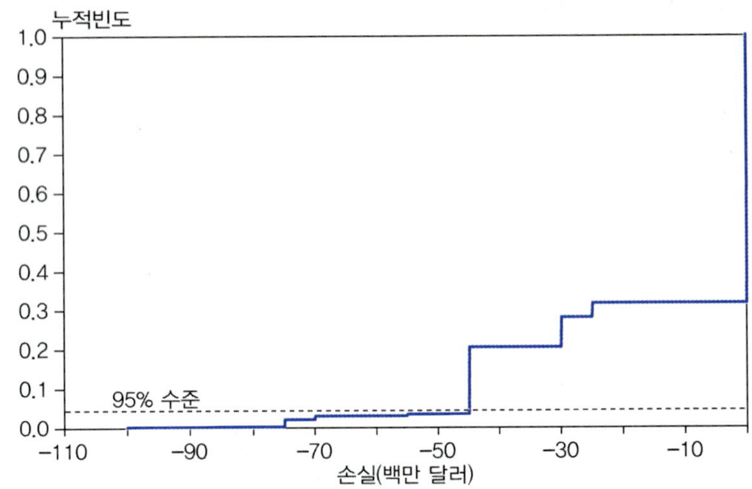

대안으로, 우리는 손실의 범위를 95% 분위수로 표시할 수 있다. 이는 다음 조건을 충족하는 최소값이다.

$$P(\mathrm{CL} \leq \mathrm{CL}_i) \geq 95\% \tag{9.12}$$

손실은 양수로 기록되기 때문에, 이 분위수는 더 작은 손실이 발생할 누적확률이 95% 또는 약간 더 큰 최소 손실이다.

〈표 9.3〉으로부터, 넷째 행은 누적확률 0.95를 약간 넘는 0.9670을 갖고 있으며, 45백만 달러의 손실에 상응함을 알 수 있다. 〈그림 9.2〉는 누적분포함수의 그래프이며, 95% 분위수는 45백만 달러임을 보인다.

평균으로부터의 편차를 기준으로, 이는 예상외손실이 45−13.2=$32(백만 달러)임을 의미한다. 이는 신용 VAR(credit VAR)의 척도이다. 그러나 때로 신용 VAR는 총손실로 측정되며, 이 경우에 45백만 달러이다.

이 대단히 간단한 세 채권 포트폴리오는 신용리스크 분포 측정의 유용한 예를 제공한다. 이 분포는 왼쪽으로 치우쳤음을 보여준다. 또한, 이 분포는 부도사건에 해당하는 불규칙적 불연속점들을 갖고 있다. 신용리스크의 관리에 관한 제14장은 이 점을 상세히 설명한다.

핵심 개념

예상 신용손실은 부도확률에 의존하나, 부도 상관계수에는 의존하지 않는다. 대조적으로 부도 상관계수가 높을수록, 예상외 신용손실은 더 높다.

예제 9.6 : FRM 시험 2003 – 문제 17

어떤 투자자는 1억 달러의 포트폴리오를 보유하고 있다. 이 포트폴리오는 A등급 채권(4,000만 달러)과 BBB등급 채권(6,000만 달러)로 이루어져 있다. A등급과 BBB등급 채권의 연간 부도확률은 각각 3%와 5%이며, 이들은 독립적이라고 가정하자. 만약 A등급 채권의 부도 시 회수가치는 70%이고 BBB등급 채권의 회수가치는 45%이면, 포트폴리오의 연간 예상 신용손실은 무엇인가?

a. \$1,672,000　　b. \$1,842,000　　c. \$2,010,000　　d. \$2,218,000

예제 9.7 : FRM 시험 2007 – 문제 73

어떤 포트폴리오는 두 채권으로 구성된다. 신용 VAR는 1년의 목표기간 동안 신뢰수준 98%에서 부도 시 최대손실로 정의된다. 이 두 채권의 결합부도확률은 1.27%, 그리고 부도 상관계수는 30%이다. 채권 가치, 부도 확률, 그리고 회수율은 한 채권의 경우 USD 1,000,000, 3%, 그리고 60%이고, 다른 채권의 경우 USD 600,000, 5%, 그리고 40%이다. 이 포트폴리오의 예상 신용손실은 무엇인가?

a. USD 0　　b. USD 9,652　　c. USD 20,348　　d. USD 30,000

예제 9.8 : FRM 시험 2007 – 문제 74

앞 문제에 이어서 이 포트폴리오의 예상외 신용손실(ECL로부터의 편차), 또는 신용 VAR의 최선의 추정치는 무엇인가?

a. USD 570,000　　b. USD 400,000　　c. USD 360,000　　d. USD 370,000

예제 9.9 : FRM 시험 2007 – 문제 102

Z은행이 X에게 100만 유로, Y에게 500만 유로를 대출한다고 가정하자. 1년 동안 X의 PD는 0.2, Y의 PD는 0.3이다. 결합부도의 PD는 0.1이다. 부도 시 손실률은 X의 경우 40%이고 Y의 경우 60%이다. 이 은행의 연간 예상 부도손실은 무엇인가?

a. 72만 유로 b. 98만 유로 c. 46만 유로 d. 64만 유로

예제 9.10 : FRM 시험 2004 – 문제 46

A등급 채권과 BBB등급 채권을 생각해보자. A등급 채권과 BBB등급 채권의 연간 부도확률이 각각 2%와 4%이고, 이 두 채권의 결합부도확률은 0.15%라고 가정하자. 두 채권의 부도 상관계수는 무엇인가?

a. 0.07%
b. 2.6%
c. 93.0%
d. 부도 상관계수는 이 정보에 의해 계산될 수 없다.

9.4 신용리스크의 분산

현대 은행업은 대출의 포트폴리오는 개별 대출보다 덜 위험하다는 합리적 이론에 기초한다. 시장리스크처럼 신용리스크 관리의 가장 중요한 특성은 많은 부도에 걸쳐 분산할 수 있는 능력이다.

이 점을 예시하기 위해, 〈그림 9.3〉은 100백만 달러 대출포트폴리오의 손실분포를 나타낸다. 부도확률은 1%에 고정되어 있다. 만약 부도가 발생하면, 회수율은 0이다.

첫째 패널에, 단지 한 건의 대출이 있다. 99% 확률의 비부도, 또는 1% 확률의 100백만 달러 손실이 발생한다. 예상손실은 다음과 같다.

$$EL = 0.01 \times \$100 + 0.99 \times 0 = \$1(\text{백만 달러})$$

문제는 만약 부도가 발생하면 대출 은행은 그 기반에 심각한 타격을 받고 파산할 수 있다는 것이다.

그림 9.3 신용손실의 분포

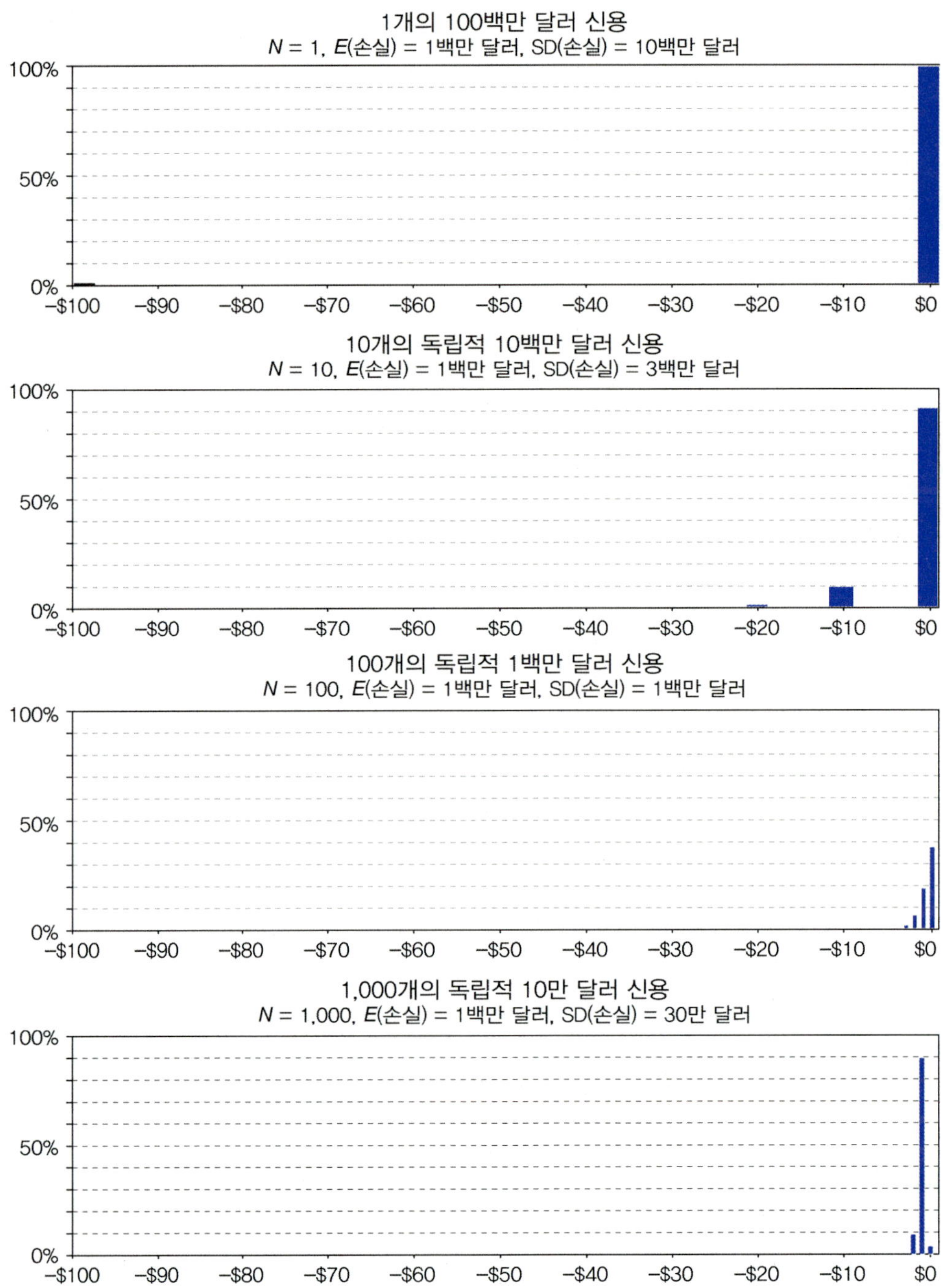

그림 9.3(계속) 신용손실의 분포

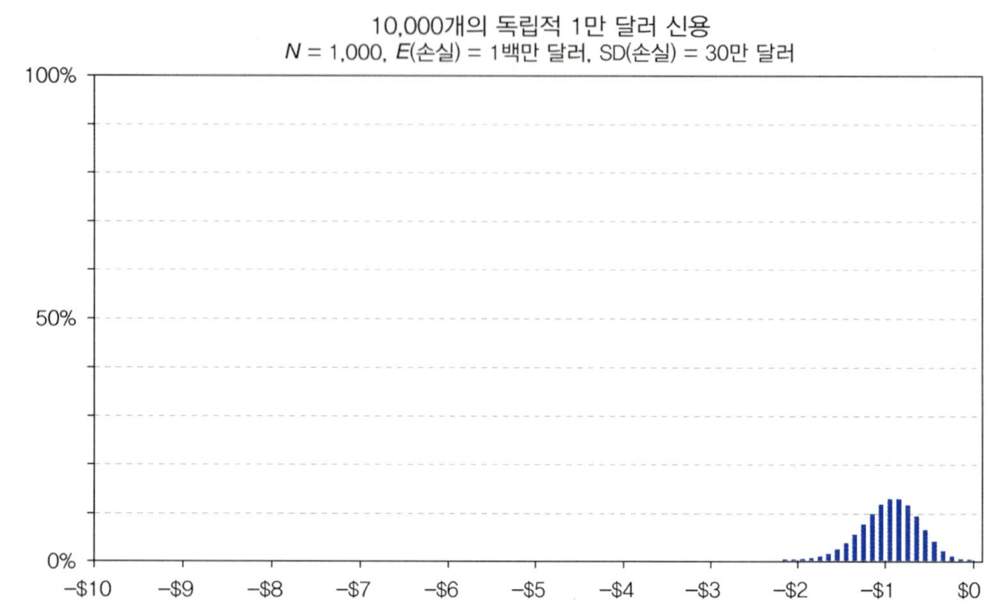

이는 홍콩의 주요 투자은행의 하나였으나 1997년 아시아 금융위기 때문에 파산했던, Peregrine Investments Holdings에서 발생했던 일이다. 이 은행은 인도네시아의 택시운영회사인 PT Steady Safe에 대한 한 건의 대출 때문에 파산했다고 할 수 있다. 그 대출액은 2억 3,500만 달러에 달해서, 은행 자기자본의 1/4에 해당했다.

우리의 단일 대출 예에서 분포의 범위는 상당히 넓다. 분산은 99백만 달러이며, 표준편차(SD)는 약 10백만 달러이다. 그러나 단순히 표준편차만 고려하면 분포의 심각한 왜도를 간과하게 된다.

둘째 패널에서, 우리는 각각 10백만 달러의 대출 10건을 고려한다. 총 기준금액은 앞과 같다. 부도는 독립적이라고 가정한다. 예상손실은 여전히 1백만 달러, 즉 10×0.01×10백만 달러이다. 그러나 SD는 이제 3백만 달러이며, 앞 경우보다 훨씬 작다.

다음으로, 셋째 패널은 각각 1백만 달러의 대출 100건을 고려한다. 예상손실은 여전히 1백만 달러이나, 이제 SD는 더 낮아서 1백만 달러이다. 마지막으로, 넷째 패널은 각각 10만 달러의 대출 1,000건을 고려하며, 이 때 SD는 30만 달러이다.

비교가능성을 위해, 이 그래프들은 모두 같은 수직 및 수평 축을 사용한다. 그러나 이는 분포를 완전히 드러내지 못한다. 이런 이유 때문에 다섯째 패널은 분포를 1,000 거래상대방으로 확대했다. 이는 정규분포와 비슷하다. 이는 독립적 변수들의 합의 분포는 정규분포로 수렴한다는 **중심극한정리**(central limit theorem: CLT)를 반영한다. 특히, 매우 치우친 분포로부터 출발하더라도, 분산효과 때문에 결국 정규분포가 된다.

또한, 분포의 산포도는 매우 작아진다. 이는 왜 많은 신용에 걸쳐 분산된 소비자대출 포트폴리오가 전형적 기업대출 포트폴리오보다 덜 위험한지 설명한다.

N개 사건이 각각 동일한 확률 p로 발생한다고 가정하고, 변수 $X = \sum_{i=1}^{N} b_i$를 부도 빈도로 정의하자(여기에서, 부도가 발생하면 $b_i = 1$이다). 이제 포트폴리오의 예상 신용손실은 다음과 같다.

$$E[\mathrm{CL}] = E[X] \times \$100/N = pN \times \$100/N = p \times \$100 \tag{9.13}$$

이 값은 N 대신, 평균 부도확률과 총노출 1억 달러에 의존한다. 사건들이 독립적일 때, 이 변수의 분산은 이항분포의 결과에 의해 다음과 같다.

$$V[\mathrm{CL}] = V[X] \times (\$100/N)^2 = p(1-p)N \times (\$100/N)^2 \tag{9.14}$$

이는 표준편차는 다음과 같음을 의미한다,

$$\mathrm{SD}[\mathrm{CL}] = \sqrt{p(1-p)} \times \$100/\sqrt{N} \tag{9.15}$$

고정된 총기준금액의 경우, N이 증가하면 이 값은 0으로 수렴한다.

우리는 신용들이 독립적이라는 핵심 가정에 유의해야 한다. 독립성이 없으면, 분포가 비대칭성을 잃는 속도는 더 느릴 것이다. 매우 많은 수의 소비자대출이 있어도, 산포도는 0으로 수렴하지 않을 것이다. 경제의 전체적인 상태가 소비자신용 배후의 공통요인이기 때문이다. 실제로, 경기 확장기보다 침체기에 훨씬 많은 추가적 도산이 발생한다. 이는 확장기에 적합한 모수를 가진 신용리스크 모형들에 관해 의구심을 갖게 되는 이유의 하나이다.

금융기관들은 대출의 **집중한도**(concentration limits)를 통해 소극적으로 분산화를 달성하려 한다. 다시 말해, 특정 산업 또는 지리적 영역에 대한 노출 정도 또는 대출을 제한한다. 역으로 **집중리스크**(concentration risk)는 지나치게 많은 부도가 동시에 발생할 수 있는 리스크이다.

이 절의 분포는 동일한 부도확률 p와 독립성을 의미하는 **동질성**(homogeneity)을 가정한 폐쇄형 해에 의해 도출된다. 이 상황에서 현실의 모든 가능한 상태는 **이항분포의 전개**

(binomial expansion)에 의해 묘사될 수 있다. 일반적 정리는 다음과 같다.

$$(x+y)^N = a_0x^N + a_1x^{N-1}y^1 + a_2x^{N-2}y^2 + \cdots + a_{N-1}x^1y^{N-1} + a_Ny^N \tag{9.16}$$

여기에서 계수 a_i는 한 번에 i개를 N개의 대상으로부터 선택하는 조합의 숫자이다. 또는 다음과 같다.

$$a_i = \binom{N}{i} = \frac{N!}{i!(N-i)!} \tag{9.17}$$

만약 $x = p$와 $y = 1-p$로 표시하면 이 전개식의 합은 1이어야 하며, 각 항은 이 특정 사건 조합의 확률이다.

$$1 = p^N + Np^{N-1}(1-p)^1 + \frac{N(N-1)}{2}p^{N-2}(1-p)^2 + \cdots + Np^1(1-p)^{N-1} + (1-p)^N \tag{9.18}$$

예를 들어, $N=3$이면 다음과 같다.

$$1 = p^3 + 3p^2(1-p) + 3p(1-p)^2 + (1-p)^3 \tag{9.19}$$

첫째 항은 세 건의 부도가 발생할 확률이다. 둘째 항은 세 사건 중에서 정확히 두 건의 부도가 발생할 확률이다.[3] 마지막 항은 부도가 없을 확률이다. 이는 편리한 분해식이나, 부도가 독립적일 때에만 유효하다.

예제 9.11 : FRM 시험 2002 – 문제 92

어떤 포트폴리오는 부도 상관계수가 0인 5개의 채권으로 구성되어 있다. 이 채권들의 연간 부도확률은 다음과 같다: 1%, 2%, 5%, 10%, 그리고 15%. 이 포트폴리오에서 1년 동안 부도가 없을 확률은 무엇인가?

a. 71%　　b. 67%　　c. 85%　　d. 99%

3) 사건들은 (1) 채권 1 비부도, 채권 2와 3 부도, (2) 채권 2 비부도 및 나머지 부도, 그리고 (3) 채권 3 비부도 및 나머지 부도이다.

예제 9.12 : FRM 시험 2004 - 문제 15

신용부도스왑의 바스켓에 10개의 채권이 있다. 각 채권의 부도확률은 5%이다. 이 바스켓 안에서 한 채권의 부도확률은 다른 채권의 부도확률과 완전히 독립적이다. 정확히 하나의 채권이 도산할 확률은 무엇인가?

a. 5%　　b. 50%　　c. 32%　　d. 3%

9.5 중요 공식

- 신용손실 변수 : $\mathrm{CL} = \sum_{i=1}^{N} b_i \times \mathrm{CE}_i \times (1 - f_i)$
- 신용손실(동일 사건, 독립적 b 그리고 LGD, 고정된 CE=1).

  기대값 : $E[\mathrm{CL}] = E[n]E[\mathrm{LGD}] = NpE[\mathrm{LGD}]$

  표준편차 : $\mathrm{SD}[\mathrm{CL}] = \sqrt{Np\,V[\mathrm{LGD}] + Np(1-p)\{E[\mathrm{LGD}]\}^2}$
- 결합확률(독립) : $p(A \text{ and } B) = p(A) \times p(B)$
- 결합확률 :

  $p(A \text{ and } B) = \mathrm{Corr}(A, B)\sqrt{p(A)[1-p(A)]}\sqrt{p(B)[1-p(B)]} + p(A)p(B)$,

  $E[b_A \times b_B] = \mathrm{Cov}[b_A, b_B] + E[b_A]E[b_B]$ 이용
- 이항분포의 전개식 :

$$1 = p^N + Np^{N-1}(1-p)^1 + \frac{N(N-1)}{2}p^{N-2}(1-p)^2 + \cdots + Np^1(1-p)^{N-1} + (1-p)^N$$

9.6 예제 풀이

예제 9.1: 결제리스크

a. 결제리스크는 다른 시점에 다른 통화로 표시된 기준원금의 교환에 기인한다. 이는 한 거래상대방의 지급완료 후, 이 거래주체를 파산에 노출시킨다. 상계지급의 리스크는 더 작다.

예제 9.2: 다자간 상계 시스템

b. 보기 c.와 d.는 옳다. 보기 a.와 b.는 모순된다. 다자간 상계 시스템은 리스크를 하나의 기관으로 집중시킨다. 만약 이 기관이 도산하면, 이는 잠재적으로 큰 피해를 초래할 수 있다.

예제 9.3: FRM 시험 2002 – 문제 130

a. 예상 신용손실(ECL)은 기준금액을 부도확률과 손실률로 곱한 값이다. 이는 $50,000,000×0.03×(1−70%)=$450,000이다.

예제 9.4: FRM 시험 2009 – 문제 6-7

d. 첫째, 부도 시 익스포저를 계산해야 한다. 이는 인출금액, 즉 80%×$50,000=$40,000과 부도 시 드로다운 60%×$10,000=$6,000의 합이며, 총액은 CE=$46,000이다. 예상손실은 이 금액과 $p \times E[\text{LGD}]=0.02\times 50\%=1\%$를 곱한 값, 또는 EL=$460이다. 다음으로, 수식(9.7)을 이용하여, 손실의 표준편차를 계산한다. 분산은 $pV[\text{LGD}]+p(1-p)\{E[\text{LGD}]\}^2=0.02(0.40)^2+0.02(1-0.02)(0.50)^2=0.00810$이다. 제곱근을 취하면 0.090이다. $46,000로 곱하면, $4,140이다. V[LGD]를 무시하면, $3,220의 틀린 답이 된다. 예상외손실은 예상손실보다 훨씬 더 크다는 점에 유의하라.

예제 9.5: FRM 시험 2008 – 문제 3-5

c. 수식(9.5)는 EL이 p에 선형으로 증가함을 보이며, 따라서 보기 I.은 옳다. 보기 II.는 옳지 않다. 집중된 포트폴리오에서는 분명히 그렇다. 수식(9.7)은 UL이 EL보다 더 빠르게 p에 선형적으로 증가함을 보이며, 따라서 보기 III.은 옳다. 마지막으로, 더 높은(낮지 않은) LGD는 더 높은 신용손실을 초래하기 때문에 보기 II.는 옳지 않다.

예제 9.6: FRM 시험 2003 – 문제 17

c. 예상손실은 $\sum_i p_i \times \text{CE}_i \times (1-f_i)$=$40,000,000×0.03(1−0.70)+$60,000,000×0.05(1−0.45)=$2,010,000이다.

예제 9.7: FRM 시험 2007 – 문제 73

d. 첫째 채권의 ECL은 1,000,000×3%×(1−60%)=12,000이고, 둘째 채권의 ECL은 600,000×5%×(1−40%)=18,000이다. 이들의 합은 $30,000이다. 이 수치는 부도 상관계수에 의존하지 않음에 유의하자.

예제 9.8: FRM 시험 2007 – 문제 74

d. 여기에서, 결합부도확률이 중요하다. 만약 두 채권이 도산하면, 손실은 $1,000,000×(1−40%)+$600,000×(1−60%)=$400,000+$360,000=$760,000이다. 이는 1.27%의 확률로 발생할 것이다. 두 번째 큰 손실은 $400,000이며, 확률은 3.00−1.27=1.73%이다. 그 누적확률은 100.00−1.27=98.73%이어야 한다. 이는 98%를 약간 넘으며, 따라서 $400,000는 98% 신뢰수준 이상의 분위수이다. 평균을 차감하면 $370,000이 된다.

예제 9.9: FRM 시험 2007 – 문제 102

b. 결합 PD는 ECL과 무관하다. 여기에서, ECL=1×20%×40%+5×30%×60%=0.08+0.90, 또는 98만 유로이다.

예제 9.10: FRM 시험 2004 – 문제 46

b. 수식(9.11)로부터, 부도 상관계수는 $\mathrm{Corr}(A,B)=[p(A \text{ and } B)-p(A)p(B)]/\{\sqrt{p(A)[1-p(A)]}\sqrt{p(B)[1-p(B)]}\}=[0.0015-0.02\times 0.04]/\{\sqrt{0.02[1-0.02]}\sqrt{0.04[1-0.04]}\}=0.025516$이다.

예제 9.11: FRM 시험 2002 – 문제 92

a. 사건들은 독립적이기 때문에 결합확률은 곱인 $(1-p_1)(1-p_2)(1-p_3)(1-p_4)(1-p_5)=(1-1\%)(1-2\%)(1-5\%)(1-10\%)(1-20\%)=70.51\%$이다.

예제 9.12: FRM 시험 2004 – 문제 15

c. 수식(9.18)의 둘째 항을 이용하면, $a_1=(10/1)=10$이고, 확률은 $10p^1(1-p)^9=10\times 0.05\times(1-0.05)^9=0.315$이다.

Chapter 10

부도리스크의 계리적 측정*

부도리스크는 신용리스크의 주요 요인이다. 이는 **부도확률**(probability of default)로 표현된다. 부도가 발생할 때, 실제 손실은 **부도 시 익스포저**(exposure at default)와 **부도 시 손실률**(loss given default)의 곱이다.

부도리스크는 두 접근법에 의해 측정될 수 있다. 먼저 (1) **계리적 방법**(actuarial methods)은 일반적으로 부도의 역사적 자료에 기초하여, 부도율의 객관적 척도를 제공한다. 그리고 (2) **시장가격 방법**(market-price methods)은 부채, 주식, 또는 신용파생상품의 거래가격으로부터 부도리스크의 위험중립 척도를 추정한다.

위험중립 척도는 일찍이 옵션가격과 관련되어 도입되었다. 이는 적절한 자산평가를 위해 요구된다. 또한, 위험중립 척도의 주요 장점은 현재 시장가격에 기초하기 때문에 미래지향적이고 최근 정보를 반영한다는 것이다.

그러나 리스크관리 관점에서 이는 리스크 프리미엄에 의해 오염되고 부도 시 손실률 척도를 포함한다. 결국 부도확률을 직접적으로 측정하지 못한다. 대조적으로 객관적 척도들은 실제 또는 자연적 부도확률을 기술한다.

부도확률의 계리적 척도는 **신용평가기관**(credit rating agency: CRA)에 의해 제공된다. 이들은 부도리스크를 정량화한 신용등급에 의해 차입자들을 구분한다. 이런 등급은 사용하는 기관의 입장에서 **외부**(external) 자료이다. 비슷한 기법이 **내부**(internal) 등급을 개발하기 위해 사용될 수 있다.

등급평가는 일반적으로 **회계변수 모형**(accounting variables model)으로부터 출발한다. 이는 부도발생을 회계변수의 목록 또는 더 일반적으로 기업특성에 연계한다. 판별분석

* FRM 시험 Part 1 및 2 주제.

같은 통계적 기법이 어떻게 이 변수들이 부도의 발생 또는 미발생에 연계되는지 살펴보기 위해 사용될 수 있다. 회계변수들은 금융시장과 경제환경에 관한 정보에 의해 보강될 수 있다. 평가기관은 또한 기업의 경영 또는 사적 정보를 이용한다.

이 장은 부도리스크의 계리적 척도에 초점을 맞춘다. 부도리스크의 시장기반 척도들은 다음 장에서 다루어진다. 제10.1절은 먼저 신용사건의 정의를 살펴본다. 제10.2절은 신용등급을 살펴보고, 어떻게 역사적 부도율이 부도확률을 추론하는 데 사용될 수 있는지 설명한다. 회수율은 제10.3절에서 분석된다. 제10.4절은 회사와 국가의 신용등급을 평가한다. 마지막으로, 제10.5절은 신용평가기관의 기능을 논의한다.

10.1 신용사건

신용사건은 현실의 이산적으로 정의된 상태이다. 이는 사건의 정의에 의해 발생 또는 미발생으로 구분된다. 이 때 사건은 가급적 정확하게 규정되어야 한다.

채권 부도의 정의는 매우 좁다. 채권의 부도는 지급이 이루어지지 않을 때 발생한다. 부도 상태는 신용평가기관인 Standard & Poor's(S&P)에 의해 다음과 같이 정의된다.

어떤 재무적 채무의 지급불이행이 처음으로 발생한 것이며, 신용등급이 있거나 없을 수 있다. 선의의 상업적 다툼(bona fide commercial dispute)의 대상인 재무적 채무는 제외된다. 지급일에 미지급된 이자가 유예기간 내에 지급될 때 예외가 발생한다.

그러나 특정 채권의 부도는 일반적으로 채무자의 재무적 어려움을 반영하며, 전형적으로 다른 채무의 불이행을 수반한다. 이는 평가기관들이 특정 채권의 평가에 추가하여, 발행기관에 신용등급을 부여하는 이유를 설명한다. 특정 채권의 등급은 상대적 우선순위에 따라 발행기관의 등급보다 높거나 낮을 수 있다.

그러나 신용파생상품의 부도는, 상환이 신용사건과 직접 관련되기 때문에, 더 정확하게 정의되어야 한다. 신용파생상품은 제13장에서 다루어진다. 신용사건(credit event)의 정의는 업계 단체인 International Swaps and Derivatives Association(ISDA)에 의해 공식화되었다. 목록은 다음 사건들을 포함한다.

- **파산**(bankruptcy). 이는 다음 중 하나를 포함하는 상황으로 정의된다.

- 채무자의 소멸(합병 제외)
- 지급불능 또는 채무 지급 불가능
- 청구권의 양도
- 파산 절차의 개시
- 재산관리인의 선임
- 제3자에 의한 실질적으로 모든 자산의 압류

■ **지급 불이행**(failure to pay), 이는 만기가 된 지급을 채무자가 이행하지 않음을 의미한다. 이는 보통 합의된 유예기간이 지나고 지급채무가 일정 금액보다 클 때 적용된다.

■ **채무/교차 부도**(obligation/cross default), 이는 다른 비슷한 채무의 부도(지급불이행 제외) 발생을 의미한다.

■ **채무/교차 조기회수**(obligation/cross acceleration), 이는 다른 비슷한 채무에서 부도(지급불이행 제외)가 발생하였기 때문에, 해당 채무가 즉시 지급되어야 하는 상태이다.

■ **지급 거절/지불 유예**(Repudiation/moratorium), 이는 거래상대방이 채무의 유효성을 부인하거나 이의를 제기하는 것이다.

■ **구조조정**(restructuring), 이는 채무의 조건이 전보다 불리해지는 결과를 수반하는 면제, 이연, 또는 연장을 의미한다.

특히, 2008년에 Fannie Mae와 Freddie Mac(재산관리인 선임), Lehman Brothers Holdings와 Washington Mutual(파산), 그리고 Educator(지급불이행)에서 신용사건들이 발생한 바 있다. 또한 가끔 발생하는 다른 사건들은 다음과 같다.

■ **등급하락**(downgrading), 이는 신용등급이 전보다 강등되거나 취소된 것을 의미한다.

■ **통화의 태환 정지**(currency inconvertibility), 이는 정부나 관련 당국에 의해 환전통제 또는 통화에 대한 다른 제한이 시행됨을 의미한다.

■ **정부의 행위**(governmental action), 이는 (1) 정부나 규제 당국에 의한 채무의 유효성을 약화시키는 선언이나 조치, 또는 (2) 정부나 은행 활동의 기능을 저해하는 전쟁 또는 다른 무력충돌의 발생을 의미한다.

이상적으로, 모든 사람에게 불확실성을 초래하는 미합의와 값비싼 법적 다툼의 가능성을 최소화하기 위해, 업계는 신용사건을 규정하는 일단의 공통요소들에 관해 합의해야 한다. ISDA 정의는 신용사건의 정의를 정확하게 기술함으로써, **법률리스크**(legal risk)를 최소화하도록 만들어졌다.

그러나 예측되지 않은 상황이 때로 발생한다. 예를 들어, Conseco, Xerox, 그리고 Marconi의 경우처럼, 은행의 부채 재조정이 신용사건이 되는지에 관해 의견의 차이가 있었다.

다른 눈에 띄는 상황은 아르헨티나이다. 외채 기준에서 이 사건은 역사상 가장 큰 국가부도이다. 아르헨티나는 2001년 11월에 국내 채무를 자신에게 더 유리하도록 재조정한다고 선언했다. 일부 신용부도스왑 보유자들은, 이것은 교환이 강요되었기 때문에 신용사건이라며 자신들의 수취권리를 주장했다. 스왑 매도자들은 동의하지 않았다. 그러나 아르헨티나가 1,350억 달러의 외채에 대한 이자지급을 중지할 것이라고 선언한 12월에 이는 명백한 채무불이행이 되었다. 그러나 공식적인 채무불이행 직전에 만료된 신용스왑 보유자들의 경우 상황은 해결되지 않았다.

예제 10.1 : 신용사건의 정의

다음 사건들 중 신용사건이 아닌 것은 무엇인가?

a. 파산
b. 채권의 중도상환
c. 등급 하락
d. 지급 불이행

10.2 부도율

10.2.1 신용등급

신용등급(credit rating)은 신용평가기관(CRA)에 의해 발행된 "신용도 평가"이다. 미국의 주요 채권 평가기관은 Moody's Investors Service, Standard & Poor's(S&P), 그리고 Fitch Ratings이다. 더 기술적으로, 신용등급은 Moody's에 의해 다음과 같이 정의된다.

채권 발행자 또는 다른 채무자가 투자자들에게 빚진 원금과 이자를 제 때에 완전히 지급할 수 있는 미래 능력, 법적 책임, 그리고 의도에 대한 의견.

〈표 10.1〉은 Moody's와 S&P에 의해 부여된 다양한 신용등급의 해석이다. 이 등급들은 장기채권에 해당되고, 단기채권에는 다른 등급들이 적용된다. 일반적으로, 두 기관은 동일한 발행자에 대해 비슷한 등급을 제공한다.

표 10.1 신용등급의 구분

설명	Standard & Poor's	Moody's Investors Service
투자등급 :		
최상위 등급	AAA	Aaa
상위 등급	AA	Aa
중상위 등급	A	A
중위 등급	BBB	Baa
투기등급 :		
중하위 등급	BB	Ba
투기적	B	B
취약 상태	CCC	Caa
매우 투기적	CC	Ca
최하위 등급, 이자 미지급	C	C
부도	D	

세부등급: A+, A, A-, 그리고 A1, A2, A3

등급은 다음과 같이 구분된다:

- **투자등급**(investment grade), 이는 S&P의 BBB, 그리고 Moody's의 Baa 이상
- **투기등급**(speculative grade) 또는 **투자등급 미만**(below investment grade), 이는 나머지에 해당

각 문자는 등급으로 불린다. 또한, CRA는 **노치**(notch)로도 불리는 세부등급을 사용한다. 예를 들어, S&P는 BBB등급을 BBB+, BBB, 그리고 BBB-로 세분한다. Mooy's의 경우, 상응하는 등급은 Baa1, Baa2, 그리고 Baa3이다.

이 등급들은 객관적(또는 계리적) 부도확률을 나타낸다.[1] 실제로 기관들은 최초등급과 목표기간에 의해 분류된 채권의 부도빈도를 추적하는 연구를 발표했다. 이 빈도들은 등급을 부도확률로 전환하는 데 이용될 수 있다.

기관들은 신용등급을 결정하기 위해, 다양한 회계적 비율을 포함하는 많은 기준들을 사

1) 실제로, 등급은 S&P의 경우 부도확률(PD) 그리고 Moody's의 경우 PD×LGD의 결합효과를 측정한다. 여기에서, LGD는 부도 시 손실률이다.

용한다. 〈표 10.2〉는 미국 제조기업들의 선택된 회계비율들의 중앙값을 나타낸다. 첫째 열(제목 "레버리지")은 총부채의 총자본(부채와 자기자본 장부가치, 즉 자산)에 대한 비율이 등급에 따라 체계적으로 다름을 보여준다. 높은 등급의 회사들은 낮은 레버리지 비율을 갖는다. 예를 들어, AAA 기업들은 12%이다. 한편, BB등급(투자등급 바로 아래) 회사들은 53%의 레버리지 비율을 갖고 있다. 이는 2.1 대 1의 자본-대-자기자본 레버리지 비율을 의미한다.[2)]

표 10.2 S&P의 등급별 제조업 재무비율(2005–2007년 평균)

	레버리지(백분율)	현금흐름보상(배수)	
등급	총부채/자본	EBITDA/이자	EBIT/이자
AAA	12	32.0	26.2
AA	35	19.5	16.4
A	37	13.5	11.2
BBB	45	7.8	5.8
BB	53	4.8	3.4
B	73	2.3	1.4
CCC	99	1.1	0.4

오른쪽 패널("현금흐름보상" 아래)은 또한 이자지급액으로 나눈 자유현금흐름 척도의 체계적 변화를 보여준다. 이는 현금흐름이 이자지급을 충당할 수 있는 배수를 나타낸다. 이자 및 세전 이익(EBIT)에 주목하면, AAA등급 회사는 26.2배의 안전한 완충능력을 갖고 있고, BB등급 회사는 단지 3.4배를 갖고 있다.

연관된 파산예측 모형은 Altman에 의해 개발된 z-평점 모형 같은 **다중판별분석**(multiple discriminant analysis: MDA)이다.[3)] MDA는 표본 기업들의 관찰된 부도 및 비부도 상태를 가장 적합하게 묘사하는 회계적 자료의 선형결합을 만들어낸다.

z-평점에 사용되는 변수들은 (1) 총자산 대비 운전자본, (2) 총자산 대비 유보이익, (3) 총자산 대비 EBIT, (4) 총부채 대비 자기자본 시장가치, 그리고 (5) 총자산 대비 순매출액이다. 더 낮은 평점은 더 높은 부도 가능성을 의미한다. 각 변수는 양수로 입력되며, 이는 각 변수의 증가는 파산확률을 감소시킴을 의미한다.

2) D와 E를 부채와 자기자본으로 정의하면, 부채-대-자산 비율은 $D/(D+E)=53\%$이다. 이제, 자산 대 자기자본비율은 $(D+E)/E=[D/E]+1=[D/(D+E)]/[E/(D+E)]+1=53\%/(1-53\%)+1=2.1$이다.

3) E. Altman, "Financial Ratios, Discriminant Analysis and the Prediction of Corporate Bankruptcy," *Journal of Finance* 23 (1968): 589-609.

예제 10.2 : FRM 시험 2003 – 문제 100

다음 중 Moody's의 신용등급에서 가장 낮은 영역은 무엇인가?

a. Baa1　　b. Ba1　　c. Baa3　　d. Ba3

예제 10.3 : FRM 시험 2005 – 문제 86

당신은 세 종목의 채권들 중 하나에 투자를 고려하고 있다. 투자지침은 적어도 두 개의 인정된 채권 평가기관들로부터 투자등급을 부여받은 채권만을 보유하는 것이다. 다음 채권들 가운데 당신의 투자지침을 충족하는 채권은 무엇인가?

a. A채권은 S&P의 BB등급과 Moody's의 Baa등급에 속한다.
b. B채권은 S&P의 BBB등급과 Moody's의 Ba등급에 속한다.
c. C채권은 S&P의 BBB등급과 Moody's의 Baa등급에 속한다.
d. 이 보기에 없다.

예제 10.4 : FRM 시험 2002 – 문제 110

만약 Moody's와 S&P가 채권을 평가하는 데 동일하게 유능하면, S&P의 BB등급 채권의 평균부도율은 Moody's의 어떤 등급 채권의 평균부도율보다 낮은가?

a. Baa3　　b. Ba1　　c. Ba　　d. Ba3

10.2.2 역사적 부도율

〈표 10.3〉과 〈표 10.4〉는 각각 Moody's와 Standard & Poor's에 의해 보고된 역사적 부도율을 나타낸다. 이는 진정한 도산확률의 통계적 추정치인 도산기업의 비율 $\overline{X}$를 나타낸다.

$$E(\overline{X}) = p \tag{10.1}$$

예를 들어, Moody's의 최초 등급이 Baa인 차입자는 이후 1년 동안 평균 0.29%의 부도율을 경험했다. 비슷한 비율이 S&P의 BBB등급 신용에서 나타나며, 이들은 1년 동안 0.23%의 부도율을 경험했다. A등급 기업은 다음 해에 약 0.07%의 부도율을 경험했다.

표 10.3 Moody's의 누적부도율(백분율), 1920–2007

등급	연도																			
	1	2	3	4	5	6	7	8	9	10	11	12	13	14	15	16	17	18	19	20
Aaa	0.00	0.00	0.02	0.08	0.16	0.26	0.37	0.53	0.70	0.90	1.07	1.21	1.36	1.41	1.45	1.53	1.62	1.68	1.77	1.83
Aa	0.06	0.18	0.29	0.45	0.70	1.01	1.34	1.65	1.95	2.29	2.68	3.10	3.51	3.93	4.25	4.49	4.68	4.88	5.09	5.27
A	0.07	0.24	0.50	0.81	1.12	1.45	1.80	2.13	2.50	2.90	3.34	3.77	4.15	4.50	4.92	5.28	5.56	5.81	6.08	6.33
Baa	0.29	0.85	1.56	2.34	3.14	3.94	4.71	5.48	6.28	7.06	7.80	8.54	9.24	9.89	10.44	11.01	11.53	12.00	12.44	12.91
Ba	1.34	3.20	5.32	7.49	9.59	11.56	13.36	15.11	16.73	18.44	20.00	21.52	23.04	24.34	25.51	26.64	27.81	28.91	29.85	30.78
B	4.05	8.79	13.49	17.72	21.43	24.66	27.59	30.04	32.15	33.93	35.64	37.26	38.69	40.08	41.40	42.68	43.73	44.52	45.07	45.38
Caa–C	13.73	22.46	29.03	33.92	37.64	40.58	42.87	44.92	47.00	48.98	50.99	53.07	55.05	57.11	59.12	60.98	62.63	64.20	65.68	67.13
투자등급	0.14	0.43	0.81	1.23	1.69	2.16	2.63	3.09	3.58	4.08	4.58	5.09	5.57	6.00	6.42	6.79	7.12	7.41	7.71	8.00
투기등급	3.59	7.24	10.75	13.92	16.71	19.18	21.37	23.34	25.11	26.83	28.44	30.00	31.50	32.87	34.13	35.35	36.52	37.57	38.46	39.28
전체	1.41	2.88	4.32	5.63	6.80	7.85	8.80	9.67	10.48	11.28	12.05	12.80	13.50	14.15	14.74	15.29	15.79	16.25	16.66	17.06

표 10.4 S&P의 세계 누적부도율(백분율), 1981–2007년

등급	연도														
	1	2	3	4	5	6	7	8	9	10	11	12	13	14	15
AAA	0.00	0.00	0.09	0.18	0.28	0.41	0.48	0.59	0.63	0.67	0.67	0.67	0.67	0.73	0.79
AA	0.01	0.05	0.09	0.19	0.29	0.40	0.52	0.62	0.71	0.81	0.91	0.99	1.09	1.17	1.21
A	0.06	0.16	0.29	0.45	0.64	0.85	1.11	1.32	1.53	1.76	1.95	2.11	2.26	2.39	2.61
BBB	0.23	0.65	1.13	1.75	2.38	2.98	3.47	3.96	4.42	4.89	5.37	5.75	6.22	6.68	7.20
BB	1.00	2.93	5.19	7.36	9.30	11.19	12.72	14.05	15.27	16.24	17.13	17.87	18.51	18.96	19.43
B	4.57	10.06	14.72	18.39	21.08	23.19	24.94	26.37	27.55	28.74	29.80	30.70	31.61	32.47	33.26
CCC	25.59	34.06	39.04	41.86	44.50	45.62	46.67	47.25	48.86	49.76	50.50	51.26	51.87	52.50	52.50
투자등급	0.10	0.30	0.52	0.81	1.11	1.42	1.69	1.95	2.19	2.44	2.66	2.85	3.05	3.24	3.47
투기등급	4.11	8.11	11.66	14.57	16.90	18.84	20.45	21.79	23.01	24.08	25.05	25.87	26.64	27.30	27.90
전체	1.45	2.91	4.21	5.33	6.26	7.06	7.73	8.30	8.81	9.29	9.72	10.08	10.44	10.76	11.09

Caa 이하 기업들의 부도율은 13.73%이다. 더 높은 등급은 더 낮은 부도율을 보인다. 결국 이 정보는 최초등급 별 부도확률 추정치를 구하는 데 사용될 수 있다.

또한, 이 표는 주어진 최초 신용등급에서 누적부도율은 목표기간에 따라 급격히 증가함을 보여준다. Baa 기업의 부도율은 연간 0.29%로부터 10년간의 7.06%로 상승한다. 이들은 누적부도율이기 때문에 목표기간이 길면 수치는 반드시 증가한다. 그러나 투자등급 신용의 경우, 목표기간이 길면 누적부도율은 비례적 수준보다 더 상승한다. Baa등급 신용의 경우 그 비율은 7.06/0.29=24이며 10보다 크다. 대조적으로 B등급 신용의 비율은 33.93/4.05=8이다. 투기등급 신용의 경우 상승 폭은 목표기간에 대한 비례적 수준보다 작다.

그러나 이런 역사적 정보의 문제의 하나는 일부 항목의 상대적 자료부족이다. 높은 등급 기업의 부도는 1년 동안 거의 없다. 예를 들어, Aa 기업의 연간 부도율은 0.06%이다. 이는 부도는 거의 없다는 의미이다. 1939년부터 2007년까지, 최초 등급 Aa 기업은 단 두 개만 1년 이내에 도산했다. 이 사건들은 1989년에 일어났다. 표본기간을 바꾸거나 부도 사례를 하나 추가하면, 평균 부도율에 큰 영향을 줄 수 있다.

또 목표기간의 길이에 따라 표본크기는 감소한다. 예를 들어, 1981년부터 2007년까지 S&P에 의해 보고된 부도율을 고려해보자. 연간 부도율은 27개 기간을 사용한 평균이다—즉, 1981, 1982, 그리고 2007년까지. 그러나 목표기간 15년의 경우, 첫째 기간은 1981년부터 1995년, 둘째 기간은 1982년부터 1996년, 같은 방식으로 마지막 1993년부터 2007년 기간까지 계속한다. 이 경우 평균은 훨씬 더 작은 표본인 13개 기간을 이용한다. 자료는 또한 중복되며 따라서 비독립적이다, 결국 몇 개의 차입기업을 빼거나 더하면, 보고되는 부도율은 급격히 달라진다.

이는 표 안에서 불일치를 초래할 수 있다. 예를 들어, CCC 채무자의 부도율은 14년부터 15년까지 52.50%로 동일하다. 이는 14년 후 추가적 부도리스크는 없음을 의미한다, 그러나 이는 비현실적인 시사점이다. 또한, 범주가 더 세분되어 세부등급으로 나누어지면 등급이 상승해도 부도율은 단조감소하지 않는 경우가 있다. 이는 소표본 효과로 보인다.

이 부도율들의 정확성은 표준편차에 의해 평가될 수 있다. 예를 들어, S&P 표본에서 AA등급 신용의 첫 1년의 부도율을 고려해보자. 이는 평균 $\overline{X}=0.01\%$로 계산된다. 이는 총 약 $N=10,000$개의 독립적 관찰로부터 나왔다고 가정하자. 이항과정의 분포로부터 평균의 분산은 다음과 같다.

$$V(\overline{X}) = \frac{p(1-p)}{N} \tag{10.2}$$

이 값으로부터, 표준편차는 약 0.01%이다. 이는 평균인 0.01%와 비슷한 수준이며, 평균 부도율에 상당한 부정확성이 있음을 시사한다. 따라서 AA 신용을 AAA 신용으로부터 구별하는 것은 실질적으로 불가능하다.

더 작은 표본에서, 문제는 악화된다. 이는 비미국시장 또는 진정한 p가 시간에 따라 다를 때 발생한다. 예를 들어, 만약 100개의 관찰값에서 5%의 부도율을 관찰하면, 표준편차는 2.2%이며, 매우 크다. 따라서 신용리스크의 주요 관심사는 낮은 확률의 사건에서 부도율의 측정은 매우 부정확할 수 있다는 것이다.

10.2.3 누적 및 한계 부도율

〈표 10.3〉과 〈표 10.4〉에 보고된 부도율은 최초 신용등급별 **누적부도율**(cumulative default rate)이다. 즉, 최초 시점부터 T년 사이 모든 시점에서 발생한 부도의 총빈도를 측정한다. T번째 연도 동안의 부도빈도인 **한계부도율**(marginal default rate) 측정도 유용한 정보이다.

부도과정은 〈그림 10.1〉에 예시되어 있다. 여기에서, d_1은 첫 해의 한계부도율, d_2는 둘째 해의 한계부도율이다. 둘째 해의 도산은 그 기업이 첫해에 생존했고 둘째 해에 도산했다는

그림 10.1 순차적 부도과정

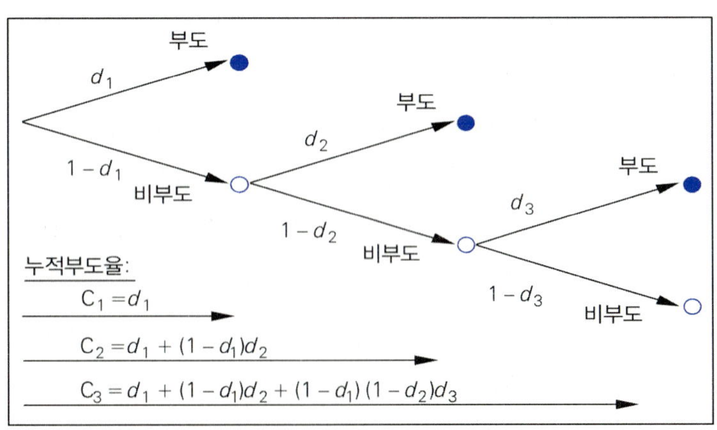

것이다. 따라서 둘째 해의 부도확률은 $(1-d_1)d_2$로 계산된다. 2년까지의 누적 부도확률은 이제 $C_2 = d_1 + (1-d_1)d_2$이다. 1을 빼고 더하면, 이는 또한 $C_2 = 1-(1-d_1)(1-d_2)$이며, 더 직관적으로 해석될 수 있다. 1에서 전체기간 동안 생존할 확률을 뺀 것이기 때문이다.

더 공식적으로,

- $m[t+N \mid R(t)]$는 t연도의 말에 R등급으로 평가되고 $T=t+N$연도에 도산한 발행기업의 수이다
- $n[t+N \mid R(t)]$는 t연도의 말에 R등급으로 평가되고 $t+N$연도 초까지 생존한 발행기업의 수이다

T연도의 한계부도율(marginal default rate during year T) 이는 초기시점 t에 R등급으로 평가되고 T연도에 도산한 발행기업의 비율이다. 비교 기준은 같은 T연도 초의 생존기업 수이다.

$$d_N(R) = \frac{m[t+N \mid R(t)]}{n[t+N \mid R(t)]}$$

생존율(survival rate) 이는 초기시점에 R등급으로 평가되고 T연도까지 도산하지 않은 발행기업의 비율이다.

$$S_N(R) = \Pi_{i=1}^{N}(1-d_i(R)) \tag{10.3}$$

초기시점 기준 T연도의 한계부도율(marginal default rate from start to year T) 이는 초기시점에 R 등급으로 평가되고 T연도에 도산하는 발행기업의 비율이다. 비교 기준은 t연도 초의 기업 수이다. 이 사건이 발생하려면, 발행기업은 $t+N-1$연도까지 생존하고 다음 해에 도산해야 한다. 따라서 이는 다음과 같다.

$$k_N(R) = S_{N-1}(R)d_N(R) \tag{10.4}$$

누적부도율(cumulative default rate) 이는 R 등급으로 평가되고 T연도까지 아무 때나 도산한 발행기업의 비율이다.

$$C_N(R) = k_1(R) + k_2(R) + \cdots + k_N(R) = 1 - S_N(R) \tag{10.5}$$

평균부도율(average default rate) 총 누적부도율은 평균 기간별 부도율 d에 의해 다음과 같이 표현될 수 있다.

$$C_N = 1 - \Pi_{i=1}^{N}(1-d_i) = 1-(1-d)^N \tag{10.6}$$

연간으로부터 반기별 그리고 궁극적으로 연속복리로 이행할 때, 평균부도율은 다음과 같다.

$$C_N = 1-(1-d^a)^N = 1-(1-d^s/2)^{2N} \rightarrow 1-e^{-d^c N} \tag{10.7}$$

여기에서, d^a, d^s, 그리고 d^c는 각각 연간, 반기별, 그리고 연속복리 부도율이다. 이는 복리의 다양한 정의에 대응한다.

사례 누적부도율의 계산

부도율 $d_1 = 5\%$와 $d_2 = 7\%$의 B등급 기업을 생각해보자. 누적부도율을 계산하라.

풀이

첫해에, $k_1 = d_1 = 5\%$이다. 1년 후 생존율은 $S_1 = 0.95$이다. 2년차 부도확률은 이제 $k_2 = S_1 \times d_2 = 0.95 \times 0.07 = 6.65\%$이다. 2년 후 생존율은 $(1-d_1)(1-d_2) = 0.95 \times 0.93 = 0.8835$이다. 따라서 1년 및 2년차의 누적부도확률은 $5\% + 6.65\% = 11.65\%$이다.

이 정보에 기초하여, 우리는 다양한 신용등급의 누적부도율로부터 미래, 또는 한계 부도율을 매핑할 수 있다. 예를 들어, 〈그림 10.2〉는 〈표 10.3〉의 Moody's의 누적부도율을 나타낸다. 대응하는 한계부도율은 〈그림 10.3〉에 그려져 있다.

한계부도확률은 만기에 따라 증가하나, 낮은 초기 신용등급의 경우에는 감소한다는 사실이 흥미롭다. 이 상승은 평균회귀 효과에 기인한다. Aaa등급 기업의 번영은 기껏해야 동일 수준에서 유지되며, 시간이 지나면 종종 쇠락한다. 대조적으로, 초기 몇 년을 생존한 B등급 기업은 시간에 따라 감소하는 부도확률을 갖는다. 이는 생존효과이다.

그림 10.2 Moody's 누적부도율, 1920–2007

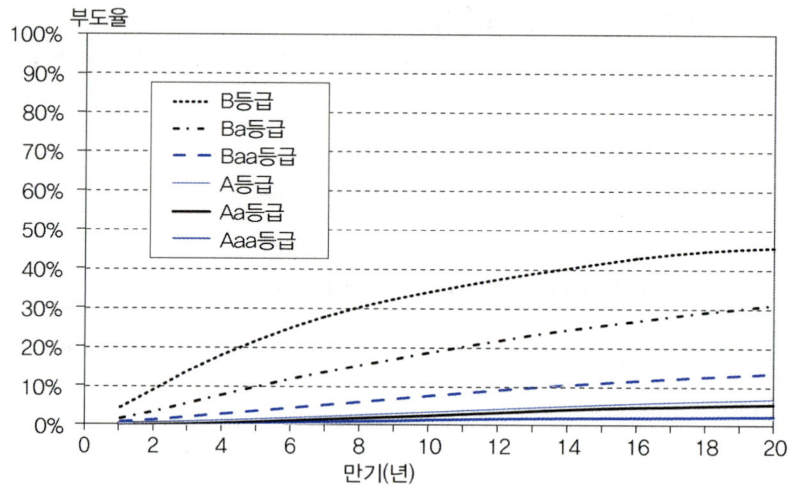

그림 10.3 Moody's 한계부도율, 1920–2007

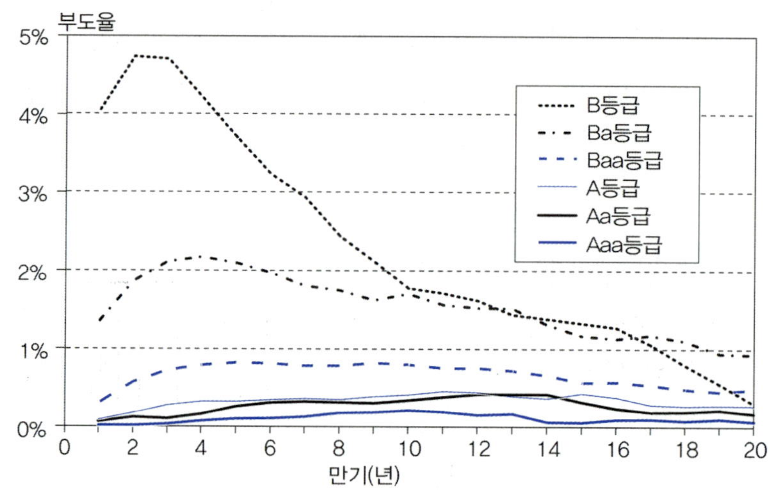

예제 10.5 : FRM 시험 2004 – 문제 1

ABC회사는 2004년 1월 1일에 설립되었다. 이 회사의 연간 기대 부도율은 10%이다. 분기별로 일정한 부도율을 가정하면, ABC회사가 2004년 4월 1일까지 도산하지 <u>않을</u> 확률은 얼마인가?

a. 2.40%　b. 2.50%　c. 97.40%　d. 97.50%

예제 10.6 : FRM 시험 2002 – 문제 77

만약 A등급 회사의 3년 기간의 부도율이 0.3%이면, 이 회사의 6년 기간의 부도확률이 가장 높은 것은 무엇인가?

a. 0.30%　b. 0.30과 0.60% 사이
c. 0.60%　d. 0.60% 초과

예제 10.7 : FRM 시험 2006 – 문제 21

만약 연간 부도확률이 1, 2, 3년차에 각각 8%, 12%, 15%이면, 3년 말의 생존율은 무엇인가?

a. 68.8%　b. 39.1%　c. 99.9%　d. 65.0%

예제 10.8 : FRM 시험 2008 – 문제 3-1

A등급 채권의 한계부도확률은 1, 2, 3년차에 각각 0.300%, 0.450%, 0.550%이다. 부도는, 만약 발생하면 연말에만 발생한다고 가정하라. 다음 3년 동안 매년 말의 누적부도율을 계산하라.

a. 0.300%, 0.750%, 1.300%　b. 0.300%, 0.150%, 0.250%
c. 0.300%, 0.749%, 1.295%　d. 0.300%, 0.449%, 0.548%

예제 10.9 : 부도확률의 정의

한계부도확률과 누적부도확률의 차이는 무엇인가?

a. 한계부도확률은 채무자가 어떤 주어진 해에 도산할 확률이나 누적부도확률은 특정한

몇 년의 기간에 대한 것이다.
b. 한계부도확률은 채무자가 특정 신용사건 때문에 도산할 확률이나 누적부도확률은 모든 가능한 신용사건에 대한 것이다.
c. 한계부도확률은 채무자가 도산할 최소 확률이나 누적부도확률은 최대 확률이다.
d. a.와 c. 모두 옳다.

10.2.4 전이확률

앞에서 본 것처럼, 장기 부도율의 측정은 표본이 작은 경우 문제를 수반할 수 있다. 이 부도율의 계산은 등급 전이가 전이행렬에 의해 표현되는 마르코프 과정을 따른다고 가정하면 단순화될 수 있다. **전이**(migration)는 신용등급이 어떤 기간에서 다음 기간 사이에 변화하는 이산적 과정이다.

전이행렬(transition matrix)은 기간 초의 등급에서 어떤 등급으로 전이할 확률들을 제공한다. 일반적 가정은 이 움직임들이 **마르코프 과정**(Markov process)을 따른다는 것이다. 또는, 상태 사이의 전이는 기간들에 대해 독립적이라는 것이다.[4] 이런 종류의 과정은 이연효과를 보이지 않는다. 더 공식적으로, **마르코프 체인**(Markov chain)은 주어진 현재값 하에서 조건부 분포는 시간에 대해 일정한 확률과정을 묘사한다.

〈표 10.5〉는 네 상태 A, B, C, D의 단순화된 전이행렬의 예를 보여준다. 여기에서, 마지막은 부도를 나타낸다. 연도 0에 B영역에 속한 회사를 생각해보자. 이 회사는 다음과 같이 도산할 수 있다.

- 연도 1에, 확률은 $D[t_1 \mid B(t_0)] = P(D_1 \mid B_0) = 3\%$이다.
- 연도 2에, 첫해에 B에서 A로 전이한 후, A에서 D로 전이; 또는 첫해에 B에서 B로 전이한 후, 다음 해에 B에서 D로 전이; 또는 첫해에 B에서 C로 전이한 후, 다음 해에 C에서 D로 전이한다. 부도확률은 $P(D_2 \mid A_1)P(A_1) + P(D_2 \mid B_1)P(B_1) + P(D_2 \mid C_1)P(C_1) = 0.00 \times 0.02 + 0.03 \times 0.93 + 0.23 \times 0.02 = 3.25\%$이다.

4) 그러나 신용등급 하락은 시간에 대해 독립적이지 않고, 오히려 모멘텀 효과를 보인다는 실증적 증거가 존재한다.

표 10.5 신용등급 전이확률

초기 상태	종료 상태 A	B	C	D	총확률
A	0.97	0.03	0.00	0.00	1.00
B	0.02	0.93	0.02	0.03	1.00
C	0.01	0.12	0.64	0.23	1.00
D	0	0	0	1.00	1.00

그림 10.4 도산 경로

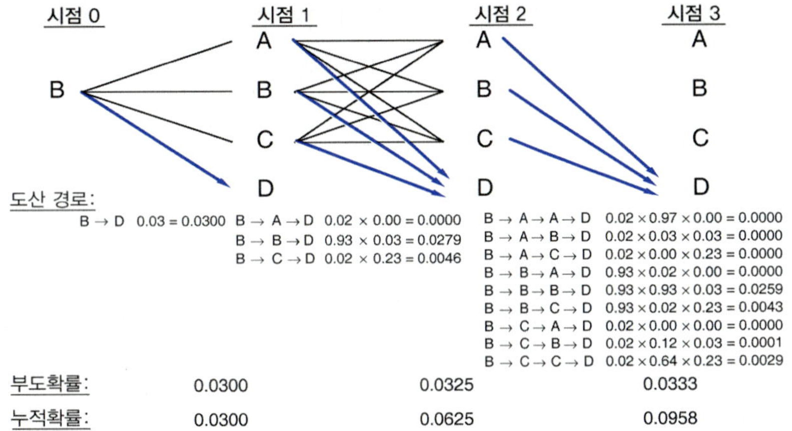

2년 동안의 누적부도확률은 이제 3%+3.25%=6.25%이다. 〈그림 10.4〉는 연도 1, 2, 그리고 3의 다양한 도산 경로를 예시한다.

이 접근법의 장점은 결과 자료의 강건성과 일치성이 더 높다는 것이다. 예를 들어, 이 방법으로 계산된 15년의 누적부도율은 항상 14년의 누적부도율보다 크다.

예제 10.10 : FRM 시험 2005 – 문제 105

신용등급의 전이표가 포함하지 않는 정보는 다음 중 무엇인가?

a. 5년 동안 AA등급 기업이 BB등급으로 하락할 가능성
b. BBB에서 BB로 등급하락한 채권의 가격
c. B등급 채권의 부도확률
d. 고수익채권이 투자등급으로 등급상승할 확률

예제 10.11 : FRM 시험 2007 – 문제 51

Fitch 신용평가사는 AAA등급으로 전이한 A등급 발행기관 수는 2, AA등급으로 전이한 수는 5, A등급에 남아 있는 수는 40, BBB등급으로 전이한 수는 2, 도산한 수는 3임을 나타내는 표를 제공한다. 이 정보에 기초하여 연초에 A등급 채권이 연말까지 등급하락할 확률은 무엇인가?

a. 13.46% b. 13.44% c. 9.62% d. 3.85%

예제 10.12 : FRM 시험 2009 – 문제 4-18

ABC회사에 의해 발행된 2년 만기 무이표채는 현재 A등급으로 평가된다. 시장은 지금부터 1년 후 ABC회사의 등급이 A 유지, BBB로 하락, AA로 상승할 확률이 각각 80%, 15%, 5%라고 기대한다. 무위험이자율이 1%에서 평평하고 AA-, A-, BBB등급 부채의 신용스프레드는 각각 80, 150, 280 베이시스 포인트에서 평평하다고 가정하라. 모든 이자율은 매년 복리계산된다. 앞으로 1년 후, 이 무이표채의 기대가치의 최선의 근사값은 무엇인가?

a. 97.41 b. 97.37 c. 94.89 d. 92.44

예제 10.13 : FRM 시험 2008 – 문제 3-20

신용경색의 영향으로, 어떤 소형 소매은행은 고액 상업대출의 부도확률을 더 정확하게 예측하고 모형화하고자 한다. 은행은 상업적 고객을 평가하기 위해 내부 등급에 기초한 접근법을 개발하고 있다. 주어진 연간 전이행렬 하에서, 현재 B등급 채권이 2년 기간에 도산할 확률은 무엇인가?

기초 신용등급	기말 신용등급			
	A	B	C	부도
A	0.90	0.10	0.00	0.00
B	0.00	0.75	0.15	0.10
C	0.00	0.05	0.55	0.40

a. 17.5% b. 20.0% c. 21.1% d. 23.5%

그림 10.5 부도의 시간적 가변성(S&P 자료)

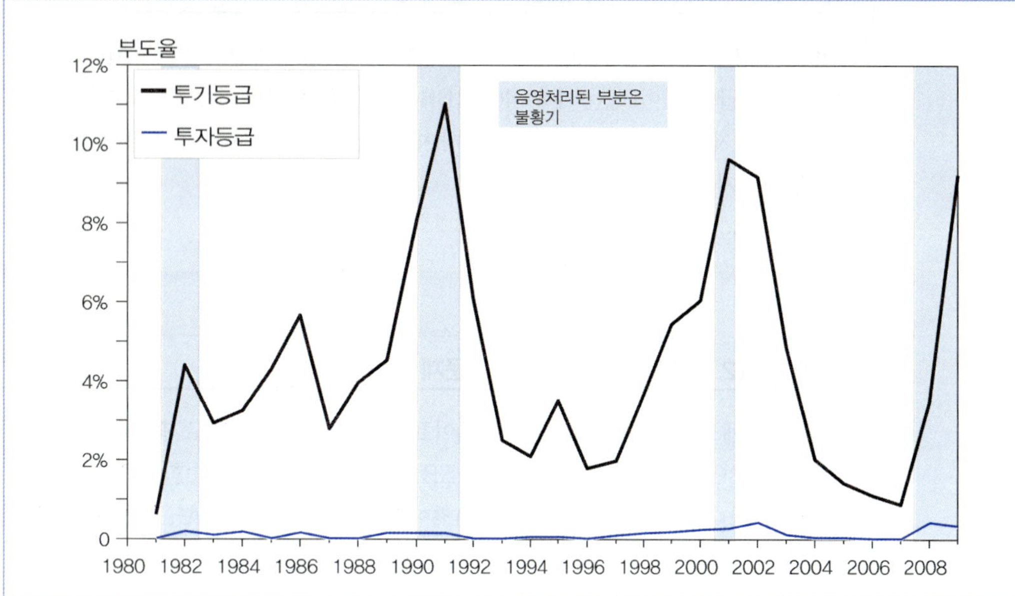

10.2.5 부도확률의 시간적 가변성

부도는 또한 경제활동과 상관되어 있다. 예를 들어, Moody's는 1920년 이후 연간 부도율을 산업생산 수준에 대해 비교했다. Moody's는 1930년대의 대공황 및 최근 불황 기간 동안 부도율의 급격한 상승을 보고한다. 그러나 이 부도율들은 신용의 질적 구조 변화에 대해 통제하지 않은 값이다. 최근, 많은 발행기관들이 과거에 비해 낮은 초기 신용등급을 갖고 시장에 참가한다. 이는 안정적 경제환경에서도 당연히 더 많은 부도를 초래한다.

이 효과에 대해 통제하기 위해, 〈그림 10.5〉는 1981년부터 2009년까지 투자등급 및 투기등급 신용의 부도율 그래프를 그린다. 예상대로 투자등급 채권의 부도율은 매우 낮으며, 더 흥미로운 점은 최소의 시간적 가변성을 보인다는 것이다. 그러나 투기등급 신용의 부도율에서는 유의한 가변성이 관찰된다. 이는 1981년, 1990년, 2001년, 그리고 2007년에 시작된 불황 중에 가장 높다. 따라서 경제활동은 부도빈도에 유의한 영향을 미친다. 이 효과는 투기등급 채권에서 가장 현저하다.

10.3 회수율

신용리스크는 또한 **부도 시 손실률**(loss given default: LGD)에 의존한다. 이는 1에서 **회수율**(recovery rate) 즉 부도 후 회수된 비율을 차감함으로써 측정될 수 있다.

10.3.1 파산절차

일반적으로, 부도는 발행기관의 모든 채무에 대해 동등하게 영향을 미치는 상태이다. 특히, 파산 신청이 수반될 때 그렇다. 대다수 국가들에서 공식적인 파산절차는 회사에 대한 모든 청구권을 변제하기 위한 중앙집중화된 협의체를 제공한다. 파산절차는 회사의 채권자들을 대상으로 **우선순위**(pecking order)를 설정한다. 이는 채권자들이 지급받을 순서를 결정하며, 따라서 채권자들 사이의 회수율 격차를 초래한다. 그러나 각 집단 안에서, 채권자들은 동등하게 대우받아야 한다.

미국에서 지급의무를 이행할 수 없는 기업은 Chapter 7 또는 Chapter 11 파산을 신청할 수 있다. 전자는 기업 자산의 청산, 후자는 법원의 감시 하에서 기업이 계속 영업하면서 재조직되도록 한다.

Chapter 7 하에서, 청산 수입은 **절대적 우선권 원칙**(absolute priority rule)에 의해 분배되어야 하며, 이는 가장 높은 순위의 청구권자에게 우선 지급하도록 규정한다. 〈표 10.6〉은 파산 수입의 우선순위를 나타낸다. 목록의 첫 번째에, 재산권에 의해 담보가치의 전액까지 지급받을 수 있는 **담보채권자**(secured creditor)가 있다. 다음으로 주로 파산 후 채권자로 이루어진 **선순위 채권자**(priority creditor)이다. 마지막으로 **일반 채권자**(general

표 10.6 미국 연방파산법의 우선순위

순위	채권자 종류
최고(최선순위)	1. 담보 채권자(담보가치까지)
	2. 선순위 채권자
	• 파산 기간 중 대출제공 기업
	• 파산 기간 중 재화 및 상품 제공자(예: 근로자, 법률가, 판매자)
	• 조세
	3. 일반 채권자
	• 파산 전 무담보 채권자
최저(최후순위)	• 주주

creditor)는, 만약 다른 채권자들에 대한 분배 후 자금이 남아 있으면, 지급받을 수 있다.

비슷한 원칙이 Chapter 11 하에서 적용된다. 이 상황에서. 기업은 기업자산에 대한 새로운 재무적 청구권을 특정하는 **재조직 계획**(reorganization plan)을 제출해야 한다. 그러나 Chapter 11의 조정에서, 절대적 우선권 원칙은 종종 위배된다. 후순위 채권자와 주주들이, 선순위 채권자들이 전액 변제받지 못함에도 불구하고, 빈번하게 일부 수입을 분배받는다. 이는 적시의 파산처리와 미래 소송을 방지하기 위해 허용된다. 그러나 순위에 따른 회수율 격차는 현저하다.

10.3.2 회수율의 추정치

회수율은 일반적으로 부도 부채의 도산 직후 시장가격으로부터 추정된다. 이는 미래 회수율의 가장 좋은 추정치로 간주되며, 기업자산의 가치, 추정된 파산비용, 그리고 다양한 지급수단(예를 들어, 채권자들에게 지급되는 주식)의 현재가치를 반영한다.

회수율은 많은 요인들에 의존한다는 것이 판명되었다.

- **채무자의 상태 또는 우선순위** : 우선순위가 높은 청구권은 더 높은 회수율을 갖고 있다. 더 일반적으로 **부채의 완충수단**(debt cushion), 즉 더 낮은 순위의 부채가 많을수록 회수율이 높다.
- **경제 상황** : 회수율은 경제가 확장기일 때 높고, 불황기일 때 낮은 경향이 있다.
- **채무자 특성** : 채무자의 유형자산이 많고 과거 신용등급이 높을수록 회수율은 높은 경향이 있다. 발전소 같은 기반산업은 다른 산업보다 **유형자산**(tangible asset)이 많고, 따라서 높은 회수율을 보인다. 또한, 높은 이자보상비율과 신용등급을 가진 회사는 통상적으로 높은 회수율을 갖고 있다.
- **부도 유형** : 부실자산 교환은 파산수입과는 대조적으로 일반적으로 높은 회수율을 수반한다. 모든 부채의 부도를 초래하는 파산절차와는 달리, 부실자산 교환은 단지 불이행된 채무만 포함한다.

신용등급은 부도 시 손실률도 반영할 수 있다. 동일 차입자는 여러 유형의 부채를 갖고 있을 수 있다. 이들은 상이한 보호수준에 기인하여, 다른 신용등급을 가질 수 있다. 이 경우, 낮은 순위의 부채는 낮은 등급을 갖는다.

〈표 10.7〉은 Moody's에서 발췌된 회사채 회수율을 나타낸다. 선순위 무담보 부채의 평

표 10.7 Moody's 세계시장 회사채 회수율(백분율)

우선순위	빈도	평균	표준편차	최소값	10째 백분위수	중앙값	90째 백분위수	최대값
전체 은행대출	310	61.6	23.4	5.0	25.0	67.0	90.0	98.0
설비신탁증서	86	40.2	29.9	1.5	10.6	31.0	90.0	103.0
선순위 담보부	238	53.1	26.9	2.5	10.0	34.0	82.0	125.0
선순위 무담보	1,095	37.4	27.2	0.3	7.0	30.0	82.2	122.6
상위 후순위	450	32.0	24.0	0.5	5.0	27.0	66.5	123.0
후순위	477	30.4	21.3	0.5	5.0	27.1	60.0	102.5
하위 후순위	22	23.6	19.0	1.5	3.8	16.4	48.5	74.0
전체 채권	2,368	36.8	26.3	0.3	7.5	30.0	80.0	125.0

자료: Moody's로부터 발췌, 1982-2002년 부도채권 가격에 기초.

균회수율은 약 $f=37\%$이다. 파생상품은 선순위 무담보 채권과 같은 순위이며, 선순위 무담보 부채와 같은 회수율을 가져야 한다.

은행 대출은 일반적으로 담보되어 있고, 따라서 더 높은 회수율을 갖고 있으며, 이는 전형적으로 약 60%이다. 예상대로 후순위 채권은 가장 낮은 회수율을 갖고 있으며, 전형적으로 약 20% 내지 30%이다.

그러나 평균회수율은 매우 가변적이다. 표는 평균값뿐 아니라 표준편차, 최소값, 최대값, 그리고 10번째와 90번째의 백분위수를 보고한다. 회수율은 매우 넓게 변동한다. 또한, 회수율은 부도율과 음의 상관관계를 갖는다. 채권부도가 더 많은 연도에 부도 후 가격은 평소보다 낮다. 이 상관관계는 손실을 증가시키고, 신용손실 분포의 꼬리를 늘린다. 실제로 회수율의 분포는 빈번하게 베타분포로 모형화되며, 이 분포의 정의역은 0부터 1까지이다.

표 10.8 Moody's 평균회수율(백분율): 유럽 및 북아메리카

증권	유럽	북아메리카
은행대출	47.6	61.7
채권		
선순위 담보부	52.2	52.7
선순위 무담보	25.6	37.5
상위 후순위	24.3	32.1
후순위	13.9	31.3
하위 후순위	NA	24.5
전체 채권	28.4	35.3
우선주	3.4	10.9
전체 증권	27.6	35.9

자료: Moody's로부터 발췌, 1982-2002년 부도채권 가격에 기초.

표 10.9 S&P 회사채 회수율(백분율)

증권	거래 가격 (부도 후 15-45일)	할인 회수율
은행대출	58.0	81.6
선순위 담보부 채권	48.6	67.0
선순위 무담보 채권	34.5	46.0
상위 후순위 채권	28.4	32.4
후순위 채권	28.9	31.2

자료: S&P, 1988-2002년 부도 채권.

법적 환경도 회수율의 주요 요인이다. 국가 간 법규의 차이는 회수율 차이를 초래한다. 〈표 10.8〉은 유럽과 북아메리카의 평균회수율을 비교한다. 회수율은 미국에서 유럽보다 현저하게 높다.

부채의 부도 직후 거래가격을 회수율의 추정치로 사용하는 것은 편리하다. 파산절차는 지루하고 빈번하게 몇 년의 기간을 소요하기 때문이다. 채권자에 대한 지급의 총가치를 계산하는 것은 복잡할 수도 있고, 화폐의 시간가치를 고려해야 한다.

그러나 〈표 10.9〉와 같이, 실증적 증거는 거래가격은 평균적으로 할인된 회수율보다 낮음을 보여준다. 평균적 할인 회수율은 거래가격에 의해 시사되는 수준보다 체계적으로 높다. 이는 두 시장의 다른 고객효과, 또는 거래가격의 리스크 프리미엄 때문일 수 있다. 다시 말해, 투자자들이 부도 증권을 포트폴리오로부터 제거하기 원하기 때문에 거래가격이 인위적으로 하락할 수 있다. 그러면 이는 흥미 있는 거래기회를 제공한다. 부도 부채를 매입하고 회수과정을 거침으로써, 가치를 창출할 수 있다. 실제로 이는 **부실증권 펀드**(distressed securities fund)로 불리는 헤지펀드 존재의 많은 부분을 설명한다. 이런 펀드들은 선택된 부실증권에 투자하고, 수반되는 가치상승을 누린다.

예제 10.14 : FRM 시험 2005 – 문제 74

다음 보기 중 Moody's가 추정한 선순위 무담보 부채의 평균회수율에 가장 가까운 것은 무엇인가?

a. 20% b. 40% c. 60% d. 80%

예제 10.15 : FRM 시험 2002 – 문제 123

신용상품의 회수율은 1에서 손실률을 뺀 값으로 정의된다. 이 손실률은 부도 전 기업자산의 가치 변동성으로부터 큰 영향을 받을 수 있다. 만약 다른 조건들이 모두 같으면, 부도사건에서 가장 높은 회수율이 기대되는 회사의 종류는 다음 중 무엇인가?

a. 변동성 높은 시장에서 활발히 영업하는 무역회사
b. 최신유행 소비자 제품의 인터넷 판매 기업
c. 자산 집약적 제조회사
d. 높은 레버리지를 가진 헤지펀드

10.4 회사와 국가의 신용등급 평가

10.4.1 회사의 신용평가

신용평가기관은 공개적으로 사용되는 신용등급을 만들어내는 과정에서 상당한 노력과 비용을 지출한다. 〈표 10.2〉에 설명된 바와 같이, 신용평가 과정의 일차적 투입요소는 대차대조표 레버리지나 부채상환비율 같은 회계변수들이다. 이 변수들의 정보가치가 시간에 따라 변하면(예를 들어, 이익관리가 의심되면), 그 중요도는 변할 수 있다.

그러나 회계적 정보는 본질적으로 과거지향적이다. 회사의 경제적 전망도 신용리스크를 평가하는 데 중요하며 이는 성장잠재력, 시장의 경쟁, 그리고 재무금융 리스크요인에 대한 노출을 포함한다. 평가기관은 경영진으로부터 미공개정보를 얻을 수 있는 면담을 포함하여, 사적 정보도 이용할 수 있다.

평가기관은 또한 국가들 사이의 구조적 차이를 고려해야 한다. 이는 여러 요인들 때문에 발생할 수 있다:

- 국가들 사이의 경제적 안정성의 차이. 국가들은 상이한 금융시장 구조와 정부 정책을 갖고 있다. 예를 들어, 경제정책을 잘못 다루면 작은 충격을 큰 문제로 악화시켜 불황을 초래할 수 있다.
- 법률 체계의 차이. 채권자에게 제공되는 보호는 국가에 따라 크게 다를 수 있다. 어떤 국가는 아직 파산절차를 정립하지 못했다.

그림 10.6 경기변동과 신용등급

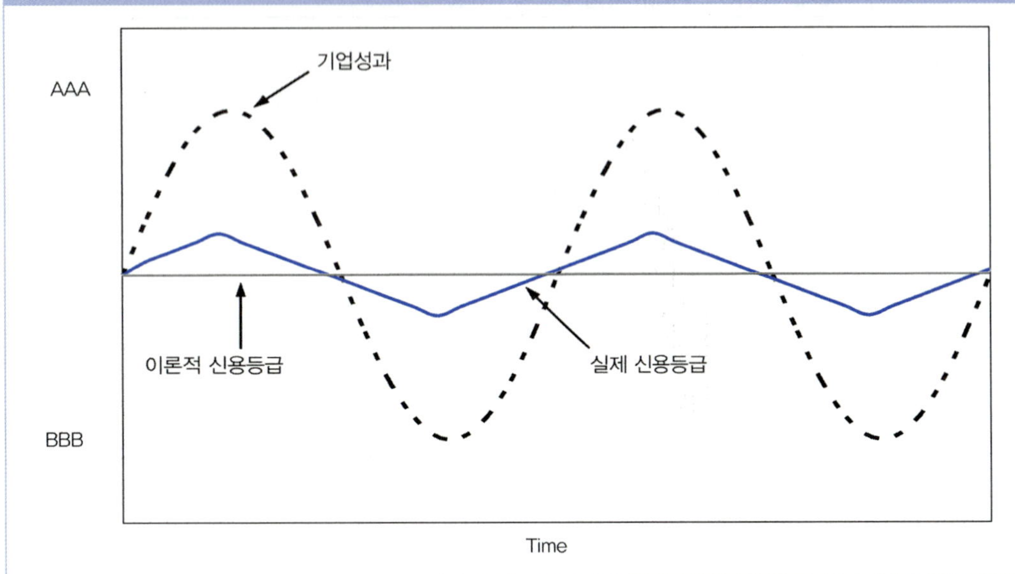

이론적으로 신용평가기관에 의해 부여된 등급은 국가 및 산업 부문에 걸쳐 일관성을 유지할 것으로 기대된다. 다시 말해, 등급은 이런 차이를 감안함으로써 동일한 부도확률을 의미해야 한다.

마지막으로, 신용평가는 **경기주기를 관통**(through the cycle)할 것으로 기대된다. 경기변동 주기는 전형적으로 몇 년에 걸쳐져 있다. 이는 신용평가는 경기변동의 현재 국면에 의존하면 안 된다는 뜻이다. 만약 최고의 호경기를 누리는 회사의 성과가 일시적인 것으로 예상된다면 높은 등급을 부여하면 안 된다. 예로서, 곧 장기평균으로 돌아갈 일시적 수요증가를 들 수 있다. 〈그림 10.6〉은 어떻게 기업성과가 경기변동에 의존하는지 예시한다. 이론적으로 신용등급은 시간에 걸쳐 일정해야 한다.

실제로 경기하락은 신용의 질에 지속적인 영향을 미치며, 극단적 경우에는 부도를 초래할 수 있다. 결국, 특히 투기등급 기업의 경우 실제 신용등급은 경기변동에 의해 영향을 받을 수 있다.

신용등급이 경기적 요인에 덜 민감하면, 시간의 경과 속에서 더 안정적이어야 한다. 이는 외부 신용등급에 기초한 자본규제의 **경기순행적 효과**(procyclical effect)를 완화시킬 것이다. 불황기의 낮은 신용등급은 신용손실을 겪은 직후에 은행의 필요자본을 증가시킨다. 이는 은행들로 하여금 추가 자기자본을 조달하고 대출을 줄이도록 하며, 불황을 심화시킬 것이다. 이 효과는 제18장에서 더 논의된다. 한편 신용평가 관행이 경기주기를 관통하면,

불황기에 부도확률을 과소평가하고 반대로 확장기에는 과대평가할 가능성을 갖고 있다.

10.4.2 국가의 신용평가

신용평가기관은 최근에 국가 부채를 평가하기 시작했다. 1975년 S&P는 단지 일곱 국가를 평가했으며, 이들은 모두 투자등급이었다. 1990년까지 이 집합은 31개 국가로 늘었으며, 이 가운데 아홉 국가만 신흥시장에 속했다. 이제 S&P는 약 120개 국가를 평가한다. 그러나 부도의 역사적 자료는 훨씬 더 희소하다. 결국 매우 작은 표본으로부터 일반화하는 어려움이 있다.

주권 국가의 신용리스크를 평가하는 것은 회사보다 훨씬 복잡하다. 차입 기업이 도산하면, 채권자의 법률적 행위가 이루어질 수 있다. 예를 들어, 무담보 채권자는 채무자에 대해 소송을 제기하고 압류영장 하에서 피고의 자산을 차압할 수 있다. 이는 자산에 대해 **유치권**(lien), 또는 부채지급을 담보하기 위해 자산에 대해 청구권을 설정한다. 대조적으로 주권 국가의 국내자산 압류는 불가능하다. 결국, 국가 부채의 회수율은 일반적으로 회사 부채보다 낮다. 따라서 국가 신용평가는 적기 상환능력인 **경제적 리스크**(economic risk)뿐 아니라 지급용의를 뜻하는 **정치적 리스크**(political risk)를 포함한다. 일부 국가는 일방적으로 채무 지급을 거절했다(즉, 상환능력이 있음에도 불구하고 지급을 거부했다).

국가 신용등급은 **자국통화 표시 부채**(local currency debt) 또는 **외국통화 표시 부채**(foreign currency debt) 여부에도 의존한다. 〈표 10.10〉은 자국 및 외국 통화 신용평가에 포함되는 요인들을 보여준다.

정치적 리스크 요인(즉, 정치적 합의의 정도, 세계 무역 및 금융 시스템에 대한 통합

표 10.10 신용평가 요인

범주	자국통화	외국통화
정치적 리스크	×	×
소득 및 경제 구조	×	×
경제성장 전망	×	×
재정적 유연성	×	×
공공부채 부담	×	×
우발채무	×	×
통화정책의 유연성	×	×
외화 유동성		×
외채 부담		×

정도, 그리고 내부 또는 외부적 안보 리스크)은 국가 신용리스크의 중요한 부분이다. 정치적 안정성이 더 높은 국가는 더 높은 신용등급을 갖는다.

둘째 요인집단은 소득 및 경제 구조, 그리고 경제성장 전망을 포함한다. 더 부유하거나 빨리 성장하는 국가는 더 높은 신용등급을 갖는 경향이 있다.

셋째 요인집단은 재정적 여유, 공공부채 부담, 그리고 우발채무를 포함한다. 경제 규모 대비 재정적자와 부채금액이 더 낮은 국가는 더 높은 신용등급을 부여받는 경향이 있다. 그러나 부채평가는 부도 시 정부의 자금지원을 초래하는 공공부문 사업, 그리고 정부가 자금을 투입하여 안정성을 유지해야 하는 금융부문을 포함해야 한다.

넷째 집단은 통화정책의 신축성을 포함한다. 높은 인플레이션율은 전형적으로 경제관리의 실패를 반영하며 정치적 불안정과 연관되어 있다. 인플레이션이 높은 국가는 낮은 신용등급을 갖는 경향이 있다.

앞의 모든 요인들은 자국통화 표시 부채와 외국통화 표시 부채에 영향을 미친다. 외국통화 부채는 해외 유동성과 해외부채 부담에 의해서도 영향받는다. 해외 유동성은 국제수지 흐름에 의해 평가된다. 경상수지 적자가 큰 국가는 수입초과를 반영하며, 특히 변동성이 큰 자본유입에 의해 조달되는 경우 낮은 신용등급을 부여받는 경향이 있다. 특히, 수출 대비 해외 이자지급 비율은 세심하게 관찰된다. 지급흐름의 만기구조도 중요하다. 1997년 아시아 위기의 경우, 신용평가기관들은 신용도의 다른 중요한 측면들을 간과한 것으로 보인다. 여기에는 국가 부채의 통화와 만기 구조가 포함된다. 지나치게 많은 아시아 차입자들이 달러 표시 단기부채를 조달하여 자국통화에 투자했다. 자국통화가 평가절하되었을 때, 이는 심각한 유동성 문제를 초래했다. 마지막으로 해외부채 부담은 국가의 국제투자 포지션(즉, 공공과 민간의 해외부채)과 외국통화 보유금액에 의해 평가된다.

자국통화 부채는 정부의 징세권에 의해 담보되기 때문에, 외국통화 부채보다 작은 신용리스크를 가진 것으로 간주된다. 〈표 10.11〉은 표본 국가들의 자국통화와 외국통화 부채의 신용등급을 나타낸다. 해외통화 부채의 신용등급은 자국통화 부채와 같거나 또는 통상적으로 단지 한 세부등급만큼 낮다. 비슷하게 국가부채는 일반적으로 그 나라의 회사 부채보다 높은 등급을 받는다. 예를 들면 정부는 자본흐름을 통제하거나 외화자산을 압수함으로써 해외통화 부채를 상환할 수 있다.

전체적으로 국가부채 신용등급은 회사채 등급보다 현저히 신뢰성이 낮다. 실제로, 채권의 스프레드는 일반적으로 국가의 경우 기업보다 크다. 국가 기관별 신용등급 차이도 회사의 경우보다 크다. 따라서 국가 신용리스크의 평가는 회사보다 훨씬 주관적인 과정이다.

표 10.11 S&P 국가 신용등급, 2010년 9월

발행국가	자국통화	외국통화
아르헨티나	B	B
오스트레일리아	AAA	AAA
벨기에	AA+	AA+
브라질	BBB+	BBB−
캐나다	AAA	AAA
중국	A+	A+
프랑스	AAA	AAA
독일	AAA	AAA
홍콩	AA+	AA+
인도	BBB−	BBB−
이태리	A+	A+
일본	AA	AA
멕시코	A	BBB
네덜란드	AAA	AAA
러시아	BBB+	BBB
남아프리카	A+	BBB+
한국	A+	A
스페인	AA	AA
스위스	AAA	AAA
대만	AA−	AA−
태국	A−	BBB+
터키	BB+	BB
영국	AAA	AAA
미국	AAA	AAA

예제 10.16 : FRM 시험 2005 – 문제 79

국가리스크를 평가하는 데 있어서 다음 보기 중 옳지 않은 것은 무엇인가?

a. 파산법은 일반적으로 국가리스크로부터 투자자를 보호하지 않는다.

b. 부채변제의 거부는 채무자의 현재와 미래의 모든 외화채무를 연기하는 것이다.

c. 부채 재조정은 채권자들이 채무에 대한 지불유예를 선언하고 상환일정 재조정을 모색할 때 발생한다.

d. 국가리스크는 높은 신용도의 민간 차입자의 부도 이유가 될 수 있다.

예제 10.17 : FRM 시험 2009 – 문제 4-19

신용평가기관은 일반적으로 부채를 발행하는 국가에게 두 가지 등급을 부여한다. 첫째는 자국통화 부채의 신용등급이고 둘째는 외국통화 부채의 신용등급이다. 역사적으로 부도는 외국통화 표시 부채에서 자국통화 표시 부채보다 빈번하게 발생했다. 이 차이의 주요한 원인은 무엇인가?

a. 부도율은 이론적으로 두 경우에서 같아야 하므로 이는 통계적 이례현상이다.
b. 외화표시 부채는 일반적으로 자국통화 표시 부채보다 적은 담보를 요구한다.
c. 자국통화 표시 부채의 상환의무는 통화팽창을 통해 이행될 수 있다.
d. 위기상황에서 정부는 정치적 이유 때문에 외화표시 부채를 먼저 불이행하는 경향이 있다.

10.5 신용평가기관의 규제

10.5.1 신용평가기관의 기능

신용평가기관은 금융시장에서 중요한 역할을 한다. 이들은 광범위한 금융수단과 채무자의 신용리스크에 관해 널리 이용될 수 있는 요약적 정보를 제공한다. 차입자와 투자자 사이의 정보비대칭을 완화하는 데 도움을 준다. 이는 상세한 신용분석을 수행할 시간이나 자원이 없는 소규모 투자자들에게 특히 유용하다.

투자자는 신용리스크를 평가하고 투자 지침과 규정을 준수하기 위해 신용등급을 이용한다. 브로커-딜러 같은 매도측 기업은 신용노출에 대비하여 보유하는 담보금액을 결정하는 데 이용한다.

신용평가의 기능은 공식적으로도 인정받고 있다. 실제로, 미국 증권거래위원회(SEC)에 등록된 신용평가기관들은 **국가적으로 인정된 통계적 신용평가 조직**(Nationally Recognized Statistical Rating Organization: NRSRO)으로 알려져 있다. 연방과 주 차원의 몇몇 규제는 명시적으로 NRSRO의 신용등급을 이용한다. 예를 들어, 상업은행에 대한 바젤II 규정은 외부 신용등급에 의해 결정되는 요구자본을 포함한다.

10.5.2 이해 상충

그러나 신용평가기관은 이해상충 문제를 안고 있다. 그들의 평가는 투자자들에게 제공되는 의견으로 간주됨에도 불구하고, 그들은 평가대상 기업들로부터 직접 보수를 받는다. 투자자가 지불하는 모형은 경제적으로 실현불가능하기 때문이다.

그러나 채권 발행기관이 지불하는 모형은 상충되는 목적을 수반한다. 한편에서 평가기관은 많은 고객 기업들에게 유리한 등급을 부여함으로써, 이윤을 극대화하려는 인센티브를 가질 수 있다. 다른 한편에서 독립적이고 객관적인 조언을 하는 중립적 제3자로서의 평판을 지키려는 상충되는 인센티브를 갖고 있다. 만약 신용평가가 가치없는 것이 되면, 그들은 바로 사업상 기득권을 잃을 것이다.

신용평가기관은 채권 발행기관의 선호에 맞출 인센티브는 강하지 않다고 주장한다. 개별 발행기관은 수입의 작은 부분을 차지하기 때문이다. 장기적으로 이 상충적 인센티브들은 미묘하게 균형이 잡히고, 시스템은 잘 작동하는 것으로 보인다.

10.5.3 구조화 상품

그러나 최근에 신용평가기관은 구조화된 신용상품의 여러 트란셰를 평가하는 업무로 진입했다. 이는 뒤에 설명되는 것처럼 복합상품 시장의 활황 때문이었다. 구조화 상품의 평가사업은 전보다 매우 수익성이 높았으나 발행기관은 덜 다변화되어 있었다. 신용평가기관은 상품의 고안에도 참여했다. 예를 들어, 원하는 등급을 받을 수 있도록 트란셰의 범위에 관한 조언을 제공했다. 이는 회사에 의해 발행되는 채권의 부도리스크에 관한 의견을 제공하는 것으로부터 상당히 진화한 것이다. 이 구조화 상품들을 고안했던 은행들은 세 개의 주요 신용평가기관을 두루 살피고, 가장 유리한 등급을 주는 기관에게 업무를 맡길 수 있었다. 이 압력은 신용기준의 현저한 완화를 초래한 것으로 보인다. 신용평가기관은 서브프라임 대출에 기초한 부채들이 2007년에 불이행되기 시작했을 때, 곧이어 부실화한 증권들에 대해 매우 높은 등급을 부여했다.

투자자들은 이런 손실에 놀라서 신용평가의 질에 대한 신뢰를 잃고 신용시장으로부터 물러났으며, 때로는 급히 떠났다. 이는 최근의 신용위기를 초래한 일련의 사건들을 일으켰다.

10.5.4 규제기관의 대응

신용평가기관이 이 위기에 책임있는 것으로 널리 간주되기 때문에 이들에 대한 규제가 강화되었다. 2010년 **도드-프랭크 금융개혁 및 소비자보호법**(Dodd-Frank Wall Street Reform and Consumer Protection Act)은 SEC에 더 많은 감독권한을 부여함으로써 CRA 규제를 강화하였다. 이제 CRA들은 신용평가와 증권구조화 방법에 관한 조언을 동시에 제공할 수 없다. 평가기관들은 방법론과 추적기록에 관해 더 많은 정보를 제공해야 한다. 위의 법은 CRA에 대한 소송을 더 쉽게 만들어서, 이들의 잠재적 책임을 확대하였다. 기관들로 하여금 대중에게 공개되지 않은 정보를 얻을 수 있도록 허용했던, **공정 공시 규제**(Regulation Fair Disclosure: FSD)로부터의 면책권은 폐지되었다. 마지막으로, CRA는 내부통제와 지배구조를 개선하도록 요구받았다. 이 조치는 부채 발행기관이 신용평가 비용을 지불하는 핵심 사업모형을 유지하면서, 이해상충을 더 잘 관리하도록 만들려고 한다.

또한, EU 규제당국은 유럽의 신용평가기관들의 등록과 감독을 담당하는 범유럽적 감독기구를 창설할 예정이다.

10.6 중요 공식

- Standard & Poor's의 신용등급(세부등급, +, -) : AAA, AA, A, BBB(투자등급); BB, B, CCC, 그리고 미만(투기등급)
- Moody's의 신용등급(세부등급, 1, 2, 3) : Aaa, Aa, A, Baa(투자등급); Ba, B, Caa, 그리고 미만(투기등급)
- 부도율 $\overline{X}$의 평균과 표준편차 : $E(\overline{X}) = p$, $V(\overline{X}) = p(1-p)/N$
- 초기 등급 R의 $T = t + N$연도의 한계부도율 : $d_N(R) = \dfrac{m[t+N]}{n[t+N]}$
- N년 기간의 생존율 : $S_N(R) = \Pi_{i=1}^{N}(1 - d_i(R))$
- 초기부터 T연도까지 한계부도율 : $k_N(R) = S_{N-1}(R)d_N(R)$
- 누적부도율 : $C_N(R) = k_1(R) + k_2(R) + \cdots + k_N(R) = 1 - S_N(R)$
- 평균부도율 : $C_N = 1 - \Pi_{i=1}^{N}(1 - d_i) = 1 - (1-d)^N$

10.7 예제 풀이

예제 10.1: 신용사건의 정의

b. 채권의 중도상환은 채무자가 부채를 낮은 비용으로 재조달하기 원할 때 발생하며, 신용사건은 아니다.

예제 10.2: FRM 시험 2003 – 문제 100

c. Baa3는 Moody's의 가장 낮은 투자등급이다.

예제 10.3: FRM 시험 2005 – 문제 86

c. 가장 낮은 투자등급은 BBB와 Baa이다.

예제 10.4: FRM 시험 2002 – 문제 110

d. S&P의 BB등급은 Moody's의 Ba등급과 비슷하다. BB등급 채권은 더 낮은 등급의 채권보다 낮은 부도율을 보일 것이다. 따라서 정답은 다음으로 낮은 Moody's의 등급이다.

예제 10.5: FRM 시험 2004 – 문제 1

c. 1년 생존확률은 $S_1=(1-d)(1-d^Q)^4$이다. 이는 첫 분기의 생존확률은 $(1-d^Q)=(1-0.10)^{1/4}=0.974$임을 의미한다.

예제 10.6: FRM 시험 2002 – 문제 77

d. 한계부도율은 만기가 길수록 증가한다. 따라서 예를 들어, 6년 기간 중 마지막 3년의 부도율은 0.50%이다. 이는 누적부도확률은 0.60%보다 큼을 의미한다.

예제 10.7: FRM 시험 2006 – 문제 21

a. 생존율은 $S_3=(1-d_1)(1-d_2)(1-d_3)=(1-0.08)(1-0.12)(1-0.15)=68.8\%$이다.

예제 10.8: FRM 시험 2008 – 문제 3-1

c. 둘째 해 동안의 부도율은 첫 해의 생존확률과 둘째 해의 부도율의 곱인 $(1-d_1)d_2=$

(1−0.003)0.0045=0.449%이다. 따라서 둘째 해의 누적부도율은 0.300+0.449=0.749%이다. 셋째 해 동안의 부도율은 $(1-d_1)(1-d_2)d_3=(1-0.003)(1-0.0045)0.0055=0.546\%$이다. 따라서 셋째 해의 누적부도율은 0.749+0.546=1.295%이다.

예제 10.9: 부도확률의 정의

a. 한계부도율은 다음 해 초까지 생존하는 조건 하에서, 연간 도산확률이다.

예제 10.10: FRM 시험 2005 – 문제 105

b. 전이행렬은 가격에 관한 정보가 없다. 따라서 보기 b.가 정답이다. 등급전이표는 1년 동안 한 등급으로부터 다른 등급으로 바뀔 확률이며, 여러 해의 기간에 대한 근사값을 제공할 수 있다(보기 a.). 이는 부도를 포함한다(보기 c.). 이 확률은 등급 집단에도 이용될 수 있다(보기 d.).

예제 10.11: FRM 시험 2007 – 문제 51

c. 이는 BBB와 D로의 전이율로 주어지며, 2+3을 전체 수인 52로 나눈 0.096이다.

예제 10.12: FRM 시험 2009 – 문제 4-18

a. 1년 후, 이 채권은 1년 만기 무이표채가 된다. AA, A, 그리고 BBB의 가치는 각각 $P_{AA}=100/(1+0.0180)=98.23$, 97.56, 그리고 96.34이다. 낮은 등급 채권의 가격은 낮음에 유의하라. 기대 가치는 $P=\sum \pi_i P_i=5\%98.23+80\%97.56+15\%96.34=97.41$이다.

예제 10.13: FRM 시험 2008 – 문제 3-20

d. B등급은 첫 해에 0.10의 확률로 도산할 수 있다. 또는, 확률 0.00×0.00=0로, A등급으로 전이하고 다시 D등급으로 전이할 수 있다. 또는, 확률 0.75×0.10=0.075로, B등급으로 전이하고 다시 D등급으로 전이할 수 있다. 또는, 확률 0.15×0.40=0.060로, C등급으로 전이하고 다시 D등급으로 전이할 수 있다. 합계는 0.235이다.

예제 10.14: FRM 시험 2005 – 문제 74

b. 〈표 10.7〉로부터 선순위 무담보 부채의 전형적 회수율은 40%에 가장 가깝다.

예제 10.15: FRM 시험 2002 – 문제 123

c. 회수율은 도산 회사의 자산이 쉽게 재매도될 수 있는 유형자산으로 이루어졌을 때, 더 높다. 더 변동적 자산은 청산 시 시장가치의 하락 가능성이 더 높다. 따라서 제조기업의 유형자산(c.)이 정답이다.

예제 10.16: FRM 시험 2005 – 문제 79

b. 보기 a., c., 그리고 d. 모두 옳다. 채무변제의 거부는 무효화이며, 연기는 아니다. 따라서. b.는 옳지 않다.

예제 10.17: FRM 시험 2009 – 문제 4-19

c. 외화 표시 부채의 더 높은 부도율은 더 낮은 신용등급과 부합한다. 따라서 이는 통계적 이례현상이 아니다(보기 a.). 주요 이유는 정부는 중앙은행으로 하여금 더 많은 통화를 발행하도록 강요함으로써, 자국통화의 실질가치를 하락시키는 인플레이션을 유발할 수 있다는 것이다. 이 옵션은 외화 표시 부채의 경우 불가능하다.

Chapter 11

부도리스크의 시장가격을 이용한 측정*

앞장은 어떻게 계리적 방법으로 신용리스크를 정량화하여 신용등급으로 표현하는지 논의했다. 신용리스크는 또한, 부도에 의해 영향받는, 증권의 시장가격으로부터 평가될 수 있다. 이는 회사채, 주식, 그리고 신용파생상품을 포함한다. 원론적으로, 이들은 더 최근의 정확한 신용리스크 척도를 제공한다. 금융시장은 매우 많은 정보를 갖고 있고 미래지향적이기 때문이다. 기관들도 이 정보를 거래가격에 포함시키려는 매우 강한 재무적 인센티브를 갖고 있다. 이 장은 시장가격으로부터 부도리스크를 추론하는 방법을 제시한다.

제11.1절은 신용민감 채권의 시장가격에 관한 정보를 이용하여 부도리스크를 추론하는 방법을 보여준다. 이 장에서 우리는 부도가능 부채를 동일한 의미로서 "신용민감", "회사", 그리고 "위험" 부채로 부른다. 회사채 수익률을 부도확률, 회수율, 그리고 무위험수익률로 분해하는 방법을 제시한다.

제11.2절은 주식가격을 다룬다. 주식가격 사용의 장점은 회사채 가격보다 훨씬 더 널리 이용되고 질이 우수하다는 데 기인한다. 어떻게 주식이 기업가치에 대한 콜옵션으로 간주될 수 있고, 이 옵션가치로부터 부도확률이 추론될 수 있는지 보인다. 이 접근법은 또한 어떻게 신용포지션이 옵션의 매도포지션과 비슷하고, 왼쪽으로 치우친 분포에 의해 특징지어지는지 설명한다. 제13장은 역시 부도리스크를 추론하는 데 사용될 수 있는 신용파생상품을 논의한다.

* FRM 시험 Part 2 주제.

11.1 회사채 가격

거래상대방과의 거래의 신용리스크를 평가하기 위해, 동일한 상대방에 의해 발행된 **신용민감**(credit sensitive) 채권을 생각해보자. 부도는 모든 채무에 대해 동일하게 영향을 미치는 상태라고 가정하자.

11.1.1 스프레드와 부도리스크

단순화를 위해 채권은 한 기간에 100달러만 지급한다고 가정하자. 우리는 가격 P^*로부터, 시장에서 결정된 수익률 y^*를 다음과 같이 계산할 수 있다.

$$P^* = \frac{\$100}{(1+y^*)} \tag{11.1}$$

이는 동일 기간의 무위험수익률 y에 비교될 수 있다.

채권의 수익은 〈그림 11.1〉에 예시된 단순화된 부도과정에 의해 묘사될 수 있다. 만기에 채권은 지급불이행되거나 그렇지 않을 것이다. 그 가치는 부도가 발생하지 않으면 100달러이고, 부도가 발생하면 $f \times \$100$이다. 여기에서 f는 회수율이다. 기간 중 부도율을 π로 표시하자. 이 채권을 어떻게 평가할 수 있을까?

위험중립적 평가(risk-neutral pricing)를 이용하면, 현재 가격은 무위험수익률로 할인된, 두 상태의 증권가치의 수학적 기대값이어야 한다. 따라서 다음과 같다.

$$P^* = \frac{\$100}{(1+y^*)} = \left[\frac{\$100}{(1+y)}\right] \times (1-\pi) + \left[\frac{f \times \$100}{(1+y)}\right] \times \pi \tag{11.2}$$

그림 11.1 단순화된 채권부도 과정

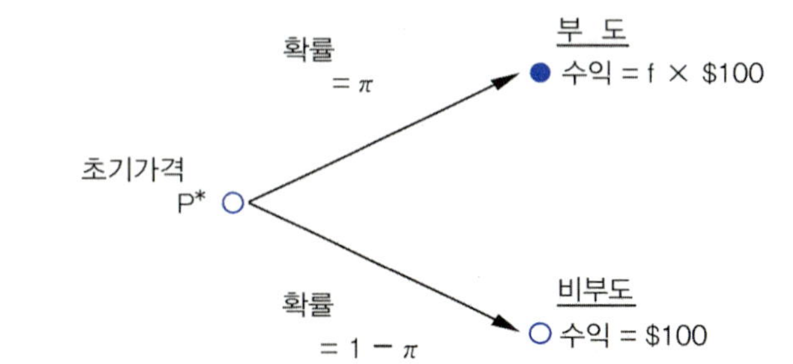

위험중립적 평가에는 리스크 프리미엄이 없으므로, 할인은 무위험수익률을 사용한다는 것에 유의하자. 수식의 항들을 재정리하면 다음과 같다.

$$(1+y) = (1+y^*)[1-\pi(1-f)] \tag{11.3}$$

이 수식은 다음 부도확률을 의미한다.

$$\pi = \frac{1}{(1-f)}\left[1-\frac{(1+y)}{(1+y^*)}\right] \tag{11.4}$$

수익률과 부도확률이 작다고 가정하고 2차항을 생략하면, 이 수식은 다음과 같이 단순화된다.

$$y^* \approx y+\pi(1-f) \tag{11.5}$$

이 수식은 신용스프레드 y^*-y는 신용리스크를 측정함을 보인다. 더 정확하게 표현하면 이는 부도확률(PD), π, 곱하기 부도 시 손실률(LGD), $(1-f)$를 포함한다. 이는 만약 부도확률이 0이거나 부도 시 손실률이 0이면, 잠재적 신용손실은 없기 때문에 직관적으로 이해된다.

이제 T회의 다기간을 고려하자. 매 기간에 이자율과 부도율을 복리계산한다. 다시 말해, π^a는 이제 평균 연간 부도율이다. 단지 1회의 지급을 가정하면, 현재가치는 다음과 같다.

$$P^* = \frac{\$100}{(1+y^*)^T} = \left[\frac{\$100}{(1+y)^T}\right]\times(1-\pi^a)^T + \left[\frac{f\times\$100}{(1+y)^T}\right]\times[1-(1-\pi^a)^T] \tag{11.6}$$

이 수식은 다음과 같이 변형된다.

$$(1+y)^T = (1+y^*)^T\{(1-\pi^a)^T + f[1-(1-\pi^a)^T]\} \tag{11.7}$$

그러나 이는 쉽게 단순화되지 않는다. 대신 누적부도확률을 사용할 수 있다.

$$\frac{1}{(1+y^*)^T} = \left[\frac{1}{(1+y)^T}\right]\times(1-\pi) + \left[\frac{f\times 1}{(1+y)^T}\right]\times[1-(1-\pi)] \tag{11.8}$$

또는,

$$\frac{1}{(1+y^*)^T} = \frac{1}{(1+y)^T}\times[1-\pi(1-f)] \tag{11.9}$$

이 값의 매우 간단한 근사값은 다음과 같다.

$$y^* \approx y + (\pi / T)(1 - f) \tag{11.10}$$

다양한 만기의 위험채권이 존재할 때, 이들은 상이한 목표기간의 부도확률을 계산하는 데 사용될 수 있다. 예를 들어, 2기간이면, 수식(11.3)을 이용하여 첫 기간의 부도확률 π_1을 계산하고, 수식(11.7)을 이용하여 처음 두 기간에 걸쳐 연율화된 즉 평균 부도확률 π_2를 계산할 수 있다. 앞 장에서 보았던 것처럼, 둘째 기간의 한계부도확률 d_2는 다음 수식의 해이다.

$$(1 - \pi_2)^2 = (1 - \pi_1)(1 - d_2) \tag{11.11}$$

이 수식을 이용하여 일련의 무이표채들로부터 선도 부도확률의 기간구조를 계산할 수 있다. 실무에서 만약 이표채만 가용하면 계산은 더 복잡해진다. 매 기간의 부도 및 비부도 상태의 지급을 고려해야 하기 때문이다.

11.1.2 리스크 프리미엄

앞의 접근법이 위험중립을 가정했다는 점은 강조될 만하다. 옵션평가의 방법론에서처럼, 우리는 어떤 자산의 가치는 무위험수익률로 증식하고, 동일한 무위험수익률로 할인될 수 있다고 가정했다. 따라서 확률 척도 π는 위험중립적 척도이며 반드시 객관적, 물리적 부도확률과 같지 않다.

객관적 확률을 π' 그리고 할인율을 y'로 표시하면, 현재 가격은 위험이자율 y'로 할인된 진정한 기대가치를 기준으로, 다음과 같이 표현될 수 있다.

$$P^* = \frac{\$100}{(1 + y^*)} = \left[\frac{\$100}{(1 + y')}\right] \times (1 - \pi') + \left[\frac{f \times \$100}{(1 + y')}\right] \times \pi' \tag{11.12}$$

수식(11.4)는 위험중립 부도확률만 알려준다. 더 일반적으로, 만약 투자자들이 신용리스크 부담에 대한 보상을 요구하면, 신용스프레드는 리스크 프리미엄 rp를 포함할 것이다.

$$y^* \approx y + \pi'(1 - f) + \mathrm{rp} \tag{11.13}$$

이 리스크 프리미엄이 의미를 가지려면, 채권의 리스크 및 투자자의 위험회피도 척도에 연계되어야 한다. 또한, 이 프리미엄은 **유동성 프리미엄**(liquidity premium)과 세금효과를 포함할 수 있다.

핵심 개념

회사채와 동일한 다른 조건을 가진 무위험채권 사이의 수익률 스프레드는 계리적 예상손실, 또는 연간 부도율 곱하기 부도 시 손실률에 리스크 프리미엄을 더한 수치를 반영한다.

사례 부도확률의 도출

우리는 10년 만기 미국 국채 스트립과 S&P와 Moody's에 의해 A등급으로 평가된 International Business Machines(IBM)의 10년 만기 무이표채를 비교하려 한다. 각 수익률은 6%와 7%이며, 반기별 복리를 사용한다. 회수율은 액면가의 45%임을 가정하면, 신용스프레드가 시사하는 부도확률은 무엇인가?

수식(11.9)는 $\pi(1-f)=1-(1+y/200)^{20}/(1+y^{*}/200)^{20}=0.0923$임을 보인다. 따라서 $\pi=9.23\%/(1-45\%)=16.8\%$이다. 그러므로 다음 10년의 누적 (위험중립) 부도확률은 16.8%이다. 이 수치는 이 리스크 등급의 역사적 기록보다 상당히 높다. 〈표 10.3〉에서 Moody's는 A등급 신용의 역사적인 10년 부도율을 단지 약 3%로 보고한다.

만약 이 역사적 부도율들이 미래 부도확률로서 사용되면, 신용스프레드의 대부분은 리스크 프리미엄을 반영한다는 결론이 도출된다. 예를 들어, 100 베이시스 포인트의 신용스프레드 가운데 80 베이시스 포인트가 리스크 프리미엄을 반영한다고 가정하자. 7% 수익률을 6.2%로 바꾸면, 3.5%의 부도확률이 계산된다. 이 수치는 이 채권들의 실제 부도경험에 더 근접한다.

예제 11.1 : FRM 시험 2007 – 문제 77

무위험이자율은 연 5%이고 회사채 수익률은 연 6%이다. 회사채의 회수율이 75%라고 가정하면, 다음 보기 중 시장에 기초한 회사채 연간 부도율의 근사값은 무엇인가?

a. 1.33% b. 4.00% c. 8.00% d. 1.60%

예제 11.2 : FRM 시험 2007 – 문제 48

1년 만기 BBB등급 채권과 비슷한 만기의 무위험 미국 국채 사이의 스프레드는 2%이다. 모든 비신용 요인(예를 들어, 유동성리스크, 세금)의 신용스프레드에 대한 기여는 0.8%로 추정된다. 기초 신용의 부도 시 손실률이 60%라고 가정하면, 이 채권의 내재 부도확률의 근사값은 무엇인가?

a. 3.33% b. 5.00% c. 3.00% d. 2.00%

예제 11.3 : FRM 시험 2008 – 문제 3-12

어떤 리스크 애널리스트는 다국적 석유회사에 의해 발행된 1년 만기 BB등급 이표채의 신용 관련 수익률 스프레드를 계산하려 한다. 만약 실세 연간 무위험이자율이 3%, BB등급 채권의 부도율이 7%, 그리고 부도 시 손실률이 60%이면, 이 채권의 만기수익률은 무엇인가?

a. 2.57% b. 5.90% c. 7.45% d. 7.52%

11.1.3 신용등급에 따른 수익률 스프레드

이제 실제 시장 자료를 고려해보자. 〈그림 11.2〉는 1998년 12월 현재 다양한 신용의 기준 수익률곡선들을 예시한다. 참고로, 스프레드는 〈표 11.1〉에 수록되어 있다. 이 곡선은

그림 11.2 상이한 신용의 수익률곡선

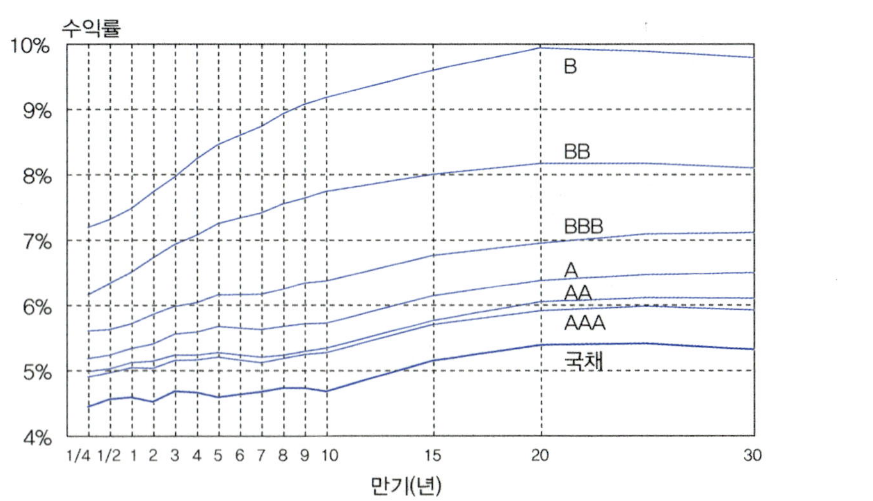

표 11.1 신용스프레드

만기(년)	신용등급					
	AAA	AA	A	BBB	BB	B
3개월	46	54	74	116	172	275
6개월	40	46	67	106	177	275
1	45	53	74	112	191	289
2	51	62	88	133	220	321
3	47	55	87	130	225	328
4	50	57	92	138	241	358
5	61	68	108	157	266	387
6	53	61	102	154	270	397
7	45	53	95	150	274	407
8	45	50	94	152	282	420
9	51	56	98	161	291	435
10	59	66	104	169	306	450
15	55	61	99	161	285	445
20	52	66	99	156	278	455
30	60	78	117	179	278	447

S&P 등급을 이용하여, AAA부터 B까지 신용등급을 기준으로 정렬되어 있다.

이 곡선들은 앞 장에 보고된 누적부도율 곡선들과 놀라울 정도로 유사하다. 이들은 만기가 길수록 그리고 신용도가 낮을수록 상승한다.

가장 낮은 곡선은 무위험채권을 나타내는 국채 곡선이다. AAA 신용의 스프레드는 낮으며, 짧은 만기에서 46bp로부터 시작하여 긴 만기에서 60bp로 상승한다. B 신용의 스프레드는 훨씬 더 크며, 또한 더 빨리 275부터 450까지 상승한다. 마지막으로, AA의 부도확률은 AAA의 약 두 배임에도 불구하고, 스프레드는 매우 근접한 데 유의하자. 국채로부터 AAA 신용으로의 전이는 계리적 신용리스크보다, 유동성과 세금 효과 같은 다른 요인들을 반영할 가능성이 매우 높다.

앞 절은 신용리스크를 추론하기 위해 회사채 수익률의 정보를 이용할 수 있음을 보였다. 실제로 채권가격은 거래자들의 최선의 평가, 또는 신용리스크에 대한 실제 자금투입을 반영한다. 따라서 채권가격은 신용리스크의 최선의 예측치이며, 신용등급보다 우수할 것으로 기대된다. 평가기관들이 신용등급을 정하기 위해 공개된 정보를 이용하는 정도에 따라 이 정보는 시장가격에 반영될 것이다. 채권가격은 또한 신용등급보다 빈번하게 수정된다. 결국 회사채 가격 변동은 신용등급 변화를 이끈다.

예제 11.4 : FRM 시험 2002 – 문제 81

다음 보기 중 옳은 것은 무엇인가?

a. 채권 스프레드의 변화는 신용등급의 변화를 가져온다.
b. 채권 스프레드의 변화는 신용등급의 변화를 뒤따른다.
c. 채권 스프레드의 변화는 신용등급의 변화와 동시에 일어난다.
d. 채권 스프레드 변화와 신용등급 변화 시점에 관해 일반적으로 인정되는 관계는 전혀 없다.

예제 11.5 : 신용스프레드의 이자율기간구조

XYZ회사는 다음 표에 따라 반기별로 지급하는 두 종목의 채권을 갖고 있다.

잔존만기	이표율 (sa 30/360)	가격	단기국채 이자율 (은행 할인율)
6개월	8.0%	99	5.5%
1년	9.0%	100	6.0%

각 채권의 부도 시 회수율은 50%이다. 단순성을 위해, 각 채권은 이자지급기간 말에만 도산한다고 가정하자. XYZ회사의 시장에 기초한 위험중립 부도율에 관한 설명 중 옳은 것은 무엇인가?

a. 첫 6개월 기간에 둘째 6개월 기간보다 높다.
b. 두 이자지급기간 동안 같다.
c. 둘째 6개월 기간에 첫 6개월 기간보다 높다.
d. 이 정보로는 알 수 없다.

11.1.4 신용스프레드의 시간적 가변성

신용스프레드는 부도리스크에 기인한 잠재적 손실, 그리고 리스크 프리미엄을 반영할 것이다. 부도리스크의 일부는 발행기업 특유의 것이며, 예상되는 재무적 상태의 상세한 분석을 요구한다. 그러나 이 리스크의 일부는 공통적인 신용리스크 요인들에 기인한다. 이 공통요인들은 신용민감 채권의 대규모 포트폴리오 안에서 분산될 수 없기 때문에 특히 중요하다.

이 요인들 가운데 첫째는 일반적인 경제 상황이다. 경제성장은 신용스프레드와 음의 상

그림 11.3 부도율과 높은 수익률 스프레드

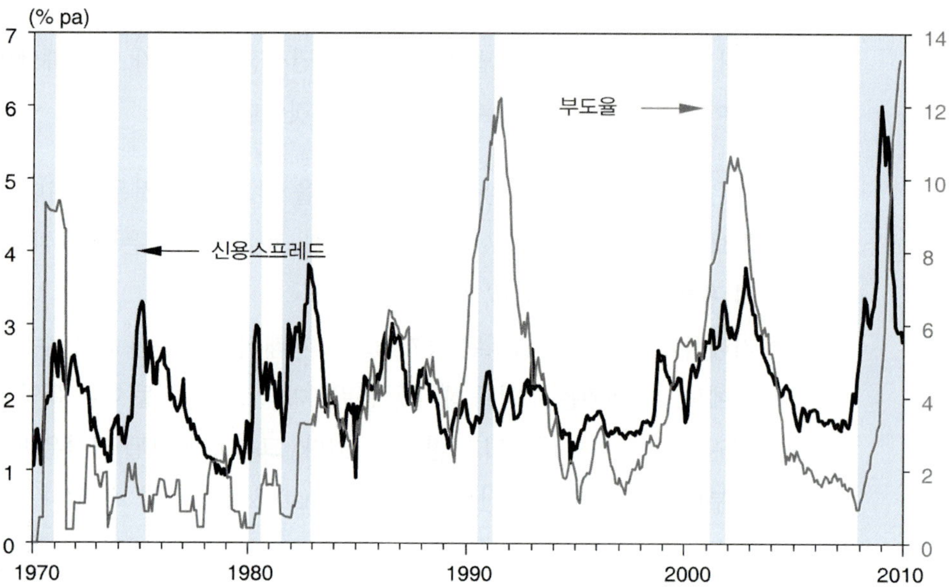

관관계를 갖고 있다. 경제가 침체할 때, 더 많은 회사들이 현금흐름 문제를 겪고 채무를 불이행할 가능성이 있다.

〈그림 11.3〉은 Moody's의 투기등급 부도율과 Baa-국채의 신용스프레드를 비교한다. 음영표시된 영역은 불황기를 나타낸다. 이 그래프는 부도율과 신용스프레드는 불황기 주변에서 상승하는 경향이 있음을 보인다. 그러나 스프레드는 미래지향적이기 때문에 부도율을 선행하는 경향이 있다. 부도율은 불황기 이후에 고점에 도달한다. 또한, 2007~2008년 신용위기의 영향은 신용스프레드의 전례 없는 상승에서 명백하다. 이는 더 높은 위험회피도와 매우 높은 부도율 예측의 결합을 반영한다.

변동성 또한 요인이다. 더 변동적 환경에서, 투자자는 더 큰 리스크 프리미엄을 요구하고, 따라서 신용스프레드를 높인다. 이런 일이 발생하면 유동성도 고갈될 수 있다. 투자자들은 더 비유동화하는 증권을 보유하는 대가로, 더 큰 신용스프레드를 요구할 것이다.

마지막으로, 변동성은 옵션 경로를 통해 추가적 영향을 미친다. 회사채지수는 국채지수와는 달리 많은 중도상환채권을 포함한다. 중도상환채권의 매수자는 콜옵션을 수용하는 대가로 더 높은 수익률을 요구한다. 다른 조건이 동일하면 더 높은 변동성은 옵션가치 그리고 수익률을 높인다. 따라서 신용스프레드는 변동성과 직접적으로 연계되어 상승한다.

11.2 주식 가격

그러나 신용스프레드 접근법은, 양질의 채권시장의 자료가 있을 때에만 유용하다. 문제는 여러 이유 때문에 이런 경우는 드물다는 것이다

- 많은 국가들이 잘 발달된 회사채 시장을 갖고 있는 것은 아니다. 미국은 세계에서 독보적으로 큰 회사채 시장을 갖고 있다. 다른 국가들은 발행 채권이 더 적고, 훨씬 덜 활발한 시장을 갖고 있다.
- 거래상대방에 의해 발행된 공개적으로 거래되는 채권이 없을 수 있다. 또는 그런 경우에도, 그 채권은 수익률 해석을 곤란하게 만드는 콜 등 다른 특약을 포함할 수 있다.
- 채권은 활발하게 거래되지 않을 수 있다. 그리고 보고된 가격은 단지 증권의 수익률로부터 근사적으로 계산된 **추정가격**(matrix price)일 수 있다.

하나의 대안은 주식가격에 기초한 부도리스크 모형을 이용하는 것이다. 주식가격은 많은 회사들에서 가용하고, 주식은 회사채보다 활발하게 거래되기 때문이다. Merton(1974) 모형은 주식을 기업자산에 대한 콜옵션과 비슷한 것으로 간주한다. 이 때, 행사가격은 부채의 액면금액이다.

11.2.1 Merton 모형

극단적 단순화를 위해, 만기가 1기간 후인 액면가 K의 채권을 갖고 있는, 총가치 V의 기업을 생각해보자. 만약 기업가치가 약속된 지급액보다 크면, 채권은 전액 상환되고 주주는 나머지를 수취한다. 그러나 만약 V가 K보다 작으면, 기업은 도산하고 채권자는 V만 수취한다. 주식가치는 0이 된다. 거래비용은 없고 절대적 우선순위가 적용된다고 가정하자. 따라서 만기 때 주식가치는 다음과 같다.

$$S_T = \text{Max}(V_T - K, 0) \tag{11.14}$$

채권과 주식의 합은 기업 가치이므로, 채권의 가치는 다음과 같다.

$$B_T = V_T - S_T = V_T - \text{Max}(V_T - K, 0) = \text{Min}(V_T, K) \tag{11.15}$$

그림 11.4 기업가치에 대한 옵션으로서의 주식

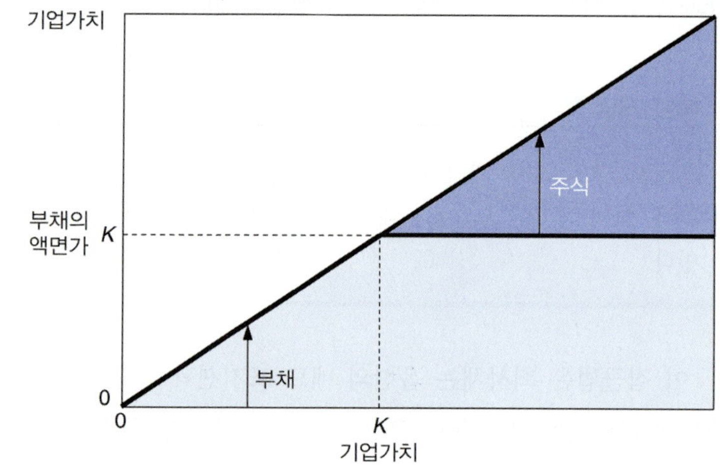

그림 11.5 기업가치의 요소

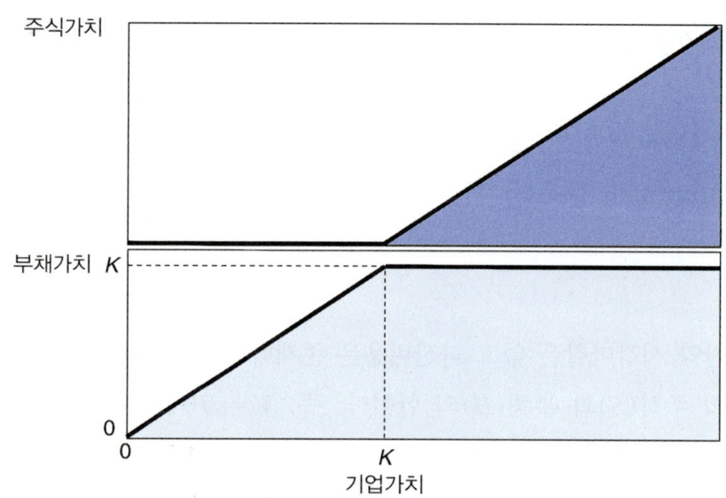

따라서 현재 주식가격은 부도확률의 예측을 반영한다. 옵션이 행사 예측을 반영하는 것과 같다. 〈그림 11.4〉와 〈그림 11.5〉는 어떻게 기업가치가 채권과 주식의 가치로 나누어지는지 묘사한다.

채권 가치는 다음과 같이 묘사될 수 있음에 유의하자.

$$B_T = K - \mathrm{Max}(K - V_T, 0) \tag{11.16}$$

다시 말해, 위험채권의 매수 포지션은 무위험채권 매수 포지션과 풋옵션 매도 포지션의 결합과 동등하다. 이는 실제로 신용파생상품이다.

핵심 개념

주식은 기업가치에 대한 콜옵션으로 간주될 수 있으며, 이 때 행사가격은 부채의 액면가와 같다. 회사 부채는 무위험부채로부터 기업가치에 대한 풋옵션을 차감한 것으로 간주될 수 있다.

이 접근법은 회사채는 옵션의 매도 포지션과 비슷한 수익구조를 갖고 있음을 보이기 때문에 시사하는 바가 특히 크다. 이는 신용손실의 특징인 왼쪽으로 치우친 왜도를 설명한다. 반대로, 주식은 **유한책임 특성**(limited-liability feature)때문에 옵션의 매수 포지션과 동등하다. 다시 말해 투자자들은 주식투자액보다 큰 손실을 입지 않는다.

11.2.2 주식과 채권의 평가

예시를 위해, 일반적인 블랙-숄즈(BS) 모형의 틀을 따라가 보자. 기업가치는 기하적 Browinian 운동을 따른다고 가정하자.

$$dV = \mu V dt + \sigma V dz \tag{11.17}$$

만약 시장마찰은 없고 파산비용은 존재하지 않는다고 가정하면, 기업가치는 단순히 기업의 주식(S)과 부채(B)의 합이다. 즉, $V = B + S$이다.

기업가치에 대한 청구권을 평가하려면, 적절한 경계조건을 가진 편미분방정식을 풀어야 한다. 회사채 가격은 다음과 같이 계산된다.

$$B = F(V, t), \quad F(V, T) = \mathrm{Min}[V, B_F] \tag{11.18}$$

여기에서, $B_F = K$는 채권의 만기에 상환되는 액면가 또는 행사가격이다.

비슷하게, 주식가치는 다음과 같다.

$$S = f(V, t), \quad f(V, T) = \mathrm{Max}[V - B_F, 0] \tag{11.19}$$

주식의 평가 배당이 없으면 주식가치는 BS 공식에 의해 계산된다.

$$S = \text{Call} = VN(d_1) - Ke^{-r\tau}N(d_2) \tag{11.20}$$

여기에서, $N(d)$는 표준정규분포의 누적분포함수이고 다음 관계가 성립한다.

$$d_1 = \frac{\ln(V/Ke^{-r\tau})}{\sigma\sqrt{\tau}} + \frac{\sigma\sqrt{\tau}}{2}, \quad d_2 = d_1 - \sigma\sqrt{\tau}$$

여기에서, $\tau = T - t$는 잔존만기, r은 무위험이자율, 그리고 σ는 자산가치의 변동성이다. 옵션가치는 두 요인 $x = Ke^{-r\tau}/V$과 $\sigma\sqrt{\tau}$에 의존한다. 첫째 요인은 부채-가치 비율이고, $l = V/(V - Ke^{-r\tau})$로 표현될 수 있는 레버리지와 역의 관계를 갖는다. 변동성 σ가 증가하고 x가 감소하면, 또는 레버리지가 증가할 때 주식가치는 증가한다.

기업의 변동성 이 적용은 기업가치 V와 변동성 $\sigma = \sigma_V$을 대입하고 콜옵션의 가치를 구하는 BS 모형으로부터 구별됨에 유의하자. 여기에서, 기업의 시장가치 S와 주식 변동성 σ_S를 관찰하고, 수식(11.20)을 충족시키는 가치 V와 변동성을 추론해야 한다. 이는 반복계산에 의해서만 가능하다. $\Delta = N(d_1)$을 헤지비율로 정의하면, 다음 관계가 성립한다.

$$dS = \frac{\partial S}{\partial V}dV = \Delta dV \tag{11.21}$$

σ_S를 dS/S의 변동성으로 정의하면, $(\sigma_S S) = \Delta(\sigma_V V)$가 도출되고 다음 관계가 성립한다.

$$\sigma_V = (1/\Delta)\sigma_S(S/V) \tag{11.22}$$

채권의 평가 다음으로 채권의 가치는 $B = V - S$, 또는 다음과 같이 계산된다.

$$B = Ke^{-r\tau}N(d_2) + V[1 - N(d_1)] \tag{11.23}$$

$$B/Ke^{-r\tau} = [N(d_2) + (V/Ke^{-r\tau})N(-d_1)] \tag{11.24}$$

따라서 채권의 가치는 기업가치와 다음과 같은 관계를 갖는다.

$$dB = \frac{\partial B}{\partial V} dV = N(-d_1)dV \tag{11.25}$$

수식(11.21)과 (11.25)는 때로 **자본차익거래**(capital arbitrage)에 이용된다. 이는 리스크를 최소화하기 위해 이 헤지비율들을 이용함으로써, 기업에 대한 다른 종류의 청구권을 매수하고 매도한다 – 즉, 이 모형이 맞다고 가정한다.

채권가격은 연율화된 신용스프레드 s에 의해 표현될 수 있다.

$$B = Ke^{-(r+s)\tau} \tag{11.26}$$

이는 다음 관계를 의미한다.

$$s = -(1/\tau)[N(d_2) + (1/x)N(-d_1)] \tag{11.27}$$

변동성이 증가하고 레버리지가 증가할 때, 채권가치는 감소한다. 스프레드는 반대로 움직인다. 수식(11.27)은 다양한 형태의 신용스프레드 기간구조를 만들어낼 수 있다. 낮은 레버리지와 변동성을 가진 기업의 경우, 스프레드는 근월물에서 낮고 만기에 따라 상승한다. 높은 레버리지를 가진 기업은 큰 스프레드를 갖고, 기간구조는 음의 기울기를 갖는다.

부도의 위험중립 동태분석 블랙-숄즈 모형에서 $N(d_2)$는 또한 콜옵션의 행사, 또는 채권이 불이행되지 않을 확률이다. 반대로, $1 - N(d_2) = N(-d_2)$는 위험중립 부도확률이다. $z = -d_2$로 표시하면 다음과 같다.

$$z = \frac{\ln(K/V) - r\tau + 0.5\sigma^2\tau}{\sigma\sqrt{\tau}} \tag{11.28}$$

물리적 부도확률을 계산하기 위해, 이 수식의 무위험이자율은 δ로 대체될 수 있다. 이는 기업 자산의 기대성장률이다.

$$\mathrm{PD} = N[z] = N[\frac{\ln(K/V) - \delta\tau + 0.5\sigma^2\tau}{\sigma\sqrt{\tau}}] \tag{11.29}$$

신용리스크의 평가 만기에, 신용손실은 무위험채권 가치에서 회사채 가치를 차감한 $\mathrm{CL} = B_F - B_T$이다. 초기에, 예상 신용손실(ECL)은 다음과 같다.

$$\begin{aligned} B_F e^{-r\tau} - B &= Ke^{-r\tau} - \{Ke^{-r\tau}N(d_2) + V[1-N(d_1)]\} \\ &= Ke^{-r\tau}[1-N(d_2)] - V[1-N(d_1)] \\ &= Ke^{-r\tau}N(-d_2) - VN(-d_1) \\ &= N(-d_2)[Ke^{-r\tau} - VN(-d_1)/N(-d_2)] \end{aligned}$$

이 분해식은 많은 정보를 제공한다. 미래가치 요소를 곱하면, 만기의 ECL은 다음과 같다.

$$\mathrm{ECL}_T = N(-d_2)[K - Ve^{r\tau}N(-d_1)/N(-d_2)] = p \times [\text{노출} \times \mathrm{LGD}] \quad (11.30)$$

이는 두 항을 포함한다. 첫째는 부도확률 $N(-d_2)$이다. 대괄호 안의 둘째 항은 부도 시 손실이다. 이는 채권의 액면가 K에서 대출의 부도 시 회수가치 $Ve^{r\tau}N(-d_1)/N(-d_2)$를 차감함으로써 계산된다. 이는 또한 기업의 부도 시 기대가치이다. 회수율은 기업가치, 시간, 그리고 부채비율에 의존하기 때문에 여기에서 내생적임에 유의하자.

신용옵션의 평가 이 접근법은 또한 신용민감 채권의 풋옵션 요소를 평가하는 데 이용될 수 있다. 부도 시, 이 옵션은 $K - B_T$를 지급한다. 채권과 풋옵션을 포함하는 포트폴리오는 무위험채권 $Ke^{-r\tau} = B + \mathrm{Put}$과 동등하다. 따라서 수식(11.23)을 이용하면, 신용 풋옵션의 가치는 다음과 같다.

$$\mathrm{Put} = Ke^{-r\tau} - \{Ke^{-r\tau}N(d_2) + V[1-N(d_1)]\} = -V[N(-d_1)] + Ke^{-r\tau}[N(-d_2)] \quad (11.31)$$

이 수식은 제13장의 신용파생상품에서 이용될 것이다.

예제 11.6 : FRM 시험 2001 – 문제 14

거래상대방의 자산에 대한 어떤 종류의 옵션에 대해서, 신용리스크 포지션의 현재노출이 비교될 수 있는가?

a. 콜의 매도
b. 풋의 매도
c. 녹인(knock-in) 콜의 매도
d. 이항옵션

11.2.3 Merton 모형의 응용

이 평가모형은, 주식의 현재 가격과 부채의 액면금액이 주어지면, 기업가치와 부도확률을 계산하는 데 사용될 수 있다. 〈그림 11.6〉은 기업가치의 진화를 예시한다. 기업은 그 가치가 목표시점에 부채 미만으로 하락하면 도산한다. 이 위험중립 확률은 $N(-d_2)$에 의해 측정된다.

실제로 부도는 여기에 묘사된 것보다 훨씬 복잡하다. 회사의 모든 부채와 이들의 만기에 관한 정보를 수집해야 할 수 있다. 부도는 이자지급에서도 발생할 수 있다. 따라서 목표일의 채무불이행 대신, 부도확률은 부채를 나타내는 이동 기저로부터의 거리 함수로 측정될 수 있다. 이는 KMV Corporation에 의해 채택된 접근법의 본질이다. 이 회사는 현재 Moody's의 일부이며, 세계의 기업들에 관한 **기대부도빈도**(expected default frequency) 자료를 판매한다. 이 접근법은 제14장에서 설명된다.

Merton 접근법은 많은 장점을 갖고 있다. 첫째, 채권보다 활발하게 거래되는 주식 가격에 의존한다. 둘째, 주식가격의 상관관계는, 다른 방법으로 측정하기 어려운 부도 간 상관계수를 계산한다. 이 모형의 가장 중요한 장점은 아마도 신용등급의 변화를 선행하는 것으로 보이는 EDF의 움직임을 나타낸다는 것이다.

〈그림 11.7〉은 WorldCom의 EDF와 신용등급의 변화를 하나의 세로축을 이용하여 나타낸다. WorldCom은 2002년 7월 21일에 파산했다. 자산은 1,040억 달러이며, 6,390억 달

그림 11.6 Merton 모형의 부도

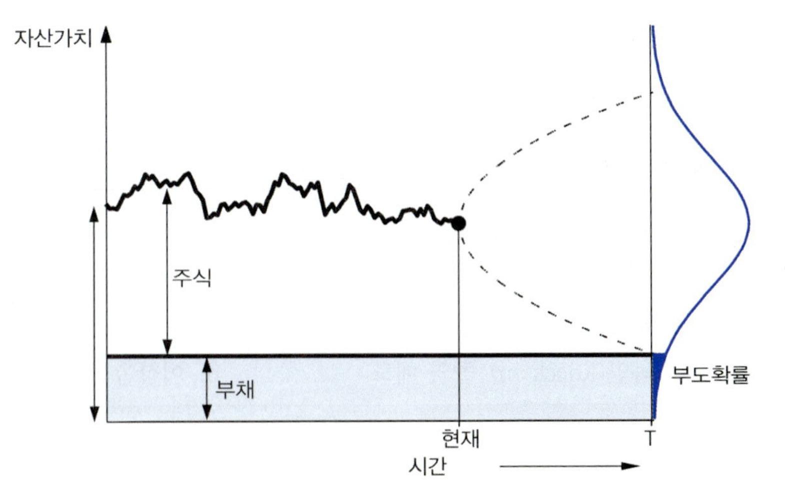

그림 11.7 KMV의 EDF와 신용등급

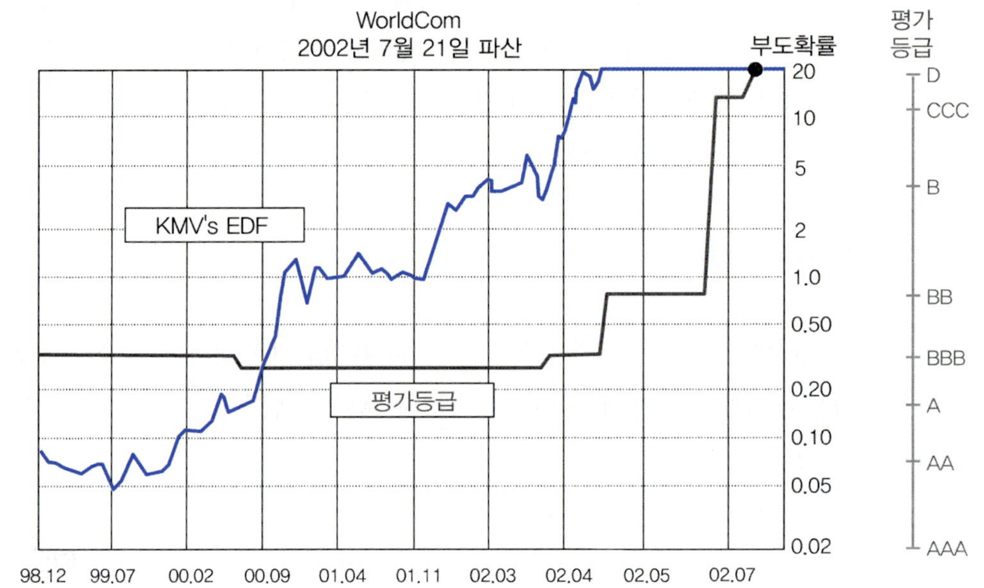

러의 Lehman Brothers가 2008년 9월 15일 파산하기 전까지 미국의 최대 파산이다. 신용평가 등급은 2002년 4월까지 BBB이었다. 신용등급은 임박한 부도의 신호를 전혀 알려주지 못했다. 대조적으로, 부도 1년 전부터 EDF는 상승하기 시작했다. 4월에 20%에 달해 파산을 예고했다.

그러나 Merton 모형은 단점도 갖고 있다. 이 모형의 첫 번째 한계는, 국가의 주식가격은 없기 때문에 국가 신용리스크를 평가할 수 없다는 것이다. 이는 시장의 큰 부분이 국가 리스크로 이루어진 신용파생상품에서 문제를 초래한다.

더 본질적 약점은 기업의 자본과 리스크 구조에 관한 정태적 모형에 의존한다는 것이다. 부채 수준은 목표기간 중 일정한 것으로 가정된다. 비슷하게 이 모형은 기존 채권자를 보호하는 새로운 자본유입을 다룰 수 없다. 또한, 모형은 부채들의 상이한 만기를 포함하는 더 현실적인 설정으로 확장될 필요가 있다. 그러나 확장방법은 명백하지 않다.

다른 문제는 경영진이 주가와 변동성을 증가시키는 새 사업을 채택하면, 신용스프레드가 증가할 수 있다는 것이다. 이는 Merton 모형의 기본적 직관에 배치된다. 이것은 다른 조건들이 일정하면, 주가 상승은 부도확률 하락을 반영하고 따라서 신용스프레드는 감소한다는 원리이다.

마지막으로, 이런 종류의 모형은 신용민감 채권에서 관찰되는 신용스프레드의 크기를 설명하지 못한다. 최근의 연구는 이자율리스크 같은 다른 리스크원천들을 포함시키려고 시도한다. 그러나 이 스프레드는 아직 충분히 설명되지 않는다. 따라서 이 모형들은 EDF의 시간적 변화를 추적하는 데 가장 유용하다. 실제로 KMV는 위험중립 부도확률을 실제 부도자료에 맞추어 조정한다.

11.2.4 사례

단순화된 예는 이해를 돕는다. V=\$100 상당의 자산과 σ_V=20%의 변동성을 가진 기업을 생각해보자. 실제로, 우리는 관찰된 주가와 변동성으로부터 시작해서 반복시행으로 σ_V를 구해야 한다.

목표기간은 $\tau=1$년이다. 무위험이자율은 연속복리 기준으로 $r=10\%$이다. 부채의 액면가는 K=\$99.46이다. 이는 무위험 현재가치 $Ke^{-r\tau}$=\$90와 레버리지 요소 $x=0.9$를 의미한다.

Merton의 분석을 따르면, 현재의 주식 가격은 S=\$13.59이어야 한다. 따라서 현재의 채권 가격은 다음과 같다.

$$B = V - S = \$100 - \$13.59 = \$86.41$$

이는 $\ln(K/B)/\tau = \ln(99.46/86.41) = 14.07\%$의 수익률, 또는 4.07%의 수익률 스프레드를 의미한다. 이제, 신용 풋옵션의 현재가치는 다음과 같다.

$$P = Ke^{-r\tau} - B = \$90 - \$86.41 = \$3.59$$

이 분석은 또한 $N(d_2)=0.6653$과 $N(d_1)=0.7347$의 값을 만들어낸다. 따라서 위험중립 부도확률은 $\text{EDF}=N(-d_2)=1-N(d_2)=33.47\%$이다. 이는 실제 또는 객관적 부도확률로부터 다를 수 있다는 데 유의하자. 주가는 무위험이자율 10%를 넘는 비율로 증식할 수 있기 때문이다.

마지막으로, 수식(11.30)의 만기 기대손실을 분해하면 다음 결과가 성립한다.

$$\begin{aligned} N(-d_2)[K - Ve^{r\tau}N(-d_1)/N(-d_2)] &= 0.3347 \times [\$99.46 - \$110.56 \times 0.2653/0.3347] \\ &= 0.3347 \times [\$11.85] = \$3.96 \end{aligned}$$

이는 부도확률을 부도 시 예상손실 11.85달러와 결합시킨다. 미래의 예상 신용손실 3.96달러는 당연히 신용 풋옵션의 미래가치이기도 하다. 즉, $\$3.59e^{r\tau}=\$3.96$이다.

이 모형은 매우 높은 레버리지를 필요로 한다는 데 유의하자. 여기에서, 합리적 수준의 신용스프레드인 4.07%를 얻기 위한 값은 $x=90\%$이다. 이는 부채 대 자기자본 비율 0.9/0.1=900%을 의미한다. 그러나 이 값은 이런 종류의 스프레드로서는 비현실적으로 높다.

예를 들어, 더 낮은 레버리지인 $x=0.7$을 가정하면, 신용스프레드는 급격히 하락하여 0.36%가 된다. $x=50\%$ 이하이면, 예측된 스프레드는 0이 된다. 이런 레버리지가 정상으로 간주되므로, 모형은 관찰된 크기의 신용스프레드를 재현하지 못한다. 아마도 추정된 부도빈도의 시간적 변화를 추적하는 것이 가장 유용할 것이다.

예제 11.7 : FRM 시험 2002 – 문제 97

다음 중 KMV 모형에서 부도율의 주요한 원인이 되는 변수는 무엇인가?

a. 주식 가격 b. 채권 가격 c. 채권 수익률 d. 대출의 가격

예제 11.8 : FRM 시험 2008 – 문제 3-9

HighGear Corporation의 자본구조는 두 부분으로 이루어져 있다. 액면가 1억 달러의 5년 만기 무이표채, 그리고 나머지는 주식이다. 기업자산의 현재 시장가치는 1.3억 달러이고, 기업가치의 기대변화율은 25%이다. 기업자산은 연 30%의 변동성을 갖는다. 기업가치는 로그정규분포하고 변동성은 일정하다고 가정한다. 이 회사의 리스크관리 부서는 Merton 모형, 또는 $[\ln(K/V)-\delta\tau+0.5\sigma^2\tau]/\sigma\sqrt{\tau}$을 사용하여 부도거리를 측정한다. 주어진 부도거리 하에서, 측정된 부도율은 무엇인가?

a. 2.74% b. 12.78% c. 12.79% d. 30.56%

예제 11.9 : FRM 시험 2005 – 문제 108

KMV 모형은 기대확률빈도로 불리는 척도를 제공한다. 이 변수에 관한 다음 보기 중 옳은 것은 무엇인가?

a. 회사의 레버리지가 하락할 때 감소한다.
b. 회사의 주가가 올랐을 때 증가한다.

c. Merton의 모형으로부터 추정된 위험중립 부도확률이다.

d. 채권의 부도리스크가 어떻게 포트폴리오의 다른 채권들의 부도리스크와 상관되어 있는지 투자자들에게 알려준다.

예제 11.10 : FRM 시험 2007 – 문제 82

Merton 모형을 사용하면, 다른 모수들이 일정할 때 어떤 조건에서 부채가치는 증가하는가?

Ⅰ. 기업가치는 감소한다.
Ⅱ. 무위험이자율은 하락한다.
Ⅲ. 잔존만기는 증가한다.
Ⅳ. 기업가치의 변동성은 감소한다.

a. Ⅰ과 Ⅱ　　b. Ⅰ과 Ⅳ　　c. Ⅱ와 Ⅲ　　d. Ⅱ와 Ⅳ

예제 11.11 : FRM 시험 2005 – 문제 134

당신은 XYZ회사의 채권을 다량 보유한다. 당신은 Merton의 부채평가모형을 사용하여, 이 채권들을 주식으로 헤지한다. 부채가치는 갑자기 하락하나 주식가치는 하락하지 않아서, 결국 당신은 손실을 입는다. 다음 보기들을 고려하라.

Ⅰ. 이자율이 상승했다.
Ⅱ. 변동성이 감소했다.
Ⅲ. 변동성이 증가했다.
Ⅳ. 유동성위기가 신용스프레드의 유동성 요소를 증가시켰다.

당신의 헤지가 작동하지 않은 가능한 이유는 무엇인가?

a. Ⅰ과 Ⅱ　　b. Ⅰ과 Ⅲ
c. Ⅰ, Ⅲ, 그리고 Ⅳ　　d. Ⅲ과 Ⅳ

예제 11.12 : FRM 시험 2008 – 문제 3-24

Merton 모형은 부도를 예측하는 데 사용된다. 이는 몇 개의 매우 강한 가정에 기초하고, 적용에는 현실적인 어려움이 존재한다. 다음 보기 중, 이 모형의 사용을 제한하는 가정 또는 현실적 어려움에 관한 옳지 <u>않은</u> 설명은 무엇인가?

a. 이 모형은 단 하나의 부채 발행을 포함하는 단순한 자본구조에 의존한다.
b. 기업가치는 거래되지 않으므로, 자산가치의 변동성은 추정될 수 없다.
c. 이 모형은 부채는 이자지급을 하지 않는다고 가정하나, 대다수 공개적으로 거래되는 부채는 이표채이다.
d. 이 모형은 일정한 무위험이자율을 가정한다.

11.3 중요 공식

- 내재 부도확률, 1기간 : $(1+y)=(1+y^{*})[1-\pi(1-f)]$
- 내재 부도확률의 근사값 : $y^{*}\approx y+\pi(1-f)$
- 내재 부도확률, T기간 : $(1+y)^{T}=(1+y^{*})^{T}\{(1-\pi^{a})^{T}+f[1-(1-\pi^{a})^{T}]\}$
- 물리적 부도확률의 근사값 : $y^{*}\approx y+\pi'(1-f)+rp$
- Merton의 주가 모형 : $S_T=\mathrm{Max}(V_T-K,0)$
- Merton의 채권가격 모형 : $B_T=V_T-S_T=\mathrm{Min}(V_T,K)$
- 주식의 평가 : $S=\mathrm{Call}=VN(d_1)-Ke^{-r\tau}N(d_2)$
- 기업가치와 주가변동성 : $\sigma_V=(1/\Delta)\sigma_S(S/V)$
- 채권의 평가 : $B=$무위험채권$-\mathrm{Put}$, $B/Ke^{-r\tau}=[N(d_2)+(V/Ke^{-r\tau})N(-d_1)]$
- 위험중립 PD : $1-N(d_2)=N(-d_2)$
- 물리적 PD : $\mathrm{PD}=N[z]=N\{[\ln(K/V)-\delta\tau+0.5\sigma^2\tau]/[\sigma\sqrt{\tau}]\}$
- 신용부도스왑, 또는 풋옵션 :

$$\mathrm{Put}=Ke^{-r\tau}-\{Ke^{-r\tau}N(d_2)+V[1-N(d_1)]\}=-V[N(-d_1)]+Ke^{-r\tau}[N(-d_2)]$$

11.4 예제 풀이

예제 11.1: FRM 시험 2007 – 문제 77

b. 스프레드는 $7-6=1\%$이다. 부도 시 손실률 $(1-f)=0.25$로 나누면, $\pi=(y^*-y)/(1-f)=4\%$가 계산된다.

예제 11.2: FRM 시험 2007 – 문제 48

d. 예상 신용손실에 기인한 스프레드 부분은 $2.00-0.80=1.20\%$이다. LGD $(1-f)=0.60$으로 나누면, 2%를 얻는다.

예제 11.3: FRM 시험 2008 – 문제 3-12

d. 수식(11.3)으로부터 $(1+y)=(1+y^*)[1-\pi\times \text{LGD}]$이다. 이는 $(1+y^*)=(1+y)/[1-\pi\times \text{LGD}]=1.03/[1-0.07\times 60\%]=1.0752$, 또는 $y^*=7.52\%$를 의미한다.

예제 11.4: FRM 시험 2002 – 문제 81

a. 채권 스프레드를 포함하는 시장가격의 변화는 신용등급의 변화를 초래하는 경향이 있다. 이는 시장가격은 회사의 모든 공개된 정보를 반영하기 때문이다.

예제 11.5: 신용스프레드의 기간구조

a. 먼저, 할인되어 거래되는 6개월 만기 채권의 현재 수익률을 계산한다. $99=104/(1+y^*/200)$을 충족하는 y^*를 구하면, $y^*=10.10\%$이다. 따라서 첫 번째 채권의 수익률 스프레드는 $10.1-5.5=4.6\%$이다. 두 번째 채권은 액면가이므로, 수익률은 $y^*=9\%$이다. 두 번째 채권의 스프레드는 $9-6=3\%$이다. 첫 기간의 부도율이 더 높아야 한다. 회수율은 두 기간에 걸쳐 같으므로, 이 문제에 무관하다.

예제 11.6: FRM 시험 2001 – 문제 14

b. 자산가치가 대출금액 미만으로 하락한 경우에만 노출이 존재하기 때문에 채권자는 풋옵션의 매도 포지션을 갖고 있다.

예제 11.7: FRM 시험 2002 – 97

a. 주가는 자기자본 가치를 결정하기 때문에 KMV의 기대확률빈도(EDF)의 주요 요인이다. 이 모형들은 또한 자산가치의 변동성과 부채가치를 사용한다.

예제 11.8: FRM 시험 2008 – 문제 3-9

a. $z=[\ln(K/V)-\delta\tau+0.5\sigma^2\tau]/\sigma\sqrt{\tau}=[\ln(100/130)-(25\%)5+0.5(30\%^2)5]/[30\%\sqrt{5}]=-1.919$로 계산된다. 이제 PD는 $N(z)=N(-1.919)=2.749\%$이다.

예제 11.9: FRM 시험 2005 – 문제 108

a. EDF는 위험중립 PD와 비슷하게 주가가 상승할 때, 레버리지가 낮아질 때, 또는 변동성이 감소할 때 감소한다. 이는 Merton 유형 모형의 부도율의 변형이다. KMV 틀은 상관관계를 찾는 것으로 확장될 수 있으나, EDF는 충분하지 않다.

예제 11.10: FRM 시험 2007 – 문제 82

d. 신용민감 부채의 가치는 $B=Ke^{-(r+s)\tau}$이다. 이는 (1) 만약 무위험이자율이 하락하면, 또는 (2) 신용스프레드가 감소하면, 또는 (3) 만기가 감소하면 상승한다. 만약 기업가치가 상승하거나 또는 레버리지가 하락하거나 또는 변동성이 감소하면, 신용스프레드는 감소한다. 따라서 만약 무위험이자율이나 변동성이 감소하면, 부채의 가치는 증가한다.

예제 11.11: FRM 시험 2005 – 문제 134

b. 부채가치를 하락시키나 자본가치는 하락시키지 않는 충격을 알아야 한다. 무위험이자율의 상승은 부채가치를 낮추나, 자본가치를 낮추지 않는다(레버리지를 감소시키기 때문이다). 변동성 상승은 부채와 자본에 상반되는 영향을 준다. 마지막으로, 유동성위기는 이 이분적 행태를 설명할 수 없다. 유동성 위기는, 2008년에 보았듯이, 회사채와 자본 모두에 부정적 영향을 주기 때문이다. 보기 Ⅰ.과 Ⅲ.은 옳다.

예제 11.12: FRM 시험 2008 – 문제 3-24

b. 자산의 변동성은 주가의 변동성과 모형 가격으로부터 반복시행에 의해 계산될 수 있기 때문에, 이 설명은 옳지 않다. 다른 보기들은 이 모형의 약점을 올바르게 서술한다.

Chapter 12

신용노출

신용노출은 금융상품의 존속기간 중에 리스크에 노출된 금액이다. 부도가 발생하면, **부도 시 익스포저**(exposure at default: EAD)로 불린다. 은행업이 단지 대출로 이루어지던 때, 노출은 기본적으로 대출의 액면금액이었다. 이 경우 노출은 기준금액이며 고정된다.

스왑시장의 발전 이후, 신용노출의 측정은 더 복잡해졌다. 스왑은 대다수 파생상품처럼 기준금액보다 훨씬 작은 실제 가치를 갖고 있기 때문이다. 실제로, 스왑의 초기가치는 전형적으로 0이다. 이는 초기에는 잃을 것이 없기 때문에 신용리스크는 존재하지 않는다는 뜻이다.

그러나 스왑계약은 만기에 접근하면 양 또는 음의 가치를 갖는다. 파산 결과의 비대칭성 때문에, 금융상품의 가치가 양수일 때 또는 도산한 거래상대방에 대한 청구권일 때에만 신용손실이 발생할 수 있다. 따라서 신용노출은 옵션처럼 자산가치가 양수일 때 이 금액이다.

이 장은 신용노출의 정량적 측정을 다룬다. 제12.1절은 다양한 종류의 금융상품의 신용노출의 일반적 특성을 기술한다. 여기에는 대출 또는 채권, 보증, 신용한도, 환매계약, 그리고 파생상품이 포함된다. 제12.2절은 신용노출의 분포를 어떻게 계산하는지 보여주고, 이자율과 통화 스왑의 노출 계산의 상세한 예를 제공한다. 제12.3절은 노출관리 수단, 또는 신용노출을 낮추기 위해 개발된 기법들을 논의한다. 어떻게 신용리스크가 시가평가, 증거금, 포지션 한도, 이자율 재조정, 그리고 상계협약에 의해 통제될 수 있는지 보인다. 설명의 완결성을 위해, 제12.4절은 부도리스크를 통제하는 신용 트리거(trigger)와 타임 풋(time put) 같은 신용리스크 관리수단을 포함한다.

12.1 금융상품별 신용노출

신용노출은 자산의 만기까지 여러 시점에서 그 가치가 양수일 때 발생한다. 특히, **현재 노출**(current exposure)은 현재 시점의 자산가치 V_t가 양수이면 이 값과 같다.

$$\mathrm{CE}_t = \mathrm{Max}(V_t, 0) \tag{12.1}$$

잠재노출(potential exposure)은 미래 어떤 시점 또는 일련의 시점들의 노출이다. 이 정의에 기초하여, 다양한 금융상품의 노출을 특정할 수 있다. 현재와 잠재 노출의 측정은 신용리스크에 대비하는 자본규제 기준의 기초이며, 제18장에서 설명된다.

12.1.1 대출 또는 채권

대출(loan) 또는 **채권**(bond)은 대차대조표 난내 자산이며, 현재와 잠재 노출은 기본적으로 기준금액 즉 대여 또는 투자된 금액이다. 더 정확하게 주어진 현재 이자율 하에서 자산의 시장가치이다. 그러나 이는 기준금액으로부터 크게 다르지 않음을 알게 될 것이다. **외상매출금**(receivable)이나 **무역신용**(trade credit)의 경우에도 잠재적 손실은 채무금액이므로 노출이 기준금액이다.

12.1.2 보증

보증(guarantee)은 대차대조표 난외 계약이며, 은행이 인수한 또는 부담하기로 동의한 제3자의 채무이다. 노출은 기준금액이며, 부도 시 전액이 인출될 것이기 때문이다. 본질적으로, 보증은 어떤 경우에도 **변경불가능**(irrevocable) 즉 무조건적인 의무이다.

보증(guarantee)의 한 예는, 은행 B에 의해 보증된다는 조건이 있을 때에만 은행 A가 고객 C에게 대출하는 계약이다. 만약 C가 도산하면, B는 대출의 전액에 대해 노출된다. 다른 예는 은행이 어음의 만기에 액면금액을 지급하기로 동의하는 **어음인수**(acceptance)이다. 대안으로 **신용장**(standby facility 또는 financial letter of credit)은, 만약 채무자가 지급을 불이행하면, 제3자에게 대위변제한다는 보증을 제공한다.

12.1.3 대출약정

대출약정(commitment)은 대차대조표 난외 계약이며, 은행이 미래 시점에 신용노출을 초래할 수 있는 미래의 거래를 약속하는 것이다. 예를 들어, 은행은 **증권 발행 편의**(note issuance facility) 서비스를 제공할 수 있다. 이는 차입자에 의해 정기적으로 발행되는 증권에 대해 최소한의 가격을 지급하기로 약속하는 것이다. 만약 증권이 시장에서 최소가격으로 매각될 수 없으면, 은행은 정해진 가격으로 증권을 매입하기로 약속한 것이다. 은행이 보증지원을 제공할지 불확실하기 때문에 이런 약정은 보증보다 작은 리스크를 갖는다.

또한 **변경불가능 약정**(irrevocable commitment)과 **변경가능 약정**(revocable commitment)을 구별할 필요가 있다. 전자는 무조건적 의무이다. 후자의 경우, 거래상대방의 신용도가 하락하면 은행은 계약을 변경할 수 있는 옵션을 갖는다. 이 옵션은 신용노출을 크게 줄인다.

12.1.4 스왑 또는 선도

스왑(swap) 또는 **선도**(forward)는 대차대조표 난외 항목이며, 어떤 자산을 미리 정해진 조건으로 매입 또는 매도하기로 한 변경불가능 약정이다. 원인 리스크요인의 변동에 따라 현재와 잠재 노출은 0부터 매우 큰 금액까지 변할 수 있다. 비슷한 계약은 **매도-재매수 약정**(sale-repurchase agreement: repos)이다. 여기에서, 금융기관은 추후에 자산을 다시 매입하기로 약속하고 타인에게 자산을 매도한다.

12.1.5 옵션 매수

옵션(option)은 대차대조표 난외 항목이며, 신용노출을 초래할 수 있다. 현재와 잠재 노출은 역시 원인 리스크요인의 변동에 의존한다. 옵션은 항상 양의 가치를 가지므로, 음의 가치는 불가능하며, 최악의 경우 0이다. 즉 $V_t \geq 0$이다.

12.1.6 옵션 매도

옵션 매수와 달리, 옵션 매도의 현재와 잠재 노출은 0이다. 옵션 프리미엄이 전액 지급되었으면, 옵션을 발행하는 은행에서는 음의 현금흐름만 발생할 수 있기 때문이다.

노출은 또한 내포된 옵션의 특성에 의존한다. 예를 들어, 아메리칸 옵션에서 만약 거래상대방의 신용등급이 하락하기 시작하면, 내가격 옵션의 보유자는 조기 행사를 원할 수 있다. 이는 상응하는 유로피언 옵션에 비해 노출을 낮춘다.

예제 12.1 : FRM 시험 2006 – 문제 95

스왑과 선도거래 같은 시장민감 상품의 신용손실은 다음 중 어떤 경우 발생하는가?

a. 시장금리가 유리하게 변동
b. 시장금리가 불리하게 변동
c. 시장금리가 불리하게 변동하고, 거래상대방이 도산
d. 시장금리가 유리하게 변동하고, 거래상대방이 도산

예제 12.2 : FRM 시험 2009 – 문제 6–2

Capital Bank는 City Bank에 대한 거래상대방 신용노출을 우려한다. 다음 보기 중 Capital Bank의 City Bank에 대한 신용노출을 증가시키는 거래는 무엇인가?

Ⅰ. City Bank로부터 풋옵션을 매입한다.
Ⅱ. City Bank에게 콜옵션을 매도한다.
Ⅲ. City Bank에게 선도계약을 매도한다.
Ⅳ. City 은행으로부터 Sunny Inc.에 제공된 대출을 매입한다.

a. Ⅰ과 Ⅱ
b. Ⅰ과 Ⅲ
c. Ⅱ와 Ⅲ
d. Ⅰ, Ⅲ, 그리고 Ⅳ

예제 12.3 : FRM 시험 2006 – 문제 117

다음 중 가장 큰 잠재 신용노출을 가진 포지션은 무엇인가?

a. 1년 후 인도되는 금 3,000온스의 매수 포지션
b. 2년 후 인도되는 금 3,000온스의 매수 포지션
c. 2년 후 인도되는 금 3,000온스의 매도 포지션
d. 2년 후 인도되는 금 10,000온스에 대한 등가격 콜옵션의 매도 포지션

예제 12.4 : FRM 시험 2004 – 문제 8

당신의 회사는 Ford에 대한 신용한도에 도달했다. 그러나 Ford는 현재 추진하고 있는 프로젝트에서 예상되지 않은 추가 채무가 발생하는 경우, 확대된 보호를 제공해달라고 요구한다. 결제리스크를 배제하고 옵션프리미엄이 거래 즉시 지불된다고 가정하면, 다음 전략 중 Ford에 대한 신용리스크를 증가시키지 않는 것은 무엇인가?

a. 비용 없는 칼라(collar)를 Ford에게 매각
b. Ford로부터 옵션 매입
c. Ford에게 옵션 매도
d. 보기에 없음

예제 12.5 : FRM 시험 2001 – 문제 84

만약 거래상대방이 만기 전에 도산하면, 다음 상황 중 신용손실을 초래하는 것은 무엇인가?

a. 당신은 1년 유로/달러 선도 외환거래에서 유로를 매도하였고, 유로는 평가절상했다.
b. 당신은 1년 유로/달러 선도 FX계약에서 유로를 매도하였고, 유로는 평가절하했다.
c. 당신은 1년 OTC 유로 콜옵션을 매도하였고, 유로는 평가절상했다.
d. 당신은 1년 OTC 유로 콜옵션을 매도하였고, 유로는 평가절하했다.

12.2 신용노출의 분포

신용노출은 용이하게 관찰되는 **현재노출**(current exposure)과 확률변수인 **잠재노출**(potential exposure), 즉 미래노출을 포함한다. 목표일의 자산의 잠재적 가치를 x로 표시하자. 이 변수는 확률밀도함수 $f(x)$에 의해 묘사된다. 여기에서 시장리스크는 신용리스크와 혼합된다.

12.2.1 기대노출과 최대노출

기대 신용노출(expected credit exposure: ECE)은 목표일의 자산의 대체가치가 양수이면 이 값, 아니면 0인 확률변수의 기대값이다.

$$\mathrm{ECE} = \int_{-\infty}^{+\infty} \mathrm{Max}(x, 0) f(x) dx \qquad (12.2)$$

최대 신용노출(worst credit exposure: WCE)은 어떤 신뢰수준에서 최대(최악)의 신용노출이다. 이는 주어진 신뢰수준 p에서 초과되지 않는 값으로 음함수에 의해 정의된다.

$$1 - p = \int_{\text{WCE}}^{\infty} f(x)dx \tag{12.3}$$

잠재 신용노출을 모형화하려면, (1) 리스크요인의 분포를 모형화하고, (2) 주어진 리스크요인 하에서 금융상품을 평가해야 한다. 이 과정은 시장 value at risk(VAR)와 동일하다. 다만 계약이 상계될 수 있으면, 거래상대방 수준에서 통합되는 것은 예외이다.

극단적 단순화를 위해 수익, 즉 특정 상대방에 대한 순청구권 x는 평균 0과 변동성 σ의 정규분포를 따른다고 가정하자. 기대 신용노출은 이제 다음과 같다.

$$\text{ECE} = \frac{1}{2}E(x \mid x > 0) = \frac{1}{2}\sigma\sqrt{\frac{2}{\pi}} = \frac{\sigma}{\sqrt{2\pi}} \tag{12.4}$$

노출이 양수일 확률은 50%이기 때문에 수식을 2로 나누었다는 점에 유의하자. 신뢰수준 95%의 최대 신용노출은 다음과 같다.

$$\text{WCE} = 1.645\sigma \tag{12.5}$$

〈그림 12.1〉은 정규분포의 ECE와 WCE의 측정을 예시한다. x의 음수 값은 고려되지 않음에 유의하자.

그림 12.1 기대 및 최대 신용노출–정규분포

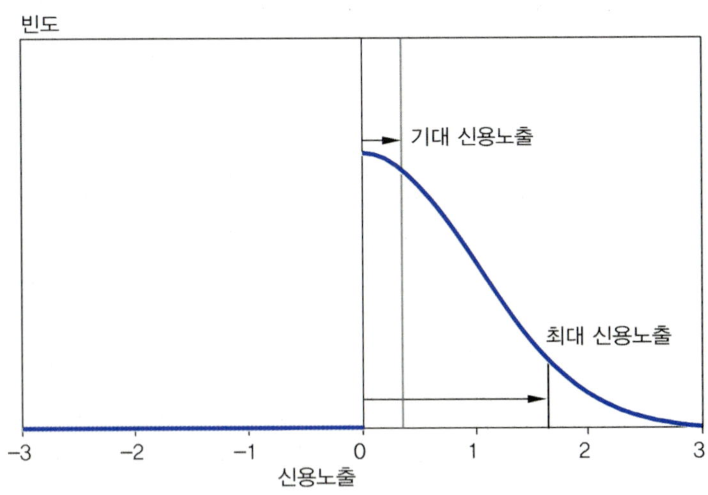

12.2.2 시간 프로파일

이 분포는 매 시점에 기대 및 최대 신용노출에 의해 측정된다. 더 간단하게 요약하면, 상품의 만기까지의 단순한 산술평균으로 평균 신용노출을 계산할 수 있다.

평균 기대신용노출(average expected credit exposure: AECE)은 기대 신용노출의 현재부터 만기 T까지 기간에 걸친 평균이다.

$$\mathrm{AECE} = (1/T)\int_{t=0}^{T} \mathrm{ECE}_t\, dt \tag{12.6}$$

평균 최대신용손실(average worst credit exposure: AWCE)도 비슷하게 정의된다.

$$\mathrm{AWCE} = (1/T)\int_{t=0}^{T} \mathrm{WCE}_t\, dt \tag{12.7}$$

12.2.3 금리스왑의 노출 프로파일

이제 금리스왑의 노출 프로파일 계산을 고려한다. 일반적으로 우리는 (1) 시장리스크 요인들, (2) 결합확률과정의 함수와 모수, 그리고 (3) 스왑의 평가모형을 정의해야 한다. 이는 널리 사용되는 금융상품을 위한 좋은 사례이다.

이자율의 단일요인 확률과정으로부터 시작하여, 시점 t의 이자율 r_t의 변동을 다음과 같이 정의한다.

$$dr_t = \kappa(\theta - r_t)dt + \sigma r_t^{\gamma} dz_t \tag{12.8}$$

이는 〔부록 1.3〕에 주어져 있다. 첫째 항은 **평균회귀**(mean reversion)를 의미한다. r_t의 현재 값이 장기적 수준보다 높을 때, 괄호 안은 음수가 되고 하향추세를 초래한다. 더 일반적으로, 평균항은 선도 이자율에 내재된 경로를 반영한다.

둘째 항은 이노베이션을 정의하며 정규분포로 가정될 수 있다. 중요한 문제는 이노베이션의 변동성이 상수 또는 현재 이자율의 γ제곱에 비례해야 하는지이다. 만약 목표기간이 짧으면, 현재 값은 초기 값과 비슷할 것이기 때문에 이 문제는 크게 중요하지 않다.

$\gamma = 0$일 때, 수익률 변화는 정규분포하며 이는 Vasicek 모형(1977)이다. 앞 장에서 본 것처럼, 수익률의 절대적 변화의 전형적 변동성은 연간 1%이다. 이 가정의 잠재적 문제는

그림 12.2 이자율의 시뮬레이션 경로

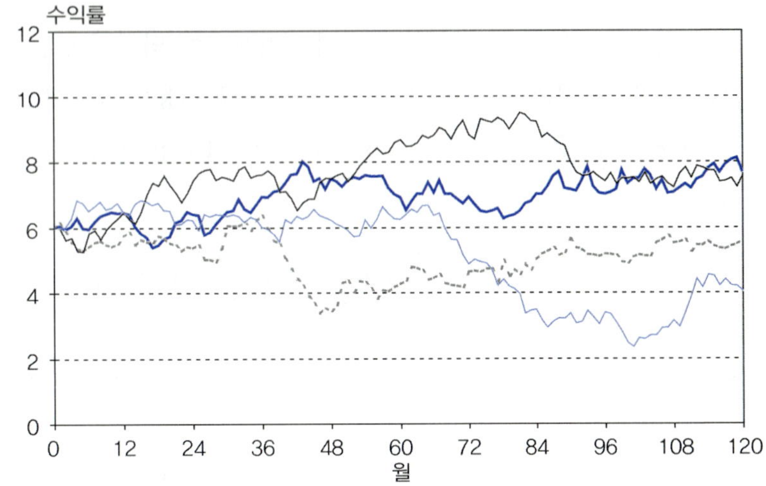

수익률이 20%로부터 시작하든 또는 1%로부터 시작하든 변동성은 동일하다는 것이다. 결국 초기 출발점과 평균회귀의 강도에 따라, 수익률은 음수가 될 수 있다.

다른 종류의 모형은 로그노말 모형이며, 이 때 $\gamma = 1$이다. 이 모형은 $dr_t/r_t = d\ln(r_t)$을 기준으로 다시 표현될 수 있다. 이 설정은, r이 0에 접근하면 변동성이 감소하여, 음수가 나타나는 것을 방지한다. 수익률의 상대적 변화의 전형적 변동성은 연간 15%이다. 이는 또한 이자율 수준의 1% 변화를 초기 이자율 6.7%로 나눈 값이다.

예시를 위해, 평균회귀 $\kappa = 0.02$와 월간 변동성 $\sigma = 0.25\%$의 정규확률과정 $\gamma = 0$을 선택하자. 이는 최근의 미국 자료를 감안한 현실적인 모수 값들이다. r의 초기 및 장기적 수준은 모두 6%이다. 전형적인 시뮬레이션 값들은 〈그림 12.2〉에 나타나 있다. 이자율이 초기 값에서 벗어나더라도 어떻게 6%의 장기적 수준으로 돌아가는지 살펴보자.

이 모형은 폐쇄형 해를 만들어내기 때문에 편리하다. r의 미래 값의 분포는 평균과 (최대값과 최소값으로 불리는) 양측 기준 90%의 신뢰구간에 의해 〈그림 12.3〉에 요약된다. 그래프는 평균이 6%임을 보이며, 이는 또한 장기적 수준이다. 신뢰구간은 처음에는 목표기간 증가 때문에 넓어지고, 이후에는 평균회귀 효과 때문에 고정된 값으로 수렴한다.

다음 단계는 스왑의 평가이다. 매 시점에, 고정금리를 수취하는 스왑의 현재 시장가치는 고정금리 채권과 변동금리 채권 가치의 차이이다.

$$V_t = B(F, t, T, c, r_t) - B(F, \mathrm{FRN}) \qquad (12.9)$$

그림 12.3 이자율의 분포 프로파일

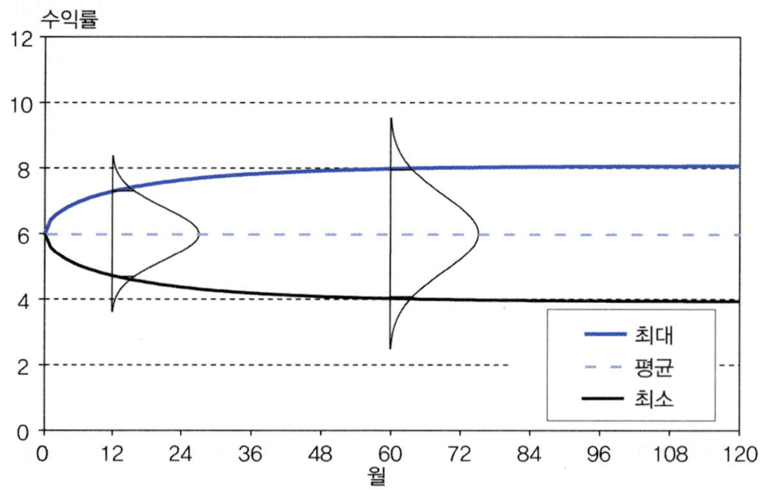

여기에서, F는 기준금액 또는 액면금액이고, c는 연율화된 고정 이표율이며, 그리고 T는 만기일이다. 스왑의 리스크는 고정금리 계약의 이표율 c가 현재의 시장금리와 다를 수 있다는 사실에 기인한다. 원금은 교환되지 않는다.

〈그림 12.4〉는 이자율이 5년 후 6%로부터 4%로 하락하는 경우, 발생가능한 현금흐름의 변화를 예시한다. 스왑의 기준금액은 N=$100(백만 달러)이고, 반기별 지급을 가정하

그림 12.4 이자율이 5년 후 4%로 하락할 때 순현금흐름

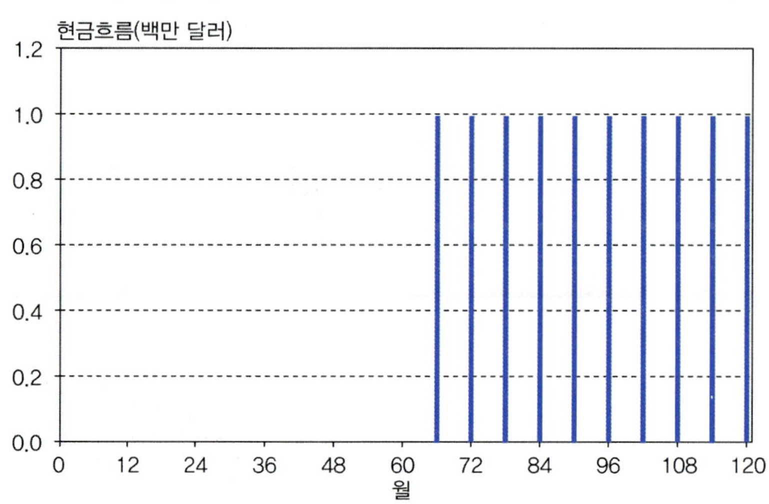

자. 스왑의 만기까지 매 6개월마다 고정금리 수취자는 $\$100\times(6-4)\%\times0.5=\$1$(백만 달러)를 받을 수 있다. 10회의 지급이 남은 경우, 합계 약 10백만 달러의 양의 신용노출이 존재한다. 더 정확하게, 잔존 지급기간에 대해 할인하면 평가일 현재 8.1백만 달러이다.

아래에서 스왑은 반기 대신 연속복리로 고정금리를 수취하는 것으로 가정하자. 이는 예를 단순화한다. 만약 그렇지 않으면, 현금흐름 패턴의 불연속성이 존재하고, 변동금리 수취자의 리스크도 고려되어야 한다. 또한, 연속복리를 사용한다. 잔존 연수를 N으로 표시하면, 이표채 가치는 다음과 같다.

$$B(\$100, N, c, r) = \$100\frac{c}{r}[1-e^{-rN}] + \$100e^{-rN} \tag{12.10}$$

첫째 항은 현재 이자율 r로 할인된 고정금리 현금흐름의 현재가치이다. 둘째 항은 원금의 상환이다. 특히 이표율이 현재 시장이자율과 동일한 경우($c=r$), 이 기준가 채권의 시장가치는 실제로 100달러이다. 변동금리 채권도 같은 방법으로 평가될 수 있으며, 다만 이표율은 항상 현재 이자율과 같다. 따라서 가치는 항상 기준가이다.

이표채의 노출 프로파일을 이해하려면, 두 상충되는 효과를 시간의 흐름에 걸쳐 고려해야 한다.

1. **확산효과**(diffusion effect), 이는 이자율의 불확실성을 확대한다.
2. **상각효과**(amortization effect), 이는 채권의 듀레이션을 0으로 낮춘다.

그림 12.5 10년 만기 채권의 듀레이션 프로파일

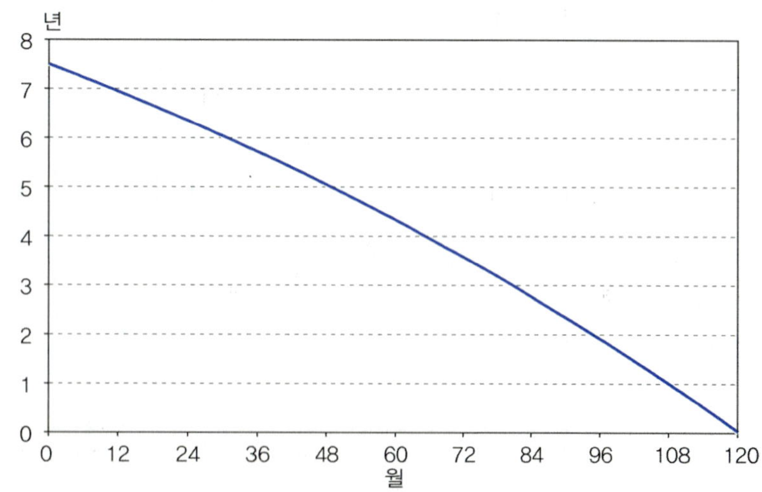

그림 12.6 10년 만기 채권의 노출 프로파일

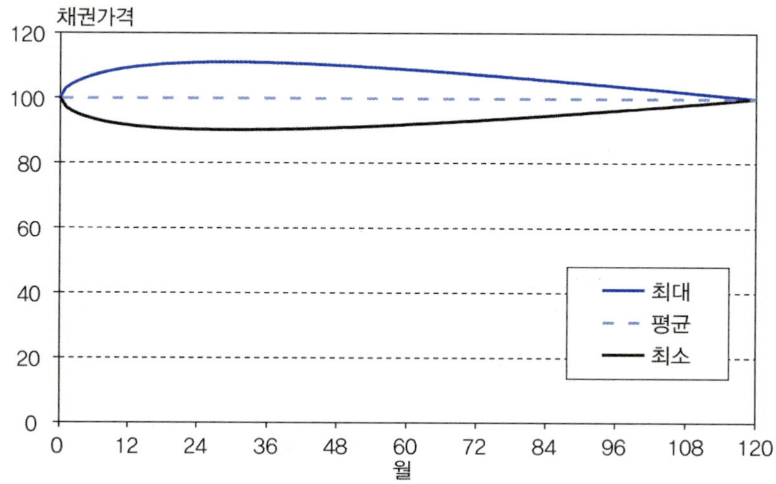

후자의 효과는 채권의 듀레이션이 0으로 수렴하는 것을 보이는 〈그림 12.5〉에서 묘사된다. 이는 왜 현재 이자율에 무관하게 채권의 시장가치가 만기일에 액면가로 수렴하는지 설명한다.

채권은 현재 수익률의 강형 단조감소 함수이기 때문에, 우리는 매 시점에 이자율 범위의 극단치들에 의해 채권을 평가함으로써 90% 신뢰구간을 계산할 수 있다. 〈그림 12.3〉의 매 시점에 수식(12.10)을 사용한다. 이 노출 프로파일은 〈그림 12.6〉에 나타나 있다.

초기에 채권의 시장가치는 100달러이다. 2 내지 3년 후, 가치의 범위는 가장 넓어서 87달러로부터 115달러이다. 이후에, 범위는 액면가 100달러로 수렴한다. 그러나 전체적으로 액면가 대비 변동비율은 비교적 작다. 부도확률과 회수율의 부정확성 같은 다른 신용리스크 척도의 근사값들을 고려하면, 채권의 고정노출 가정은 나쁜 근사값은 아니다.

그러나 금리스왑은 다르다. 이 가치는 이표채 가치로부터 100달러(변동금리 채권의 가치)를 차감하면 계산될 수 있다. 초기에 이 값은 0이다. 이후에 양 또는 음의 값을 가질 수 있다. 신용노출은 항상 양수이다. 〈그림 12.7〉은 기대노출과 단측기준 95% 신뢰수준의 최대(최악)노출의 프로파일을 나타낸다. 수치는 기준금액 100달러 대비 비율이다. 그래프는 또한 스왑의 전체기간에 걸친 평균 최대노출을 보여준다.

직관적으로 스왑가치는 고정과 변동 현금흐름의 차이로부터 발생한다. 2회의 지급이 남아있는 기준금액 100달러의 스왑을 생각해보자. 그 가치는 다음과 같다.

그림 12.7 10년 만기 금리스왑의 노출 프로파일

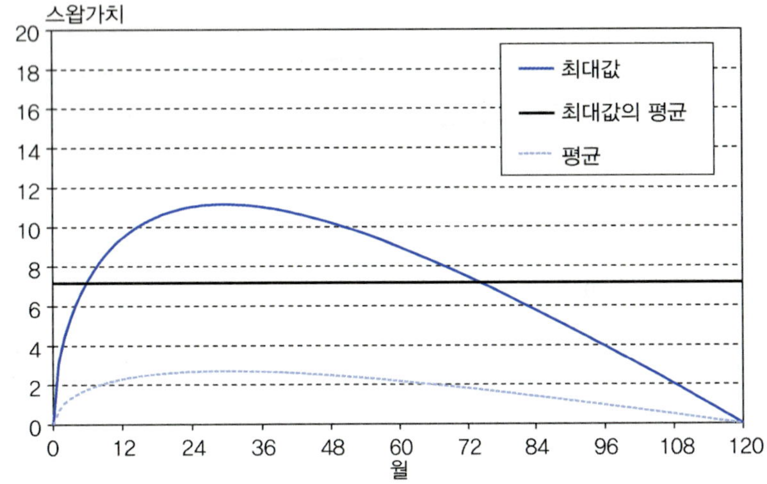

$$V_t = \$100\left[\frac{c}{(1+r)} + \frac{c}{(1+r)^2} + \frac{1}{(1+r)^2}\right] - \$100\left[\frac{r}{(1+r)} + \frac{r}{(1+r)^2} + \frac{1}{(1+r)^2}\right]$$

$$= \$100\left[\frac{(c-r)}{(1+r)} + \frac{(c-r)}{(1+r)^2}\right] \qquad (12.11)$$

원금의 지급은 상쇄되고, 고정금리와 실세금리의 순차액 $(c-r)$의 할인된 가치만 남는 데 유의하자.

이 정보는 목표일의 기대노출과 최대노출을 평가하는 데 이용될 수 있다. 최대노출은 스왑의 2년째, 또는 스왑기간의 약 1/4 시점에 발생한다. 이 시점에서 기대노출은 기준금액의 약 3% 내지 4%이며, 이는 채권보다 매우 작다. 최악의 노출은 기준금액의 약 10% 내지 15%이다. 실제로 이 값들은 특정 확률과정에 의존한다. 그러나 노출 프로파일은 질적으로 비슷할 것이다.

스왑가치의 잠재적 가변성을 평가하기 위해, 듀레이션에 기초하여 근사값을 구할 수 있다. 먼저, 평균회귀와 듀레이션 변화가 중요하지 않은 매우 단기적 노출을 고려하자. 이자율 변화의 변동성은 기간의 제곱근에 비례하여 증가한다. 월간 0.25%의 변동성과 7.5년의 초기 듀레이션을 가정하면, 다음 해의 스왑가치 변동성의 근사값은 다음과 같다.

$$\sigma(V) = \$100 \times 7.5 \times 0.25\% \sqrt{12} = \$6.5\text{(백만 달러)}$$

이 값에 1.645를 곱하면, 10.7백만 달러가 된다. 이는 〈그림 12.7〉에 보고된 실제 95%의 연간 최대노출 9.4백만 달러에 근접한다.

듀레이션 감소와 리스크 증가의 상반관계는 간단한 예에 의해 공식화될 수 있다. 채권의 (수정) 듀레이션은 어떤 시점 t에, 잔존만기에 비례한다고 가정하자. 즉, $D=k(T-t)$이다. 시점 0부터 t까지의 변동성은 $\sigma(r_t-r_0)=\sigma\sqrt{t}$로 표현될 수 있다. 따라서 스왑의 변동성은 다음과 같다.

$$\sigma(V)=[k(T-t)]\times\sigma\sqrt{t} \tag{12.12}$$

최대값에 도달하는 시점을 알기 위해, t에 대해 미분한다.

$$\frac{d\sigma(V)}{dt}=[k(-1)]\sigma\sqrt{t}+[k(T-t)]\sigma\frac{1}{2\sqrt{t}}$$

이 값을 0으로 두면, 다음 관계를 얻는다.

$$\sqrt{t}=(T-t)\frac{1}{2\sqrt{t}},\quad 2t=(T-t)$$

이제 해는 다음과 같다.

$$t_{\mathrm{MAX}}=(1/3)T \tag{12.13}$$

최대노출은 스왑 기간의 1/3 시점에 발생한다. 이는 앞에서 도출된 1/4 시점에 비해 늦으며, 평균회귀는 없다는 가정 때문이다.

또한, 우리는 계약만기가 증가하면서 어떻게 이것이 진화하는지 확인할 수 있다. 해당 시점에서 최대 신용노출은 다음과 같다.

$$1.645\sigma(V_{\mathrm{MAX}})=1.645\left[k(2/3)T\sigma\sqrt{T/3}\right]=\left[1.645k(2/3)\sigma\sqrt{1/3}\right]T^{3/2} \tag{12.14}$$

이는 WCE가 $T^{3/2}$에 비례적으로 증가함을 보인다. 이는 만기보다 빠른 속도이다.

〈그림 12.8〉은 5년 만기 스왑의 노출 프로파일을 나타낸다. 여기에서도 최대노출은 스왑 기간의 1/3 시점에 발생한다. 예상대로 크기는 작으며, 최대 기대노출은 기준금액의 약 1%에 불과하다.

그림 12.8 5년 만기 금리스왑의 노출 프로파일

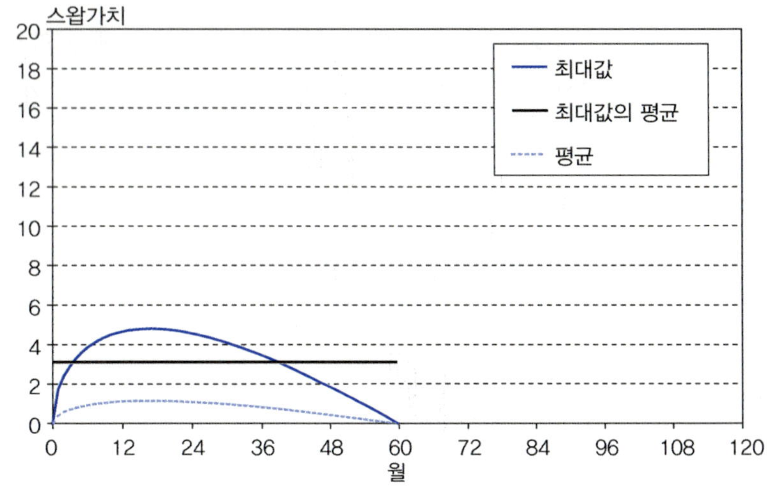

마지막으로 〈그림 12.9〉는 초기 이자율은 5%이고 이표율은 6%일 때, 노출 프로파일을 나타낸다. 스왑은 내가격에서 출발하며, 현재 가격은 7.9백만 달러이다. 이자율의 장기적 수준이 6%이면, 총 노출 프로파일은 양수로부터 시작하여 약 2년 후에 최대값에 도달하고, 이후에 0으로 수렴한다.

그림 12.9 10년 만기 내가격 스왑의 노출 프로파일

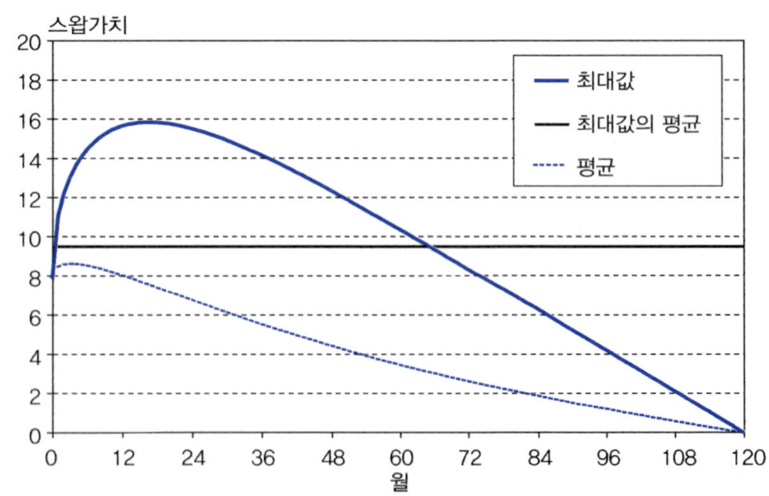

예제 12.6 : FRM 시험 2004 – 문제 43

파생상품 거래의 신용리스크 금액을 결정하는 데 있어서, 다음 중 어떤 요인들이 이용되는가?

Ⅰ. 기초 거래의 기준 원금
Ⅱ. 현재노출
Ⅲ. 잠재노출
Ⅳ. 최대노출 – 최악의 시나리오에서 대체비용

a. Ⅰ과 Ⅱ
b. Ⅰ, Ⅲ, 그리고 Ⅳ
c. Ⅲ과 Ⅳ
d. Ⅱ, Ⅲ, 그리고 Ⅳ

예제 12.7 : FRM 시험 2005 – 문제 61

어떤 은행이 4년 만기, 연도별 지급되는 1억 달러 금리스왑을 체결한다고 가정하자. 이 은행은 고정금리 6%를 받고, 12개월 LIBOR를 지급한다. 만약 1년 동안 스왑금리가 125 베이시스 포인트 하락하면, 첫 연도 말 현재노출의 근사값은 다음 중 무엇인가?

a. 3,420,069달러
b. 4,458,300달러
c. 3,341,265달러
d. 4,331,382달러

예제 12.8 : 최대노출

금리스왑의 DV01는 잔존만기(초기 값은 T)에 비례한다고 가정하자. 수익률곡선은 평행이동하고, 일정한 변동성의 확률변수이며, 정규분포하고 그리고 독립적이라고 가정한다. 어느 시점에 최대 잠재노출에 도달하는가?

a. $T/4$
b. $T/3$
c. $T/2$
d. $3T/4$

예제 12.9 : FRM 시험 2002 – 문제 83

오늘 시작하고 6년 후 종료되는 고정-변동 금리스왑이 체결되었다고 가정하자. 이 포지션의 듀레이션은 잔존만기에 비례한다고 가정한다. 또한, 수익률곡선의 모든 움직임은 평행이동이고, 이자율의 변동성은 시간의 제곱근에 비례한다고 가정한다. 어느 시점에 최대 잠재노출에 도달하는가?

a. 2개월 후
b. 2년 후
c. 6년 후
d. 4년 5개월 후

12.2.4 통화스왑의 노출 프로파일

노출 프로파일은 다른 스왑의 경우 매우 다르다. 예를 들어, 기준금액이 1억 달러와 1,000만 파운드(GBP)인 통화스왑을 생각해보자. 초기 환율은 $S(\$/\text{GBP})=2$로 설정한다.

외국통화를 수취하는 통화스왑의 시장가치는 다음과 같다.

$$V_t = S_t(\$/GBP)B^*(GBP50, t, T, c^*, r^*) - B(\$100, t, T, c, r) \tag{12.15}$$

통상적인 관행을 따라, *표는 외국통화 수치를 뜻한다.

일반적으로 이 스왑은 국내와 해외 이자율리스크에 노출된다. 2회의 이자지급이 남아 있을 때, 스왑가치는 다음과 같이 진화한다.

$$\begin{aligned} V = S\times 50\left[\frac{c^*}{(1+r^*)}+\frac{c^*}{(1+r^*)^2}+\frac{1}{(1+r^*)^2}\right] \\ -\$100\left[\frac{c}{(1+r)}+\frac{c}{(1+r)^2}+\frac{1}{(1+r)^2}\right] \end{aligned} \tag{12.16}$$

금리스왑과는 달리, 원금은 상쇄되지 않는 데 유의하자. 대신, 이들은 만기에 상이한 통화들로 지급된다. 이는 신용노출의 주요 원천이다.

아래에서 단순화를 위해 이자율리스크는 없다고 가정한다. 또는 스왑가치는 통화리스크에 의해 지배된다고 가정한다. 또한, 두 통화의 이표율은 같다고 가정한다. 만약 그렇지 않으면 누적 지급은 비대칭적일 것이다. 앞과 같이, 현물 이자율의 확률과정을 선택해야 한다. 이는 일정한 분산을 갖고 추세는 없는 로그노말 과정이라고 하자.

$$dS_t = \sigma S_t dz_t \tag{12.17}$$

연간 $\sigma=12\%$라고 가정하자. 시장리스크 요인에서 본 것처럼, 이 설정은 현실에 가깝다. 이 과정에서 이자율은 결코 음수가 되지 않는다.

〈그림 12.10〉은 10년 만기 통화스왑의 노출 프로파일을 나타낸다. 여기에서 상각효과는 없고, 노출은 시간이 지나면서 지속적으로 증가한다. 최대노출은 스왑의 만기에 발생한다. 이 시점에 기대노출은 기준금액의 약 10%이다. 이는 금리스왑보다 훨씬 높다. 최대노출도 비슷하게 높으며, 기준금액의 약 45%이다.

그림 12.10 10년 만기 통화스왑의 노출 프로파일

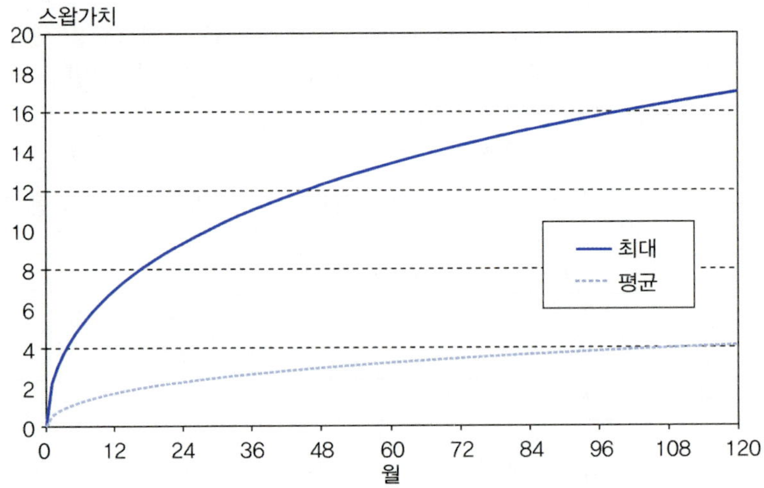

이 값들은 특정 확률과정과 모수들에 의존한다. 그럼에도 불구하고 이 예는 통화스왑의 신용노출은 심지어 동일 만기의 금리스왑보다 훨씬 크다는 것을 보여준다.

12.2.5 상이한 이표율의 노출 프로파일

지금까지 평평한 기간구조 그리고 다른 통화의 경우에도 동일한 이표율을 가정했다. 이는 매수 및 매도자의 노출이 대칭적인 상황을 만들었다. 현실에서 이 조건은 충족되지 않으며, 노출 패턴은 비대칭적이다.

예를 들어, 수식(12.11)의 금리스왑을 생각해보자. 만약 기간구조가 상향하는 기울기를 갖고 있으면, 이표율은 변동금리보다 높다. 즉, $c > r$이며, 이 경우 고정금리 수취자의 순 수취액은 초기에는 양수이다. 2기간 스왑의 가치는 선도이자율에 따른 변동금리 지급을 예측함으로써, 분석될 수 있다.

$$V_t = \frac{(c - s_1)}{(1 + s_1)} + \frac{(c - f_{12})}{(1 + s_2)^2}$$

여기에서, s_1과 s_2는 1년과 2년 만기 현물이자율이며, f_{12}는 1년부터 2년 사이의 선도이자율이다.

사례

기준금액 2회의 100백만 달러 지급이 남은 금리스왑을 생각해보자. $s_1=5\%$, $s_2=6.03\%$이다. 따라서 $(1+s_2)^2=(1+s_1)(1+f_{12})$을 이용하면, $f_{12}=7.07\%$이다. 이표율은 $c=6\%$이므로, 스왑은 0의 초기가치를 갖는다. 다음 표는 (고정금리 수취자에 대한) 첫 지급의 현재가치는 양수이며, 0.9254달러임을 보여준다. 따라서 두 번째 지급은 음수이며, -0.9524달러이어야 한다. 스왑의 가치는 0이기 때문에 두 지급은 정확하게 서로 상쇄한다.

시점	기대 현물	기대 지급	할인 현가
1	5%	6.00−5.00=+1.00	+0.9524
2	7.07%	6.00−7.07=−1.07	−0.9524
계			0.0000

그러나 이 지급패턴은 고정금리 지급자에게 더 많은 신용노출을 초래한다. 첫째 기간의 지급이 둘째 기간의 수취에 의해 상쇄되기 때문이다. 만약 거래상대방이 첫 지급 직후에 도산하면, 이자율이 변하지 않더라도 신용손실이 발생할 수 있다.

핵심 개념

양의 기울기의 기간구조에서 변동금리 수취자(고정금리 지급자)는 거래상대방보다 큰 신용노출을 갖는다.

이와 비슷한 문제는, 두 이표율이 다를 때 통화스왑에서 발생한다. 낮은 명목이자율은 더 높은 선도환율을 의미한다. 이표율이 낮은 통화로 지급받는 거래자는 향후의 원금교환에서 더 많은 금액을 받을 것을 예상한다. 만약 거래상대방이 도산하면, 환율 변화가 없더라도 신용손실이 발생한다.

핵심 개념

낮은 이표율 통화의 수취자는 거래상대방보다 큰 신용노출을 갖는다.

예제 12.10 : FRM 시험 2000 – 문제 47

다음 보기 중 $1,000,000의 거래규모에서 가장 큰 신용노출을 갖는 것은 무엇인가(각 거래의 상대방은 AAA등급의 은행이며, 결제리스크는 없다고 가정한다)?

a. 1년 만기 호주 달러(AUD) 금리스왑에서 고정이자를 지급한다.
b. 1년 만기 선도 외환계약에서 AUD에 대해 USD를 매도한다.
c. 1년 만기 AUD 캡을 매도한다.
d. 1년 만기 양도성예금증서(CD)를 매입한다.

예제 12.11 : FRM 시험 2001 – 문제 8

다음 10년 만기 스왑 가운데, 가장 높은 잠재 신용노출을 가진 것은 무엇인가?

a. 2년 후 교차 통화스왑
b. 9년 후 교차 통화스왑
c. 2년 후 금리스왑
d. 9년 후 금리스왑

예제 12.12 : FRM 시험 2004 – 문제 14

BNP Paribas는 플레인-바닐라 금리스왑에 고정금리 지급자로 참여하였다. Credit Agricole은 이 스왑의 고정금리 수취자이다. 선도 현물 곡선은 상향 기울기를 갖는다. 만약 LIBOR가 하락추세를 시작하고 선도 현물 곡선이 평평해지면, 이 스왑의 신용리스크는?

a. BNP Paribas의 신용리스크만 증가한다.
b. Credit Agricole의 신용리스크만 증가한다.
c. BNP Paribas와 Credit Agricole의 신용리스크가 모두 감소한다.
d. BNP Paribas와 Credit Agricole의 신용리스크가 모두 증가한다.

12.3 노출 조절 수단

신용노출을 낮추려는 지속적인 노력 속에서 업계는 노출을 제한하는 많은 방법들을 개발했다. 이 절은 시가평가, 증거금과 담보, 노출한도, 이표율 재조정, 그리고 상계협약을 분석한다.

다른 조절 수단은 **제3자 보증**(third-party guarantee)과 **신용파생상품**(credit derivative) 매수를 포함한다. 전자는, 통상 은행으로부터 거래상대방의 채무불이행에 대해 지급보증 받는 것이다. 신용파생상품은 다음 장에서 다루어진다.

12.3.1 시가평가

신용노출을 줄이는 궁극적 형태는 시가평가(MTM)이다. **시가평가**(marking to market)는 계약가치의 변동을 정기적으로(예를 들어, 매일) 결제하는 것을 의미한다. 장외거래(OTC) 계약의 경우, 거래상대방들은 더 장기의 조건(예를 들어, 월별 또는 분기별)에 합의할 수 있다. 만약 MTM 처리가 두 거래상대방에 대해 대칭적이면, **쌍방 시가평가**(two-way marking to market)로 불린다. 한편 한 거래상대방이 손실만 결제하면, **일방 시가평가**(one-way marking to market)로 불린다.

시가평가는 조직화된 거래소에 의해 신용리스크를 다루기 위한 수단으로 오랫동안 사용되어 왔다. 거래소는 다양한 투자자들에 의해 이용되기 때문이다. 이는 특히 부도리스크가 높은 소액 투기자들을 포함한다. 대조적으로 OTC 시장에서, 상호거래하는 기관들은 일반적으로 지속적 관계를 맺는다. 어떤 사람은 다음과 같이 묘사했다.

선물시장은 모르는 사람들이 거래할 수 있도록 고안되었다. 한편, 다른 시장에서는 친구들 사이의 거래만 가능하다.

일별 시가평가에서, 현재노출은 0으로 감소한다. 그러나 계약가치가 다음 결제 전에 변할 수 있으므로, 잠재노출은 여전히 존재한다. 잠재노출은 (1) MTM 시점 사이의 기간, 그리고 (2) 거래상대방이 도산할 때 계약청산에 필요한 시간으로부터 발생한다.

소액 고객의 경우, 브로커는 일반적으로 1일 이내에 비교적 신속하게 포지션을 청산할 수 있다. 그러나 Long-Term Capital Management(LTCM)와 거래하던 브로커의 경우처럼, 포지션이 매우 클 때 청산기간은 훨씬 길 수 있다. 실제로, 1998년의 LTCM 구제금융은, 브로커들이 동시에 LTCM과의 계약을 청산하려 할 때 발생할 수 있는 금융시장의 잠재적 혼란에 관한 우려 때문이었다.

그러나 시가평가는 다른 종류의 리스크를 초래한다.

- **운영리스크**(operational risk), 이는 계약가치를 추적하고 매일 지급 또는 수취할 필요에 기인한다.

- **유동성리스크**(liquidity risk), 기관이 계약가치의 변화를 흡수하는 데 충분한 현금을 보유해야 할 필요 때문이다.

12.3.2 증거금

잠재노출은 요구 증거금에 의해 통제된다. **증거금**(margin)은 계좌 개설을 위해 먼저 납입해야 하는 현금 또는 증권을 포함한다. 이 자금의 목적은 잠재노출에 대한 완충수단 제공이다.

예를 들어, 거래소는 고객이 새로운 포지션을 취할 때 **개시증거금**(initial margin) 납입을 요구한다. 이 증거금은 만약 고객이 도산하면 발생할 수 있는 미래 손실을 상쇄하는 이행보증금이다. 계약의 이익과 손실은 **자본계정**(equity account)의 증거금에 합산된다. 이 자본계정은 **유지증거금**(maintenance margin)이며, 만약 정해진 한도 이하로 감소하면 새로운 자금이 제공되어야 한다.

증거금은 가격 변동성, 그리고 투기나 헤지 같은 포지션 종류에 연계하여 결정된다. 증거금은 변동성이 높은 계약에서 증가한다. 증거금은 헤지 거래자의 경우 일반적으로 낮다. 베이시스 리스크는 없다고 가정하면, 미래 포지션의 손실이 실물의 이익에 의해 상쇄될 수 있기 때문이다. 일부 거래소는 일간 최대 가격변화의 99번째 백분위수를 충당하는 수준에서 증거금을 설정한다. 이는 신용리스크의 일별 VAR 시스템이다.

12.3.3 담보

장외시장은 **담보**(collateral)로서 현금 대신 증권을 납입하도록 허용할 수 있다. 담보는 현재와 잠재 노출에 대해 보호한다. 전형적으로 담보금액은 채무액보다 **시가평가 손실**(haircut)로 알려진 금액만큼 많다. 담보는 일반적으로 International Swaps and Derivatives Association(ISDA)의 **신용보강약정**(credit support annex: CSA) 안에서 관리된다.

시가평가 손실은 부도리스크와 시장리스크를 모두 반영한다. 안전한 거래상대방은 일반적으로 낮은 시가평가 손실을 부담한다. 그러나 이는 또한 자산의 하락 리스크에 의존한다. 예를 들어, 현금의 시가평가 손실은 0일 수 있다. 이는 현재노출에 대한 완전한 보호를 의미한다. 국채는 단기, 중기, 그리고 장기의 만기에 대해 각각 1%, 3%, 그리고 8%의 시가평가 할인을 요구받을 수 있다. 가격변동성이 더 클 때, 만약 거래상대방이 도산하고 담보가치가 하락하면 손실 가능성이 증가한다. 이는 시가평가 할인의 상승을 설명한다.

예를 들어, 헤지펀드 A가 은행 B와 스왑계약을 체결한다고 가정하자. A의 신용리스크를 완화하기 위해, 두 거래상대방은 B가 담보를 요구할 수 있는 조건을 명시한 담보협약에 합의한다. 이제 B의 계약가치가 내가격이 되고, A에게 100만 달러의 담보를 요구한다고 가정하자. 이 자금은 법적으로 여전히 A의 재산이나, B의 관리 하에 있다. 만약 A가 도산하면, B는 담보를 매각하고 계약을 종료할 수 있다. 초과금액은 A에게 반환된다. 반대로 만약 담보가 충분하지 않으면, B는 A에 대한 청구권을 갖는다.

12.3.4 노출 한도

신용노출은 거래상대방에 대한 노출 **포지션 한도**(position limit)를 정함으로써 관리될 수 있다. 이상적으로 포트폴리오 차원에서 평가되어야 한다. 즉, 당해 기관과 거래상대방 사이의 모든 계약을 고려해야 한다.

한도를 정하려면, 거래 관련 정보가 미들 오피스(middle-office) 시스템에 집중되어야 한다. 이는 각 거래상대방의 노출 프로파일을 만들고, 이것은 다시 몇 개의 만기범주별 신용공여한도를 관리하는 데 사용된다. 동일한 거래상대방과의 새로운 거래 제안은 그 증분효과에 관해 분석되어야 한다.

그림 12.11 노출상한의 효과

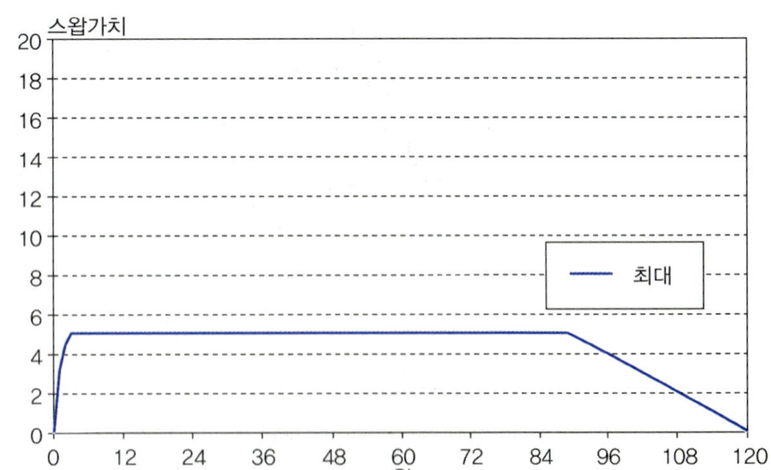

이 한도들은 또한 금융상품 차원에서 설정될 수 있다. 예를 들어, 스왑의 경우 **노출 상한**(exposure cap)은 계약가치가 일정 금액을 초과할 때마다 지급이 이루어질 것을 요구한다. 〈그림 12.11〉은 우리의 10년 만기 스왑에 대한 500만 달러 노출상한의 영향을 보여준다. 만약, 2년 후, 계약이 갑자기 1,100만 달러의 가치로 상승하면, 거래상대방은 600만 달러의 지급을 요구받을 것이다. 이는 스왑가치를 500만 달러로 되돌린다. 이는 최대노출을 제한하고, 평균노출을 낮춘다.

12.3.5 이자율 재조정

금융상품 차원에서 노출을 통제하는 다른 방법은 이자율 재조정이다. **이자율 재조정**(recouponing)은 정해진 날에 계약을 시가평가하는 계약조항을 뜻한다. 이는 (1) MTM 가치를 0으로 만드는 현금교환, 그리고 (2) 이자율 또는 환율을 시장의 실세 수준으로 재설정하는 것을 포함한다.

예를 들어, 우리의 10년 만기 스왑의 경우, 이는 5년 후에 노출을 0으로 낮춘다. 이후에 노출 프로파일은 잔존만기 5년의 스왑과 동일하다.

12.3.6 상계협약

노출을 통제하는 가장 강력한 수단은 아마도 **상계협약**(netting agreement)일 것이다. 이는 이제 표준화된 **기준 스왑계약**(master swap agreement)의 공통요소이다. 예를 들어, International Swaps and Derivatives Association(ISDA)에 의해 1992년에 제정된 기준이 있다. ISDA의 기준 계약은 이 장의 부록에 더 상세히 설명되어 있다.

이 협약의 목적은 일단의 계약에 걸쳐 **상계**(netting)를 제공하는 것이다. 만약 부도가 발생하면, 거래상대방은 양의 가치를 가진 계약에 대한 지급을 요구할 수 있으나 음의 가치를 가진 계약에 대한 지급을 중단할 수 없다. 결국, 이 시스템은 상계협약에 포함된 모든 계약들의 순가치에 대한 노출을 낮춘다. 이는 도산한 거래상대방의 사무관리회사에 의한 **체리 피킹**(cherry-picking)을 방지한다.

상계는 다음 세 종류로 구분될 수 있다.

1. **지급 상계**(payment netting)는 동일 통화로 표시된 몇 개 청구권의 일별 상쇄를 포함

한다. 하나의 사례는 금리스왑이며, 고정 대비 변동 금리의 순지급액만 교환된다.

2. **갱신 상계**(novation netting)는 두 거래상대방 사이의 몇 개 계약을 취소함으로써, 새로운 순지급액을 갖는 대체계약의 체결을 포함한다. 예를 들어, A는 B로부터 1,500만 달러를 수취하는 대가로 1,000만 유로를 지급해야 하는 선도거래를 생각해 보자. 다른 거래에서, A는 B로부터 500만 유로를 받고 700만 달러를 지급해야 한다. 갱신상계 하에서 두 계약은 A는 B로부터 800만 달러를 수취하는 대가로, 500만 유로를 지급하는 것으로 축소된다.
3. **일괄청산 상계**(close-out netting)는 파산 또는 다른 특정 부도사건이 발생하는 경우 주 협약에 의한 모든 거래의 취소를 포함한다. 거래는 시장가치에서 상계된다. 부도 발생 시 재무적 계약을 종료(terminate)할 수 있는 능력은 효과적 재무금융 리스크관리의 핵심이다. 일괄청산 또는 종료 조항이 없으면, 거래상대방들은 몇 년을 소요할 수 있는 파산절차 동안 그들의 계약가치가 등락하는 것을 무력하게 바라보아야 한다.

〈표 12.1〉은 네 개의 계약으로 이루어진 예를 제시한다. 상계협약이 없으면, 앞의 두 계약의 노출은 각각의 양수 부분의 합, 즉 1억 달러이다. 대조적으로, 만약 두 계약이 상계협약에 해당되면, 이들의 가치는 서로 상쇄되고 순노출은 \$100−\$60=\$40(백만 달러)가 된다. 만약 계약 3과 4가 상계협약에 해당되지 않으면, 노출은 \$40+\$25=\$65(백만 달러)로 증가한다.

표 12.1 상계와 미상계의 노출 비교

계약	계약가치	노출	
		미상계	1과 2의 상계
		상계협약 있음	
1	+\$100	+\$100	
2	−\$60	+\$0	
계(1과 2)	+\$40	+\$100	+\$40
		상계협약 없음	
	+\$25	+\$25	
	−\$15	+\$0	
총계(1~4)	+\$50	+\$125	+\$65

요약하면, 상계협약 하에서 **순노출**(net exposure)은 다음과 같다.

$$순노출 = \text{Max}(V, 0) = \text{Max}\left(\sum_{i=1}^{N} V_i,\ 0\right) \tag{12.18}$$

만약 상계협약이 없으면, **총노출**(gross exposure)은 모든 양의 가치를 갖는 계약의 합이다.

$$총노출 = \sum_{i=1}^{N} \text{Max}(V_i,\ 0) \tag{12.19}$$

이는 상계협약 하의 노출보다 항상 크거나 같다.

상계의 장점은 계약 수 N과 계약가치의 상관관계에 의존한다. N이 크고 상관계수가 낮을수록, 상계의 이득은 크다. 모든 계약이 동시에 양의 값을 갖게 되면 또는 상관계수가 높으면, 상계의 이득은 없다는 사실은 〈표 12.1〉로부터 쉽게 증명된다.

〈그림 12.12〉와 〈그림 12.13〉은 동일 거래상대방들의 두 건의 스왑으로 이루어진 포트폴리오의 상계효과를 예시한다. 각 경우에, 이자율은 같은 확률로 상승 또는 하락할 수 있다.

〈그림 12.12〉에서 은행은 10년 만기 스왑에서 고정금리 수취, 5년 만기 스왑에서 고정금리 수취 포지션을 매수하고 있다. 위 패널은 이자율이 하락할 때 최대노출을 나타낸다.

그림 12.12 두 매수포지션의 상계

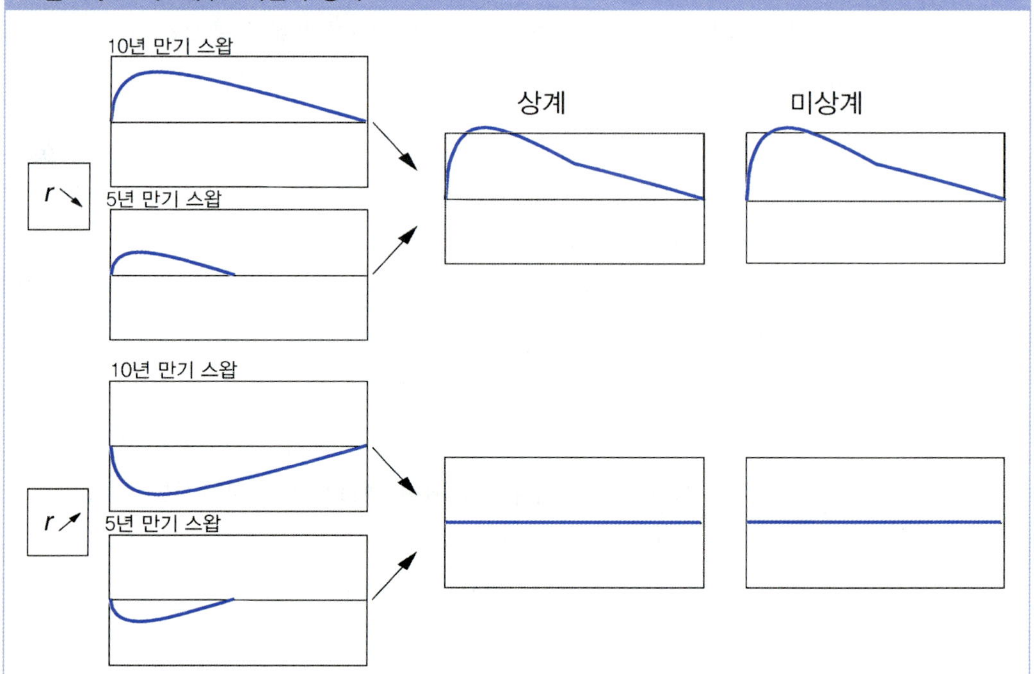

그림 12.13 매수와 매도 포지션의 상계

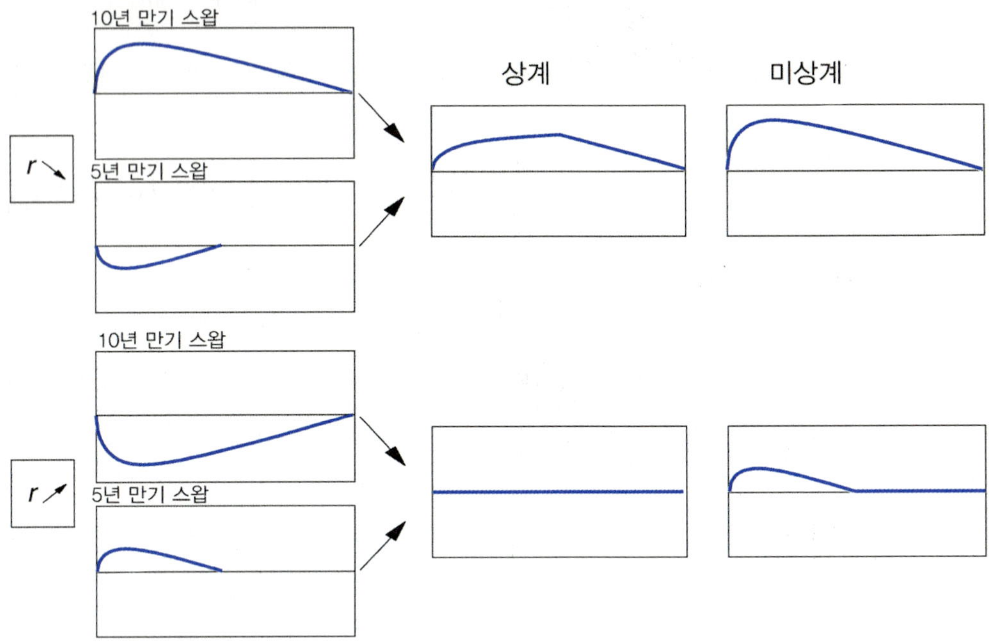

이 경우, 양의 노출이 두 계약 모두에서 발생하고, 이들의 합은 전체 포트폴리오의 노출이다. 상계의 유무는 두 포지션이 동시에 양수이기 때문에 중요하지 않다. 아래 패널은 이자율이 상승할 때 최대노출을 나타낸다. 두 포지션 모두 그리고 전체 포트폴리오가 0의 노출을 갖는다.

〈그림 12.13〉에서 은행은 10년 만기 스왑을 매수하고 5년 만기 스왑을 매도한다. 이자율이 하락할 때, 첫째 스왑은 양의 가치, 둘째 스왑은 음의 가치를 갖는다. 상계되면 최악의 노출 프로파일은 축소된다. 대조적으로 상계되지 않으면, 노출은 10년 만기의 스왑과 동일하다. 반대로, 이자율이 상승할 때 첫째 스왑가치는 음수이고, 둘째는 양수이다. 상계되면 노출 프로파일은 0이다. 대조적으로, 상계되지 않으면, 노출 프로파일은 5년 만기 스왑과 동일하다. 이는 상계는 분산된 포지션에서 더 효과적임을 보여준다.

은행들은 현재노출의 상계혜택에 관한 정보를 연차보고서를 통해 제공한다. 상계협약이나 담보가 없으면, **총 대체가치**(gross replacement value: GRV)는 모든 거래상대방 K가 동시에 도산하는 경우의 최악의 노출 합계로 보고된다.

$$\mathrm{GRV} = \sum_{k=1}^{K}(\text{총노출})_k = \sum_{k=1}^{K}\left[\sum_{i=1}^{N_k}\mathrm{Max}(V_i,\ 0)\right] \tag{12.20}$$

상계협약과 담보가 있으면, 노출은 **순 대체가치**(net replacement value: NRV)로 계산된다. 이는 모든 거래상대방에 걸친 양의 순노출의 합이다.

$$\mathrm{NRV} = \sum_{k=1}^{K}(\text{순노출})_k = \sum_{k=1}^{K}\left[\mathrm{Max}\left(\sum_{i=1}^{N_k}V_i,\ 0\right)\right] \tag{12.21}$$

만약 담보가 존재하면, 순노출로부터 차감된다.

상계의 효과는 국제결제은행(BIS)의 OTC 파생상품시장 통계로부터 평가될 수 있다. 2009년 12월 현재, 총 기준금액은 688조 달러이다. 모든 계약 가치의 양수 부분의 합으로 정의된 총 시장가치는 22조 달러로 추정되었다. 순 신용노출은 3.5조 달러로 줄었다. 결국 상계는 노출의 80%를 감소시켰다.

예제 12.13 : FRM 시험 2002 – 문제 89

만약 어떤 거래상대방과의 거래 포트폴리오의 value at risk(VAR)가 잠재적 신용노출의 추정치로 간주될 수 있다고 가정하면, 다음 보기 중 신용노출을 줄이는 데 사용될 수 없는 것은 무엇인가?

a. 상계협약
b. 담보
c. 거래상대방이 도산하는 경우에 지급하는 신용파생상품
d. 제3의 거래상대방과의 상쇄거래

예제 12.14 : FRM 시험 2005 – 문제 96

다음 보기 중 거래상대방과 상계협약을 체결한 효과를 올바르게 서술한 것은 무엇인가?

a. 총 신용노출을 증가시키거나 영향이 없을 것이다.
b. 총 신용노출을 감소시키거나 영향이 없을 것이다.
c. 만약 노출이 순매수이면 신용노출은 증가, 순매도이면 감소할 것이다.
d. 이 정보로는 알 수 없다.

예제 12.15 : FRM 시험 2006 – 문제 39

갱신상계의 장점은 무엇인가?

a. 부도 시 계약당사자들은 계약을 취소할 수 있다.
b. 양자 간 계약에서, 부도 발생 시, 도산하지 않은 회사는 도산한 회사와 이득과 손실을 상계하여, 모든 포함된 거래에 대해 한꺼번에 지급한다.
c. 파산절차 전에 도산할 경우, 금융시장 계약은 종료될 수 있다.
d. 계약상 의무는 다른 의무들과 통합된다.

예제 12.16 : FRM 시험 2003 – 문제 24

AAA등급의 A은행은 A-등급의 B은행과 10년 만기 금리스왑(반기별 지급)을 거래한다. B은행의 낮은 신용등급 때문에 A은행은 10년 동안의 노출에 관해 우려한다. 다음 중 A은행의 B은행에 대한 신용노출을 완화시키는 데 도움을 주는 수단은 무엇인가?

Ⅰ. B은행과 CSA를 협의하고, 담보관리 시스템을 효율적으로 관리한다.
Ⅱ. 매 6개월마다 스왑이 시가평가되는 리셋스왑(reset swap)으로 스왑거래를 실행한다.
Ⅲ. 5번째 연도의 종료 조건을 포함하는 스왑거래를 실행한다.
Ⅳ. 이자지급 빈도를 반기별에서 연별로 줄인다.

a. Ⅰ
b. Ⅳ
c. Ⅰ, Ⅱ, Ⅲ, 그리고 Ⅵ
d. Ⅰ, Ⅱ, 그리고 Ⅲ

예제 12.17 : FRM 시험 2002 – 문제 73

다음 정보를 고려하라. 당신은 1년 후 인도 조건으로 10,000 배럴의 원유를 25달러/배럴의 가격에 매입하였다. 원유가격의 변화율은 평균 0이고 연간 변동성 30%를 갖는 정규분포를 따른다고 가정한다. 만약 신용노출이 $50,000보다 커지면, 증거금은 2일 이내에 납부되어야 한다. 1년 중 252 영업일이 있다. 이 증거금 협약의 강제성을 가정하면, 다음 중 이 거래의 95% 연간 신용리스크에 가장 가까운 값은 무엇인가?

a. $50,000　b. $58,000　c. $61,000　d. $123,000

예제 12.18 : FRM 시험 2008 - 문제 3-35

BSM은 파생상품시장의 대형 시장조성자이다. BSM은 어떤 거래상대방을 상대로 여섯 계약을 보유하고 있다. 이들은 모두 뉴욕에서 체결되었다(즉, 동일한 사법관할권 하에 있다). 이 계약들의 현재 시장가치(PV)는 다음과 같다: 125, 75, 25, -10, -65, 그리고 -140. BSM은 현재 거래상대방과 법적으로 강제될 수 있는 상계협약을 갖고 있지 않다고 가정한다. 만약 거래상대방과 법적으로 강제될 수 있는 상계협약을 갖고 있으면, 현재 거래상대방에 대한 신용노출은 얼마나 개선되는가?

a. 0　　b. 10　　c. 215　　d. 225

12.4 신용리스크 조절 수단

신용리스크 조절 수단은 신용노출, 부도리스크, 그리고 이들의 결합에 대해 작용한다. 내용의 완결성을 위해, 이 절은 부도리스크에 영향을 주는 조절수단들을 논의한다.

12.4.1 신용 트리거

신용 트리거(credit trigger)는 만약 두 거래상대방 가운데 하나의 신용등급이 정해진 수준 이하로 하락하면, 다른 상대방이 스왑을 현금결제할 수 있다고 규정한다. 이는 노출조절 수단은 아니며, 오히려 계약의 부도확률을 낮추려는 것이다. 예를 들어, 만약 거래상대방의 신용등급이 A 미만으로 하락할 때 모든 스왑이 종료될 수 있으면, 부도확률은 신용등급 A 이상의 거래상대방이 도산할 확률로 하락한다.

이런 트리거는 기업의 신용등급이 천천히 하락할 때 유용하다. 투자등급에서 바로 파산으로 건너뛰는 기업은 거의 없기 때문이다. 강화된 보호는, 앞 장에서 논의된 것처럼 전이확률을 분석함으로써 추정될 수 있다. 예를 들어, AA- 등급 차입자와의 거래가 10년 동안 0.81%의 누적부도확률을 갖는다고 가정하자. 만약 신용등급이 BB 이하로 하락할 때 언제든지 계약이 종료될 수 있으면, 이 확률은 0.23%로 감소한다.

12.4.2 타임 풋

타임 풋(time put), 또는 **상호종료 옵션**(mutual termination option)은 한 거래상대방이 계약상 특정 시점에 무조건적으로 거래를 종료할 수 있도록 허용한다. 이 특약은 부도리스크와 노출을 모두 낮춘다. 만약 노출이 크고 다른 상대방의 신용등급이 하락하기 시작하면, 한 거래상대방이 계약을 종료할 수 있도록 한다.

그러나 일종의 **우발적 요구**(contingent requirement)인 트리거와 풋은 심각한 문제를 초래할 수 있다. 이들은 회사가 심각하게 유동성을 원하는 바로 그 상황에서, 유동성을 회수하고 회사의 유동성에 추가적 압박을 가한다. 실제로 Enron 증권의 일부 트리거들이 회사로 하여금 대규모 현금지급을 하도록 만들고 파산을 가속화했다. 보호를 제공하는 대신, 이 조항들은 파산을 촉발하고 모든 채권자들에게 불리한 영향을 미칠 수 있다.

예제 12.19 : FRM 시험 2009 – 문제 6-1

다음 거래상대방 노출에 대한 설명 중 옳은 것은 무엇인가?

a. 잠재 미래노출은 높은 수준의 통계적 신뢰성을 갖고 있고 미래에 발생이 기대되는 최소노출 금액이다.
b. 상계권리, 담보협약, 그리고 조기결제 조항은 모두 신용리스크 완화수단의 예이다.
c. 현재노출은 자회사에 대한 노출의 현재가치이다.
d. 역방향 노출(wrong-way exposure)은 거래상대방의 신용도와 양의 상관관계를 갖는 노출이다.

12.5 중요 공식

- 신용노출 : $\mathrm{CE}_t = \mathrm{Max}(V_t, 0)$
- 옵션 매수 : $\mathrm{CE}_t = V_t$; 옵션 매도 : $\mathrm{CE}_t = 0$
- 기대 신용노출 : $\mathrm{ECE} = \int_{-\infty}^{+\infty} \mathrm{Max}(x, 0) f(x) dx$
- 최대 신용노출 : $1 - p = \int_{\mathrm{WCE}}^{\infty} f(x) dx$

- 금리스왑의 신용노출, 음함수 : $V_t = B(F, t, T, c, r_t) - B(F, \mathrm{FRN})$
- 금리스왑의 신용노출 변동성 : $\sigma(V_t) = [k(T-t)] \times \sigma\sqrt{t}$
- 통화스왑의 신용노출, 음함수 : $V_t = S_t(\$/\mathrm{FC})B^*(F^*, t, T, c^*, r^*) - B(F, t, T, c, r)$
- 총신용노출, 음함수 : $\sum_{i=1}^{N} \mathrm{Max}(V_i, 0)$
- 상계 시 순신용노출 : $\mathrm{Max}(V, 0) = \mathrm{Max}\left(\sum_{i=1}^{N} V_i, 0\right)$
- 총 대체가치 : $\mathrm{GRV} = \sum_{k=1}^{K}(\text{총노출})_k = \sum_{k=1}^{K}\left[\sum_{i=1}^{N_k}\mathrm{Max}(V_i, 0)\right]$
- 순 대체가치 : $\mathrm{NRV} = \sum_{k=1}^{K}(\text{순노출})_k = \sum_{k=1}^{K}\left[\mathrm{Max}\left(\sum_{i=1}^{N_k} V_i, 0\right)\right]$ 에서 보유 담보 차감

12.6 예제 풀이

예제 12.1: FRM 시험 2006 – 문제 95

d. 손실이 발생하려면, 노출이 양수이어야 한다. 따라서 금리는 유리하게 움직이고, 거래상대방은 도산해야 한다.

예제 12.2: FRM 시험 2009 – 문제 6-2

b. 옵션 매입이나 선도계약 체결은 두 계약이 내가격으로 움직일 수 있기 때문에 신용노출을 초래한다. 반대로 옵션 매도는 노출을 초래하지 않는다. 대출의 매입은 City Bank가 아니라 Sunny에게 노출을 초래한다.

예제 12.3: FRM 시험 2006 – 문제 117

b. 옵션 매도는 노출을 초래하지 않으므로 보기 d.는 옳지 않다. 더 긴 목표기간은 더 큰 잠재적 가격변동을 초래하므로, 보기 a.는 옳지 않다. 매수 포지션의 잠재적 이익은 매도 포지션보다 크다. 가격은 매수 포지션의 경우 초기 가격으로부터 몇 배 상승할 수 있다. 매도 포지션의 경우, 최대 이득은 가격이 0이 되면 발생한다.

예제 12.4: FRM 시험 2004 – 문제 8

c. 이는 신용노출이 없는 진정한 옵션 매도 포지션의 유일한 정답이다. 칼라는 옵션의

매도와 매입을 수반한다.

예제 12.5: FRM 시험 2001 – 문제 84

b. 옵션 매도는 신용노출을 초래하지 않으므로, 보기 c.와 d.는 옳지 않다. 선도계약 매도에서 유로가 평가절하하면 이익이 달성된다.

예제 12.6: FRM 시험 2004 – 문제 2004 – 문제 43

d. 노출의 모든 척도는 중요하다－현재, 잠재, 그리고 최대. 그러나 기준금액은 노출에 포함되기 때문에 위험에 노출되지 않는다.

예제 12.7: FRM 시험 2005 – 문제 61

a. 고정금리 채권의 가치는 $6/(1+4.75\%)^1+6/(1+4.75\%)^2+106/(1+4.75\%)^3=$ 103.420이다. 고정금리 포지션에서 $100을 차감하면, 3.4백만 달러의 노출이 계산된다. 더 직관적으로, 금리 차이의 합계는 3과 (6%－4.75%)$100＝$1.25의 곱 또는 할인되지 않은 금액 약 3.75백만 달러이다.

예제 12.8: 최대노출

b. 수식(12.14) 참고.

예제 12.9: FRM 시험 2002 – 문제 83

b. 노출은 시간에 대해 감소하는 듀레이션과 시간의 제곱근에 대해 증가하는 이자율 변동성의 함수이다. 최초 만기를 T 그리고 상수항을 k로 표시하자. 따라서 $\sigma(V_t)=k(T-t)\sqrt{t}$ 이다. t에 대해 도함수를 취하면, $t=(T/3)$에서 최대값을 갖는다. 이는 $t=(6/3)=2$년이다.

예제 12.10: FRM 시험 2000 – 문제 47

d. CD의 경우, 전체 기준금액이 위험에 노출된다. 이를 제외하면, 다음으로 큰 노출은 통화선도계약과 금리스왑이다. 캡의 매도 포지션은, 만약 프리미엄이 이미 수취되었으면 노출은 없다. 이 문제는 선도계약의 결제리스크를 고려하지 않는다는 점을 유의하라.

예제 12.11: FRM 시험 2001 – 문제 8

a. 이 문제는 다양한 스왑들의 약정기간 동안의 잠재노출에 관해 묻고 있다. 금리스왑은, 원금의 시장리스크는 없기 때문에 일반적으로 통화스왑보다 낮은 노출을 갖고 있다. 더 긴 잔존만기를 가진 통화스왑은 더 큰 잠재노출을 갖는다. 이는 10년 만기 통화스왑에 해당되며, 이는 2년 후 8년의 잔존만기를 갖는다.

예제 12.12: FRM 시험 2004 – 문제 14

b. 우상향하는 이자율 기간구조에서 고정금리 지급자는 더 큰 신용리스크를 갖는다. 초기에 적게 수취하고, 나중에 많이 수취하기 때문이다. 이런 말기집중 지급은 신용노출을 증가시킨다. 반대로 선도 곡선이 평평해지면 고정금리 지급자(예, BNP Paribas)는 더 작은 신용노출을 갖는다. Credit Agricole이 더 큰 신용노출을 갖고 있어야 한다. 다시 말해, LIBOR가 하락하면 BNP는 더 많이 지급해야 하고, 거래상대방은 더 큰 신용노출을 갖게 될 것이다.

예제 12.13: FRM 시험 2002 – 문제 89

d. 제3의 거래상대방과의 상쇄거래는 신용 보장을 제공하지 않는다. 만약 계약이 내가격일 때 첫 거래상대방이 도산하면, 신용손실이 발생할 것이다.

예제 12.14: FRM 시험 2005 – 문제 96

b. 상계는 만약 동일 거래상대방과의 계약들이 양과 음의 가치를 갖고 있으면 반드시 신용노출을 낮춘다. 최악의 경우, 즉 양의 가치를 가진 하나의 계약만 존재하면 영향은 전혀 없다.

예제 12.15: FRM 시험 2006 – 문제 39

d. 보기 a.는 계약취소 조항이므로 옳지 않다. 보기 b.는 일괄청산 상계이므로 옳지 않다. 보기 c.는 종료 조항이므로 옳지 않다.

예제 12.16: FRM 시험 2003 – 문제 24

d. 담보관리는 신용노출을 낮추므로 보기 I.은 옳다. 리셋, 또는 스왑의 이자율 재조정 또한 노출을 낮출 것이다. 5년 후 계약취소 조항은 시가평가를 할 수 있게 하므로,

노출을 낮춘다. 반대로 이자지급의 빈도를 줄이는 것은 노출을 크게 변화시키지 않는다. 실제로 기간을 늘리면 다음 지급을 기다리는 시간이 늘기 때문에 노출은 증가한다. 이는 시장이 어떤 거래상대방에게 유리하게 움직일 가능성을 높인다.

예제 12.17: FRM 시험 2002 – 문제 73

c. 최대 신용노출은 $50,000와 95% 수준에서 2일 동안 발생할 수 있는 최악의 변동의 합이다. 최악의 잠재변동은 $\alpha\sigma\sqrt{T} = 1.645 \times 30\% \times \sqrt{(2/252)} = 4.40\%$이다. 250,000달러 상당의 포지션에 적용되면, 최악의 변동은 10,991달러이다. 여기에 50,000달러를 더하면, 60,991달러이다.

예제 12.18: FRM 시험 2008 – 문제 3-35

c. 양의 노출의 합은 225이다. 이는 상계가 배제된 신용노출이다. 음의 노출의 합은 215이다. 상계되면 노출은 10으로, 즉 215만큼 하락한다.

예제 12.19: FRM 시험 2009 – 문제 6-1

b. 노출은 최대금액이며 최소금액 0이 아니므로, 보기 a.는 옳지 않다. 노출은 자회사가 아닌 거래상대방 사이에서 발생하므로, 보기 c.는 옳지 않다. 역방향 노출은 신용도와 음의 상관관계를 가지므로, 보기 d.는 옳지 않다. 문제는 언제 노출이 높고 신용도가 하락하는지이다.

부록 : ISDA의 기준 상계협약

1980년대 초, 스왑은 사안별로 문서화를 요구하는 맞춤형 금융계약이었다. 이는 매우 많은 시간과 비용을 소요했다. 또한, 협상의 합의와 법적 효력을 갖는 계약을 체결하는 사이의 시차를 수반했다.

이에 따라, 업계는 표준화된 스왑조건을 개발했다. 선물처럼 이는 계약을 상쇄하기 쉽도록 만들었으며, 유동성을 높이고 법적 불확실성을 낮추었다. 이런 노력으로부터 ISDA에 의해 **기준 상계협약**(master netting agreement)이 1987년에 만들어졌고, 1992년과 2002년에 수정되었다. 이 양식은 (1) 표준화된 계약의 견본을 제공하며, 이는 (2) **기준 협약 일정**(schedule to the master agreement) 그리고 (3) **계약의 실제 확인**(actual confirmation of contract)에 의해 보완된다. 거래상대방들은 협약의 일부를 선택하거나 일정 조정을 통해 기본 문서를 수정할 수 있는 유연성을 갖는다. 더 특정한 조항(예를 들어, 확인)은 더 일반적 조항보다 우선한다. 따라서 상충이 발생하는 경우 우선적용 순위는 먼저 확인, 그리고 일정, 그리고 마지막으로 기준 협약이다. 또한, **신용보강약정**(credit support annex)이 거래상대방 사이의 담보교환을 관리한다.

ISDA 기준 협약은 다음 조건들을 포함한다.

- **채무 목록**, 이는 채무의 상계를 포함하는 지급조건(ISDA 협약의 제2절)의 작동을 상술한다.
- **신용제공 목록**, 이는 부도사건과 종료(제5절), 조기종료(제6절), 그리고 신용보강조항(예를 들어, 담보지급 시스템)을 기술한다. 부도사건은 다음을 포함한다.
  - 지급실패
  - 협약 위반
  - 신용보강 불이행(예를 들어, 적기 담보제공 실패)
  - 부실 표시
  - 특정 거래 하에서 채무불이행
  - 교차 부도(이는 선택사항임)
  - 파산 또는 청산 관련 행위
  - 스왑의 채무를 인수하는 승계기업이 없는 합병
- 종료는 다음을 포함한다.

  - 법률 또는 규제 변화 때문에 거래상대방이 실행할 수 없게 된 불법행위
  - 세법 변화 같은, 거래상대방으로 하여금 추가지급을 하게 만드는 조세사건
  - 합병 시 조세사건
  - 합병 시 승계기업의 신용도가 원래 주체보다 현저히 취약한 경우의 조세사건
- **계약의 부속 조항**(boiler statements) **목록**, 이는 표시(제3절), 합의(제4절), 이전 조항(제5절), 관할 법규(제13절) 등을 포함한다.

ISDA 양식은 스왑사건의 종합적이고 표준화된 내용을 제공하려 하나, 모든 결과를 예측할 수는 없다. 러시아가 1998년 8월 17일 자국통화 부채를 불이행했을 때, 이는 외국통화 부채 지급의 부도와 함께 외환선도 계약의 90일 동결을 초래했다. 그러나 외화 부채의 지급은 계속되었다. 이것이 외화부채의 신용사건이 되는지 여부는 스왑협약에 의해 명확히 정의되지 않았다. 이는 표준계약의 해석에 관해 현저한 불일치를 초래했다. 1999년까지 ISDA는 신용파생상품의 수정된 정의들을 발간했으며, 이들은 국가와 비국가 주체를 모두 고려한다. 마지막으로 2009년 4월 8일, ISDA는 **빅뱅 프로토콜**(Big Bang Protocol)로 불리는 수정안을 소개했다. 이는 CDS 계약에 적용되고, 다음의 신용파생상품에 관한 장에서 설명된다.

Chapter **13**

신용파생상품과 구조화 상품

신용파생상품은 포트폴리오 신용리스크를 관리하는 최신 수단이다. **신용파생상품**(credit derivative) 계약의 가치는 기초 채무자, 기업, 국가, 또는 복수 주체의 신용리스크에서 비롯된다. 이는 어떤 거래상대방으로부터 다른 거래상대방으로 신용리스크의 교환을 허용한다. 신용파생상품은 초기에 은행의 신용노출 조절 수요로부터 성장했다. 그러나 이후에 필수적인 포트폴리오 관리수단이 되었다.

다른 파생상품처럼, 이는 단독으로 또는 신용연계증권(CLN) 같은 다른 금융상품에 내포되어 거래될 수 있다. 이 시장은 신용노출의 포트폴리오를 투자자 수요에 더 적합하도록 재포장하는 **구조화 신용상품**(structured credit product)의 확산을 가져왔다. 이 변형은 증권화 과정에 의존하며, 부동산저당대출 집합에 처음 적용되었다. 이는 제8장에서 설명되었다.

제13.1절은 이 시장의 규모와 원리를 소개한다. 제13.2절은 신용부도스왑과 평가를 설명한다. 총수익스왑, 신용스프레드 선도, 그리고 옵션 계약 같은 다른 계약들은 제13.3절에서 다루어진다. 제13.4절은 신용연계증권과 부채담보부증권(CDO)을 포함하는 신용 구조화 상품을 제시한다. 제13.5절은 CDO 시장의 중요성을 고려하여, 더 상세히 설명한다. 마지막으로, 제13.6절은 신용파생상품과 구조화 상품의 장단점, 그리고 최근의 규제 발전을 논의한다.

13.1 개요

13.1.1 시장 규모

1996년부터 2007년까지, 신용파생상품 시장은 총 기준금액 약 400억 달러로부터 62조 달러 이상으로 성장한 것으로 추정된다. 현재 이들은 모두 **장외**(over-the-counter: OTC) 시장에서 거래되고 있다. 참고로 세계의 국내 회사채 시장의 규모는 현재 약 7조 달러이다. 국채, 금융채, 그리고 국제 채권을 포함하면, 이 시장의 전체 규모는 90조 달러이다.

그러나 OTC 시장의 전형적 모습처럼, 이 성장의 단지 일부가 신용리스크의 경제적 순교환을 나타낸다. 최근 Fitch사의 조사 추정치에 의하면, 총노출 대 순노출의 비율은 50이다. 이는 순노출은 약 1.2조 달러임을 의미한다.

총노출은 매우 높다. 딜러들이 관행적으로 기존 거래를 취소하는 대신, 단순히 새로운 상쇄거래를 추가하기 때문이다. 그러나 이 관행은 무더기 문서작업을 초래하고, 운영리스크와 거래상대방리스크를 증가시킨다.

결국, 업계는 **포트폴리오 압축**(portfolio compression)을 실행하기 시작했다. 이는 포트폴리오의 리스크 모수를 변화시키지 않으면서 신용 포트폴리오의 전체 규모와 항목 수를 줄이는 과정이다. 2008년 한 해에 30조 달러 상당의 계약이 취소되었다. 이 해는 최초로 기준금액이 감소한 연도이다. 2009년 말까지 신용파생상품 시장은 30조 달러 규모로 되돌아갔다.

13.1.2 리스크교환을 위한 시장

신용파생상품은 신용리스크를 교환하는 효율적 체계를 제공하기 때문에 급속히 성장했다. 현대 은행업이 대출의 포트폴리오는 단일 대출보다 덜 위험하다는 타당한 개념에 기초함에도 불구하고, 은행들은 여전히 특정 지리 및 산업 섹터에 집중하는 경향이 있다. 이는 그들의 비교우위가 "관계에 기반한 은행업"이기 때문이다. 이는 일반적으로 은행은 가장 잘 아는 고객들만을 상대한다는 의미이다. 지금까지 대출의 2차시장은 제한적이기 때문에 이 신용노출을 해소하기 어려웠다. 또한 차입자들은 은행이 위험분산 목적일지라도, 그들에 대한 대출을 다른 주체에게 매도하는 것을 원하지 않을 수 있다. 신용파생상품은 은행으로 하여금 대출을 장부에 보유하면서 신용파생상품이라는 보호수단을 매입할 수 있도록 함으로써, 고민을 해결해준다.

실제로 신용파생상품은 완전히 새로운 것은 아니다. **채권 보증**(bond insurance)은 채권 발행자와 보증제공자(은행 또는 보험회사) 사이의 계약이다. 이는 채무자가 제때에 완전히 지급을 이행하지 않을 경우, 추가적 지급을 제공한다. **신용장**(letter of credit)은 은행에 의한 보증이다. 만약 1차적 신용이 불이행되면, 은행이 제3자에게 지급한다. 회사채의 **중도상환 특약**(call feature)은 무위험수익률과 신용스프레드에 대한 옵션을 포함한다. 실제로 차입자는 신용등급이 개선되면 채권을 재매입할 수 있다. 훨씬 더 기본적인 차원에서 회사채의 매수 포지션은 무위험(부도리스크 없는) 채권의 매수 포지션과 신용부도스왑(CDS)의 매도 포지션을 합성한 것과 동등하다.

따라서 많은 기존 금융상품은 어떤 형태의 신용파생상품을 내포하고 있다. 새로운 점은 신용파생상품에 의해 투명성이 제고되고 거래가 가능해졌다는 점이다. 회사채는 특히 매도 포지션을 취하기 어렵다. 그러나 이 포지션은 CDS 계약을 매수함으로써 쉽게 복제될 수 있다. 따라서 신용파생상품은 투자자, 헤지 거래자, 그리고 투기자에게 새로운 가능성을 열었다.

13.1.3 신용파생상품의 종류

신용파생상품은 거래상대방 사이에서 신용리스크가 교환될 수 있도록 만드는 장외시장 계약이다. 이들은 다음 기준들에 의해 분류될 수 있다.

- **기초신용**, 이는 단일 주체(단일 명의) 또는 집합 주체(집합 명의)일 수 있음
- **행사조건**, 이는 신용사건일 수 있음(부도 또는 등급 하락, 또는 신용스프레드의 상승 등)
- **수익함수**, 이는 고정금액 또는 선형이나 비선형 수익을 가진 변동금액일 수 있음

신용파생상품 시장은 플레인-바닐라 신용부도스왑, 총수익 스왑, 신용스프레드 선도, 그리고 옵션을 포함한다. 이 상품들은 양자간 OTC 계약이다. 이들은 또한, 이 장의 뒷부분에서 논의되는 신용 구조화 상품에 포함된다. 최근 조사는 시장이 단일 명의 CDS 33%, 지수 CDS 30%, 합성 CDO 16%, 트란셰 지수 거래 8%, 신용연계증권 3%, 그리고 신용스프레드 옵션 1%로 나누어진다고 보고한다.[1] 따라서 가장 일반적 상품은 CDS 계약이다.

1) British Bankers' Association, *BBA Credit Derivatives Report 2006* (London: BBA, 2006).

13.2 신용부도스왑

13.2.1 정의

신용부도스왑(credit default swap) 계약에서, 보장 매입자(A)는 매도자(B)에게 프리미엄을 지급한다. 대가는 신용사건이 발생하는 경우의 지급이다. **프리미엄 지급**(premium payment)은 일시적 또는 정기적 지급일 수 있다. **우발적 지급**(contingent payment)은, 예를 들어 Y 회사에 의해 발행된 채권 같은 기초신용의 신용사건에 의해 촉발된다. 이 스왑 구조는 〈그림 13.1〉에 묘사되어 있다. 따라서 이 계약들은 단지 부도상태(DM)에서만 결제 지급이 발생하므로, 신용파생상품의 가장 순수한 형태를 보여준다.

이 계약들은 실제로 옵션이며 스왑이 아니라는 데 유의하자. 일반 옵션으로부터의 주요 차이점은 옵션비용이 선불 대신 할부금으로 지급된다는 것이다. 프리미엄이 선불로 지급될 때, 이 계약은 부도 풋옵션으로 불린다.[2] 연간 지급액은 CDS **스프레드**(CDS spread)로 불린다.[3]

사례

보장매입자 A는, XYZ에 의해 발행된 10년 만기 채권의 1억 달러 상당의 기준금액에 대해, 1년 만기 신용부도스왑 계약을 체결한다. 스왑은 연간 50bp의 지급을 수반한다. 채권은 준거 신용자산(reference credit asset)으로 불린다.

연초에, A는 500,000달러를 보장매도자에게 지급한다. 예를 들어, 연말에 XYZ회사의 채권이 도산하고, 이제 달러당 40센트에 거래된다고 가정하자. 거래상대방은 6천만 달러를 A에게 지급해야 한다. 만약 A가 이 채권을 포트폴리오에 보유하면, 신용부도스왑은 부도에 기인하는 신용손실에 대해 보장을 제공한다.

2) 그러나 부도스왑은 개시 신용사건이 발생할 때까지만 프리미엄 지급을 요구하기 때문에, 부도스왑과 부도옵션은 완전히 동일한 상품은 아니다.

3) 이는 매입율과 매도율의 차이인 매수-매도 스프레드와 혼동되면 안 된다. 예를 들어, 매수율은 45bp, 그리고 매도율은 55bp일 수 있다. 따라서 매수자는 보장 매입을 위해 연간 0.55%를 지급한다. 보장매도자는 단지 0.45%를 받을 것이다.

그림 13.1 신용부도스왑

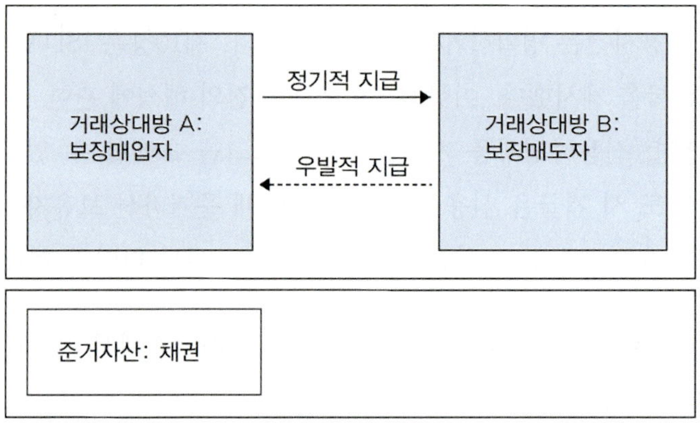

대다수 CDS 계약은 연간 스프레드를 기준으로 호가되며, 그 지급은 분기별로 이루어진다. 그러나 부실화된 증권은 선불로 거래될 수 있다. 예를 들어, 2008년 9월 17일에 Washington Mutual은 선불 44포인트에 호가되었다. 이는 1억 달러의 보장매입자는 선불 4,400만 달러와 연간 500bp의 통상적 스프레드를 지급해야 함을 뜻했다. WaMu는 9월 27일에 신용사건을 겪었고, 이는 CDS 계약의 지급을 촉발했다.

부도스왑은 많은 금융상품에 내포되어 있다. 위험(신용민감) 채권에 투자하는 것은 무위험 채권에 투자하고 동시에 신용부도스왑을 매도하는 것과 동등하다. 예를 들어, 위험 채권이 90달러에 팔리며, 1년 후 100달러 지급을 약속한다고 가정하자. 무위험 채권은 95달러에 팔린다. 위험 채권을 매입하는 것은 무위험 채권을 95달러에 사고 신용부도스왑을 5달러에 파는 것과 동등하다. 선불 비용은 90달러로 동일하다. 만약 회사가 도산해도, 최종 수익은 동일하다.

핵심 개념

부도가능 채권의 매수 포지션은, 경제적으로, 부도리스크 없는 채권의 매수 포지션과 동일한 기초자산에 대한 CDS 매도 포지션의 합과 동등하다.

13.2.2 결제

신용사건은 명확하게 정의되어야 한다. 제10장은 ISDA의 기준 상계협약으로부터 발췌된 목록을 제시했다. 이상적으로 신용사건의 해석에 관한 불확실성이 없어야 한다. 그렇지 않으면, 신용파생상품 거래는 법률리스크를 초래할 수 있다.

부도 시 지급은 신용사건이 발생할 때 준거자산 보유자의 손실을 반영한다. 이 지급의 단위 기준금액 당 가치를 Q로 표시하자. 이는 다양한 형태를 가질 수 있다.

- **현금 결제**(cash settlement), 즉 행사가격에서 기초채권의 실세 시장가격을 차감한 금액의 지급
- 고정금액 지급에 대한 대가로, 불이행된 채무의 **실물 인도**(physical delivery)
- **일시금**(lump sum), 즉 사전에 합의된 회수율에 기초한 고정금액. 예를 들어, 만약 CE가 발생하면, 회수율은 40%로 정해져 있고, 기준금액의 60%를 지급한다.

따라서 신용부도스왑의 수익은 다음과 같다.

$$\text{수익} = \text{기준금액} \times Q \times I(\text{CE}) \tag{13.1}$$

여기에서 지표함수 $I(\text{CE})$는 만약 신용사건이 발생하면 1이고, 그렇지 않으면 0이다.

스왑 스프레드는 부도확률과 부도 시 손실률을 모두 반영하며, 이들은 알려져 있지 않다. 일반적인 CDS 계약을 약간 변형하면, **이항 신용부도스왑**(binary credit default swap)이 된다. 만약 신용사건이 발생하면, 고정금액 $Q=1$을 지급한다. 두 계약이 결합되면, 시장에 기초한 회수율 추정치가 도출될 수 있다.

실물 결제에서, 계약은 통상적으로 인도가능한 채권의 목록을 정한다. 채권들은 다른 가격으로 거래될 수 있으나, 액면가에 의해 교환되어야 한다. 자연스럽게, 보장매입자는 가장 저렴한 채권을 선택할 것이므로, **인도 옵션**(delivery option)이 발생한다.

그러나 CDS 시장의 성장은 발행된 CDS의 기준금액이 특정 채무자가 발행한 채권의 가용 공급량을 훨씬 초과하는 경우를 초래했다. 현금결제는 회수율을 결정하는 **경매**(auction)를 통해 실행될 수 있다. 예를 들어, Lehman Brothers Holdings에 대한 CDS 계약의 최종 가격은 2008년 10월 10일, 달러 당 8.625센트의 회수율에 고정되었다.[4] 이는

4) 다른 주목되는 경매는 Fannie Mae(선순위채권의 경우 91.51센트) 그리고 Washington Mutual(57센트)이다.

신용보장의 판매자는, 예상되지 않은 높은 비율인, 액면가의 91.375%를 지급해야 함을 의미했다. CDS 계약의 추정된 발행잔고가 4,000억 달러이기 때문에 어떤 사람들은 결제과정이 금융시장에 큰 혼란을 초래할 수 있음을 우려했다. 실제로는, 거래의 큰 부분을 처리하는 Depository Trust & Clearing Corporation(DTCC)는 경매 후 단지 52억 달러의 소유권이 바뀐다고 보고했다. 이는 상계가 4,000억 달러의 총노출을 크게 줄였기 때문이다. 실제로 추정된 총노출 대 순노출 비율 50으로 나누면, 순노출은 단지 80억 달러이다. 또한, 신용보장의 판매자는 이미 담보를 납입했다. 따라서 CDS 시장은 대규모 부도를 성공적으로 처리했다.

13.2.3 빅뱅 프로토콜

International Swaps and Derivatives Association(ISDA)는 하나의 거래조직이며, 2009년 4월 8일자로 표준 북아메리카 기업 CDS 계약(SNAC)을 큰 폭으로 수정했다. 이 변화는 **빅뱅 프로토콜**(Big Bang Protocol)로 불린다.[5]

그 목적은 더 표준화된 새로운 계약을 만들어서, 대체가능성(즉, 재판매 가능성), 투명성, 유동성을 높이는 것이었다. 연간 이자지급액을 고정시킴으로써, 더 표준화하였다. 이는 동일한 기초신용과 만기일의 매수와 매도 포지션의 완전한 상쇄를 허용함으로써, 상계를 더 용이하게 만들었다. 나아가서 모든 투자등급과 투기등급 계약은 각각 100bp와 500bp의 고정 스프레드에서 거래된다. 동시에 계약은 이제 선불 포인트에 의해 거래된다. 이 선불 포인트와 이표의 결합은 항상 동등한 CDS 스프레드로 변환될 수 있으며, 이는 최초 계약가치를 0으로 만든다. 또한 SNAC 계약은 적용가능 신용사건으로부터 구조조정을 제외하고 거래된다.

빅뱅 프로토콜은 또한 다음 변화들을 도입한다.

- 부도 결제체계로서 **경매 모형**(auction model)을 채택한다.
- 신용사건 발생의 판단을 목적으로 하는 **신용파생상품 판정위원회**(Credit Derivatives Determination Committees)를 설립한다.
- 동일 만기 계약의 신용과 후속 사건들에 대해 동일한 룩백기간(lookback period)을 적용한다.

5) 더 상세한 내용은 Markit, "The CDS Big Bang," 2009, www.markit.com에서 볼 수 있다.

2009년 6월, ISDA는 유럽과 신흥시장의 CDS 시장관행을 변경한다고 발표했다. 이들은 이제 네 개의 이표율을 사용해야 한다(25, 100, 500, 그리고 1,000 베이시스 포인트). 유럽의 CDS는 잠재적 신용사건으로서 구조조정을 계속 포함한다.

13.2.4 평가

CDS 계약은 각 거래상대방의 현금흐름의 현재가치를 고려함으로써 평가될 수 있다. 시점 t에 지급된 1달러의 현재가치를 PV_t로 표시하자. 단순화를 위해, 부도는 연말에 발생한다고 가정하자. 제10장에서 본 것처럼, 현재부터 t년도까지의 한계부도율은 $k_t = S_{t-1}d_t$이다. 여기에서, S_t는 t년도 말까지의 생존확률이고, d_t는 t연도의 한계부도확률이다. 생존확률은 누적부도확률 $C_t = k_1 + k_2 + \cdots + k_t = 1 - S_t$에 연계되어 있다.

〈표 13.1〉은 연간 부도확률을 왼쪽 패널에 나타낸다. 이들은 초기 등급 BBB인 신용의 전형적인 시장호가를 나타낸다. 시장에 내재된 5년 누적부도율은 15.43%이다. $C_T = 1-(1-d)^T$를 이용하면 연간 평균부도율 d는 3.30%이다. 두 번째 패널은 무위험이자율이 6%라고 가정하고 계산된 할인요소이다.

표 13.1 신용부도스왑의 수익

연도	확률(%)				할인	수익 지급		스프레드 지급	
	누적	연간	한계	생존	요소	기대		기대	
t	C_t	d_t	k_t	S_t	PV_t	$k_t(1-f)$	PV	sS_{t-1}	PV
1	2.64	2.640	2.640	0.9736	0.9434	1.584	1.494	s1.000	s0.943
2	5.48	2.917	2.840	0.9452	0.8900	1.704	1.517	s0.974	s0.867
3	8.57	3.269	3.090	0.9143	0.8396	1.854	1.557	s0.945	s0.794
4	11.89	3.631	3.320	0.8811	0.7921	1.992	1.578	s0.914	s0.724
5	15.43	4.018	3.540	0.8457	0.7473	2.124	1.587	s0.881	s0.658
계			15.430		4.2124		7.733		s3.986

먼저 수익의 지급을 살펴보자. 부도 발생 시, 보장매입자는 액면가로부터 여기에서 40%로 가정된 회수율 f를 뺀 금액을 수취한다. 이는 매년 확률 k_t로 발생한다. 〈표 13.1〉의 셋째 패널은 계산을 예시한다. 100달러의 기준금액에 대해, 첫 해의 기대지급의 PV는 $k_1(1-f)\times\$100\times PV_1 = 2.640\%(1-0.40)\times\$100\times0.9434 = 1.494$이다. 계약기간 5년에 걸쳐 합계하면 7.733달러이다.

이 대가로 보장매입자는 스프레드 $s\%$에 의해 고정된 금액을 매년 지급해야 한다. 만약 부도가 발생하면, 부도 시까지 연체된 금액은 지급되어야 하며 그 이후부터 지급이 중단된다. 첫 해에, 기대지급의 PV는 $s\$100\times S_0\times PV_1=(s/100)\$100\times 1.000\times 0.9434=s0.943$이다. 여기에서, $S_0=1.000$이다. 부도는 연말에 발생한다는 가정 하에서, 첫 번째 지급은 반드시 이루어지기 때문이다. 둘째 해에, 이는 $s\$100\times S_1\times PV_2=(s/100)\$100\times 0.9736\times 0.8900=s0.867$이다. 5년에 걸쳐 합계하면 $s3.986$이다.

공정한 스프레드는 CDS 계약의 초기가치를 0으로 만드는 수치이다. 이는 다음 수식의 해이다.

$$V=(\text{수익의 PV})-s(\text{스프레드의 PV})=\left(\sum_{t=1}^{T}k_t(1-f)PV_t\right)-s\left(\sum_{t=1}^{T}S_{t-1}PV_t\right) \quad (13.2)$$

이 경우 공정한 CDS 스프레드는 $0=7.733-s3.986$의 해이다. 스프레드는 % 단위로 표시되므로, $s=1.94\%$이다. 따라서 $3.30\%\times(1-0.40)=1.98\%$이다. 이는 연간 부도확률과 부도 시 손실률의 곱에 기초한 근사값에 매우 근접함에 유의하자.

수식(13.2)는 발행된 CDS 계약을 평가하는 데 사용될 수 있다. 예를 들어, 계약은 1.50%의 스프레드에서 시작되었고, 〈표 13.1〉의 확률과 이자율은 현재 시장상황을 나타낸다고 가정하자. CDS의 가치는 이제 $V=7.733-1.50\times 3.986=\$1.753$이다. 이는 현재 스프레드가 정해진 값보다 크기 때문에 CDS 매입자의 이익이다.

또한 수식(13.2)는 계약의 스프레드 듀레이션 계산을 위해 사용될 수 있다. 근사값 계산을 위해 시장 스프레드 $k_t(1-f)$를 1bp 상승시켜 볼 수 있다. 이는 $\Sigma PV_t=4.21$bp의 이익을 발생시킨다. 이것은 4.21년의 (음의) 스프레드 듀레이션을 뜻하며, 계약의 만기보다 약간 작다.

CDS 계약을 평가하기 위해 사용된 부도확률은 위험중립(RN) 확률이며, 실제 확률은 아니다. 이 RN 확률 π는 채권가격과 CDS 가격으로부터 추론될 수 있다. 예를 들어, 5년 만기 CDS 스프레드 호가가 1.50%로 관찰된다고 가정하자. 단순화된 접근법을 이용하면, 이는 $\pi=1.50\%/(1-0.40)=2.50\%$을 의미한다. 더 정확하려면, 〈표 13.1〉의 과정을 되돌릴 수 있다. 1년, 2년, 3년, 4년, 그리고 5년 만기 CDS의 시장호가를 이용하여, 모든 만기의 RN 부도확률들을 도출한다.

거래상대방 리스크를 제외하면, CDS 스프레드는 동일 채무자에 의해 발행된 회사채 수익률과 동일 만기의 무위험수익률의 차이에 근사적으로 일치해야 한다. 만약 CDS 스프레드가 이 차이보다 현저히 작으면, 투자자는 차익거래 이익을 얻을 수 있다. 이는 회사채를 매입하고, 국채를 매도하여 순수한 이자율리스크를 헤지하며, CDS 계약을 매입함으로써 실행된다.

핵심 개념

CDS 스왑스프레드는 동일 채무자에 의해 발행된 회사채 수익률에서 무위험수익률을 차감한 값과 근사적으로 같아야 한다.

그러나 일반적으로 CDS 스프레드와 현금성자산 수익률 스프레드 사이의 **베이시스**(basis)는 작은 양수이다. 이는 어느 정도 차익거래 자본의 가용성을 포함하는 수요와 공급의 고려에 의해 영향 받는다. 투자자는 CDS 계약을 매입함으로써 신용을 매도할 수만 있으며, 이는 스프레드를 높인다. 또한 다른 조건들이 동일하면, 인도옵션 때문에 베이시스는 확대된다. 이는 신용보장 매입자는 인도옵션의 매수 포지션을 갖기 때문에 신용보장 매입을 더 유리하게 만든다. 대조적으로 거래상대방 신용리스크는 베이시스를 감소시켜야 한다. 만약 신용사건이 촉발되면 수익이 지급되지 않을 리스크가 존재하기 때문이다.

13.2.5 거래상대방 리스크

신용스왑을 계약하더라도 신용리스크를 모두 제거할 수 없다는 사실을 인식하는 것이 중요하다. 대신 보장매입자는 준거 신용 Y에 대한 노출을 감소시키고, 새로운 CDS 매도자에 대한 신용노출을 부담한다. 기초신용과 거래상대방 부도리스크의 상관계수가 낮으면 보장은 효과적일 것이다. 확실성을 담보하기 위해, 계약은 보장판매자로부터의 담보납입을 포함할 수 있다.

옵션처럼 이 상품들은 **언펀디드**(unfunded)되어 있다. 이는 각 거래상대방은, 다른 자산들에 대한 소구 없이 지급(즉, 프리미엄과 결제 금액)을 이행할 의무가 있다는 뜻이다. 대조적으로 **펀디드**(funded) 상품에서 보장판매자는 어떤 잠재적 신용사건의 결제에도 사용될 수 있는 자금을 지급한다. 후자의 경우, 보장매입자는 거래상대방 리스크에 노출되지 않는다.

〈표 13.2〉는 BBB 신용에 대한 CDS 평가의 거래상대방 효과를 예시한다. 만약 거래상

대방의 부도리스크가 없으면, CDS 스프레드는 194bp이어야 한다. 스프레드는 거래상대방 부도리스크와 준거 신용의 상관계수에 의존한다. 표에 포함된 최악의 경우에서, 거래상대방이 BBB등급이고 상관계수가 0.8이면, 보장은 덜 효과적이다. 그리고 CDS 스프레드는 단지 134bp이다.

표 13.2 상이한 거래상대방의 CDS 스프레드

	거래상대방 신용등급			
상관계수	AAA	AA	A	BBB
0.0	194	194	194	194
0.2	191	190	189	186
0.4	187	185	181	175
0.6	182	178	171	159
0.8	177	171	157	134

자료: J. Hull and A. White, "Valuing Credit Default Swaps II: Modeling Default Correlations," *Journal of Derivatives* 8 (2001): 12-21에서 발췌.

예제 13.1 : FRM 시험 2004 – 문제 9

만약 투자자가 5년 만기 IBM 채권을 보유하면, 이는 다음의 어떤 포지션과 가장 유사한 수익률을 제공하는가?

a. 투자자가 고정비용을 지급하고 부도 시 지급받는, 5년 만기 IBM 신용부도스왑
b. 투자자가 고정비용을 지급받고 부도 시 지급하는, 5년 만기 IBM 신용부도스왑
c. 5년 만기 미국 국채와 투자자가 고정비용을 지급하고 부도 시 지급받는 5년 만기 IBM 신용부도스왑
d. 5년 만기 미국 국채와 투자자가 고정비용을 지급받고 부도 시 지급하는 5년 만기 IBM 신용부도스왑

예제 13.2 : FRM 시험 2009 – 문제 6-3

어떤 AA등급 발행자의 6년 만기 CDS는 반기별 지급 조건으로 150bp에 제공된다. 이 발행자의 6년 만기 연별 지급 이표채의 수익률은 8%이다. 이 CDS의 거래상대방 리스크는 없다. 6개월마다 지급되는 연율화된 LIBOR는 모든 만기에서 4.6%이다. 어떤 전략이 차익거래 기회를 활용할 수 있는가? 당신의 수익률은 LIBOR를 얼마나 초과하는가?

a. 채권과 CDS를 매입하고, 무위험 이익 1.9%를 얻는다.

b. 채권과 CDS를 매입하고, 무위험 이익 0.32%를 얻는다.
c. 채권을 매도하고 CDS 보장을 매도하여, 무위험 이익 4.97%를 얻는다.
d. 어떤 무위험 이익도 반드시 발행자의 신용리스크에 대한 노출을 보상하지 않으므로, 차익거래 기회는 없다.

예제 13.3 : FRM 시험 2007 – 문제 120

A은행은 1,000만 달러를 5년 만기로 대출했고, 이 채무자에 대한 신용노출을 상쇄하고자 한다. 이 대출을 준거자산으로 하는 5년 만기 신용부도스왑(CDS)은 시장에서 분기별 지급 50 베이시스포이트의 스왑프리미엄에서 거래된다. 이 신용노출을 헤지하기 위해 A은행은 무엇을 해야 하는가?

a. 5년 만기 CDS를 매도하고, 50,000달러를 분기별로 지급받는다.
b. 5년 만기 CDS를 매입하고, 12,500달러를 분기별로 지급한다.
c. 5년 만기 CDS를 매입하고, 12,500달러를 분기별로 지급받는다.
d. 5년 만기 CDS를 매도하고, 50,000달러를 분기별로 지급한다.

예제 13.4 : FRM 시험 2004 – 문제 50

다음 표는 UBS에 의해 제공되는 A, B, 그리고 C회사에 대한 CDS 스프레드의 매수–매도 호가이다. CSFB는 C회사에 대해 과도한 신용노출을 갖고 있고, CDS 시장을 통해 낮추려 한다.

	1 년	3 년	5 년
A	15/25	21/32	27/36
B	43/60	72/101	112/152
C	71/84	93/113	141/170

C에 대한 노출의 최장 만기는 3년이므로, CSFB는 C에 대한 3년 만기 2억 달러 보장을 UBS로부터 매입한다. 이 보장의 매입비용을 낮추기 위해, CSFB는 A회사와 B회사에 대한 견해를 바탕으로 UBS에게 A회사에 대한 5년 만기 3억 달러 보장과 B회사에 대한 1년 만기 1억 달러 보장을 매도하기로 결정한다. CSFB가 첫 해에 UBS에게 지급하는 연간 순 프리미엄 지급액은 얼마인가?

a. 102만 달러　　b. 18만 달러　　c. 58만 달러　　d. 62만 달러

예제 13.5 : FRM 시험 2004 – 문제 65

어떤 기관이 다른 기관에게 CDS를 통해 노출을 매각했을 때(예를 들어, 보장 매입), 이 기관은 기초자산의 부도리스크를 무엇과 교환한 것인가?

a. 거래상대방의 부도리스크
b. 거래상대방에 의해 확인된 신용노출의 부도리스크
c. 거래상대방과 거래상대방에 의해 확인된 신용노출의 결합부도리스크
d. 거래상대방과 기초자산의 결합부도리스크

예제 13.6 : FRM 시험 2007 – 문제 85

A은행은 R회사에 의해 발행된 1억 달러 부채에 대한 노출을 갖고 있다. A은행은 R회사에 대한 부채 노출을 헤지하기 위해 B은행과 신용부도스왑을 체결한다. B은행은 프리미엄을 받는 대가로 만약 R회사가 도산하면 전체 손해금액을 A은행에게 지급하기로 한다. A은행, B은행, 그리고 R회사의 부도사건이 서로 독립적이고 부도율은 각각 0.3%, 0.5%, 그리고 3.6%라고 가정하자. A은행이 R회사에 대한 노출에서 신용손실을 입을 확률은 무엇인가?

a. 4.1% b. 3.6% c. 0.0108% d. 0.0180%

예제 13.7 : FRM 시험 2005 – 문제 111

당신은 C회사의 성과에 기초하여 결제되는 신용부도스왑을 B은행과 체결한다. B은행과 C회사의 초기 신용등급이 같고 다른 조건들은 변하지 않는다고 가정한다. 만약 B은행이 C회사를 매입하면, 당신의 신용부도스왑의 가치에 어떤 영향을 주는가?

a. 신용부도스왑의 가치는 증가한다.
b. 신용부도스왑의 가치는 일정하게 유지된다.
c. 신용부도스왑의 가치는 하락한다.
d. 제공된 정보에 기초하여 판단될 수 없다.

13.3 기타 계약

13.3.1 CDS의 변형

신용부도스왑은 또한 복수 주체에 대해 발행될 수 있다. 예를 들어, **퍼스트 오브 바스켓 부도스왑**(first-of-basket-to-default swap)은 보장매입자에게 선택된 증권들의 바스켓 안에서 정확히 단 하나의 부도증권을 인도할 수 있는 권리를 부여한다. 보장매입자는 더 많은 선택가능성을 갖고 있다 – 즉, 부도는 하나의 기초신용이 아닌 전체 바스켓 가운데에서 발생할 수 있다. 다른 조건이 같으면, 이런 종류의 보장은 단일 신용스왑보다 비싸다. 보장가격은 또한 신용사건들의 상관계수에 의존한다. 상관계수가 낮을수록 스왑은 더 비싸다. 역으로 상관계수가 높을수록 스왑 요율은 낮다. 이 점을 예시하기 위해, 극단적인 완전상관의 경우를 생각해보자. 이 경우, 모든 기초신용은 동시에 도산한다. 그리고 이 바스켓 스왑은 일반적인 단일증권 CDS와 동등하다.

***N*회차 부도스왑**(*N*th-to-default swap)의 경우, 기초 포트폴리오 안에서 *N*회의 부도가 발생하면 마침내 지급이 개시된다. *N*이 클 때, 부도상관계수가 높으면 보장비용이 높다. *N*개 증권이 동시에 도산할 가능성이 더 높기 때문이다.

CDS **지수**(CDS index)들이 이 시장의 성과를 추적하기 위해 널리 사용된다. iTraxx 지수는 유럽과 아시아 신용시장의 가장 유동성 높은 증권들을 포함한다. 북아메리카와 신흥시장들은 CDX 지수들에 의해 추적된다. 예를 들어, CDX.NA.IG 지수는 북아메리카의 125개의 투자등급 주체들로 이루어져 있다. CDX.NA.HY 지수는 100개의 투기등급(고수익률) 주체로 이루어져 있다. CDX.EM 지수는 신흥시장의 차입자들을 포함한다. 이 지수들은 6개월마다 재조정된다. 이 계약들은 유동성이 매우 높고 매수-매도 스프레드가 작기 때문에 전체시장 또는 섹터별 신용리스크를 팔고 사는 데 편리한 수단을 제공한다. 이 지수들은 또한 이 장의 뒷부분에서 설명되는 CDO 방법론을 이용함으로써, 거래가능한 트란셰들을 갖고 있다.

CDS 지수들은 작은 스프레드에서 거래되며, 단일주체 계약의 스프레드는 더 작다. 예를 들어, 딜러가 5년 만기 CDX.NA.IG에 대해 201/203을 호가한다고 가정하자. 거래자는 지수의 125개 회사 각각에 대해 80,000달러의 보장을 원한다. 이들의 합은 1,000만 달러의 기준금액이다. 총비용은 0.0203×\$10,000,000=\$203,000이다.6) 만약 한 회사가 도산하면 매입자는 일반적인 CDS 지급을 수취하고, 기준금액은 80,000달러만큼 감소한다.

그림 13.2 총수익 스왑

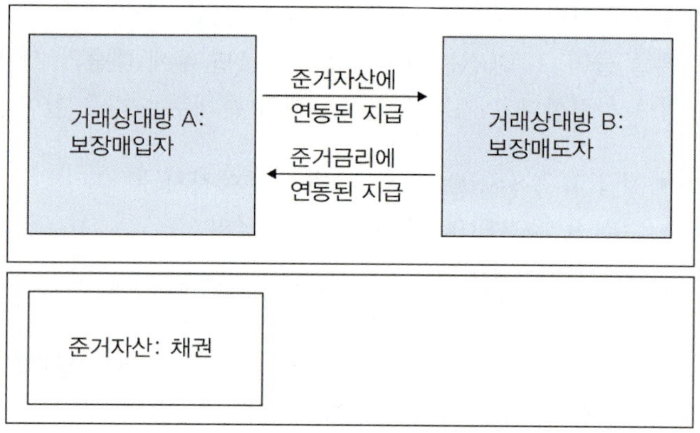

13.3.2 총수익 스왑

총수익 스왑(total return swap)은 보장매입자로 불리는 거래상대방이 준거자산의 총수익에 연계된 일련의 금액을 지급하는 계약이다. 그 대가로 보장판매자는 준거금리에 연동된 일련의 금액을 지급한다. 예를 들어, 동등한 국채(또는 LIBOR)와 스프레드를 합한 수익률이다. 만약 자산가격이 하락하면, 보장매입자는 상대방으로부터 지급받는다. 만약 가격이 상승하면, 지급은 반대 방향으로 이루어진다. 이 스왑의 구조는 〈그림 13.2〉에 묘사되어 있다.

이 종류의 스왑은 기초자산의 시장가격 변화에 연동되고, 시가평가(MTM) 체계의 신용리스크에 대한 보장을 제공한다. 보장매입자는 기초자산을 매도하지 않으면서 TRS를 통해 자산의 모든 경제적 리스크를 제거할 수 있다. CDS와 달리 TRS는 신용리스크와 시장리스크를 모두 포괄한다. 후자는 순수한 이자율리스크를 반영한다.

사례

어떤 은행(A은행)이 XYZ회사에 10%의 고정금리에 1억 달러를 대출했다고 가정하자. 은행은 거래상대방 B와 TRS를 체결함으로써 노출을 헤지할 수 있다. 여기에서 은행은 LIBOR 더하기 50bp 대신, 대출의 이자와 대출의 시장가치 변동액을 지급하기로 약속한

6) 실무적으로 지급 패턴은 더 복잡하다. 고정금리와 초기가격은 호가된 스프레드에 의존한다.

다. 만약 대출의 시장가치가 하락하면, 준거자산에 연동된 지급은 음수가 되며, 은행에 헤지를 제공한다.

예를 들어, LIBOR는 현재 9%이고, 1년 후에 대출의 가치는 1억 달러로부터 9,500만 달러로 하락한다고 가정하자. A은행의 순채무는 다음 합이다.

- 지급 10%×$100 = $10, 대출의 이자지급
- 수취 9.5%×$100 = $9.5, 준거금리
- 지급 $\frac{(95-100)}{100}$%×$100 = −$5, 대출가치의 변동

이 순 수취 합계는 −10+9.5−(−5) = $4.5(백만 달러)이다. A은행은 대출의 경제적 가치 변동을 TRS의 이익에 의해 상쇄할 수 있다.

13.3.3 신용스프레드 선도와 옵션

이 금융수단들은 파생상품이며, 그 가치는 위험 및 무위험 채권 사이의 기초 신용스프레드에 연동되어 있다.

신용스프레드 선도계약(credit spread forward contract)에서, 매입자는 만약 만기의 신용스프레드와 계약된 스프레드 사이의 차이가 양수이면 이 차액을 수취한다. 반대로 차이가 음수이면, 매입자는 지급한다. 현금지급 공식의 예는 다음과 같다.

$$\text{지급액} = (S-F) \times \text{MD} \times \text{기준금액} \tag{13.3}$$

여기에서 MD는 수정 듀레이션, S는 실세 스프레드, 그리고 F는 계약된 스프레드이다. 또는 이 수식은 가격 기준으로 표현될 수도 있다.

$$\text{지급액} = [P(y+F,\tau) - P(y+S,\tau)] \times \text{기준금액} \tag{13.4}$$

여기에서 y는 동등한 국채의 만기수익률이다. 그리고 $P(y+S,\tau)$는 잔존만기 τ년의 증권의 백분율 표시 현재가치이며, 이 때 할인율은 y에 스프레드를 더한 값이다. 만약 $S>F$이면, 앞의 표현과 같이 지급액은 양수임에 유의하자.

신용스프레드 옵션계약(credit spread option contract)에서 매입자는 미리 정해진 만기에 매도자에게 스프레드 상승분을 전가할 수 있는 권리의 대가로 프리미엄을 지급한다.

$$\text{지급액} = \text{Max}(S - K, 0) \times \text{MD} \times \text{기준금액} \quad (13.5)$$

여기에서 K는 미리 정해진 스프레드이다. 옵션매입자는 신용보장, 즉 만약 채권가격이 하락하면 옵션판매자에게 채권을 매도할 수 있는 권리를 산다. 지급액의 공식은 수식(13.4)와 같이 가격기준으로 직접적으로 표현될 수 있다.

사례

어떤 신용스프레드 옵션은 1년 만기이며, 1억 달러의 기준금액을 갖고 있다. 기초증권은 XYZ회사에 의해 발행된 8% 10년 만기 채권이다. 10년 만기 국채에 대한 현재 스프레드는 150bp이다. 옵션은 유러피언형이며, 행사가격은 160bp이다.

만기에, 국채 수익률이 6.5%로부터 6%로 변동하고, 신용스프레드는 180bp로 상승했다고 가정하자. 이표율 8%, 9년 만기 반기별 지급 채권의 $y+S=6+1.8=7.8\%$로 할인된 가격은 101.276달러이다. 기준금액을 이용하면, 지급액은 $(102.574-101.276)/100 \times \$100,000,000=\$1,297,237$이다.

예제 13.8 : FRM 시험 2005 – 문제 14

포트폴리오 매니저인 Sylvia는 양키채권 포트폴리오를 구성했다. 이제 그녀는 이 포트폴리오의 신용 및 이자율 리스크를 헤지하려 한다. 다음 파생상품 중 Sylvia의 수요에 가장 적합한 것은 무엇인가?

a. 총수익스왑　　b. 신용부도스왑
c. 신용스프레드 옵션　　d. 통화스왑

예제 13.9 : FRM 시험 2008 – 문제 3-31

Helman은행은 연 6.5%의 금리로 3억 달러의 대출을 제공했다. Helman은 대출금리와 대출의 시가평가 가치 변동액을 지급하고 대가로 LIBOR + 50 베이시스 포인트를 수취하는, 총수익스왑을 체결한다. 결제 지급은 반기별로 이루어진다. 만약 대출의 시가평가 가치가 2% 하락하고 LIBOR는 4%이면, 첫 번째 결제일의 Helman의 현금흐름은 무엇인가?

a. 순유입 900만 달러　　b. 순유입 1,200만 달러
c. 순유출 900만 달러　　d. 순유출 1,200만 달러

13.4 구조화 상품

13.4.1 구조화 상품의 생성

구조화 상품(structured product)은 일반적으로 투자자나 차입자의 특별한, 또는 전통적 금융상품으로 충족시킬 수 없는 수요를 충족하기 위해 만들어진 금융상품으로 정의될 수 있다. 전형적인 예는 주식시장의 상승에 참여하면서 동시에 자본을 보전하려는 소규모 투자 수요이다. 상품의 수익구조는 기존 또는 때로 새로운 상품의 결합으로부터 복제될 수 있다. 예를 들어, 이 경우 수익은 보장된 자본과 동일한 액면가의 무위험채권 투자와 콜옵션의 매수포지션을 결합함으로써 복제될 수 있다. 이는 옵션 포트폴리오 직접투자 또는 동태적 거래를 통한 간접적 복제에 의해 달성될 수 있다. 이 상품은 **원금보장 증권**(principal-protected note)이며, 주식, 통화, 그리고 상품을 포함한 다양한 시장에 대해 지수화될 수 있다.

최근에 신용 구조화 상품의 시장은 크게 성장하였다. 신용파생상품의 출현은 신용사건에 연계된 수익을 갖는 혁신적 상품의 선풍을 일으켰다.

13.4.2 신용연계증권

신용연계증권(credit-linked note: CLN)은 신용파생상품을 일반 채권과 결합한 구조화된 증권이다. CLN에서 보장매입자는 중개용 채권의 발행주체를 통해 투자자에게 신용리스크를 이전한다. 이 주체는 매입자 자신 또는 특수목적회사(SPV)일 수 있다.

첫 번째 경우의 예는 신흥국가, 예를 들면 멕시코에 대한 노출을 가진 은행이다. 은행은 멕시코에 대한 신용부도스왑의 내포된 매도 포지션을 갖는 증권을 발행한다. 이 증권은 은행의 대차대조표의 부채이다. 투자자는 높은 이자를 받으나 멕시코가 채무를 불이행하면 원금의 일부를 잃는다. 이 구조는 멕시코가 도산하는 경우 은행의 노출을 줄이려는 목적을 달성한다. 이 경우 증권은 은행의 부채이기 때문에, 투자자는 멕시코 또는 은행의 부도에 대해 노출된다.

SPV 구조의 예는 〈그림 13.3〉에 제시되어 있다. 이 경우 투자자의 초기 자금은, LIBOR와 Ybp의 스프레드를 지급하는 최고등급의 투자에 투입된다. SPV는 연간 Xbp의 추가 수입을 얻기 위해 신용부도스왑의 매도 포지션을 취한다. 투자자에 대한 연간 지급은 이제

그림 13.3 신용연계증권

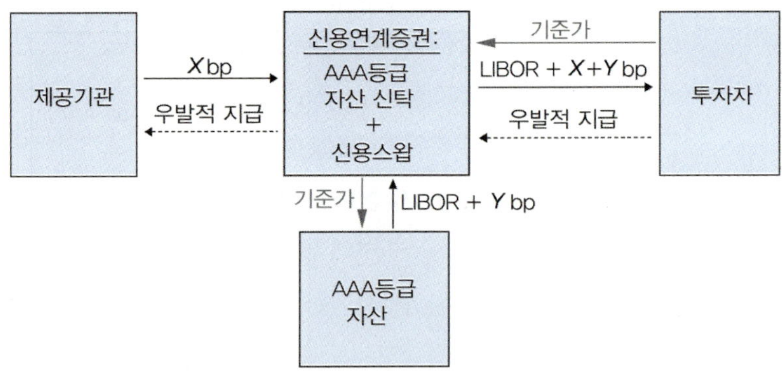

LIBOR+ $Y+X$이다. 이런 높은 수익률에 대한 대가로, 만약 부도사건이 발생하면 투자자는 원금의 일부 손실을 감수해야 한다.

일반적 투자 예를 들어 멕시코 정부에 의해 발행된 증권에 비교해서 만약 CDS 스프레드가 채권의 수익률 스프레드보다 크면, 이 구조는 높은 수익률을 얻을 수 있다. 이 구조는 또한 파생상품에 직접 투자할 수 없는 투자자에게 매력적일 수 있다.

13.4.3 부채 담보부 증권

금융공학의 대부분은 금융상품을 투자자의 구미에 더 잘 맞도록 재포장하는 것이며 이 과정에서 가치를 창출한다. 1980년대, **부동산저당대출 담보부 증권**(collateralized mortgage obligation: CMO)은 부동산저당대출에 기초한 증권들의 현금흐름을 상이한 특성을 지닌 **트란셰**(tranche)들로 재포장함으로써, 대중이 이용할 수 있도록 만들었다.

동일한 마법이 부채의 집합에 기초한 증권인 **부채 담보부 증권**(collateralized debt obligation: CDO)에 적용된다. **채권 담보부 증권**(collateralized bond obligation: CBO)과 **대출 담보부 증권**(collateralized loan obligation: CLO)은 각각 채권과 대출에 의해 담보된다. 〈그림 13.4〉는 전형적인 CDO 구조를 예시한다.[7]

7) 이 구조는 CLN 구조와 유사점을 갖고 있다. 차이점은 CDO는 언제나 SPV에 의해 발행되고, 다수의 기초자산의 집합을 포함하며, 일반적으로 트란셰 분할된다는 것이다.

그림 13.4 부채담보부증권의 구조

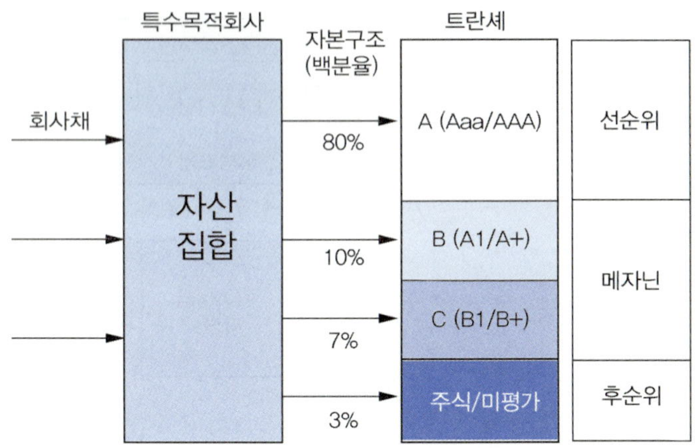

첫 단계는 회사채 꾸러미를 **특수목적회사**(special-purpose vehicle: SPV)로 넘기는 것이다. 우리는 100개 주체에 대한 각 1,000만 달러의 노출을 표시하는, 총 10억 달러를 갖고 있다고 가정하자. 복수의 트란셰가 SPV에 의해 발행되며 이들은 정해진 **순위**(waterfall) 구조, 즉 지급의 우선순위를 갖고 있다. 트란셰는 선순위, 메자닌, 그리고 후순위 또는 주식으로 구분된다. 이상적으로 가장 단순한 구조에서 SPV는 수동적 주체이며, 잘 정의된 규칙에 따라 현금흐름을 재분배한다. 다른 관리행위는 필요하지 않다.

이 예에서, 자본구조의 80%는 가장 높은 신용등급인 Moody's의 Aaa, 또는 AAA 신용등급을 가진 트란셰 A로 구분된다. 예를 들어, LIBOR+45bp를 지급한다. 다른 트란셰들은 상대적으로 낮은 순위와 신용등급을 갖는다. 중간적인 메자닌 트란셰는 전형적으로 A, Baa, Ba, 또는 B(S&P 등급에 의하면 A, BBB, BB, B) 등급으로 평가된다. 예를 들어, 트란셰 C는 3%부터 10%까지 손실을 흡수한다. 이 수치들은 각각 **연계점**(attachment point)과 **분리점**(detachment point)으로 불린다.

가장 하위에 신용등급이 매겨지지 않는 주식 트란셰가 있다. 만약 부도가 발생하지 않으면, 레버리지 때문에 주식 트란셰의 수익은 매우 높을 수 있다. 이 대가로, 가장 먼저 포트폴리오 손실에 노출된다. 특별한 관행이 주식 트란셰의 거래에 적용된다. 투자자는 먼저 기준금액을 지급하며, 이 경우 30백만 달러이다. 이 대가로 보장판매자는 운용 스프레드로 불리는 스프레드와 선불 수수료를 받는다. 이 수수료는 백분율 단위로 호가되며, 투자등급 CDO의 경우 일반적으로 약 40%이다. 이 경우 투자자는 선불 수수료 40%×$30=

$12(백만 달러)와 운용 스프레드, 예를 들어, 500bp를 적용받을 수 있다.

만약 20백만 달러의 누적손실이 발생하면, 주식 트란셰의 기준금액은 $30－$20＝$10(백만 달러)로 감소한다. 운용 스프레드는 이제 새 기준금액 10백만 달러에 대해 적용된다.

만약 누적손실이 45백만 달러에 달하면, 첫 번째 트란셰는 소멸되고, 초과손실 $45－$30＝$15(백만 달러)가 남는다. 트란셰 C의 투자자는 단지 $70－$15＝$55(백만 달러)를 회수한다. 따라서 선순위 등급의 신용등급 보강은 현금흐름의 순위구조를 통해 이루어진다. 신용평가기관은 부도에 기인하는 손실확률에 기초하여, 선순위 트란셰를 평가하는 내부모형을 개발했다.

기본적으로 이들은 제9장과 제14장에서 논의된 것들과 비슷한, 포트폴리오 신용리스크 모형들이다. 리스크관리 담당자는 기초신용의 부도확률, 부도 시 손실률, 그리고 부도 상관계수에 기초하여, 포트폴리오의 총손실 분포를 만든다. 하위 트란셰의 범위는 선순위 트란셰의 부도확률을 결정하게 된다. 이 모수들 가운데, (평균) 부도 상관계수는 매우 중요하다. 더 낮은 부도 상관계수는 더 분산투자된 즉 더 집중된 분포를 의미한다. 주어진 하위 트란셰 범위 하에서 포트폴리오 손실이 하위 트란셰를 소멸시킬 가능성을 낮추고, 선순위 트란셰의 안전성을 높인다. 반대로 만약 모든 기초채권이 동시에 도산하면, 손실은 매우 크고 선순위 트란셰에 영향을 줄 가능성이 증가한다. 실제로 신용위기 중, 부동산저당대출에 기초한 많은 선순위 트란셰들이 예상 외의 손실을 입었다. 부동산저당대출의 동시 부도가 더 빈번했기 때문이다.

핵심 개념

CDO의 선순위 트란셰의 매입포지션은 (평균) 부도 상관계수를 매도한 포지션이다. 더 낮은 상관계수는 더 분산된 포트폴리오를 의미하며, 이는 많은 채권들이 동시에 도산하고 선순위 트란셰에 영향을 줄 가능성을 낮춘다.

어떤 변형이든 재포장 결과는 일종의 기본적 보존법칙을 따를 수밖에 없다. 기초 및 결과물 증권에서 거래비용을 제외한 현금흐름은 매 시점마다 같아야 한다. 결국, 이는 (1) 동일한 시장가치, 그리고 이자율과 부도리스크에 관한 (2) 동일한 리스크 프로파일을 의미한다. 최종 꾸러미의 가중평균 듀레이션은 기초증권과 동일하다. 시장가치에 의해 평균된 기대부도율도 같아야 한다. 따라서 만약 어떤 트란셰가 덜 위험하면 다른 트란셰들은 더 많은 리스크를 부담한다. CMO처럼, CDO는 대부분의 트란셰가 담보보다 덜 위험하도록 구조화된다. 필연적으로, 나머지 잔여(residual) 트란셰는 더 위험하다. 이는 때로 "유독 폐기물(toxic waste)"로 불린다. 그러나 만약 이 잔여 부분이 충분히 저렴하면, 매입할 의사를 가진 투자자가 존재한다. 투자자들로 하여금 자산집합의 품질을 신뢰하도록, 빈번하게 CDO의 지원기관이 가장 후순위의 주식 트란셰를 보유한다. 신용 투자자들은 이런 자본구조의 여러 트란셰의 매수와 매도 포지션을 포함하는 정교한 거래전략을 발전시켰다.

사례 **상관 거래**

100개 주체의 각 1,000만 달러의 10억 달러 합성 CDO를 고려하자. 예를 들어, 주식 트란셰는 3,000만 달러이며, 손실의 첫 3%를 나타낸다. 단순화를 위해 모든 프리미엄은 순현재가치 기준으로 측정되며 회수액은 없다고 가정하자. 투자자는 주식 리스크를 수용하는 대가로 선불로 1,500만 달러를 지급받는다. 따라서 이 트란셰의 최악의 손실은 1,500만 달러이다. 투자자는 이제 동일한 100개 주체의 CDO를 각 3백만 달러의 기준금액만큼 매입함으로써 헤지한다. 스프레드의 현재가치는 2%이며, 따라서 지급액은 $\$300 \times 2\% = \$6$(백만 달러)이다. 만약 부도가 없으면, 원금은 반환되고, 순이익은 $\$15 - \$6 = \$9$(백만 달러)이다. 만약 모든 100개 주체가 도산하면, 포지션은 주식의 원금을 잃고 CDS 지급을 수취한다. 이는 $(\$15 - \$30) - \$6 + \$300 = \$279$(백만 달러)이다. 당연하게 이 가능성은 매우 낮다.

우리는 손실을 발생시키는 다른 시나리오들을 살펴볼 필요가 있다. 만약 단지 3개 주체가 도산하면 주식 트란셰는 소멸한다. 투자자는 세 개의 CDS 계약을 행사하고, 더 이상 필요하지 않은 97개의 나머지 CDS 헤지를 해소한다. 최악의 경우의 시나리오로서, CDS 스프레드는 축소되고 계약은 4.8백만 달러에 팔린다고 가정하자. 이는 $(\$15 - \$30) - \$6 + (3 \times \$3) + \$4.8 = -\$7.2$(백만 달러)의 순손실을 뜻한다.

예제 13.10 : FRM 시험 2004 – 문제 63

세 개의 트란셰로 이루어진 어떤 CDO는 n개의 회사채로 구성되고 $N \times 100$만 달러의 총원금을 가진 기초 포트폴리오를 갖고 있다. 트란셰 1은 N의 10%를 차지하며, 부도손실의 최초 10%를 흡수한다. 트란셰 2는 N의 20%를 차지하며, 부도손실의 다음 20%를 흡수한다. 마지막 트란셰 3은 N의 70%를 차지하며, 나머지 부도손실을 흡수한다. 다음 보기 중 옳은 것은 무엇인가?

Ⅰ. 트란셰 2는 가장 높은 수익률을 갖는다.
Ⅱ. 트란셰 1은 일반적으로 "유독 폐기물"로 불린다.
Ⅲ. 트란셰 3은 S&P에 의해 전형적으로 AAA등급을 받는다.
Ⅳ. 트란셰 3은 가장 낮은 수익률을 갖는다.

a. Ⅰ
b. Ⅳ
c. Ⅱ, Ⅲ, 그리고 Ⅳ
d. Ⅱ와 Ⅳ

예제 13.11 : FRM 시험 2002 – 문제 32

채권담보부증권(CBO)은 회사채의 재포장으로부터 만들어진 여러 트란셰의 증권으로 이루어져 있으며, 주식부터 초선순위 채권까지 걸쳐 있다. 다음 보기 중 이 구조에 관해 일반적으로 옳은 것은 무엇인가?

a. 모든 CBO 트란셰의 총수익률은 발행기관이 수수료/비용/수익을 충당할 수 있도록 재포장된 기초채권보다 조금 낮다.
b. 초선순위 트란셰는 후순위 트란셰보다 높은 예상손실률을 갖는다.
c. 초선순위 트란셰는 일반적으로 AAA등급 미만으로 평가되며, 채권 투자자들에게 매각된다.
d. 주식 트란셰는 이 구조의 초기 손실을 흡수하지 않는다.

예제 13.12 : FRM 시험 2009 – 문제 6-6

어떤 투자자는 CDO의 최우선순위 트란셰에 대한 부도보장을 매도했다. 만약 부도 상관계수가 급격히 하락하면, 다른 조건들은 변하지 않는다고 가정할 때, 이 투자자의 포지션은 어떻게 되는가?

a. 보험의 행사확률이 하락하므로, 포지션 가치는 상승한다.
b. 투자자의 보장가치가 상승하므로, 포지션 가치는 하락한다.
c. 단지 예상 부도손실만 중요하고 상관계수는 예상 부도손실에 영향을 주지 않으므로, 포지션 가치는 변하지 않는다.
d. 평가모형과 시장상황에 의존한다.

예제 13.13 : FRM 시험 2007 - 문제 130

Z회사에 기초한 3년 만기 신용연계증권(CLN)은 반기별로 LIBOR + 60bp를 지급한다. 이 CLN의 액면가는 100달러이다. LIBOR는 모든 만기에서 5%이다. Z회사의 3년 만기 CDS 스프레드는 현재 90bp이다. CLN의 공정한 가격에 가장 가까운 것은 무엇인가?

a. 100.00달러
b. 111.05달러
c. 101.65달러
d. 99.19달러

예제 13.14 : FRM 시험 2009 - 문제 6-5

어떤 고정소득증권 투자자는 다음 구조를 갖는 자산유동화증권에 대한 투자를 고려하고 있다.

선순위 트란셰	250백만 달러
하위 선순위 트란셰	100백만 달러
후순위 트란셰 A	60백만 달러
후순위 트란셰 B	30백만 달러
합계	440백만 달러

만약 이 집합의 자산이 450백만 달러이면, 얼마의 손실이 발생할 때 선순위 트란셰 투자자가 손실을 입기 시작하겠는가?

a. 200백만 달러
b. 190백만 달러
c. 100백만 달러
d. 90백만 달러

13.5 CDO 시장

13.5.1 대차대조표와 차익거래 CDO

〈표 13.3〉은 CDO 시장의 2004년부터 2008년까지 진화를 기술한다. 2004년부터 2006년까지 시장은 매년 두 배로 성장하였으며, 2006년 중 신규발행은 5,200억 달러를 넘었다. 그러나 신용위기의 결과로 발행은 급격히 감소했다.

표 13.3 CDO 시장의 연간 발행액 성장(백만 달러)

설명	2004	2006	2009
종류별:			
현금흐름	119,531	410,504	43,458
합성	37,237	66,503	1,346
시장가치	650	43,638	16,392
목적별:			
차익거래	146,998	454,971	47,938
대차대조표	10,420	65,674	12,949
계	157,418	520,645	61,197

자료: Bond Market Association.

CDO 거래는 전형적으로 대차대조표 또는 차익거래 같은 목적별로 분류된다. **대차대조표** CDO(balance sheet CDO)의 일차적 목적은 규제의 요구자본을 낮추기 위해 상업은행의 대출을 대차대조표 밖으로 옮기는 것이다.

한편, **차익거래** CDO(arbitrage CDO)는 기초증권의 포트폴리오와 높은 신용등급의 상위 트란셰 포트폴리오 사이의 스프레드를 획득하기 위해 고안된다. CDO의 선순위 트란셰는 분산효과에 의해 상대적으로 안전하기 때문에, LIBOR를 근소하게 초과하는 스프레드를 지급한다. 차익거래 이익은 이제 주식 트란셰에 혜택을 준다(그리고 관리와 투자 은행 업무의 수수료로).

선순위 트란셰는 투자자에게 매력적이다. 일반적으로 AA등급의 차입기업은 LIBOR를 지급한다. 더 높은 신용은 LIBOR보다 낮은 이자율을 지급한다. 그러나 전형적인 AAA등급 선순위 트란셰는 LIBOR보다 높은 이자율을 지급한다. 이는 투자자들이 신용등급을 맹목적으로 신뢰하면서 이 시장으로 끌리는 이유를 설명한다. 일부 평론가들은 이것이 진정한 차익거래인지 또는 어떤 형태의 모형리스크를 포함하는 것인지 의아해한다. 이제, 신용평가기관에 의해 사용된 모형들이 결함을 갖고 있었음은 명백해졌다(제10장 참고).

13.5.2 현금흐름과 합성 CDO

신용리스크 이전은 현금흐름이나 합성된 구조에 의해 달성될 수 있다. 〈그림 13.4〉의 예는 전형적인 전통적 또는 펀디드(funded) **현금흐름** CDO(cash-flow CDO)이다. 실물자산은 SPV로 매각되고, 기초 현금흐름은 발행된 증권의 지급을 충당하는 데 사용된다.

한편, **합성** CDO(synthetic CDO)의 신용리스크 노출은 신용부도스왑에 의해 달성된다. 부도가능 채권의 매수포지션은 부도리스크 없는 채권의 매수포지션과 CDS 매도포지션의 합과 동등하다. 합성 CDO는 더 높은 수익률을 만들어낸다. 먼저 부도리스크 없는 증권, 즉 국채에 초기 투자금을 투자하고 다음에 일단의 CDS를 매도하여 현금흐름 CDO를 복제한다.

합성 CDO는 여러 가지 장점을 갖고 있다. 첫째, 현금흐름 CDO보다 관리하기 쉽다. 기초신용의 하나가 파산하는 경우, 현금흐름 SPV의 경영진은 파산절차에 참여해야 한다. 현금결제되는 CDS 매도포지션의 경우, SPV는 파산절차에 관여할 필요는 없다. 둘째, 발행증권은 완전히 펀디드(funded)될 필요는 없다. **완전 자본구조** CDO(full capital structure CDO)에서 발행된 증권의 총 기준금액은 기초 포트폴리오의 총 기준금액과 동일하다. 따라서 완전히 펀디드(funded)된다. 한편, **단일 트란셰** CDO(single-tranche CDO)는 은행과 투자자가 규모, 신용등급, 그리고 기초신용을 포함한 거래조건에 합의하는 **맞춤형**(bespoke) 거래이다.[8] 결과적으로 은행은 나머지 자본구조를 보유하고, 처분하지 않는다.

6개월 LIBOR에 111bp를 더한 이자를 지급하는 1,000만 달러의 A+등급 트란셰의 예를 들어보자. 준거 포트폴리오는 10억 달러이며, 북아메리카의 100개 투자등급 주체로 이루어져 있다. 연계점(attachment point)은 5%이고, 분리점(detachment point)은 6%이다. 준거 포트폴리오의 누적손실이 5% 미만으로 유지되면, 투자자는 약속된 지급액을 수취할 것이다. 그 이상에서 투자자는 손실을 수용해야 한다. 예를 들어, 만약 포트폴리오의 누적손실 금액이 5,200만 달러, 즉 총액의 5.2%에 달하면, 투자자는 자본의 (5.2−5.0)/(6.0−5.0)=20%인 200만 달러를 잃는다. 이자율은 이제 축소된 기준금액에 적용된다. 은행은 완전 펀딩(funding) 없이, 이런 구조를 투자자에게 판매할 수 있다.

13.5.3 현금흐름 및 시장가치 CDO

현금흐름 CDO의 경우, 투자자에 대한 지급은 전적으로 담보의 현금흐름으로부터 나온다. 반대로 **시장가치** CDO(market-value CDO)에서 지급은 담보의 현금흐름뿐 아니라 담보의 매각으로 충당된다. 만약 담보 현금흐름의 시장가치가 일정 수준 미만으로 하락하면 주식 트란셰에 대한 지급이 중지된다. 이는 포트폴리오 매니저에게 더 많은 유연성을 제공한다.

---

8) *Bespoke*라는 용어는 원래 고객의 특성에 맞추어 제작된 의류를 기술하는 데 사용되었다. 이 용어는 *bespeak*라는 단어에서 유래하며, 이는 어떤 것을 요청 또는 주문한다는 뜻이다.

신용평가기관은 **초과담보비율**(overcollateralization ratio: OC)을 이용하여, 신용구조의 질을 분석한다. 이 비율은 담보가 SPV 부채의 몇 배를 충당하는지 측정한다. 시장가치 CDO에서 자산의 시장가치를 V 그리고 부채의 기준가를 D로 표시하자. OC 비율은 이제 다음과 같이 정의된다.

$$\mathrm{OC} = \frac{V}{D} \tag{13.6}$$

이 값은 부채를 충분히 담보할 수 있도록 높아야 한다.

또는 최상위로부터 누적된 트란셰의 기준가는 자산에 **담보인정비율**(advance rate)을 곱한 값보다 낮아야 한다. 우리의 CDO 예에서, 첫 번째 트란셰의 기준금액은 800백만 달러이다. 이는 자산가치, 예를 들어, 1,000백만 달러에 담보인정비율 85%를 곱한 값보다 낮아야 한다. \$800<\$850이므로, 이 구조의 첫 번째 트란셰는 기준을 통과한다. 상위의 두 트란셰의 담보인정비율은 95%이며, 계산은 \$800+\$100<\$950이므로 이것도 기준을 통과한다. 초과담보비율 기준에 못 미치는 구조는 등급강등 리스크를 안고 있다. 이 문제는 자산 일부를 매각하여 일부 트란셰를 상환하거나 추가 주식을 발행함으로써 해결될 수 있다.

현금흐름 CDO에서, 이 비율은 총자산의 기준가를 분자로 사용한다. 다른 비율인 **이자보상비율**(interest rate coverage ratio: IC)도 신용구조의 질을 평가하기 위해 사용된다. 이는 담보로부터 수취된 총 이자금액을 개별 트란셰와 상위 트란셰들의 이자채무로 나눈 비율로 계산된다.

13.5.4 정태적 및 관리 CDO

마지막으로 CDO는 자산집합의 관리에 의해 구분된다. **정태적** CDO(static CDO)에서 자산집합은 기본적으로 고정되어 있다. 한편, **관리** CDO(managed CDO)에서 포트폴리오 매니저는 기초자산을 적극적으로 거래할 수 있다.

이는 적극적 관리의 모든 일반적 장점과 단점을 갖고 있다. 장점은 신용수준이 하락할 때 자산을 처분하고, 저평가된 자산을 매입하며, 과대평가된 자산을 매도할 수 있는 능력을 포함한다. 그러나 관리 CDO에서 투자자는 신용리스크뿐 아니라 관리리스크에도 직면한다. 또한 관리수수료를 지급해야 한다.

13.5.5 기타 상품

CDO 시장이 성장하면서, 새로운 상품들이 출현했다. 예를 들어, CDO는 개별신용 대신 CDO 트란셰들에 투자할 수 있다. 이는 **2중** CDO(CDO-sqaured) 구조이다. 이 구조의 주요 장점은 더 높은 수준의 다양성이다. 전형적인 단일 CDO는 50개 내지 100개의 기업신용에 기초한다. 2중 CDO는 5개 내지 10개의 단일 CDO를 갖고 있다. 따라서 250개 내지 1,000개의 주체에 노출된다. 3중 CDO로 불리는 더 복잡한 구조도 논의되고 있다.

시장은 이제 자산유동화증권의 트란셰에 대한 신용부도스왑도 거래하며, 이는 ABCDS로 불린다. 가장 일반적으로, 자산들은 주택 지분과 상업용 부동산저당대출에 의해 담보된다. 과거에 이런 ABS는 매도되기 어려웠다. ABCDS 매입은 보장 매입, 또는 증권매도와 동등하다. 이는 상대가치 거래의 실행 또는 이런 종류의 리스크 헤지를 위한 새로운 가능성을 열어놓았다. 표준화된 ISDA 서식과 벤치마크 지수 개발에 힘입어 시장은 급속히 발전했다. 벤치마크인 ABX **지수**(ABX index)는 20개의 주택 지분 증권을 포함한다.

ABCDS는 복잡한 상품이다. 기업 CDS는, 만약 기초 회사가 신용사건을 당하면 지급한다. 한편, ABS의 경우 발행 SPV는 파산하지 않으나, 자산집합 안의 개별대출은 도산할 수 있다. 또한 기준금액은 일정하지 않고, 대출 원금은 일정에 맞추어 상각된다.

이 ABCDS는 CDO**에 대한** CDS(CDS on CDO)와 비슷하다. 이는 일반적으로 CDO의 선순위 트란셰를 보호하는 신용부도스왑이다. 이 상품은 시장을 공매도하는 효율적인 방법을 제공한다. 예를 들어, 현금 CDO를 다루는 딜러들은 CDS를 매입하여 노출을 헤지할 수 있다.

다른 최근의 혁신은 **일정비율 부채증권**(constant proportional debt obligation: CPDO)이다. CPDO는 iTraxx 유럽 CDS 지수 같은 기업신용 포트폴리오에 대한 보장을 제공한다. 거래는 매우 높은 레버리지를 수반하며 동태적으로 조정된다. 시간이 지나면서 부실화된 신용을 제거하고, 스프레드 변동에 따라 레버리지를 변화시킨다. 이는 AAA등급이지만, LIBOR 더하기 200bp를 지급하는 구조를 만들어낸다. 신용 스프레드가 안정적 또는 하락하는 유리한 환경에서 이 새로운 금융상품은 매우 매력적으로 보였다. 그러나 리스크관리 담당자의 입장에서, 그들의 리스크 프로파일은 동태적 특성 때문에 평가되기 어렵다. 신용위기는 많은 CPDO에 상당한 손실을 입혔으며, 이 가운데 일부는 이미 도산했다.

예제 13.15 : FRM 시험 2008 – 문제 3-29

합성 CDO에서 옳은 설명은 무엇인가?

a. SPV는 증권들을 매입함으로써 신용노출을 높인다.
b. SPV는 신용부도스왑을 매도함으로써 신용노출을 높인다.
c. SPV는 신용부도스왑을 매입함으로써 신용노출을 높인다.
d. SPV는 무위험채권을 매도함으로써 신용노출을 높인다.

예제 13.16 : FRM 시험 2003 – 문제 7

어떤 표준적 합성 CDO는 10개 기업 주체의 포트폴리오에 준거한다. 다음을 가정하라. 총 준거 기준금액은 X, 기간은 Y년이다. 개별 준거 신용주체의 준거 기준금액은 $X/10$이다. 신용 주체들 사이의 모든 부도 상관계수는 1이다. Y년 동안, 각 개별 주체의 단일 명의 CDS 스프레드는 100bp이다. 모든 개별 준거 신용의 가정된 부도 시 회수율은 모든 경우에서 0이다. 이 합성 CDO는 두 트란셰로 이루어지며, 스프레드 J로 평가된 50%의 후순위 트란셰와 스프레드 S로 평가된 50%의 선순위 트란셰이다. 다른 조건들이 일정할 때 만약 개별 준거 신용주체들 사이의 부도 상관계수가 1.0으로부터 0.7로 감소하면, 스프레드 J의 후순위 트란셰와 스프레드 S의 선순위 트란셰의 관계는 어떤 영향을 받는가?

a. 관계는 변하지 않는다.
b. S는 J에 비해 증가한다.
c. J는 S에 비해 증가한다.
d. 제공된 자료에 의해 결정될 수 없다.

예제 13.17 : FRM 시험 2007 – 문제 81

어떤 은행은 투자등급 포트폴리오에 준거하는, 합성 부채담보부증권(CDO)의 AAA등급의 초선순위 트란셰 〔10%−11%〕 매입을 고려하고 있다. 트란셰 평가는 모든 주체들은 40%의 고정된 회수율을 갖고 있다고 가정한다. 다른 모든 조건이 같으면, 다음 네 가지 변화 중 투자된 원금을 더 위험하게 만드는 것은 무엇인가?

a. 후순위의 1% 증가(예를 들어, 〔11%−12%〕 트란셰에 투자)
b. 트란셰 범위가 1%로부터 3%로 증가(예를 들어, 〔10%−13%〕 트란셰에 투자)
c. 50%의 회수율 가정 사용
d. 포트폴리오의 증권들 사이의 부도 상관계수 증가

예제 13.18 : FRM 시험 2007 – 문제 10

다음 합성 CDO의 동질적 준거 포트폴리오를 생각해보자. 준거 주체의 수, 100; CDS 스프레드, $s = 150$bp; 회수율 $f = 50\%$. 부도사건은 독립적이라고 가정한다. 1개 주체에 대해, 연간 부도확률은 5년 동안 일정하고, $s = (1-f)$PD의 관계를 따른다. 다음 5년 동안 기대 부도주체 수는 무엇인가? 그리고 이 기대 부도주체 수에 기초하여, 다음 중 어떤 트란셰가 완전히 소멸(투자원금의 100% 손실)하겠는가?

a. 14건의 부도가 발생하고, 〔3%–14%〕 트란셰는 소멸한다.
b. 3건의 부도가 발생하고, 〔0%–1%〕 트란셰는 소멸한다.
c. 7건의 부도가 발생하고, 〔2%–3%〕 트란셰는 소멸한다.
d. 14건의 부도가 발생하고, 〔6%–7%〕 트란셰는 소멸한다.

13.6 논의

신용상품은 금융파생상품 중에서 가장 빨리 성장하는 부문이다. 신용부도스왑은 주류 금융상품이 되었으며, 이제 매우 다양한 포트폴리오에 대해 적극적으로 거래되고 있다.

13.6.1 리스크관리 수단

신용파생상품의 급속한 성장은 그 유용성의 가장 좋은 증거이다. 이 상품들은 우월한 리스크관리 수단이며, 리스크의 이전을 가능하게 한다. 영국증권업협회(BBA)의 조사로부터 인용된 〈표 13.4〉는 시장을 참가자별로 구분한다.

표 13.4 신용보장의 매입자와 매도자

	백분율		
금융기관 종류	매입자	매도자	순매입
은행	59	44	+15
보험회사	6	17	−11
헤지펀드	28	32	−4
기타	7	7	0
계	100	100	0

자료: BBA Credit Derivatives Report 2006.

은행은 그들의 대출영업을 헤지하는 신용보장의 순매수자이다. 이는 대기업(WorldCom과 Enron) 및 국가(아르헨티나) 도산에도 불구하고, 은행들이 2001년의 불황을 상당히 잘 견딘 이유를 설명하는 데 도움을 준다. 은행노출의 대부분은 이미 매도되었다. 다른 편은 신용보장의 순매도자인 보험회사들이다. 이는 보험매도와 비슷하다.

13.6.2 쟁점

구조화 상품은 전 세계에 리스크를 퍼뜨렸다. 서브프라임 대출에 기초한 자산들이 부실화되기 시작했을 때 전염효과가 발생했다. 또한, American International Group(AIG) 같은 보험회사는 결과적으로 너무 많은 보장을 판매했다. 그 규모 때문에 만약 AIG가 파산했으면 시스템 리스크가 발생했을 것이다(AIG 사례는 제16장에 기술되어 있다).

그러나 신용부도스왑 같은 표준적인 신용파생상품은 많은 장점을 갖고 있다. 2007년과 2008년, 보험시장은 현금 채권 시장과는 달리 상당한 유동성을 유지했다. CDS 시장은 신용의 비용에 관한 유용한 정보를 외부 관찰자들에게 제공하는 거래가격을 만들어냈다. 다시 말해, 가격발견 기능을 제공했다. CDS 계약은 현금 시장보다 낮은 거래비용을 통해 거래 효율성을 달성할 수 있도록 만들었다.

단점으로 이 시장의 성장은 거래과정의 누적에 기인한 운영리스크를 발생시켰다. 규제당국은 더 자동화된 거래과정을 포함하는 운영 인프라 구조를 개선하도록 업계를 압박했다.

또한, 거래상대방 리스크는 Lehman 파산에 의해 제기된 문제이다. Lehman은 CDS 시장의 주요 거래자였다. 이는 중앙집중화된 결제소의 필요성을 설명한다. 제9장에서 논의된 CLS Bank의 경우처럼 이는 계약의 다자간 상계를 허용하고 일반적으로 거래상대방 리스크를 감소시킬 것이다. 거래를 더 투명하게 만들고 일부 계약의 유동성을 높일 것이다.

신용파생상품은 또한 새로운 리스크요소인 법률리스크를 초래했다. 부도가 발생하면, 거래상대방들은 거래조건에 동의하지 않을 가능성이 있다. 심지어 거래가 완전히 확정된 경우에도 거래상대방들은 때로 신용사건의 정의에 관해 다툼을 벌인다. 이런 불일치는 러시아 부도와 이목을 집중했던 채무재조정과 합병해지 중에 발생했다. ISDA 확정 협약의 광범위한 사용은 이 불확실성의 일부를 해소하는 데 도움을 준다.

전체적으로 신용부도스왑은 금융시장 참가자들에게 많은 이점을 제공하기 때문에 계속 번성할 것이다. 그러나 복잡한 신용 증권화의 미래는 더 불확실하다. 이 시장은 규제 차익거래로부터 진화하였다 – 즉, 증권화를 통해 대출의 신용리스크를 제거함으로써 자본규제를 회피하려는 시도이다. 제8장에서 논의된 것처럼 최근의 신용위기는 복잡한 상품을 만들어낸 증권화 과정의 심각한 결점을 드러냈다. 이 복잡한 구조들의 평가는 정교한 포트폴리오 신용리스크 모형을 요구한다. 이 주제는 다음 장에서 다루어진다. 실제로 많은 이런 구조들에서 발생한 손실이 2007년에 시작된 신용위기를 촉발했다.

13.6.3 규제의 변화

신용위기는 중요한 규제변화를 초래했다. 미국에서 2010년 7월에 제정된 **도드-프랭크 금융개혁 및 소비자보호법**(Dodd-Frank Wall Street Reform and Consumer Protection Act)는 파생상품 시장의 근본적 변화를 초래할 것이다.

도드-프랭크법은 **증권거래위원회**(Securities and Exchange Commission: SEC)에게 **증권기초 스왑**(security-based swap: SBS)에 대한 규제권한을 부여한다. 이 스왑들은 주식, 채권, 또는, 단일 포트폴리오 CDS와 CDX 계약을 포함한 증권기반 지수 등에 기초한다. 다른 스왑들은 이제 **상품선물거래위원회**(Commodity Futures Trading Commission: CFTC)의 규제를 받는다. 통화파생상품은 면제될 가능성이 있다.

이 법은 OTC 파생상품 시장의 가장 적극적 참가자인 **스왑 딜러**(swap dealer: SD)와 **주요 스왑 참가자**(major swap participant: MSP)들에게 새로운 요건을 부과한다. 약간의 면제가 비재무적 최종 사용자들에게 적용된다.

CFTC와 SEC는 이 새로운 규정들이 어떤 OTC 거래에 적용될지 결정할 권한을 갖고 있다. 이 경우, SD와 MSP는 (1) 거래소를 통해 스왑거래를 실행하고 (2) 결제기관을 통해 거래를 결제해야 한다.[9] 이는 새로운 보고, 자본, 그리고 증거금 요구 기준을 만들어낸다.

중앙 거래상대방(central counterparty: CCP)을 통한 결제는 OTC 파생상품 시장의 시스템 리스크 수준을 낮추려는 규제 노력의 핵심 부분이다. 이는 거래상대방 리스크를 낮추고, 또한 투명성을 제고하며, 표준화 수준을 높이고, 그리고 담보이용 확대를 권장한다. 추가적 인센티브로서 상업은행의 규제기관은 은행의 CCP를 통한 거래의 자본규제를 완화하겠다고 제안했다.

실제로 업계는 이 영역에서 이미 큰 진보를 이루었다. 예를 들어, 런던 기반의 LCH. Clearnet에 의해 운영되는 결제서비스인 SwapClear는 금리스왑의 결제에 널리 사용되고

9) 거래소는 조직화된 선물과 옵션 시장 같은 전통적 **계약시장**(contract market), 또는 장외 전자거래소 같은 **스왑 체결 설비**(swap execution facilities: SEF)로 정의된다.

있다. 또한, IntercontinentalExchange(ICE)와 CME Group은 현재 신용파생상품의 결제를 위한 고객 서비스를 제공하고 있다. 그러나 금리스왑션, 주식 스왑, 그리고 구조화 신용상품을 포함한 많은 상품의 결제서비스는 현존하지 않는다.

CCP는 동일한 계약의 자동적 상계를 허용하고, 포지션의 일별 평가를 제공하며, 요구증거금을 부과한다. 또한, 규제당국이 시스템적으로 중요한 금융기관의 대규모 포지션을 더 잘 파악할 수 있도록 보고를 더 쉽게 만든다.

그러나 모든 OTC 계약을 CCP로 옮기는 것은 다른 어려움을 초래한다. 거래상대방 리스크는 완전히 제거되지 않고, 대신 CCP에 집중된다. 따라서 CCP 스스로 건전하게 리스크를 관리해야 한다. CCP는 도산한 딜러의 포지션으로부터 벗어날 수 있어야 하며, 이 비용은 딜러의 납입 증거금과 결제기관의 보증기금 기여분의 합을 넘지 않아야 한다. 이는 적절한 평가모형, 충분한 증거금, 그리고 유동성 있는 시장을 요구한다. 규제기관이 새로운 금융질서를 위한 규정을 마무리 짓는 과정에서, 이 상반관계가 인식되어야 할 것이다.

13.7 중요 공식

- 신용부도스왑의 수익 : 지급 = 기준금액$\times Q \times I$(CE)
- 신용스프레드 선도계약의 수익 :

  지급 $= (S-F) \times \text{MD} \times$기준금액

  지급 $= [P(y+F,\tau) - P(y+S,\tau)] \times$기준금액
- CDS 계약의 평가 :

$$V = (\text{수익의 PV}) - s(\text{스프레드의 PV}) = \left(\Sigma_{t=1}^{T} k_t (1-f)\text{PV}_t\right) - s\left(\Sigma_{t=1}^{T} S_{t-1}\text{PV}_t\right)$$

13.8 예제 풀이

예제 13.1: FRM 시험 2004 – 문제 9

d. 회사채의 매수포지션은 미국 장기국채의 매수포지션과 CDS 매도의 합과 동등하다.

예제 13.2: FRM 시험 2009 – 문제 6-3

a. LIBOR가 평평하기 때문에 고정금리 수익률 또한 4.6%이다. 이는 채권에 대해 800−460=340bp의 스프레드를 유발한다. 채권을 매수하고 CDS 매입을 통해 신용을 매도하면 340−150=190bp의 연간 수익이 발생한다.

예제 13.3: FRM 시험 2007 – 문제 120

b. 부도에 대한 보장을 위해, 이 은행은 스왑을 매입해야 한다. 분기별 지급액은 $10M×0.50%/4=$12,500이다.

예제 13.4: FRM 시험 2004 – 문제 50

a. 지급은 200×113−300×27−100×43이며, 이는 102만 달러로 환산된다.

예제 13.5: FRM 시험 2004 – 문제 65

d. 보장매입자는 거래상대방과 기초신용의 결합부도리스크에 노출된다. 만약 하나만 도산하면 신용리스크는 없다.

예제 13.6: FRM 시험 2007 – 문제 85

d. 손실이 발생하려면, B은행과 R회사 모두 도산해야 한다. B와 R의 결합부도확률은 0.5%와 3.6%의 곱이며, 이는 0.018%이다.

예제 13.7: FRM 시험 2005 – 문제 111

c. 만약 B은행이 C회사를 매입하면, B와 C는 동시에 도산할 것이다. 이 부도상관계수의 상승은 CDS 계약의 가치를 낮춘다. 〈표 13.2〉에서 공정한 CDS 스프레드는 상관관계가 증가할 때 하락한다. 현존하는 CDS 계약이 고정 스프레드를 갖고 있으므로, 이 사건은 계약가치를 낮춘다.

예제 13.8: FRM 시험 2005 – 문제 14

a. TRS는 채권 포트폴리오 가치에 지수화되어 있기 때문에 이자율 및 신용 리스크 모두에 대해 보장을 제공한다. CDS 또는 신용스프레드 옵션은 단지 신용 리스크에 대해서 보장을 제공한다. 달러로 표시된 양키채권에는 통화리스크가 없다.

예제 13.9: FRM 시험 2008 – 문제 3-31

c. 이는 반기별 지급임에 유의하라. 따라서 모든 연간 이표율은 2로 나누어져야 한다. Helman은 300(6.5%/2+2%)을 지급한다. 그 대신 300(4.5%/2)를 수취한다. 순 수취액은 300(5.25%−2.25%)=300(3%)=9.0이다.

예제 13.10: FRM 시험 2004 – 문제 63

c. 주식 트란셰인 트란셰 1은 가장 높은 수익률을 가져야 한다. 가장 높은 위험을 갖기 때문에 때로 "유독 폐기물"로 불린다. 반대로 트란셰 3은 가장 높은 신용등급과 가장 낮은 수익률을 갖는다.

예제 13.11: FRM 시험 2002 – 문제 32

a. 거래비용 또는 수수료가 없으면, 기초 포트폴리오의 수익률은 여러 트란셰의 수익률의 가중평균과 같아야 한다. 그러나 비용이 있으면, CBO의 수익률은 조금 더 낮다. 한편, 초선순위 트란셰는 모든 트란셰 중에서 가장 높은 신용등급과 가장 낮은 손실률을 갖고, 이 구조의 마지막 손실을 흡수한다.

예제 13.12: FRM 시험 2009 – 문제 6-6

a. 선순위 트란셰의 가치는 부도 상관계수에 의존한다. 만약 상관계수가 하락하면, 손실의 분포는 더 큰 분산효과, 즉 더 밀착된다. 이는 손실이 비교적 하위의 트란셰를 소멸시킬 가능성을 낮춘다. 따라서 선순위 트란셰의 가치는 상승한다. 부도보장의 매도는 선순위 트란셰 매수와 동등하며 이 조건 하에서 이익을 만들어낸다.

예제 13.13: FRM 시험 2007 – 문제 130

d. 현재 CDS 스프레드가 이자율보다 크기 때문에 CLN은 할인 매도되어야 한다. 유일한 정답은 d.이다. 더 정확하게, 수식(13.3)으로부터 스프레드 듀레이션을 이용할 수 있다. 이는 3년에 걸친 현재가치요소의 합이다. 평평한 기간구조를 가정하면, 이는 $\Sigma PV_t=0.952+0.907+0.864=2.72$이다. $(90-60)=30$bp을 곱하면 0.81%만큼 감소하며, 따라서 답은 99.19달러이다.

예제 13.14: FRM 시험 2009 – 문제 6-5

a. 이는 하위 트란셰들의 가치의 합이다. 또는, 190백만 달러 더하기 초과담보금액 10백만 달러이다.

예제 13.15: FRM 시험 2008 – 문제 3-29

b. SPV는 신용민감 채권을 사거나 또는 부도스왑을 팔 수 있다.

예제 13.16: FRM 시험 2003 – 문제 7

d. 만약 상관계수가 1이면, 모든 주체는 동시에 도산하며 후순위와 선순위 트란셰는 동일하게 영향을 받는다. 따라서 이들의 스프레드는 100bp이어야 하며, 이는 담보의 경우에도 같다. 더 낮은 상관계수에서, 손실은 먼저 후순위 트란셰에 의해 흡수될 것이다. 따라서 후순위 트란셰의 스프레드가 더 높아야 하며, 이는 선순위 트란셰의 더 낮은 스프레드에 의해 상쇄된다.

예제 13.17: FRM 시험 2007 – 문제 81

d. 후순위 금액이 증가하면, 손실을 흡수하는 하위 계층이 더 두터워지기 때문에 선순위 트란셰는 덜 위험해진다. 트란셰의 층이 두터워지면 소멸할 가능성이 감소하며, 따라서 덜 위험해진다. 부도상관계수의 상승은 리스크를 증가시킨다. 극단적으로 만약 모든 부도가 동시에 발생하면, 모든 트란셰는 손실을 입는다.

예제 13.18: FRM 시험 2007 – 문제 10

d. 연간 한계 PD는 $d = 1.5\%/(1-0.50) = 3.00\%$이다. 따라서 5년 동안의 누적 PD는 $d + S_1 d + S_2 d + S_3 d + S_4 d = 3\%(1 + 0.970 + 0.941 + 0.913 + 0.885) = 14.1\%$이며, 이 때 생존율은 $S_1 = (1-3\%) = 0.970$, $S_2 = S_1(1-3\%) = 0.941$ 등이다. 기대부도빈도는 따라서 $100 \times 14.1\%$ 또는 14이다. 회수율이 50%이면, 기대손실은 기준금액의 7%이다. 따라서 7% 포인트까지의 모든 트란셰는 소멸한다.

Chapter **14**

신용리스크 관리

앞 장들은 포트폴리오 신용리스크 모형의 다양한 투입요소를 추정하는 방법을 설명했다. 부도확률, 신용노출, 그리고 개별 신용의 회수율이 포함된다. 이제 전체 포트폴리오의 신용리스크 측정을 다룬다.

과거에 신용리스크는 신용담당자의 "가" 또는 "불가" 결정을 기준으로, 개별적으로 측정되었다. 포트폴리오 효과는 매우 기초적인 집중한도를 통해 전체적 수준에서 약간 고려되었다. 그러나 포트폴리오 이론은, 리스크는 포트폴리오의 전체 리스크에 대한 기여를 기준으로 고려되어야 하며 개별적으로 다루어질 수 없음을 알려준다. 실제로 새로운 신용리스크 모형은 포트폴리오 기반에서 리스크를 측정한다.

이런 위험분산효과는 시장리스크 관리에도 존재하지만 신용리스크의 경우 훨씬 더 복잡하다. 특히, 신용사건의 확률과 상관계수 추정이 어렵다. 그러나 제9장에서 본 것처럼 상관계수는 위험분산효과의 본질적 요인이다.

제14.1절은 신용손실의 분포를 소개한다. 이는 두 개의 주요 요소를 갖고 있다. 첫째는 예상 신용손실이다. 이는 제14.2절의 설명과 같이, 평가와 충당금 적립 목적을 위해 필수적인 정보이다. 둘째 요소는 예상외 신용손실, 즉 어떤 신뢰수준 하에서 예상 신용손실로부터의 최악의 편차이다. 제14.3절은 신용 value at risk(신용 VAR)가 시장 VAR처럼, 포지션을 지원하기 위해 필요한 자본금액을 결정하는 데 사용될 수 있음을 보인다. 제14.4절은 최근 개발된 신용리스크 모형들을 개괄한다. 여기에는 CreditMetrics, CreditRisk+, KMV 모형, 그리고 Credit Portfolio View가 포함된다. 마지막으로, 제14.5절은 결론적 논의이다. 이 모형들의 복잡성 때문에 리스크관리 담당자는 반드시 그 약점과 한계를 이해해야 한다.

14.1 신용손실 분포의 측정

14.1.1 측정의 단계

앞 장들은 신용리스크의 다양한 요소들을 상세하게 분석했다. 부도확률, 신용노출, 그리고 회수율이 포함된다. 이제 이 정보들을 결합하여, 신용리스크에 기인한 손실의 분포를 측정한다. 단순화를 위해 처음에는 다만 **부도 상태**(default mode: DM)의 손실을 고려한다. 이는 시장가치의 변화 대신 부도에 기인한 손실이다.

어떤 금융상품에서, 잠재적 신용손실(CL)은 다음과 같다.

$$\mathrm{CL} = b \times \mathrm{CE} \times \mathrm{LGD} \tag{14.1}$$

여기에서, 확률변수 b는 이산적 상태인 부도가 발생할 때 1의 값을 갖고 부도확률(PD)은 p이며, 신용노출(CE)은 부도 시 익스포저(EAD)로도 불리고, 부도 시 손실(LGD)이 포함된다. 이 정의 하에서 신용손실은 양수이다.

N 거래상대방을 포함하는 포트폴리오에서, 신용손실(CL)은 다음과 같다.

$$\mathrm{CL} = \sum_{i=1}^{N} b_i \times \mathrm{CE}_i \times \mathrm{LGD}_i \tag{14.2}$$

여기에서 CE_i는 이제 거래상대방 i에 대한 총 신용노출이며, 모든 계약에 걸쳐 상계협약을 반영한다.

신용손실의 분포는 상당히 복잡하다. 전형적으로 신용리스크에 관한 정보는 **순 대체가치**(net replacement value: NRV)에 의해 기술되며, 현재 시점에서 평가된 값은 다음과 같다.

$$\mathrm{NRV} = \sum_{i=1}^{N} \mathrm{CE}_i \tag{14.3}$$

이는 만약 모든 거래상대방들이 동시에 도산하고($b_i = 1$) 회수금액이 전혀 없으면($\mathrm{LGD}_i = 1$), 발생할 수 있는 최대손실이다. 그러나 이는 많은 정보를 제공하지 않는다. 연차보고서에 종종 공개되는 NRV는 파생상품 포트폴리오의 리스크를 기술하기 위해 기준금액을 사용하는 것과 비슷하다. 부도확률 또는 부도들 그리고 노출들의 상관계수를 고려하지 않는다.

그림 14.1 신용손실의 분포

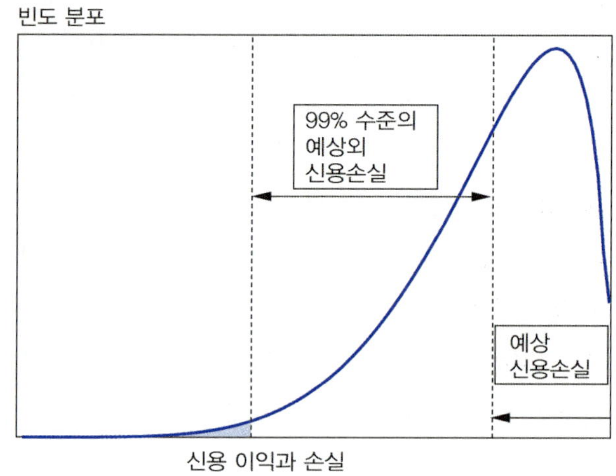

제9장은 세 거래상대방을 포함하는 간단한 포트폴리오의 손실분포를 예로 든다. 우리는 모든 가능한 상태를 상세히 기술할 수 있기 때문에, 이 예는 추적가능하다. 일반적으로, 훨씬 더 많은 신용사건이 고려되어야 한다. 노출, 불확실한 회수율, 그리고 부도 간 상관관계를 결정하는 리스크요인들의 변동과 공변동도 반영되어야 한다. 이는 몬테칼로 시뮬레이션의 도움을 받으면 가능하다. 일단 이 작업이 전체 포트폴리오에서 이루어지면, 목표일의 신용손실 분포를 얻을 수 있다. 〈그림 14.1〉은 신용 이익과 손실(P&L)의 전형적 분포를 묘사한다. 뒷부분의 한 절은, 상업적 모형에 의해 제공되는 이런 분포의 설정을 예시한다.

신용 P&L의 분포는 대단히 왼쪽으로 치우쳐 있음에 유의하자. 이는 일반적으로 대략적 대칭인 시장리스크 요인의 분포에 대조된다. 이 신용의 분포는 옵션의 매도포지션과 비슷하다. 이는 Merton 모형의 기본적 통찰의 하나이며, 위험채권을 무위험채권과 옵션 매도포지션의 합과 동등하게 본다.

14.1.2 주요 특성

이 분포는 다음과 같이 묘사될 수 있다.

- **예상 신용손실(expected credit loss)**. **예상 신용손실**은 평균적인 신용손실을 나타낸다. 포트폴리오의 평가는 예상손실을 반영해야 한다. 다시 말해, 가격은 평균 신용손

실을 상쇄할 수 있도록 충분히 유리해야 한다. 채권의 경우 예상손실을 보상할 수 있도록 가격이 충분히 낮아야, 즉 수익률이 충분히 높아야 한다. 파생상품의 경우, 신용리스크를 부담하는 은행은 상품의 평가에 예상손실을 고려해야 한다. 대손충당금은 예상손실로부터 보호하는 **신용 준비금**(credit provision)으로서 축적되어야 한다. 단지 부도변수에 초점을 맞추면, ECL은 부도확률에만 의존한다.

- **예상외 신용손실(unexpected credit loss). 최악의 신용손실**은 어떤 신뢰수준에서 초과되지 않는 손실금액을 나타낸다. 전형적으로, 99.9%가 적용된다. 이는 기본적으로 분포의 분위수이다. 예상손실로부터의 편차가 **예상외 신용손실**이다. 금융기관은 예상외손실을 충당하는 데 충분한 자기자본을 보유해야 한다. 부도변수에만 초점을 맞추면 UCL은 부도확률과 부도상관계수에 모두 의존한다.

14.1.3 상관계수의 영향

이 접근법의 핵심은 최상위의 포트폴리오 수준에서 리스크를 측정하는 것이다. 이 접근법은 또한 리스크 종류들 사이의 상관관계의 영향을 보여준다.

목록의 가장 위에 부도사건 b_i들 사이의 상관계수가 있다. 제9장에 예시된 것처럼, 상관계수가 낮고 채무자가 많으면 분포는 좁을 것이다. 이 경우 은행은 자기자본을 여러 배로 레버리지할 수도 있다. 가장 단순한 형태로서, 바젤협약은 자기자본 대 자산의 최소비율 8%를 요구한다. 이는 12.5의 최대 레버리지 비율을 뜻한다. 반대로, 상관계수가 높으면 동시 부도를 초래하며, 이는 분포의 꼬리를 확대하고 UCL을 증가시킨다. 극단적으로 완전상관관계에서, 주어진 신뢰수준에서 최악의 손실은 전체 포트폴리오의 기준금액이다. 이 경우 은행은 레버리지를 전혀 가질 수 없다. 자산은 동일 금액의 자기자본에 의해 보호되어야 한다.

상관관계는 또한 부도사건과 노출에 걸쳐(즉, b_i와 CE 사이에) 존재할 수 있다. 예를 들어, **역방향 거래**(wrong-way trade)는 노출이 부도확률과 양의 상관관계를 갖는 포지션이다. 예를 들어, 아시아 위기 전에 미국의 많은 은행들이 아시아 회사에 달러 표시 대출, 또는 동등한 스왑을 체결했다. 이 아시아 회사들 중 많은 기업은 달러 수입을 갖고 있지 않았다. 대신 자국 통화에 재투자하는 투기를 하였다. 통화가 절하되었을 때, 그 포지션은 미국 은행들의 입장에서 내가격이었다. 그러나 거래상대방들이 도산했기 때문에 자금을 회수할 수 없었다. 역으로, **정방향 거래**(right-way trade)는 거래가 거래상대방의 헤지일

그림 14.2 회수율과 부도율

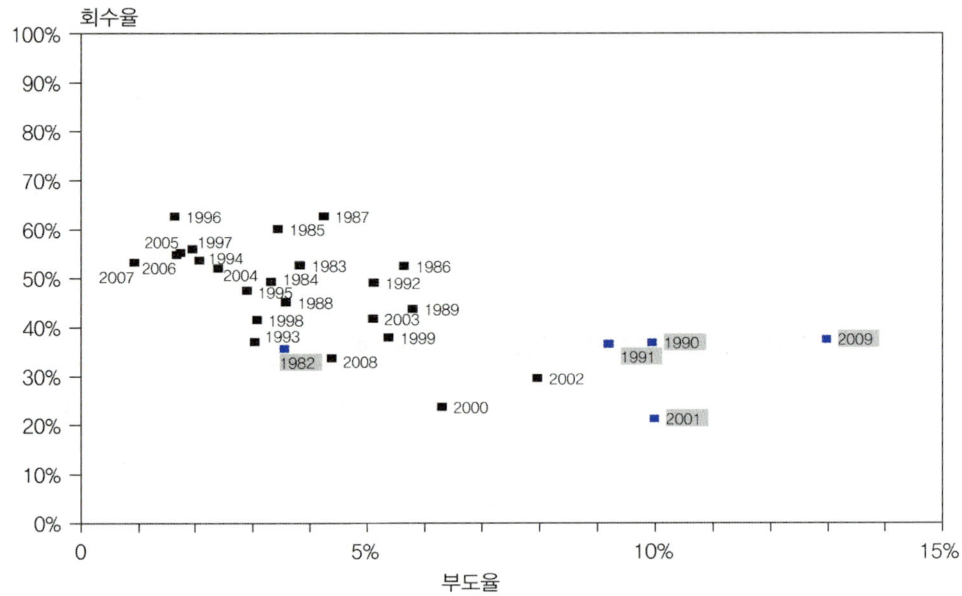

때 발생한다 — 예를 들어, 거래의 손실이 운영 수익을 상쇄할 때이다.

핵심 개념

신용리스크는 거래상대방이 거래를 헤지로서 이용하는 정방향 거래에서 더 낮다. 반대로, 역방향 거래는 신용노출과 부도확률 사이에 양의 상관관계를 초래한다.

다른 치명적인 상관관계는 부도사건과 부도 시 손실률 사이(즉, b_i와 LGD 사이)에 존재한다. 〈그림 14.2〉는 Moody's 자료의 1982년부터 2009년까지 회수율과 투기등급 부도율의 그래프이다. 1990년, 1991년, 2001년, 그리고 2009년 같은 불황기에 무담보 선순위 채권의 회수율은 다른 해에 비해 현저하게 낮았다. 부도율 또한 이 연도에 매우 높았다. 이 효과는 신용손실 분포의 꼬리를 확대한다. 만약 이 효과가 무시되면, 신용 VAR 척도는 리스크를 과소평가한다.

예제 14.1 : 신용 충당금

신용 충당금은 다음 보기 중 무엇을 제외하고 보호하는가?

a. 부실채권
b. 대출 포트폴리오의 예상손실
c. 신용 포트폴리오의 VAR와 같은 금액
d. 평균보다 낮은 손실이 있는 해에 거둔 초과 신용이익

예제 14.2 : FRM 시험 2002 – 문제 74

다음은 동일한 거래들이다. 모든 거대상대방이 같은 신용등급을 갖는다고 가정하면, 어떤 거래가 이루어지는 것이 바람직한가?

a. 무역회사로부터 가스 매입
b. 가스 생산자로부터 가스 매입
c. 배급업자로부터 가스 매입
d. a., b., 그리고 c.는 무차별하다.

14.2 예상 신용손실의 측정

14.2.1 목표기간의 예상손실

평가 목적을 위해 예상 신용손실을 측정할 필요가 있다. 이는 다음과 같다.

$$E[\mathrm{CL}] = \int f(b, \mathrm{CE}, \mathrm{LGD})(b \times \mathrm{CE} \times \mathrm{LGD})\, db\, d\mathrm{CE}\, d\mathrm{LGD} \tag{14.4}$$

만약 확률변수가 독립적이면, 결합밀도는 단순히 밀도함수들의 곱이다. 다음 관계가 성립한다.

$$E[\mathrm{CL}] = \left[\int f(b)(b)\, db\right]\left[\int f(\mathrm{CE})(\mathrm{CE})\, d\mathrm{CE}\right]\left[\int f(\mathrm{LGD})(\mathrm{LGD})\, d\mathrm{LGD}\right] \tag{14.5}$$

이는 기대값들의 곱이다. 즉, 다음과 같이 쓸 수 있다.

$$\mathrm{ECL} = \mathrm{Prob}[\text{부도}] \times E[\mathrm{CE}] \times E[\mathrm{LGD}] \tag{14.6}$$

예를 들어, 47%의 회수율을 가진 BBB등급 5년 만기 1억 달러 채권의 계리적 예상 신용손실은 $E[\text{CL}] = 2.28\% \times \$100{,}000{,}000 \times (1-47\%) = \$1.2$(백만 달러)이다. 이 예상손실은, 은행이 하나의 1억 달러 노출을 갖고 있거나 또는 각각 1백만 달러의 100개의 노출을 갖고 있거나, 동일하다는 점에 유의하자. 그러나 신용의 수가 증가하면, 분포는 매우 다를 수 있다.

14.2.2 예상손실의 시간 프로파일

지금까지는 예를 들어, 1년의 고정된 목표기간에 초점을 맞추었다. 그러나 평가목적을 위해 자산의 기간 중 총신용손실을 고려할 필요가 있다. 이는 노출의 시간 프로파일, 부도확률, 그리고 할인요소를 포함한다. 시점 t에 지급된 1달러의 현재가치를 PV_t로 표시하자.

예상 신용손실의 현재가치(present value of expected credit loss)는 매 기간의 할인된 예상 신용손실의 합으로 계산된다.

$$\text{PVECL} = \sum_t E[\text{CL}_t] \times \text{PV}_t = \sum_t [k_t \times \text{ECE}_t \times (1-f)] \times \text{PV}_t \qquad (14.7)$$

여기에서 부도확률은 $k_t = S_{t-1}\, d_t$, 즉 시점 t의 아직 도산하지 않았다는 조건 하에서 부도발생 확률이다.

또는, 자산의 만기에 걸쳐, 평균부도확률과 평균노출을 이용하여 단순화될 수 있다.

$$\text{PVECL}_A = \text{Ave}[k_t] \times \text{Ave}[\text{ECE}_t] \times (1-f) \times \left[\sum_t \text{PV}_t\right] \qquad (14.8)$$

그러나 부도확률과 노출 프로파일이 시간흐름에 걸쳐 상관관계를 갖는다면, 이 접근법은 좋은 근사값이 아닐 수 있다. 예를 들어, 높은 신용등급을 가진 거래상대방과의 통화스왑은 시간의 경과와 함께 상승하는 노출과 부도확률을 갖는다. 이 상관관계 때문에 평균들의 곱은 신용리스크를 과소평가한다. 다른 경우, 신용리스크를 과대평가할 수도 있다.

ECE가 상수일 때, 더 단순한 접근법은 단지 최종 만기 T를 고려한다. 누적부도율 c_T와 할인요소 PV_T를 사용한다.

$$\text{PVECL}_F = c_T \times \text{ECE} \times (1-f) \times \text{PV}_T \qquad (14.9)$$

14.2.3 사례

〈표 14.1〉은 PVECL을 계산하는 방법을 보여준다. 초기 신용등급 BBB를 가진 거래상대방과의 5년 만기 기준금액 1억 달러 금리스왑을 고려하자. 할인요소는 6%이고 회수율은 45%이다. 또한, 부도는 각 연도의 말에만 발생한다고 가정한다. 분석은 제13장의 신용부도스왑과 비슷하다. 단순화를 위해, 여기에서는 실제 부도확률을 사용한다.

표 14.1 스왑의 예상 신용손실 계산

연도	P(부도) (%)			노출	LGD	할인요소	계
t	c_t	d_t	k_t	ECE_t	$(1-f)$	PV_t	PVECL_t
1	0.22	0.220	0.220	$1,660,000	0.55	0.9434	$1,895
2	0.54	0.321	0.320	$1,497,000	0.55	0.8900	$2,345
3	0.88	0.342	0.340	$1,069,000	0.55	0.8396	$1,678
4	1.55	0.676	0.670	$554,000	0.55	0.7921	$1,617
5	2.28	0.741	0.730	$0	0.55	0.7473	$0
계			2.280			4.2124	$7,535
평균			0.456	$956,000			
PVECL_A			0.456	$956,000	0.55	4.2124	=$10,100

첫째 열에, BBB등급 신용의 1년부터 5년 기간 백분율로 표시된 누적부도확률 c_t가 있다. 둘째 열은 해당 연도의 한계부도확률 d_t를 나타낸다. 셋째 열은 각 연도의, 이전에 도산하지 않았다는 조건 하에서 부도확률 $k_t = S_{t-1} d_t$을 나타낸다. 넷째 열은 연말 기대신용노출 ECE_t을 보고한다. 다섯째 열은 상수인 LGD이다. 여섯째 열은 현재가치요소 PV_t를 보여준다.

마지막 열은 곱셈 $[k_t \text{ECE}_t (1-f) \text{PV}_t]$이다. 예를 들어, 첫 항목은 0.220%×$1,660,000×0.55×0.9434=$1,895이다. 매 연도에 걸쳐 합계하면, 기준금액 1억 달러 스왑에 대해 7,535달러, 또는 원금의 0.007%이다. 이는 1베이시스 포인트 미만이며, 매우 작다. 따라서 금리스왑의 예상 신용손실은 대단히 작다. 기본적으로, 작은 노출 프로파일 때문에 예상 신용손실은 매우 낮다. 일반 채권 또는 통화스왑의 경우, 예상손실은 훨씬 더 크다.

마지막 행은, 수식(14.8)로부터, 평균에 기초하여 예상 신용손실을 측정하는 지름길을 보여준다. 평균 연간 부도확률은 0.456이다. 평균노출 956,000달러로 곱하면, LGD와 할인요소 합계로부터 10,100달러가 계산된다. 이는 정확한 계산과 같은 수준이다.

〈표 14.2〉는 1억 달러의 일정 노출을 가정하고, 채권의 계산을 자세히 보여준다. 예상 신용손실은 119만 7,000달러이며, 스왑보다 약 100배 더 크다. 노출 또한 약 100배 더 크기 때문이다.

표 14.2 채권의 예상 신용손실 계산

연도	P(부도) (%)			노출	LGD	할인요소	계
t	c_t	d_t	k_t	ECE_t	$(1-f)$	PV_t	$PVECL_t$
1	0.22	0.220	0.220	$100,000,000	0.55	0.9434	$114,151
2	0.54	0.321	0.320	$100,000,000	0.55	0.8900	$156,639
3	0.88	0.342	0.340	$100,000,000	0.55	0.8396	$157,009
4	1.55	0.676	0.670	$100,000,000	0.55	0.7921	$291,887
5	2.28	0.741	0.730	$100,000,000	0.55	0.7473	$300,024
계			2.280			4.2124	$1,019,710
평균			0.456	$100,000,000			
$PVECL_A$			0.456	×$100,000,000	×0.55	×4.2124	=$1,056,461
$PVECL_F$	2.280			×$100,000,000	×0.55	×0.7473	=$937,062

앞의 표와 같이, 다음 줄은 평균에 기초한 결과를 나타낸다. 여기에서 예상 신용손실은 105만 6,000달러이며, 정확한 수치에 매우 가깝다. 시간이 경과해도 신용노출의 변동은 없기 때문이다.

일반적인 지름길을 이용하여, 간단하게 예상 신용손실을 계산할 수도 있다. 5년 동안의 누적 부도율에 1억 달러를 곱하고, 다시 부도 시 손실률을 곱하면 125만 4,000달러이다. 현재가치로 할인하면 93만 7,000달러가 되며, 앞의 결과와 비슷하다.

예제 14.3 : FRM 시험 2003 – 문제 26

다음 대출 중 가장 낮은 신용리스크를 가진 것은 무엇인가?

부채	1년 부도확률	부도 시 손실률	잔여 기간(월)
a.	1.99%	60%	3
b.	0.90%	70%	9
c.	1.00%	75%	6
d.	0.75%	50%	12

예제 14.4 : FRM 시험 2007 - 문제 38

자산 매니저인 Rosenqvist씨는 BBB등급 채권으로 이루어진 200만 스웨덴 크로나의 포트폴리오를 보유하고 있다. 연간 부도확률은 4%, 회수율은 60%, 그리고 부도들은 시간에 걸쳐 상관관계가 없다고 가정하자. Rosenqvist씨의 포트폴리오의 2년 누적 예상 신용손실은 얼마인가?

a. 640만 크로나　　b. 627만 크로나

c. 960만 크로나　　d. 948만 크로나

14.3 신용 VAR의 측정

14.3.1 목표기간의 신용 VAR

신용 VAR(credit VAR)는 어떤 신뢰수준 하에서 예상외 신용손실로 정의된다. 수식 (14.1)의 신용손실 척도를 사용하여, 목표기간의 신용손실 분포 $f(\text{CL})$를 만든다. 주어진 신뢰수준 c에서, 최악의 신용손실(WCL)은 다음과 같이 정의된다.

$$1-c=\int_{\text{WCL}}^{\infty} f(x)dx \tag{14.10}$$

신용 VAR는 이제 ECL로부터의 편차로 측정된다.

$$\text{신용 VAR}=\text{UCL}=\text{WCL}-\text{ECL} \tag{14.11}$$

여기에서, 모든 손실은 양수로 표시된다.

이 신용 VAR 값은 예상외손실에 대한 완충수단으로서 보유되어야 하는 경제적 자기자본으로 간주된다. 이것의 적용은 예상 신용손실과는 기본적으로 다르다. 예상 신용손실은 채무자들에 대해 가법적이고, 시간에 걸쳐 통합될 수 있다.

대신, 신용 VAR는 목표기간, 예를 들면 1년에 걸쳐 측정된다. 이 기간은, 만약 신용문제가 진전되기 시작하면, 은행이 시정조치를 취하는 데 충분해야 한다. 시정조치는 노출축소 또는 경제적 자본의 조정 형태를 띨 수 있다. 이들은 모두 시장리스크의 전형적 목표기간보다 현저히 긴 기간을 필요로 한다.

14.3.2 신용 VAR를 이용한 포트폴리오 관리

신용 VAR는 일단 측정되면, 관리될 수 있다. 포트폴리오 매니저는 신용 VAR에 가장 많이 기여하는 거래들을 분석할 수 있다. 만약 이 거래들의 수익성이 특별히 높지 않으면 제거되어야 한다.

리스크에 대한 한계적 기여(marginal contribution to risk)는 또한 제안된 거래의 전체 포트폴리오 리스크에 대한 증분효과를 분석하기 위해 사용될 수 있다. 시장리스크의 경우처럼, 개별 신용은 개별적 리스크뿐 아니라 포트폴리오 리스크에 대한 기여에 기초하여 평가되어야 한다.

예상수익이 동일하면, 위험을 낮추는 거래가 포트폴리오 위험을 추가하는 것보다 바람직하다. 그러나 이 상반관계에 기초한 선택은 포트폴리오 신용리스크가 공식적으로 측정되는 경우에만 가능하다.

이 한계분석은 또한 포지션을 유지하기 위해 필요한 **자본에 대한 보상**(remuneration of capital)을 계산하는 데 도움을 준다. 예를 들어, 분포가 10억 달러의 ECL과 50억 달러의 UCL을 갖고 있다고 가정하자. 은행은 단지 예상 신용손실로부터의 확률적 편차를 충당하기 위해, 50억 달러를 축적할 필요가 있다. 그러나 자기자본은 보상을 요구한다. 따라서 대출의 가격은 예상손실뿐 아니라 이 경제적 자본의 비용까지 충당해야 한다. 이것이 소위 리스크 프리미엄이며, 관찰된 신용스프레드가 단순히 계리적 손실을 충당하는 데 필요한 수준보다 큰 이유를 설명한다.

예제 14.5 : 한 채권의 신용 VAR

어떤 리스크 애널리스트는 위험채권의 신용 VAR를 추정하려 한다. 신용 VAR는 1개월 동안 99.9% 신뢰수준에서 최대 예상외손실로 정의된다. 이 채권의 1개월 선도가격은 1,000,000달러이고, 그리고 1년 누적 부도확률은 2%라고 가정하자. 회수율은 0이라고 가정하면, 이 채권의 가장 적절한 신용 VAR 추정치는 무엇인가?

a. 20,000달러　　b. 1,682달러
c. 998,318달러　　d. 0달러

예제 14.6 : 두 채권의 신용 VAR

어떤 리스크 애널리스트는 두 위험채권으로 이루어진 포트폴리오의 신용 VAR를 구하려 한다. 신용 VAR는 1개월 동안 99.9% 신뢰수준에서 최대 예상외손실로 정의된다. 각 채권의 1개월 선도가격은 1,000,000달러이고, 1년 누적 부도확률은 2%라고 가정하자. 부도상관관계와 회수율이 0이라고 가정하면, 이 포트폴리오의 가장 적절한 신용 VAR 추정치는 무엇인가?

a. 841달러 b. 1,682달러 c. 998,318달러 d. 498,318달러

예제 14.7 : FRM 시험 2005 – 문제 122

당신은 Happy은행의 신용리스크 매니저이다. Happy은행은 5억 달러의 국채를 보유한다. 한 대출은 4억 달러이며 양의 부도확률을 갖고 있고, 다른 부채는 1억 달러이며 양의 부도확률을 갖고 있다. 부도의 상관관계는 없다. 은행은 CreditRisk+를 사용하여 1%에서 신용 VAR를 계산한다. 당신을 위해 일하는 애널리스트의 VAR에 관한 다음 설명 중 틀린 것은 무엇인가?

a. VAR 또는 WCL은 0일 수 있다.
b. 포트폴리오의 예상손실이 VAR를 초과한다.
c. 포트폴리오의 예상손실은 VAR보다 필연적으로 작다.
d. 위의 보기에 틀린 것은 없다.

14.4 포트폴리오 신용리스크 모형

포트폴리오 신용리스크 모형은 접근법에 의해 분류될 수 있다. 이 절은 또한 네 개의 주요 포트폴리오 신용모형을 기술한다.

14.4.1 포트폴리오 신용리스크 모형에 대한 접근법

〈표 14.3〉은 업계의 포트폴리오 신용리스크 모형의 기본적 특성들을 요약한다.

표 14.3 신용리스크 모형의 비교

	CreditMetrics	CreditRisk+	Moody's KMV	Credit Portfolio View
개발자	JPMorgan	Credit Suisse	KMV	McKinsey
모형 종류	상향식	상향식	상향식	하향식
리스크의 정의	시장가치 (시가평가)	부도손실 (부도상태)	부도손실 (시가평가/부도상태)	시장가치 (시가평가)
리스크요인	자산가치	부도율	자산가치	거시적 요인
신용사건	등급변화/부도	부도	연속적 부도확률	등급변화/부도
확률	비조건부	비조건부	조건부	조건부
변동성	상수	변수	변수	변수
상관관계	주식 (구조적)	부도과정 (축약형)	주식 (구조적)	거시적 요인
회수율	확률적	범위내 상수	확률적	확률적
해	시뮬레이션/ 분석적	분석적	분석적	시뮬레이션

모형의 종류(Model Types) **하향식 모형**(top-down model) 집단은 단일 통계량을 사용하여 신용리스크를 통합한다. 동질적인 것으로 간주되는 리스크의 많은 원천을 전체적 포트폴리오 리스크로 통합한다. 개별 거래의 세부적 내용은 파헤치지 않는다. 이 접근법은 많은 수의 신용을 포함하는 소매 포트폴리오에 적당하나 기업이나 국가 대출에는 덜 적당하다. 심지어는 소매 포트폴리오 안에서, 하향식 모형은 산업이나 지리적 위치에 기인한 특정 리스크를 간과할 수 있다.

상향식 모형(bottom-up model)은 각 금융상품의 특징을 고려한다. 이 접근법은 시장 VAR 시스템을 특징짓는 포지션의 구조적 분해에 가장 가깝다. 기업과 자본시장 포트폴리오에 적당하다. 상향식 모형은 또한 시정조치를 취하는 데 가장 편리하다. 리스크 구조는, 리스크 프로파일을 수정하기 위해 반대로 만들어질 수 있기 때문이다.

리스크의 정의(Risk Definitions) **부도상태 모형**(default-mode model)은 명백한 부도만을 신용사건으로 간주한다. 따라서 채권 시장가치 또는 신용등급의 변동은 무관하다.

시가평가 모형(mark-to-market model: MTM model)은 시장가치와 부도를 포함하는 신용등급 변화를 고려한다. 공정 시장가격 모형은 청산기간을 기준으로 정의된 보유기간에 해당하는 리스크를 더 잘 평가한다.

부도확률의 모형(Models of Default Probability) **조건부 모형**(conditional model)은 함수관계를 통해 변화하는 거시경제적 요인을 부도확률에 포함시킨다. 특히, 부도율은 불황기에 증가하는 것이 관찰된다.

비조건부 모형(unconditional model)은 고정된 부도확률을 갖고 있고, 차입자 또는 요인의 특유 정보에 초점을 맞추는 경향이 있다. 그러나 투입 모수를 수작업으로 변경함으로써, 환경의 일부 변화는 허용된다.

부도 상관관계의 모형(Models of Default Correlations) 포트폴리오 내 채무자들의 부도상관계수는 직접적으로 관찰되지 않기 때문에 모형으로부터 추론되어야 한다.

구조형 모형(structural model)은 자산의 결합변동에 의해 상관관계를 설명한다 – 예를 들어, 주식 가격. 각 채무자에서 이 가격은 부도확률의 변동을 나타내는 확률변수이다.

축약형 모형(reduced-form model)은 부도확률과 배경요인들 사이의 특정한 함수관계를 가정함으로써 상관관계를 설명한다. 예를 들어, 채무자들 사이의 부도상관관계는 공통 리스크요인 부하에 의해 모형화될 수 있다 – 예를 들어, 산업과 국가이다.

14.4.2 CreditMetrics

JPMorgan에 의해 1997년 4월 발표된 CreditMetrics는 포트폴리오 신용리스크의 초기적 모형이었다. 이 시스템은 신용리스크가 채권 신용등급의 전이행렬로부터 도출된 변동에 의해 유발되는, 상향식 접근법이다.

이 모형에서 신용의 질은 관찰되지 않은 잠재적 변수에 의해 측정되며, 이는 채무자의 자산가치로 해석될 수 있다. 이는 자기자본 가치와 관련되어 있다. 주식가격은 관찰가능하기 때문에 채무자들의 상관관계의 원천이다. 자산가치가 일정 하한 아래로 감소할 때, 채무자는 부도상태에 있다고 간주된다. 따라서 이 모형집단은 세 종류의 확률변수를 포함한다. 이들은 (1) 자기자본 가치, (2) 자산 가치, 그리고 (3) 부도 지표이다.

이 시스템의 구성요소는 〈그림 14.3〉에 기술되어 있다.

상품별 노출 측정(Measurement of Exposure by Instrument) 이는 사용자의 포트폴리오로부터 시작한다. 모든 상품을 노출에 따라 분해하고, 목표일의 기대노출에 대한 시장 변동성의 영향을 평가한다. 보호된 상품의 범위는 채권과 대출, 스왑, 외상매출금, 약정, 그리고

그림 14.3 CreditMetrics의 구조

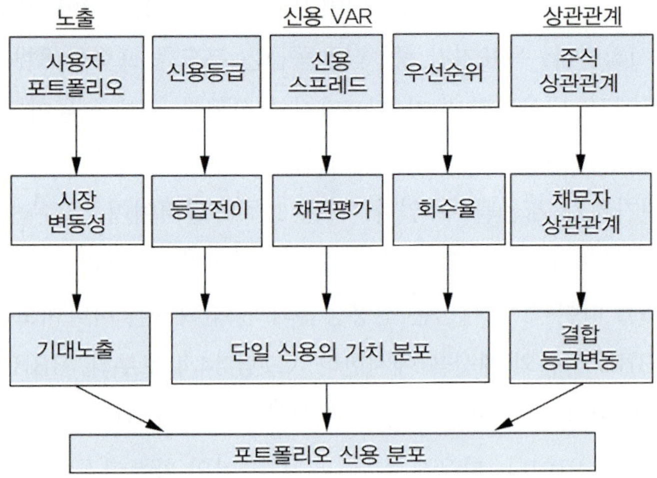

신용장을 포함한다.

개별 부도리스크의 분포(Distribution of Individual Default Risk) 이 단계는 각 상품을 특정 신용등급에 연계시키는 것으로 시작한다. 신용사건은 전이확률의 행렬을 통해, 부도를 포함한 등급전이로서 정의된다. 따라서 부도확률의 변동은 이산적이다. 신용사건 후, 금융상품은 각 등급의 신용스프레드를 이용하여 평가된다. 부도의 경우, 회수율의 분포는 다양한

그림 14.4 채권가치 분포의 설정

BBB		확률 (p_i)	가치 (V_i)	기대값 $\Sigma(p_iV_i)$	분산 $\Sigma p_i(V_i-m)^2$
	AAA	0.02%	$109.37	0.02	0.00
	AA	0.33%	$109.19	0.36	0.01
	A	5.95%	$108.66	6.47	0.15
	BBB	86.93%	$107.55	93.49	0.19
	BB	5.30%	$102.02	5.41	1.36
	B	1.17%	$98.10	1.15	0.95
	CCC	0.12%	$83.64	0.10	0.66
	Default	0.18%	$51.13	0.09	5.64
		합계 = 100.00%		$m = \$107.09$	$\sigma^2 = 8.95$
					SD = $2.99

우선순위 등급들에 관한 역사적 자료에 기초한다.

이는 〈그림 14.4〉에 예시되어 있다. 초기 신용등급이 BBB인 채권이나 신용상품으로부터 시작한다. 목표기간 중, 신용등급은 부도를 포함한 8개 등급으로 전이할 수 있다. 각 등급에서, 금융상품의 가치는 다시 계산된다 — 예를 들어, 만약 AAA로 전이하면 109.37달러, 또는 부도 시 회수가치 51.13달러이다. 주어진 상태 확률 및 연계 가치 하에서, 기대 채권가치가 계산될 수 있다. 이는 107.09달러이며, 표준편차는 2.99달러이다.

신용등급의 변화는 잠재적 요인인 자산가치에 의해 초래된다. 각 자산가치는 표준정규분포를 따른다. 절사점은 신용등급의 변화 확률을 나타내도록 선택된다. 〈표 14.4〉는 예로 든 BBB 신용의 계산을 예시한다. 〈그림 14.4〉로부터, BBB등급으로부터 부도상태로 전이할 확률은 0.18%이다. z_1은 왼쪽 부분의 면적이 $N(z_1)=0.18\%$이 되도록 선택된다. 따라서 $z_1=-2.91$이다. 다음으로, z_1과 z_2 사이의 확률이 0.12%가 되도록 z_2를 선택해야 한다. 또는, 왼쪽 꼬리의 전체 확률은 $N(z_2)=0.18\%+0.12\%=0.30\%$이다. 따라서 $z_2=-2.75$이며, 계산은 같은 형태로 계속된다.

표 14.4 시뮬레이션의 절사점

등급 i	확률 p_i	누적확률 $N(z_i)$	절사점 z_i
AAA	0.02%	100.00%	
AA	0.33%	99.98%	3.54
A	5.95%	99.65%	2.70
BBB	86.93%	93.70%	1.53
BB	5.30%	6.77%	−1.49
B	1.17%	1.47%	−2.18
CCC	0.12%	0.30%	−2.75
Default	0.18%	0.18%	−2.91

부도 사이의 상관계수(Correlations among Defaults) 부도들 사이의 상관계수는 자산가치 간 상관계수로부터 추론된다. 이는 다시 주가지수들 사이의 상관계수로부터 구해진다. 각 채무자는 미리 정해진 가중치에 의해 산업 및 지리적 섹터로 매핑된다. 상관계수는 공통 리스크요인들의 공변동으로부터 추론된다. 여기에 약 152개 국가-산업 지수, 28개 국가 지수, 그리고 19개 세계 산업지수들의 데이터베이스가 사용된다.

예를 들어, 회사 1은 변동성의 90%가 미국 화학산업에서 비롯된다. 표준화된 수익 단위에서 다음 관계가 성립한다.

$$r_1 = 0.90\, r_{\mathrm{US,\,Ch}} + k_1\epsilon_1$$

여기에서, 잔차 ϵ은 다른 변수들과 상관관계가 없다. 총 변동성이 1로 표준화되었기 때문에, $k_1 = \sqrt{1-0.9^2} = 0.44$이 성립한다.

다음으로, 회사 2는 독일 보험산업지수에 74%의 가중치 그리고 독일 은행산업지수에 15%의 가중치를 갖고 있다고 가정하자.

$$r_2 = 0.74\, r_{\mathrm{GE,\,In}} + 0.15\, r_{\mathrm{GE,\,Ba}} + k_2\epsilon_2$$

두 회사의 자산가치 사이의 상관계수는 다음과 같다.

$$\rho(r_1, r_2) = (0.90\times 0.74)\rho(r_{\mathrm{US,\,Ch}}, r_{\mathrm{GE,\,In}}) + (0.90\times 0.15)\rho(r_{\mathrm{US,\,Ch}}, r_{\mathrm{GE,\,Ba}})$$
$$\rho(r_1, r_2) = (0.90\times 0.74)0.15 + (0.90\times 0.15)0.08 = 0.11$$

CreditMetrics는 미리 정해진 상관계수를 가진 다중정규분포를 가정하고, 결합 자산가치의 시뮬레이션을 이용한다. 따라서 이 접근법은 정규분포 코퓰러에 의존한다. 포트폴리오의 총가치와 연간 목표기간의 신용손실 분포가 도출된다.

이 시뮬레이션은 또한 부도사건들 사이의 상관계수를 계산하는 데 사용될 수 있다. 부도는 등급변동보다 훨씬 드물기 때문에, 상관계수는 일반적으로 자산가치의 상관계수보다 훨씬 작다. CreditMetrics는 40% 내지 60% 범위의 자산 상관계수는 전형적으로 2% 내지 4% 범위의 부도 상관계수로 전환된다고 보고한다.[1)]

이 접근법의 다른 단점은 신용 및 시장 리스크를 통합하지 않는다는 것이다. 손실은 신용상태의 변동에 의해서만 발생하며, 시장의 변동에 의해 영향 받지 않는다. 시장 노출의 불확실성은 없다. 예를 들어, 스왑 목표일의 노출은 기대노출로부터 도출된다. 채권은 오늘의 선도이자율과 현재의 신용스프레드를 이용하여 목표기간의 신용등급에 적용함으로써, 재평가된다. 따라서 이자율리스크는 없다.

1) 그러나 이 결과는 완전히 신뢰될 수 없는 결합정규성 가정에 기초한다. 다른 분포는 더 높은 동시부도 가능성을 제시한다. 명백하게, 이 점은 신용 포트폴리오에 있어서 매우 중요하다.

14.4.3 CreditRisk+

CreditRisk+는 1997년 10월 Credit Suisse에 의해 공개되었다. 이 접근법은 CreditMetrics로부터 현저하게 다르다. 이는 손해보험 문헌에서 도출된 순수한 계리적 접근법에 기초한다.

CreditRisk+는 시가평가(MTM) 모형이기보다 부도상태(DM) 모형이다. 단지 두 상태만 고려된다 - 부도 그리고 비부도.

모형은 독립적인 부도확률을 가진 다수의 동일한 대출 n을 가정하면서 시작한다. 총손실은 $x = \sum_{i=1}^{n} b_i$이며, 이제 이항분포를 따른다. 이는 $\lambda = np$의 인텐시티(intensity)를 가진 Poisson 분포에 의해 근사적으로 계산된다.

$$f(x) = e^{-\lambda}\frac{\lambda^x}{x!} \tag{14.12}$$

부도 상관계수는 인텐시티 자체가 확률적이라고 가정함으로써 도입된다. 높은 λ의 실현은 각 채무자의 부도확률을 높인다. 부도 인텐시티는 또한 시간가변적일 수 있으며, 시간에 따라 변하는 요인들의 함수로서 모형화된다. CreditRisk+는 포트폴리오를 동질적 섹터들로 구분함으로써, 부도율의 가변성을 감안한다. 한 섹터 안에서 채무자는 동일한 체계적 위험 요인을 공유한다.

이 접근법의 다른 요소는 손실의 정도이다. 이는 손실정도의 범위에 의해 자산을 구분함으로써, 대략적으로 모형화된다. 예를 들어, 첫 번째 대출 범위는 약 20,000달러, 두 번째 범위는 약 40,000달러 등이다. 각 범위의 손실분포가 도출된다. 이 분포들은 여러 범위에 걸쳐 결합되어, 부도손실의 전체적 분포를 만들어낸다.

이 방법은 최소의 자료를 사용하여, 신용손실 분포의 분석적 해를 신속히 제공한다. 그러나 CreditMetrics처럼 시장노출의 불확실성은 없다.

14.4.4 Moody's KMV

Moody's KMV는 전 세계의 약 30,000개 공개기업의 추정된 부도빈도(EDF)의 예측을 제공한다.[2)] 이 기법의 많은 부분이 독자적인 것으로 간주되며, 공개되지 않는다.

모형은 기업의 주식 E를 기업자산에 대한 콜옵션으로 간주하는 Merton 접근법의 응용이다.

$$E = c(A,\ K,\ r,\ \sigma_A,\ \tau) \quad (14.13)$$

실무적으로, KMV는 하한 K를 모든 단기(1년 또는 미만) 부채의 가치와 모든 장기 부채 장부가치의 절반의 합으로 정의하고 있다. 자산가치는 자기자본 시장가치와 모든 부채 장부가치의 합으로 계산된다. 즉, $A = nS + D$이다.

제11장에서 본 것처럼, 이 수식은 관찰가능한 변수들로부터 반복적 방법으로 추정되어야 한다. 특히, 주식 가격 S와 변동성 σ_s로부터 자산 변동성을 추정한다. KMV는 정규화된 **부도거리**(distance to default: DD)를 계산한다. 이는 기본적으로 자산의 현재 가격과 경계점 사이의 거리이다. 예를 들어, $A = 100$백만 달러, $K = 80$백만 달러, 그리고 $\sigma_A = 10$백만 달러를 가정하자. 다음 관계가 성립한다.

$$\mathrm{DD} = z = \frac{A-K}{\sigma_A} = \frac{\$100 - \$80}{\$10} = 2 \quad (14.14)$$

DD의 주요 요인은 (1) 주식가격 수준, (2) 레버리지 금액, 그리고 (3) 자산가치의 변동성이다. 주식가격이 더 낮고, 레버리지가 더 높으며, 그리고 자산 변동성이 더 높으면 DD 척도는 감소한다.

마지막 단계에서, KMV는 이 정보를 이용하여 추정된 부도빈도 또는 부도확률을 보고한다. 예를 들어, 만약 정규분포하는 수익을 가정하면, 표준정규변수 z가 -2 미만일 확률은 약 PD = 2.3%이다. 실제로 EDF는 실제 부도자료에 맞추어 조정되며, 객관적(위험중립에 대비되는 의미에서) 부도확률을 제공한다.

CreditMetrics와는 달리, KMV는 채무 기업의 주식가격으로부터 직접적으로 부도상관계수를 도출한다. 첫째, 자산가치의 수익은 채무 기업의 주식과 부채 가치의 변화로부터 계산된다. 둘째, 이 수익들은 일단의 거시경제적 요인, 국가지수, 그리고 산업지수들에 대해 회귀분석된다. 마지막으로, 이 요인모형은 채무 기업의 자산가치를 나타내는 결합확률변수를 만드는 데 사용된다. 다시, 산업의 표준정규 코퓰러가 사용된다.

이 접근법의 강점은 회사에 관한 가장 양질의 시장자료에 의존한다는 것이다—주식 가

2) KMV는 S. Kealhofer, J. McQuown, 그리고 O. Vasicek(지금부터, KMV로 약술)에 의해 신용리스크 서비스를 제공하기 위해 설립되었다. KMV는 1989년 샌프란시스코에서 사적 기업으로 설립되었으며, 2002년 4월 Moody's에 의해 인수되었다.

격. 따라서 공개 기업에 가장 적합하다. KMV는 또한 사적 기업의 모형을 제공한다. 이는 해당 기업과 산업의 회계자료, 그리고 동일 산업에 속한 공개 기업의 주식 정보에 기초한다. 예상대로 사적 기업의 EDF는 현저히 덜 정확하다.

14.4.5 Credit Portfolio View

마지막으로 고려되는 모형은 컨설팅 기업 McKinsey에 의해 1997년 발표된 Credit Portfolio View(CPV)이다. 이 하향식 모형의 초점은 거시경제적 요인의 포트폴리오 신용리스크에 대한 영향이다.

이 접근법은 전형적으로 고객계층별로 구성된 하위 포트폴리오 안의 신용의 수와 규모로부터 손실의 분포를 모형화한다. 고정된 전이확률을 고려하는 대신, 이 모형은 부도확률을 경제상태에 대해 조건화한다. 불황기에는 부도확률이 상승할 수 있도록 한다. 시점 t의 부도확률 p_t는 여러 국가와 산업에 관한 일단의 거시경제적 변수 x^k들로부터 도출된다. 이 때, y_t로 불리는 선형결합이 이용된다. y_t의 함수적 관계는 로짓 모형(logit model)으로 불리며, 이는 확률이 언제나 0과 1 사이에 있도록 만든다.

$$p_t = 1/[1+\exp(y_t)], \quad y_t = \alpha + \sum \beta^k x_t^k \tag{14.15}$$

다요인 모형을 사용하여, 각 채무 기업은 국가, 산업, 그리고 신용등급 범주별로 나누어진다. 회수율의 불확실성도 요인으로 포함된다. 포트폴리오 부도손실의 분포를 만들기 위해, 모형은 수치적 시뮬레이션을 이용한다. 이 모형은 경제상태에 의존하는 부도확률을 모형화하는 데 유용하다. 그러나 이 접근법은 기본적으로 하향식이며, 기업들로 이루어진 포트폴리오의 신용리스크를 충분히 상세하게 제공하지 않는다.

14.4.6 비교

International Swaps and Derivatives Association(ISDA)는 신용리스크 모형들의 비교조사를 실시했다.[3] 실증연구는 세 개의 포트폴리오로 이루어졌으며, 각각은 총 기준금액 663억 달러의 1년 만기 대출로 이루어졌다.

3) ISDA, *Credit Risk and Regulatory Capital* (New York: ISDA, 1998).

포트폴리오 A : 높은 신용등급, 분산된 포트폴리오(500개 기업)

포트폴리오 A : 높은 신용등급, 집중된 포트폴리오(100개 기업)

포트폴리오 A : 낮은 신용등급, 분산된 포트폴리오(500개 기업)

모형들은 〈표 14.5〉에 수록되어 있으며, CreditMetrics, CreditRisk+, 그리고 두 내부모형을 포함한다. 이들은 모두 1년의 목표기간 그리고 99%의 신뢰수준을 갖고 있다. 또한, 제18장에서 설명된 바젤 I 표준 규정의 요구자본이 보고되어 있다. 이 기준은 신용의 질적 차이나 분산효과를 감안하지 않는다는 점에 유의하자. 대신 요구자본은 대출 기준금액의 8%에 기초한다.

표 14.5 다양한 신용리스크 모형의 요구자본

	상관계수 0 가정		
	포트폴리오 A	포트폴리오 B	포트폴리오 C
CreditMetrics	777	2,093	1,989
CreditRisk+	789	2,020	2,074
내부모형 1	767	1,967	1,907
내부모형 2	724	1,906	1,756
바젤 I 기준	5,304	5,304	5,304
	상관계수 평가		
	포트폴리오 A	포트폴리오 B	포트폴리오 C
CreditMetrics	2,264	2,941	11,436
CreditRisk+	1,638	2,574	10,000
내부모형 1	1,373	2,366	9,654
바젤 I 기준	5,304	5,304	5,304

이 표의 상부는 상관계수 0인 경우를 살펴본다. 바젤 기준은 신용의 질이나 분산효과에 무관하게 동일한 요구자본을 산출한다. 요구자본은 기준금액의 8%인 53억 400만 달러이며, 대다수 다른 모형들보다 항상 높다.

일반적으로, 네 개의 신용 포트폴리오 모형은 요구자본에 있어서 현저한 일치성을 보인다. 포트폴리오 A와 B는 동등한 신용의 질을 갖고 있으나, B는 더 집중되어 있다. 포트폴리오 A는 실제로 B의 20억 달러보다 낮은 8억 달러의 신용 VAR를 갖고 있다. 이는 더 큰 분산효과를 반영한다. 포트폴리오 A와 C는 같은 수의 종목을 포함하나 C의 신용의 질은 더 낮다. 이는 신용 VAR를 약 8억 달러로부터 20억 달러로 상승시킨다.

하부 패널은 전형적으로 양수인, 실증적 상관계수를 평가한다. 예상대로 바젤 요구자본은 변하지 않는다. 상관계수를 고려하지 않기 때문이다. 내부모형들은 앞의 경우보다 체계적으로 높은 요구자본을 제시한다. 그러나 모형들 사이의 결과 차이는 더 크다. 특히, 신용의 질이 낮은 포트폴리오 C의 경제적 요구자본이 전형적으로 바젤 기준의 두 배임은 흥미롭다. 이 결과는 바젤 기준이 부적합한 신용리스크 요구자본을 제시할 수 있음을 보여준다. 결과적으로, 이 자본규제를 적용받는 은행들은, 경제적 자본이 규제자본과 일치하도록 낮은 등급의 신용으로 리스크 프로파일을 이동시킬 가능성이 있다. 낮은 신용등급으로의 이동은 분명히 바젤 기준의 원래 목적이 아니다. 이 민감성 결여 문제는 신 바젤 II 협약을 초래했고, 이는 제18장에서 논의될 것이다.

더 근래에, 다른 연구가 신 바젤 II 협약의 요구자본을 세 개의 상업적 모형에 비교했다.4) 이 연구는 모수를 정렬하는 데 많은 주의를 기울였다. 기본 포트폴리오는 상이한 산업과 국가에 걸친 3,000개 채무기업에 대한 대출 1,000억 달러로 구성되어 있다. 평균 신용등급은 BBB이다.

〈표 14.6〉은 부도상태의 결과를 보여준다. 바젤 II 기준은 개선된 접근법 하에서, 기준금액의 4%에 가까운 약 33억 달러의 경제적 자본을 요구한다. 세 개의 상업적 모형은 현저하게 비슷한 결과를 제공한다. 보고서는 "만약 가정들이 정렬되면, PM과 CM의 평가방법 사이에 큰 차이는 없다"고 결론짓는다. 물론, 이는 또한 모형들이 동일한 결합밀도함수에 기초하고, 정규 코퓰러를 사용하며, 그리고 같은 역사적 자료에 맞추어 조정되었기 때문이다.

표 14.6 신용리스크 모형의 비교

	기대손실	99.9%의 자본
KMV(PM)	563	3,791
CreditMetrics(CM)	562	3,533
CreditRisk+	564	3,662
바젤 II	607	3,345

14.5 결론

포트폴리오 신용리스크 모형은 시장리스크 모형을 한 단계 진보시킨다. 여기에서 다시 기본적 직관은 채무자, 지역, 그리고 산업에 걸친 분산은 포트폴리오 리스크를 낮춘다는 것이다.

4) IACPM과 ISDA, *Convergence of Economic Capital Models* (New York: ISDA, 2006).

그러나 내부적 포트폴리오 신용리스크 모형의 문제는 복잡성이다. 일반적으로 특정 채무자의 부도자료는 존재하지 않는다. 리스크관리 담당자가 리스크요인 변동의 역사적 자료를 관찰할 수 있는 시장리스크와는 다르다. 따라서 부도확률은 간접적으로 모형화되어야 한다. 부도상관계수와 부도의 결합밀도 형태를 추정하는 문제는 훨씬 더 어렵다. 2007년 이전, 이 모형들은 불황기를 포함하는 전체 시장주기에 대해 시험된 적이 없다. 경기하락은 부도확률과 부도상관계수를 높이고 회수율을 낮추기 때문에 이는 특히 중요하다.[5)]

마지막으로, 이 모형들의 적합성은 증명되기 어렵다. 전형적으로 1년의 장기 목표기간과 99%의 매우 높은 신뢰수준에서, 경제적 자본의 척도를 계산하기 때문이다. 한편, 시장리스크 모형은 99% 신뢰수준에서 일간 VAR를 생성한다. 이는 평균적으로 1년에 두 번 내지 세 번의 예외가 발생한다는 뜻이다. 따라서 시장리스크와는 달리, 신용리스크 VAR 추정치의 사후검증은 불가능하다.

이는 규제기관이 이 모형들의 정확성에 관해 상당히 회의적인 이유를 설명한다. 결국, 상업은행들은 신용리스크 요구자본의 기초로서 내부 포트폴리오 모형을 사용하도록 허용되지 않았다. 실제로, 2007년에 시작한 불황 중에 발생한 손실은 최악의 시나리오로 여겨졌던 수준보다 훨씬 컸다. 신용리스크에 관한 이해가 현저히 발전했음에도 불구하고 타당한 결론은, 강건성을 갖춘 모형을 개발하려면 훨씬 더 많은 작업이 필요하다는 것이다.

예제 14.8: FRM 시험 2004 – 문제 11

단일 노출의 신용의 질의 변화에 기인하는 가치의 표준편차를 구할 때, CreditMetrics 모형은 세 가지 주요 요인들을 사용한다. 다음 중 이 모형의 요인이 아닌 것은 무엇인가?

a. 신용등급 b. 우선순위

c. 주식가격 d. 신용스프레드

예제 14.9 : FRM 시험 2002 – 문제 129

어떤 은행은 1년 후 대출 포트폴리오의 시가평가 가치의 분포를 CreditMetrics 접근법을 사용하여 계산한다. 이 방법은 신용평가기관의 전이행렬, 현재 선도 곡선, 그리고 채무기

5) 학술문헌은 오래 동안 신용리스크 모형의 부도상관관계에 대한 민감성을 강조했다. S. Das, D. Duffie, N. Kapadia, and L. Saita, "Common Failings: How Corporate Defaults are Correlated," *Journal of Finance*, 2007; P. Jorion and G. Zhang, "Credit Contagion from Counterparty Risk," *Journal of Finance*, 2009.

업의 주식수익률로부터 도출된 등급전이 결과들의 상관계수를 사용하여, 등급전이 결과값을 계산한다. 이 대출 포트폴리오의 분포를 사용하여 전사적 리스크를 계산할 때, 만약 은행이 리스크를 과소평가한다면, 다음 중 어떤 요인을 고려하지 <u>않았기</u> 때문인가?

a. 이자율 기간구조
b. 등급의 드리프트
c. 스프레드 리스크
d. 국채금리와 신용스프레드 사이의 음의 상관관계

예제 14.10 : FRM 시험 2003 – 문제 92

KMV는 정규화된 부도거리를 계산한다. 이는 어떻게 정의되는가?

a. (기대자산 – 가중평균 부채)/(자산의 변동성)
b. 자본/(자본의 변동성)
c. 주가가 임계점 밑으로 하락할 확률
d. 레버리지와 주가변동성의 곱

예제 14.11 : FRM 시험 2004 – 문제 20

어떤 회사의 자산은 현재 5억 달러로 평가되고, 부채는 3억 달러이다. 자산가치의 표준편차는 8,000만 달러이다. 이 회사는 다른 부채를 갖고 있지 않다. KMV 계산을 사용한 부도거리는 대략 무엇인가?

a. 2 표준편차　　b. 2.5 표준편차
c. 6.25 표준편차　　d. 계산될 수 없다.

예제 14.12 : FRM 시험 2007 – 문제 59

당신은 어떤 회사에 관한 다음 정보를 갖고 있다. 시점 0의 자산의 시장가치는 1,000; 시점 1에 1,200이다. 단기부채는 500; 장기부채는 300이다. 연율화된 자산 변동성은 10%이다. KMV 모형에 의하면, 시점 1에서 부도점과 부도거리는 무엇인가?

a. 800과 3.33　　b. 650과 7.50
c. 650과 4.58　　d. 500과 5.83

예제 14.13 : FRM 시험 22005 – 문제 36

다음 신용리스크 모형 가운데, 신용리스크 자산들 사이의 상관관계를 모형화하기 위해 옵션이론적 접근법을 사용하는 것은 무엇인가?

a. CreditRisk+
b. CreditMetrics
c. 공개기업에 대한 KMV
d. 공개기업에 대한 CreditMetrics와 KMV

예제 14.14 : FRM 시험 2009 – 문제 6-10

다음 보기 중 KMV 모형, CreditMetrics, CreditRisk+에 모두 해당되는 것은 무엇인가?

a. 원래 용도에서, 이 모형들은 이자율 또는 신용스프레드 변화를 고려하지 않는다.
b. 세 모형 모두 연속적이기보다, 등급이 변할 때만 부도확률의 변화를 허용한다.
c. 이 모형들을 사용하여 VAR 추정치를 계산하는 것은 불가능하다.
d. 이 모형들은 어떤 신용등급에서 다른 등급으로 옮겨가는 신용전이를 무시한다.

14.6 중요 공식

- 신용손실 : $\sum_{i=1}^{N} b_i \mathrm{CE}_i \times \mathrm{LGD}_i$
- 예상 신용손실 : ECL = Prob(부도) × E(CE) × E(LGD)
- 예상 신용손실의 현재가치 :

$$\mathrm{PVECL} = \sum_t E[\mathrm{CL}_t] \times \mathrm{PV}_t = \sum_t [k_t \times \mathrm{ECE}_t \times (1-f)] \times \mathrm{PV}_t$$

- PVECL의 근사값 : $\mathrm{PVECL}_F = c_T \times \mathrm{ECE} \times (1-f) \times \mathrm{PV}_T$
- 신용 VAR : CVAR = WCL − ECL
- KMV의 정규화된 부도거리 : $z = (A-K)/\sigma_A$
- Credit Portfolio View의 부도확률 : $p_t = 1/[1+\exp(y_t)]$, $y_t = \alpha + \sum \beta^k x_t^k$

14.7 예제 풀이

예제 14.1: 신용 충당금

c. 신용 충당금은 실제 그리고 예상손실에 대비해 적립되어야 한다. 그러나 자본은 VAR에 기초한 예상외손실에 대한 완충역할을 제공해야 한다.

예제 14.2: FRM 시험 2002 – 문제 74

b. 이는 정방향 거래의 한 예이다. 낮은 신용리스크를 갖기 위해, 계약이 내가격일 때, 거래상대방의 부도확률이 낮은 거래를 체결하는 것이 바람직하다. 이는, 만약 거래상대방이 운영노출을 헤지하는 계약을 체결하면 발생한다. 예를 들어, 가스 생산기업은 가스에 대한 자연적 운영노출을 갖는다. 만약 생산기업이 고정가격에 가스를 파는데 가스의 시장가격이 상승하면, 스왑은 손해를 입는다. 그러나 이 상황에서 생산기업은 가스의 재고를 보유하고 있기 때문에, 부도리스크는 거의 없다. 무역회사나 배급회사는 만약 거래가 손해를 입으면 도산할 수 있다.

예제 14.3: FRM 시험 2003 – 문제 26

a. 1년 PD는 $(1-d^m)^T$을 이용하여, 부채의 만기에 맞추어 조정되어야 한다. 여기에서, d^m은 $(1-d^m)^{12}=(1-d)$로부터 계산된다.

대출	만기까지 PD	부도 시 손실률	예상손실
a.	0.50%	60%	0.301%
b.	0.68%	70%	0.473%
c.	0.50%	75%	0.376%
d.	0.75%	50%	0.375%

예제 14.4: FRM 시험 2007 – 문제 38

b. 2년의 생존율은 $S_2=(1-4\%)^2=92.16\%$이며, 이는 2년의 누적 부도율이 4.84%임을 뜻한다. 다시 말해, 첫 해의 PD는 4%이고, 다음에는 $(1-4\%)4\%=3.84\%$이다. 200과 40%로 곱하면, 6.27이다.

예제 14.5: 한 채권의 신용 VAR

c. 우선, 연간 부도확률을 월간 확률로 전환해야 한다. $(1-2\%)=(1-d)^{12}$를 이용하여, $d=0.00168$을 계산한다. 이는 이 연도에 부도율이 일정함을 가정한다. 다음으로, 예상 신용손실을 계산하며, 이는 $d\times\$1,000,000=\$1,682$이다. 마지막으로 WCL을 99.9% 신뢰수준에서 계산한다. 이는 $P(\text{CL}\leq \text{CL}_i)\geq 99.9\%$인 가장 낮은 수치의 CL_i이다. 이제, $P(\text{CL}=0)=99.83\%$; $P(\text{CL}\leq 1,000,000)=100.00\%$이다. 따라서 WCL은 1,000,000달러이고, CVAR는 \$1,000,000−\$1,682=\$998,318이다.

예제 14.6: 두 채권의 신용 VAR

d. 앞 문제와 같이, 월간 부도확률은 0.00168이다. 다음 표는 신용손실의 분포를 보여준다.

부도	확률(p_i)	손실 L_i	p_iL_i	$1-\sum p_i$
2 채권	$d^2=0.00000282$	\$1,000,000	\$2.8	100.00000%
1 채권	$2d(1-d)=0.00335862$	\$500,000	\$1,679.3	99.99972%
0 채권	$(1-d)^2=0.99663854$	\$0	\$0.0	99.66385%
계	1.00000000		\$1,682.1	

이는 앞과 같이 1,682달러의 예상손실을 제시한다. 다음으로 500,000달러는 이 값과 같거나 낮은 수가 관찰될 총확률이 99.9%보다 크기 때문에, 최소 99.9% 신뢰수준의 WCL이다. 신용 VAR은 \$500,000−\$1,682=\$498,318이다.

예제 14.7: FRM 시험 2005 – 문제 122

c. 신용 VAR는 0일 수 있다. 예를 들어, PD는 0.003이라고 가정하자. 부도가 없을 결합확률은 $(1-0.003)(1-0.003)=99.4\%$이다. 이는 99% 신뢰수준보다 높기 때문에, 최악의 손실은 0이다. 그러나 예상손실은 회수율이 0이라고 가정하면, 0.3%이다. 이는 VAR보다 크다.

예제 14.8: FRM 시험 2004 – 문제 11

c. CreditMetrics는 신용등급, 전이행렬, 회수율, 그리고 다양한 순위의 LGD를 사용하나, 채무기업의 주식가격은 사용하지 않는다.

예제 14.9: FRM 시험 2002 – 문제 129

c. CreditMetrics는 스프레드 리스크를 무시한다. 이는 등급의 드리프트와 이자율 기간구조를 고려하나, 이들의 변동성은 고려하지 않는다.

예제 14.10: FRM 시험 2003 – 문제 92

a. 부도거리 척도는 기업의 자산가치가 얼마나 부채를 초과하는지 측정하는 표준화된 변수이다.

예제 14.11: FRM 시험 2004 – 문제 20

b. 수식(14.14)를 사용하면, DD는 (500−300)/80=2.5 표준편차이다.

예제 14.12: FRM 시험 2007 – 문제 59

c. 부도점은 단기부채에 장기부채의 절반을 더해 계산된다. 이는 500+300/2=650이다. 점 1의 부도거리는 $(V-K)/\sigma_V=(1{,}200-650)/(1{,}200\times 0.10)=4.58$이다.

예제 14.13: FRM 시험 2005 – 문제 36

c. KMV는 회사의 주가에 기초하는 Merton 접근법을 사용하여, 부도확률을 추정한다.

예제 14.14: FRM 시험 2009 – 문제 6-10

a. 어느 모형도 무위험이자율 또는 스프레드의 변화를 고려하지 않으며, 따라서 보기 a.는 옳다. 보기 b.는 KMV모형은 연속적으로 움직이는 주가를 바탕으로 PD를 추정하기 때문에 옳지 않다. 보기 c.는 옳지 않으며, 이 모형들의 주요 목적은 신용 VAR 척도를 추정하는 것이기 때문이다. 보기 d.는 옳지 않으며, 예를 들어 CreditMetrics는 신용등급에 기반하기 때문이다.

운영 및 통합 리스크관리

PART 04

Chapter 15

운영리스크*

금융업계는 시장 및 신용 리스크의 측정과 관리를 위한 표준적 방법을 개발했다. 업계는 다음으로 재무적 손실의 중요한 원인으로 밝혀진 운영리스크에 관심을 갖고 있다. 실제로, 기업 특유의 재무적 곤경의 대부분은 시장 및 신용 리스크의 결합에 일종의 운영리스크인 통제 실패가 수반된 데 기인한다고 볼 수 있다.

시장 및 신용 리스크의 경우처럼, 금융업계는 은행 규제기관에 의해 운영리스크의 통제를 개선하도록 유도되고 있다. 은행감독을 위한 바젤위원회는 시장 및 신용 리스크에 대한 요구자본을 낮추는 대신, 처음으로 운영리스크에 대한 요구자본을 설정했다. 이 새로운 요구자본은 총요구자본의 약 12%를 차지할 것이다.[1] 결국, 은행산업은 운영리스크에 깊은 관심을 기울일 수밖에 없다.

시장 및 신용 리스크처럼 운영리스크의 관리는 일련의 논리적 단계를 따른다: (1) 인식, (2) 평가, (3) 감시, 그리고 (4) 통제 또는 완화.

역사적으로 운영리스크는 사업부문의 내부통제 기구에 의해 관리되고, 감사기능에 의해 보완되었다. 업계는 이제 운영리스크에 특화된 특수한 구조와 통제과정을 이용하기 시작한다.

운영리스크를 소개하기 위해, 제15.1절은 잘 알려진 금융위기들로부터 얻은 교훈을 요약한다. 이 정보에 기초하여, 제15.2절은 운영리스크의 정의를 다룬다. 다양한 측정 접근법이 제15.3절에서 논의된다. 제15.4절은 운영리스크를 더 잘 관리하기 위해 어떻게 확률분포를 이용하는지 보여주고 개념적 문제들을 언급한다. 마지막으로, 제15.5절은 바젤위

* FRM 시험 Part 2 주제.

1) Basel Committee on Banking Supervision, *Sound Practices for the Management and Supervision of Operational Risk* (Basel: 2003)를 참고하라.

원회에 의해 2004년에 마련된 운영리스크 요구자본(ORC)을 설명한다.

15.1 운영리스크의 중요성

바젤위원회는 최근 "비공식 조사는 … 신용 및 시장 리스크에 포함되지 않은 운영리스크 같은 리스크의 중요성에 관한 인식이 높아지고 있음을 강조한다. 이는 근래의 몇몇 중요한 은행 문제의 핵심이다"라고 보고했다. 이 문제들은 아래의 역사적 사례들에 기술되어 있다.

15.1.1 역사적 사례

- **2008년 1월–SocGen(49억 유로 손실).** 트레이더 Jerome Kerviel는 주가지수 선물에 최대 49억 유로 상당의 미승인된 포지션을 취함으로써 체계적으로 시스템을 기만한다. 은행은 이 손실을 흡수할 수 있는 충분한 자본을 갖고 있으나 평판은 손상된다.
- **2002년 2월–Allied Irish Bank(6억 9,100만 달러 손실).** John Rusnack이라는 불량 트레이더는 3년 동안의 엔/달러 환율의 거래손실을 미국 자회사에 숨긴다. 은행의 평판이 손상된다.
- **1997년 3월–NatWest(1억 2,700만 달러 손실).** 스왑션 트레이더 Kyriacos Papouis는 옵션 계약의 평가오류나 과대평가를 통해 의도적으로 손실을 은닉한다. 은행의 평판이 손상된다. NatWest는 결국 Royal Bank of Scotland에 의해 인수된다.
- **1996년 9월–Morgan Grenfell Asset Management(7억 2,000만 달러 손실).** 펀드 매니저 Peter Young은 지침을 위반하여 대규모 손실을 입는다. MGAM을 소유한 독일 은행 Deutsche Bank는 펀드 투자자에게 보상하기로 합의한다.
- **1996년 6월–Sumitomo(26억 달러 손실).** 구리 트레이더가 3년 동안 보고되지 않은 손실을 누적했다. Yasuo Hamanaka는 자신이 통제했던 구리시장의 점유율에 비유되어 "Mr. Five Percent"로 알려진다. 그는 문서위조 및 사기죄로 징역형을 선고받는다. 은행의 평판은 심하게 훼손된다.
- **1995년 9월–Daiwa(11억 달러 손실).** 채권 트레이더 Toshihide Igushi는 11년 동안 보고되지 않은 손실을 미국 자회사에 누적한다. 은행은 도산을 선언한다.
- **1995년 2월–Barings(13억 달러 손실).** 파생상품 트레이더 Nick Leeson은 2년 동안 보고되

지 않은 손실을 누적한다. Barings는 파산한다.

- 1994년 10월–Bankers Trust(1억 5,000만 달러 손실). 은행은 부적절한 판매 관행을 제소한 고객을 상대로 세인의 관심을 끈 소송에 말려든다. 은행은 합의로 처리했으나, 평판은 심하게 훼손된다. 이후에 Deutsche Bank에 인수된다.

이런 엄청난 손실의 대부분은 **불량 트레이더**(rogue trader) 또는 내부 사취 사건에 기인한다. 이 실패들은 시장리스크와 운영리스크(즉, 감독 소홀)의 결합을 포함한다. 때로 이런 사건들의 비용은 대단히 높다. 직접적인 대규모 현금 손실, 경우에 따라서는 파산까지 초래한다. 이런 직접비용에 추가하여, 은행은 빈번하게 평판 훼손 때문에 큰 간접적 손실을 입는다. 예를 들어 Perry and de Fontnouvelle(2005)은, 손실이 외부적 사건에 기인할 때, 운영손실이 공표된 후 주식시장 가치는 손실과 1대 1로 대응하여 하락함을 발견했다.[2] 한편, 손실이 내부 사취에 기인할 때 주식가격은 더 많이 하락한다. 이는 추가손실을 초래할 수 있는 부실통제의 증상이기 때문이다.

15.1.2 시사점

이런 실패들은 다양한 사업부문에서 발생했다. 어떤 부문은 다른 부문에 비해 시장리스크 또는 신용리스크에 더 많이 노출되어 있다. 그러나 모두 어느 정도 운영리스크 노출을 갖고 있다.

상업은행(commercial bank)은 주로 신용리스크에 노출되고, 운영리스크에 적게 그리고 시장리스크에 가장 적게 노출된다. **투자은행**(investment bank), **자기계정 거래**(proprietary trading) 그리고 **자금관리**(treasury management)는 시장리스크에 더 큰 노출을 갖는다. 대조적으로, 소매 브로커업무와 자산관리 같은 사업부문은 주로 운영리스크에 노출된다. **자산 매니저**(asset manager)는 투자자의 대리인 역할을 하기 때문에 직접적 시장리스크를 전혀 부담하지 않는다. 그러나 만약 그들이 지침에 어긋나게 행동하면, 고객의 손실에 대해 책임질 수 있다. 이는 운영리스크이다.

결국, 금융기관들은 이제 운영리스크를 평가하고 측정하는 공식적인 구조를 보유하고 있다. 특히, 운영리스크를 완충하는 데 필요한 경제적 자본(EC)을 측정하려 시도하고 있

2) J. Perry and P. de Fontnouvelle, *Measuring Operational Risk: The Market Reaction to Operational Loss Announcement* (Boston: Federal Reserve Bank of Boston, 2005).

다. 이런 종류의 리스크의 중요성 때문에 금액은 작지 않다. 예를 들어, 2009년 현재 JPMorgan Chase는 운영리스크를 완충하기 위해 85억 달러가 필요하다고 추정했다. 이는 전체 리스크의 11%에 해당한다. Deutsche Bank의 추정치는 35억 유로, 즉 전체 리스크의 17%이다. 제18장에 설명되는 것처럼, 이런 측정 노력은 바젤위원회에 의해 독려되고 있다. 바젤위원회는 운영리스크에 대해서도 요구자본을 부과한다. 이는 전체 자기자본의 12%로 추정되며, 여기 제시된 예들과 비슷하다.

15.2 운영리스크의 인식

운영리스크는 시장리스크 및 신용리스크와는 달리, 명확한 정의가 없다는 주장이 제기될 수 있다. 운영리스크의 적절한 정의, 또는 심지어 운영리스크를 측정하려는 시도가 합당한지에 관해 오랫동안 토론이 이루어졌다.

업계의 많은 자문을 거친 후, 바젤위원회는 업계의 표준이 될 정의를 결정했다. 운영리스크는 다음과 같이 정의된다.

부적절한 또는 실패한 내부 절차, 인원과 시스템, 또는 외부적 사건에 기인하는 손실의 위험

이는 통상적인 내부의 업무적 사건뿐 아니라, 외부 사취, 보안 침입, 규제의 영향, 또는 자연 재해 같은 외부의 사건을 포함한다. 거래가 법적으로 강제될 수 없을 때 발생하는 법률리스크도 포함한다. 그러나 이 정의는 전략적 그리고 평판 리스크를 배제하고 있다. 어쨌든 이들은 측정하기 매우 어렵다.

British Bankers' Association은 더 상세한 내용을 제공한다. 〈표 15.1〉은 운영리스크를 **인원 리스크**(people risk), **절차 리스크**(process risk), **시스템 리스크**(systems risk), 그리고 **외부적 리스크**(external risk)의 범주로 구분한다. 여기에서 복잡한 상품과 관련된 주목할 만한 리스크는 **모형리스크**(model risk)이다. 이는, 평가와 리스크관리를 위해, 잘못된 모형을 사용한 데 기인한다. 이는 지식부족(인원)과 상품의 복잡성/평가오류(과정), 그리고 아마도 프로그램 오류(시스템)을 결합한 내부적 리스크이다.

바젤위원회는 일곱 개의 사건종류로 리스크사건을 더 세분한다.

1. **내부 사취**(internal fraud: IF) : 사기, 재산 횡령, 또는 규제나 회사정책을 회피하려

표 15.1 운영리스크의 분류

내부적 리스크		
인원	**절차**	**시스템**
임직원의 공모/사기	회계 오류	자료 품질
임직원의 오류	능력 리스크	프로그램 오류
임직원의 비행	계약 리스크	보안 위반
임직원의 책임	불완전판매/부적합성	전략적
고용 법규	상품의 복잡성	리스크(플랫폼/공급자)
보건 및 안전	프로젝트 리스크	시스템 용량
업계 행태	보고 오류	시스템 정합성
지식/기술 부족	결제/지급 오류	시스템 전달
핵심인원 상실	거래 오류	시스템 실패
	평가 오류	시스템 부적합성

외부적 리스크	
외부	**물리적**
법규	화재
자금세탁	자연재해
아웃소싱	물리적 안전
정치적	테러
규제	절도
공급자 리스크	
조세	

자료 : British Bankers' Association 조사

는 의도의 사건이며, 적어도 1명의 내부 당사자를 포함한다. 승인되지 않은 행동과 내부 절도 및 사기로 구분된다.

2. **외부 사취**(external fraud: EF): 제3자에 의한 사기, 재산 횡령, 또는 법을 우회하려는 사건이다. 절도, 사기, 그리고 시스템 보안 침입으로 구분된다.
3. **고용 관행 및 사업장 안전**(employment practices and workplace safety: EPWS): 고용, 건강, 또는 안전 법규나 협약에 위배되는 행동들이며, 근로자 관계, 환경 안전 그리고 다양성 및 차별로 구분된다.
4. **고객, 상품 그리고 영업 관행**(clients, products, and business practices: CPBP): 고객에 대한 직업적 책임을 준수하지 못하거나, 또는 상품의 본질이나 형태로부터 발생하는 사건들이다. 공시와 수탁, 부적절한 업무 및 시장 관행, 상품의 결함 그리고 자문활동 등을 포함한다.

5. **유형자산의 손실**(damage to physical assets: DPA): 자연 재해 또는 테러 같은 여타 사건으로부터 발생하는, 유형자산의 손실이나 손상을 초래하는 사건들이다.
6. **업무 중단 및 시스템 장애**(business disruption and system failures: BDSF): 업무의 혼란 또는 시스템 장애를 초래하는 사건들이다.
7. **집행, 전달, 그리고 절차 관리**(execution, delivery, and process management: EDPM): 실패한 거래절차 또는 절차관리에 기인하는 사건들이며, 거래상대방과 판매자와 관련하여 발생한다. 거래의 실행과 유지, 고객 유치 및 문서작업, 그리고 계좌관리의 범주로 구분된다.

바젤 II 협약도 여덟 개의 사업부문에 의해 손실사건을 분류한다: (1) 기업금융, (2) 거래 및 판매, (3) 소매금융, (4) 상업은행 업무, (5) 지급 및 결제, (6) 대행 서비스 및 수탁, (7) 자산관리, 그리고 (8) 소매 브로커업무이다.

이 정의들은 운영리스크 사건들을 분류하는 업계 표준을 만들었다. 이 리스크사건들은 이제 **행렬식 분류**(matrix classification)에 의해(즉, 사건유형 및 사업부문에 따라) 내부와 외부에서 수집된다. 이는 운영손실을 공개된 데이터베이스에 취합하기 쉽게 만든다. 한 예는 Operational Riskdata eXchange Association(ORX)이다. 이는 ORX Global Loss Database에 취합된 운영리스크 손실 자료의 비실명화된 교환을 위한 플랫폼을 제공한다.

예제 15.1 : FRM 시험 2004 – 문제 39

다음 보기 중 바젤 II 협약에 의해 정의된 운영리스크의 종류가 아닌 것은 무엇인가?

a. 사람의 실수와 내부 사취
b. 화재나 다른 외부 재난에 의한 파괴
c. 실패한 합병에 기인한 평판 훼손
d. 내부통제 절차의 실패 또는 미작동

예제 15.2 : FRM 시험 2003 – 문제 65

다음 중 운영리스크 절차에 연관되지 않은 결과는 무엇인가?

a. 콜옵션의 매도가 매입으로 기입된다.
b. 일간 변동성이 필요한 모형에 월간 변동성이 입력된다.
c. 사후적 변동성이 기대 변동성을 초과했기 때문에, 옵션 포트폴리오에 손실이 발생한다.
d. 변동성 추정치가 다른 가격을 100배 초과하는 어떤 주가를 포함한 시계열에 기초한다.

예제 15.3 : FRM 시험 2007 – 문제 56

다음 중 운영리스크 손실 사건이 아닌 것은 무엇인가?

a. 어떤 개인이 고객의 예금계좌 잔액을 현저히 초과하는 금액의 수표를 은행지점에 제시한다. 은행이 고객에게 입금요청을 위해 전화를 걸었을 때 전화는 끊어졌다. 그리고 은행은 이 금액을 회수할 수 없다.

b. 대출집합의 수탁기관인 은행이 대출의 상환지연에 기인하여 예상보다 작은 금액을 수취한다.

c. 불리한 시장변동 도중, 컴퓨터 네트워크 시스템이 과부하되고 은행의 거래부서에 간헐적인 가격정보만 제공된다. 거래담당자가 주가하락에 대응하여 헤지포지션을 변경할 수 없으므로, 이는 큰 손실을 초래한다.

d. 대출담당자가 은행의 내부 신용리스크 모형에 고객의 재무정보를 부정확하게 입력한다.

예제 15.4 : FRM 시험 2007 – 문제 139

복잡한 상품의 모형평가 가치와 동일한 상품이 시장에서 거래된 가격 사이에 현저한 차이가 발생하는 리스크는 무엇으로 불리는가?

a. 유동성 리스크 b. 동태적 리스크 c. 모형 리스크 d. 시가평가 리스크

15.3 운영리스크의 평가

운영리스크는 일단 인식되면, 측정되어야 한다. 만약 시장 또는 신용 리스크에 비해 정확한 정량화가 어려우면, 평가에 더 가까울 것이다. 다양한 접근법들은 크게 하향식 모형과 상향식 모형으로 분류된다.

15.3.1 접근법의 비교

하향식 모형(top-down model)은 운영리스크를 가장 광범위한 수준에서 측정하려고 시도한다. 즉, 기업 또는 산업의 전체 자료를 사용한다. 결과는 리스크 완충수단으로 적립되어야 하는 자본금액을 정하는 데 사용된다. 이 자본은 사업부문들에 배분된다.

상향식 모형(bottom-up model)은 개별 사업단위 또는 과정 수준으로부터 출발한다. 결과는 통합되어 기관 전체의 리스크 프로파일을 결정한다. 상향식 모형의 주된 이점은 운영손실의 원인을 더 잘 이해하게 만든다는 것이다. 이는 value at risk(VAR)에 기초한 시장리스크 시스템의 경우와 같다.

운영리스크를 관리하는 데 사용되는 수단들은 여섯 개의 범주로 구분될 수 있다.

1. **감사 감시**(audit oversight). 이는 외부감사 부서에 의한 업무과정에 대한 감시로 이루어진다.
2. **비판적 자기평가**(critical self-assessment). 개별 사업부문은 운영리스크의 성격과 정도를 인식한다. 이런 주관적 평가는 손실의 기대 빈도 및 정도, 그리고 리스크가 통제되는 방법에 관한 기술을 포함한다. 이런 종류의 과정에 사용되는 도구는 확인목록, 설문, 그리고 워크숍을 포함한다. 결과는 상향식 접근법에 의해 통합된다.
3. **핵심 리스크지표**(key risk indicators). 이 접근법은 시간이 경과하면서 리스크가 변하는지를 나타내는 단순한 척도들로 이루어져 있다. 이 조기경보 신호들은 감사 평점, 직원 교체율, 거래량 등을 포함할 수 있다. 이런 지표들이 상승하면 운영리스크 사건의 발생 가능성이 높다고 가정한다. 이 객관적 척도들은 리스크관리 담당자로 하여금, 예를 들어, 회귀분석 기법을 사용하여 손실을 예측할 수 있도록 해준다.
4. **이익 변동성**(earnings volatility). 이 접근법은 이익의 시계열 자료로부터 시장 및 신용 리스크의 영향을 제거한 후 변동성을 계산한다. 이 리스크 척도는 사용하기 단순하나 많은 문제를 갖고 있다. 이 척도는 또한 운영리스크에 속하지 않은 사업 및 거시경제 리스크에 기인한 변동도 포함한다. 또한 이런 척도는 과거지향적이며, 통제의 질적 개선이나 악화를 고려하지 않는다.
5. **인과관계 네트워크**(causal networks). 네트워크는 어떻게 손실이 상이한 원인들의 순차적 관계로부터 발생할 수 있는지 보여준다. 원인과 결과는 조건부 확률을 통해 연계된다. 그 다음에 시뮬레이션이 네트워크에 대해 실행되고, 손실의 분포를 생성한다. 이런 상향식 모형은 리스크요인에 초점을 맞추므로, 손실에 관한 이해를 높인다. 이 과정은 이 장의 부록에 설명되어 있다. 인과관계 네트워크는 많은 활동으로 이루어진 복잡한 **업무흐름**(work flows)을 포함하는 과정에 가장 잘 적용된다.
6. **계리적 모형**(actuarial models). 이 모형들은 손실빈도의 분포와 손실수준의 분포를 결합하여, 운영리스크에 기인하는 손실의 객관적 분포를 만들어낸다. 이들은 상향식

또는 하향식 모형일 수 있다.

15.3.2 계리적 모형: 손실분포 접근법(LDA)

계리적 모형(actuarial model)은 역사적 자료로부터 손실의 객관적 분포를 추정하며, 보험업계에서 널리 사용된다. 이런 모형들은 손실빈도와 손실수준 두 개의 분포를 결합한다. **손실빈도 분포**(loss frequency distribution)는 고정된 기간 동안 손실의 빈도를 묘사한다. **손실수준 분포**(loss severity distribution)는 손실이 발생할 때 그 크기를 묘사한다. 이는 **손실분포 접근법**(loss distribution approach: LDA)으로 불린다.

손실수준은 역사적 자료로부터 도표화될 수 있다 - 예를 들어, 시점 k의 손실수준의 척도인 y_k. 이 척도들은 인플레이션과 현재의 기업활동 수준에 대해 조정될 수 있다. 시점 k의 소비자물가지수를 P_k 그리고 거래빈도 같은 기업활동 척도를 V_k로 표시하자. 손실수준은 사업규모 V와 물가수준에 비례한다고 가정될 수 있다. 시점 t에 측정된 규모조정된 손실은 다음과 같다.

$$x_t = y_k \times \frac{P_t}{P_k} \times \frac{V_t}{V_k} \tag{15.1}$$

손실수준의 분포는 매우 긴 꼬리를 갖고 있으며, 이는 대규모 손실의 가능성을 나타낸다. 이상적으로, 내부와 외부의 자료를 포함해야 한다.

내부 자료(internal data)는 기관의 실제 통제환경을 나타낸다. 그러나 충분한 양의 자료가 가용하지 않을 수 있다. 자료는 또한, 은행이 현재 생존하고 있기 때문에, **생존 편의**(survivorship bias) 문제를 갖고 있다. 결국, 자료는 극단적 손실을 모형화하는 데 필수적인 충분한 꼬리사건을 갖고 있지 않다.

이 문제를 완화하기 위해, 규제당국은 **외부 자료**(external data)의 사용을 요구한다. 이들도 결함을 갖고 있다. 다른 은행의 규모와 통제시스템은 자료를 사용하는 은행에 잘 맞지 않을 수 있다. 또한, 어떤 은행은 자신의 약점을 외부에 노출하는 것을 좋아하지 않기 때문에 외부 데이터베이스에 대한 운영손실의 보고는 완전하지 않을 수 있다. 더욱이, 대규모 손실은 감추기 더 어려우며, 이는 **자료획득 편의**(data capture bias)를 유발한다. 다른 단점은 데이터베이스는 일정 최소수준을 초과하는 손실만 기록한다는 것이다. 이 하한은 무려 100만 달러일 수도 있다. 이는 분포의 빈도와 수준에서 **단절 편의**(truncation bias)를 유발한다.

마지막으로, 이 자료의 출처들은 시나리오에 의해 보완될 수 있다. 이는 내부 또는 외부 자료에 잘 나타나지 않는, 그러나 가능하고 전형적으로 대규모인 손실을 나타낸다.

다음으로, 손실빈도 분포를 변수 n으로 표시하자. 이는 기간 중 손실의 발생빈도를 나타낸다. 밀도함수는 다음과 같다.

$$\text{손실빈도의 p.d.f.} = f(n), \quad n = 0, 1, 2, \ldots \tag{15.2}$$

이는 몇 개의 분석적 밀도함수에 의해 묘사될 수 있다. 예를 들어, 이항, Poisson. 음이항, 또는 기하 분포이며, 이들은 모두 n이 양의 정수일 것을 요구한다. 만약, 손실이 발생할 때, 손실수준이 x(또는 X)이면, 밀도함수는 다음과 같다.

$$\text{손실수준의 p.d.f.} = g(x \mid n = 1), \quad x \geq 0 \tag{15.3}$$

이는 로그노말, Weibull, 감마, 또는 지수 분포에 의해 묘사될 수 있다. 이들은 모두 x가 양수일 것을 요구한다. 가장 일반적인 결합은 Poisson과 로그노말이다.

마지막으로, 기간 중 총손실은 확률적 발생빈도를 갖는 개별 손실들의 합이다.

$$S_n = \sum_{i=1}^{n} X_i \tag{15.4}$$

〈표 15.2〉는 이런 두 분포의 간단한 예를 제공한다. 우리의 과제는 이제 이 두 분포를 하나로 결합하는 것이다 - 기간 중 총손실의 분포.

손실의 빈도와 수준이 독립적이라고 가정하면, 두 분포는 콘벌루션으로 알려진 과정을 통해 통합된 손실분포로 결합된다. **콘벌루션**(convolution)은 예를 들어 도표화를 통해 실행될 수 있다. **도표화**(tabulation)는 모든 가능한 결합들을 해당 확률과 함께 체계적으로

표 15.2 간단한 손실 빈도와 수준의 분포

빈도의 분포		수준의 분포	
확률	빈도	확률	수준
0.6	0	0.5	$1,000
0.3	1	0.3	$10,000
0.1	2	0.2	$100,000
기대값	0.5	기대값	$23,500

기록하는 것이며, 〈표 15.3〉에 예시되어 있다. 일반적으로, 체계적으로 도표화하기에는 변수들의 결합이 너무 많기 때문에 콘벌루션은 수치적 방법으로 실행되어야 한다.

표 15.3 손실분포의 도표화

손실의 빈도	첫째 손실($)	둘째 손실($)	총손실($)	확률
0	0	0	0	0.600
1	1,000	0	1,000	0.150
1	10,000	0	10,000	0.090
1	100,000	0	100,000	0.060
2	1,000	1,000	2,000	0.025
2	1,000	10,000	11,000	0.015
2	1,000	100,000	101,000	0.010
2	10,000	1,000	11,000	0.015
2	10,000	10,000	20,000	0.009
2	10,000	100,000	110,000	0.006
2	100,000	1,000	101,000	0.010
2	100,000	10,000	110,000	0.006
2	100,000	100,000	200,000	0.004

정렬된 손실	누적확률
0	60.0%
1,000	75.0%
2,000	77.5%
10,000	86.5%
11,000	89.5%
20,000	90.4%
100,000	96.4%
101,000	98.4%
110,000	99.6%
200,000	100.0%

먼저 명백한 경우인 무손실 상태로부터 시작하자. 그 확률은 0.6이다. 다음에는, 단 한 번의 손실만 발생하는 모든 가능한 결합을 섭렵한다. 〈표 15.3〉으로부터 1,000달러의 손실은 총확률 $P(n=1)\times P(x=\$1,000)=0.3\times0.5=0.15$로 발생할 수 있다. 비슷하게 10,000달러 및 100,000달러의 일회성 손실의 확률은 각각 0.09와 0.06이다. 다음에는 두 번의 손실이 발생하는 모든 경우를 섭렵한다. 이들은 많은 상이한 결합으로부터 발생한다. 예를 들어, 1,000달러의 손실이 두 번 발생할 수 있는데 합계는 2,000달러이며 확률은 $0.1\times0.5\times0.5=0.025$이다. 1,000달러와 10,000달러의 손실이 발생할 수 있고 합계는 11,000달러이며 확률은 $0.1\times0.5\times0.3=0.015$이다. 모든 결합들이 고려될 때까지 이 단계들을 반복한다.

결과 분포는 〈그림 15.1〉과 〈표 15.3〉의 하부 패널에 나타나 있다. 운영리스크의 일반적

그림 15.1 손실분포의 설정

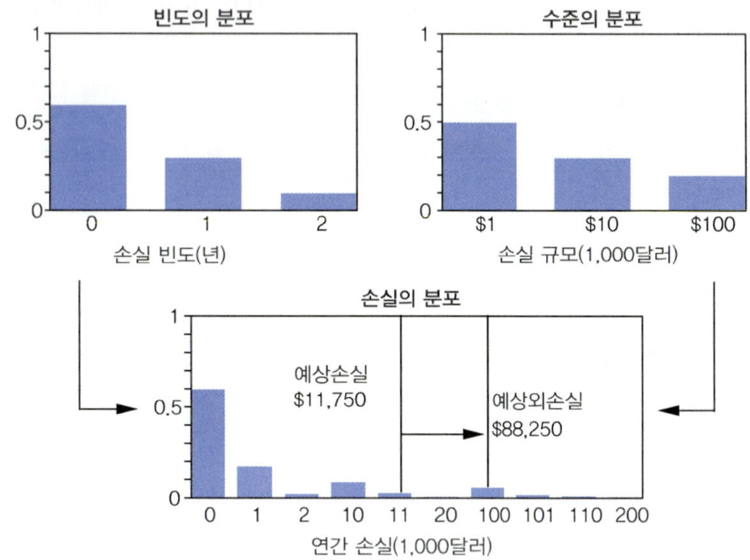

경우처럼, 손실은 양수로 기재된다. 〈표 15.2〉의 세 개의 경우를 가진 매우 간단한 분포가 복잡한 손실 분포를 만들어낸다는 사실은 흥미롭다. 이 때 예상손실이 계산될 수 있다. 이는 단순히 두 분포의 기대값의 곱, 즉 $E[S] = E[N] \times E[X] = 0.5 \times \$23{,}500 = \$11{,}750$이다. 그러나 리스크관리는 예상외손실을 다룬다. 따라서 리스크관리 담당자는 확률을 95%보다 크게 만드는 가장 낮은 수치도 보고해야 한다. 이는 100,000달러이며, 확률은 96.4%이다. 따라서 예상외손실은 $100,000−$11,750=$88,250이다. 만약 **운영** VAR(operational VAR)가 예상손실을 포함해야 하면, 이는 단순히 100,000달러이다. 이는 바젤 II의 기본 척도이며, 99.9% 신뢰수준에서 1년 목표기간의 VAR를 측정한다.

15.3.3 LDA의 실행

이 절은 이제 Deutsche Bank의 LDA 실행을 예로 든다.[3] 〈표 15.4〉는 은행에 의해 정의된 사건유형/사업부문 행렬의 원소들을 보여준다. 은행은 손실분포가 비슷할 것으로 추정되는 바젤 기준의 범주들을 몇 개의 집단으로 모은다. 예를 들어, 모든 인프라구조 종류의 사건들의 경우 하나의 범주만 존재한다. 이는 총 23개 원소를 포함한다.

3) F. Aue and M. Kalkbrener, *LDA at Work* (London: Deutsche Bank, 2007).

표 15.4 사건유형/사업부문 행렬

사건유형		사업부문						
바젤	**Deutsche Bank**	**1**	**2**	**3**	**4**	**5**	**6**	**집단**
내부 사취		1	2	3	4	5	6	7
외부 사취	사취							
유형자산 손실 사업 차질	인프라구조				8			
고객, 제품	CPBP	9	10	11	12	13	14	15
실행, 인도	EDPM	16	17	18	19	20	21	22
고용관행	EPWS				23			

다음 단계는 각 원소의 빈도와 손실의 분포를 모형화하는 것이다. 은행은 각 원소에 대해 내부 자료로부터 도출된 빈도분포를 사용한다. 각각은 Poisson 분포에 적합화된다. 명백하게, 최종적 손실분포는 이런 분포의 선택에 별로 민감하지 않다. 손실수준의 분포를 모형화하는 것은 더 어렵다. 몸통에는 실증적 자료, 그리고 5,000만 유로를 초과하는 꼬리에는 극단치이론(EVT)을 적용하여 결합한다. 분포는 내부자료, 외부자료, 그리고 시나리오의 결합에 대해 적합화된다.

은행은 이제 사건들 사이의 의존성을 특정해야 한다. 원소 안에서, 이런 의존성은 잠재적으로 손실의 발생, 손실의 수준, 그리고 빈도와 손실수준 사이에 존재할 수 있다. 원소들에 걸쳐서, 의존성은 빈도분포들 그리고 손실수준 분포들 사이에서 발생할 수 있다. 원소 내에서, 은행은 의존성을 무시한다. 이는 근사값을 구하는 좋은 방법이다. 대신, 의존성은 원소들에 걸쳐서 빈도분포들 사이에서 모형화된다. 이는 계산을 단순화하며, 자료와 일치하는 것으로 보인다. 빈도분포들 사이의 의존성은 정규 코퓰러를 사용하여 모형화된다. 실제로, 상관계수는 양수이나 매우 크지 않다. 가장 높은 상관계수는 EDPM의 원소들(즉, 원소 16과 22) 사이에서 발견된다.

이 모든 분포들의 손실은 이제 몬테칼로 시뮬레이션을 통해 생성된다. 다음 한 해의 손실분포를 만든다. 분포는 VAR 척도에 의해 요약될 수 있으며, 실제로, 2009년 기준 99.98% 신뢰수준에서 35억 유로였다.

이 리스크 척도는 각 사업부문의 VAR에 대한 기여로 분해될 수 있다. 이는 자본의 배분 목적으로 사용될 수 있다. 마지막으로, 사업 및 통제 환경의 변화는 배분된 리스크 척도를 직접적으로 수정함으로써 적용된다. 이 은행은 단순성과 투명성을 위해 이 접근법을 선택했다.

예제 15.5 : FRM 시험 2009 – 문제 7-2

Gérard Kuper는 2010년에 ABC은행에게 부정적인 영향을 줄 수 있는 운영리스크 손실사건의 빈도를 모형화하고 있다. 그는 이 해의 운영리스크 손실사건의 빈도가 비교적 낮을 것으로 예상한다. 사용될 가능성이 가장 작은 분포는 어느 종류인가?

a. 정규분포 b. 이항분포 c. 음이항분포 d. Poisson 분포

예제 15.6 : FRM 시험 2007 – 문제 138

운영손실 수준의 분포는 다음 중 어떤 형태를 따르는가?

a. 짧은 꼬리를 가진 대칭
b. 오른쪽으로 긴 꼬리
c. 일양분포
d. 긴 꼬리를 가진 대칭

예제 15.7 : FRM 시험 2008 – 문제 4-10

Randy Bartell은 운영손실의 빈도와 손실의 분포를 구하기 위해 자료를 수집했다. 일반적으로 그는 모든 관찰점을 기초분포의 표본으로 간주하며, 따라서 통계분석에서 모든 관찰점에 동일한 비중 또는 확률을 부여한다. 그러나 외부손실 자료는 본질적으로 편의되어 있다. 다음 중 전형적으로 외부자료에 연계된 문제점이 아닌 것은 무엇인가?

a. 자료획득 편의 b. 측정단위 편의 c. 분포절단 편의 d. 생존 편의

예제 15.8 : FRM 시험 2007 – 문제 33

당신 은행의 운영리스크 손실에 관한 다음과 같은 정보가 있다고 가정하라. 95% 신뢰수준에서 예상손실(EL)을 포함하는 VAR 추정치는 무엇인가?

빈도분포		손실분포	
확률	빈도	확률	손실
0.5	0	0.6	USD 1,000
0.3	1	0.3	USD 10,000
0.2	2	0.1	USD 100,000

a. 100,000달러 b. 101,000달러 c. 200,000달러 d. 110,000달러

15.4 운영리스크 관리

15.4.1 자본의 배분과 보험

시장 VAR처럼, 운영손실의 분포는 예상손실과 재무적 리스크를 흡수하기 위해 필요한 자본금액을 추정하는 데 사용될 수 있다. 〈그림 15.2〉는 운영리스크에 기인한 손실 분포의 중요한 속성들을 강조한다.

예상손실(expected loss: EL)은 운영손실의 발생 예상되는 규모를 나타낸다. 전형적으로, 이는 대부분 빈도가 높고 손실수준은 낮은 사건에서 비롯된다. 이런 종류의 손실은 일반적으로 경상적 비용에 의해 흡수되고, 내부통제를 통해 관리된다. 이런 손실은 거의 공시되지 않는다.

예상외손실(unexpected loss: UL)은 어떤 신뢰수준의 분위수 손실과 예상손실 사이의 편차를 나타낸다. 전형적으로, 이는 빈도는 낮고 손실수준은 높은 사건들이다. 이 종류의 손실은 일반적으로 자본유보에 의해 충당되거나, 가능한 때에는 외부의 보험회사로 이전된다. LDA 접근법은 보험의 리스크완화 효과를 반영하도록 쉽게 수정될 수 있다.

위기손실은 예상외손실을 초과하는 손실이다. 이런 손실은 빈도가 매우 낮으나 기관에 심대한 타격을 입힌다. 예를 들어, Barings 파산은 주로 운영리스크 때문으로 간주될 수 있다. 이 종류의 손실은 자본배분을 통해 쉽게 상쇄되지 않는다. 너무 많은 자본을 요구하

그림 15.2 운영손실의 분포

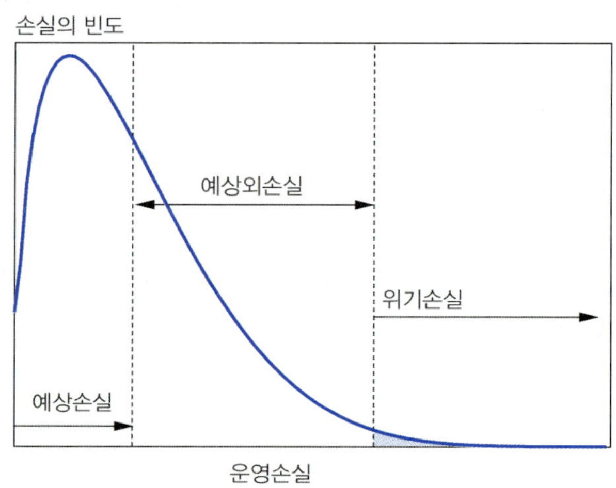

기 때문이다. 이상적으로, 이런 손실은 보험회사로 이전되어야 한다. 그 심각성 때문에 이런 손실은 대중에게 공시된다.

그러나 보험 매입은 만병통치약이 아니다. 보험금은 신속하게 전액 지급되어야 한다. 은행은 지급을 기다리거나 보상규모를 다투는 중에 도산할 수도 있다. 또한, 프리미엄이 매우 높을 수 있다. 일단 보험이 인수되면, 계약자는 손실을 통제할 인센티브를 덜 갖기 때문이다. 이 문제는 **도덕적 해이**(moral hazard)로 불린다. 보험회사는 이를 인식하고 결국 프리미엄을 인상할 것이다. 프리미엄은 또한 **역선택**(adverse selection) 때문에 높을 수 있다. 이는 은행들의 통제의 질이 다양한 상황을 반영한다. 통제능력이 약한 은행은 좋은 통제능력을 가진 은행보다 보험을 매입할 가능성이 높다. 보험회사는 어떤 은행과 거래하는지 모르기 때문에 평균 프리미엄을 높일 것이다. **공제**(deductible) 금액(즉, 은행이 부담해야 하는 최초 손실금액)이 있는 보험은 이 문제에 대해 단지 부분적 해결책을 제공할 뿐이다.

15.4.2 운영리스크의 완화

지금까지의 접근법은 운영리스크는 주어진 것으로 가정하고, 이를 측정하려고 시도했다. 이 정보는 운영리스크에 기인한 손실의 정도에 초점을 맞추기 때문에 대단히 유용하다. 이 정보를 사용하여, 기관은 이제 운영리스크를 낮추는 데 자원을 지출할 가치가 있는지 결정할 수 있다.

은행이 **일관처리**(straight-through processing) 시스템을 시행할지 고려하고 있다고 가정하자. 이는 프런트 오피스의 거래를 자동적으로 인식해서 백 오피스로 전달한다. 이런 시스템은 인위적 간섭과 인적 오류의 가능성을 제거하고, 따라서 운영리스크에 기인한 손실을 줄인다. 만약 비용이 운영리스크 감소의 이득보다 작으면, 은행은 이 시스템을 구매해야 한다.

더 일반적으로, 운영리스크는 손실 빈도 및 손실 발생시 규모 차원에서 축소될 수 있다. 운영리스크는 제17장에서 다루어지는 전사적 리스크관리 체계에 포함될 수 있다.

예를 들어, 5년 만기 플레인-바닐라 금리스왑 거래를 생각해보자. 이 간단한 상품은 많은 수의 현금흐름을 만들어내며, 이들 각각은 오류 가능성을 갖고 있다. 초기에, 거래는 장부에 기재되고 거래상대방에 의해 확인되어야 한다. 거래 부서의 수익 및 손실(P&L) 요인이 분석되도록 평가되어야 한다. 반기별 지급 조건이면, 스왑은 10회의 이자율 재설정 및 순지급액 계산을 동반하는 10회의 현금흐름을 만들어낼 것이다. 이 지급액들은 절대적 정확도-다시 말해, 센트 단위까지 계산되어야 한다. 오류는 예를 들어 하루 늦게 지급하는 것 같은 작은 문제부터, 헤지 실패 또는 트레이더에 의한 사기적 평가 같은 중대한 문제까지 포함할 수 있다.

스왑은 또한 어느 정도 시장리스크를 수반하며, 이는 헤지되어야 할 수도 있다. 포지션은 시장리스크 관리 시스템으로 전달되어야 한다. 여기에서, 전체 포지션과 트레이더의 리스크 그리고 기관 전체의 리스크가 감시된다. 또한, 현재와 잠재 신용노출은 정기적으로 측정되고, 동일 거래상대방과의 모든 다른 거래에 추가되어야 한다. 이 리스크 측정 과정의 오류는 시장 및 신용 리스크에 대한 과도한 노출을 초래할 수 있다.

운영리스크는 내부 및 외부 통제를 통해 여러 가지 방법으로 최소화될 수 있다.[4] 내부통제 방법은 다음을 포함한다.

- **기능의 분리**(separation of functions). 거래를 결정하는 책임을 맡은 개인은 결제와 회계 기능을 함께 수행하면 안 된다.
- **쌍방 기입**(dual entries). 기입(입력)은 두 상이한 출처로부터 일치해야 한다-즉, 거래전표와 백 오피스의 확인.
- **일치성**(reconciliation). 결과(출력)는 두 상이한 출처로부터 일치해야 한다-예를 들어, 거래담당자의 이익 추정치와 미들 오피스의 계산.
- **일정관리 시스템**(tickler systems). 중요한 거래 일정(예를 들어, 결제일과 행사일)은 마감일 전에 자동적으로 메시지를 보내는 일정관리 시스템에 입력되어야 한다.
- **수정에 대한 통제**(controls over amendments). 원본 거래전표의 수정은 언제나 원본 거래전표와 같은 정도로 엄격하게 통제되어야 한다.

외부통제 방법은 다음을 포함한다.

- **확인**(confirmations). 거래 전표는 독립적으로 거래를 확인하는 거래상대방에 의해 확인되어야 한다.
- **가격의 증명**(verification of prices). 포지션을 평가하려면 가격은 외부 원천으로부터 구해져야 한다. 이는 기관은 입력에 앞서서 내부에서 거래를 평가할 수 있는 능력을

4) W. Brewer, "Minimizing Operation Risk," in *Derivative Handbook*, ed. R. Schwartz and C. Smith (New York: John Wiley & Sons, 1997)를 참고하라.

가져야 한다는 것을 의미한다.

- **승인**(authorization). 거래상대방은 거래가능하도록 승인된 인원의 명단과 허용된 거래의 목록을 제공받아야 한다.
- **결제**(settlement). 지급절차는 자체적으로 거래조건이 잘못 기록되었는지 찾아낼 수 있다 – 예를 들어, 스왑의 첫 번째 현금 지급이 거래상대방들 사이에 불일치하는 경우.
- **내부 및 외부 감사**(internal and external audits). 이 검사들은 조직구조 또는 업무과정의 잠재적 취약 영역에 관한 유용한 정보를 제공한다.

15.4.3 모형리스크

모형리스크는 일종의 운영리스크이며, 리스크관리 담당자들이 특히 우려하는 바이다. **모형리스크**(model risk)는 부적합한 평가 또는 리스크 측정 모형에 기인하는 손실의 위험으로 정의될 수 있다. 어떤 의미에서 모든 모형은 옳지 않다. 모형은 현실의 추상화에 불과하다. Derman(1996)은 다음과 같이 말했다.[5)]

> *심지어 가장 정교한 모형도 현상의 모형이며, 현실은 아니다. 모형은 다만 장난감이다. 그러나 때로 매우 훌륭할 수 있으며, 이 경우에는 이론이라고 불린다.*

따라서 모형은 단순히 근사값이다. 리스크관리 담당자에게 중요한 것은 어떤 조건 하에서 이 근사값들이 수용될 수 없는 결과를 만들어내는지 이해하는 것이다.

〈그림 15.3〉은 모형리스크 원천의 분류체계이다. 첫째, 입력 자료가 그릇될 수 있다. 리스크 모형은 금융시계열과 기타 시장자료에 의존한다. 가격은 관찰오류를 포함하거나 무의미할 수 있다. 또는, 옵션의 내재변동성 같은 자료는 편의되어 있을 수 있다.

둘째, 모형의 모수가 부정확하게 추정될 수 있다. 리스크 모형은 리스크요인의 통계적 분포를 묘사해야 한다. 이 모수들은 결코 완벽히 정확하게 추정되지 않는다. 결국, VAR 척도 같은 결과는 반드시 어느 정도 오류를 포함한다. 예를 들어, 비록 실제로 그런 경우는 없지만, 이들은 신뢰구간과 함께 보고될 수 있다. 이 구간들은 자료기간이 길거나 VAR의 신뢰수준의 낮으면 좁아진다. 그러나 어떤 경우, 자료가 없거나 구조적 변화가 있었기 때문에 더 긴 자료를 사용하지 못할 수 있다.

5) E. Derman, *Model Risk* (New York: Goldman Sachs, 1996).

그림 15.3 모형리스크

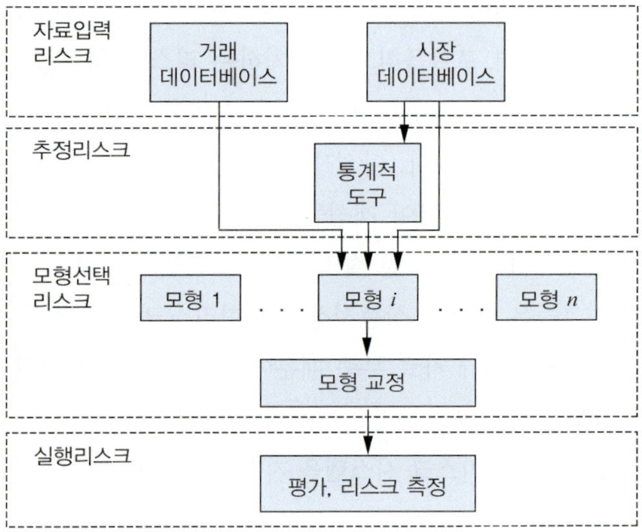

셋째, 모형의 선택이 그릇될 수 있다. 예를 들어, 고정소득 옵션에서 단순한 블랙-숄즈 모형은 적합하지 않을 수 있다. 또는, 매핑 과정은 단순화를 포함하는데, 어떤 경우에는 심각하게 잘못된 것으로 판명될 수 있다. 하나의 예는 서브프라임 대출에 기초한 부채담보부증권(CDO)의 선순위 트란셰를 AAA등급의 회사채 수익률에 대해 매핑한 은행이다. 이는 CDO 수익률의 역사적 자료가 없는 상황에서, 주로 편리성을 위한 것이었다. 그러나 그 은행은 결국 이 증권들이 리스크가 없다고 생각하여 인수하였고, 나중에 수십억 달러의 손실을 입었다. 다른 예는 회사채와 신용부도스왑을 동일한 신용에 대해 동일한 곡선으로 매핑하는 관행이다. 이는 **베이시스 리스크**(basis risk)를 무시하며, 2008년에 막대한 손실을 초래했다.

넷째, 모형은 잘못 설정될 수 있다. 이는 프로그램 오류, 모수 선택의 오류 등에 기인한다.

모형리스크는 인식하기 어려우며, 측정하기는 훨씬 더 어렵다. 이는 예상된 바이다. 그렇지 않으면 오류는 처음부터 바로잡힐 것이다. 리스크관리 담당자들은 모형리스크로부터 자신을 보호하기 위해 편의적인 수단에 의존한다. 먼저, 그들은 상이한 모형들의 상대적 강점과 약점을 이해해야 한다. 다시 말해, 직관과 경험이 중요하다. 둘째, 모형의 핵심 가정이 여전히 유효한지 지속적으로 평가할 필요가 있다. 셋째, 모형은 담당자가 이미 해답을 알고 있는 단순한 문제들을 통해 시험되어야 한다. 예를 들어, 모형은 베이시스 리스크를 반영하도록 확장될 수 있다. 이는 현금성 상품과 그 파생상품들을 상이한 곡선들에 매핑함으로써 이루어진다. 리스크관리 담당자는 이제 알려진 P&L을 가진 두 개의 포지션으로 이루어진 단순한 포트폴리오에 합치하는 리스크 척도를 모형이 만들어내는지 확인한다.

넷째, 사용자는 모형의 위기분석을 수행해야 한다. 입력 자료의 변화가 결과에 크게 영향을 미치는지 확인한다. 다섯째, 리스크 모형은 실제 자료에 의해 사후검증되어야 한다. 이는 모형의 어느 부분이 개선될 수 있는지에 관한 귀중한 정보를 제공한다.

상급 관리자의 경우, 앞 절의 운영리스크를 최소화하기 위한 권고는 모형리스크에도 적용된다. 그들은 새로운 상품시장은 모형리스크를 초래할 수 있다는 사실을 알아야 한다. 이는 시간 제약이나 자료 부족 때문에 리스크 모형이 완전히 개발되지 않은 상황이다. 또한, 거래담당자는 포트폴리오가 더 유리하고 작은 리스크를 가진 것처럼 보이도록 만들기 위해 의도적으로 리스크 시스템을 기만할 가능성이 있다. 이는 기능적 독립이 효과적 리스크관리의 초석인 이유이다.

15.4.4 개념적 문제

이런 모든 충고에도 불구하고 운영리스크의 측정은 여전히 개념적 문제들로 둘러싸여 있다.

첫째, 시장 및 신용 리스크와는 달리, 운영리스크는 주로 금융기관의 내부적 문제이다. 기관과 사업부문은 당연히 실수를 인정하려 하지 않기 때문에, 운영손실의 자료 수집은 어려운 과제이다. 지금까지 본 것처럼 내부자료는 외부자료에 의해 보완될 수 있다. 그러나 이것도 문제를 갖고 있다.

둘째, 시장 및 신용 리스크는 개념적으로 노출과 리스크요인으로 분리될 수 있다. 노출은 쉽게 측정되고 통제될 수 있다. 대조적으로, 리스크요인과 운영손실의 가능성 및 크기의 관계는 쉽게 정해지지 않는다. 여기에서, 인과관계는 내부통제 과정을 따라간다. 리스크 척도가 유용하려면, 리스크 프로파일 또는 통제과정의 질을 반영해야 한다.

셋째, 기관의 안정성을 위협할 수 있는 대규모 운영손실은 비교적 드물다(다행스럽다). 따라서 꼬리에 속하는 관찰의 횟수는 매우 작다. 이런 얇은 꼬리 문제는 운영리스크에 관한 높은 신뢰수준의 강건한 추정치를 얻기 어렵게 만든다. 또한, 사후검증은 확인방법으로 유용하지 않다. 시장리스크의 경우, VAR는 전형적으로 일별 목표기간에 대해 측정되고 일간 P&L에 비교된다. 이는 리스크 모형을 사후검증할 수 있는 많은 관찰값들을 만들어낸다.

대조적으로, 운영리스크의 목표기간은 더 길고, 사후검증을 위한 관찰값은 적다.

결국, 운영리스크가 시장 및 신용 리스크와 같은 정도로 정량화될 수 있는지에 관한 다소의 의문이 여전히 존재한다.

예제 15.9 : FRM 시험 2002 – 문제 102

다음 중 어떠한 리스크로부터 은행을 보호하기 위해 자본이 사용되는가?

a. 극단적인 재무적 영향을 가진 리스크
b. 빈도가 높고 손실이 작은 사건들
c. 낮은 빈도와 큰 재무적 영향을 가진 리스크
d. 빈도가 높고 상관관계가 작은 사건들

예제 15.10 : FRM 시험 2001 – 문제 49

피보험 개인의 손실 통제가 보험회사에 의해 제공되는 보호 때문에 감소하는 효과를 지칭하기 위해 보험업계에서 사용되는 용어는 무엇인가?

a. 통제 함정(control trap)
b. 도덕적 해이(moral hazard)
c. 역선택(adverse selection)
d. 통제 해이(control hazard)

예제 15.11 : FRM 시험 2003 – 문제 48

은행들이 운영리스크를 헤지하기 위해 보험을 매입할 때, 직면하는 문제를 기술하지 <u>않는</u> 보기는 무엇인가?

a. 손실보상기간이 몇 년이 될 수 있다는 사실
b. 보험회사의 신용등급
c. 은행과 보험회사 사이의 운영리스크에 관한 견해 차이
d. 운영 VAR가 없음

예제 15.12 : FRM 시험 2005 – 문제 48

다음 운영리스크의 종류 중 보험을 통해 효율적으로 이전될 수 있는 것은 무엇인가?

a. 높은 빈도, 낮은 손실수준

b. 낮은 빈도, 높은 손실수준
c. 회사의 행위에 의해 그 크기가 영향 받는 운영손실
d. 낮은 한도금액의 보험계약만을 파는 보험회사의 운영손실

예제 15.13 : FRM 시험 2005 – 문제 52

다음 중 운영리스크를 헤지하는 데 유효한 것은 무엇인가?

Ⅰ. 보험의 운영리스크 관리 수단으로서의 주요 단점은 보험의 보장한도이다.
Ⅱ. 만약 운영리스크 헤지가 적절하게 작동한다면, 회사는 대규모 운영리스크 사건에 기인하는 평판의 훼손을 피할 수 있다.
Ⅲ. 모든 보험계약은 도덕적 해이의 문제에 직면하나, 공제한도는 이 문제를 완화하는 데 도움을 준다.
Ⅳ. 재난(cat) 채권은 기업으로 하여금 자연재해에 관련된 운영리스크를 헤지할 수 있도록 만든다.

a. Ⅰ, Ⅲ, Ⅳ　　b. Ⅰ, Ⅱ, Ⅳ　　c. Ⅱ, Ⅲ　　d. Ⅲ, Ⅳ

예제 15.14 : FRM 시험 2008 – 문제 4-33

다음 보기들은 시장과 운영리스크 VAR 모형의 차이에 관한 것이다. 그릇된 것은 무엇인가?

a. 시장리스크 모형은 주로 역사적 자료에 의존하나, 운영리스크 모형은 이 점에서 더 유연하다.
b. 시장리스크 모형은 전형적으로 VAR를 손실분포의 특정 분위수로 정의하나, 운영리스크 모형은 이 점에서 더 유연하다.
c. 사후검증은 일반적으로 운영리스크보다 시장리스크 모형에서 더 유용한 형태의 증명 방법이다.
d. VAR 평가의 목표기간은 시장과 운영 리스크 모형 간에 상이하다.

15.5 바젤 운영리스크 요구자본

2004년에 마무리된 바젤 II 협약의 가장 중요한 추가사항의 하나는 운영리스크 요구자본(ORC)이다. 이는 은행이 운영리스크를 완충하기 위해 보유해야 하는 최소 자본금액을 규정한다. 새로운 기준은 ORC 계산방법의 세 가지 대안을 허용한다.

15.5.1 기초지표 접근법

가장 단순한 방법은 **기초지표 접근법**(basic indicator approach: BIA)으로 불린다. 이는 기업활동의 통합적 척도에 기초한다. 요구자본 기준은 총수입(GI)으로 정의된 노출지표의 일정한 백분율인 **알파계수**(alpha factor)이다.[6)]

$$\mathrm{ORC}^{\mathrm{BIA}} = \alpha \times \mathrm{GI} \tag{15.5}$$

여기에서 α는 15%로 설정된다. 이 방법의 장점은 단순하고, 투명하며, 쉽게 가용한 자료를 사용하는 것이다. 문제는 통제의 질을 고려하지 못한다는 것이다. 결국, 이 접근법은 주로 덜 세련된 은행에 의해 사용될 것으로 예상된다.

15.5.2 표준화 접근법

둘째 방법은 **표준화 접근법**(standardized approach: TSA)이다.[7)] 여기에서 은행의 활동은 여덟 개의 **사업부문**(business lines)으로 구분된다. 각 사업부문 내에서, 총수입은 활동 규모의 지표로 간주된다. 요구자본은 총이익을 **베타계수**(beta factor)로 불리는 고정된 백분율로 곱하고, 사업부문들에 걸쳐 합계하여 계산된다.

$$\mathrm{ORC}^{\mathrm{TSA}} = \sum_{i=1}^{8} \beta_i \times \mathrm{GI}_i \tag{15.6}$$

β요인은 〈표 15.5〉에 기술되어 있다. 이 접근법은 여전히 간단하나, 사업부문 사이의 상이

6) 이는 지난 3년 동안의 양의 총수입 수치의 평균이다. 음수는 제외된다.

7) 은행은 또한 대안적 표준화 접근법을 사용할 수 있도록 허용된다. 여기에서 총수입은 소매 및 상업 금융의 대출과 선급금을 규모조정 요소 $m = 0.035$로 곱한 값으로 대체된다.

표 15.5 바젤의 ORC에 관한 베타계수

사업부문	베타계수
기업금융	18%
거래 및 판매	18%
소매금융	12%
상업금융	15%
지급, 결제	18%
대행업무	15%
자산관리	12%
소매 중개업무	12%

한 리스크를 더 잘 반영한다.[8)] 예를 들어, 거래와 판매 부문은 높은 가중치를 갖는다. 이는 거래담당자의 사취 때문에 발생할 수 있는 심각한 손실의 가능성을 반영한다.

15.5.3 고급 측정 접근법

셋째 종류의 방법은 **고급 측정 접근법**(advanced measurement approach: AMA)이다. 이는 은행으로 하여금 필요자본을 추정하는 데 자체적 내부모형을 사용할 수 있도록 허용한다. 이 모형은 바젤협약에 의해 정해진 정량적 및 정성적 기준을 따른다. 특정한 방법이 미리 정해져 있지 않으나, 은행이 운영리스크의 효과적인 관리 및 통제 능력을 증명한 경우에만 AMA가 허용된다.

정성적 기준은 내부적 시장 VAR 모형을 사용하는 경우와 비슷하다.[9)] 이 조건들이 충족되면, 위험자본은 99.9% 신뢰수준의 1년 동안의 예상외손실(UL)로부터 계산된다.

$$\mathrm{ORC}^{\mathrm{AMA}} = \mathrm{UL}\,(1\text{년},\ 99.9\%\ \text{신뢰수준}) \tag{15.7}$$

일반적으로, 만약 은행이 내부의 업무관행에서 예상손실(EL)을 적절히 파악할 수 있다는 것을 증명하지 못하면, EL은 요구자본에 포함되어야 한다.

---

8) 공식은 실제로 더 복잡하다. 또한, 한 해의 일부 음의 GI 수치들을 다른 사업부문의 양수에 의해 0이 될 때까지 상쇄할 수 있도록 허용한다. 정확한 공식은 $\mathrm{ORC}^{\mathrm{TSA}} = \{\sum_{t=1}^{3}\mathrm{Max}[\sum_{i=1}^{8}(\beta_i \times \mathrm{GI}_i),\ 0]\}/3$이다.

9) 특히, (1) 은행은 독립적인 운영리스크 기능을 보유해야 한다. (2) 시스템은 일별 관리 안에 통합되어야 한다. (3) 정기적 보고가 있어야 한다. (4) 문서화되어야 한다. (5) 감사인들은 정기적 검사를 시행해야 한다. 그리고 (6) 외부의 인정을 받아야 한다.

다른 정량적 기준은 다음과 같다. (1) 은행은 최소 5년에 걸쳐 측정된 내부적 손실자료를 추적해야 한다. (2) 은행은 외부자료를 사용해야 한다. (3) 은행은 대규모 손실 사건에 대한 노출을 평가하기 위해 시나리오분석을 해야 한다. 그리고 (4) 은행은 사업환경과 내부통제 요인을 고려해야 한다. 마지막으로, 보험에 의해 운영리스크 요구자본의 20%까지 상쇄될 수 있다. 이 접근법은 운영리스크의 가장 세련된 측정방법을 제공하며, 상대적으로 앞서가는 기관에 의해 이용될 것으로 예상된다.

15.5.4 2008년의 손실자료 측정 실험

바젤위원회는 2008년에 손실자료 측정 실험을 시행했다. 121개 은행에 대해 운영손실 경험 및 모형화에 관한 정보를 요구했다.10) 이 표본에서, 20개 은행은 BIA, 51개는 TSA, 그리고 42개는 AMA를 사용한다.

AMA 은행은 규모에 대해 조정한 경우에도 더 높은 대규모 내부손실 빈도를 갖고 있다. 이는 이 은행들이 더 복합적, 또는 정보수집 과정이 더 우수하다는 사실을 반영한다. 운영리스크 자본은 AMA 은행의 경우 총수입의 10.8%로서 더 낮았고, 비AMA 은행은 12.8%이다. 전체적으로, 이 결과는 은행 섹터가 운영손실 자료의 수집과 이용에서 상당한 발전을 이루고 있다는 것을 나타낸다.

예제 15.15 : FRM 시험 2007 – 문제 117

다음 운영리스크 요구자본을 계산하는 여러 접근법 중, 리스크가 증가할 때 주어진 회계적 수입에 대해 더 많은 요구자본을 요구하는 접근법은 무엇인가?

a. 기초지표 접근법　　b. 표준화 접근법
c. 고급 측정 접근법　　d. 위의 보기 모두 해당된다.

예제 15.16 : FRM 시험 2004 – 문제 53

다음 바젤 II의 운영리스크 요구자본을 계산하는 방법론에 관한 설명 중 옳은 것은 무엇인가?

10) Basel Committee on Banking Supervision, *Results from the 2008 Loss Data Collection Exercise for Operational Risk* (Basel: BIS, 2009).

a. 기초 지표 접근법은 복잡한 운영리스크 프로파일을 가진 기관에 적합하다.
b. 표준화 접근법 하에서, 요구자본은 각 사업부문별로 측정된다.
c. 고급 측정 접근법은 어떤 기관이 자체의 운영리스크 평가방법을 사용하는 것을 허용하지 않는다.
d. AMA는 표준화 접근법보다 덜 민감하다.

예제 15.17 : FRM 시험 2007 – 문제 6

다음 바젤 II의 비고급 접근법에 관한 설명 중 옳지 않은 것은 무엇인가?

a. 표준화 접근법은 만약 당해 연도의 총수입을 음수로 낮출 수 있으면 은행이 손실을 조기에 기재하는 것을 유리하도록 만든다.
b. 기업금융, 거래 및 판매, 그리고 지급과 결제는 가장 높은 규제 요구자본이 부과되는 사업부문이다.
c. 표준화 접근법은 은행을 사업부문들로 나누고, 각 사업부문의 총수입과 베타 요인의 최근 3년의 자료를 사용하여 규제 요구자본을 구한다.
d. 표준화 접근법은 은행 총수입의 최근 3년의 자료를 사용하여, 운영리스크 요구자본을 구한다.

15.6 중요 공식

- 목표기간의 손실빈도 밀도함수 : $f(n), \quad n = 0, 1, 2, \ldots$
- 손실수준의 밀도함수 : $g(x|n=1), \quad x \geq 0$
- 콘벌루션 : 손실의 빈도와 수준을 결합하여 다음 해의 총손실의 분포를 유도 :

  $S_n = \sum_{i=1}^{n} X_i$
- 운영 VAR : S_n의 분위수, 전형적으로 목표기간 1년과 신뢰수준 99.9%
- 바젤 II 운영 요구자본 :

  기초 지표 접근법 : $ORC^{BIA} = \alpha \times GI$

  표준화 접근법 : $ORC^{TSA} = \sum_{i=1}^{8} \beta_i \times GI_i$

  AMA : $ORC^{AMA} = UL$ (1년, 99.9% 신뢰수준)

15.7 예제 풀이

예제 15.1: FRM 시험 2004 – 문제 39

c. 실패한 합병에 기인하여 손상된 평판은 사업리스크이다. 또한, 평판리스크는 운영손실의 한 종류가 아니다.

예제 15.2: FRM 시험 2003 – 문제 65

c. 보기 a., b., c.는 운영손실이다. 보기 c.는 변동성에 투기한 결과이며, 시장리스크이다.

예제 15.3: FRM 시험 2007 – 문제 56

b. 보기 a.는 외부 사취이며, 운영리스크에 포함된다. 보기 c.는 시스템 장애를 나타낸다. 보기 d.는 내부 절차의 실패이다.

예제 15.4: FRM 시험 2007 – 문제 139

c. 이는 모형가격이 시장가격과 현저히 다른 상황이며, 모형리스크이다. 유동성리스크도 이 차이의 일부를 설명할 수 있으나, 상품의 복잡성을 고려하면 그 가능성은 작다.

예제 15.5: FRM 시험 2009 – 문제 7-2

a. 마지막 세 분포는 n이 양수일 것을 요구하고, 이는 정규분포에 해당되지 않는다.

예제 15.6: FRM 시험 2007 – 문제 138

b. 손실수준 분포의 한계는 0이나 매우 큰 손실을 포함해야 한다. 따라서 긴 오른쪽 꼬리를 가진 비대칭 형태이다.

예제 15.7: FRM 시험 2008 – 문제 4-10

d. 직원들이 운영리스크의 분포를 계산하는 곳은 생존 은행이기 때문에, 내부자료는 생존편의 문제를 분명히 갖고 있다. 이는 대규모 중대한 손실의 기록을 배제한다.

예제 15.8: FRM 시험 2007 – 문제 33

a. VAR는 EL을 포함해야 하기 때문에, EL을 별도로 계산할 필요는 없다. 표는 누적확

률이 95% 이상인 가장 작은 손실은 100,000달러임을 보여준다.

손실(달러)	확률	누적확률
0	0.5 = 0.500	50.0%
1,000	0.3 × 0.6 = 0.180	68.0%
2,000	0.2 × 0.6 × 0.6 = 0.072	75.2%
10,000	0.3 × 0.3 = 0.090	84.2%
11,000	0.2 × 0.6 × 0.3 × 2 = 0.072	91.4%
20,000	0.2 × 0.3 × 0.3 = 0.018	93.2%
100,000	0.3 × 0.1 = 0.030	96.2%
101,000	0.2 × 0.1 × 0.6 × 2 = 0.024	98.6%
110,000	0.2 × 0.1 × 0.3 × 2 = 0.012	99.8%
200,000	0.2 × 0.1 × 0.1 = 0.002	100.0%

예제 15.9: FRM 시험 2002 – 문제 102

c. 자본은 기업에 대해 중대한 재정적 영향을 주는 리스크를 흡수해야 한다. 시스템리스크 같은 극단적인 재정적 영향을 미치는 리스크는 단지 자본만으로 흡수될 수 없으므로, 보기 a.는 옳지 않다. 낮은 손실의 사건들은 중요하지 않으므로, 보기 b.는 옳지 않다. 상관관계가 없는 사건들은 리스크를 분산시키는 경향이 있으므로, 보기 d.는 옳지 않다.

예제 15.10: FRM 시험 2001 – 문제 49

b. 도덕적 해이는 피보험자가 보험에 의해 보호되기 때문에, 손실을 통제하려는 인센티브가 낮을 때 발생한다.

예제 15.11: FRM 시험 2003 – 문제 48

d. 보기 a., b., 그리고 c.는 운영리스크에 대한 보험의 매입으로부터 발생하는 문제들을 기술한다. 이는 은행이 운영 VAR 모형을 갖고 있는지에 무관하다.

예제 15.12: FRM 시험 2005 – 문제 48

b. 보험의 목적은 큰 손실, 또는 대규모 운영리스크 사건들을 보상하는 것이다. 보기 c.는 옳지 않으며, 이런 종류의 도덕적 해이는 더 높은 프리미엄을 초래하기 때문이다.

예제 15.13: FRM 시험 2005 – 문제 52

a. II.를 제외한 모든 보기들이 옳다. 만약 회사가 헤지나 보험을 매입하더라도, 대규모 운영손실 소식은 회사의 평판을 훼손한다.

예제 15.14: FRM 시험 2008 – 문제 4-33

b. 운영리스크 모형은 빈번하게 시나리오분석에 의존하기 때문에, 보기 a.는 옳다. 사후검증은 운영리스크 모형에서 더 어려우므로, 보기 c.는 옳다. VAR는 일반적으로 짧은 목표기간에 걸쳐 추정되므로, 보기 d.는 옳다. 보기 b.는 옳지 않으며, 시장 및 운영 리스크 모형은 분포의 분위수를 사용하기 때문이다.

예제 15.15: FRM 시험 2007 – 문제 117

c. 기초 지표 접근법은 $\alpha = 15\%$의 인수를 사용한다. 표준화 접근법은 12% 내지 18%의 고정 인수를 사용하며, 따라서 리스크에 민감하지 않다(사업부문들 사이의 변화 제외). AMA는 가장 리스크에 민감한 방법이다.

예제 15.16: FRM 시험 2004 – 문제 53

b. BIA는 기본적 리스크 프로파일을 가진 은행에 적합하며, 따라서 보기 a.는 옳지 않다. AMA는 내부모형이며, 따라서 보기 c.는 옳지 않다. AMA는 표준화 접근법보다 더 리스크에 민감하므로, 보기 d.는 옳지 않다.

예제 15.17: FRM 시험 2007 – 문제 6

a. 보기 a.는 옳지 않으며, 단지 양의 수익만 고려되기 때문이다. 주어진 〈표 15.5〉 하에서, 보기 b.는 옳다. 보기 c.와 d.도 옳다.

부록 : 인과관계 네트워크

인과관계 네트워크는 확률변수의 순열을 기준으로 손실을 설명한다. 각 변수 자체는 다른 변수들의 결합에 기초할 수 있다. 예를 들어, 결제손실은 (1) 노출 그리고 (2) 시간지연의 결합에 기인하는 것으로 간주될 수 있다. 다시, 노출은 (1) 거래의 가치 그리고 (2) 매입 또는 매도 여부에 의존한다. 다음으로, 시간지연의 원인 요소는 (1) 교환, (2) 거주지, (3) 거래상대방, (4) 상품 그리고 (5) 일별 수량으로 선택될 수 있다. 이 연계들은 과정의 작업흐름에 기초한 그래프 모형을 통해 제시될 수 있다. 하나의 접근법은 **베이지안 네트워크**(Bayesian network)이다. 여기에서, 각 노드는 확률변수를 나타내고, 각 화살표는 인과연계를 나타낸다.

원인과 결과는, 베이스 정리의 응용인 조건부 확률을 통해 연계된다. 예를 들어, 결제실패 또는 $fail$의 확률을 예측하려 한다고 가정하자. 만약 실패가 존재하면 $y=1$, 그렇지 않으면 $y=0$으로 표시한다. 원인요소는, 예를 들어, 백 오피스 팀의 수준이며 양호 또는 미흡으로 표시된다. 만약 팀이 미흡하면, $x=1$로 표시한다. 팀이 미흡할 확률은 20%로 가정한다. 만약 팀이 양호하면, 실패의 조건부 확률은 $P(y=1 \mid x=0)=0.1$이다. 만약 팀이 미흡하면, 이 확률은 더 높아서, $P(y=1 \mid x=1)=0.7$이다. 이제, 실패의 비조건부 확률을 만들 수 있으며, 이는 다음과 같다.

$$P(y=1)=P(y=1 \mid x=0)P(x=0)+P(y=1 \mid x=1)P(x=1) \tag{15.8}$$

여기에서, $P(y=1)=0.1\times(1-0.20)+0.7\times0.20=0.22$이다. 이 정보에 기초하여, 예를 들어, 훈련이나 신규채용을 통해 팀을 미흡으로부터 양호로 변화시키는 이득을 평가할 수 있다. 또는 실패가 발생했다는 조건 하에서 팀이 미흡할 확률을 평가할 수 있다. 베이스 법칙을 이용하면, 이는 다음과 같다.

$$P(x=1 \mid y=1)=\frac{P(y=1,\ x=1)}{P(y=1)}=\frac{P(y=1 \mid x=1)P(x=1)}{P(y=1)} \tag{15.9}$$

여기에서, $P(x=1 \mid y=1)=\dfrac{0.7\times0.20}{0.22}=0.64$이다. 다시 말해, 팀이 미흡할 확률은, 관찰된 실패에 기초하여, 20%로부터 64%로 상승했다. 이런 관찰은 과정 진단에 유용하다.

일단 모든 초기 노드들에 확률이 부여되면, 베이지안 네트워크는 완성된다. 은행은 이제 손실분포를 도출하기 위해 초기 변수들로부터 시작하여 운영손실로 진행하면서, 네트워크에 대해 몬테칼로 시뮬레이션을 시행할 수 있다.

Chapter 16

유동성리스크*

유동성리스크는 최근의 신용위기에서 목격되었듯이, 재무금융 리스크의 중요한 원천이다. 서브프라임 손실에서 시작했던 신뢰의 위기는 Lehman 파산 이후 급격히 가속화되었다. 많은 채권자들이 그들의 투자를 대환하는 것을 거절했고, 금융기관들은 대규모 자금조달 문제에 직면했다. 이들이 자금조달 수요를 충족하기 위해 자산을 매각하는 데 어려움을 겪으면서 이 문제는 복잡해졌다.

시장리스크, 신용리스크, 그리고 운영리스크와는 달리, 유감스럽게도 유동성리스크는 공식적인 리스크 측정에 적합하지 않다. 이는 바젤은행감독위원회(BCBS)가 유동성리스크에 대해 공식적인 요구자본을 설정하지 않은 이유이다. 그러나 위원회는 다음과 같이 기술했다. "유동성은 은행 조직의 지속적 생존에 필수적이다. 은행의 자본포지션은 특히 위기에서 유동성 조달능력에 영향을 미칠 수 있다."[1] 따라서 금융기관이 유동성리스크를 평가하고, 감시하며, 그리고 관리하는 것은 중요하다.

제16.1절은, 자산 유동성리스크와 자금조달 리스크를 모두 포함하는 유동성리스크의 원천을 기술한다. 제16.2절은 자산 유동성리스크를 분석한다. 자산을 유동화하여 현금을 조달하는 능력은 시장상황과 유동화 목표기간에 의존한다. 시장상황은 매수-매도 스프레드와 시장충격을 포함한다. Value at risk(VAR)는 유동성 조정 VAR로 어느 정도 확장될 수 있다. 제16.3절은 자금조달 리스크를 분석한다. 이는 파산한 영국 은행인 Northern Rock의 사례를 이용하여 예시된다. 자금조달 수요는 부채구조와 대차대조표 난외 항목을 살펴봄으로써 평가될 수 있다. 마지막으로, 제16.4절은 주로 갭 분석을 이용하여, 은행이

* FRM 시험 Part 2 주제.

1) BCBS, *International Convergence of Capital Measurement and Capital Standards* (Basel: BIS, 2006)의 제 741문단.

유동성리스크를 평가하고 통제하는 방법을 논의한다. 우발적 자금조달 계획의 중요성을 강조하고, 유동성리스크 관리에 관한 공시를 예시한다.

16.1 유동성리스크의 원천

기관이 기술적으로 정상(즉, 자산가치가 부채가치를 초과할 때)인 경우에도, 유동성 부족은 실패를 초래할 수 있다. 상업은행은 자산(장기 대출)과 부채(소액 예금과 자본시장 부채) 사이에 태생적인 유동성 불균형을 갖고 있다. 결국, 신뢰의 위기는 예금자들로 하여금 즉시 인출요구를 하도록 만들 수 있다. 은행이 예금을 충당하는 데 충분한 자산을 갖고 있더라도, 상환요구에 대응하기 위해 충분히 신속하게 또는 적당한 가격에 자산을 유동화하지 못할 수 있다. 비슷하게, 헤지펀드는 대차대조표의 태생적 유동성리스크를 주의 깊게 관리해야 한다.

유동성리스크(liquidity risk)는 자산 유동성리스크와 자금조달 유동성리스크로 이루어진다. **유럽은행감독위원회**(Committee of European Banking Supervisors: CEBS)는 다음의 정의를 제공한다.[2)]

- **자산 유동성리스크**(asset liquidity risk)는 **시장/상품 유동성리스크**(market/product liquidity risk)로도 불린다. 시장가격에 심각한 영향을 주지 않으면서, 짧은 예고기간에 포지션이 쉽게 해소 또는 상쇄될 수 없는 리스크이다. 시장의 심도가 부족하거나 시장혼란에 기인한다.
- **자금조달 유동성리스크**(funding liquidity risk)는 기관이 수용할 수 없는 손실을 무릅쓰지 않으면 만기에 도달한 부채와 채무를 이행할 능력이 없을 때, 발생하는 현재 또는 예상 리스크이다.

만약 포트폴리오가 비유동적 자산을 포함하고, 자금조달 수요를 충족하기 위해 이들을 비정상적으로 낮은 가격에 매각해야 하면, 두 종류의 리스크는 서로 상호작용한다.

2) Committee of European Banking Supervisors, *Second Part of CEBS's Technical Advice to the European Commission on Liquidity Risk Management* (London: CEBS, 2008). www.c-ebs.org에서 가용함.

16.2 자산 유동성리스크

16.2.1 자산 유동성리스크의 평가

자산 유동성리스크를 평가하기 위해, 자산이 거래되는 시장의 상황을 특징짓는 것으로부터 시작한다. **매수-매도 스프레드**(bid-ask spread)는 **정상 시장규모**(normal market size: NMS) 안의 금액을 사고파는 왕복 거래비용을 측정한다. 만약 $P(\text{ask})$는 매도호가, $P(\text{bid})$는 매수호가, 그리고 $P(\text{mid})=[P(\text{ask})+P(\text{bid})]/2$이 중간가격이면, 스프레드는 다음과 같이 상대적 기준으로 정의된다.

$$S=\frac{[P(\text{ask})-P(\text{bid})]}{P(\text{mid})} \tag{16.1}$$

유동성이 좋은 자산은 작은 매수-매도 스프레드를 가질 것이다. **밀착도**(tightness)는 실제 거래가격과 호가된 중간 시장가격 사이의 괴리 척도이다. 유동적 자산은 또한 **심도**(depth)가 크다는 특징을 갖는다. 이는 시장가격을 지나치게 크게 변화시키지 않으면서(예를 들어, 매수-매도 가격에서) 체결될 수 있는 거래량의 척도이다. 이는 **천도**(thinness)의 반대 개념이다.

대규모 거래에서, 자산 유동성은 **시장충격**(market impact)으로 불리는 가격-수량 함수에 의해 평가될 수 있다. 이는 어떻게 가격이 거래량에 의해 영향 받는지 묘사한다. 때로, 이는 **내생적 유동성**(endogenous liquidity)으로 불리며, 가격하락이 포지션 크기에 의존함을 시사한다. 대조적으로, 정상 시장규모 내의 포지션은 **외생적 유동성**(exogenous liquidity)으로 특징지어진다.

유동적 시장에서 대량의 자산을 매각할 때, 가격은 일시적으로 하락할 수 있으나 신속하게 복원될 것이다. **복원력**(resiliency)은 거래 때문에 발생한 가격변동이 소멸하는 속도의 척도이다.

국채시장 같은 유동적 자산의 경우, 이 함수는 상당히 평평하다. 이는 대량의 거래가 가격에 큰 영향을 미치지 않음을 의미한다. 예를 들어, 1,000만 달러 상당의 장기국채는 일반적으로 매수-매도 스프레드의 절반인 0.10%의 비용으로 거래될 수 있다. 이는 $10,000,000×0.10%/2=$5,000의 비용으로 환산되며, 매우 낮다.

대조적으로, 비유동적 자산의 스프레드는 넓고 가격은 거래에 의해 즉시 영향 받는다.

그림 16.1 유동적 및 비유동적 자산의 비교

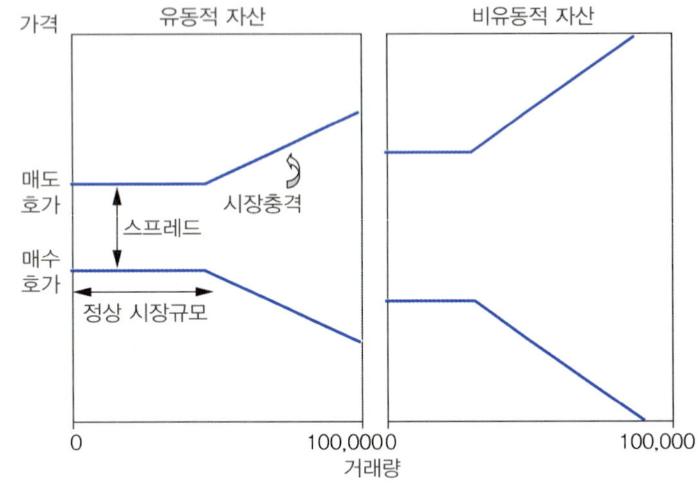

예를 들어 은행 대출은 장외시장(OTC)에서 거래되며, 스프레드는 10%까지도 가능하다. 1,000만 달러 상당의 매도는 가격을 5% 낮추며, 이 비용은 $10,000,000×10%/2= $500,000이다. 이는 앞의 경우보다 훨씬 높다. 이 금액의 두 배를 매도할 때 미체결잔량이 없으려면, 훨씬 더 큰 예를 들어 8%의 가격하락을 초래할 수 있다. 따라서 비유동적 자산의 가격은 현재의 수요와 공급 조건에 의해 더 큰 영향을 받는다. 결국, 만약 거래가 발생하면, 일반적으로 유동적 시장보다 변동성이 크다.

후자의 예는 또한 유동성은 **목표기간**(time horizon)의 함수임을 보여준다. 가격-수량 함수가 가파르면, 즉각적 매도는 큰 금액의 가격하락을 수반할 것이다. 한편, 인내심을 가진 투자자는 매도 주문을 여러 날에 걸쳐 분할함으로써 더 좋은 가격을 얻을 것이다. 따라서 시장충격은 더 낮다.

〈그림 16.1〉은 유동적 자산과 비유동적 자산의 가격-수량 함수를 비교한다. 유동적 자산의 경우 매수-매도 스프레드는 밀착되어 있고, 시장은 더 큰 심도를 갖고 있으므로 정상 시장규모는 더 크며, 시장충격을 나타내는 직선의 기울기는 작다.

일반적으로, 거래량이 큰 자산은 더 유동적이다. 거래량은 투자자들 사이의 견해 차이를 반영할 뿐 아니라 적극적인 투기자의 존재에도 의존한다. 특히, 헤지펀드는 많은 시장에서 적극적으로 거래하며 시장의 유동성을 높인다.

평가하기 간단한 자산은 또한 더 유동적이다. 한 극단에는, 단순한 상품이기 때문에 평가하기 쉬운 고정금리 장기국채가 있다. 다른 극단에는 복잡한 수익구조를 가진 구조화 증권이 있으며, 참가자가 평가하거나 헤지하기 더 어렵다. 결국, 이런 증권의 스프레드는 장기국채보다 훨씬 더 넓다.

유동성은 자산집단별로 다르며 증권의 특성일 수 있다. 더 큰 발행금액 또는 더 최근에 발행된 증권은 일반적으로 더 유동적이다. **온더런**(On-the-run) 증권은 가장 최근에 발행되고 따라서 더 활발하게 거래되고 유동적이다. 다른 증권들은 **오프더런**(off-the-run)으로 불린다. 예를 들어, 가장 최근에 발행된 30년 만기 미국 국채를 생각해보자. 이는 다른 30년 만기 채권이 발행될 때까지 온더런이며, 이후에는 오프더런이 된다. 이 두 증권은 같은 신용리스크(즉, 미국 정부의 도산)와 시장리스크(즉, 둘 다 30년 가까운 만기)를 갖고 있다. 그들은 매우 비슷하기 때문에 수익률 스프레드는 **유동성 프리미엄**(liquidity premium)일 수밖에 없다.

자산의 유동화 비용은 **자산의 대체성**(asset fungibility)에도 의존한다. 집중화된 거래소에서 거래되는 계약은 선도나 보통주처럼, 가장 높은 호가를 제시하는 매수자에게 쉽게 다시 팔릴 수 있다. 즉, 대체성이 있다. 대조적으로, 사적으로 체결된 파생상품은 거래를 해소하려면 원래 상대방의 동의를 필요로 한다. 이 상황에서 거래상대방은 포지션 해소의 조건으로 할인을 요구할 수 있다.

요약하면, 자산 유동성리스크는 다양한 요인에 의존한다. 이는 (1) 시장상황(매수-매도 스프레드와 시장충격), (2) 유동화 목표기간, (3) 자산과 증권의 종류, 그리고 (4) 자산의 대체성이다.

비유동성은 시장의 전체적 성격이고 시간가변적일 수 있다. 시장 유동성의 대규모 변화는 주기적으로 발생하는 것처럼 보인다. 여기에는 1994년의 채권시장 몰락, 1998년의 러시아/Long-Term Capital Management(LTCM) 위기, 그리고 2007년에 시작했던 신용위기가 포함된다. 이런 위기들은 **안전자산 선호**(flight to quality)로 특징지어진다. 이는 낮은 등급의 증권으로부터 높은 등급의 증권으로 수요의 이동이 있을 때 발생한다. 낮은 등급 시장은 가격하락과 함께 비유동적 성격을 갖게 된다. 이는 회사채와 정부 채권 사이의 수익률 스프레드의 상승으로 반영된다.

16.2.2 유동성 조정 VAR

자산의 유동성리스크는 전통적 시장리스크보다 측정하기 어렵다. 비유동성은 목표기간을 늘리거나 선택적으로 변동성을 높임으로써, 간접적으로 VAR 척도로 요인분해될 수 있다. 그러나 이 조정들은 대부분 편의적으로 이루어진다.

우리는 매수-매도 스프레드의 영향을 리스크 척도에 포함시키려고 시도할 수 있다. 스프레드 S가 고정되었을 때, **유동성 조정** VAR(liquidity-adjusted VAR: LVAR)는 다음과 같이 정의될 수 있다.

$$\text{LVAR} = \text{VAR} + L_1 = W[\alpha\sigma + \frac{1}{2}(S)] \tag{16.2}$$

여기에서 W는 초기 자산, 또는 포트폴리오 가치이다. 만약 VAR가 평균 대신 0으로부터 (초기 포트폴리오 가치에 대해 상대적으로) 측정되면, $\alpha\sigma$로부터 μ를 차감해야 한다.

예를 들어, 30년 만기 국채에 1,000만 달러를 투자했다고 가정하자. 일간 변동성은 $\sigma=1\%$이고 스프레드는 $S=0.10\%$이다. 일간 LVAR는 신뢰수준 95%에서 다음과 같다.

$$\$10,000,000[(1.645\times 0.01) + \frac{1}{2}(0.0010)] = \$164,500 + \$5,000 = \$169,500$$

여기에서, 오차조정 항은 작다. 대조적으로, 앞 예의 은행대출에서 오차조정항은 50만 달러이다.

만약 매수-매도 스프레드가 크게 변하면, 수식(16.2)는 어떤 신뢰수준에서 최악의 스프레드 상승을 고려하여 조정될 수 있다. 스프레드의 분포는 평균 $\overline{S}$와 표준편차 σ_S로 묘사될 수 있다. 이제, 최악 시나리오의 LVAR는 다음과 같다.

$$\text{LVAR} = \text{VAR} + L_2 = W[\alpha\sigma + \frac{1}{2}(\overline{S} + \alpha'\sigma_S)] \tag{16.3}$$

이는 시장 및 유동성 리스크의 최악의 손실을 합계함으로써, 결과적으로 두 리스크요인 사이의 상관계수가 높음을 가정하는 것이다.

실무적으로 스프레드의 분포를 추정하는 것은 어려운 일이다. 스프레드는 오랫동안 안정적이나 위기 중에 폭발적으로 증가하는 경향이 있다. 따라서 스프레드의 분포는 매우 비정규적이다. 최상위 차원에서 리스크를 측정하려면, 리스크관리 담당자는 또한 스프레드 사이의 상관계수를 추정해야 한다. 또한 이 분석은 거래량이 정상 시장규모 내에 있다고 가정한다. 만약 그렇지 않으면, 일시적인 대량의 강요된 매도도 시장충격을 초래할 것이다.

16.2.3 비유동성과 리스크척도

자산의 비유동성은 리스크관리에 특별한 문제를 부과한다. 비유동적 시장에서, 더 적은 거래는 가격이 크게 변하지 않음을 의미한다. 결국, 보고기간 말의 가격은 일반적으로 시장균형 거래를 반영하지 않고, 일상적 거래가 없기 때문에 둔하게 변동한다. 이는 변동성과 다른 자산집단들과의 상관계수 척도에 하향편의를 초래한다.

또한 뉴스는 천천히 가격에 영향을 주며, 수익의 양의 자기상관을 초래한다. 이는 더 긴 목표기간의 VAR의 근사값을 구할 때, 시간의 제곱근을 곱하는 법칙을 쓸모없게 만든다. 이 효과들은 제20.4.2절의 헤지펀드에서 더 논의된다.

예제 16.1 : FRM 시험 2003 – 문제 15

유동성리스크에 관한 다음 설명 중 옳은 것은 무엇인가?

a. 자산 유동성리스크는, 금융기관이 지급의무를 이행할 수 없을 때 발생한다.
b. 안전자산 선호는 주로 회사채와 국채 사이의 수익률 스프레드 감소에 반영된다.
c. 온더런과 오프더런 증권 사이의 수익률 스프레드는 주로 유동성 프리미엄을 나타내고, 시장과 신용 리스크 프리미엄을 포함하지 않는다.
d. 자금조달 유동성리스크는 특정 자산시장이나 상품의 한도설정 및 다각화를 통해 관리될 수 있다.

예제 16.2 : FRM 시험 2002 – 문제 36

다음 설명들은 매우 (다른 조건들은 비슷한) 유동적인 자산과 비유동적인 자산을 비교한다. 다음 보기 중 그릇될 가능성이 가장 높은 것은 무엇인가?

a. 가격에 영향을 주지 않으면서, 큰 규모의 유동적 자산을 거래할 수 있다.
b. 유동적 자산의 매수-매도 스프레드는 작다.
c. 유동적 자산은 더 빈번하게 거래되므로, 더 높은 가격 변동성을 갖고 있다.
d. 유동적 자산은 높은 거래량을 갖고 있다.

예제 16.3 : FRM 시험 2007 – 문제 78

보통주에 투자하는 어떤 뮤추얼 펀드는 각 자산의 보유를 30일 평균 거래가치의 최대 30%까지로 제한하는 유동성리스크 척도를 도입했다. 만약 펀드 규모가 30억 달러이면, 30일 평균 거래가치가 240만 달러인 주식의 보유가능 최대 가중치는 무엇인가?

a. 24.00% b. 0.08% c. 0.024% d. 80.0%

예제 16.4 : FRM 시험 2000 – 문제 74

시장이 붕괴될 때, 다음 보기 중 일반적으로 옳은 것은 무엇인가?

Ⅰ. 단기 국채매도와 선물로 헤지된 고정소득 포트폴리오는 동일한 듀레이션의 금리 스왑으로 헤지된 포트폴리오보다 작은 손실을 입는다.
Ⅱ. 매수-매도 스프레드는 더 낮은 유동성 때문에 확대된다.
Ⅲ. 오프더런과 벤치마크 증권 사이의 스프레드는 확대된다.

a. Ⅰ, Ⅱ, 그리고 Ⅲ b. Ⅱ과 Ⅲ
c. Ⅰ과 Ⅲ d. 보기에 없다.

예제 16.5 : FRM 시험 2007 – 문제 116

당신은 현재 가격 50달러에 거래되는 Wheelbarrow Company 주식 100주를 보유하고 있다. 이 주식 수익률의 일간 평균과 변동성은 각각 1%와 2%이다. VAR는 초기가치에 대비하여 계산되어야 한다. 이 주식의 매수-매도 스프레드는 시간에 따라 변한다. 이 스프레드의 일간 평균과 변동성은 각각 0.5%와 1%이다. 이 수익률과 스프레드는 모두 정규분포를 따른다. 99% 신뢰수준에서 유동성 조정된 일간 VAR(LVAR)는 무엇인가?

a. 254달러 b. 229달러 c. 325달러 d. 275달러

예제 16.6 : FRM 시험 2009 – 문제 7-7

당신은 유명한 헤지펀드의 매니저이고, 저평가되고 비유동적인 BNA 주식 1,000주를 보유한 포지션을 분석하고 있다. 현재 주가는 72달러이다(매수-매도 스프레드의 중간점으로 계산된다). BNA의 일간 수익률의 추정된 변동성은 1.24%이다. 평균 매수-매도 스프레드

는 0.16달러이다. BNA의 수익률이 정규분포를 따른다고 가정하고, 일정 스프레드 접근법을 사용하여, 유동성 조정된 일간 95% VAR를 추정하라.

a. 1,389달러　　b. 1,469달러　　c. 1,549달러　　d. 1,629달러

16.3 자금조달 유동성리스크

16.3.1 유동성리스크의 지표

유동성리스크는 2007년에 시작한 신용위기의 주요 리스크요인이었다. 상업 및 투자 은행들이 손실을 쌓아가면서, 처음에는 서브프라임 자산담보부 증권들 때문에 은행들은 거래상대방의 도산을 우려해 대출을 기피했다.

화폐시장의 상황은 측정될 수 있다. 예를 들어, 3개월 만기 미국 국채 금리, 3개월 만기 런던 은행간 대출 금리(LIBOR), 그리고 익일물 **연방기금 금리**(federal fund rate)를 비교할 수 있다.[3] 비교가능성을 위해, 모든 이자율은 미국 달러로 표시된다. 단기국채 금리는 신용리스크가 없다-미국 정부의 신용리스크는 제외된다. 한편, LIBOR와 연방기금은 무담보 대출에 해당된다.

LIBOR와 연방기금의 차이는 기간 스프레드이다. 이는 대출을 중도상환할 수 있는 콜옵션으로 간주될 수 있다. 만약 나쁜 소식이 생기면, 익일물을 대출한 은행은 대출 갱신을 거절할 수 있다. 대조적으로, 3개월 대출을 약정한 은행은 이런 옵션을 갖고 있지 않다. 일반적으로 옵션가치는 불확실한 시기에 상승한다. 이는 기간 스프레드가 급격히 상승했던 이유를 설명해준다.

유로달러 LIBOR와 미국 국채 사이의 신용 스프레드는 TED **스프레드**(TED spread)로 알려져 있다. 이는 예상 신용손실 및 유동성리스크 프리미엄을 반영한다.

〈그림 16.2〉는 이 이자율들의 2007년과 2008년의 행태를 묘사한다. 연방기금 금리의 급격한 하락은 연방준비제도가 통화정책을 공격적으로 완화했음을 보여준다. 국채 수익률 또한 상응하여 하락했다. 그러나 LIBOR 금리는 신용시장의 어려운 상황을 반영하여, 지속

3) 연방기금은 연방준비은행에 적립된 준비금 잔고의 무담보대출이며, 은행이 다른 은행에 대해 통상적으로 익일물로 제공한다. 이 거래들의 이자율은 연방기금 금리로 불린다. 중앙은행은 연방기금 금리의 목표수준을 설정하며, 이는 통화정책의 주된 수단이다.

그림 16.2 단기 달러 이자율의 비교

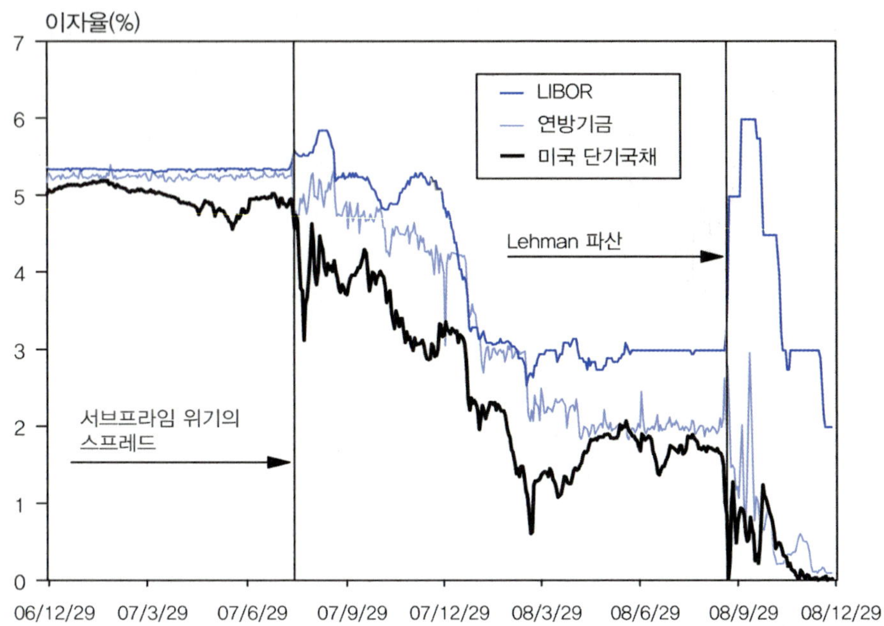

적으로 높은 수준에 머물렀다. 특히, 통상 약 25bp인 TED 스프레드는 급격히 넓어졌다. 2008년 9월 15일의 Lehman 파산 이후에 500bp를 넘어섰다. 더 불안한 신용등급을 가진 기업들은 더 높은 금리에 직면했다—즉, 그들은 전혀 자금조달을 할 수 없는 때였다.

16.3.2 자금조달 유동성리스크의 평가

바젤위원회는 이 리스크의 종합적 정의를 제공한다.[4)]

자금조달 유동성리스크(funding liquidity risk)는 기업이, 일상적 운영 또는 재무적 조건에 영향을 미치지 않으면서, 기대되거나 기대되지 않은 현재와 미래의 현금흐름과 담보 수요를 효과적으로 충족시키지 못하는 리스크이다.

이 리스크의 결과는 Northern Rock 사례에 의해 예시될 수 있다.

4) Basel Committee of Banking Supervision, *Principles for Sound Liquidity Risk Management and Supervision* (Basel: BIS, 2008).

사례 Northern Rock 유동성리스크

Northern Rock(NR)은 영국의 5대 부동산저당대출 은행에 포함되었다. 표와 같이, 총자산은 2007년 6월 기준 1,135억 파운드로 집계되었다. 이 가운데 약 810억 파운드는 자본시장, 단지 300억 파운드는 고객예금을 통해 조달되었다. NR의 사업모델은 특이하게, 소액예금 대신 자본시장으로부터의 자금조달에 의존했다. 그러나 자본시장 조달은 소액 예금보다 변동적이다. 은행은 급속한 성장을 위해 특이한 구조를 사용했다.

Northern Rock 대차대조표(십억 파운드)			
자산		부채	
대출	96.7	소액예금	30.1
현금	0.8	부채증권	71.0
증권	8.0	기타	10.1
계	113.5	계	111.2

Northern Rock은 Financial Services Authority(FSA)의, 최소 5영업일의 충분한 유동성을 요구하는 유동성 기준을 충족한다고 기술했다. 그러나 이 은행은 이렇게 길고 광범위한 신용위기를 예측하지 못했다.

2007년 8월, NR은 단기부채의 차환과 증권화된 대출의 발행에 어려움을 겪기 시작했다. 가용한 신규자본은 더 높은 이자율을 요구하였고, 이익을 축소시켰다. 은행의 주가는 거리낌 없이 하락했다. 그러나 규제당국은 은행이 여전히 지급능력이 있다고 믿었다. 9월 13일, 영란은행이 Northern Rock에 긴급 자금지원을 제공했다고 발표되었다. 이 소식은 대규모 인출사태를 초래했다. 영국에서 예금은 부분적으로만 보호되기 때문에, 예금자들은 당황했고 다음날 수십억 파운드의 예금을 인출했다. 9월 17일 월요일, 재무장관은 정부는 모든 예금을 전액 보장한다고 발표했다.

연말까지 이 은행은 80억 파운드의 단기부채를 차환하지 못했고, 100억 파운드의 고객계좌를 잃었다. 영란은행으로부터의 대출은 270억 파운드로 증가했다. Northern Rock은 두 번의 매각 실패 후, 2008년 2월 22일에 국유화되었다.

Northern Rock은 차환 불가능한 단기부채로써 장기대출을 조달했으므로, 자금조달 유동성리스크의 희생자이다.

〈표 16.1〉은 유동성리스크를 평가하는 일반적 틀을 제공한다. 자금조달 유동성리스크는 대차대조표 난내 또는 난외의 부채 영역에서 발생한다. 부채는 안정적(stable) 또는 변동적(volatile)으로 분류될 수 있다. 여기에서 이 용어들은 현금흐름의 예측가능성을 나타낸다.

표 16.1 은행의 유동성리스크 관리

대차대조표	
자산	**부채**
• 높은 유동성(현금 등)	• 무담보 자금조달
• 기타, 무담보(담보가능)	◦ 소액예금
• 기타, 담보	◦ 자본시장
	• 담보 자금조달
	자본
	• 신주 발행
대차대조표 난외	
자산	**부채**
• 파생상품	• 파생상품
• 매입 신용공여한도	• 보증 제공
	• 약정
	• 특수목적회사(SPV)

공개된 기업에서, 자기자본은 안정적이다.[5] 금융기관은 배당정책, 자사주 매입, 그리고 신주 발행을 통해 주식의 유동성 프로파일을 관리할 수 있다.

다음에는 부채를 살펴본다. 부채는 무담보와 담보 조달로 구분된다. 예를 들어, Northern Rock은 457억 파운드의 유동화증권과 81억 파운드의 보호된 채권을 발행했다. 투자자들은 자산에 의해 담보되는 자금제공을 선호할 것이다. 대조적으로, 무담보 조달은 발행자의 부도리스크에 노출된다.

무담보 조달 범주 안에서, 소액 예금은 자본시장 상품보다 안정적이다.[6] 예를 들어, 위기상황 하에서, 화폐시장 상품 투자자들은 리스크에 대해 더 높은 보상을 요구할 가능성이 있다. 또는 투자를 더 짧은 만기로 대환할 것을 요구하거나, 심지어 대출연장을 완전히 거절할 수 있다.

대차대조표 난외 부채 가운데, 은행이 제공하는 대출약정, 신용장 그리고 재무보증은, 만약 실행되면 유동성에 대한 우발적 수요를 초래한다. 파생상품의 포지션이 외가격으로 이동할 때 거래상대방이 더 많은 담보를 요구하면, 현금흐름 수요가 발생할 수 있다. 또는, 신용등급 하락시 추가 담보를 요구하는 신용 트리거(credit trigger) 조항이 계약에 포함되어 있을 때에도 그렇다. 실제로, **특수목적회사**(special purpose vehicle: SPV)는 우발적 유동성 노출을 초래할 수 있다. 은행 보증 **콘뒤트**(conduit) 같은 구조들은 발행 은행의 명

5) 그러나 헤지펀드는 주식투자자들의 환매를 우려해야 한다.

6) 그러나 인터넷 기반 은행의 출현에 의해 예금은 다른 은행으로 더 빨리 이동할 수 있다.

시적 보증을 포함한다. 만약 SPV가 부채를 차환하지 못하면, 유동성 약정에 의해 은행이 지원한다. **구조화 투자회사**(structured investment vehicle: SIV) 같은 기타 구조들은 명시적 보증을 포함하지 않는 경우가 있다. 그럼에도 불구하고 은행은 사업 또는 평판 때문에 유동성 지원을 할 가능성이 있다.

이제 대차대조표의 자산 영역에 초점을 맞추면, **자금 갭**(funding gap)은 자산 매각으로 충당될 수 있다. 현금 또는 유동성 자산은 즉시 사용될 수 있는 완충수단을 제공한다. 담보로 제공되지 않은 증권으로 정의되는 무부담 증권은 매각될 수 있다. 아마도 자산 유동성리스크를 반영하여 할인된 가격일 것이다. 또는, 현금에 대한 담보인 환매약정을 통해 매각될 수 있다. 거래상대방은 민간 또는 만약 허용되면 중앙은행이다.

또한, 현금은 내가격으로 이동한 파생상품 포지션으로부터 나올 수 있다. 기관은 또한 은행에서 신용공여한도를 설정할 수 있으며, 이는 유동성 수요가 있으면 인출될 수 있다.

마지막으로, 이런 대차대조표 난내 및 난외 정보는 현금흐름과 통합되어야 한다. 특히, 은행 시스템은 대차대조표 자산을 축소하는 수단으로 증권화를 확대했다. 그러나 최근의 신용위기 중에 은행들은 일부 증권화를 미룰 수밖에 없었다. 이는 대규모 자금조달을 요구하는 대출의 재고를 누적시켰다.

사례 AIG의 유동성리스크

American International Group(AIG)은 세계적 보험그룹이며, 한때 세계에서 가장 큰 공개기업이었다. 안정된 수입과 자본 기반 때문에 AIG는 오랫동안 AAA의 최상위 등급을 유지했다. 결국, 이 회사는 금융상품사업부로 하여금 점점 더 큰 포지션을 갖도록 허용했다. CDO의 선순위 트란셰에 대한 신용부도스왑을 매도하였고, 높은 신용등급 때문에 담보를 제공할 필요가 없었다.

2005년 3월 14일, AIG의 CEO는 문제 소지가 있는 업무관행의 의혹 속에서 사임해야 했다. 다음날, 신용등급은 AA+로 하락했다. 등급하락은 스왑에 대해 12억 달러의 추가 담보요구를 촉발했다. 당시에, AIG는 약 800억 달러의 자기자본을 보유했기 때문에, 이 상황은 여전히 관리가능했다.

그러나 이 회사의 신용부도스왑(CDS)은 계속 증가했고, 5,000억 달러에 도달했다. 서브프라임 위기가 진행되기 시작했을 때, CDO 트란셰들의 가치는 급격히 하락했다. AIG는 2008년 상반기에 130억 달러를 잃었다고 발표했다.

2008년 9월 15일, S&P는 AIG의 신용등급을 AA-로부터 A-로 낮췄다. 결국, AIG는 200억 달러의 추가 담보를 제공해야 했으나, 이는 불가능했다. AIG의 붕괴는 시스템위기를 초래할 수 있기 때문에, 미국 정부가 개입하여 850억 달러의 대출을 제공했다. 10월, 이 금액은 380억 달러로 증가했다. 11월, 미국 재무부는 Troubled Asset Relief Program (TARP) 하에서, AIG의 신규발행 선순위 우선주에 400억 달러를 추가로 투자했다. 이는 민간기업에 대한 가장 큰 공적 지원이었다. 명백하게 금융상품사업부의 책임자들은 AIG의 신용등급 하락에 대비하는 데 실패했다.

예제 16.7 : FRM 시험 2008 – 문제 2-20

당신은 헤지펀드의 리스크관리 담당자이다. 당신은 TED 스프레드가 급격히 증가했다고 들었다. 다음 중 상황변화를 가장 잘 설명한 보기는 무엇인가?

a. TED 스프레드의 상승은 연방준비제도가 이자율을 높일 것임을 시사한다. 따라서 포트폴리오의 듀레이션은 감소할 것이다.
b. TED 스프레드의 상승은 연방기금 금리와 국채금리의 차이가 상승하고, 결국 연방준비제도는 시장의 유동성을 늘릴 것이다. 이는, 수요 증가 때문에, 증권가격을 높일 것이다.
c. TED 스프레드의 상승은 은행의 지급능력에 관한 우려가 증가함을 의미한다. 따라서 당신은 거래상대방 노출을 검토하고, 은행의 일부 노출을 헤지할 수 있다.
d. TED 스프레드의 상승은 대출 수익을 높이므로, 은행들의 대출 용의를 높일 수 있다. 따라서 우리는 신용한도를 재협상할 수 있는 기회를 이용해야 한다.

16.4 유동성리스크의 관리

16.4.1 유동성리스크 관리의 절차

유동성리스크 관리는 유동성리스크를 인식, 측정, 감시 그리고 관리하는 적절한 수단에 의해 실행되는 탄탄한 내부 지배구조를 요구한다. 또한 이사회는 기관의 유동성전략을 궁극적으로 책임진다.

유동성리스크를 측정하는 단일 척도는 없으며, 일단의 척도들이 유동성리스크를 평가하는 데 사용될 수 있다. 유동성리스크 관리는 **운영리스크**(operational risk)에서 시작한다. 일상적인 일련의 지급을 관리하고 모든 현금유출입을 예측한다. 그러나 이는 쉬운 일은 아니다. 최근에, 지급결제 시스템의 구조가 개선되어(예를 들어, 실시간 총 결제 시스템과 CLS Bank의 외화지급 상계), 지급 사이의 시간간격이 줄었다. 이런 시스템은 신용리스크와 운영리스크를 낮추지만 유동성관리에 더 많은 압박을 가한다.

다음 단계는 무담보 자금조달 원천의 활용과 자산재고의 유동성 특성을 평가하는 전술적 관리이다. 이는 자산 유동성리스크의 평가를 포함한다.

마지막으로, 이 정보는 전략적 전망으로 통합된다. 이는 현재의 자산과 부채 그리고 대차대조표 난외 항목들로부터 시작한다. 이 정보는, 다양한 만기의 자금조달 수요를 상세하게 나타내는, **자금조달 행렬**(funding matrix)을 만드는 데 사용된다. **자금 갭**(funding gap)은 차입 또는 자산매각을 통해, 추가자금을 조달하는 계획에 의해 해소되어야 한다.

16.4.2 자금 갭

〈표 16.2〉는 순수한 **런오프 상태**(run-off mode)를 가정한(즉, 새로운 사업이나 자금차환이 없는) 가상적 예를 제공한다. 여기에서, 자금조달 행렬은 대차대조표 항목인 대출, 소액 예금, 기타 단기부채, 그리고 장기부채로부터 출발한다.

이 항목들은 고정적 또는 확률적 현금흐름, 고정적 또는 확률적 만기를 갖고 있다. 예를 들어, 고정금리 부채의 이자와 원금상각 지급은 모두 고정된 현금흐름과 만기를 갖고 있다. 둘째 범주는 확률적 현금흐름과 정해진 만기의 변동금리 대출과 채권 같은 항목들이

표 16.2 자금 갭 분석의 예

	잔액	시간 프로파일						누적
		익일	7일	14일	1개월	3개월	1년	
자금조달 행렬 :								
대출	100	5	5	3	15	5	5	38
소액예금	−50	−5	−5	−5	−8	−5	−5	−33
단기부채	−30	−10	−5	−5	−5	−5	0	−30
장기부채	−30	0	0	0	−5	0	0	−5
계 : 자금 갭		−10	−5	−7	−3	−5	0	−30
갭 충당 :								
현금	5	5	0	0	0	0	0	5
무부담 증권	20	10	8	2	0	0	0	20
계		15	8	2	0	0	0	25
순 자금 갭 :		5	3	−5	−3	−5	0	−5
누적		5	8	3	0	−5	−5	

다. 셋째 범주는 중도상환 채권 또는 대출 같이 가변적인 상환일정을 가진 항목들이다. 이들은 확률적 만기와 정해진 현금흐름을 갖고 있다. 마지막 범주는 소액예금, 신용공여한도의 인출, 그리고 대출의 대환처럼 확률적 현금흐름과 만기를 가진 항목들이다. 확률적 현금흐름 또는 만기는 시장경험과 상품지식에 기초한 모형화를 요구한다.

〈표 16.2〉에서, 대출의 초기 잔고는 100이다. 표는 이 금액으로부터의 현금유입을 다양한 만기 범주에 대해 배열하고 있다. 대출들의 일부는 일반적으로 향후 1년 중에 상환될 것이다. 다음은 소액예금, 단기부채, 그리고 장기부채이며, 목표기간의 현금유출이 예측된다. 모든 단기부채는 1년 안에 상환될 예정이라는 데 유의하자. 합계는 **자금 갭**(funding gap)의 프로파일이다. 이 경우 1년까지의 누적 자금 갭은 −30이다.

표의 다음 부분은 **갭 충당**(gap closure) 항목들을 배열한다. 예를 들어, 현금은 자금유출을 즉시 충당하는 데 사용될 수 있다. 무담보 증권은 시간이 지나면서 자산 유동성리스크를 반영하여 매각될 수 있다. 자금 갭과 갭 충당 항목을 합하면 기대 순 자금 갭이 계산된다. 양의 현금흐름 기간이 길수록, 은행은 더 안전하다. 이 경우, 누적 순 자금 갭이 음수가 될 때까지 기간인 **생존기간**(survival period)은 1개월이다.

16.4.3 위기분석

그러나 리스크관리는 예상되지 않은 상황에 관한 것이다. 따라서 기관들은 위기 시나리오들도 평가해야 한다. 이는 현금흐름이 예상된 경로로부터 이탈하고, 자금조달 원천이 뜻밖에 단절되는 상황이다.[7] 기관들은 기관 특유, 국가 특유, 그리고 전체 시장 차원의 시나리오를 포함하는 넓은 범위의 시나리오를 고려해야 한다. 국가 특유 시나리오의 예는 통화의 태환성에 대한 갑작스러운 제약이다.

또한, 극단적 위기 상황에서, 자금조달 유동성리스크는 자산 유동성리스크와 음의 방향으로 상호작용할 가능성이 있다. 이런 상황에서 자산매각은 더 어려워질 것이기 때문이다. 평판리스크의 자기실현적 성질 때문에, 기관의 인지된 유동성 문제는 합리적 비용으로 자산을 매각할 수 있는 능력을 저해한다.

7) 이론적으로, 단순히 특정 상황에 불과한 위기분석 대신, 현금흐름의 전체 분포가 추정될 수 있다. 이는 liquidity at risk(LAR) 모형이다. 그러나 문제는 유동성의 행태는 모형화되기 어렵고 근래의 역사적 자료는 유효성이 낮다는 것이다.

16.4.4 유동성리스크의 통제

유동성리스크는 다양한 수단에 의해 통제될 수 있다. 이는 더 안정적인 자금조달 원천에 의존하거나, 자금원천, 지역적 위치 그리고 부채만기의 분산을 포함한다. 비슷하게 자산 유동성리스크는 어떤 시장이나 상품에 대한 한도를 설정하고 리스크를 분산함으로써 통제될 수 있다. 자금 갭은 또한 다양한 목표기간에 걸친 한도의 영향을 받는다. 어떤 규제기관은 최소 수준의 유동성 자산, 만기 불일치의 한도, 또는 특정 자금조달 원천에 대한 의존도의 한도를 요구한다.

유동성리스크를 통제하는 다른 수단은 유동성 수요를 초래하는 사업부문이나 상품에 대해 불이익을 주는 것이다. Senior Supervisor Group(SSG)의 2008년 보고서에 의하면, 위기 중에 다른 기관들보다 잘 기능했던 기관들은 유동성리스크를 명시적으로 고려하는 전사적 관점을 채택하고 있었다.[8] 이 기업들은 사업부문의 누적된 우발적 유동성노출에 대해 책임을 부과했다. 이는 더 어려운 시장 환경 속에서 유동성을 확보하는 데 필요한 비용을 반영한 것이다. 잘 대처했던 기관들은 또한 자금조달 유동성, 자본, 그리고 대차대조표를 효과적으로 관리했다.

16.4.5 우발적 자금조달 계획

우발적 자금조달 계획(contingency funding plan: CFP)의 목적은, 만약 유동성위기 시나리오의 하나가 전개되면, 실행할 행동계획을 수립하는 것이다. 위기 상황에서, 경영진은 일반적으로 대응할 시간이 많지 않다. 이는 미리 마련된 계획이 유용한 이유이다. CFP는 실행의 계기 사건, 책임의 계선, 그리고 대체 자금조달 원천의 계획을 정의해야 한다. 또한, 자금조달 계획 발표의 평판효과를 고려해야 한다.

일반적으로, 유동성리스크 관리 과정에 관한 공시는 투자자들로 하여금 기관이 유동성리스크를 처리하는 과정을 개발했다고 믿도록 만드는 데 도움을 주어야 한다. 유동성을 보유한 것으로 인식되는 은행은 자금제공자들의 신뢰를 잃을 가능성이 낮다. 다음은 Deutsche Bank에 의한 유동성리스크 공시의 예이다.

---

8) Senior Supervisor Group, *Observations on Risk Management Practices during the Recent Market Turbulence* (Basel: BIS, 2008) 참고.

사례 Deutsche Bank의 유동성 관리

Deutsche Bank(DB)는 독일의 유수한 상업은행이다. 2007년 12월, 2조 200억 유로의 자산과 3,290억 유로의 위험가중자산을 보유했다. 370억 유로의 자기자본을 보유하여, Tier 1 자기자본 비율은 8.6%였다.

DB의 유동성리스크 관리 접근법은 일중 수준에서 일별 현금흐름을 예측하고 중앙은행 활용 요인을 분석하는 데에서 출발한다. 다음으로, 무담보 자금조달 원천의 이용과 자산의 유동성 특성을 다루는 전술적 유동성리스크를 포함한다. 예를 들어, 은행은 무담보 자금조달의 25%를 소액예금으로부터, 20%를 자본시장으로부터 동원한다. 자산 유동성 기준으로, 은행은 유동성 가치를 다양한 자산에 부여한다. 또한, 단기 유동성 고갈에 대비하여 250억 유로를 매우 유동적인 증권으로 보유한다. 마지막으로, 전략적 전망은 대차대조표의 모든 자산과 부채의 만기 프로파일 및 발행전략으로 구성된다.

이 은행은 갑작스러운 위기사건의 유동성 포지션에 대한 영향을 평가하기 위해 위기분석과 시나리오분석을 채택한다. 가상적 사건은 시장리스크 사건, 신흥시장 위기, 그리고 시스템 충격 같은 외부충격과 운영리스크 사건과 신용등급 하락(예를 들어, AA로부터 AA-로 1단계 하락) 같은 내부충격을 포함한다. 각 시나리오 하에서, 은행은 모든 만기도래 고객대출은 대환되어 자금조달을 요구하고, 한편으로 부채의 차환은 부분적으로 차질을 빚어 자금 갭을 초래한다고 가정한다. 은행은 순부족 자금에 대응하는 절차를 모형화하며, 이는 자산매각 및 무담보로부터 담보 자금조달로 전환하는 것을 포함한다. 각 시나리오에서, 표는 8주 목표기간의 10억 유로 단위의 누적 자금 갭과 얼마나 대응 유동성이 창출될 수 있는지 보여준다.

시나리오	자금 갭	갭 충당
시장리스크	5.5	98.9
신흥시장	27.7	117.1
시스템 충격	20.4	70.9
운영리스크	13.9	106.7
1개 세부등급 하락	28.1	129.3
3개 세부등급 하락	108.6	129.3

예제 16.8 : FRM 시험 2007 – 문제 57

당신은 어떻게 시장유동성이 금융시스템에 대한 충격에 의해 영향 받는지 검토하도록 요청받았다. 다음 메모의 관찰된 내용 중 옳지 <u>않은</u> 것은 무엇인가?

a. 급격한 시장위기 기간에, 시장유동성은 전형적으로 가장 유동적인 시장에서 증가한다. 이것은 궁극적으로 자산가격에 대한 하락압력을 제거하는 자기교정 순환과정을

생성한다.

b. 시장유동성의 고갈은, 금융불안이 잠재적 시스템 위협을 가진 금융충격으로 발전할지 여부와 그 속도를 결정하는 중요한 요인이다.

c. 시장충격은 비유동적 자산을 포함하는 포트폴리오의 시가평가된 가치에 즉시 반영되지 않을 수 있다. 결국, 시장충격이 금융기관에 대해 지연된 영향을 미칠 수 있다.

d. 시장충격의 특정 자산의 유동성에 대한 영향은 자산을 보유하는 투자자의 특성에 의존한다.

예제 16.9 : FRM 시험 2009 – 문제 7-12

당신의 CRO는 은행의 유동성 문제의 조기경보 지표 목록을 준비하도록 요청하였다. 다음 중 잠재적 유동성 문제의 조기경보 지표는 무엇인가?

Ⅰ. 빠른 자산 성장, 특히 잠재적으로 변동성이 큰 부채에 의해 자금조달된 경우
Ⅱ. 자산 또는 부채의 집중도 상승
Ⅲ. 부채의 가중평균만기 증가
Ⅳ. 내부 또는 규제 한도에 접근하거나 위반하는 포지션의 빈도 감소
Ⅴ. 부채 또는 신용부도스왑 스프레드의 감소
Ⅵ. 신용노출에 대해 추가 담보를 요구하는 거래상대방
Ⅶ. CD의 만기 전 상환 증가

a. I, II, VI, 그리고 Ⅶ
b. I, III, V, 그리고 VI
c. II, IV, V, 그리고 Ⅶ
d. I, V, VI, 그리고 Ⅶ

16.5 중요 공식

- 상대적 매수-매도 스프레드 : $S = \dfrac{[P(\text{ask}) - P(\text{bid})]}{P(\text{mid})}$
- 유동성 조정 VAR(LVAR), 평균 대비 : $\text{LVAR} = \text{VAR} + L_1 = W[\alpha\sigma + \frac{1}{2}(S)]$
- 최악의 유동성 조정 VAR(LVAR), 평균 대비 :

$$\text{LVAR} = \text{VAR} + L_2 = W[\alpha\sigma + \frac{1}{2}(\overline{S} + \alpha'\sigma_S)]$$

16.6 예제 풀이

예제 16.1: FRM 시험 2003 – 문제 15

c. 온더런과 오프더런 증권 사이의 수익률 스프레드는 유동성 프리미엄을 반영한다. 이 채권들의 다른 특성은 거의 동일하기 때문이다. 보기 a.와 d.에서 자산과 자금조달 리스크는 서로 교환되어야 한다. 마지막으로, 보기 b.에서 안전자산 선호는 수익률 스프레드를 증가시킨다.

예제 16.2: FRM 시험 2002 – 문제 36

c. 두 주식을 비교하라. 유동적 주식은 전형적으로 높은 거래량과 더 작은 매수-매도 스프레드를 보인다. 따라서 보기 b.와 d.는 옳다. 그리고 더 높은 거래 심도 때문에 큰 물량이 가격에 거의 영향을 주지 않고 거래될 수 있다. 따라서 보기 a.는 옳다. 결국, 남은 보기 c.가 틀린 답이다. 거래활동과 변동성의 관계는 필연적이지 않다.

예제 16.3: FRM 시험 2007 – 문제 78

c. 최대 가중치 w는 $\$3,000 \times w = 30\% \times \$2.4$, 또는 $w = 0.024\%$이다.

예제 16.4: FRM 시험 2000 – 문제 74

b. 위기에서 매수-매도 스프레드는 유동성 스프레드처럼 확대된다. 보기 I.은 옳지 않다. 국채는 일반적으로 스왑보다 작게 상승하며, 이는 스왑보다 국채를 매도한 포트폴리오의 손실을 확대하기 때문이다.

예제 16.5: FRM 시험 2007 – 문제 116

a. 초기 포트폴리오 가치에 대비한 일상적 VAR는 $\mathrm{VAR} = W(\alpha\sigma - \mu) = \$5,000(2.33 \times 2\% - 1\%) = \$183$이다. (평균의 추정치가 비정상적으로 높음에 유의하라.) 여기에 $L_2 = \frac{1}{2} W(\bar{S} + \alpha' \sigma_S) = \frac{1}{2} \$5,000(0.5\% + 2.33 \times 1\%) = \$70.75$이 더해져야 하며, 합계는 2.54달러이다.

예제 16.6: FRM 시험 2009 – 문제 7-7

c. 관행적 VAR는 $\$72 \times 1,000 \times 1.24\% \times 1.645 = \$1,469$이다. 스프레드 효과는 $0.16

×1,000=$80이며, 합계는 1,549달러이다. 일반적으로 그렇듯이, 스프레드의 유동성 요소는 작음을 알 수 있다.

예제 16.7: FRM 시험 2008 – 문제 2-20

c. 보기 a.는 더 큰 TED 스프레드는 Fed의 저금리정책에 해당되기 때문에, 옳지 않다. 보기 b.는 연방기금 금리는 담보부 대출에 대한 것이고 유로달러 금리는 무담보 예금에 대한 것이기 때문에, 옳지 않다. 보기 d.는 더 큰 TED 스프레드는 은행의 차입비용 상승을 의미하고 하락을 의미하지 않기 때문에, 옳지 않다.

예제 16.8: FRM 시험 2007 – 문제 57

a. 보기 b.는 2007년의 사건들에 의해 입증된 바와 같이 옳다. 보기 c.는 비유동적 자산의 가격은 사건에 대한 지연된 반응을 반영한다고 올바르게 설명한다. 보기 d.는 자산유동성이 투자자 포지션에 의존한다고 설명하며, 이는 옳다. 레버리지를 사용하는 투자자에 의해 주로 보유되는 자산은 만약 투자자들이 어쩔 수 없이 자산을 매각하면 큰 가격변동을 경험할 수 있다.

예제 16.9: FRM 시험 2009 – 문제 7-12

a. 보기 I.은 옳다. 이는 Northern Rock의 일화이다. 보기 II.도 문제이며, 이는 자산 또는 자금조달 리스크의 확률이 높음을 의미하기 때문이다. 보기 III.은 옳지 않은 답이며, 이는 장기부채는 단기 자금조달 문제의 확률을 낮추기 때문이다. 보기 IV.는 옳지 않은 답이며, 이는 시장리스크이기 때문이다. 보기 V.는 옳지 않은 답이며, 이는 문제가 축소되는 스프레드가 아닌 증가하는 스프레드로부터 발생하기 때문이다. 보기 VI.은 담보수요는 유동성 수요를 초래하기 때문에, 옳다. 보기 VII.은 옳으며, 이는 상환을 위해 현금을 요구하기 때문이다.

Chapter 17

전사적 리스크관리*

이 장은 전사적 재무금융 리스크관리를 위한 모범 관행을 논의한다. 금융업계는 여러 사업부문과 리스크 종류에 걸쳐서, 리스크관리는 전사적 기반에서 실행되어야 함을 인식하게 되었다. 이는 다양한 요인에 기인한다. 여기에는 (1) 기관이 영업을 확대함에 따라 더 세계적인 리스크원천에 대한 노출의 증가, (2) 리스크요인 사이의 상호작용, 그리고 (3) 여러 종류의 시장리스크와 여러 종류의 재무리스크에 걸친 상품들의 연계가 포함된다. 이런 연계는 리스크들과 상품들 사이의 상관관계를 고려하는 일을 중요하게 만든다. 다른 종류의 리스크들 사이의 상관관계는 너무 자주 무시되기 때문에 중요성을 갖고 있다.

확대된 기반 위에서 리스크 측정을 시도해야 하는 더 실용적인 이유가 존재한다. 업계는 시장리스크, 신용리스크, 그리고 심지어 운영리스크의 측정에서 큰 발전을 이루었다. 일단 측정되면, **위험조정 자본수익률**(risk-adjusted return on capital) 척도처럼 리스크에 대해 불이익이 부과될 수 있다. 그러나 이 접근법의 리스크는 잘 측정되거나 통제되지 않는 영역으로 리스크를 이전할 인센티브를 야기한다는 것이다.

이 모든 이유들은 통합된, 또는 전사적 리스크관리를 지향하는 추세를 설명한다. **통합 리스크관리**(integrated risk management)는 기관 전체에 걸친 일관된 그리고 전체적인 안목을 제공한다. 이는 일관적 방법론, 시스템 그리고 자료를 사용하여 모든 사업부문과 모든 리스크요인에 걸쳐 리스크를 측정할 것을 요구한다.

제17.1절은 통합 리스크관리의 틀을 제시하고, 다양한 종류의 재무금융 리스크들을 검토한다. 제17.2절은 리스크관리 업무를 형성하고 지금도 형성하고 있는 모범관행 보고를 요약한다. 제17.3절은 모범관행과 일관되는 조직구조를 기술한다. 제17.4절은 어떻게 거

* FRM 시험 Part 2 주제.

래담당자들이 보상의 조정과 한도를 통해 통제될 수 있는지 보여준다. 마지막으로 제17.5절은, RAROC 종류의 척도를 통해 거래담당자들과 사업부문의 성과를 측정하는 과정에서 어떻게 리스크 척도들이 통합될 수 있는지 설명한다.

17.1 통합 리스크관리

통합 리스크관리는 **경제적 자본**(economic capital: EC)의 틀에 기초한다. 이는 기관으로 하여금 리스크를 일관되게 평가하고 리스크 부담 활동의 경제적 효과를 완충하기 위해 자본을 투입하는 방법과 관행으로 정의된다.

17.1.1 리스크의 종류

리스크 통합은 리스크의 종류를 경제적 속성에 따라 분류하는 것에서 시작한다.

- **시장리스크**(market risk)는 시장가격의 수준 또는 변동성의 변화에 기인하는 손실의 위험이다. 이는 제2장부터 제8장에 걸쳐 다루어진다.
- **신용리스크**(credit risk)는 거래상대방이 계약상 의무를 이행할 의지나 능력이 없다는 사실에 기인하는 손실의 위험이다. 이는 제9장부터 제14장에 걸쳐 다루어진다.
- **운영리스크**(operational risk)는 일반적으로 실패한 또는 부적절한 내부 절차, 시스템, 그리고 인원, 또는 외부 사건으로부터 발생하는 손실의 위험으로 정의된다. 이는 제15장에서 다루어진다.
- **사업리스크**(business risk)는 비용의 감소에 의해 상쇄될 수 없는 수입의 감소로부터 발생하는, 회사 이익의 손실 위험이다.

일부 은행은 또한 제16장에서 다루어진 유동성리스크나 사모 주식의 리스크 같은 기타 리스크를 별도로 측정한다.

기관은 일관된 형태로 그리고 전사적 차원에서 이 모든 리스크를 측정하려고 시도해야 한다. 만약 그렇지 않으면, 리스크는 가장 작은 불이익을 주거나 혹은 가장 취약한 척도를 가진 영역으로 흘러가는 경향이 있다.

앞 장은 최근의 신용위기 기간의 유동성리스크로써 이 점을 예시했다. 이 리스크를 평가하지 못하거나 유동성 수요를 만들어낸 사업부문에게 적절한 불이익을 주지 못했던 은행은 다른 은행보다 훨씬 심각한 유동성 문제에 직면했다. 다른 예는 서브프라임 유동화 부채의 선순위 트란셰의 리스크를 측정하는 시스템이 취약했던 은행이다. 이들의 시스템이 리스크를 거의 알려주지 않았기 때문에, 이 기관들은 이 증권의 대규모 누적을 감시하지 않았다. 예를 들어, 2007년 중 UBS는 이 증권들에서 190억 달러의 손실을 입었다. 이 증권들은 부채담보부증권(CDO) 재고 장부, 거래장부, 유동성 자금 장부, 그리고 헤지펀드 자회사에서 발견되었다.[1] 이 자산집단 포지션의 순집중 또는 총집중에 대한 전사적 차원의 감시는 없었던 것으로 나타난다.

17.1.2 리스크의 상호작용

리스크의 범주는 언제나 명쾌하게 개별 저장고에 들어맞지 않는다. 운영리스크는 시장 및 신용 리스크를 초래할 수 있으며, 그 반대도 가능하다. 예를 들어, 스왑의 담보지급은 정기적 시가평가에 의해 신용리스크를 감소시킨다. 그러나 현금흐름 관리의 필요성을 높임으로써, 운영 및 유동성 리스크를 증가시킨다. 역의 관계도 운영실패로서 발생할 수 있다. 예를 들어, 거래의 부정확한 확인은 부적합한 헤지 또는 시장리스크의 증가를 초래할 수 있다. 스왑조건에 관한 부정확한 자료 입력은 시장리스크의 측정오류와 신용노출의 오류를 초래할 수 있다.

다른 중요한 예는 시장리스크와 신용리스크의 상호작용이다. **거래방향의 오류**(wrong-way trade)는 시장리스크가 신용리스크를 확대하는 사례이다. 예를 들어, 은행과 투기자 사이의 스왑을 생각해보자. 만약 은행이 스왑에서 손실을 보면, 신용노출이 없기 때문에 신용리스크는 문제되지 않는다. 그러나 은행이 스왑에서 큰 이익을 얻으면, 이는 투기자의 손실을 의미한다. 만약 손실이 충분히 크면, 투기자는 바로 그 스왑 때문에 도산할 수 있다. 따라서 이런 거래는 거래상대방이 헤지 거래자인 거래보다 태생적으로 더 위험하다. 헤지 거래자의 경우, 스왑의 손실은 헤지된 포지션의 이익에 의해 상쇄될 것이다. 결국, 은행의 입장에서 헤지거래가 더 안전하다. 따라서 복잡한 상호작용이 여러 종류의 리스크에 걸쳐 발생할 수 있다.

1) UBS, *Shareholder Report on UBS's Write-Downs* (Zurich: UBS, 2008).

17.1.3 리스크의 통합

일단 모든 종류의 리스크가 적절히 인식되고 측정되면, 통합의 다음 단계는 분포들을 동일한 리스크 화폐 기준으로 그리고 통상 1년의 동일한 목표기간에 대한 것으로 전환하는 것이다. 그러나 전형적으로, 시장리스크는 일 단위로 계산되는 더 짧은 목표기간에서 관리되고 측정된다. 일반적인 전환방법은 기간의 제곱근을 곱하는 법칙처럼 확장하는 것이다. 이는 1년 동안 리스크 프로파일이 일정하다고 가정한다. 분포는 이제 같은 신뢰수준을 가진 value at risk(VAR) 종류의 척도에 의해 요약될 수 있다.

다음 단계는 여러 리스크요인들에 걸친 분포 또는 리스크척도의 결합이다. 이론적으로, 다른 종류의 리스크들 사이의 상호작용이 고려되어야 한다.

실무적으로, 시장, 신용, 그리고 운영 리스크의 VAR 추정치를 보고하는 대다수 은행들은 빈번하게, 은행의 전체 리스크를 추정하기 위해, 단순히 세 리스크 척도를 합계한다. 예를 들어, JPMorgan은 신용, 시장, 그리고 운영 리스크에 대해 각각 경제적 자본이 500억 달러, 150억 달러, 그리고 90억 달러라고 추정했다. 합계는 740억 달러이다. 그러나 이 **단순 합계**(simple summation)는 일반적으로 리스크를 과대평가한다. 세 종류의 리스크에 걸쳐 최악의 손실이 동시에 발생한다고 가정하기 때문이다.[2)]

다음 접근법은 **고정된 분산효과 백분율**(fixed diversification percentage)을 적용한다. 이는 합산 접근법의 단순한 확장이나, 고정된 분산효과를 가정한다. 앞의 예에서, 20%의 고정된 분산효과 백분율을 적용하면, 경제적 자본은 740억 달러로부터 590억 달러로 감소한다. 이 방법은 단순하고 강건하나, 요소들 사이의 실제 상호작용에 대해 민감하지 않다.

셋째 통합 방법은 리스크 척도들을 추정된 **분산-공분산행렬**(variance-covariance matrix)로 가중하는 것이다. 이 방법은 비교적 간단하고 직관적이며 실제 상호작용의 가변성을 고려한다. 그러나 상관계수의 사용은 선형관계를 의미한다. 일반적으로, 은행은 시장과 신용 리스크의 높은 상관관계, 사업과 다른 리스크들 사이의 상대적으로 낮은 상관관계, 그리고 운영과 다른 리스크들 사이의 매우 낮은 상관관계를 가정한다. 보수적 추정을 위해 상관계수는 일반적으로 반올림된다.

---

2) 그러나 이는 항상 성립하지 않는다. VAR는 제5장과 같이 저가법적이 아닐 수 있다. 실제로 훨씬 더 측정하기 어려운 다른 종류의 리스크가 전체 기관에 대해 개별 리스크의 합보다 많은 리스크를 초래할 수 있다. 초대형 기관의 유동성이 예이다. Long-Term Capital Management(LTCM)가 보인 것처럼, 1,000억 달러의 포지션 청산의 잠재적 손실은 10개의 100억 달러 포지션의 별도청산 손실보다 크다. 또한, 평판리스크는 한 부문에 문제를 초래하고, 이는 전체 기업으로 확산되어 자금조달비용에 영향을 줄 수 있다.

기술적으로 더 세련된, 예를 들어, 리스크요인의 분포들 사이의 의존성을 반영하기 위해 **코퓰러**(copula)를 사용하는 접근법을 채택하는 은행은 거의 없다. 이 접근법은 더 신축적이고 비선형관계를 허용하나, 실행하기 더 어렵다.

이는 잠재적으로 가장 신축적이고 정확한 방법인 **완전 시뮬레이션 접근법**(full simulation approach)과 관련되어 있다. 그러나 계산 부담 또한 가장 크다.

17.1.4 자본의 정의

이 통합은 전사적 리스크 척도를 제공한다. **경제적 자본**(economic capital: EC)은 정해진 특정 기간과 신뢰수준에서 기업이 수용할 용의가 있는 최대 손실로 정의된다. 다시 말해, EC는 기업이 자기보호에 배분된 자본금액을 나타내는 일종의 VAR 척도이다. 이는 이사회와 상위 경영진의 위험회피도를 반영한다.

경제적 자본은 **적립금**(reserve)으로부터 구별된다. 기업은 예상되는 손실에 대비해서 적립금을 축적한다. 한편, 자본은 예상되지 않은 손실에 대한 완충수단을 제공하기 위해 필요하다.

정상적으로, 기업이 대차대조표에 보유하는 실제 자기자본 금액은 경제적 자본을 초과해야 한다. 규제기관에 의해 요구되는 **규제자본**(regulatory capital) 금액도 초과해야 한다. 만약 그렇지 않으면, 기관은 폐쇄될 수 있다.

경제적 자본은 규제자본보다 크거나 작을 수 있다. 전자의 경우, 규제는 제약이 아니거나 무관하다. 그러나 후자의 경우, 기업은 지나치게 많은 자본을 보유하도록 강제당한다. 이는 결과적으로 세금이다. 세계의 자본규제가 일관적이지 않고, 만약 다른 국가들의 자본규제가 덜 부담스러우면, 이는 심각한 경쟁열위를 초래할 수 있다.

17.1.5 분리와 통합 접근법의 대비

금융그룹의 전사적 자본은 분리 접근법 또는 구성요소 접근법을 이용하여 계산될 수 있다. **분리 접근법**(silo approach)에서, 요구자본은 리스크 종류 또는 사업별로 분리되어 계산되고 합계된다. 이 분리 접근법은 규제자본에 적용된다. 예를 들어, 은행 및 보험 계열사를 가진 지주회사를 생각해보자. 최상위 수준의 요구자본은 단순히 각 자회사의 요구자본의 합이다.

이는 세 가지 단점을 갖고 있다. 첫째, 요구자본은 분산효과를 반영하지 않는다. 따라서 너무 크거나 또는, 어떤 경우, 너무 작을 수 있다.

둘째, 상이한 규제기관은 동일한 경제적 리스크에 대해 서로 일치하지 않는 요구자본을 부과할 수 있다. 이는 비효율적이고 규제 차익거래를 야기할 수 있다. 제18장에서 보는 것처럼, 바젤 II 기준은 상업은행의 거래장부와 은행장부의 신용부도스왑(CDS)에 대해 상이한 요구자본을 부과한다. 거래장부의 요구자본이 낮기 때문에, 예상대로, 은행장부로부터 거래장부로 대규모의 CDS 이동이 있었다. 비슷하게, 요구자본은 상업은행 또는 보험회사의 동일한 리스크에 대해 서로 다를 수 있다.

세 번째 문제는 어떤 계열사는 약화된 자본규제를 받거나 또는 규제를 받지 않을 수 있다는 것이다. 좋은 예는 정부로부터 1,600억 달러의 구제금융을 받았던 미국의 보험회사인 American International Group(AIG)이다. AIG는 규제 시스템 사이의 큰 차이를 이용했다. **금융상품**(Financial Product: FP) 사업부는 4,410억 달러 상당의 증권을 보호하는 CDS를 판매했고, 결국 막대한 손실을 입었다. 이 사업부는 효과적인 규제 감독을 받지 않으면서 영업했으며, 대규모의 안정적인 보험회사에 소속되어 있었다.[3] 이런 규제감독은 최근에 제정된 **도드-프랭크 금융개혁 및 소비자 보호법**(Dodd-Frank Wall Street Reform and Consumer Protection Act)에 의해 폐지되었다. 이 법에 의해 **금융안정감독협의회**(Financial Stability Oversight Council)가 설립되었다. 이 기관은 금융시스템에 위협을 줄 수 있는 기관들을 감시하고 연방준비제도로 하여금 시스템리스크를 야기하는 기관을 감독하도록 요구할 수 있다.

한편, 전사적 경제적 자본은 **통합 접근법**(integrated approach)을 채택할 수 있다. 이는 3개 수준의 통합을 요구한다.

1. **포트폴리오 수준**. 이는 예를 들어 은행의 (포트폴리오인) 신용장부의 일부인 상업대출을 포함한다.
2. **사업단위 수준**. 이는 예를 들어 (사업부문인) 은행 자회사의 시장, 신용, 그리고 사업리스크를 포함한다.
3. **지주회사**. 이는 예를 들어 지주회사의 은행 및 보험 자회사를 포함한다.

3) 실제로, AIGFP는 Office of Thrift Supervision(OTS)에 의해 감독되었다. OTS는 이런 대규모의 복잡한 운영을 규제하는 데 비효과적임이 드러났다.

구성요소(building block) 접근법은 이 세 개의 순차적인 수준에서 리스크를 통합한다. 일반적으로, 가장 큰 분산효과는 가장 하위의 포트폴리오 수준에서 달성된다. 많은 수의 포지션이 있고 집중도가 낮기 때문이다. 분산효과는 통상적으로 50% 이상이다. 다음 수준의 분산효과는 리스크요인이 적기 때문에 더 작다. 효과는 전형적으로 은행에서 약 20%, 보험회사에서는 더 높은 약 40%이다. 마지막으로, 분산효과는 지주회사 수준에서 가장 낮으며, 약 5%에서 10%이다.

17.1.6 예시

〈표 17.1〉은 Deutsche Bank에 의해 보고된 전사적 경제적 자본 분석을 예시한다. 은행은 세 개의 리스크범주에 대해 개별적으로 신뢰수준 99.98%에서 1년 동안의 최악의 손실을 추정한다 – 시장, 신용, 그리고 운영 리스크.

시장리스크는 거래리스크와 은행장부의 리스크(예를 들어, 대출과 예금의 이자율리스크)를 포함한다. 비거래성 시장리스크는 때로 **자산/부채 관리**(asset/liability management: ALM) 리스크로 불린다. 거래리스크에서 전통적인 일간, 99% VAR 척도는 경제적 자본을 위한 모수의 근사값이다.

예외적인 2009년을 제외하면, 신용리스크는 Deutsche Bank의 경제적 자본의 가장 큰 부분에 해당된다. 이는 대규모 대출활동을 수행하는 상업은행 또는 겸업은행에서 전형적이다. 시장리스크는 전형적으로 중요성에 있어서 두 번째이다.[4] 운영리스크 또한 높으나, 이 경우, 최근에 보험 보호의 추가에 힘입어 감소하였다.

표 17.1 전사적 경제적 자본–Deutsche Bank(백만 유로)

원천별	2009	2008	2007	2006	2005	2004	2000
1. 신용리스크	7,453	8,986	8,506	7,351	7,125	5,971	8,200
2. 시장리스크	12,515	8,794	3,481	2,994	3,042	5,476	3,700
거래	4,613	5,547	1,763	1,605	1,595	1,581	
비거래	7,902	3,247	1,718	1,389	1,447	3,895	
3. 운영리스크	3,493	4,147	3,974	3,323	2,270	2,243	2,800
위험분산	(3,166)	(3,134)	(2,651)	(2,158)	(563)	(870)	
계	20,295	18,793	13,310	11,509	11,874	12,820	14,700
실제 기본자본	34,406	31,094	28,320	23,539	21,898	18,727	23,504

4) 이 경우 2009년의 증가는 Deutsche PostBank의 인수에 기인했다. 이는 43억 유로의 비거래성 시장리스크 증가에 기여했다.

최근의 조사는, 세계적 은행들의 광범위한 표본에서, 경제적 자본은 일차적으로 신용리스크, 다음에 운영리스크, 그 다음에 시장리스크를 반영한다는 것을 확인했다.[5] 한편, 시장리스크는 투자은행과 생명보험회사에서 상대적으로 더 중요하다.

표는 또한 2000년에 은행이 리스크 범주 사이의 분산효과를 고려하지 않았음을 보인다. 이는 결과적으로 완전상관관계를 가정한다. 시간이 지나면서 은행은 리스크 모형을 발전시켜서 위험분산효과를 고려했다. 2009년 기준, 총 경제적 자본은 200억 유로로 추정되었다. 은행은 실제 기본자본 340억 유로를 보유했으며, 이는 경제적 자본의 추정치를 훨씬 상회한다.[6]

그러나 이런 모든 눈에 띄는 장점에도 불구하고, 이 모형들은 한계를 갖고 있다. 이들은 많은 가정과 단순화 그리고 분포와 모수의 적합화를 요구하는 복잡한 모형이다. 이는 모형리스크를 유발한다. 또한, 신뢰수준이 매우 높기 때문에 경제적 자본의 추정치는 상당히 부정확하게 측정된다. 경제적 자본을 5자리의 유효 숫자로 보고하는 것은 오히려 어이없고, 내재적 정확도를 고려할 때 오해를 초래할 수 있다. 아직 재무적 보고서가 리스크 수치의 정확성에 관한 정보를 제공한 적은 없다. 마지막으로, 이 척도들은 모든 리스크가 인식되고 적절하게 측정되었다고 가정한다. 제1장에서 논의된 것처럼 이는 사실이 아니다. 궁극적으로, "인식되지 않았다는 사실조차 알려지지 않은 요인"에 기인하는 리스크는 정의에 의해 측정불가능하다.

17.1.7 통합 리스크관리와 부가가치

일반적으로 **통합 리스크관리**(integrated risk management)는 통합된 틀 안에서 회사의 모든 리스크를 관리하는 과정이다. 이는 통합된 기반 위에서 모든 주요 리스크를 인식하고 측정하려는 시도에서 출발한다.

당연히 목적은 모든 리스크를 피하는 것이 아니며, 비교우위를 가진 곳에서 리스크를 취하는 것이다. 다른 리스크들은 특히 만약 외부 자본시장에서 저렴하게 헤지가능하면, 헤지될 수 있다. 이는 기업가치의 변동성과 재무적 곤경 확률을 낮출 것이다. 또한, 더 안정적인 이익은 기업으로 하여금 가치 있는 사업을 수행할 수 있도록 만든다. 이는 기업의 현금

5) A. Kuritzkes, T. Schuermann, and S. Weiner, "Risk Measurement, Risk Management, and Capital Adequacy in Financial Institutions,"(working paper, Wharton, 2003).

6) 제18장에 설명된 것처럼, 기본자본은 주로 장부의 자기자본이다.

이 제약될 때 발생하는 **과소투자 문제**(underinvestment problem)를 방지한다.

동시에 개별 사업과 사업부문은 기업의 전체 리스크를 높이는 효과에 연계하여 평가되어야 한다. 기업의 리스크를 더 많이 증가시키는 사업에는 더 높은 절사율이 적용되어야 한다.

따라서 통합 리스크관리는 기업으로 하여금 핵심적 리스크를 취할 수 있도록 인도하는데 도움을 준다. 이들은 부가가치를 창출할 수 있는 전략적인 사업리스크이며, 기업은 외부자보다 더 잘 알 수 있기 때문이다. 한편, 비핵심 리스크는 금융시장에서 해소될 수 있다.

예제 17.1 : FRM 시험 2008 – 문제 4-24

경제적 자본과 규제 자본에 관한 다음 설명 중 옳은 것은 무엇인가?

Ⅰ. 규제 자본은 은행시스템의 충분한 자본을 확보함으로써, 은행시스템의 건전성과 안정성을 추구한다.
Ⅱ. 경제적 자본은 특정 신뢰수준에서 금융기관의 지급능력을 유지하도록 고안되어 있다.
Ⅲ. 개별 은행의 경제적 자본은 규제 자본보다 항상 작다.
Ⅳ. 경제적 자본의 결정과 여러 사업단위에 대한 할당은, 사업부문과 은행 전체의 위험/수익률 실적에 영향을 주는 전략적 결정 과정이다.

a. II와 IV
b. I, II, III, 그리고 IV
c. I, II, 그리고 IV
d. I과 IV

예제 17.2 : FRM 시험 2009 – 문제 7-9

Tower Bank는 경제적 자본과 리스크 통합에 접근하기 위해, 우선 각 리스크요인의 개별적 경제적 자본을 추정한다. 둘째 단계에서, 은행은 리스크요인들 사이의 상관성을 고려하여 리스크들에 할당된 경제적 자본의 상대적 크기에 기초하여 리스크를 통합한다. 다음 변수들 중 통합으로부터 발생하는 위험분산 이익의 주요 원인이 아닌 것은 무엇인가?

a. 리스크 포지션의 수
b. 포트폴리오의 크기
c. 리스크 포지션의 집중, 또는 포트폴리오에서 상대적 가중치
d. 포지션 사이의 상관관계

예제 17.3 : FRM 시험 2002 – 문제 103

1% 수준의 전사적 VAR에 상응하는 예상외손실을 흡수할 수 있는 자본을 보유하고자 하는 은행을 생각해보자. 이 은행은 시장리스크, 운영리스크, 그리고 신용리스크의 VAR들을 합산하여 전사적 VAR을 측정한다. 왜 이 은행이 너무 적은 자본을 보유할 리스크가 존재하는가?

a. 리스크들 사이의 상관관계를 고려하지 않는다.
b. 시장, 운영, 신용 리스크가 아닌 다른 리스크들을 무시한다.
c. 심각한 운영리스크는 드문 사건이기 때문에 운영리스크를 추정하는 데 VAR를 사용하는 것은 실수이다.
d. VAR들의 합계는 무의미하다.

예제 17.4 : FRM 시험 2006 – 문제 109

대규모 은행들은 전형적으로 위험자본을 신용, 운영, 시장/ALM 리스크에 배분한다. 다음 보기 중 이 상이한 리스크들에 배분되는 위험자본 금액의 전형적 순서를 바르게 설명한 것은 무엇인가?

a. 시장/ALM 리스크는 신용리스크보다 더 많은 위험자본을 요구한다.
b. 신용리스크는 시장/ALM 리스크보다 더 많은 위험자본을 요구하고, 시장/ALM 리스크는 운영리스크보다 더 많은 위험자본을 요구한다.
c. 시장/ALM 리스크는 운영리스크보다 더 많은 위험자본을 요구하나, 신용리스크보다 적은 위험자본을 요구한다.
d. 신용리스크는 운영리스크보다 더 많은 위험자본을 요구하고, 운영리스크는 시장/ ALM 리스크보다 더 많은 위험자본을 요구한다.

예제 17.5 : FRM 시험 2005 – 문제 33

거래상대방 A는 미국회사이며, 인도네시아에서 제조작업을 하고 미국에 주요 고객을 갖고 있다. 거래상대방 B는 미국회사이며, 국내에서 제품을 생산하고 전량을 인도네시아에 수출한다. 다음 거래 중 은행의 역방향 노출은 무엇인가?

a. 은행과 거래상대방 A 사이의 5년 만기 플레인-바닐라 IDR/USD 교차통화 스왑이다. 여기에서 은행은 USD 금리 수취자이다.
b. 은행은 거래상대방 A에게 5년 만기 플레인-바닐라 IDR/USD 통화옵션을 매각한다.

거래상대방 A는 특정 환율에 IDR을 매입할 수 있다.

c. 은행과 거래상대방 B 사이의 5년 만기 플레인-바닐라 IDR/USD 교차통화 스왑이다. 여기에서, 은행은 USD 금리 수취자이다.

d. 은행은 거래상대방 B로부터 IDR을 특정 환율에 매입할 수 있도록 5년 만기 플레인-바닐라 IDR/USD 통화옵션을 매입한다.

예제 17.6 : FRM 시험 2008 – 문제 4-29

당신의 은행은 시장리스크의 일간 95% VAR, 운영리스크의 연간 99% VAR, 신용리스크의 연간 99% VAR를 계산한다. 추정치는 각각 1억 달러, 5억 달러, 10억 달러이다. 운영리스크는 시장리스크와 신용리스크를 제외한 모든 리스크를 포함하도록 정의되었으며, 이 세 범주는 서로 상관관계가 없다. 시장리스크 VAR는 수익률이 정규분포한다고 가정하며, 은행은 한 해 동안 이 수준에서 성공적으로 시장리스크 VAR를 유지할 수 있다고 예상한다. 당신은 회사 전체의 VAR를 1% 수준에서 추정해야 한다. 다음 보기 중 최선의 추정치는 무엇인가?

a. 17억 달러
b. 19.4억 달러
c. 25억 달러
d. 이 정보만으로 상이한 분포를 갖는 리스크들을 통합할 수 없다.

17.2 모범관행 보고서

업계의 모범관행은 금융위기의 교훈으로부터 진화했다. 1990년대 초의 일부 널리 알려진 손실은 파생상품에 대한 규제행위를 초래할 가능성이 있었다.

금융기관들은 규제행위를 피하기 위해 일단의 모범관행을 전파하는 것이 유리함을 깨달았다. 이 때문에 1992년 7월에 Group of Thirty(G-30) 보고서가 발간되었다. 1995년의 Barings 파산 후, Bank of England의 깊이 있는 보고서가 7월에 나왔다. 비슷하게, 1998년 Long-Term Capital Management(LTCM)가 거의 파산한 사건은 1996년 6월에 Counterparty Risk Management Policy Group(CRMPG)에서 만든 보고서에서 분석되었다. 2005년과 2008년에는 개정본이 나왔다. 이 보고서들은 모범관행에 관한 집단적 지혜를 추가했다.

17.2.1 G-30 보고서

Group of Thirty(G-30)는 사적인 비영리 단체이며, 민간과 공공 부문 그리고 학계의 고위 대표자들로 구성된다. 1990년대 초 파생상품 사태가 시작되자, 1993년에 G-30은 보고서를 발간했다. 이는 리스크관리의 이정표적 문서가 되었다.[7] 보고서는 24개의 건전한 관리관행 집합을 제시한다. 가장 중요한 내용들은 여기에 요약되어 있다.

- **고위 경영진의 역할**(role of senior management). 딜러 및 최종사용자는 이사회에 의해 승인된 전체적 리스크관리와 자본정책에 부합되는 방법으로 파생상품을 이용해야 한다. … 파생상품 이용을 통제하는 정책은 이런 거래들의 수행 목적을 포함하여, 명확하게 정의되어야 한다. 고위 경영진은 이 정책들을 실행하는 절차와 통제를 승인해야 한다. 그리고 모든 계층의 경영자들은 그들을 집행해야 한다.
- **시장리스크의 측정**(measuring market risk). 딜러는 일관된 척도를 사용하여, 파생상품 포지션의 시장리스크를 일별로 계산하고 시장리스크 한도와 비교해야 한다. 시장리스크는, 공통적 신뢰수준과 목표기간에 기초한 확률분석을 이용하여, "value at risk"로 가장 잘 측정된다.
- **위기 시뮬레이션**(stress simulation). 딜러는 포트폴리오가 위기상황에서 어떤 성과를 낼지 알아보기 위해, 정기적으로 시뮬레이션을 실시해야 한다.
- **시장리스크의 독립적 관리**(independent market risk management). 딜러는 명백한 독립성과 권한을 갖고, 시장리스크 관리 기능을 보유해야 한다. 반드시 수행되어야 할 책무들은 리스크 한도; 위기분석; 수입 보고; VAR의 사후 검증; 평가모형과 조정과정의 검토이다.
- **신용리스크의 독립적 관리**(independent credit risk management). 딜러와 최종사용자는 명백한 독립성과 권한을 갖고, 신용리스크 관리 기능을 보유해야 한다, …다음의 책무를 갖는다. 이는 신용노출 척도 기준의 승인; 신용한도의 설정 및 사용 감시; 신용과 신용리스크의 집중 검토; 리스크 감축 행위의 검토 및 감시이다.

이 권고들은 "명확한 독립성과 권한"을 보유한 리스크관리 기능의 필요성을 강조한다.

7) Group of Thirty, *Derivatives: Practices and Principles* (New York: Group of Thirty, 1993).

17.2.2 Bank of England의 Barings 보고서

기능 분리라는 기본원칙 위배는 Barings 파산의 일차적 원인이었다. Nick Leeson은 프런트 오피스와 백 오피스를 모두 통제했다. 조직구조 때문에, 그는 거래의 입력을 조작하고 특별 계좌에 손실을 숨길 수 있었다.

그러나 새로운 교훈들은 또한 Bank of England(BoE)에 의해 만들어진 Barings 관련 주요 보고서에 기술되었다.[8)] 보고서는 처음으로 **평판리스크**(reputational risk)를 언급했다. 이는 부정적 여론으로부터 발생하는 간접적인 수익손실의 리스크이다. 이 손실들은 사건에 기인한 직접적인 금전적 손실로부터 구별된다.

BoE 보고서는 이 사태로부터 얻은 몇 가지 교훈을 수록했다.

- **이해의 책임**(duty to understand). 경영진은 그들이 관리하는 업무를 완전히 이해해야 할 책임이 있다. Barings의 고위 경영진은 사후에 업무의 성격을 완전히 이해하지 못했다고 주장했다.
- **명확한 책무**(clear responsibility). 개별 사업활동의 책무는 명확히 설정되어야 한다. Barings는 상품과 지역에 따라 책무를 부여하는 행렬(matrix) 구조를 갖고 있었다. 이는 개인에게 책무를 부과하기 더 어렵게 만들었다.
- **실효성 있는 내부 통제**(relevant internal controls). 임무를 명확하게 구분하는 것을 포함하는 내부통제는 효과적인 리스크통제 시스템의 기본이다.
- **약점의 신속한 해소**(quick resolution of weaknesses). 내부 또는 외부 감사에 의해 인식된 약점은 신속하게 처리되어야 한다. Barings 사건에서, 1994년 여름의 내부감사 보고서는 책임의 분리가 미흡한 것이 심각한 약점이라고 인식하였다. 그러나 이 문제는 Barings의 최고 경영진에 의해 처리되지 않았다.

17.2.3 CRMPG의 LTCM 관련 보고서

Long-Term Capital Management(LTCM) 헤지펀드의 실질적 파산도 업계에 유용한 교훈을 제공했다. Counterparty Risk Management Policy Group(CRMPG)은 LTCM 실

8) Bank of England, *Report of the Board of Banking Supervision Inquiry into the Circumstances of the Collapse of Barings* (London: HMSO Publication, 1995).

패에 자극받아 재무금융 리스크의 관리에 관련된 관행을 강화하기 위해 설립되었다.

CRMPG는 LTCM에 자금을 제공한 많은 은행들을 포함한 금융업계의 고위급 실무자들로 구성되었다. 업계는 LTCM이 대단히 높은 레버리지를 축적하도록 허용했다는 비판에 직면했다. 분명히, LTCM에 대한 대출은 현재노출의 경우 완전히 담보되었으나, 잠재노출의 경우는 그렇지 않았다. 실제로, 시장의 혼란과 잠재적 대규모 손실의 두려움이 뉴욕 연방은행으로 하여금 LTCM 구제금융에 동조하도록 만들었다.

그 대응으로 CRMPG 보고서는 일단의 권고를 제시했으며, 다음에 요약되어 있다.9)

- **정보의 공유**(information sharing). 금융기관들은 거래상대방들로부터 더 많은 정보를 얻어야 한다. 특히, 상당한 신용노출이 있을 때 그렇다. 이는 거래상대방의 자본상태와 시장리스크를 포함한다. 이 정보는 비밀로 유지되어야 한다.
- **레버리지, 시장리스크, 그리고 유동성**(leverage, market risk, and liquidity). 재무금융 리스크 관리자는 레버리지, 유동성 그리고 시장리스크의 상호작용에 초점을 맞추어, 대규모 거래상대방을 더 잘 감시해야 한다.
- **유동성에 기초한 노출 추정치**(liquidation-based estimates of exposure). 노출이 클 때, 시가평가 가치에 기초한 노출의 정보는 유동성에 기초한 수치에 의해 보완되어야 한다. 이는 현재 및 잠재 노출을 포함해야 한다.
- **위기분석**(stress-testing). 기관들은 시장 및 신용 노출에 관한 위기분석을 해야 한다. 거래상대방 집단에 대한 집중리스크와 포지션 유동화가 시장을 변동시킬 리스크를 고려해야 한다.
- **담보화**(collateralization). 레버리지가 높은 기관에 대한 대출은 유동화 비용을 고려하여 적절한 담보를 요구한다.
- **경영자 책임**(management responsibilities). 고위 경영진은, 잠재적 손실을 기준으로 표시된 위험 수용도를 명확하게 전달해야 한다. 리스크관리 담당자의 역할은 이제, 고위 경영진이 리스크 프로파일을 감시할 수 있도록, 보고 시스템을 만드는 것이다.

LTCM으로부터 얻을 수 있는, 대여자를 위한 가장 중요한 교훈은 시장리스크와 신용리스크의 관계이다. G-30 보고서는 시장 및 신용 리스크의 관리기능 설립을 권고하나, 이 기능들의 통합을 논의하지 않는다. LTCM이 파산하려 했을 때, 대여자들은 잠재적 노출

9) Counterparty Risk Management Policy Group, *Improving Counterparty Risk Management Practices* (New York: CRMPG, 1999).

에 대한 보호가 전혀 없고 그들의 많은 포지션이 LTCM의 포지션과 같음을 인식했다. 만약 LTCM이 도산했으면(신용사건), 대여자들은 시장리스크로부터 수십억 달러의 손실을 입었을 것이다.

LTCM의 두 번째 교훈은 대규모 또는 비유동적 포지션을 조정하는 리스크관리 담당자의 필요성이다. LTCM의 세 번째 교훈은 기관은 체계적인 위기분석을 수행해야 한다는 것이다. 최근의 역사적 자료에 기초한 VAR 모형은 교란된 시장의 손실 수준을 파악할 수 없기 때문이다. 이는, VAR의 목표는 정상적 시장상황에서 입을 수 있는 손실규모의 1차적 근사값을 제공하는 것이기 때문에, 명백하다.

17.2.4 CRMPG II 및 III 보고서

CRMPG는 CRMPG II로 불리는 후속 보고서에서 개정본을 제공했다.[10] CRMPG II는 많은 초기 권고사항이 실행되었다고 언급했다. 특히, 이제 자산의 청산가치를 유동성에 기초하여 조정하는 데 더 많은 관심이 주어진다. 그러나 이 보고서는 시장의 발전은 새로운 리스크를 초래했다고 언급한다. 이는 내재된 레버리지를 가진 신용상품이 시장 참가자들 사이에서 확산되었기 때문에, 투명성이 감소했음을 포함한다.

2007년에 시작했던 신용위기에 대응하여, CRMPG는 CRMPG III로 불리는 보고서에서 일단의 새로운 권고사항을 제시했다.[11]

- **개선된 기업 지배구조**(improved corporate governance). 다양한 기관들이 위기 중에 어떻게 대처했는지 비교하면, 기업의 지배구조 문화가 중요하다는 것은 명백하다. 전체 기업 차원에서 분별력, 의사소통, 그리고 조정을 중시하는 기관은 다른 기관들보다 더 잘 기능했다. 또한, 인센티브 시스템은 재무적 안정성을 희생하면서 단기적 이윤에 집중하는 행태를 초래했다. 인센티브는 기관의 장기적 성공과 위험 수용도에 더 잘 맞추어져야 한다.
- **리스크의 감시**(risk monitoring). 금융기관들은 순금액 및 총금액 기준으로 특정 자산집단에 대한 리스크 집중을 감시할 수 있어야 한다. 그리고 최고 경영진에게 일관성

10) Counterparty Risk Management Policy Group, *Toward Greater Financial Stability: A Private Sector Perspective* (New York: CRMPG, 2005).

11) Counterparty Risk Management Policy Group, *Containing Systemic Risk: The Road to Reform* (New York: CRMPG, 2008).

있는 보고서를 제공해야 한다.

- **위험성향의 추정**(estimating risk appetite). 금융기관들은 정기적으로 위험성향을 추정하는 종합적 훈련을 실시해야 한다. 위기분석과 정성 및 정량적 요인들의 결합을 사용한다.
- **전염에 대한 관심**(focusing on contagion). 금융기관들은 정기적으로 **전염**(contagion) 효과를 평가해야 한다. 즉, 국지적 금융혼란이 시스템적 성격을 갖게 되는 경로 및 연계이다.

17.2.5 Senior Supervisor Group 보고서

2008년, Senior Supervisor Group(SSG)은 대형 금융기관의 리스크관리 관행에 관한 영향력 있는 보고서를 발간했다.[12] 충격적인 관찰은 리스크관리 관행의 질적 범위이다. 많은 기관들이 위기 중에 매우 열악했고, 그 외 기관들은 상대적으로 우수했다. SSG는 승자와 패자의 비교를 통해 〈표 17.2〉에 요약된 교훈을 도출했다.

일반적으로, 가장 많은 손실을 입은 기관은 위계적 사업조직을 갖고 있었다. 결정은 최상부로부터 이루어지고 피드백은 거의 없었다. 최고 경영진은 이익을 창출하기 위해 부채담보부증권(CDO)의 구조화, 재고, 그리고 거래를 확대하는 전략적 결정을 했다.

그러나 이런 확장은 취약한 리스크 관행을 수반했다. 산업분석은 거의 없었고, 기준금액 또는 섹터별 한도도 없었다. 또한, 영향을 받은 많은 기업이 자산유동화증권(ABS)과 대출의 **파이프라인 포지션**(pipeline position)의 리스크를 고려하지 않았다. 이 리스크는 자산이 증권화되어 매각될 때까지 은행이 포지션을 보관할 때, 즉 일시적으로 보유할 때 발생한다. 마지막으로, 패자는 **콘뒤트**(conduits)와 **구조화 투자회사**(structured investment vehicle: SIV)에 대규모로 노출되어 있었다. 그들이 초래하는 우발적 유동성리스크를 인식하지 못했기 때문이다.[13] 결국, 은행 대차대조표의 잠재적 의무와 관련된 책임을 사업부문들에 부과

12) Senior Supervisor Group, *Observations on Risk Management Practices during the Recent Market Turbulence* (Basel: BIS, 2008)

13) 제16장에 기술된 SIV와 콘뒤트는 **그림자 은행 시스템**(shadow bank system)을 구성한다. 이들은 은행처럼 대출 및 ABS 같은 자산에 투자하고 부채를 발행한다. 결국, 이들은 동일한 유동성 불일치에 노출된다. 그러나 이들은 규제되지 않는다. 신용위기 중에 이 구조들을 발행하거나 보증했던 많은 은행들은 지원을 제공해야 했다. 이는 자본을 더 고갈시켰다. 예를 들어, 2007년 12월, Citigroup은 490억 달러 상당의 SIV 자산을 대차대조표에 흡수한다고 발표했다.

표 17.2 리스크관리 관행의 차이

관행	승자	패자
조직구조	• 협동적	• 위계적
사업모형	• CDO, SIV 회피	• CDO 및 SIV에 대한 노출
전사적 리스크 분석	• 회사 내 정보공유	• 회사 전체의 즉각적 리스크 협의 없음
가치평가	• 내부 전문가 양성	• 신용등급에 의존
유동성 관리	• 사업부문별 유동성리스크 책임	• 우발적 노출 무시
리스크 측정	• 질적 및 양적 분석 • 다양한 가정 • 상관관계 검증	• 경직적인 모형 적용 • AAA등급 회사채로 매핑 • 상관관계 검증 없음

하지 않았다. 이는 구조화 신용의 확대를 조장했다. 이 문제는 조직별로 리스크를 보유했기 때문에 악화되었다. 리스크를 인식하고 최상위 수준에서 통합할 수 없었기 때문이다.

패자들의 최고 경영진은 빈번하게 리스크관리 담당자에 의해 제시된 경고신호에 주의를 기울이지 않았다. 대조적으로, 심각한 손실을 피한 기업에서는, "리스크관리 부서는 독립성과 권한을 보유했으며 고위 경영자들과 상당한 직접적 상호작용을 했다(SSG(2008), p. 9)." 경영자들은 분별력과 더 많은 정량적 기법을 활용했다. 이들은 모형의 평가오류와 변화하는 시장상황의 조기경고 신호인 평가의 이례적 현상을 인식했다.

열등한 성과를 보인 많은 기관은 복잡한 구조화 신용의 자체적 평가모형을 개발하지 못했으며, 대신 주로 신용등급에 의존했다. 이 기관들은 약점을 고려하지 않고 맹목적으로 모형을 적용했고, 상관관계의 위기분석을 수행하지 않았다. 미래지향적 시나리오는 실현 가능성이 없다는 주장 때문에 최고 경영진에 의해 심각하게 고려되지 않았다.

요약하면, SSG는 승자와 패자를 구분하는 네 가지 전사적 리스크관리 관행을 인식했다.

1. 리스크에 대한 효과적인 전사적 인식 및 분석
2. 높은 정보가치와 적절한 대응력을 갖춘, 리스크 측정 및 관리 보고
3. 독립적이고 엄격한 가치평가 관행의 일관된 적용
4. 자금조달 유동성과 자본의 효과적 관리

2009년, SSG는 첫 보고서 이후 이루어진 발전에 관한 개정본을 제공했다.[14] 은행들은 이전에 제기되었던 문제들을 완전히 해결하지 못했다고 보고했다. 이는 부분적으로 리스

14) SSG, *Risk Management Lessons from the Global Banking Crisis of 2008* (Basel: BIS, 2009).

크관리의 상당한 투자와 경험을 요구하기 때문이다. 때늦은 대응에서, "거의 모든 기업이 리스크관리 기능의 권한을 강화하고 투입 자원을 확대했다." 이는 리스크관리 분야에 좋은 소식이다.

또한, 많은 기업들이 "수입 창출자(즉, 거래담당자와 투자은행 업무 인원)"에 대한 보상 관행을 검토했다. 당연히, 일차적 목적은 능력있는 인원의 채용과 유지이다. 그러나 보상 체계는 이제 리스크의 비용, 유동성, 그리고 자본을 포함시키려 시도하고 있다. 많은 은행들은 또한 더 장기적으로 수령되는 지연된 보상계획을 실시했다. 이는 거래담당자들이 단기적 수입에 집중하여 은행에 장기적 리스크를 초래하는 것을 피하는 데 도움을 줄 것이다. 전형적인 예는 CDO의 선순위 트란셰를 보유하는 포지션이다. 이는 외가격 옵션의 매도 포지션을 내포한다. 이런 투자는 거래담당자들의 보상의 원천인, 옵션 매도로부터 수취하는 프리미엄과 비슷하게 정기적 수입을 만들어낸다. 그러나 이는 간헐적으로 발생하는 재앙이라는 비용을 갖고 있다. 이 비용은 결국 은행 또는 납세자들에 의해 지불된다. 마지막으로 가장 최근의 SSG 보고서는 2008년에 발생한 유동성리스크를 강조했으며, 이는 제16장에서 논의된다.

예제 17.7 : FRM 시험 2004 – 문제 47

Barings 은행의 실패는 다음 중 어떤 리스크를 통제하지 못한 전형적인 사례인가?

a. 유동성리스크 b. 신용리스크 c. 운영리스크 d. 외환리스크

예제 17.8 : FRM 시험 2008 – 문제 4-34

CRMPG II 보고서와 바젤위원회에 의하면, 엄밀한 위기분석은 리스크 측정과 관리의 중요한 요소이다. 위기분석 연습의 가치를 향상시키기 위해서, 다음 중 회사들이 고려해야 할 점이 아닌 것은 무엇인가?

a. 리스크관리 담당자에게 회사의 손실수용 수준을 정하고 명확하게 나타내도록 요청한다.
b. 포트폴리오 손실을 야기할 수 있는 시나리오의 범위를 확인한다.
c. 위기 시나리오를 잠재적인 악영향의 수준에 의해 순서를 정하고, 시나리오들의 상대적 확률을 평가한다.
d. 위기분석이 타당하고 기존의 리스크 모형의 틀과 일관되도록 만든다.

17.3 조직구조

조직구조가 효과적이려면, 전사적 리스크관리 정책을 반영하도록 고안되어야 한다. 〈그림 17.1〉은 구식 상업은행의 전형적 조직구조를 보여준다.

여기에서 리스크는 주로 사업부문에 의해 감시된다. 신용업무 안에서, 리스크관리 담당자는 거래를 승인하고, 노출한도를 설정하며, 노출한도 및 거래상대방의 재무적 건전성을 감시한다. 자금 및 거래 부서는 자기계정 거래와 헤지를 실행한다. 이 부문 안에서 리스크관리 담당자는 포지션을 측정하고 감시한다. 계선 관리는 사업과 상품 전략을 다룬다. 또한 운영을 통제한다. 마지막으로, 외부 또는 내부의 감사기능은 독립적으로 사업과정을 검토한다.

이런 구조에는 많은 문제가 있다. 주요 문제는 아마도 시장리스크 관리가 거래에 종속된다는 것이다. 이는 리스크관리의 독립성 원칙에 위배된다. 또한, 리스크관리의 사업부문별 분권화는 조정의 부재와 상이한 종류의 리스크들 사이의 상관관계를 파악하지 못하는 문제를 초래한다. 예를 들어, 신용리스크 관리자는 신용리스크를 다른 관리자의 감시를 받는 운영리스크로 바꾸는 상품을 선호할 것이다. 신용리스크와 시장리스크가 서로를 악화시키는(LTCM 사례 같은) 상황도 놓치게 된다. 마지막으로, 모형과 데이터베이스는 사업부문 간에 불일치할 것이다.

독립성을 유지하기 위해, 리스크관리 담당자는 거래담당자가 아닌 최고경영진에게 직접 보고해야 한다. 이상적으로, 리스크관리 기능은 시장, 신용, 그리고 운영 리스크를 포함하는 전사적 기능이어야 한다. 이런 구조는 리스크를 잘 측정하는 영역으로부터 다른 영역으로, 리스크가 밀려나는 상황을 피할 수 있다. 전사적 리스크관리는 또한 상이한 종류의 리스크들 사이의 상호작용을 파악할 수 있어야 한다.

그림 17.1 구식 조직구조

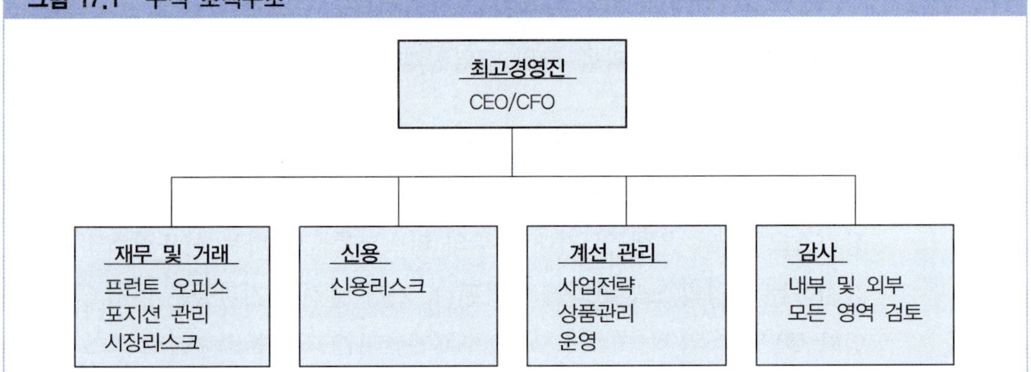

그림 17.2 현대적 조직구조

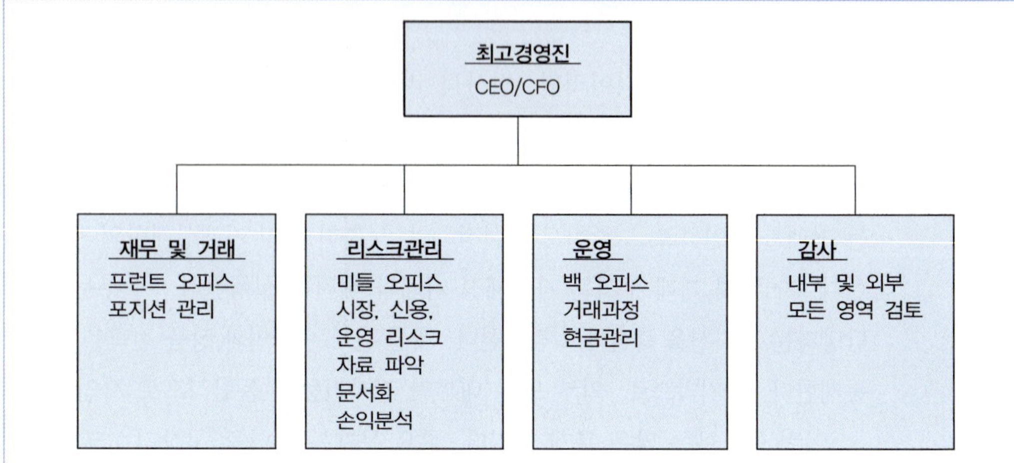

기능의 분리와 리스크관리의 독립성 원칙은 기관의 조직구조 안에서 구현되어야 한다. 〈그림 17.2〉는 실천된 모습을 묘사한다. 이 흐름도의 가장 중요한 점은 리스크관리 부서가 거래부서로부터 독립적이라는 것이다.

프런트 오피스(front office)는 리스크관리에 의해 설정된 포지션 및 VAR 한도 안에서, 거래를 담당한다. **백 오피스**(back office)는 거래과정과 조정 그리고 현금관리를 담당한다. **미들 오피스**(middle office)는 리스크관리와 통제를 포함하도록 기능을 확장하였다.

최고리스크책임자(chief risk officer: CRO)는 다음의 책무를 담당한다.

- 전사적 정책에 부합하는 리스크관리 정책, 방법론, 그리고 과정을 만든다.
- 가치평가와 리스크관리에 사용되는 모형을 검토하고 승인한다.
- 노출과 리스크요인의 변동을 감시할 뿐 아니라 전체적인 리스크를 측정한다.
- 거래담당자의 리스크 한도를 부과한다.
- 리스크관리 결과를 고위 경영진과 소통한다.

이상적으로, 리스크관리 기능은 최고리스크책임자 휘하에 중앙집중화되어야 한다. 이 임원에게 리스크관리 부서는 보고해야 한다. 여기에는 거래장부의 리스크를 감시하는 시장리스크 관리; 은행 및 거래 장부의 리스크를 감시하는 신용리스크 관리; 운영리스크를 감시하는 운영리스크 관리가 포함된다. 가장 발전된 기관들은 이제 CRO 모형을 채택하고 있다.[15)]

예제 17.9 : 모범 관행

거래담당자가 회계입력을 지시하는 것이 적절한 경우는 무엇인가?

a. 어떤 경우도 적절하지 않다.
b. 회사의 고위경영진과 이사회가 알고 있고, 예외로서 인정할 때
c. 불규칙성을 탐지하기 위해 감사통제에 의해 정기적으로 입력이 검토될 때
d. 인원의 이직 때문에 거래담당자가 추가적 인원이 고용되고 훈련될 때까지 지원해야 하는 기간에만

예제 17.10 : FRM 시험 2005 – 문제 17

1억 달러를 초과하는 자산을 가진 금융기관의 적절한 리스크관리 및 통제의 관행이 아닌 것은 무엇인가?

a. 회사의 이사회에 의해 정해진 통제정책의 실행을 감시하는 유일한 구조는 외부감사 회사이다.
b. 이사회의 소위원회는 리스크 한도의 승인, 리스크관리 정책, 그리고 예외승인 권한의 위임을 책임진다.
c. 고위 경영진은 회사의 일상적 활동 감시, 적절한 리스크관리 및 통제 정책의 실행, 그리고 회사의 리스크와 노출 감시를 책임진다.
d. 고위 경영진은 통제 위계의 모든 수준에서 통제과정에 관한 문서화를 책임진다.

17.4 거래담당자 통제

17.4.1 거래담당자에 대한 보상

거래담당자의 보상구조 또한 적절히 고려되어야 한다. 일반적으로, 거래담당자는 성과에 직접 연계된 보너스를 받는다 — 예를 들어, 이익이 발생하면 20%. 이런 보상계약 구조는 옵션처럼 비대칭적이다. 성공적인 거래담당자는 매우 젊은 나이에 백만장자가 될 수 있다. 손실을 낸 거래담당자는 단지 해고될 뿐이며, 많은 경우 이제 경험을 쌓았으므로 다른

15) 최근의 보고서는 조사된 금융기관 표본의 약 90%가 CRO를 갖고 있음을 보인다. Capital Market Risk Advisors, *Risk Governance: A Benchmarking Survey* (New York: CMRA, 2010)을 참고하라.

고용주를 찾을 수 있다.

이런 보상체계는 가장 뛰어난 재능을 가진 사람들을 거래업무로 끌어들이기 위해 고안되었다. 부정적인 측면은 옵션을 매수한 거래담당자는 옵션가치를 높이기 위해 포지션 리스크를 확대할 인센티브를 갖는다는 것이다. 그러나 이는 회사에 가장 유리하지 않을 수 있다.

이런 리스크 부담 경향은 다양한 수단에 의해 통제될 수 있다.

- 보상계약의 구조를 수정함으로써, 거래담당자와 회사의 이익을 더 잘 일치시킴(예를 들어, 회사주식을 지급하거나 보상을 장기성과에 연계)
- RAROC 종류의 시스템처럼, 거래이익으로부터 리스크에 기초한 요구자본을 차감
- 독립적 리스크관리 담당자를 선임

마지막으로, 최근의 규제 변화는 금융업계의 보상에 한도를 부과하고 있다.

리스크관리 담당자의 보상구조가 효과적이려면, 거래담당자의 성과에 대해 독립적이어야 한다. 또한, 리스크관리 담당자에 대한 보상은 재능있는 사람들을 끌어들일 수 있도록 충분히 매력적이어야 한다.

17.4.2 거래담당자 한도

거래리스크는 거래담당자의 인센티브를 적절히 바꿈으로써 어느 정도 관리될 수 있다. 또는 이 리스크는 한도를 부과함으로써 통제될 수 있다. 이들은 과거지향적 한도와 미래지향적 한도로 구분될 수 있다. 전자는 손실제한 한도이다. 후자는 노출 또는 VAR 종류의 한도이다.

손실제한 한도(stop-loss limit)는 거래담당자의 손실이 누적된 후에 부과되는 포지션 제한이다. 과거지향적으로 고안되었기 때문에, 손실을 방지할 수 없다. 그러나 방지가능한 것은 거대담당자가 손실을 만회하기 위해 투자를 배로 늘리는 시도이다. 즉, 미래의 이익으로써 일련의 지난 손실들을 해소하기 바라면서 더 큰 모험을 하는 것이다. 이 한도는 또한, 시장이 추세를 띠고 있기 때문에 손실이 확대될 우려가 있는 경우에 유용할 수 있다.

노출 한도(exposure limit)는 손실 발생 전에 통제하는 수단으로서 체계적으로 거래담당자에게 부과된다. 이들은 기준 액면가, 듀레이션, 또는 다른 노출척도를 기준으로 정의된다. 예를 들어, 엔화 거래담당자의 최대 포지션은 1,000만 달러 상당으로 정해질 수 있다. 이 한도는 전형적으로 리스크요인의 극단적 변동과 연계되어 한 부서가 흡수할 수 있는 최악의 손실을 고려하여 정해진다.

이런 한도의 문제점은 시장리스크의 분산효과나 변동을 고려하지 못한다는 것이다. 또한, 기준금액이 최악의 손실을 드러내지 못하는 복잡한 상품은 일종의 한도 차익거래를 유발할 수 있다. 여기에서 거래담당자는 지침의 문구는 준수하나, 그 취지는 위배한다. 예를 들어, 거래담당자는 5년 이내의 만기를 가진 증권에 관해 1,000만 달러의 한도를 부과받을 수 있다. 전형적으로 이런 증권의 듀레이션은, 예를 들어 4년일 수 있다. 한도의 취지는 이자율 노출의 상한이다. 그러나 거래담당자는 12년의 듀레이션을 가진 역고정금리 증권에 투자함으로써, 한도의 취지를 우회할 수 있다.

VAR **한도**(VAR limit)는 전통적 한도에 추가하여 더 일반화되고 있다. 이는 리스크의 분산효과와 시간가변성을 반영한다. 또한, 동일한 리스크관리 구조는 일련의 시나리오에 기초한 위기분석 한도를 부과하기 위해 이용될 수 있다. 실제로, VAR 한도 또한 차익거래에 취약하기 때문에, 노출한도와 함께 사용되어야 한다. 거래담당자는 리스크 모형의 약점을 이용하여, 리스크 추정치가 낮은 포지션으로 이동할 가능성이 있다.

예제 17.11 : FRM 시험 2002 – 문제 132

다음 중 한 명의 직원이 거래 업무와 백 오피스 업무를 담당할 때, 발생하는 문제가 아닌 것은 무엇인가?

a. 직원은 두 업무를 수행하기 때문에, 더 많은 급여를 받는다.
b. 직원은 거래를 처리할 때 거래오류를 감출 수 있다.
c. 직원은 장부의 규모를 감출 수 있다.
d. 회사는 진정한 노출을 모를 수 있다.

예제 17.12 : FRM 시험 2000 – 문제 69

다음 중 운영리스크 최소화에 기여하는 전략은 무엇인가?

Ⅰ. 거래를 이행할 책임이 있는 개인은 결제와 회계 기능을 수행해야 한다.
Ⅱ. 현재 포지션을 평가하기 위해, 가격 정보는 외부 원천으로부터 얻어져야 한다.
Ⅲ. 거래담당자들의 보상체계는 기간별 수입에 직접 연계되어야 한다.
Ⅳ. 거래전표는 거래상대방에 의해 확인되어야 한다.

a. Ⅰ, Ⅱ　　b. Ⅱ, Ⅳ　　c. Ⅲ, Ⅳ　　d. Ⅰ, Ⅱ, Ⅲ

예제 17.13 : FRM 시험 2007 – 문제 36

거래담당자들의 리스크 수용을 통제하기 위해, 당신의 은행은 거래담당자의 보상을 거래장부에 부과된 VAR 한도의 준수에 연계시켰다. 은행이 각 거래담당자의 보상을 VAR에 연계할 때 주의해야 하는 이유는 무엇인가?

a. 거래담당자들로 하여금 높은 추정 리스크를 가진 포지션을 선택하도록 만든다. 이는 VAR 한도의 과소추정을 초래한다.
b. 거래담당자들로 하여금 높은 추정 리스크를 가진 포지션을 선택하도록 만든다. 이는 VAR 한도의 과대추정을 초래한다.
c. 거래담당자들로 하여금 낮은 추정 리스크를 가진 포지션을 선택하도록 만든다. 이는 VAR 한도의 과소추정을 초래한다.
d. 거래담당자들로 하여금 낮은 추정 리스크를 가진 포지션을 선택하도록 만든다. 이는 VAR 한도의 과대추정을 초래한다.

17.5 위험조정 성과와 RAROC

17.5.1 위험자본

리스크를 측정하는 능력은 성과측정에 관해 깊은 의미를 갖고 있다. 과거에 성과는 **총자산이익률**(return on assets: ROA) 같은 척도에 의해 측정되었으며, 이는 이윤을 관련된 자산의 장부가치에 대해 조정한 값이다. 또는 이윤을 관련 자기자본의 장부가치에 대해 조정한 **자기자본이익률**(return on equity: ROE)이 사용되었다. 이런 척도는 계산하기 간단하나, 리스크를 무시하기 때문에 기본적으로 결함이 있다. 결국, 이 척도들은 위험한 행태를 초래할 수 있다. 예를 들어, 기대수익은 높으나 위험 또한 훨씬 더 높은 시장이나 사업부문에서 영업을 확대하는 것이다.

리스크관리 담당자는 이제 이런 행태를 통제할 수단을 갖고 있다. 모든 범주의 리스크를 지원하는 데 필요한 경제적 자본을 기준으로 영업의 전체적 리스크를 평가할 수 있다. 여기에는 시장, 신용, 그리고 운영 리스크가 포함된다. 이 자본은 **위험자본**(risk capital)으로도 불리며, 기본적으로 높은 신뢰수준의 value at risk(VAR) 척도이다.

이 정보를 이용하여, 기관은 사업부문에 관해 더 사려 깊은 결정을 내릴 수 있다. 개별

활동은 수반된 리스크를 보상하는 데 충분한 이윤을 제공해야 한다. 따라서 상품의 가격결정은 기대손실뿐 아니라 위험자본의 대가도 고려해야 한다.

이는 **위험조정 자본수익률**(risk-adjusted return on capital: RAROC) 척도의 본질이다. RAROC은 1970년대 말에 Bankers Trust에 의해 개발되었다. 이 은행은 상이한 리스크 프로파일을 가진 활동에 참여하는 거래담당자들을 평가하는 문제에 당면했다.

17.5.2 위험조정 성과 척도

RAROC은 **위험조정 성과 척도**(risk-adjusted performance measure: RAPM)의 집합의 일부이다. 예를 들어, 두 거래담당자가 지난 해에 각각 1,000만 달러의 이윤을 냈다고 가정하자. 첫 번째는 외환(FX)거래 담당자, 두 번째는 채권거래 담당자이다. 문제는 어떻게 이들의 성과를 비교할 것인가이다. 이는 적절한 보상을 제공하고 어느 사업부문을 확대할지 결정하는 데 중요하다.

FX와 채권거래 담당자들은 〈표 17.3〉에 기술된 기준금액과 변동성을 갖고 있다고 가정하자. 기준금액은 거래담당자 장부의 시장가치이기도 하다. 채권거래 담당자는 더 많은 금액인 2억 달러를, 그러나 연간 4%의 낮은 변동성을 가진 시장에서 운용한다. FX거래 담당자의 기준금액은 1억 달러, 시장의 연간 변동성은 12%이다. **위험자본**(risk capital: RC)은 VAR 척도로 계산될 수 있다. Bankers Trust처럼, 99% 신뢰수준의 연간 금액이라고 하자. 정규분포를 가정하면, 이는 다음과 같이 FX거래 담당자의 위험자본으로 환산된다.

$$\text{RC} = \text{VAR} = \$100{,}000{,}000 \times 0.12 \times 2.33 = \$28(\text{백만 달러})$$

그리고 채권거래 담당자의 위험자본은 19백만 달러이다. 더 정확하게, Bankers Trust는 주간 표준편차 σ_w로부터 다음과 같이 위험자본을 계산한다.

$$\text{RC} = 2.33 \times \sigma_w \times \sqrt{52} \times (1 - \text{세율}) \times \text{기준금액} \qquad (17.1)$$

이는 세금요인을 포함하므로, 세후 기준으로 요구되는 금액을 나타낸다.

표 17.3 RAPM 계산

	이윤	기준금액	변동성	VAR	RAPM
FX거래 담당자	\$10	\$100	12%	\$28	36%
채권거래 담당자	\$10	\$200	4%	\$19	54%

위험조정 성과는 이제 이윤금액을 위험자본으로 나눔으로써 측정된다.

$$\text{RAPM} = \frac{\text{이윤}}{\text{RC}} \tag{17.2}$$

이 값은 마지막 행에 나타나 있다. 따라서 채권거래 담당자는 실제로 FX거래 담당자보다 우월한 성과를 내고 있다. 업무에 필요한 위험자본이 적기 때문이다. 더 일반적으로, 위험자본은 신용리스크, 운영리스크, 그리고 모든 상호작용을 고려해야 한다.

이 접근법은 리스크를 독립적인 것으로 간주함에 유의해야 한다. 즉, 개별 상품의 변동성을 사용한다. 이론적으로 리스크는 자본배분 목적을 위해 은행의 전체 포트폴리오를 기준으로 인식되고, 은행 전체의 리스크에 대한 한계적 기여를 기준으로 측정되어야 한다. 그러나 실무적으로는 거래담당자들이 통제하는 리스크, 즉 이들의 포트폴리오 변동성을 기준으로 위험자본을 부과하는 것이 최선이다.

17.5.3 RAROC

RAROC 방법론은 거래, 부서, 또는 부문 수준에서 적용될 수 있다. 각 경우에, 첫 단계는 업무를 지원하는 데 필요한 **경제적 자본**(economic capital: EC)을 계산하는 것이다. 이는 시장, 신용, 그리고 운영 리스크를 포함한다.

RAROC은 공식적으로 다음과 같이 정의된다.

$$\text{RAROC} = \frac{\text{순이윤}}{\text{EC}} = \frac{\text{기대이윤} - \text{비용} + k(\text{EC})}{\text{EC}} \tag{17.3}$$

여기에서, 순이익은 다음을 포함한다. (1) 수입, 기대손실 차감; (2) 모든 직접적 운영비용 차감; (3) 금융비용 차감; (4) 경제적 자본에 대해 수익률 k로 발생하는 수익의 합산이다.

RAROC 계산을 예시하기 위해, 원금 10억 달러이고 연 이자율 9%로 90백만 달러의 수입을 제공하는 대출 포트폴리오를 생각해보자. 경제적 자본은 75백만 달러로 추정되며, 이는 수익률 6.5%인 단기국채에 투자되어 4.9백만 달러의 수입을 제공한다. 결국, 차액인 925백만 달러는 6% 이자율로 예금에 의해 조달되며, 비용은 55.5백만 달러이다. 은행의 영업비용은 15백만 달러이다. 대출의 기대부도율은 1%이다. 이제 RAROC은 다음과 같다.

$$\text{RAROC} = \frac{90 - 55.5 - 15 - 10 + 4.9}{75} = 19.25\%$$

이 수치는 대출 포트폴리오를 지원하는 데 필요한 자기자본의 연간 기대수익률로 해석될 수 있다. 이는 기업의 자기자본비용에 비교될 수 있다. 만약 더 높으면(예를 들어, 19%보다 높으면), 이 사업은 주주가치를 증가시키므로 실행되어야 한다.

이런 비교의 다른 형태는 CAPM을 이용한다. 기업 주식의 체계적위험을 β_E, 시장프리미엄을 $\overline{R}_M$, 그리고 무위험수익률을 R_F로 표시하면, 조정 RAROC(ARAROC)이 다음과 같을 때 사업이 채택될 수 있다

$$\text{ARAROC} = \frac{\text{RAROC} - R_F}{\beta_{\text{E}}} > \overline{R}_M - R_F \tag{17.4}$$

예제 17.14 : FRM 시험 2006 – 문제 3

ABC은행의 리스크관리 담당자는 채권거래 담당자와 주식거래 담당자에 관한 다음 자료를 갖고 있다. 수익률은 정규분포를 따르고, 연간 52주가 있다고 가정하자. ABC은행은 99% VAR를 사용하여 자본을 계산한다. 금액 단위는 백만 달러이다.

	세후 이익	장부가치 또는 시장가치	주간 변동성	세율
채권거래 담당자	USD 8	USD 120	1.10%	40%
주식거래 담당자	USD 18	USD 180	1.94%	40%

채권거래 담당자의 위험조정 성과 척도(RAPM)를 추정하라.

a. 25.24% b. 36.08% c. 60.15% d. 84.92%

예제 17.15 : FRM 시험 2006 – 문제 4

앞과 동일한 ABC은행의 자료를 사용할 때, 다음 중 주식거래 담당자에 대한 설명 중 옳은 것은 무엇인가?

Ⅰ. 주식거래 담당자의 99% 신뢰수준의 연간 세후 VAR는 33.2백만 달러이다.
Ⅱ. 두 거래담당자의 RAROC를 비교할 때, 주식거래 담당자는 채권거래 담당자보다 성과가 높다.

a. Ⅰ b. Ⅱ
c. 둘 다 옳다. d. 둘 다 틀리다.

예제 17.16 : FRM 시험 2007 – 문제 124

당신이 일하는 은행은 RAROC 모형을 사용한다. RAROC 모형은 각각의 특정한 활동에 대해 계산될 때, 기대 연간 순이익의 연간 VAR 리스크 추정치에 대한 비율을 측정한다. 당신은 5억 달러 대출사업의 RAROC을 추정해야 한다. 평균 금리는 10%이다. 모든 대출은 동일한 2%의 부도확률 그리고 50%의 부도 시 손실률을 갖고 있다. 영업비용은 10백만 달러이다. 이 사업의 자금조달비용은 30백만 달러이다. RAROC은 대출사업의 경우 신용 VAR를 사용하여 추정되며, 이 경우 7.5%이다. 투자된 경제적 자본은 6%의 수익률을 올린다. 다음 중 RAROC는 무엇인가?

a. 19.33% b. 46.00% c. 32.67% d. 13.33%

17.6 중요 공식

- 경제적 위험자본(RC) : RC = VAR
- 위험조정 성과 척도(RAPM) : RAPM = 이윤/RC
- 위험조정 자본수익률(RAROC) : RAROC = 〔기대 이윤 − 비용 + k(EC)〕/EC

17.7 예제 풀이

예제 17.1: FRM 시험 2008 – 문제 4-24

c. 경제적 자본은 항상 규제자본보다 작아야 한다는 보기 c.를 제외한 모든 설명이 옳다. 이는 지나치게 광범위한 기술이다. 리스크에 더 민감한 요구자본을 설정하려는 목적이라고 해도, 두 척도는 반드시 관련되지 않는다.

예제 17.2: FRM 시험 2009 – 문제 7-9

b. 포트폴리오는 일반적으로 지나치게 크지 않고 낮은 상관계수를 갖고 있는 많은 포지션들을 포함할 때 더 분산된다. 따라서 보기 a., c., 그리고 d.는 분산효과의 요인들을 포함한다. 한편, 리스크 척도는 포트폴리오 규모의 1차 동차함수이다. 모든 포지션을 2배로 만들면, 포트폴리오의 리스크는 2배가 된다.

예제 17.3: FRM 시험 2002 – 문제 103

b. VAR는 상이한 종류의 리스크들에 걸쳐서 합산될 수 있으나, 이는 위험분산 효과를 무시하므로 보수적 추정치이다. 따라서 보기 a.는 너무 많은 자본일 수 있다. 보기 c.는, 드문 사건은 운영 VAR에 포함될 수 있기 때문에 옳지 않다. 가장 가능성이 높은 경우, 은행은 이 세 범주에 의해 측정된 리스크와는 다른 종류의 리스크들에 대해 부족한 자본을 갖고 있을 수 있다.

예제 17.4: FRM 시험 2006 – 문제 109

d. 대다수 세계적 은행들의 경우, 중요도의 순서는 먼저, 신용 리스크, 다음으로 운영 리스크, 그 다음에 시장/ALM 리스크이다. 또한, 보기 b.와 c.는 동일한 내용이다.

예제 17.5: FRM 시험 2005 – 문제 33

c. 이는 노출방향 오류의 예이다. 여기에서, 은행의 상품 수익은 거래상대방의 더 높은 부도확률(PD)과 관련되어 있다. 만약 IDR이 평가절하되면, 달러 기준 비용이 하락하기 때문에, 거대상대방 A는 이익을 얻는다. 거래상대방 B는 그 반대이며, 이는 달러 기준 수익이 감소하기 때문이다. c.에서, 회사는 USD를 지급하고 IDR를 수취한다. 이 거래는, 만약 IDR이 평가절하하면 손실을 초래한다. 이 상황에서, 거래상대방 B는 수출에서 손실을 입는다. 따라서 이는 거래방향 오류이다.

예제 17.6: FRM 시험 2008 – 문제 4-29

c. 우선 우리는 95% 수준의 일간 VAR를, 다른 수치들과 같은 모수조건에 맞추어 전환해야 한다. 정규성 가정에 의해, 이는 $VAR_{MKT} = \$100 \times (2.326/1.645)\sqrt{252} = \$2,245$이다. 우리는 이제, 제곱 합의 제곱근을 취함으로써, 세 개의 VAR를 결합한다. 이는 $VAR = \sqrt{\$2,245^2 + \$500^2 + \$1,000^2} = \$2,458$이다.

예제 17.7: FRM 시험 2004 – 문제 47

c. Barings의 실패는 과정의 붕괴이기 때문에, 운영리스크의 범주에 속한다. 거래담당자 Nick Leeson은 백 오피스를 통제했다.

예제 17.8: FRM 시험 2008 – 문제 4-34

a. 사업 경영자 또는 이사회가 위험수용도를 정해야 하며, 리스크관리 담당자의 업무는 아니다.

예제 17.9: 모범 관행

a. 어떤 리스크관리 담당자가 언급한 것처럼, 이는 아님이 결코 절대적으로 아님을 의미하지 않는 드문 경우의 하나이다. 거래담당자로 하여금 수익과 손실을 작성하도록 허용하는 것은 재앙을 일으키는 방법이다.

예제 17.10: FRM 시험 2005 – 문제 17

a. 통제정책은 또한 내부감사에 의해 확인되어야 한다.

예제 17.11: FRM 시험 2002 – 문제 132

a. 보기 b., c., d.는 모두 거래담당자가 손실을 입고 손실을 숨기는 경우에 발생할 수 있다. 보기 a.는 이 자체로는 문제되지 않는다.

예제 17.12: FRM 시험 2000 – 문제 69

b. 보기 I.은 기능의 분리 원칙에 어긋난다. 보기 III.은 거래담당자가 너무 많은 리스크를 수용하는 문제를 야기할 수 있다. 보기 II.는, 거래담당자가 내부의 가격 자료에 영향을 미칠 수 있으므로, 포지션의 가치평가를 위해 외부의 출처를 이용할 것을 권고한다.

예제 17.13: FRM 시험 2007 – 문제 36

c. 거래담당자는 VAR의 약점을 이용하려고, VAR 차익거래를 할 수 있다. VAR 한도가 있으면, 거래담당자는 낮은 VAR 추정치를 갖는 포지션을 추구한다. 이 경우 VAR 한도는 덜 효과적이다.

예제 17.14: FRM 시험 2006 – 문제 3

c. 99% VAR는 $2.33\times1.10\%\times\sqrt{52}\times(1-40\%)\times\$120=\$13.3$(백만 달러)이다. 따라서 RAPM$=8/13.3=60.1\%$이다.

예제 17.15: FRM 시험 2006 – 문제 4

d. 주식거래 담당자의 VAR는 $2.33 \times 1.94\% \times \sqrt{52} \times (1-40\%) \times \$180 = \$35.2$(백만 달러)이며, 따라서 보기 I.은 옳다. RAPM은 18/35.2, 또는 51.1%이다. 이는 채권거래 담당자보다 열등하므로, 보기 II.도 옳지 않다.

예제 17.16: FRM 시험 2007 – 문제 124

a. 우선, 분자를 계산한다. 순이자는 기대손실 차감 후, $\$500 \times [10\% - 2\%(1-50\%)] = \$45$이다. 다음으로, 경제적 자본을 계산하면 $\$500 \times 7.5\% = \$37.5$이다. 경제적 자본으로부터의 수익을 수입에 더하면 $\$37.5 \times 6\% = \$2.25$이다. 이 값으로부터 영업 및 자금조달 비용을 차감하면 $\$47.25 - 10 - 30 = \$7.25$이다. 마지막으로, \$37.5로 나누면 19.33%를 얻는다.

Chapter **18**

바젤협약*

바젤은행감독위원회(Basel Committee on Banking Supervision: BCBS)에 의해 1988년 7월 15일에 완성된 **바젤 자본규제 협약**(Basel Capital Accord)은 상업은행 규제의 초석이다.[1] 최초로, 국제적으로 영업하는 상업은행이 재무적 리스크에 대비하여 보유해야 할 자기자본의 최소한도가 설정되었다.

바젤 Ⅰ(Basel Ⅰ)으로 불리는 이 협약은 일단의 비교적 단순한 기준에 기초하여 신용리스크에 대한 요구자본을 정했다. 1996년에는 시장리스크에 대한 자본 적정성 기준이 추가되었다. 2004년 6월에, 협약은 근본적 개정을 거쳤다. 더 섬세하게 리스크에 반응하는 민감한 자본기준을 만들었고, 운영리스크에 대한 요구자본을 추가했다. 운영리스크 자본규제는 제15장에서 설명된다. 결국, 새로운 협약은 바젤 Ⅱ(Basel Ⅱ)로 불리게 되었다.

2007년에 시작했던 신용위기는 규제 체계의 심각한 약점을 노출했다. 이 때문에 새로운 개정본이 작성되었고, 비공식적으로 바젤 Ⅲ로 불리게 되었다. BCBS는 2009년 7월 자본규제를 대폭 확대하기로 합의했고, 2010년 9월에 완성했다.

바젤위원회는 광범위한 감독기준을 만들지만 그 결론은 법적 구속력은 없다. 그럼에도 불구하고 100개 이상의 국가가 바젤협약을 채택했으며, 다양한 일정과 적용형태를 띠고 있다. 예를 들어, 미국의 규제기관은 바젤 Ⅱ를 대형 미국 은행들에만 적용했다. 한편, 유럽연합(EU)은 바젤 Ⅱ 기준을 Capital Adequacy Directive를 통해 EU 법률에 포함시켰다. 이는 역내 모든 은행에 적용된다.

---

* FRM 시험 Part 2 주제.

1) 바젤위원회는 G-10 국가 중앙은행장들에 의해 1975년 설립되었다. 이제 약 30개국의 대표를 포함하고 있으며, 일반적으로 스위스 바젤에서 국제결제은행(Bank for International Settlements: BIS)의 후원 하에서 연간 네 차례 모인다. BCBS는 때로 BIS로 호칭되나 두 기관은 별개 주체들이다.

제18.1절은 바젤협약을 광범위하게 살펴본다. 제18.2절은 자본의 정의를 다룬다. 제18.3절은 신용리스크에 대한 초기 바젤 자본규제를 상세히 설명한다. 제18.4절은 자본 적정성 비율을 Citibank에 적용한 예를 제시한다. 제18.5절은 초기 자본규제의 주요 약점을 논의하고, 바젤 II 협약의 주요 요소를 기술하며, 바젤 III 작업을 설명한다. 제18.6절은 시장리스크 요구자본에 할애된다. 마지막으로, 제18.7절은 이 자본규제들의 일반적 평가로 마무리된다.

18.1 바젤협약의 발전 단계

18.1.1 바젤 I 협약

바젤협약은 1988년에 만들어지고 1992년에 시행되었으며, 원래 목적은 상업은행의 재무적 손실에 대한 완충수단으로서 최소자본규제를 설정하는 것이었다. 따라서 일차적 목적은 세계 금융시스템의 안전성과 건전성을 증진하는 것이었다. 이차적 목적은 일률적 표준을 정함으로써, 국제적으로 영업하는 은행들이 동등하게 경쟁할 수 있는 장을 마련하는 것이었다. 협약은 국제적으로 활발하게 영업하는 상업은행들에게 적용된다. 이들은 전 세계적으로 경쟁하고, 만약 파산하면 시스템리스크를 초래할 수 있다. 기타 소형 국내 은행들의 포함 여부는 규제당국에 의해 결정된다.

초기에 1988년의 바젤협약은 신용리스크만 다루었다. 바젤 I은 은행으로 하여금 총 **위험가중자산**(risk-weighted asset: RWA)의 최소 8% 이상 자본을 보유하도록 요구한다. RWA는 대차대조표 난내 및 난외 항목들을 포함한다. 신용리스크에 의해 자산을 대략적으로 분류한 위험가중치를 사용한다. **자본**(capital)은 대차대조표의 자기자본 장부가치의 조정된 값과 함께 후순위채 같은 다른 항목들을 포함한다. 이 자본의 목적은 예상되지 않은 재무적 손실에 대한 완충수단으로 기능하는 것이다. 더 많은 자본은 금융시장의 불안정을 초래할 수 있는 은행실패 확률을 낮추고, 은행에 재산을 맡긴 예금자들을 보호할 것이다.

18.1.2 1996년의 개정

1996년 바젤위원회는 자본협약을 개정하여 시장리스크를 포함시켰다. 많은 은행들이 자기계정 거래업무의 규모를 확대하고 있었기 때문이다. 개정 협약은 1997년 말에 시행되었고, 시장리스크에 대한 자본규제를 추가했다. 은행들은 자체의 리스크관리 시스템에 따라 표준 모형 또는 **내부모형 접근법**(internal models approach: IMA) 가운데 하나를 선택할 수 있다.

개정 협약은 은행의 자산을 거래장부와 은행장부의 두 범주로 구분한다. **거래장부**(trading book)는 은행에 의해 의도적으로 단기적 재매각을 위해 보유되고 통상적으로 시가평가되는 금융상품의 포트폴리오를 나타낸다. **은행장부**(banking book)는 주로 만기까지 보유되고 통상적으로 역사적 비용에 기초하여 평가되는 대출과 같은 다른 자산들로 이루어진다.

1996년의 개정은 (1) 거래장부의 시장리스크와 (2) 은행장부의 통화 및 상품의 리스크에 대한 자본규제를 추가했다. 대신에, 신용리스크 요구자본에서 거래장부의 부채와 지분증권, 그리고 상품 포지션은 제외되었다(특정 리스크에 대한 요구자본은 별도). 여전히 거래장부 또는 은행장부의 모든 **장외거래**(over-the-counter: OTC) 파생상품은 계속 포함된다.

18.1.3 바젤 Ⅱ 협약

자본시장은 1988년의 최초 자본협약 이후 중요한 변화를 거쳤다. 초기의 신용리스크 자본규제는 점점 시대에 뒤떨어졌고, 심지어 일부 은행의 불건전한 관행을 초래했다.

2004년 6월, 바젤위원회는 바젤협약의 종합적 개정을 완성했다. 유럽연합에서, 바젤 Ⅱ를 실행하는 새로운 Capital Adequacy Directive가 EU 역내의 모든 은행들에게 2007년부터 적용되었다. 가장 발전된 방법론은 2008년부터 사용되었다. 미국의 규제당국은 바젤 Ⅱ를 소수의 대형은행들에게 적용한다. 다른 은행들에는 더 단순한 시스템인 바젤 I의 개정본이 적용된다. 바젤 Ⅱ는 2008년부터 실행되었다. 그리고 미국의 규제당국은 기준 적용을 변경할 권리를 유지한 상태에서, 3년의 이행기간을 설정했다.

새로운 틀은 상호 보완적으로 간주되는 세 개의 **필러**(pillar)에 기초한다.

- Pillar 1: **최소 요구자본**(minimum capital requirement). 이는 신용, 시장, 그리고 운영 리스크를 다루기 위한 것이다. 1988년의 협약에 비교하면, 은행들은 요구자본을 계산하기 위해 더 광범위하게 모형을 선택할 수 있다. 그러나 BCBS는 여전히 세계 은행

시스템 안에서 같은 수준의 총 자본금액을 유지하려 했다. 이는 위험가중자산의 8%이다.

- Pillar 2: **감독 감시 과정**(supervisory review process). 이전의 틀에 비해, 감독기관의 역할은 확대된다. 감독기관들은 다음 사항을 확인해야 한다
  - 은행은 리스크와 관련하여 자본을 평가하는 과정을 구축한다.
  - 은행은 실제로 상기 최소 요구자본 비율을 넘는 수준에서 운영된다.
  - 시정조치는 문제가 발생하면 가급적 신속히 실행된다.
- Pillar 3: **시장 규율**(market discipline). 바젤 II 협약은 재무제표 안에서 리스크 공시의 중요성을 강조한다. 이런 공시는 시장참가자들로 하여금 은행의 리스크 프로파일과 자본포지션의 적정성을 평가할 수 있도록 한다. 새로운 틀은 공시의무 및 권고사항을 제시한다. 공시의무를 충족하지 않은 은행은 내부모형을 사용할 수 없다. 내부모형은 일반적으로 더 적은 요구자본을 산출하기 때문에, 이는 공시의무 이행을 위한 강한 인센티브를 제공한다. 기본적으로, 은행의 자체 모형에 더 의존하는 대가는 높은 투명성이다.

바젤 II는 신용리스크를 더 정교하게 측정할 수 있도록 하며, 이는 일반적으로 요구자본을 낮춘다. 그러나 은행의 전체적 자본의 수준을 유지하기 위해, **운영리스크**(operational risk)에 대해 새로운 자본규제가 실행된다. 은행들은 **신용리스크 요구자본**(credit risk charge: CRC), **시장리스크 요구자본**(market risk charge: MRC), 그리고 **운영리스크 요구자본**(operational risk charge: ORC)의 합계를 상회하는 충분한 자본을 보유해야 한다.

$$\text{총자본} > CRC + MRC + ORC \qquad (18.1)$$

여전히 신용리스크 요구자본은 신용 위험가중자산의 8%이다. MRC와 ORC는 다른 접근법에 의해 계산된다.

은행들 사이의 비교가능성을 위해, 자본의 크기는 다음 비율로 보고된다.

$$\frac{\text{총자본}}{\text{신용리스크} + \text{시장리스크} + \text{운영리스크}} = \text{은행 자본비율} > 8\% \qquad (18.2)$$

여기에서 분모의 마지막 두 요소는 시장리스크 요구자본(MRC)과 운영리스크 요구자본(ORC)을 (1/8%)=12.5로 곱하여 계산된다. 예를 들어, 은행이 신용 위험가중자산

그림 18.1 바젤 II 요구자본

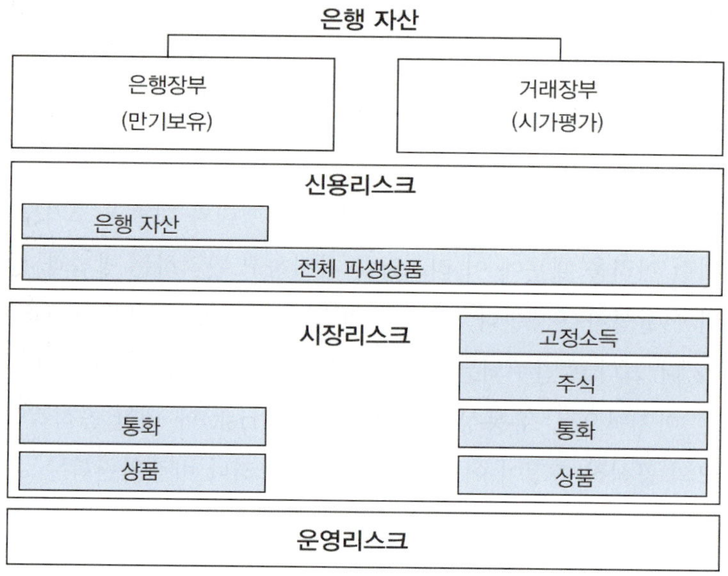

875달러, MRC=10달러 그리고 ORC=20달러를 갖고 있다고 가정하자. 그러면 분모는 $875+[($10+$20)×12.5]=$1,250로 계산된다. 은행은 최소 요구자본을 충족하기 위해 적어도 8%×$1,250=$100의 자본을 보유해야 한다. 이는 총 요구자본이 적어도 8%×$875+$10+$20=$70+$10+$20=$100이라는 것과 같다.

〈그림 18.1〉은 은행 및 거래 장부의 신용, 시장, 그리고 운영 리스크 요구자본을 요약한다. 은행은 또한 요구자본을 계산하기 위한 다양한 방법론을 사용할 수 있다. 이는 〈표 18.1〉에 기술되어 있다.

표 18.1 리스크 측정의 접근법

리스크 범주	허용된 접근법
신용	표준 접근법(1988년 협약에 기초) 기본 내부등급 접근법 고급 내부등급 접근법
시장	표준 접근법 내부모형 접근법
운영	기초지표 접근법 표준 접근법 고급 측정 접근법

Pillar 1은 일부 리스크를 제외하는 데 유의하자. 특히, **은행장부의 이자율리스크**(interest rate risk in the banking book)는 다루어지지 않는다. 은행들은 실제로 **금리개정 리스크**(repricing risk)에 노출되어 있다. 이는 자산과 부채의 만기불일치 및 이자율 변동으로부터 발생한다. 예를 들어, 장기 고정금리 대출을 단기예금으로 조달하는 은행은, 만약 이자율이 상승하면, 금리개정 손실을 입을 수 있다. 그러나 이 리스크를 측정하려면, 고정된 만기일이 없는 예금자의 복잡한 행태와 대출의 조기상환 옵션을 모형화해야 한다. 이런 어려움 때문에 이 리스크를 감시하고 관리하는 방법과 관련하여 은행들 사이에 상당한 이질성이 존재한다. 결국, BCBS는 이 리스크를 Pillar 2에 넣기로 결정했다. 이 리스크가 더 크다고 간주되는 기관은 더 높은 요구자본을 부과 받는다.

마지막으로, **유동성리스크**(liquidity risk)에 대한 공식적인 요구자본은 없다. 이 리스크의 공식적 측정이 어렵기 때문이다. 그러나 바젤위원회는 "유동성은 은행 조직의 생존을 위해 필수적"이라고 인식하고 있다.

18.1.4 이후의 발전: 바젤 III

2007년에 시작했던 신용위기는 규제 틀의 약점을 드러냈다. 충분한 자본을 보유한 것으로 보였던 일부 은행들이 대규모 손실을 입었고, 많은 경우 정부 지원을 받았다. 이에 따라, 바젤위원회는 바젤 II의 틀에 변화를 주었다. **바젤 III**(Basel III)로 알려진 새로운 일단의 기준들의 목표는 자본의 양, 질, 그리고 충당 범위를 강화함으로써, 은행 시스템의 회복력을 높이는 것이다.

2009년 7월, BCBS는 시장리스크 체계를 개정하여 거래리스크에 대해 요구되는 자본 금액을 늘렸다. 이로써, 은행장부의 동일한 상품에 대한 요구자본과 더 비슷해졌다.[2)]2010년 7월, 추가적 주요 개정사항이 발표되었다.[3)]

- **자본의 정의**(capital definition). 인정되는 자본을 규정하는 정의는, 기대되었던 보호효과가 없는 것으로 신용위기 중에 드러난 일부 항목을 제외하도록 변경되었다.
- **레버리지 비율**(leverage ratio). BCBS는 **레버리지 비율**(leverage ratio)의 한도를 도입했다. 일부 은행들은 바젤 II 기준으로 충분한 자본을 갖고 있었으나, 높은 레버리

2) BCBS, *Revisions to the Basel II Market Risk Framework* (Basel: BIS, 2009).
3) BCBS, *Broad Agreement on Basel Committee Capital and Liquidity Reform Package* (Basel: BIS, 2010) 및 BCBS, *Strengthening the Resilience of the Banking Sector* (Basel: BIS, 2009).

지 때문에 어려움을 겪었기 때문이다. 일반적으로, 레버리지 비율은 자산의 자기자본에 대한 비율로 정의된다. 예를 들어, 500억 달러의 자산과 10억 달러의 자기자본을 가진 은행의 레버리지 비율은 50대 1이다. 또는, 역수인 레버리지 자본비율은 2%이다. 이 척도는 자산의 질과 헤지효과를 고려하지 않기 때문에, 리스크에 민감하지 않다. 그러나 단순하고 강건하다. 바젤의 레버리지 관련 정의는 대차대조표 난외 항목을 포함한다. 현재의 제안은 2018년 1월까지 Pillar 1의 일부로서 최소 레버리지 자본비율 3%를 부과하는 것이다.

- **유동성 요구**(liquidity requirements). 금융위기 동안 많은 은행들이 적정한 유동성을 유지하기 위해 노력했다. 제16장에서 본 것처럼, 유동성은 Northern Rock의 실패에서 중요한 역할을 했다. 결국, BCBS는 세계적인 최소 **유동성 표준**(liquidity standard)을 도입했다. 여기에는 30**일 유동성 커버리지 비율**(30-day liquidity coverage ratio: LCR)이 포함된다. 이는 은행으로 하여금 위기 시나리오 하에서 유동성 수요를 충족하기 위해, 자산을 현금으로 전환할 수 있도록 할 것이다. 양질의 유동성 자산 보유고는 30일 동안의 순현금유출의 100% 이상이어야 한다. 여기에 자산과 부채를 더 잘 일치시키기 위해 **순 안정적 자금조달 비율**(net stable funding ratio: NSFR)이 추가된다. 이는 가용한 안정적 자금액의 필요금액에 대한 비율로 정의되며, 100%를 상회해야 한다. Northern Rock은 이 비율을 충족하지 못했다. 장기적 자금수요(즉, 장기 부동산저당대출)를 불충분한 안정적 자금(즉, 장기 부채)으로 조달하고 있었기 때문이다. 관찰기간이 지나면 새로운 기준은 LCR의 경우 2015년 1월 1일 이전, NSFR의 경우 2018년 1월 1일 이전에 시행될 예정이다.

예제 18.1 : 적용 가능한 시장리스크

규제자본 계산의 목적으로, 어떤 시장리스크가 은행의 VAR 추정치에 포함되어야 하는가?

a. 이자율리스크 및 주식리스크와 관련된 거래계정의 리스크
b. 이자율리스크, 주식리스크, 외환 및 상품 리스크와 관련된 은행 전체 거래계정의 리스크
c. 이자율리스크, 주식리스크, 외환리스크, 그리고 상품리스크와 관련된 은행 전체의 리스크
d. 거래계정만의 이자율리스크, 주식리스크, 외환리스크, 그리고 상품리스크

18.2 자본의 정의

18.2.1 바젤 Ⅰ 및 Ⅱ

1998년의 자본 적정성 기준은 모든 **국제적으로 영업하는 은행**(internationally active bank)으로 하여금 위험가중자산의 적어도 8% 상당의 자본을 보유하도록 요구한다. 이는 상업은행에 대해 연결기준으로 적용된다. 따라서 예를 들어, 은행그룹의 지주회사는 자본 적정성 기준을 충족해야 한다.

자본 측정의 출발점은 은행의 재무제표이다. 바젤협약에서, "자본"은 자기자본의 장부가치보다 더 넓게 해석된다. 자본의 핵심 목적은 손실을 흡수하는 능력이며, 채권자와 채무자들에게 보호를 제공한다. 따라서 자본이 효과적이려면 항구적이어야 하고, 그 요구금액은 이익에 대해 항상 고정된 비율은 아니며, 채권자와 예금자의 권리에 비해 법적으로 후순위이어야 한다.

바젤협약은 세 가지 형태의 자본을 인정한다.

Tier 1 자본(Tier 1 Capital), 또는 기본 자본(Core Capital). Tier 1 **자본**(Tier 1 Capital)은 보통주 자본 그리고 주로 세후 이익잉여금 같은 공시된 적립금을 포함한다. 이 자본은 가장 양질의 완충수단으로 간주된다.

- **보통주 자본**(equity capital) 또는 주주 지분은, 발행되고 완전히 납입된 보통주 대금 그리고 비상환 비누적적 우선주로 이루어진다.
- **공시된 적립금**(disclosed reserves)은 주식 프리미엄, 유보 이윤, 그리고 일반적 적립금에 해당한다.

영업권(goodwill)은 항상 자기자본 장부가치로부터 차감된다. 이는 기업 인수 후, 매입대금이 장부가치를 초과하는 부분을 나타내기 위해 자기자본 장부가치에 포함되는 회계적 항목이다. 이는 손실에 대한 완충수단으로 이용될 수 없기 때문에 제외된다.

신용위기를 경험했던 결과로서 자본을 더 좁게 정의하는 데에 관한 관심이 증가했다. 우선, **기본** tier 1 **자본**(core tier 1 capital)은 우선주를 제외한다. 다음으로, **유형 보통주 자본**(tangible common equity: TCE)은 우선주 자본과 무형자산을 제외한다. **무형자산**(intangible assets)은 비화폐적 자산이며, 특허와 상표권과 같이 형태가 없다.

$$\text{TCE}=\text{자기자본}-\text{무형자산}-\text{영업권}-\text{우선주} \tag{18.3}$$

예를 들어, 미국에서 상업은행은 최대 레버리지 규제도 적용 받는다. 이는 무형자산 및 영업권을 차감한 이후 자산의 TCE에 대한 비율이다.

Tier 2 자본(Tier 2 Capital), **또는 보완 자본**(Supplementary Capital). Tier 2 **자본**(Tier 2 Capital)은 손실에 대해 어느 정도 보호를 제공할 수 있으나, 궁극적으로 상환되거나 미래 이익으로 상각되어야 할 대차대조표 항목들을 포함한다. 이는 다음을 포함한다.

- **미공시 적립금**(undisclosed reserves), 또는 숨겨진 적립금은 일부 국가의 회계기준에서 허용된다. 이 적립금들은 손익계산서를 통해 이연되나 공개되지 않는다. 미공시 적립금은 투명성이 결여되었고, 많은 국가들에서 인정되지 않기 때문에, 기본자본에서 제외된다.
- **자산재평가 적립금**(asset revaluation reserves)은, 예를 들어, 역사적 매입가격으로 표시된 자본의 장기보유로부터 발생한다. 이 자본은 영업 중인 기관의 손실을 흡수하는 데 사용될 수도 있다. 시장의 변동성 및 향후 매도 시 세금을 감안하여 다소 할인될 수 있다.
- **일반충당금/대출손실 적립금**(general provision/loan loss reserves)은 미래의 확정되지 않은 손실에 대비하여 보유된다. 발생예상되는 신용손실에 대비하여 이자수입으로부터 공제되는 **대손충당금**(loan loss allowances)의 결과이다. 이 공제액은 tier 1 자본의 유보이윤을 낮춘다. 그러나 특정(이 경우 "구체적") 자산의 알려진 가치하락을 반영하는 금액을 제외하면, tier 2 자본으로 인정받을 수 있다.[4)]
- **혼성 부채 자본증권**(hybrid debt capital instruments)은 자본과 부채의 성격을 결합한 것이다. 무담보이고, 후순위이며 그리고 완전히 납입되면, 보완자본에 포함될 수 있다. 예를 들어, **누적적 우선주 자본**(cumulative preference shares)이 포함된다.
- **후순위 조건 부채**(subordinated term debt)는 최소 5년의 최초 만기를 가진 것으로, 마지막 5년 동안 20% 할인된다. 후순위 부채는 청산 시 모든 다른 부채에 비해 후순위 수취권을 갖는다.

4) 신용손실이 발생하면, 이는 이윤 대신 이 적립금들에 의해 처리된다. 이는 이윤의 안정화에 도움을 준다.

Tier 3 자본(Tier 3 Capital), 시장리스크에만 해당(for Market Risk Only). **Tier 3 자본**(Tier 3 Capital)은 적어도 2년의 만기를 가진 단기 후순위 부채로 이루어진다. 이는 시장리스크의 보호에만 해당된다.

다양한 범주에 걸친 자본의 상대적 금액에 대한 추가적 제약이 존재한다. 신용리스크에 대한 8%의 요구자본 가운데, 적어도 50%는 tier 1 자본에 의해 충당되어야 한다. 다음으로, tier 3 자본 금액은 시장리스크 지원에 배분된 tier 1 자본의 250%로 제한된다(필요하면, tier 2 자본은 tier 3 자본을 대체할 수 있다). 다른 제한들이 이 tier들의 여러 요소에 적용된다.

핵심 개념

바젤 자본적정성 기준은 총자본(tier 1과 2)이 위험가중자산(RWA)의 적어도 8%일 것을 요구한다. 또한, tier 1 자본은 RWA의 적어도 4%이어야 한다. 각 국의 규제기관은 더 높은 비율과 추가적 기준을 부과할 수 있다.

18.2.2 바젤 III

자본협약의 소위 바젤 III 개정본의 주된 목적은 은행 자본의 크기와 질을 높이는 것이다. 일차적 초점은 **보통주 자본**(common equity capital)이었다. 이는 tier 1 자본의 일부이며, 손실을 흡수하는 능력이 가장 큰 것으로 간주된다.

2010년 9월, BCBS는 보통주 자본의 요구 수준을 4.5%로 올리는 데 합의했다. Tier 1 자본은 4%로부터 6%로 인상되었다. 이 변화들은 2013년에 시작하여 2015년 1월 1일까지 단계적으로 달성된다. 총 자본은 여전히 최소 8%로 유지된다.

그러나 BCBS는 또한 2.5%의 **손실보전 완충자본**(capital conservation buffer: CCB)을 추가했다. 은행은 위기기간에 이 완충자본으로부터 인출할 수 있다. 그러나 이후에 이익

표 18.2 연도별(1월 1일) 바젤 III 요구자본, 손실보전 완충자본(CCB) 포함

자본	2010	2013	2014	2015	2016	2017	2018	2019
합계	8%	8.0%	8.0%	8.0%	8.625%	9.25%	9.875%	10.50%
Tier 1	4%	4.5%	5.5%	6.0%	6.625%	7.25%	7.875%	8.50%
핵심 Tier 1	2%	3.5%	4.0%	4.5%	5.125%	5.75%	6.375%	7.00%
CCB	0%	0.0%	0.0%	0.0%	0.625%	1.25%	1.875%	2.50%

분배(예를 들어, 배당이나 보너스 지급)를 제한받는다. 이 완충자본은 2016년 1월에 적용되기 시작하고, 2019년 1월 1일에 완전히 발효된다. 표 18.2와 같이, 완전히 발효되면, 핵심 tier 1, tier 1, 그리고 총 자본의 최소 수준은 각각 7%, 8.5%, 그리고 10.5%가 된다.

여기에 보통주 자본으로 이루어진 **경기대응 완충자본**(countercyclical buffer)이 추가된다. 이는 0%에서 2.5% 범위이며, "국가적 환경(national circumstances)"에 따른다. 이 완충자본의 목적은, 리스크의 누적을 초래할 수 있는 지나친 신용팽창이 있을 때 은행의 자본 금액을 늘리는 것이다.

바젤 Ⅲ는 tier 1 자본의 일부로 인정될 수 있는 금액에 대해 추가적 제한을 도입한다. 예를 들어, 해외 자회사에 대한 소수 지분을 나타내는 일부 자기자본은 허용되지 않는다. 나머지 제외 항목은 세금이연된 자산과 부동산저당대출 상환을 위한 권리를 포함한다. 마지막으로, 바젤 Ⅲ는 tier 3 자본을 삭제한다.

이 변화들은 점차적으로 도입된다는 점에 유의하자. 이는 즉각적 변화는 민간부문에 대한 대출의 축소를 초래한다는 우려를 반영한 것이다. 이미 취약한 경제에 부정적 영향을 줄 수 있기 때문이다. 만약 은행들이 이 새로운 기준들을 충족하기 위해 충분한 자본을 조달하지 못하면 노출을 축소해야 하고, 결국 신용확대는 저해될 것이다.

2010년 기준으로, 대다수의 세계적 대형 은행들은 최소 7%의 요구자본을 충족할 수 있는 충분한 tier 1 자본을 이미 보유하고 있다. 단, 새로운 제외 항목을 고려하지 않으면 그렇다. 경기대응 완충자본 기준을 충족하려면, 유보 이익이 필요할 것으로 예상된다.

핵심 개념

바젤 Ⅲ는 기본 tier 1 자본의 최소 자본비율을 2%로부터 4.5%로 높인다. 2.5%의 완충자본이 추가되면 총 7%이다. 이는 2019년 1월 1일에 발효된다.

예제 18.2 : FRM 시험 2002 – 문제 71

Tier 1 규제자본의 가장 적절한 정의는 다음 중 무엇인가?

a. 자기자본, 이익잉여금, 공시된 적립금
b. 후순위채, 미공시 적립금
c. 자기자본, 만기 5년 초과 후순위채
d. 장기채, 재평가적립금

예제 18.3 : FRM 2007 – 문제 53

은행의 대차대조표를 생각해보자. 여기에 (1) 600,000,000달러의 보통주; (2) 미실현 장기 시장성자본증권 이득: 5,000,000달러; (3) 발생가능한 신용손실에 대비한 충당금: 5,000,000달러; (4) 영업권: 30,000,000달러가 기록되어 있다.
이 정보에만 기초하면, tier 1과 tier 2의 자본금은 각각 얼마인가?

a. 595,000,000달러, 45,000,000달러
b. 570,000,000달러, 10,000,000달러
c. 600,000,000달러, 15,000,000달러
d. 630,000,000달러, 20,000,000달러

예제 18.4 : FRM 시험 2004 – 문제 29

어떤 은행의 다음 재무자료를 살펴보자. 단위는 100만 달러이다. 주주 자본: 627.4; 이익잉여금: 65.6; 미공시 적립금: 33.5; 영업권: 21.3; 후순위채: 180.0; 특별 충당금: 11.7이다. Tier 2 자본의 tier 1에 대한 비율은 무엇인가?

a. 30.81%
b. 31.78%
c. 33.53%
d. 34.03%

18.3 바젤 I 신용리스크 요구자본

이제, 바젤 I의 신용리스크 요구자본을 검토한다.

18.3.1 대차대조표 난내 리스크의 요구자본

먼저 대다수 신용기관의 경우, 주로 대출로 구성되는 대차대조표 난내 자산을 살펴보자. 이상적으로, 자본규제는 자산의 신용과 관련된 질적 차이를 인식해야 한다.

실제로, 1988년의 바젤협약은 각 자산의 기준금액에 네 개의 범주로 분류된 **위험자본 가중치**(risk capital weight)를 적용한다. 이는 〈표 18.3〉에 기술되어 있다. 위험가중 기준금액의 노출은 8%의 자본에 의해 완충되어야 한다.

이 범주들은 대단히 엉성한 신용리스크 분류이다. 예를 들어, 미국 국채 같은 Organization for Economic Cooperation and Development(OECD) 국가의 중앙정부에 대한 청구권은 0의 가중치를 갖고 있다. 이 자산들은 부도리스크가 없다고 간주되기 때문이다.

표 18.3 자산집단별 위험자본가중치

가중치	자산종류
0%	보유 현금
	OECD 중앙정부에 대한 청구권
	중앙정부에 대한 자국통화 표시 청구권
20%	받을 현금
	OECD 국가의 은행과 규제된 증권회사에 대한 청구권
	OECD 국가 은행에 대한 1년 미만 청구권
	다자간 개발은행에 대한 청구권
	해외 OECD 국가의 공공부문 기관에 대한 청구권
50%	주거용 부동산저당대출
100%	민간부문에 대한 청구권(회사채, 주식 등)
	비OECD 국가 은행에 대한 1년 이상 청구권
	부동산
	시설 및 장비

보유 현금도 0의 가중치를 갖는다. 다른 극단에서, 대출, 채권 그리고 주식 같은 회사에 대한 청구권은 부도리스크나 대출만기에 상관없이 100%의 가중치를 갖는다.

신용리스크 요구자본(credit risk charge: CRC)은 대차대조표(BS) 항목에 대해 다음과 같이 정해진다.

$$\text{CRC(BS)} = 8\% \times (\text{RWA}) = 8\% \times \left(\sum_i \text{RW}_i \times \text{기준금액}_i \right) \tag{18.4}$$

여기에서 RWA는 위험가중자산을 나타내고, RW_i는 자산 i에 부과된 위험가중치이다.

예제 18.5 : 바젤 I 신용리스크 요구자본

바젤 I 협약의 규제를 받는 어떤 은행은 50%의 위험가중치를 가진 회사에게 1억 달러를 대출하였다. 기본적인 대차대조표 난내 신용리스크에 대한 요구자본은 무엇인가?

a. 800만 달러 b. 400만 달러 c. 200만 달러 d. 100만 달러

18.3.2 대차대조표 난외 리스크의 요구자본

1980년대 말까지 대차대조표 항목에만 집중함으로써, 은행 시스템의 신용리스크의 중요한 요소를 놓쳤다 – 스왑에 대한 노출. 최초의 스왑은 1981년에 거래되었다. 1990년까지 미청산 포지션의 발행 기준금액은 3조 5,000억 달러로 증가했다. 이는 대단한 규모이다. 스왑의 리스크에 대해서 약간의 고려가 필요하다. 즉, 대출과는 달리 기준금액은 최대 노출을 의미하지 않는다.

이런 **대차대조표 난외**(off-balance-sheet) 항목을 고려하기 위해, 바젤협약은 **신용환산계수**(credit conversion factor: CCF)를 통해 **신용노출**(credit exposure)을 계산한다. 이는 대출의 기준금액에 상응한다. 협약은 다섯 개의 넓은 범주를 정의한다.

1. 대출을 대체하는 증권(예를 들어, 보증, 은행 인수 어음, 대출과 증권을 보증하는 신용장)은 100% 전액의 가중치(또는 신용환산계수)를 갖는다. 노출들이 대출과 다르지 않기 때문이다. 예를 들어, 고객에게 은행 자금의 사용을 허용하는 취소불가능 증권인 **금융 신용장**(financial letter of credit: LC)을 생각해보자. 고객은 신용이 궁핍할 때, 거의 반드시 신용장을 쓸 것이다. 이것은 대출처럼 전체 기준금액이 위험에 노출되어 있다. 이 범주는 또한 신용리스크가 은행에 잔존하는 담보부 자산매각, 그리고 선도 자산 매입을 포함한다.
2. 거래와 관련된 우발 자산(예를 들어, 이행증권 또는 특정 거래에 연관된 **상업 신용장**(commercial letters of credit))은 50%의 신용환산계수를 갖는다. 이유는 이행 신용장은 전형적으로 어떤 소득흐름에 의해 담보되고, 일반적인 금융 신용장보다 낮은 리스크를 갖고 있기 때문이다.
3. 단기, 자체적 유동성을 갖고 있는 거래 관련 부채(예를 들어, 기초자산인 출하물량에 의해 담보되는 신용 서류)는 20%의 계수를 갖는다.
4. 1년을 초과하는 만기의 약정(신용공여한도 등)과 증권발행 편의 한도(NIF)는 50%의 신용환산계수를 갖는다. 보다 단기적 약정 또는 취소가능한 약정은 0의 가중치를 갖는다. 이는 약정의 미집행 자금에만 적용된다는 데 유의하자. 집행된 자금은 발행된 대출이며, 대차대조표에 기재되기 때문이다. 바젤 II 하에서, 단기 약정은 이제 20%의 CCF를 갖는다.
5. 스왑, 선도, 통화옵션 같은 기타 파생상품, 이자율, 주식, 상품 증권은 노출의 복잡성

때문에 특별히 규정된다.

첫 네 범주의 경우, 포지션은 신용등가 또는 신용노출에 의해 대체되며, 다음과 같이 계산된다.

$$신용노출 = 신용환산계수 \times 기준금액 \tag{18.5}$$

마지막 범주(파생상품)에서, 신용노출은 현재의 **순대체가치**(net replacement value: NRV)와 **부가요소**(add-on)의 합으로 계산된다. 부가요소는 미래 또는 **잠재노출**(potential exposure)을 반영하는 것으로 간주된다.

$$신용노출 = NRV + 부가항목$$
$$부가요소 = 기준금액 \times 부가요인 \times (0.4 + 0.6 \times NGR) \tag{18.6}$$

여기에서, NGR은 순금액 대 총금액의 비율이다(이는 추후에 설명된다). 부가요인은 〈표 18.4〉와 같이, 계약의 만기인 **테너**(tenor)와 종류에 의해 결정된다. 이는 리스크요인의 변동성과 만기에 의존하는 최대 신용노출을 대략적으로 감안한다. 앞에서 본 것처럼 변동성은 상품에서 가장 높고 그 다음에 주식, 통화, 고정소득증권의 순이다. 이는 부가요인이 통화, 주식 그리고 상품스왑에서 이자율 상품보다 높고, 또한 만기에 따라 높은 이유를 설명한다.

더 정확하게, 이 수치들은 (제12장과 같은) 시뮬레이션 실험으로부터 계산된다. 이들은 대응된 한 쌍의 스왑의 기간 동안 발생할 수 있는 최악의 손실의 80번째 백분위수를 측정한다. 쌍대 대응은 스왑 딜러들의 헤지 관행을 반영한다. 결과적으로, 이는 노출을 둘로 나누며, 하나의 스왑만 내가격일 수 있기 때문이다. 예를 들어, 최초 만기 5년의 통화스왑을 생각해보자. 환율은 정규분포한다고 가정하고 이자율리스크를 무시하면, 최대 신용노출의 기준금액 대비 비율은 다음과 같다.

표 18.4 잠재 신용노출의 부가요인(기준금액의 백분율)

잔존만기 (테너)	계약				
	이자율	환율, 금	주식	귀금속	기타 상품
< 1년	0.0	1.0	6.0	7.0	10.0
1~5년	0.5	5.0	8.0	7.0	12.0
> 5년	1.5	7.5	10.0	8.0	15.0

$$\text{WCE} = \frac{1}{2} \times 0.842 \times \sigma\sqrt{5} \tag{18.7}$$

여기에서, 인수 $\frac{1}{2}$은 스왑의 대응을 반영하며, 인수 0.842는 단측 신뢰수준 80%에 해당한다. 연간 변동성을 10%라고 가정하면, WCE=9.4%이다. 이는 〈표 18.4〉의 부가요인 7.5%와 비슷하다.

Bank of England와 뉴욕 연방준비은행의 추가적 시뮬레이션에 의하면, 이 수치들은 또한 6개월의 목표기간 동안 발생할 수 있는 손실의 95번째 백분위수에 대략적으로 일치한다. 예를 들어, 신규 5년 만기 금리스왑의 경우 기간 중 80번째 백분위수에 해당하는 최악의 노출은 1.49%이고, 6개월 동안의 95번째 백분위수에 해당하는 최악의 노출은 1.58%이다. 이는 이 범주의 부가요인 1.5%와 비슷하다.

다음으로, 수식(18.6)의 NGR 요인은 **순금액 대 총금액 비율**(net-to-gross ratio), 또는 현재 순시장가치의 총시장가치에 대한 비율을 나타낸다. 이 값은 항상 0과 1 사이에 있다. 이 비율의 목적은 법적으로 유효한 상계협약의 대상인 계약의 요구자본을 낮추는 것이다. 상계협약이 없으면(즉, NGR=1이면), 승수(0.4+0.6×NGR)는 1이다. 부가요인의 감소는 없다.

한편, 은행이 동일 거래상대방과 두 건의 스왑을 체결한 상황을 생각해보자. 이들은 현재 +100과 -60으로 평가되어 있다. 총대체가치는 양수들의 합이므로 100이다. 순가치는 40이며, NGR 비율은 0.4이다. 승수(0.4+0.6×NGR)는 0.64이다.

다른 극단에서, 만약 모든 계약이 현재 상계되어 0이면, NGR=0이고 승수(0.4+0.6×NGR)는 0.4이다. 이 최소값 0.4의 목적은 NGR의 잠재적 변동에 대한 보호를 제공하는 것이다. 이는 현재 0이나, 시간이 지나면 변할 수 있다.

위험가중자산은 거래상대방 위험가중치를 식(18.6)의 신용노출에 적용함으로써 계산된다. 이런 거래의 대다수 거래상대방은 우수한 신용을 갖는 경향이 있기 때문에, 〈표 18.4〉의 위험가중치에 50%가 곱해진다. 대차대조표 난외(OBS) 항목의 **신용리스크 요구자본**(credit risk charge)은 다음과 같이 정의된다.

$$\text{CRC(OBS)} = 8\% \times \left(\sum_i \text{RW}_i \times 50\% \times \text{신용노출}_i\right) \tag{18.8}$$

사례 스왑의 신용리스크 요구자본

국내 기업과 체결한 1억 달러의 금리스왑을 생각해보자. 잔존만기 4년과 현재 시가 100만 달러를 가정한다. 신용리스크 요구자본은 얼마인가?

풀이

상계는 없으므로, 승수는 $(0.4+0.6\times NGR)=1$이다. 〈표 18.4〉로부터, 부가요인은 0.5이다. 신용노출은 이제 $CE=\$1,000,000+\$100,000,000\times 0.5\%\times 1=\$1,500,000$이다. 이 수치는, 스왑을 지원하는 데 필요한 자본의 최소 수준을 계산하기 위해, 거래상대방 위험가중치 그리고 8%의 절반에 의해 곱해져야 한다. 이는 60,000달러이다.

예제 18.6 : 옵션의 신용노출

바젤 I 협약은 잠재적 미래 노출에 대비하기 위해, 순대체가치와 부가요인을 사용하여 파생상품의 신용노출을 계산한다. 기준금액 5,000만 달러의 7년 만기 OTC 주가지수 옵션을 매입한다. 이 옵션의 현재 시가평가 금액은 1,500만 달러이고, 상계협약은 없으며, 거래상대방 가중치는 100%이다. 적절한 신용리스크 요구자본은 무엇인가?

a. 160만 달러 b. 120만 달러 c. 15만 달러 d. 100만 달러

18.4 사례 : CITIBANK

사례로서, 한때 세계에서 가장 큰 상업은행이었던 Citibank의 자본적정성을 살펴보자.

18.4.1 위험가중자산

〈표 18.5〉는 2009년 12월 기준 대차대조표 난내 및 난외 항목을 요약한다. 이 은행은 현금등가물, 증권, 대출, 거래성 자산 그리고 기타 자산으로 구성된 1조 1,610억 달러의 총자산을 갖고 있다. 각 자산의 기준금액은 0%부터 100%까지 네 개의 위험가중치 범주 가운데 하나를 적용받는다. 예를 들어, 2,570억 달러 상당의 증권 중에서 1,290억 달러는 0의 위험가중치를 갖고 있다. 이들은 OECD 국가 정부의 채권 포지션 등이기 때문이다. 나머지 가운데, 640억 달러는 가중치 20%, 110억 달러는 가중치 50%, 그리고 630억 달러

표 18.5 Citibank의 신용 위험가중자산: 2009

대차대조표 난내 자산(10억 달러)

항목	기준금액	미보호	위험가중치 범주 0%	20%	50%	100%
현금성 자산	174.6	0.0	140.6	29.9	0.0	4.1
증권	257.0	(10.6)	129.5	64.2	11.0	63.0
대출 및 리스	464.7	(23.9)	10.5	77.0	110.1	291.1
거래성 자산	156.0	156.0	0.0	0.0	0.0	0.0
기타 자산	109.0	27.9	6.7	14.6	1.0	58.7
난내 합계	1161.4	149.4	287.3	185.6	122.1	416.8

대차대조표 난외 항목(10억 달러)

항목	기준금액	환산계수	신용등가액	위험가중치 범주 0%	20%	50%	100%
금융 신용장	85.2	1.00	85.2	12.8	24.2	2.2	45.9
이행 신용장	13.0	0.50	6.5	0.9	0.8	0.0	4.8
상업 신용장	7.1	0.20	1.4	0.1	0.4	0.0	0.9
대여 증권	53.5	1.00	53.5	53.1	0.4	0.0	0.0
기타 신용대체물	0.2	—	2.6	0.0	0.0	0.0	2.6
기타 대차대조표 난외	10.4	1.00	10.4	0.0	0.1	2.9	7.5
미인출 약정, 1년 이상	111.5	0.50	55.7	1.2	13.9	0.8	39.9
미인출 약정, 1년 이하	36.4	0.10	3.6	0.8	1.0	0.6	1.3
파생 계약	35,265.0		198.9	12.8	89.8	96.4	0.0
난외 합계			417.8	81.7	130.6	102.9	102.9

는 가중치 100%를 갖는다. 대출의 대부분은 100%의 위험가중치를 갖는다. 거래성 자산은 시장리스크 요구자본만 적용받기 때문에 이 계산에서 제외된다.

표의 두 번째 패널은 대차대조표 난외 정보를 나타낸다. 둘째 행은 기준금액, 셋째 행은 환산계수, 그리고 넷째 행은 이 둘의 곱인 신용등가액을 나타낸다. 앞 절의 설명처럼 환산계수는 금융 LC와 대출증권의 경우 1.00, 이행 LC와 인출되지 않은 만기 1년 이상 약정의 경우 0.50, 그리고 상업 LC의 경우 0.20이다.[5)]

마지막으로, 기준금액으로 표시된 파생상품 포지션의 막대한 규모에 유의하자. 35조 2,650억 달러로서, Citibank의 총자산 1조 1,610억 달러의 여러 배에 달하고, 자기자본 1,270억 달러를 작아 보이게 만든다. 그러나 기준금액은 리스크의 지표는 아니다. 신용등가액은 순대체가치와 부가항목의 합인 1,990억 달러이며, 훨씬 작은 금액이다.

5) "신용대체물" 범주는 자산 증권화의 주식 트란셰 같은 잔여 이익을 나타낸다. 이는 1 대 1의 요구자본을 적용받는다. 이는 (1/8%)=12.50의 신용환산계수를 의미한다. 미국의 규제기관은, 잔여 이익의 더 높은 리스크를 반영하기 위해 이런 높은 요구자본을 적용했다. 기초자산의 손실이 발생하면, 그 가치는 쉽게 사라질 수 있기 때문이다.

18.4.2 자본적정성

이 정보로부터 총위험가중자산과 자본적정성 비율이 계산될 수 있다. 이들은 〈표 18.6〉과 〈표 18.7〉에 나타나 있다. 〈표 18.6〉의 첫째 줄은 각 범주에서 대차대조표 난내 및 난외 항목을 합계한다. 위험가중치를 곱한 값은 둘째 줄이다. 신용리스크의 총 RW 자산은 6,960억 달러이다. 이는 난내 항목 5,150억 달러와 난외 항목 1,810억 달러로 구성된다. 여기에, 시장리스크의 RW 자산 즉 550억 달러를 더한다. 따라서 Citibank의 규제 리스크 자본의 대부분은 신용리스크를 충당한다. 시장리스크는 총액의 10% 미만이다.

표 18.6 Citibank의 위험가중자산: 2009

위험가중자산(10억 달러)

항목	위험가중치 범주				계
	0%	20%	50%	100%	
난내 및 난외 항목	369.0	316.2	225.1	519.7	
신용 RW 자산	0.0	63.2	112.6	519.7	695.5
시장 RW 자산					54.8
기타					−14.3
총 RW 자산					736.0

표 18.7 Citibank의 요구자본: 2009

자본	금액 (10억 달러)	비율 (백분율)
자기자본	116.6	
영업권	−11.3	
기타	−8.5	
Tier 1	96.8	13.2%
후순위채	4.0	
대손충당금	9.4	
기타	0.4	
Tier 2	13.8	1.9%
계	110.6	15.0%
Tier 1 레버리지		8.3%

총 RW 자산은 7,360억 달러에 달한다. 8% 기준을 적용하면, 590억 달러의 최소 규제 자본이 계산된다. 실제로 가용 위험자본은 1,110억 달러에 달한다. 비율은 15%이므로, 규제의 최소 수준을 많이 초과한다. 미국에서 **적정한 자본을 보유한 은행**(well-capitalized bank)의 비율은 10%이다. 명백하게 규제는 제약으로 작용하지 않는다.[6)]

규제자본 비율이 제약으로 작용하지 않으면, 은행은 목표 최적 자본비율을 정할 수 있다. 이는 기대수익 상승과 위험 증가의 상반관계에 관한 주의 깊은 고려에 기초한다. 다시 말해, 이는 **경제적 자본**(economic capital)의 척도를 요구한다. 만약 현재의 자본비율이 목표에 비해 너무 높은 것으로 보이면, 은행은 배당 지급이나 자사주 매입을 통해 자본기반을 축소할 수 있다. 역으로 은행이 더 많은 자본이 필요하다고 판단하면, 신주를 발행할 수 있다. 위기 후 다른 중요 은행들처럼 Citibank는 8%의 최소 규제기준을 훨씬 상회하는 자본을 보유하였다.

18.4.3 Citigroup과 TARP

〈표 18.8〉은 Citigroup의 2003년부터 2009년까지 재무제표를 요약한다. 이는 상업은행인 Citibank를 완전히 소유한 지주회사이다. 2003년부터 2006년까지, 총자산증가율에서 보는 것처럼 회사는 공격적으로 성장했다. 그리고 자본비율을 좁은 범위 안에서 유지했다. 이는 부분적으로 배당 지급과 자사주 매입에 의해 관리되었다.

1967년부터 1984년까지 최고경영자였던 Walter Wriston은 은행은 잘 굴러갈 때에는 자본을 거의 필요로 하지 않는다는 유명한 말을 했다. 다시 말해, 이익은 손실을 충당하는 데 충분해야 한다. 실제로, Citibank는 1980년대 말 제3세계에 대한 대출이 부실화했을 때와 1991년 미국 불황기에 심각한 문제에 처했다. 은행은 1991년에 상당한 금액의 자본을 조달해야 했다. 이는 은행은 대규모 예상외손실을 흡수하는 데 충분한 자본을 보유해야 한

표 18.8 Citigroup의 요약 재무제표(10억 달러)

	2003	2004	2005	2006	2007	2008	2009
자산	1,264	1,484	1,494	1,884	2,188	1,938	1,856
위험가중자산	750	852	885	1,058	1,253	996	1,089
자기자본	98	109	113	120	114	71	152
유형상품 자본					70	31	118
자본비율	12.0%	11.9%	12.0%	11.7%	10.7%	15.7%	15.3%
Tier 1 자본비율	8.9%	8.7%	8.8%	8.6%	7.1%	11.9%	11.7%
순이익	17.8	17.0	24.6	21.5	3.6	−28.0	−1.5
배당	5.8	8.4	9.2	9.8	10.8	6.0	3.4
자사주 매입	2.4	1.8	12.8	7.0	0.7	0.0	0.0
보통주 발행	0.7	0.9	1.4	1.8	1.1	6.9	17.5

6) 또한, Tier 1 레버리지는 8.3%이며, 연방준비제도에 의해 설정된 최소비율 3%를 초과한다.

다는 규제당국의 견해와 일치했다.

그러나 회사의 사정은 2007년부터 급속하게 어려워졌다. 여기에는 부실화된 부동산저당 대출에 대한 거액의 노출에 기인하며, 대차대조표 난외의 **구조화 투자회사**(structured investment vehicle: SIV)에 대한 간접적 노출도 포함된다. 2007년 제4분기에, Citigroup은 98억 달러의 손실을 보고했다. 이는 자본비율을 급격하게 감소시켰다. 2008년 1월, Standard & Poor's는 Citigroup의 신용등급을 AA로부터 AA-로 낮추었다. 상황은 2008년에 계속적으로 악화되었다.

2008년 9월의 Lehman 파산 이후, Citigroup은 2008년 10월에 미국 재무부의 **부실자산 정리 프로그램**(Troubled Asset Relief Program: TARP)으로부터 250억 달러를 조달해야 했다.[7] 그 대가로 재무부는 tier 1 자본으로 간주되는 영구 우선주를 인수했다.

그러나 정부의 구제금융은 충분하지 않았다. 2008년 12월, 정부는 추가로 200억 달러를 우선주에 투자했다. 이는 TARP II로 불렸다. 또한, 정부는 71억 달러의 우선주를 받는 대가로 Citigroup의 대출과 증권 약 3,060억 달러를 담보하는 데 동의했다. 만약 이 520억 달러가 주입되지 않았으면 Citigroup의 자기자본은 190억 달러로 감소했을 것이다. 이는 실질적으로 은행이 도산한다는 뜻이다.

2009년 7월, Citigroup은 다음과 같은 교환을 제안했다. 투자자들은 우선주를 570억 달러의 보통주로 전환하고, 정부는 250억 달러의 TARP I 자금을 보통주로 전환하는 것이다. Citi의 CEO Vikram Pandit은 "증권교환의 목적은 하나이다 – 유형의 보통자본을 늘리는 것"이며, 이는 "시장은 유형 보통자본을 중요한 척도로 간주하기 때문"이라고 말했다. 2009년 12월까지, Citigroup은 신규 자본으로 약 200억 달러를 조달했고, 200억 달러의 TARP II 자금을 상환했다. 또한 손실분담 협약을 중단했다.

이 자본비율의 현저한 증가는 리스크노출의 축소와 자금조달에 의해 이루어졌다. 그 대가는 기존 주식들의 희석이었다. Citi의 주식 가격은 2007년 초에 55달러에 달했으나, 현재 약 4달러로 하락했다. 다시 말해, 2,500억 달러의 주식 시장가치가 사라졌다.

Citigroup의 수난은 주로 무능한 경영, 느슨한 감독 그리고 부적합한 리스크 통제에 기인한다.[8] 최고경영진은 이윤을 높이기 위해 의도적으로 구조화 신용을 확대했다. 실제로, 당시 Citi의 CEO였던 Chuck Prince는 2007년 7월 회사의 차입에 기반한 대출관행을 언급

7) TARP는 2008년 10월 3일에 발효된 미국 정부의 프로그램이다. 이는 미국의 금융시스템을 안정화하기 위해 미국 재무부로 하여금 7,000억 달러를 지출하도록 승인했다.

8) "Citigroup Saw No Red Flags Even as It Made Bolder Bets," *New York Times*, November 22, 2008.

하며, 악명 높은 말을 했다. 그것은 "음악이 멈추면 유동성의 견지에서 일이 복잡해질 것이다. 그러나 음악이 연주되는 동안에는 일어서서 춤을 춰야 한다. 우리는 아직 춤추고 있다"는 것이다.

18.5 바젤 II 협약

바젤협약은 은행의 자기자본 비율을 높이는 데 성공적이었다고 널리 간주된다. 협약의 결과로서, 1,000대 대형 은행의 총 tier 1 자본은 1990년의 8,400억 달러로부터 1998년의 1조 5,000억 달러로 증가했다.

18.5.1 1988년 바젤협약의 쟁점

그러나 이 규제들은 시간이 지나면서 노후화되었다. 이 시스템은 은행들의 규제를 우회하려는 행위로 정의될 수 있는 **규제 차익거래**(regulation arbitrage)를 초래했다. 경제적 자본이 규제자본의 수준에 도달하도록, 대출 패턴은 일반적으로 더 많은 신용리스크를 부담하는 방향으로 변화했다.

예시를 위해서, 은행이 1억 달러를 대출할 수 있는 상황을 고려해보자. 투자등급인 AAA등급의 회사 또는 투기등급인 CCC등급의 회사에게 대출할 수 있다. 신용의 질에 상관없이, 은행은 800만 달러의 규제자본을 보유해야 한다. 따라서 9,200만 달러를 차입해야 한다. AAA 대출의 수익률은, 비용 및 예상손실 차감 후, 6%라고 가정하자. 차입비용은 근접한 5.7%이다. 주주의 순이익 금액은 $100,000,000×6%−$92,000,000×5.7%=$756,000이다. 800만 달러의 자본기반에 비교하면, 이 이익률은 9.5%에 불과하며, 주주에게는 불충분할 수 있다. 은행은 훨씬 더 작은 자본으로 이 대출을 유지할 수 있다. 예를 들어, 200만 달러의 자본기반은 9,800만 달러의 차입을 요구한다. 부채의 비용이 변하지 않는다고 가정하면, 이익은 $100,000,000×6%−$98,000,000×5.7%=$414,000이다. 이는 20.7%의 수익률을 뜻하므로, 더 수용가능하다. 그러나 규제 요건의 제약 때문에, 은행은 자본을 낮출 수 없다.

비용과 예상 신용손실 차감 후에 CCC 대출의 이익률이 7%라고 가정하자. 주주의 순이익 금액은 이제 175만 6,000달러이며, 이는 이익률 22%를 의미한다. 이 상황에서 은행은 경제적 자본이 규제자본과 더 비슷하도록 만들기 위해, 대출의 리스크를 높일 인센티브를 갖고 있다. 이 단순한 예는 규제의 역효과로서, 은행이 낮은 신용등급의 차입자에게 더 많은 대출을 하는 부작용의 가능성을 보여주고 있다.

신용리스크의 차이가 적절히 반영되지 않는다는 문제에 추가하여, 1988년의 협약은 신용등급의 완화를 다루는 기법이나 증권화의 영향을 인식하지 않았다. 이 결함들의 일부는 바젤 II에 의해 바로잡혔다.

예제 18.7 : 은행의 자기자본이익률

LIBOR-5bp로 자금조달하는 어떤 은행은 LIBOR+15bp를 지급하는 A+등급의 변동금리 회사채를 매입한다. 바젤 I 협약의 최소자본규제에 따르면, 이 대출의 규제자본에 대한 연간 수익률은 무엇인가?

a. 2.5%　　b. 5.0%　　c. 11%　　d. 보기에 없다.

18.5.2 자본의 정의

바젤 II는 바젤 I의 단순한 확장인 표준 접근법과 더 복잡한 내부등급 기반(IRB) 접근법 가운데 하나를 선택할 수 있도록 허용한다.

전자에서 자본의 정의는 과거와 동일하다. 그러나 **일반 충당금**(general provision) 또는 **대출손실 적립금**(loan loss reserves)은 위험가중자산의 1.25% 한도 안에서 tier 2에 포함될 수 있다.

대조적으로, IRB 접근법에서 바젤 II는 예상손실(EL)과 예상외손실(UL)을 구분한다. 자본은 예상외손실을 흡수하기 위한 것이며, 예상손실까지 지원할 수 없다. 은행은 전형적으로 일반 또는 대손 적립금 계정에 자금을 투입하여 예상 신용손실을 흡수한다. 따라서 바젤 II는 tier 2 자본으로부터 일반 적립금을 제외한다.[9)]

9) 그러나 만약 예상손실이 해당 적립금보다 작으면, 차액은 tier 2 자본으로 위험가중자산의 최대 0.6%까지 인정될 수 있다. 그러나 만약 총예상손실이 해당 적립금을 초과하면, 은행은 차액을 자본으로부터 차감해야 한다(tier 1로부터 50% 그리고 tier 2로부터 50%).

18.5.3 신용리스크 요구자본의 접근법

앞에서와 같이, 신용리스크 요구자본은 개별 신용들의 요구자본의 합으로 계산된다.

$$\mathrm{CRC} = 8\% \times \left(\sum_i \mathrm{RW}_i \times \mathrm{CE}_i\right) \tag{18.9}$$

여기에서, RW는 위험가중치이며 CE는 신용노출이다. 일반적으로 자본 요구 기준은 1년의 목표기간 동안 신뢰수준 99.9%의 손실을 지원하는 데 필요한 자본금액에 상응하도록 조정된다.

은행들은 위험가중치에 대한 세 가지 접근법 중에서 선택할 수 있다.

표준 접근법(Standardized Approach) 이는 1988년 협약의 확장이다. 그러나 외부 신용평가기관(external credit assessment institutions)에 의해 제공되는 외부 신용등급에 기초하여, 신용리스크의 범주를 더 정교하게 구분한다. 〈표 18.9〉는 은행 및 국가를 다섯 개 범주, 회사를 네 개 범주로 구분하는 새로운 가중치들을 기술한다. 국가의 경우, OECD 회원국은 더 이상 특별히 취급되지 않는다. 은행의 경우 두 가지 옵션이 가용하다. 첫째는 국가 등급보다 한 단계 낮은 등급을 부여하는 것이고, 다른 옵션은 외부 신용평가를 사용하는 것이다. 바젤 II는 또한 파생상품에 대한 50%의 위험가중치 상한을 삭제한다.

기본적 내부등급 기반 접근법(Foundation Internal Ratings-Based Approach: FIRB Approach) **내부등급 기반 접근법**(Internal Ratings-Based Approach: IRB) 하에서는, 은행은 규제기준을 준수하면서 신용도에 관한 내부 추정치를 사용할 수 있다. 기본적 IRB 접근법 하에

표 18.9 위험가중치: 표준 접근법

	신용등급					
청구권	AAA/AA−	A+/A−	BBB+/BBB−	BB+/B−	B− 미만	**미평가**
국가	0%	20%	50%	100%	150%	100%
은행-옵션 1	20%	50%	100%	100%	150%	100%
은행-옵션 2	20%	50%	50%	100%	150%	50%
단기	20%	20%	20%	50%	150%	20%
청구권	AAA/AA-	A+/A-	BBB+/BB-		BB- 미만	**미평가**
회사	20%	50%	100%		150%	100%

주: 옵션-1 하에서, 은행 등급은 소재지 국가 등급에 기초한다. 옵션-2 하에서, 은행 등급은 외부 신용평가에 기초한다. 단기 청구권은 3개월 미만의 최초 만기를 갖는 것으로 정의된다.

표 18.10 IRB 위험가중치

부도확률	기업	주거용 부동산저당대출	기타 소매
0.03%	14.44%	4.15%	4.45%
0.10%	29.65%	10.69%	11.16%
0.25%	49.47%	21.30%	21.15%
0.50%	69.61%	35.08%	32.36%
0.75%	82.78%	46.46%	40.10%
1.00%	92.32%	56.40%	45.77%
2.00%	114.86%	87.94%	57.99%
3.00%	128.44%	111.99%	62.79%
4.00%	139.58%	131.63%	65.01%
5.00%	149.86%	148.22%	66.42%
10.00%	193.09%	204.41%	75.54%
20.00%	238.23%	253.12%	100.28%
50.00%	217.87%	226.62%	105.94%

주 : Illustrative weights for LGD=45%, maturity of 2.5 years, and large corporate exposures (firms with turnover greater than 50 million euros).

서, 은행은 **부도확률**(probability of default: PD)을 추정하고 감독기관은 표준 접근법으로부터 원용된 다른 입력자료를 제공한다. 〈표 18.10〉은 다양한 자산집단의 PD와 위험가중치 사이의 관계를 예시한다. 예를 들어, 1.00%의 부도확률을 가진 기업대출은 92.32%의 위험가중치를 부여받는다. 이는 바젤 I 의 표준 위험가중치 100%에 가깝다. 소액 대출은 다른 범주보다 훨씬 낮은 위험가중치를 갖는다는 점에 유의하자. 더 큰 분산효과 때문이다.[10)]

고급 내부등급 기반 접근법(Advanced Internal Ratings-Based Approach: AIRB Approach) 고급 IRB 접근법 하에서, 은행은 다른 입력자료도 제공할 수 있다. 이는 **부도 시 손실률**(loss given default: LGD)과 **부도 시 익스포저**(exposure at default: EAD)를 포함한다. 모든 적용대상 노출에 대해서, 결합된 PD와 LGD는 규제 위험가중치로 매핑된다. 요구자본은 위험가중치에 EAD를 곱하고 다시 8%를 곱함으로써 계산된다. 고급 IRB 접근법은 국가, 은행 그리고 기업 노출에만 적용되며, 소매 포트폴리오에는 적용되지 않는다.

부도 상관계수의 요인 모형(Factor Model for Default Correlations) 바젤 II는 여전히 신용리스크 요구자본을 개별 신용 요구자본의 합으로부터 계산한다. 실제로 수식(18.9)는 가법적(additive)이다. 이 설정은 단순하고 강건하다.

그러나 개별 요구자본의 합이 전체 포트폴리오의 99.9% VAR 척도를 반영하는 요구자

10) 또한 이 가중치들은 예상외손실을 반영한다. PD가 매우 높은 수준으로 상승하면, 가중치는 하락하기 시작한다. 대부분의 손실이 예상된 것이고, 따라서 일반 적립금에 의해 충당되어야 하기 때문이다.

본이어야 하는 이유는 명백하지 않다. 개별 VAR의 합계는 포트폴리오 VAR가 아니기 때문이다.[11] 그러나 부도 상관계수가 단일 요인에 의해 생성되면, 개별 리스크의 합계는 포트폴리오 리스크의 좋은 근사값인 것은 사실이다. 요구자본은 전형적인 규모와 전형적인 부도 상관계수를 가진 은행의 포트폴리오를 표현하는 수치로서, 바젤위원회에 의해 선택되었다.

더 엄밀하게, IRB 모형의 위험가중치 함수는 소위 **점근적 단일 리스크요인**(asymptotic single risk factor: ASRF) 모형에 기초한다. 이는 (1) 단일 공통요인 그리고 (2) 고유위험의 완전한 분산효과를 가정한다. 잘 분산된 포트폴리오는 집중되지 않은 많은 수의 포지션을 갖고 있다. 이 경우, 고도로 또는 무한히 **세분가능**(granular)하다고 표현된다. ASRF 모형은 **포트폴리오에 따라 달라지지 않는**(portfolio invariant) 개별 요구자본을 도출한다. 이는 포트폴리오의 나머지에 의존하지 않는다는 의미이다.

〈표 18.9〉의 위험가중치 함수는 자산의 PD, LGD, 그리고 만기를 기준으로 정해진다. 이는, 기업 및 소액 신용의 경우, PD가 증가하면 감소하는 상관계수 함수 ρ(PD)를 포함한다. 기업 신용의 경우, 상관계수는 낮은 PD 값에서 약 0.24로부터 시작하고, PD가 10%를 넘으면 0.12로 감소한다. 이는 낮은 신용의 경우, 부도확률은 더 고유성이 강하다는 관찰결과를 반영한다. 대조적으로, 질 높은 신용은 경제의 일반적 상태에 기인하여 도산하는 경향이 있다. 소액 신용에서, 부도 상관계수는 더 낮다. 그리고 더 높은 분산효과를 반영하여, 0.16에서 0.03의 범위 내에 포함된다.

접근법의 채택(Adoption of Approach) 단순한 포트폴리오를 가진 은행은 표준 접근법을 따를 수 있다. 더 세련된 은행은 IRB 접근법을 채택할 것으로 기대된다. IRB 접근법을 사용할 자격을 가지려면, 은행은 일단의 최소 요건을 충족하고 있음을 규제기관에게 증명해야 한다. 가장 중요한 점은 내부 신용등급 모형이 일관성과 신뢰성을 가져야 한다는 것이다. 또한, 은행은 상이한 등급시스템으로 차입자들을 평가할 수 없다. 즉, 요구자본을 최소화하기 위해, 유리한 등급만 선택적으로 취할 수 없다. 추가로 은행에 의해 개발된 등급평가시스템은 최상위 수준에서 승인되어야 하고, 독립적인 기관에 의해 감독되어야 한다.

일단 은행이 IRB 접근법을 채택하면, 궁극적으로 모든 자산집단 및 전체 은행그룹으로 확대되어야 한다. IRB 접근법을 채택한 은행은 계속 사용할 것으로 기대되며, 특별한 경우에만 감독기관의 승인 하에서, 자발적으로 표준 접근법으로 돌아갈 수 있다.

---

11) 이 분석은 제19장에서 제시된 요소 VAR 분해와 비슷하다.

18.5.4 확장: 신용리스크의 완화

바젤 II는 또한 담보, 제3자 보증, 신용파생상품, 그리고 상계와 같은 **신용리스크 완화**(credit risk mitigation) 기법을 인식한다. **담보된 신용노출**(collateralized credit exposure)은 차입자가 담보로서 자산을 납입한 노출이다. 담보로 인정되는 자산은 현금, 금, 상장 주식, 투자등급 부채, BB- 이상 국채, 또는 이런 자산들에 투자하는 뮤추얼 펀드로 제한된다.

표준 접근법 하에서 두 가지 처리방법이 가능하다. **단순 접근법**(simple approach)에서 담보의 리스크는 단순히 거래상대방 리스크에 의해 대체되며, 일반적으로 20%의 최소수준이 적용된다. 둘째 모형은 **종합 접근법**(comprehensive approach)이다. 이 방법은 더 정확하고, 더 적은 요구자본을 산출한다.

노출이 담보에 의해 정확하게 대응되는 경우에도, 부도 시 가치변동성에 기인하는 신용리스크는 존재한다. 최악의 경우, 노출의 가치는 증가하고 담보된 자산 가치는 감소할 수 있다. 이 변동성 효과는 **시가평가할인**(haircut) 모수(H)에 의해 측정된다. 이 모수는 증권 특유의 값이며, 목표기간 10일의 99% VAR 척도의 근사값이다. 예를 들어, 증권의 경우 $H=25\%$이며, 현금의 경우 0이다.

리스크완화 후 노출은 다음과 같다.

$$E^* = E\times(1+H_e) - C\times(1-H_c-H_{fx}) \qquad (18.10)$$

만약 이 값이 양수이면, E는 담보되지 않은 노출의 값이다. C는 보유 담보의 현재 시장가격, H_e는 노출에 적용되는 할인율, H_c는 담보에 적용되는 할인율, 그리고 H_{fx}는 두 값 사이의 통화불일치에 적합한 할인율이다.

기본 접근법 하에서는, 종합 접근법만 허용된다. 유효 부도 시 손실률(LGD*)은 일반적 LGD와 노출의 현재 가격 E 그리고 리스크완화 후 노출 E^*로부터 도출된다.

$$\text{LGD}^* = \text{LGD}\times(E^*/E) \qquad (18.11).$$

다른 형태의 CRM은 **보증**(guarantee)과 **신용파생상품**(credit derivative)이다. 이들은 채무자 부도에 대한 일종의 보장이며, 보증기관으로 불리는 제3자에 의해 제공된다. 그러나 요구자본 감면은 보증의 질에 관한 불확실성이 없는 경우에만 허용된다. 보장은 직접적, 명시적, 취소불가능, 그리고 무조건적이어야 한다. 이런 상황에서, **대체**(substitution) 원칙이 적용될 수 있다. 다시 말해, 만약 은행 A가 회사 B의 부도에 대한 신용보장을 은행 C로부터 매입하면, 이는 B의 리스크를 C의 신용리스크로 대체하는 것이다. 은행 C의 신용등급이 B보다 높을 때 가능하다.

한편, **동시 부도**(double defaults)의 낮은 확률에 대해 충당금이 설정될 수 있다. 은행 A가 신용손실을 입으려면, B와 C 모두 도산해야 한다. 이런 동시 부도의 발생 가능성은 일반적으로 매우 낮다. 예를 들어 부도들이 독립적이면, 신용손실의 확률은 두 부도확률의 곱이다. 2005년 7월, BCBS는 동시 부도 효과를 고려하는 새로운 자본규제를 채택했다.

$$\mathrm{RW_{DD}} = \mathrm{RW_0}(0.15 + 160 \times \mathrm{PD}_g) \tag{18.12}$$

여기에서 $\mathrm{RW_0}$는 최초의 요구자본이며, PD_g는 이 경우에 은행 C인 보증기관의 부도확률이다. 예를 들어, 은행 C의 등급이 A라고 가정하면, 부도확률은 약 0.1%이다. 따라서 $\mathrm{RW_{DD}} = \mathrm{RW_0}(0.31)$이며, 이는 $\mathrm{RW_0}$보다 낮다.

18.5.5 확장: 증권화

마지막으로, 바젤 II는 또한 명시적으로 **증권화**(securitization)를 다루고 있다. 이는 일반적으로 **특수목적회사**(special-purpose vehicle: SPV)로 불리는 제3자에게 자산을 경제적 또는 법적으로 이전하는 것을 포함한다. 예는 대출담보부 증권(CLO) 같은 자산유동화증권이다. 여기에서, 기초자산은 은행대출의 집합이다. 대차대조표 내에 대출을 유지하는 데 소요되는 높은 규제비용 때문에, 은행들은 이제 관행적으로 대출을 거래가능 증권으로 전환한다. 증권화 과정은 제8장에 설명되어 있다.

은행은 **클린 브레이크**(clean break) 기준에 의해 판별되는 **실질적 매각**(true sale) 후에만 이 자산들을 대차대조표로부터 제외할 수 있다. 이는 여러 조건들이 모두 충족될 것을 요구한다. (1) 유의한 신용리스크는 제3자에게 이전되어야 하고, (2) 매도자는 자산에 대한 실질적 또는 간접적 통제권을 유지하지 않으며,[12)] (3) 증권들은 매도자의 채무가 아니며, 그리고 (4) SPV의 주주는 이익을 저당하거나 교환할 수 있는 권리를 보유한다. 다른 두 개의 기술적 조건도 포함되어 있다.

12) 특히, 이전된 자산은 매도기관으로부터 법적으로 분리되어 SPV가 도산하는 경우 매도기관은 추가적 책임을 부담하지 않아야 한다. 또한, 매도기관은 이익을 얻으면서 자산을 환매수하거나 이전된 자산의 리스크를 부담함으로써 실질적으로 통제하면 안 된다.

표 18.11 증권화의 위험가중치: 표준 접근법

	AAA/AA−	A+/A−	BBB+/BBB−	BB+/BB−	B+ 이하 및 미평가
트란셰	20%	50%	100%	350%	1,250%(차감)

이 조건들이 모두 충족되면, 은행은 대차대조표로부터 자산을 제외할 수 있으며, 증권화 트란셰들에 대한 새로운 위험가중치를 적용받는다. 표준 접근법의 가중치는 〈표 18.11〉에 기술되어 있다. 예를 들어, BBB등급 트란셰의 위험가중치는 100%이다. 가장 낮은 등급의 트란셰의 경우, 은행은 기준금액과 동일한 자본을 보유해야 한다. 이는 (1/8%)=1,250%의 위험가중치를 뜻한다.

예제 18.8 : FRM 시험 2004 − 문제 67

다음 바젤 II 요구자본에 관한 설명 중 틀린 것은 무엇인가?

a. 국제적으로 영업하는 은행의 최소 요구자본의 위험민감도를 높인다.
b. 신용리스크와 시장리스크만 다룬다.
c. 미국 보험회사는 바젤 II 요구자본을 지키지 않아도 된다.
d. 신용리스크의 요구자본을 계산할 때, 은행들은 내부모형을 사용할 수 없다.

예제 18.9 : FRM 시험 2006 − 문제 108

바젤 II의 신용리스크 요구자본 측정을 위한 기본 내부등급 기반 접근법과 고급 내부등급 기반 접근법에 관한 다음 설명 중 옳지 않은 것은 무엇인가?

a. 고급 IRB 접근법 하에서, 은행들은 PD, LGD, EAD, 그리고 상관계수의 자체적 추정치를 사용할 수 있으나, 감독기관에 의해 제공되는 위험가중치 함수를 사용해야 한다.
b. 기본 IRB 접근법 하에서, 은행들은 자체의 PD 추정치를 제시하고, 다른 리스크요인들에 관해서는 감독기관의 추정치에 의존한다.
c. 고급 IRB 접근법을 채택한 은행들은 이 접근법을 계속 사용할 것으로 기대된다. 예외적인 상황에서만 자발적으로 표준 접근법으로 돌아가는 것이 허용된다.
d. 기본 IRB 접근법과 고급 IRB 접근법 모두에서, 예상손실은 신용리스크 요구자본에 포함되지 않는다.

예제 18.10 : FRM 시험 2006 – 문제 90

바젤 II의 기본 내부등급 기반 접근법의 포괄적인 접근법 하에서, 다음 방법론 중 유효한 부도 시 손실률(LGD*)의 계산을 위해 사용되는 것은 무엇인가? 여기에서 LGD*는 유효 부도 시 손실률(리스크 완화 척도를 고려), LGD는 담보 인식 이전의 선순위 무담보 노출의 부도 시 손실률, E는 노출의 현재 가치(예를 들어, 대여된 현금 또는 대여되거나 납입된 증권), E^*는 리스크완화 후 노출 가치이다.

a. $\text{LGD}^* = \text{LGD} \times (E^*/E)$
b. $\text{LGD}^* = \text{LGD} \times (E^*) * (E)$
c. $\text{LGD}^* = \text{LGD} \times (E^* + E)$
d. $\text{LGD}^* = \text{LGD} \times (E^* - E)$

예제 18.11 : FRM 시험 2008 – 문제 4-18

바젤 II의 내부등급 기반(IRB) 접근법의 위험가중치 함수는 점근적 단일 리스크요인(ASRF) 모형에 기초한다. 여기에서, 모든 채무자들에게 영향을 주는 시스템 전체의 리스크는 하나의 체계적위험 요인으로 모형화된다. ASRF 사용의 가장 중요한 이유는 무엇인가?

a. 모형은 포트폴리오의 세분가능성에 의해 영향받지 않아야 한다.
b. 모형은 포트폴리오에 의해 영향을 받지 않아야 한다. 따라서 어떤 대출의 요구자본은 대출 자체의 리스크에만 의존하고 원래 포트폴리오에는 의존하지 않는다.
c. 모형은 포트폴리오의 영향을 받아야 한다. 그리고 어떤 대출의 요구자본은 다른 대출에 의해 영향 받지 않아야 한다.
d. 모형은 신뢰수준 99.9%의 연간 VAR에 상응한다.

예제 18.12 : FRM 시험 2008 – 문제 4-3

다음 중 바젤 II의 기본 내부등급 기반(IRB) 접근법의 약점이 아닌 것은 무엇인가?

a. PD와 LGD의 상관관계는 없다고 가정한다.
b. PD가 증가하면, 자산의 상관관계는 감소한다.
c. 금융기관의 포트폴리오는 무한히 세분가능하다고 가정한다.
d. 이 접근법은 다수의 리스크요인 모형 대신 단일 리스크요인 포트폴리오 모형을 사용한다.

18.5.6 평가

BCBS는 새로운 자본규제가 은행 시스템에 미치는 영향에 관한 대규모 분석을 조직했다. 〈표 18.12〉는 G-10 국가들의 228개 은행에 관한 결과를 보고한다. 표는 새로운 자본규제는 은행들에 대해 서로 다른 영향을 미친다는 것을 보여준다. 소액 노출이 많은 비교적 작은 은행들은 전보다 낮은 요구자본을 적용받는다. 소액 리스크는 실제로 다른 종류보다 더 분산된다.

대형 은행은 AIRB 접근법을 채택할 가능성이 더 높다. 요구자본이 표준 접근법보다 낮기 때문이다. 표는 표준 접근법의 결과와 IRB 접근법의 가장 가능성 높은 결과를 수록한다. 예를 들어, 대형 은행은 표준 접근법 하에서 약간 더(1.8% 만큼) 높은 요구자본에 당면할 것이다. 이는 일차적으로 운영리스크 요구자본이 추가되기 때문이다. 그러나 AIRB 접근법 하에서 신용리스크 요구자본은 10.5%만큼 하락한다. 이는 요구자본의 4.4% 순감소를 초래한다. 그러나 제18.1절에서 본 것처럼, 바젤 Ⅲ는 은행 자본의 금액 및 질적 향상을 요구한다.

표 18.12 요구자본의 변화 백분율(G-10 국가의 은행)

	대형 은행		소형 은행	
	방법론		방법론	
포트폴리오	표준	IRB	표준	IRB
기업	0.9%	−5.0%	−1.0%	−4.5%
은행	1.5%	0.4%	0.2%	0.1%
국가	0.2%	1.3%	−0.1%	0.6%
중소기업	−0.2%	−1.3%	−0.1%	−2.2%
부동산저당대출	−6.3%	−7.6%	−6.2%	−12.6%
소매	−0.7%	−0.9%	−2.5%	−4.5%
기타	0.8%	2.6%	0.0%	1.5%
전체 신용리스크	−3.8%	−10.5%	−9.7%	−21.6%
운영리스크	5.6%	6.1%	8.3%	7.5%
전체 변화	1.8%	−4.4%	−1.4%	−14.1%

18.6 시장리스크 요구자본

1988년에 신용리스크 요구자본이 제정된 이후, 바젤위원회는 시장리스크로 관심을 돌려서 상업은행의 자기계정 거래 증가에 대응하였다. 자본협약은 1996년에 개정되어 시장리스크 요구자본을 포함하였으며, 1998년에 시행되었다.[13] 이는 **1996년의 개정**(1996 Amendment)으로 알려졌다.

요구자본은 두 가지 방법으로 계산될 수 있다. 첫째는 표준 방법에 기초한다. 이는 바젤 기준에 의해 정해진 부가요소를 더한 신용리스크 시스템과 비슷하다. 위험분산효과가 완전히 인식되지 않기 때문에, 이 방법은 시장리스크 요구자본을 높게 계산한다. 둘째 방법은 **내부모형 접근법**(internal model approach: IMA)이며, 표준 방법의 엄격한 기준들보다 적응력이 우수한 은행 자체의 리스크관리 시스템에 기초한다. 이 접근법은 금융규제의 혁신으로 간주되어야 한다. 처음으로, 규제기관이 요구자본을 정하기 위해 은행 자체의 VAR 시스템에 의존했다. 그러나 은행은 시장리스크를 과소평가할 인센티브를 갖고 있기 때문에, 내부모형 접근법은 또한 사후검증에 기초한 강력한 검증 시스템도 포함한다. IMA의 다른 동기는 은행들에게 리스크관리 시스템을 개발할 인센티브를 제공하는 것이다. IMA 접근법이 표준 접근법보다 요구자본을 작게 계산하기 때문이다.

시장리스크의 규제 틀은 바젤 II에 의해 개정되고 완성되었다. 그러나 최근의 신용위기 중에, 많은 은행들이 일상적인 VAR 수치에 의해 포착되지 않는 매우 큰 손실을 입었다. 결국, 바젤위원회는 시장리스크의 규제 틀에 많은 변화를 주었다. 새로운 규제는 2011년 12월 31일 전에 시행되는 것으로 정해졌다.[14]

18.6.1 표준 방법론

구성요소 접근법(building block approach)은 모든 포지션에 부가항목을 부과하며, 이들은 전체 포트폴리오에 걸쳐 합산된다. 은행의 시장리스크 요구자본은 먼저 정해진 지침을 사용하여 이자율리스크(IR), 주가리스크(EQ), 외환리스크(FX), 상품리스크(CO), 그리고 옵션리스크(OP)에 노출된 포트폴리오들에 대해 개별적으로 계산된다. 은행의 전체

13) BCBS, *Amendment to the Basel Capital Accord to Incorporate Market Risk* (Basel: BIS, 1996).

14) BCBS, *Revisions to the Basel II Market Risk Framework* (Basel: BIS, 2009, 2010.6월 증보) 참고.

리스크는 이제 네 범주에 걸쳐 리스크를 합계함으로써 구해진다. 리스크 요구자본의 계산이 미리 정해진 과정을 따르기 때문에, 이 접근법은 **표준 방법**(standardized method)으로 불린다.

은행의 전체 리스크는 일별 t, 다양한 종류의 리스크 j에 걸친 합계로부터 계산된다.

$$\mathrm{MRC}_t^{\mathrm{STD}} = \sum_{j=1}^{5} \mathrm{MRC}_t^{j} = \mathrm{MRC}_t^{\mathrm{IR}} + \mathrm{MRC}_t^{\mathrm{EQ}} + \mathrm{MRC}_t^{\mathrm{FX}} + \mathrm{MRC}_t^{\mathrm{CO}} + \mathrm{MRC}_t^{\mathrm{OP}} \quad (18.13)$$

이자율리스크 요구자본은 일반적 시장리스크 요구자본과 특유리스크 요구자본의 합계이다. 전자는 증권의 듀레이션이 길수록 증가하고, 후자는 발행기관 특유의 리스크에 대해 보호한다. 예를 들어, 장기 투자등급 신용의 가중치는 1.60%이다. 주가리스크에서 일반적 시장리스크 요구자본은 순포지션의 8%이고, 특유리스크 요구자본은 총 포지션의 8%이다. 만약 포트폴리오의 유동성이 높고 잘 분산되어 있으면, 가중치는 4%로 하락한다. 통화리스크에서 시장리스크 요구자본은 순매도 또는 순매수 통화포지션 가운데 큰 금액의 8%이다. 상품리스크의 경우 여러 가지 접근법이 가능하다. 단순화된 접근법에서, 리스크 요구자본은 각 상품의 순포지션의 15%이다. 마지막으로 옵션리스크의 경우에도 몇 가지 접근법이 가능하다. 제한된 범위의 매수 옵션을 다루는 은행에 적용되는 단순화된 접근법에서, 요구자본은 기초증권의 시장리스크 요구자본과 옵션 프리미엄 가운데 작은 금액이다.

따라서 표준 모형은 실행하는 데 비교적 단순하다. 또한, 모형의 오류가 있더라도 강건한 추정치를 제공한다. 그러나 구성요소 접근법은 몇 가지 근거에서 비판받고 있다. 먼저, 리스크의 분류가 자의적이다. 예를 들어, 8%의 요구자본이 실제 수익변동성에 무관하게 주식과 통화에 대해 일률적으로 적용된다. 상이한 통화의 금액 대비 변동성은 다르고, 금액 또한 시간에 따라 변화한다.

다음으로 요구자본은 상이한 리스크원천들에 걸쳐 체계적으로 합산되기 때문에, 이 접근법은 높은 요구자본을 산출한다. 이는 위험분산효과를 무시한다. 예를 들어, 고정소득자산의 요구자본은 통화별로 계산되고, 그 다음에 여러 시장에 걸쳐 합산된다. 내재적으로, 이 접근법은 최악의 경우의 시나리오이다. 즉, 모든 리스크원천에 걸쳐 동시에 최악의 손실이 발생한다고 가정한다. 실제로 이 시장들은 완전 상관관계를 갖고 있지 않으며, 이는 최악의 손실은 개별적인 최악의 손실의 합보다 작음을 의미한다. 따라서 표준 모형은 위험분산효과를 인식하지 못하며, 은행으로 하여금 건전하게 분산화할 인센티브를 제공하지 않는다. 이 문제들이 인식되었기 때문에, 내부모형에 기초한 더 신축적인 다른 접근법이 만들어졌다.

예제 18.13 : FRM 시험 2007 - 문제 63

당신은 Alpha은행의 애널리스트이다. 당신은, 바젤 II 협약 하에서, 은행이 옵션 노출을 보고하는 데 내부모형 접근법 대신 표준 접근법을 사용할 수 있는지 결정해야 한다. 은행이 이 단순화된 접근법을 사용하기 위해 충족해야 할 요건은 무엇인가?

a. 은행은 옵션을 발행하나, 옵션거래는 전체 사업활동에 비해 미미하다.
b. 은행은 옵션을 매수하고 발행하며, 상당한 옵션거래를 수행한다.
c. 은행은 오로지 옵션을 매수하고, 옵션거래는 전체 사업활동에 비해 미미하다.
d. 은행은 옵션을 매수하고 발행하나, 옵션거래는 미미하다.

18.6.2 내부모형 접근법

단순한 표준 접근법에 대조적으로, **내부모형 접근법**(internal model approach: IMA)은 내부 리스크관리 시스템에 의존한다. 이는 시장리스크 요구자본의 기초로서 은행 자체적으로 개발된다. 그러나 규제기관은 그들의 권한을 포기하지 않았다. 은행은 명시적으로 규제당국의 승인을 받은 후에 비로소 내부모형을 사용할 수 있다. 은행은 먼저 정성적 요건을 충족해야 한다. 다음으로 결과는 엄격한 사후검증을 받아야 한다. 이는 제6장에서 다루어진다.

정성적 요건(Qualitative Requirements). 모든 은행이 내부모형을 사용할 수 있는 것은 아니다. 규제기관은 먼저 은행의 리스크관리 시스템이 건전한지 일반적인 재확인 작업을 실시해야 한다. 결국, 은행은 우선 다양한 **정성적 표준**(qualitative standard)을 충족해야 한다.

- **독립적 리스크통제 부서**(independent risk control unit). 은행은 거래부서로부터 독립적이고 고위 경영진에게 보고하는 리스크통제 부서를 가져야 한다. 이 구조는 잠재적 이해상충을 최소화한다.
- **사후검증**(backtesting). 은행은 정기적 사후검증 프로그램을 시행해야 한다. 이는 내부적 VAR 모형의 정확성을 위해 필수적인 피드백을 제공한다.
- **참여**(involvement). 고위 경영진과 이사회는 리스크통제 과정에 참여하고, 리스크관리에 충분한 자원을 투입해야 한다.
- **통합**(integration). 은행의 내부 리스크 모형은 일상적인 관리와 통합되어야 한다. 이는 은행이 오로지 규제충족을 목적으로 VAR를 계산하고, 그렇지 않으면 무시하는

상황을 방지한다.

- **한도의 설정**(use of limits). 은행은 리스크 측정 시스템을 사용하여, 내부거래와 노출의 한도를 설정해야 한다.
- **위기분석**(stress testing). 은행은 정기적으로 위기분석을 실시해야 한다. 위기분석 결과는 고위 경영진에 의해 검토되어야 한다. 또한, 경영진과 이사회에 의해 만들어진 정책 및 한도에 반영되어야 한다.
- **규정 준수**(compliance). 은행은 문서화된 일단의 정책을 준수해야 한다.
- **독립적 감사**(independent review). 거래부서와 리스크통제부서에 대한 독립적 감사가 적어도 연 1회 정기적으로 시행되어야 한다.

이 요건들에 추가하여, 은행의 리스크 모형은 충분한 수의 리스크요인을 포함해야 한다. 여기에서 충분의 정의는 거래활동의 정도와 복잡성에 의존한다. 2009년의 개정 기준은, 평가에 사용된 요인이 VAR 계산에서 제외되면, 은행으로 하여금 그 이유를 정당화하도록 요구한다.

이자율에 대한 노출이 상당하면 수익률곡선 리스크에 관한 적어도 여섯 개의 요인과 스프레드 리스크를 모형화하기 위한 별도 요인들이 고려되어야 한다. 주가 리스크의 경우, 모형은 적어도 지수에 대한 베타 매핑이어야 하고, 더 상세한 접근법은 산업 그리고 심지어 개별 리스크요인의 모형화를 포함해야 한다. 상품 거래가 활발하면, 리스크 모형은 현물 이자율과 보유편익 수익률의 변동을 고려해야 한다. 은행은 옵션 포지션의 베가 리스크를 포함하는 비선형적 가격 특성을 파악해야 한다. 넓은 리스크범주 내의 상관관계는 명시적으로 인식되어야 한다. 만약 모형이 건전하면, 규제기관은 리스크범주들 사이의 상관관계도 인식할 수 있다.

IMA 시장리스크 요구자본(IMA Market Risk Charge). 일단 이 요건들이 충족되면, 시장리스크 요구자본은 다음 기준들에 의해 계산된다.

- **정량적 모수**(quantitative parameters). 일간 VAR의 계산은 일단의 일률적인 정량적 자료에 기초한다.
  - 10 거래일, 또는 달력 기준 2주의 목표기간, 그러나 은행은 기간의 제곱근을 곱하여 일간 VAR로부터 환산할 수 있다.
  - 99% 신뢰구간.

- 적어도 1년의 역사적 자료에 기초한 관찰기간 또는, 만약 불균등 가중치 구조가 사용되면, 적어도 6개월의 평균 시차.[15]
- 적어도 분기별, 또는 (리스크의 급격한 증가가 반영되도록) 가격 변화가 클 때마다 갱신한다. 2009년의 개정 기준은 적어도 월별 갱신을 요구한다.

■ **시장리스크 요구자본**(market risk charge). 일반적 시장리스크 요구자본은 전일의 VAR 또는 지난 60 영업일의 평균 VAR 곱하기 승수 k의 곱 가운데 큰 값으로 정해져야 한다. 이 **배수 요소**(multiplicative factor)의 정확한 값은 각 국의 규제기관에 의해 정해지며, 절대적 최소 기준은 3이다.

이 승수는 두 가지 목적을 갖고 있다. 만약 이 리스크 요소가 없으면, 은행은 100회의 10 영업일 동안 1회, 또는 약 4년에 1회씩 자본을 초과하는 손실을 입을 것으로 기대된다. 이는 건전한 것으로 보이지 않는다. 둘째, 이 승수는 모형오류에 대한 완충기능을 한다. 예를 들어, 실제로 분포가 두터운 꼬리를 갖고 있을 때, 정규분포를 가정하는 상황이다.

■ **부가 요소**(plus factor). 만약 VAR 예측치가 리스크를 체계적으로 과소평가하는 것으로 확인되면, **부가 요소**(plus factor)로 불리는 벌칙 요소가 배수 요소 k에 추가된다. 이 요소의 목적은 지나치게 낙관적으로 시장리스크를 예측하는 은행에게 불이익을 주는 것이다.

요약하면, t일의 시장리스크 요구자본은 다음과 같다.

$$\mathrm{MRC}_t^{\mathrm{IMA}} = \mathrm{Max}\left(k\frac{1}{60}\sum_{i=1}^{60}\mathrm{VAR}_{t-i},\ \mathrm{VAR}_{t-1}\right) + \mathrm{SRC}_t \qquad (18.14)$$

여기에서 VAR_{t-1}은 은행의 신뢰수준 99% 목표기간 10일의 VAR이고, SRC는 (나중에 설명되는) 특유리스크 요구자본이다. 승수 k는 배수 및 부가 요소를 모두 반영한다.

첫째 항은 승수 k와 지난 60일의 평균 VAR의 곱이다. 둘째 항은 전일의 VAR를 사용하고, 포지션이 극적으로 변할 때에만 실질적 제약으로 작용한다. 실제로, 이는 매우 드문 경우이다.

---

15) 이는 듀레이션 계산과 비슷하다. 예를 들어, 최근 250 거래일의 균등가중치 구조이면, 평균 시차는 $\Sigma_{t=1}^{N} t(1/N) = N(N+1)/2(1/N) = (N+1)/2 = 125.5$일 또는 6개월이다. 이 기준은, 만약 더 최근의 관찰값의 가중치가 지나치게 높으면, GARCH 과정 같은 모형을 배제함에 유의하자. 2009년 개정 기준은, 만약 VAR의 결과값이 일상적 방법보다 크면, 더 최근의 자료에 더 높은 가중치를 부여하는 것을 허용한다.

2009년의 개정 기준은 **위기** VAR(stress VAR: SVAR)와 **증분 리스크 요구자본**(incremental risk charge: IRC)을 포함한다:

$$\mathrm{MRC}_t^{\mathrm{IMA}} = \mathrm{Max}\left(k\frac{1}{60}\sum_{i=1}^{60}\mathrm{VAR}_{t-i},\ \mathrm{VAR}_{t-1}\right) + \mathrm{Max}\left(k_S\frac{1}{60}\sum_{i=1}^{60}\mathrm{SVAR}_{t-i},\ \mathrm{SVAR}_{t-1}\right) + \mathrm{SRC}_t + \mathrm{IRC}_t \tag{18.15}$$

여기에서, SVAR는 현재 포트폴리오의 신뢰수준 99% 목표기간 10일의 손실이며, 2007/2008년처럼 연속적인 12개월에 맞추어 조정되어 있다. 승수 k_S는 k처럼 최소 수준 3이 적용된다. 또한, SVAR가 아닌 일반 VAR의 사후검증 결과에 기초한 부가요소가 적용된다.

수식(18.14)에서, SRC는 **특유리스크 요구자본**(specific risk charge)을 나타낸다. 이는 개별 채권 및 주식 발행 기업에 관련된 고유요인에 대한 완충수단이다. 여기에는 베이시스 리스크와 사건리스크가 포함된다. 사건리스크는 등급하락과 부도리스크를 포함한다. 내부모형을 사용하는 은행은 VAR에 특유리스크를 반영할 수 있다. 그 조건은 (1) 추가 기준을 충족해야 하고 (2) 사건리스크를 다룰 수 있음을 증명해야 한다는 것이다.[16)]

예를 들어, Ford Motor에 의해 발행된 B 신용등급의 회사채를 가정해보자. 일반적 시장리스크 요소는 B등급 회사채 지수의 수익률 변동 효과를 포착한다. 한편, SRC는 등급하락 또는 부도뿐 아니라, Ford 채권과 지수 사이의 베이시스 리스크 효과를 포착해야 한다.

2007년과 2008년의 사건 중에, 많은 은행들이 일상적 VAR 수치에 의해 포착되지 않는 매우 큰 손실을 입었다. 은행은 ABS의 CDO 포지션 같은 신용연계 상품들에서 손실을 입었다. 이 증권들은 극단적인 가격변동을 경험했다. 이런 많은 포지션들이, 거래장부의 요구자본이 낮았기 때문에 은행장부로부터 거래장부로 이전되었었다. 또한, 은행대출 같은 포지션의 유동성은 크게 감소했다. 결국, 바젤위원회는 특유리스크 요구자본을 두 개의 요소로 확대했다.

첫째는 특유리스크 요구자본을 더 좁게 정의한 것이다. 그러나 여전히 3 이상의 승수를 가진 목표기간 10일의 99% VAR에 기초하고, 고유위험을 완충한다. 이는 한 종목의 증권이 일반적 시장요인보다 더 크게 변동하는 리스크를 반영한다.

둘째는 **증분 리스크 요구자본**(incremental risk charge: IRC)이다. 이는 부채증권의

16) 사건 및 부도 리스크의 문제점은 일반적으로 역사적 자료에 반영되지 않는다는 것이다. 은행이 (2)를 충족할 수 없으면, 추가 건전성 요구자본이 특유리스크의 척도에 적용된다.

(1) 부도 리스크와 (2) 신용전이 리스크를 완충한다. 부도 사이의 상관관계가 고려되어야 한다. 또한, 집중도가 높은 포트폴리오는 높은 요구자본을 가져야 한다. 지분증권의 경우, 이 새로운 요구자본은 합병 분할과 인수 같은 사건을 완충해야 한다. 이 요구자본은 통화, 무위험수익률, 그리고 상품에 의존하는 포지션에는 적용되지 않는다. 증권화된 상품은 헤지에 사용된 경우라도, IRC 모형에 포함될 수 없다. 은행장부에 대한 자본규제의 적용을 받기 때문이다.

IRC는 목표기간 1년 신뢰수준 99.9%에 맞추어 조정되고, 적어도 주별 자료에 기초하여 계산된 **증분 리스크 척도**(incremental risk measure: IRM)에 기초한다. 이 모수들은 은행장부와의 차익거래를 방지하기 위해 선택된 것이다. IRC는 12주 평균과 가장 최근 값 가운데 최대값으로 계산된다.

$$\mathrm{IRC}_t = \mathrm{Max}\left(\frac{1}{12}\sum_{i=1}^{12}\mathrm{IRM}_{t-i},\ \mathrm{IRM}_{t-1}\right) \tag{18.16}$$

1년 미만의 유동성 목표기간을 가진 모든 포지션은 동일한 수준의 리스크를 가진, 또는 차환(rolled over)되는 포지션으로 대체된다.

이런 변경은 통상 3의 인수로 증가하는 시장리스크 요구자본에 상당한 변화를 초래한다. 이 변화의 절반은 SVAR의 추가에 기인하고, 나머지 절반은 새로운 IRC에 기인한다. 또한, 이 변화들은 시장리스크 요구자본을 경기변동에 덜 순행하게 만든다. 전통적 VAR가 단기자료에 기초할 때, 유리한 시장환경에서 추정된 VAR 척도는 작다. 이는 은행으로 하여금 노출을 확대하도록 유도할 수 있으며, 이 노출은 시장환경이 악화하면 관리되기 어렵다. SVAR는 리스크요인의 변동이 더 일정하기 때문에 이 효과를 제거한다.

18.6.3 결합 접근법

은행의 시장리스크 요구자본은 다음 중 하나이다. (1) 다섯 개의 리스크범주에 걸친 산술적 합산으로부터 얻어지는, 표준 방법론에 의해 계산된 리스크 요구자본 또는 (2) 내부모형 접근법에 의해 계산된 요구자본, 또는 (3) 산술적으로 합계된 (1)과 (2)의 결합이다.

예제 18.14 : FRM 시험 2007 – 문제 91

바젤 II 자본 협약 하에서, 사전적 규제 승인을 받은 은행들은 내부모형 접근법을 사용하여 시장리스크 요구자본을 추정할 수 있다. 내부모형 접근법 하에서 어떤 접근법 또는 방법론이 이 요구자본을 계산하기 위해 사용되는가?

a. 내부등급 그리고 시판되는 모형
b. 위기분석과 사후검증
c. 기대 꼬리 손실, VAR는 일관적 리스크 척도가 아니기 때문임.
d. VAR 방법론

예제 18.15 : FRM 시험 2004 – 문제 70

바젤협약의 1996년 시장리스크 개정 기준 하에서, 은행은 시장리스크 요구자본을 계산하기 위해 내부모형을 사용할 수 있다. 다음 조건 중 적용되지 않는 예외는 무엇인가?

a. 10 거래일의 목표기간
b. 99%의 신뢰수준
c. 반기별로 갱신되는 1년 동안의 역사적 관찰값
d. 배수 요소에 의해 조정된, 전일의 VAR 또는 과거 60일의 평균 VAR 가운데 높은 값인 시장리스크 요구자본

예제 18.16 : 가중치 체계

자본협약의 1996년 개정본에 의하면, 내부모형은 다음 중 무엇을 요구하는가?

a. 최소 6개월의 역사적 자료를 사용한다.
b. 최소 1년의 균등 가중치를 가진 역사적 자료를 사용한다.
c. 충분한 역사적 자료를 사용함으로써, 자료의 가중평균된 연수가 최소 6개월이 되도록 한다.
d. 비균등 가중치를 가진 2년의 역사적 자료를 사용한다.

예제 18.17 : FRM 시험 2001 – 문제 42

1996년의 내부모형 접근법의 정량적 모수를 가장 잘 설명한 보기는 다음 중 무엇인가?

a. 10 거래일 목표기간, 99% 신뢰수준, 적어도 분기별 갱신되는 최소 1년의 자료
b. 1 거래일 목표기간, 95% 신뢰수준, 주별 갱신되는 5년의 자료
c. 1 거래일 목표기간, 99% 신뢰수준, 월별 갱신되는 최소 1년의 자료
d. 10 거래일 목표기간, 97.5% 신뢰수준, 일별 갱신되는 최소 5년의 자료

예제 18.18 : FRM 시험 2009 – 문제 7-4

ABC은행의 리스크관리 담당자로서, John은 1996년의 내부모형 접근법을 이용하여 은행의 거래 포트폴리오의 시장리스크 요구자본을 계산하도록 요청받았다. 마지막 거래일의 VAR(95%, 1일)는 30,000달러; 최근 60 거래일의 평균 VAR(95%, 1일)는 20,000달러이다. 승수는 $k = 3$이다. 은행의 거래 포트폴리오의 수익률이 정규분포한다고 가정하면, 거래 포트폴리오의 시장리스크 요구자본은 무엇인가?

a. 84,582달러 b. 198,737달러 c. 268,200달러 d. 134,594달러

예제 18.19 : FRM 시험 2009 – 문제 7-11

거래장부의 증분 리스크에 대한 자본을 계산하는 가장 최근의 지침에서, 증분 리스크 요구자본(IRC)은 99%/10일 VAR 틀의 많은 약점들을 다룬다. 증분 리스크 요구자본에 관한 다음 설명 중 옳은 것은 무엇인가?

Ⅰ. 모든 IRC에 의해 보호되는 포지션에서, IRC 모형은 99% 신뢰수준에서 1년의 목표기간 중 부도와 전이에 기인한 손실을 측정해야 한다.
Ⅲ. 은행은 거래계정에 보유된 기초 신용상품을 헤지하는 모든 증권화 포지션을 IRC 모형에 통합할 수 있다.
Ⅲ. 은행은 적어도 주별 또는 감독기관에 의해 지시된 더 빈번한 주기로 IRC를 추정해야 한다.
Ⅳ. 증분 리스크 요구자본은 (1) 12주의 IRC 척도의 평균, (2) 가장 최근의 IRC 척도 가운데 최대값이다.

a. I과 II
b. III과 IV
c. I, II, 그리고 III
d. II, III, 그리고 IV

18.7 결론

바젤 II 협약은 은행 리스크의 측정과 관리를 향한 큰 진보를 의미한다. 신용리스크에 대한 더 위험민감 요구자본을 만들어내고, 최초로 운영리스크를 고려하려고 시도한다.

혜택을 보는 은행은 리스크관리 시스템에 투자하거나, 대규모 소매 포트폴리오를 갖고 있거나, 높은 등급의 기업 신용을 갖고 있는 은행들일 것이다. 실제로, 이들 모두는 업계의 나머지에 비해 낮은 신용리스크를 갖고 있다.

그러나 새로운 틀은 분명히 불완전하다. 표준 접근법은 신용평가기관에 더 큰 역할을 부여하기 때문에 비판받았다. 내부모형 접근법은 은행에게 너무 많은 재량을 부여하는 것으로 보인다. 그러나 이 특성들은 분명히 바젤 I 대안보다 훨씬 우수하며, 리스크에 민감한 자본규제를 지향하는 움직임의 불가피한 결과이다.

어떤 공식적 기준의 집합과 마찬가지로, 바젤 II 기준은 규제 차익거래의 가능성을 다소 남겨두고 있다. 이는 일부 자산의 경제적 자본과 규제자본의 불일치 때문이다. 이 틀은 신용리스크 규제를 만들면서, 자산들의 전형적인 상관관계를 포함한다. 전형적 은행보다 더 많이 분산되어 있는 금융기관은 더 낮은 요구자본의 혜택을 받지 못한다. 이론적으로, 이 문제는 은행 자체적으로 개발된 내부 **포트폴리오 신용리스크 모형**(portfolio credit risk model)에 의해 바로잡힐 수 있다. 실무적으로, 이 모형들은 충분히 강건하지 않은 것으로 간주되기 때문에, 신용리스크 요구자본을 설정하는 데 사용될 수 없다. 실제로, 2007년에 시작했던 신용위기 중의 손실은 신용리스크 관리의 주요 약점을 부각시켰다.

더 중요하게, 요구자본 시스템은 은행 리스크의 중요한 요소인 유동성리스크를 간과했다. 대형 은행들의 정부 주도의 자본확충 필요 때문에, 자본 수준은 대규모 금융위기에 대해 보호하기에는 충분하지 않음이 밝혀졌다. 이는 바젤 III 하에서 유동성리스크 요구자본의 추가를 정당화한다.

마지막으로, 리스크에 더 민감한 자본규제는 **경기순행효과**(procyclical effect)를 확대할 수 있다. 불황기에 부도가 늘어나고, 신용리스크와 요구자본을 증가시킨다. 동시에 은행 시스템은 실제 자본을 잠식하는 신용손실을 입는다. 더 작은 실제 자본과 더 큰 규제자본 사이의 틈새에서, 은행 시스템은 경제에 대한 대출활동을 축소함으로써 대응할 가능성이 있다. 이는 불황을 악화시킬 수 있다. 이 문제는 리스크에 더 민감한 요구자본을 고안할 때의 부작용으로 오랫동안 인식되었다. 이는 바젤위원회가 **경기대응 완충자본**(countercyclical buffer)을 설정한 이유를 설명한다. 결과적으로, 요구자본은 확장기에 더 높고 수축기에 더 낮을 것이다. 일반적으로, 향후 은행 감독기관의 지속적이고 활발한 움직임을 예상해야 한다.

예제 18.20 : FRM 시험 2007 – 문제 19

당신의 은행은 신용리스크에 관해 AIRB 접근법, 운영리스크에 관해 AMA, 시장리스크에 관해 내부모형 접근법을 사용한다. 최고리스크책임자(CRO)는 시장리스크, 신용리스크, 그리고 운영리스크의 규제자본을 합산하여, 은행의 전체 리스크를 추정하고자 한다. CRO는 당신에게 이 접근법을 사용하여 은행의 전체 리스크를 추정할 때의 문제점을 찾도록 요청하였다. 이 접근법에 대한 다음 설명 중 틀린 것은 무엇인가?

a. 시장, 신용, 그리고 운영 리스크는 0의 상관관계를 갖고 있다고 가정한다.
b. 시장리스크에 대해서 10일의 목표기간을 사용한다.
c. 전략적 리스크를 무시한다.
d. 은행의 대출과 관련된 이자율리스크를 무시한다.

18.8 중요 공식

- 바젤 I 신용리스크 요구자본 : $CRC = 8\% \times RWA = 8\% \times (\Sigma_i RW_i \times CE_i)$
- 파생상품 신용노출 : 신용노출=NRV+부가요소

  부가요소=기준금액×부가요인×(0.4+0.6×NGR)
- 바젤 II 총 리스크 요구자본 : TRC=CRC+MRC+ORC
- 바젤 II 신용리스크 요구자본 :

  표준 접근법 : $RW = f$(신용등급)

  FIRB : $RW = f(PD)$

  AFIRB : $RW = f(PD, LGD)$

  동시부도 효과를 포함하는 RW : $RW_{DD} = RW_0(0.15 + 160 \times PD_g)$
- 시장리스크 요구자본, 표준 접근법 :

  $$MRC_t^{STD} = MRC_t^{IR} + MRC_t^{EQ} + MRC_t^{FX} + MRC_t^{CO} + MRC_t^{OP}$$
- 시장리스크 요구자본(1996), 내부모형 접근법 :

$$MRC_t^{IMA} = Max\left(k\frac{1}{60}\Sigma_{i=1}^{60} VAR_{t-i},\ VAR_{t-1}\right) + SRC_t$$

- 새로운 시장리스크 요구자본, 내부모형 접근법 :

$$MRC_t^{IMA} = Max\left(k\frac{1}{60}\Sigma_{i=1}^{60} VAR_{t-i},\ VAR_{t-1}\right)$$

$$+ Max\left(k_S\frac{1}{60}\Sigma_{i=1}^{60} SVAR_{t-i},\ SVAR_{t-1}\right) + SRC_t + IRC_t$$

18.9 예제 풀이

예제 18.1: 적용가능한 시장리스크

b. 거래장부의 모든 리스크(금리, 주식, 외환, 상품)에 추가하여, 시장리스크 요구자본은 은행장부의 외환 및 상품 리스크도 포함한다.

예제 18.2: FRM 시험 2002 – 문제 71

a. Tier 1 자본은 자기자본, 미공시 적립금, 그리고 이익잉여금을 포함한다. Tier 2는 미공시 적립금, 혼성 부채, 후순위채를 포함한다.

예제 18.3: FRM 시험 2007 – 문제 53

b. Tier 1 자본은 자본에서 영업권을 뺀 금액, 또는 5억 7,000만 달러이다. Tier 2 자본은 500만 달러의 자산재평가 적립금과 500만 달러의 대출손실 충당금을 포함한다. 이 문제에서, Tier 1 자본의 정확한 금액을 찾아내면 충분하다.

예제 18.4: FRM 시험 2004 – 문제 29

b. Tier 1 자본은 주주지분과 이익잉여금을 더하고 영업권을 뺀 값이며 671.7이다. Tier 2 자본은 후순위채와 미공시 적립금을 더한 값이며 213.5이다. 이 비율은 31.78%이다. 특별 충당금은 특정 부실채권에 의해 흡수될 수 있기 때문에, 위험자본에 포함될 수 없다.

예제 18.5: 바젤 I 신용리스크 요구자본

b. 바젤 I 기준 하에서, 요구자본은 $100×50%×8%=$4(백만 달러)이다.

예제 18.6: 옵션의 신용노출

a. 〈표 18.4〉로부터, 부가요인은 10%이다. 이는 $15+$50×10%=$20의 신용노출을 초래하고, 신용리스크 요구자본은 $20×8%=$1.6(백만 달러)이다.

예제 18.7: 은행의 자기자본이익률

a. 이 채권에 8%의 요구자본이 적용된다. 우리는 100달러 상당의 채권을 매입하고 이는 은행금리로 조달된다. 순이익은 $100[(L+0.15%)-(L-0.05%)]=$0.20이다. 우리는 8달러의 자본을 유지해야 하고, 이는 투자되지 않는다. 수익률은 이제 $0.20/$8=2.5%이다.

예제 18.8: FRM 시험 2004 – 문제 67

b. 바젤 II 또한 영업리스크를 다루기 때문에, 보기 b.는 옳지 않다. 은행은 자료를 제공할 수 있으나, 신용리스크를 위해 내부모형을 사용할 수 없다. 따라서 보기 d.는 옳다.

예제 18.9: FRM 시험 2006 – 문제 108

a. 은행은 결코 자체적 상관계수를 사용하도록 허용되면 안 된다.

예제 18.10: FRM 시험 2006 – 문제 90

a. 수식(18.11)를 참고하라. 또한, LGD는 단위 없는 비율이기 때문에 이 답은 단위를 고려할 때 유일하게 타당한 보기이다.

예제 18.11: FRM 시험 2008 – 문제 4-18

b. 개인 신용에 대한 요구자본이 합산되기 때문에, 포트폴리오의 나머지에는 무관하다. 이 모형은 또한 무한히 세분가능함을 가정한다.

예제 18.12: FRM 시험 2008 – 문제 4-3

b. 실제로 PD와 LGD는 양의 상관관계를 가지므로, 보기 a.는 문제이다. PD가 더 높은 연도는 더 높은 LGD와 관련되어 있다. 포트폴리오는 미세하게 나누어지지 않을 수 있으므로, 보기 c.는 문제이다. 포트폴리오는 다수의 공통적 리스크요인에 대해 노출될 수 있으므로, 보기 d.는 문제이다. 대조적으로, 우리는 실제로 낮은 신용이 더 많은 고유위험을 갖는 경향이 있음을 관찰한다. 이는 높은 PD는 낮은 상관관계를 가짐을 의미한다.

예제 18.13: FRM 시험 2007 – 문제 63

c. 은행은 옵션을 매입하고 옵션거래가 미미할 때에만, 단순화 접근법을 사용할 수 있다. 만약 그렇지 않으면, 중간적 접근법을 사용해야 한다. 이 문제를 보는 다른 방법은 보기 c.가 가장 약한 조건을 포함한다는 것이다(즉, 큰 손실을 초래할 가능성이 가장 낮다).

예제 18.14: FRM 시험 2007 – 문제 91

d. 내부모형 접근법은 은행의 내부 VAR 방법론에 기초한다.

예제 18.15: FRM 시험 2004 – 문제 70

c. IMA는 반기가 아닌 최소 분기별로 갱신되는, 1년의 역사적 자료를 요구한다.

예제 18.16: 가중치 체계

c. 만약 은행이 고정 가중치만을 사용하면, 보기 b.는 옳다. 만약 그렇지 않으면, 관찰값의 평균 시차는 6개월보다 작을 수 없다.

예제 18.17: FRM 시험 2001 – 문제 42

a. IMA는 목표기간 10일, 신뢰수준 99%, 1년의 자료, 그리고 최소 분기별 갱신에 기초한다.

예제 18.18: FRM 시험 2009 – 문제 7-4

c. 평균 VAR의 3배는 60,000달러이다. 이는 어제의 VAR보다 높기 때문에, 유효한 수

치이다. $\sqrt{10} \times 2.323/1.645 = 4.47$을 곱하면 268,200달러이다.

예제 18.19: FRM 시험 2009 - 문제 7-11

b. 신뢰수준은 99.9%이기 때문에, 보기 I.은 옳지 않다. 보기 II.는 증권화는 은행장부의 요구자본의 제약을 받기 때문에, 옳지 않다. 다른 두 설명은 옳다.

예제 18.20: FRM 시험 2007 - 문제 19

a. 요구자본을 더하는 것은 완전상관관계를 가정한다(또는, 적어도 높은 상관관계, 이는 극단적 상황이 동시에 발생함을 의미한다). 0의 상관계수가 아니다. 시장리스크 요구자본은 10일의 목표기간을 사용하므로, 보기 b.는 옳다. 바젤 요구자본은 전략적 리스크와 은행장부의 이자율리스크를 무시하므로, 보기 c.와 d.는 옳다.

투자 리스크관리

제19장 포트폴리오 리스크관리

제20장 헤지펀드 리스크관리

PART 05

Chapter 19

포트폴리오 리스크관리*

이제 포트폴리오 관리 과정 안에서 리스크관리를 다룬다. 투자자들은 고수익으로 보상받을 것을 기대하면서 위험을 수용한다. 실질적 과제는 어떻게 위험과 기대수익의 균형을 맞추는가이다. 이 상반관계는 **포트폴리오 관리**(portfolio management)의 주제이다. 그러나 이는 리스크의 체계적 측정을 요구한다.

최근 몇 년 동안 기관투자자들은 포트폴리오의 총위험에 관해 훨씬 더 많은 관심을 두고 있다. 이는 **리스크예산**(risk budgeting)의 광범위한 사용을 유발했다. 이 과정은 가장 유리한 위험과 수익의 상반관계를 반영하는 자산집단들에 대한 광범위한 포트폴리오 배분으로부터 시작한다. 총 리스크예산이 결정되면, 이는 다양한 자산집단들과 관리자들에게 배분된다. 따라서 리스크예산은 포트폴리오 총위험의 하향식 배분을 반영한다.

투자과정의 마지막에, 실현된 수익이 수용한 위험에 비해 적절한지 평가하는 것이 중요하다. **성과 평가**(performance evaluation) 방법의 목적은 투자성과를 다양한 요소들로 분해하는 것이다. 목표는 적극적 관리자가 실제로 가치 창출에 기여했는지 확인하는 것이다. 수익의 일부는 통상적으로 "베타 수익(beta bets)"이라고도 불리는 전체적인 시장 요인을 나타낸다. 나머지는 진정한 부가가치, 즉 "알파 수익(alpha bets)"을 드러낸다.

이 장의 목적은 투자관리 업계에서 사용되는 위험 및 성과 평가의 수단을 제시하는 것이다. 제19.1절은 기관투자자들을 간단하게 소개한다. 성과평가 기법은 제19.2절에서 다루어진다. 마지막으로 제19.3절은 리스크예산을 논의한다. 헤지펀드는 중요하기 때문에 다음 장에서 별도로 다루어진다.

* FRM 시험 Part 2 주제.

19.1 기관투자자

기관투자자(institutional investor)는 조직 또는 개인들을 대신하여 대규모 투자자금을 보유한 주체이다. 이는 개인투자자로부터 구별된다.[1] 〈표 19.1〉과 같이 기관투자자들은 투자회사, 연기금, 보험기금, 그리고 기타로 분류될 수 있다. 마지막은 각종 기금, 은행이 관리하는 기금, 그리고 헤지펀드로도 알려진 사적 파트너십 등을 포함한다. **헤지펀드**(hedge fund)는 사적 파트너십이고, 다양한 시장에서 매수와 매도 포지션을 취할 수 있으며 고액 투자자들에게만 개방된다.

표 19.1 기관투자자의 분류

투자회사	개방형 펀드 폐쇄형 펀드
연금기금	확정급여 확정기여
보험기금	생명 비생명
기타	재단 및 기부기금 은행관리 비연기금 사적 파트너십

기관투자자들과 은행의 자기계정 거래부서는 통상적으로 비슷한 리스크요인에 노출되나, 그들의 투자철학은 상당히 다르다. 은행의 거래부서는 높은 레버리지를 채택하는 공격적 투자자이다. 그들은 전형적으로 짧은 목표기간을 설정하고, 유동성 높은 시장에서 적극적으로 거래한다. 상업은행, 투자은행, 브로커-딜러 같은 금융기관들은 주로 금융상품 판매에 주력하기 때문에, 때로 **매도 측**(sell side)으로 불린다.

기관투자자들은 매도측으로부터 금융상품을 매입하기 때문에, **매수 측**(buy side) 다시 말해 미국의 경우 월스트리트에 해당한다. 매도측과는 반대로, 기관투자자들은 레버리지가 낮거나 없으며 더 보수적이다. 대다수는 더 긴 목표기간을 갖고 있고, 덜 유동적인 시장에 투자할 수 있다. 그러나 많은 헤지펀드는 높은 레버리지를 갖고 있으며 적극적으로 거래한다.

1) 증권거래위원회(SEC)는 Rule 144a에서, 예를 들어 자격을 갖춘 기관매수자의 공식적 정의를 제공한다.

19.2 성과 평가

성과 평가(performance evaluation)는 투자관리 결정이 측정되고 평가받는 과정이다. 이는 세 단계로 나누어질 수 있다.

1. **성과 측정**(performance measurement)은 총수익의 계산으로부터 시작하며, 총위험과 상대적 위험을 기준으로 **벤치마크**(benchmark)에 대해 비교한다.
2. **성과요인 분석**(performance attribution)은 포트폴리오와 벤치마크의 성과를 상이한 수익원천별로 분해한다. 이는 전형적으로 자산배분, 통화선택, 산업선택, 그리고 증권선택을 포함한다. 리스크 또한 이들 요인별로 분해된다.
3. **성과 사정**(performance appraisal)은 위험조정 성과 및 투자능력의 평가이다. 이는 우수한 성과가 운 때문인지 또는 능력에 기초한 것인지 판단하는 일을 포함한다.

성과 측정은 수용된 위험에 대해 적절히 조정되어야 한다. 이는 전형적으로 표준편차와 회귀계수에 기초한 다양한 척도에 의해 이루어진다. 그러나 더욱 기초적 수준에서, 첫 번째 문제는 어떻게 투자자나 관리자에게 의미있는 리스크를 정의하느냐는 것이다. 특히, 리스크는 절대적 기준 또는 벤치마크에 비교된 상대적 기준 가운데 무엇으로 측정되어야 할까?

19.2.1 수익의 측정

성과평가의 첫 단계는 정기적 수익의 적절한 측정이다. 이는 언제나 명백한 것은 아니다. 포트폴리오의 가치는 투자 관리자가 통제할 수 없는 현금유출입에 의해 영향을 받기 때문이다. 지금까지 업계의 표준은 **시간가중수익률**(time-weighted rate of return: TWRR)이다. 이 방법은 포트폴리오를 정기적으로, 그리고 반드시 현금흐름 발생 전에 평가할 것을 요구한다. 수익들은 투자기간 동안 복리로 연계된다. 예를 들어, R_t는 일간 수익률이라고 가정하자. 월간 수익률은 이제 T일에 대해 측정된다.

$$(1+R) = [(1+R_1)(1+R_2)\dots(1+R_T)] \tag{19.1}$$

TWRR 방법은 현금흐름의 시점이나 금액에 민감하게 반응하지 않는 성과척도를 제공한다.[2)]

19.2.2 리스크의 측정

다음으로, 리스크는 수익 또는 포지션으로부터 측정될 수 있다. 제1장과 같이, 리스크에 관해 두 가지 견해가 존재한다. 예를 들어, 리스크 척도로서 표준편차를 사용해보자.

- **절대적 리스크**(absolute risk)는 투자의 초기가치, 또는 아마도 투자된 현금에 대비한 손실을 기준으로 측정된다. 리스크의 척도로 표준편차를 사용하고, P를 초기 포트폴리오 가치 그리고 R_P를 수익률로 정의하자. 금액 기준 절대적 리스크는 다음과 같다.

$$\sigma(\Delta P) = \sigma(\Delta P/P) \times P = \sigma(R_P) \times P \tag{19.2}$$

- **상대적 리스크**(relative risk)는 벤치마크 지수에 대해 상대적으로 측정되며, 적극적 관리의 리스크를 나타낸다. 벤치마크를 B로 표시하면, 편차는 $e = R_P - R_B$이며 **추적오차**(tracking error)로도 알려져 있다. 금액 기준으로, 이는 $e \times P$이다. 리스크는 다음과 같다.

$$\sigma(e)P = [\sigma(R_P - R_B)] \times P = [\sigma(\Delta P/P - \Delta B/B)] \times P = \omega \times P \tag{19.3}$$

여기에서, ω는 **추적오차 변동성**(tracking error volatility: TEV), 또는 **적극적 리스크**(active-risk)로 불린다. 포트폴리오 변동성을 σ_P, 벤치마크 변동성을 σ_B, 그리고 그들의 상관계수를 ρ로 표시하면, 편차의 분산은 다음과 같다.

$$\omega^2 = \sigma_P^2 - 2\rho\sigma_P\sigma_B + \sigma_B^2 \tag{19.4}$$

변동성 $\sigma_P=22\%$를 가진 펀드를 예로 들어보자. 이 펀드는 변동성 $\sigma_B=20\%$인 벤치마크에 대해 비교되며, 양자의 상관계수는 $\rho=0.9864$이다. 추적오차 변동성은 얼마인가? 수식(19.4)를 사용하면, $\omega^2=22\%^2-2\times0.9864\times22\%\times20\%+20\%^2=0.0016$이므로 $\omega=4.0\%$이다. 따라서 추적오차는 절대적 리스크보다 훨씬 작다. 이는 포트폴리오가 벤치마크와 높은 상관관계를 갖고 있기 때문이다. 만약 상관계수가 0이면, ω는 30%일 것이다.

상대적 리스크에 집중하는 것의 장점의 하나는 변동성 측정치가 작기 때문에 우월한

2) 이 방법은 **금액가중수익률**(money-weighted rate of return: MWRR)로부터 구별된다. 이는 포트폴리오의 모든 현금흐름을 고려하는 내부수익률이다. 이는 채권의 만기수익률과 비슷하고 쉽게 계산된다. 그러나 MWRR 방법은 포트폴리오를 중간단계에서 재평가하지 않으며, 따라서 현금흐름의 시점과 크기에 의존하는 성과 수치를 제공한다. 이런 이유로 TWRR보다 열등한 것으로 간주된다.

성과의 검증 파워가 높다는 것이다. 예를 들어, 연율 기준으로, 포트폴리오의 수익률은 벤치마크보다 4% 높고, 현금성 자산보다 9% 높다고 가정하자. $T=4$년 후, 적극적 관리자가 기여하는 가치는 없다거나 또는 우월한 성과는 운 때문이라는 가설의 t-통계량을 계산할 수 있다. 통계량은 다음과 같다.

$$\frac{(\overline{R}_P-\overline{R}_B)}{(\omega/\sqrt{T})}=\frac{(4\%)}{(4\%/\sqrt{4})}=\frac{4\%}{2\%}=2.0$$

이는 1.96보다 크기 때문에, 귀무가설을 기각할 수 있다. 그러나 절대적 수익률을 기준으로 같은 계산을 하면 $t=0.82$이며, 이 경우 귀무가설은 기각될 수 없다. 따라서 상대적 수익에 기초할 때 관리자는 능력이 있다고 결론 내리고, 절대적 수익에 기초할 때 그렇지 않다는 결론을 내리게 된다.

또한, t-통계량은 단순히 정보비율의 변형이라는 데 유의해야 한다.[3)]

$$t=\frac{(\overline{R}_P-\overline{R}_B)}{(\omega/\sqrt{T})}=\frac{(\overline{R}_P-\overline{R}_B)}{\omega}\sqrt{T}=\text{IR}\sqrt{T} \tag{19.5}$$

절대적 또는 상대적 리스크의 사용은 거래 또는 투자의 운영을 판단하는 방법에 의해 결정된다. 은행의 거래 포트폴리오 또는 헤지펀드의 경우, 시장리스크는 절대적 기준으로 측정된다. 이들은 때로 **총수익 펀드**(total return fund)로 불린다. 대조적으로, 벤치마크 또는 동질적 자산집단을 상회해야 하는 과업을 부여받은 포트폴리오 매니저는 상대적 기준으로 리스크를 측정한다.

예제 19.1 : FRM 시험 2008 – 문제 5-9

지난 해 HIR Fund는 7.8%의 수익률을 올렸고, 벤치마크인 S&P 500 지수는 7.2%의 수익률을 거두었다. 이 기간에 펀드의 변동성은 11.3%였고, S&P 500 지수의 변동성은 10.7%였다. 펀드의 TEV는 1.25%였다. 무위험이자율은 3%로 가정하자. HIR Fund의 정보비율은 무엇인가? 또한 95% 신뢰수준에서 통계적으로 유의하려면, 이 성과는 몇 년 동안 지속되어야 하는가?

a. 0.480, 약 16.7년　　b. 0.425, 약 21.3년
c. 3.840, 약 0.2년　　d. 1.200, 약 1.9년

3) 이는 제1장에서 정의되었으며, 다음 절에서 다시 논의된다.

19.2.3 잉여 리스크

때로 언급되는 것처럼 "리스크는 당사자의 눈에 있다." 미래의 고정된 채무를 부담하는 투자자의 입장에서, 리스크는 이 채무들을 이행할 수 없는 것이다. **확정급여**(defined benefit) 연금기금의 경우, 이 채무들은 현재 및 미래 연금가입자들에게 약속된 지급이며 **확정급여 채무**(defined benefit obligation)로 불린다. 이 경우에 투자 리스크는 급여를 약속한 기관에게 지워진다. 대조적으로 **확정기여**(defined contribution) 플랜에 가입된 근로자들은 투자 리스크에 노출된다.

생명보험사들의 경우 이 채무들은 예상되는 미래의 지급청구 패턴을 나타낸다. 이 채무들은 순현재가치로 표현될 수 있다. 일반적으로, 장기의 고정적 지급의 현재가치는 고정금리 채권의 매도 포지션과 매우 비슷하다. 만약 지급액이 인플레이션에 연동되어 있으면, 비슷한 상품은 인플레이션에 대해 보호된 채권이다.

자산과 부채의 현재 가격의 차이는 **잉여**(surplus)로 불린다. 자산 A와 부채 L의 가치 차액인 S로 표시된다. 잉여의 변화는 $\Delta S = \Delta A - \Delta L$이다. 자산의 초기 가치에 의해 표준화하면, 다음 수식이 도출된다.

$$R_S = \frac{\Delta S}{A} = \frac{\Delta A}{A} - \frac{\Delta L}{L}\frac{L}{A} = R_{자산} - R_{부채}\frac{L}{A} \tag{19.6}$$

부채의 듀레이션은 길며, 전형적으로 12년이다. 듀레이션의 근사값을 사용하면, 부채의 수익률은 시장수익률 y의 변동으로부터 $R_{부채} = -D^{*}\Delta y$과 같이 측정될 수 있다. 시장가치 변동의 최악의 조합은, 시장수익률이 하락한 해에, 주가하락 때문에 자산가치가 감소하는 것이다. **면역화**(immunization)는 자산 포트폴리오 또는 그 일부가 부채가치 변화를 완전히 헤지할 때 달성된다. 따라서 장기채권 투자는 부채의 변동을 헤지하는 데 도움을 준다.

이 경우 리스크는 목표기간 중 잉여의 잠재적 감소로 측정되어야 한다. 이는 때로 **위험에 노출된 잉여**(surplus at risk)로 불린다. 이 value at risk(VAR) 종류의 척도는 상대적 리스크의 적용 사례이며, 여기에서 벤치마크는 부채의 현재가치이다.

예제 19.2 : 연금기금의 부채

AT&T 연기금 프로그램은 예상 급여채무를 174억 달러로 보고한다. 만약 할인율이 0.5% 하락하면, 이 부채는 8억 달러만큼 증가한다. 이 정보에 기초하여, 부채의 행태는 다음 중 어떤 포지션과 비슷할 것인가?

a. 주식시장의 매도 포지션
b. 현금의 매도 포지션
c. 약 9년의 만기를 가진 채권의 매도 포지션
d. 약 9년의 듀레이션을 가진 채권의 매도 포지션

예제 19.3 : 연금기금의 리스크

AT&T 연기금 프로그램은 총자산 가치 196억 달러, 부채 174억 달러임을 보고한다. 잉여가 정규분포를 따르고 연 10%의 변동성을 가정하면, 다음 해의 95% 수준의 surplus at risk는 무엇인가?

a. 3.6억 달러　　b. 5.13억 달러　　c. 28.6억 달러　　d. 32.2억 달러

예제 19.4 : FRM 시험 2006 – 문제 25

DataSoft Corporation은 고정 부채와 젊은 인력을 고려한 장기 목표기간을 가진 직원 연금 체계를 갖고 있다. 펀드의 자산은 90억 달러이고 부채의 현재가치는 88억 달러이다. 다음 보기 중 틀린 것은 무엇인가?

Ⅰ. 장기 고정적 지급의 현재가치는 고정금리 채권의 매수 포지션과 비슷하게 움직인다.
Ⅱ. Surplus at risk는 상대적 리스크의 척도이다.
Ⅲ. DataSoft Corporation은 장기 고정금리 채권에 80억 달러를 투자함으로써, 부채를 면역화시킬 수 있다.

a. Ⅰ과 Ⅱ　　b. Ⅱ과 Ⅲ　　c. Ⅰ과 Ⅲ　　d. Ⅰ, Ⅱ, 그리고 Ⅲ

19.2.4 수익 기반 및 포지션 기반 리스크척도

전통적으로, 위험은 수익에 기초한 정보로부터 측정된다(예를 들어, 포트폴리오의 역사적 수익률 $R_{P,t}$의 시계열로부터). 한 측면에서, 수익 기반 리스크시스템은 실행하기 쉽고 저렴하다는 장점이 있다. 다른 측면에서, 수익 기반 척도는 심각한 단점을 갖고 있다. 새로운 금융수단, 시장, 그리고 매니저에 대해서는 사용할 수 없으며, 이는 역사적 자료가

없기 때문이다. 포트폴리오 매니저의 정해진 투자 스타일로부터 벗어난 행동인 **스타일 드리프트**(style drift)를 반영하지 못한다. 외가격 옵션의 매도포지션처럼 숨은 리스크를 드러내지 않을 수도 있다. 이런 포지션들은 안정적인 프리미엄을 제공하나, 대규모 손실의 발생을 드러내지 않을 가능성이 있다.

이 단점들의 대다수는 포지션 기반 리스크척도에 의해 해결된다. 이들은 새로운 금융수단, 시장, 그리고 매니저들에게 적용될 수 있다. 가장 최근의 포지션 정보를 이용하기 때문에, 스타일 드리프트 또는 숨은 리스크를 드러낼 수 있다.

그러나 포지션 기반 리스크시스템은 실행하기 어려우며, 리스크관리 담당자가 이해해야 할 약점을 갖고 있다. 첫째, 실행을 위해 더 많은 자원과 비용이 요구된다. 대형 은행은 수백만 달러의 포지션을 보유할 수 있다. 이 경우 최상위 수준의 리스크통합이 중요한 기술적 과제이다. 둘째, 포지션 기반 리스크척도는 해당 목표기간 동안 포트폴리오가 동결된다고 가정한다. 따라서 현실에서 발생할 수 있는 적극적 거래를 무시한다. 마지막으로, 포지션 기반 시스템들은 자료 및 모형 오류와 근사값들에 의해 영향을 받는다. 이들은 모든 포지션을 최하위 수준에서부터 모형화하고, 금융수단들을 리스크요인 변동의 함수로서 재평가할 것을 요구한다. 일부 금융수단의 모형화는 복잡하며, 모형리스크를 초래할 수 있다.

그럼에도 불구하고, 포지션 기반 리스크척도는 수익 기반 리스크척도보다 풍부한 정보를 제공한다. 이는 현대 리스크관리 시스템이 포지션 수준의 정보로부터 만들어지는 이유를 설명해준다.

19.2.5 위험조정 성과척도

절대적 리스크와 상대적 리스크로 구분하는 이분법은, 펀드의 위험조정 성과를 평가하는 성과측정에 적용된다. **샤프 비율**(Sharpe ratio: SR)은 무위험수익률 R_F를 초과하는 평균수익률 $\mu(R_P)$의 절대적 리스크에 대한 비율을 측정한다.

$$\mathrm{SR} = \frac{[\mu(R_P) - R_F]}{\sigma(R_P)} \qquad (19.7)$$

샤프 비율은 절대적 기준에 의해 측정된 총위험에 초점을 맞춘다. 총위험은 체계적 그리고 고유 위험을 모두 포함하기 때문에 이 척도는 잘 분산되지 않은(즉, 큰 고유위험을 가진) 포트폴리오에 적당하다.

관련된 척도는 Sortino **비율**(Sortino ratio)이다. 이는 분모의 표준편차를, 손실을 나타내는 관찰값만 고려하는 하방표준편차 $\sigma_L(R_P)$로써 대체한다. 이 비율은 다음과 같다.

$$\text{SOR} = \frac{[\mu(R_P) - R_F]}{\sigma_L(R_P)} \tag{19.8}$$

여기에서 $\sigma_L(R_P) = \sqrt{\frac{1}{(N_L)}\Sigma_{i=1}^{N}[\text{Min}(R_{P,i}, 0)]^2}$ 이고, N_L은 관찰된 손실의 빈도이다. 수익분포가 왼쪽으로 치우쳐 있을 때, Sortino 비율은 샤프 비율보다 더 적절하다. 그러나 훨씬 덜 광범위하게 사용된다.

한편, **정보비율**(information ratio: IR)은 벤치마크를 초과하는 평균수익률의 TEV에 대한 비율을 측정한다.

$$\text{IR} = \frac{[\mu(R_P) - \mu(R_B)]}{\omega} \tag{19.9}$$

그러나 비율을 다루는 일은 상당히 추상적이다. 위험에 대해 조정된 수익률을 기준으로 표현하는 것이 더 직관적이다. 기준 벤치마크 R_B를 사용한다고 가정하자. 먼저, 평균수익률과 리스크를 측정한다. 포트폴리오 P의 레버리지를 높이거나 낮추어서 B와 동일한 변동성을 갖도록 만들 수 있다. 이제 **위험조정 성과**(risk-adjusted performance: RAP)는 다음과 같다.[4)]

$$\text{RAP}_P = R_F + \frac{\sigma_B}{\sigma_P}[\mu(R_P) - R_F] \tag{19.10}$$

이는 〈그림 19.1〉에 예시되어 있다. 포트폴리오 P의 평균수익은 B보다 크다. 그러나 변동성은 훨씬 더 높다. R_F로부터 R_P를 잇는 직선은 무위험자산을 P와 결합하는 포트폴리오를 나타낸다. 예를 들어, 각 자산에 50%를 투자한 포트폴리오의 평균수익률은 R_F와 $\mu(R_P)$의 평균, 변동성은 P의 절반이다. 이 직선의 기울기는 샤프 비율을 나타내며, 수식(19.7)에 의해 계산된다.

포트폴리오 P^*는 B와 같은 수준의 리스크를 갖고 있다. 성과는 수식(19.10)에 의해 계산된다. 이제 RAP_P와 $\mu(R_B)$를 직접 비교할 수 있다. 이 경우 포트폴리오 P는 위험조정된 기준으로 B보다 낮은 성과를 갖고 있다. 그러나 샤프비율을 사용하면, P와 B의 순위는 동일하다.

4) 이 성과척도는 때로 M^2(M-square)로 불린다.

그림 19.1 위험조정 성과

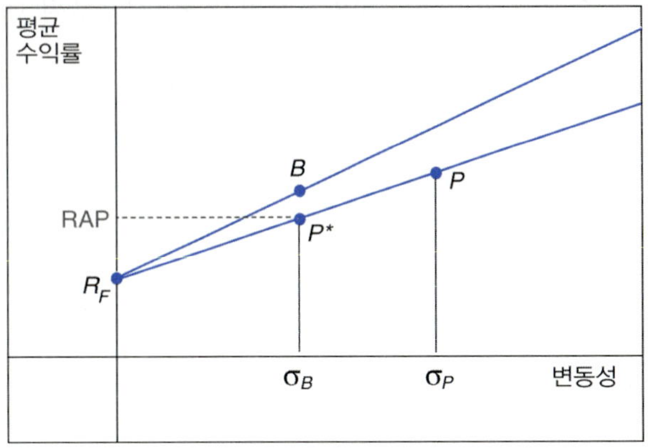

예제 19.5 : FRM 시험 2009 – 문제 8-2

당신의 회사는 Vikram Mehra를 연금기금의 적극적 매니저로 고용했다. 그의 벤치마크는 Russell 2000 성장 지수이다. 다음 중 Vikram의 성과와 리스크를 평가하는 데 가장 적절한 통계량은 무엇인가?

a. VAR와 샤프 비율
b. 추적오차와 정보비율
c. 추적오차와 샤프 비율
d. VAR와 정보비율

19.2.6 성과요인 분석: 수익 기반

지금까지 변동성 척도를 고려하는 단순한 위험조정 방법을 다루었다. 그러나 투자 매니저의 성과를 평가하려면 총수익을 시장 리스크 프리미엄 그리고 다른 요인들에 기인하는 요소들로 분해하는 것이 중요하다. 주식시장에 대한 노출은 **주식 프리미엄**(equity premium)으로 불리는 장기적 프리미엄에 의해 보상받는다는 믿음이 투자자들 사이에 광범위하게 존재한다. 이 프리미엄은 연간 EP=4%이라고 가정하자. 이는 무위험수익률을 초과하는 기대수익률이다. 단순화를 위해, 일반적으로 대여와 차입은 같은 이자율로 이루어진다고 가정된다.

이제 1백만 달러의 투자 펀드를 예로 들어보자. 150만 달러, 즉 150%의 주가지수의 소극적 매입 포지션은 50%의 현금 차입으로 조달된다고 가정하자. 이 포트폴리오의 초과수익률은 150%의 주식 포지션의 총수익에서 50% 차입의 비용을 차감하고, 다시 무위험이자율을 차감한 값일 것이다. 이는 다음과 같이 계산된다.

$$[150\% \times (\mathrm{EP} + R_F) - 50\% R_F] - R_F = 1.5 \times \mathrm{EP} = 6\%$$

이는 또한, 주가지수 선물에 기준금액 150만 달러의 포지션을 취하고, 증거금을 포함한 현금성자산에 자금을 투자하면 달성될 수 있다. 따라서 투자 매니저가 무위험이자율을 6%만큼 초과하는 수익률을 얻었다면 실질적 부가가치를 창출하지 못한 것이다. 추가된 금액은 단순히 시장에 대한 노출의 대가이기 때문이다. 따라서 리스크 프리미엄을 만들어내는 요인들을 고려하는 것이 중요하다.

주식시장, 예를 들어, 미국 주식 S&P 500의 기간 t의 수익률을 $R_{M,t}$로 표시하자. 무위험수익률을 $R_{F,t}$로 표시하며, 포트폴리오 수익률은 $R_{P,t}$이다. 이 일반적 위험조정 방법은 다음 회귀식의 추정을 포함한다.

$$R_{P,t} - R_{F,t} = \alpha_P + \beta_P [R_{M,t} - R_{F,t}] + \epsilon_{P,t}, \quad t = 1, \ldots, T \tag{19.11}$$

여기에서 β_P는 포트폴리오 P의 시장요인에 대한 노출 즉 **체계적위험**(systematic risk)이며, α_P는 시장에 대한 노출을 감안한 이후의 비정상 수익이다. 절편은 또한 **젠센 알파**(Jensen's alpha)로 알려져 있다. 이 항은 시장요인에 대해 조정된 성과를 나타내는 지표로서 투자관리 업계에서 널리 사용되고 있다.

표본기간의 평균을 $\overline{R} = (1/T)\sum_{t=1}^{T}(R_t - R_{F,t})$으로 표시하면 추정된 알파는 다음과 같다.

$$\hat{\alpha} = \overline{R} - \hat{\beta}\overline{R}_M \tag{19.12}$$

만약 시장에 대한 노출이 없으면($\beta = 0$), 수식(19.12)는 알파가 투자수익의 표본평균임을 보인다. 더 일반적으로, 수식(19.12)는 체계적위험 요인에 대한 노출을 적절히 고려한다. 이 투자펀드의 경우, $\overline{R} = 6\%$이고 $\beta = 1.5$이다. 따라서 알파는 다음과 같다.

$$\hat{\alpha} = 6\% - 1.5 \times 4\% = 0$$

이는 부가가치가 없음을 정확하게 나타낸다.

핵심 개념

성과평가는 일반적 시장요인에 대한 노출에 기인하는 수익요소(또는 리스크 프리미엄)를 고려해야 한다. 투자 매니저는 알파로 불리는 잔여수익이 양수일 때에만 가치를 창출한다.

이 형태는 다중요인으로 일반화될 수 있다. 시장 리스크 프리미엄에 추가하여, 우리는 프리미엄이 *가치*(즉, 시가—장부가 비율이 낮은 기업)와 *규모*(즉, 소규모 기업에서)에서 발생한다고 믿는다고 가정해보자. 이 정보는 매니저를 평가하는 데 고려되어야 한다. 만약 그렇지 않으면, 매니저는 대가를 제공하나 요인분석 시스템에서는 누락된 요인을 부담할 수 있다. K개의 요인이 포함되면, 수식(19.11)은 다음과 같이 일반화될 수 있다.

$$R_i = \alpha_i + \beta_{i1} y_1 + \cdots + \beta_{iK} y_K + \epsilon_i \tag{19.13}$$

이 분해는 또한 리스크요인에 대한 노출을 변화시킴으로써 가치를 창출하는 **시점선택 능력**(timing ability)을 찾는 데 유용하다. 예를 들어, 매니저는 시장의 상승을 예측하고 더 높은 베타를 갖는 주식으로 이동할 수 있다. 수식(19.11)에 다른 항을 추가하면, 시점선택 능력이 감안될 수 있다.

$$R_{P,t} - R_{F,t} = \alpha_P + \beta_P [R_{M,t} - R_{F,t}] + \delta_P [R_{M,t} - R_{F,t}] D_t + \epsilon_{P,t} \tag{19.14}$$

여기에서 D_t는 상승시장에서 $D_t = +1$ 그리고 하락시장에서 $D_t = 0$인 더미변수이다. 양의 계수 δ_P는 매니저가 시장예측을 통해 부가가치를 창출했음을 뜻한다. 결국, 포트폴리오의 베타는 시장과 양의 상관관계를 갖게 된다.

다른 널리 쓰이는 도구는 **스타일 분석**(style analysis)이다.[5] 목적은 펀드의 수익을 미리 정해진 자산집단 F_1, F_2, ..., F_K에 의해 설명하는 것이다. 예를 들어, 이들은 (1) 미국의 대형주, (2) 미국의 소형주, 그리고 (3) 해외 주식일 수 있다. 이 세 요인에 대한 회귀분석은 다음과 같이 추정된다.

$$R_i = \beta_{i1} F_1 + \beta_{i2} F_2 + \beta_{i3} F_3 + \epsilon_i \tag{19.15}$$

5) W. Sharpe, "Asset Allocation Management Style and Performance Measurement," *Journal of Portfolio Management* 18 (1992): 7-19.

이는 추정된 회귀계수들은 양수라는 $\beta \geq 0$ 그리고 그 합은 1이라는 $\beta_{i1} + \beta_{i2} + \beta_{i3} = 1$의 제약을 충족하도록 설정되어야 한다. 여기에서 노출은 자산집단에 대한 가중치로 해석될 수 있다. 이 수식은 펀드의 실제 성과를 가장 근접하게 복제하는, 소극적 지수들의 매수포지션의 결합을 찾아낸다. 예를 들어, 회귀분석으로부터 25%, 25%, 50%의 가중치 그리고 92%의 R^2을 얻었다고 가정하자. 다시 말해, 세 개의 지수에 대한 이 소극적 배분은 수익률 분산의 92%를 설명하고, 나머지는 다른 요인들에 기인했다는 것이다. 이는 포트폴리오 성과의 요인을 이해하는 데 유용하다. 또한, 이 가중치들은 미래의 포트폴리오 성과를 비교할 수 있는 기준인 벤치마크를 만드는 데 사용될 수 있다.

마지막으로, 레버리지가 포트폴리오에 미치는 영향을 생각해보자. 매수 레버리지는 자산의 자본에 대한 비율이다. 예를 들어, 어떤 펀드가 투자자로부터 1억 달러 그리고 차입금 1억 달러를 조달하여, 2억 달러를 주식에 투자한다고 가정하자. 매도 포지션(즉, 대출)의 시장리스크는 없다. 이 경우 레버리지는 2대 1이다. 포트폴리오 자산에 대한 10%의 이익, 즉 2,000만 달러는 자본에 대한 20% 수익을 의미한다. 따라서 레버리지가 자산 수익에 곱해지면 자본 수익이 계산된다. 수식(19.11)에서 레버리지는 α_P, β_P, 그리고 ϵ_P를 여러 배로 확대한다. 회귀모형을 분해하면, $V(R_P) = \beta_P^2 V(P_M) + V(\epsilon_P^2)$이다. 따라서 레버리지는 총변동성 σ_P 및 잔차변동성 $\sigma_{\epsilon,P}$를 비례적으로 증가시킨다.

예제 19.6 : FRM 시험 2008 – 문제 5-13

포트폴리오 Q의 베타는 0.7, 기대수익률은 12.8%, 그리고 주식 프리미엄은 5.25%이다. 무위험이자율은 4.85%이다. 이 포트폴리오의 젠센 알파를 계산하라.

a. 7.67%　　b. 2.70%　　c. 5.73%　　d. 4.27%

예제 19.7 : 성과 평가(performance evaluation)

헤지펀드의 알파가 큰 양수라고 가정하자. 이 펀드는 차입금으로 주식의 매도와 매수 포지션을 취할 수 있다. 시장은 기간 동안 상승세였다. 이 정보에 기초하여, 다음 중 맞는 설명은 무엇인가?

a. 만약 펀드가 양의 순베타를 가지면, 모든 알파는 시장으로부터 온다.
b. 만약 펀드가 음의 순베타를 가지면, 알파의 일부는 시장으로부터 온다.

c. 만약 펀드가 양의 순베타를 가지면, 알파의 일부는 시장으로부터 온다.
d. 만약 펀드가 음의 순베타를 가지면, 모든 알파는 시장으로부터 온다.

19.2.7 성과요인 분석: 포지션 기반

지금까지의 분석은 포트폴리오의 실제 수익을 사용했다. 그러나 포지션을 이용하면 더 깊이 있는 성과평가 과정이 가능하다.

예를 들어, 전 세계 주식으로 이루어진 포트폴리오의 성과를 결정하는 요인들을 이해하려 한다고 가정하자. 펀드는 세 개의 자산집단 (1) 미국의 대형주, (2) 미국의 소형주, 그리고 (3) 해외 주식에 투자한다. 월초의 가중치 w_i는 각각 30%, 30%, 그리고 40%이다. 포트폴리오의 수익은 일단의 소극적 요인의 수익들과 특유 수익에 기인하는 요소들로 분해된다.

$$R_P = w_{P1}F_1 + w_{P2}F_2 + w_{P3}F_3 + \epsilon_P \tag{19.16}$$

동일한 분석이 적극적 관리의 수익 관점에서 이루어질 수 있다. 이는 포트폴리오 수익에서 벤치마크 수익을 차감한 것이다.

$$R_P - R_B = [(w_{P1} - w_{B1})F_1 + (w_{P2} - w_{B2})F_2 + (w_{P3} - w_{B3})F_3] + \epsilon_P \tag{19.17}$$

여기에서, 대괄호 안의 항은 자산배분 결정에 기초한 적극적 관리의 수익을 나타낸다. 예를 들어, 만약 첫째 항은 통상적으로 양수이나 특유 수익 항은 그렇지 않으면, 매니저는 자산배분 능력은 있으나 다른 결정 영역에서는 그렇지 않음을 시사한다. 이런 종류의 분석은 국가선택, 통화선택, 그리고 증권선택의 부가가치를 평가하기 위해 확대될 수 있다.

19.2.8 성과 평가와 생존 편의

투자 매니저 집단의 성과를 평가할 때, 다른 중요 이슈는 **생존**(survivorship) 문제이다. 이는 펀드들이 저조한 성과 때문에 투자 세계로부터 탈락하고, 생존 펀드들만 고려될 때 발생한다. 상업적 데이터베이스는 빈번하게 생존 펀드에 관해서만 정보를 제공한다. 사라진 펀드에 대해 고객들은 더 이상 관심을 갖지 않기 때문이다.

문제는 조사대상 펀드집단의 평균적 성과는 **생존 편의**(survivorship bias)의 영향을 받는다는 것이다. 다시 말해, 현존하는 펀드의 겉으로 드러난 성과는 너무 높다. 즉, 기초 모집단의 진정한 성과에 비해 상향 편의된다. 이는 저조한 성과를 보인 펀드는 제외되기 때문이다.

이 편의의 정도는 펀드의 해산율에 의존하며, 매우 심각할 수 있다. 예를 들어, 뮤추얼 펀드 관련 연구들은 연간 3.6%의 해산율을 보고한다. 이는 연초에 존재했으나 당해 연도에 해산된 펀드의 비율을 나타낸다. 이 표본에서 생존편의는 연간 약 0.70%로 추정된다.[6] 이는 생존한 펀드의 성과와 진정한 모집단 성과의 차이를 나타낸다. 이 값은 자산의 약 1%인 연간 관리비용과 비슷한 수준이기 때문에 유의한 수치이다. 더 높은 해산율을 가진 표본은 더 큰 편의를 보인다. 예를 들어, 헤지펀드에 속하는 **상품거래 자문회사**(Commodity Trading Advisor)들은 연간 16%의 해산율을 보이는 것으로 보고된다. 이는 연간 5.2% 수준의 생존편의를 초래하며, 매우 높은 수치이다.[7]

편의의 다른 원천은 표본추출 기준과 자발적 수익공개에 기인하여 발생할 수 있다. 뛰어난 성과를 보인 펀드는 포함될 가능성이 높다. 데이터베이스 판매사에 의해 선택되거나, 펀드매니저가 자발적으로 데이터베이스에 수익자료를 제출하는 경향이 더 높기 때문이다. 결국 우월한 수익을 보인 펀드가 포함되는 편의가 존재한다. 또는 만약 성과가 저조하면 펀드는 수익자료 제출을 중단할 수 있다. 이는 **선택 편의**(selection bias)로 불린다. 이 편의는 해산된 펀드가 표본에 포함되더라도 존재하기 때문에 전자로부터 구별된다.

마지막으로, 아직 외부투자자에게 공개되지 않은 다양한 종류의 펀드가 육성될 때, 다른 미묘한 편의가 발생한다. 예를 들어, 어떤 회사에 의해 2년 동안 10개의 상이한 펀드가 결성된다고 하자. 일부의 성과는 좋을 것이고, 다른 것들은 저조할 것이다. 이는 부분적으로 운에 기인한다. 가장 우수한 실적의 펀드는 대중에게 공개되고, 그 실적은 바로 지난 2년 동안의 지수에 반영된다. 나머지 펀드들은 무시되거나 해산된다. 결국 공개된 펀드의 성과는 전체 표본을 대표하지 않는다. 이는 **인스턴트 자료 편의**(instant-history bias)로 불린다. 이 편의는, 펀드가 보고기간 중에 투자자에게 공개되지 않았다는 점에서, 선택편의로부터 구별된다.

---

6) Mark Carhart, Jennifer Carpenter, Anthony Lynch, and David Musto, "Mutual Fund Survivorship," *Review of Financial Studies* 15 (2002): 1355-1381.

7) CTA는 선물과 옵션을 거래하는 투자 매니저이다. 미국에서 이들은 상품선물거래위원회(Commodity Futures Trading Commission: CFTC)에 의해 규제된다.

핵심 개념

성과평가는, 만약 생존편의 또는 인스턴트 자료 편의에 의해 영향 받은 펀드표본에 기초하면, 지나치게 낙관적일 수 있다. 생존 편의의 정도는 해산율을 따라 증가한다.

예제 19.8 : FRM 시험 2005 – 문제 103

어떤 헤지펀드 수익률의 데이터베이스는 다음과 같이 구축된다. 데이터베이스의 개시연도는 1994년이다. 1994년 말 기준으로 존재하고 확인된 수익률을 자발적으로 보고하는 모든 펀드는 당해 연도에 표본에 포함된다. 이 펀드들의 1994년 이전의 확인된 수익률 자료를 요청함으로써, 데이터베이스는 확장된다. 따라서 펀드는 확인된 수익률 자료를 데이터베이스에 제공할 용의가 있으면 추가된다. 만약 어떤 펀드가 자료보고를 중단하면, 수익률은 데이터베이스로부터 삭제된다. 그러나 만약 어떤 펀드가 더 이상 새로운 투자자에게 공개되지 않더라도 펀드는 확인된 수익률 자료를 데이터베이스 계속 제공한다는 합의가 존재한다. 다음 네 개의 설명 중 옳은 것은 무엇인가?

Ⅰ. 이 데이터베이스는 사후보고편의를 갖고 있다.
Ⅱ. 이 데이터베이스는 생존편의를 갖고 있다.
Ⅲ. 이 데이터베이스는 변수오류 문제를 갖고 있다.
Ⅳ. 펀드 수익률의 동일가중치 연 평균 수익률은 헤지펀드의 성과를 과소평가한다.

a. 모든 보기들이 옳다.
b. 보기 Ⅰ과 Ⅱ가 옳다.
c. 보기 Ⅰ, Ⅱ, 그리고 Ⅲ이 옳다.
d. 보기 Ⅱ와 Ⅳ가 옳다.

19.3 리스크예산

리스크관리의 혁명은 리스크는 최상위 수준에서 측정되어야 한다는 인식을 반영한다 – 다시 말해, 회사 또는 포트폴리오. 전체적 리스크를 측정할 수 있는 능력은 **리스크예산**(risk budgeting)으로 불리는 하향식 리스크배분을 만들어냈다. 리스크예산은 펀드의 총위험을 여러 자산집단과 매니저들에게로 나누는 과정이다.

이 개념은 기관투자자들에 의해 **자산배분과정**(asset allocation process)의 후속단계로서 실천되고 있다. 자산배분은 주요 자산집단으로의 최적배분(즉, 투자자에게 최선의 위험/수익 상반관계를 제공하는 배분)을 찾는 것이다. 이 선택은 포트폴리오의 전체적 리스크 프로파일을 결정한다.

19.3.1 사례

예를 들어, 미국 주식, 미국 채권, 그리고 외국 채권에 대한 투자금액을 결정해야 하는 투자자를 생각해보자. 리스크는 결합정규분포 가정에 기초하여 절대적 기준으로 평가된다. 더 일반적으로, 이는 다른 분포 또는 역사적 시뮬레이션 방법으로 확장될 수 있다. 배분은 각 자산집단의 기대수익과 변동성, 그리고 이들의 상관계수에 의해 결정된다. 〈표 19.2〉는 이 자료를 예시하며, 이는 1879년부터 2003년까지 측정된 역사적 금액기준 수익에 기초하고 있다.

투자자는 최선의 위험/수익 상반관계를 가진 포트폴리오는 12.0%의 기대수익과 10.3%의 총위험을 갖는 것으로 정했다고 가정하자. 〈표 19.2〉는 미국 주식, 미국 채권, 그리고 외국 채권에 각각 60.0%, 7.7%, 그리고 32.3%를 배분한 포트폴리오를 나타낸다.

변동성은 신뢰수준 95%의 연간 VAR로 측정될 수 있다. 이는 총 리스크예산이 $VAR=\alpha\sigma W=1.645\times10.3\%\times\$100=\$16.9$(백만 달러)임을 의미한다. 이 VAR 예산은 다양한 자산집단 그리고 자산집단 내의 적극적 관리자들에게 나누어질 수 있다.

리스크예산은 이런 효율적인 포트폴리오 배분이 VAR 할당으로 전환되는 과정이다. 자산집단 수준에서, 개별 VAR는 각각 15.3, 0.9, 그리고 5.9백만 달러이다. 예를 들어, 미국 주식의 VAR 예산은 $60.0\%\times(1.645\times15.50\%\times\$100)=\$15.3$(백만 달러)이다. 개별 VAR의 합은 22.1백만 달러이며, 이는 위험분산효과 때문에 포트폴리오 VAR인 16.9백만 달러보다 크다.

이 과정은 그 다음 수준에서 반복 적용될 수 있다. 펀드에서 60백만 달러가 배분된 미국 주식은 15.3백만 달러의 리스크예산을 갖고 있다. 두 명의 적극적 주식관리 매니저들에게

표 19.2 리스크예산

자산		기대수익률	변동성	상관계수 1	상관계수 2	상관계수 3	배분 백분율	VAR
미국 주식	1	13.80%	15.50%	1.00			60.0	$15.3
미국 채권	2	8.40%	7.40%	0.20	1.00		7.7	$0.9
비미국 채권	3	9.60%	11.10%	0.04	0.40	1.00	32.3	$5.9
포트폴리오		12.00%	10.30%				100.0	$16.9

균등하게 나누어주는 배분이 선택될 수 있다. 두 매니저의 능력은 같고, 수익의 상관계수는 0.5라고 가정하자. 개별 매니저의 최적 리스크예산은 8.83백만 달러이다. 총 리스크예산은 다음과 같음을 확인할 수 있다.

$$\sqrt{8.83^2 + 8.83^2 + 2 \times 0.5 \times 8.83 \times 8.83} = \sqrt{233.91} = \$15.3$$

앞 단계와 같이, 리스크예산의 합계인 \$8.83+\$8.83=\$17.66(백만 달러)는 총 리스크예산 15.3백만 달러보다 많다는 점에 유의하자. 후자는 분산효과를 고려하기 때문이다. 만약 두 매니저의 수익이 완전상관되어 있으면, 리스크예산은 각각 \$15.3/2=\$7.65(백만 달러)일 것이다. 리스크예산이 많으면 매니저의 우월한 알파를 이용할 기회가 증가하기 때문에 투자자에게 유리하다.

리스크예산 과정은 매니저들 사이의 상관계수의 중요성을 강조한다. 리스크를 더 잘 통제하기 위해, 기관투자자들은 빈번하게 상이한 시장 영역이나 전략을 따르는 주식 매니저들을 선택한다. 예를 들어, 첫 번째 매니저는 소형 성장주에 투자하고, 두 번째 매니저는 중형 가치주에 투자할 수 있다. 또는, 첫 번째 매니저는 추세 기반 전략을 따르고, 두 번째 매니저는 가치 기반 전략을 따를 수 있다. 첫째 유형은 가격상승 후에 더 많은 주식을 매수하는 경향이 있고, 둘째 유형은 가격이 더 매력적으로 변한(즉, 가격하락) 후에 매수하는 경향이 있다. 스타일이 다르면 매니저들 사이의 상관계수는 감소한다. 총 리스크예산이 주어지면, 상관계수가 낮을 때 개별 매니저는 높은 리스크예산을 할당받고 더 많은 부가가치를 펀드에 제공할 수 있다.

이 낮은 상관계수는 투자자들이 **스타일 드리프트**(style drift)를 관찰해야 할 이유를 설명한다. 이는 투자 매니저가 투자스타일을 바꾸는 상황을 일컫는다. 이는 전체 포트폴리오의 리스크를 변화시킬 수 있으므로, 투자자에게 문제가 된다. 예를 들어, 만약 모든 매니저들이 소형 성장주 분야로 변경하면 전체 펀드의 리스크는 증가한다. 스타일 드리프트의 통제 방법은 다음과 같다. 다른 특성을 가진 벤치마크, 예를 들면, 소형 성장주 또는 중형 가치주 지수 등을 선택하거나 개별 매니저의 추적오차 변동성을 통제하는 것이다.

결론적으로, 리스크예산 접근법은 투자관리 분야로 빠르게 확산되고 있다. 이 접근법은 모든 하위 포트폴리오에 걸쳐서 일관성을 갖춘 리스크 척도를 제공한다. 매니저와 투자자들로 하여금 수용할 수 있는 리스크의 양을 솔직하게 직면하도록 만든다. 또한, 리스크를 실시간으로 감시하는 수단을 제공한다.

19.3.2 한계리스크와 리스크에 대한 기여

잘 고안된 리스크 시스템은 리스크를 관리하는 방법을 이해할 수 있는 수단을 제공한다. 리스크 보고서는 **한계리스크**(marginal risk)의 척도를 나타내야 한다. 이는 배분액의 작은 증가가 초래하는 리스크 변화를 나타낸다. 수익의 변동성을 리스크 척도로 사용하는 경우, 이는 다음과 같다.

$$\text{MRISK} = \frac{\partial \sigma_p}{\partial w_i} = \frac{\text{cov}(R_i,\ R_p)}{\sigma_P} = \beta_{i,P}\sigma_P \qquad (19.18)$$

따라서 베타는 전체 포트폴리오 P의 리스크에 대한 한계적 기여를 나타낸다. 베타가 높으면, 이 포지션을 약간 늘리는 것만으로도 포트폴리오 리스크에 비교적 큰 영향을 미친다. 역으로, 높은 베타를 가진 포지션이 청산되면, 리스크가 큰 폭으로 감소한다. MRISK에 신뢰수준에 상응하는 α를 곱한다는 점을 제외하면, **한계** VAR(marginal VAR)도 비슷한 척도이다.

이는 포트폴리오 리스크에 대한 기여를 측정하기 위해 확장될 수 있다. 포지션 i의 한계리스크에 가중치 w_i를 곱하면, **리스크 기여**(risk contribution), 또는 **리스크 배분**(risk allocation)이 계산된다.

$$\text{CRISK} = w_i\beta_{i,P}\sigma_P \qquad (19.19)$$

포트폴리오의 자기 자신에 대한 베타는 1이기 때문에, $w_i\beta_{i,P}$의 합은 항상 1이다. 따라서 리스크 기여의 합은 정확하게 전체 포트폴리오 리스크 σ_P에 일치한다. 리스크가 VAR 기준으로 표시될 때, 이 척도는 **요소** VAR(component VAR)로 불린다.

〈표 19.3〉은 앞의 표를 확장한 예를 제시한다. 한계리스크의 행은 미국 주식이 포트폴리오의 리스크에 대해 가장 큰 한계적 기여를 하는 자산집단임을 보인다. 예를 들어, 배분을 60%로부터 61%로 높이면, 포트폴리오 리스크는 10.30%로부터 10.44%로 증가한다. 이는 0.14%의 상승이다. 이는 정확하게 한계리스크 수치 0.14에 1%의 가중치 상승을 곱한 값이다.

마지막 행은 리스크 기여, 또는 배분을 나타낸다. 전체 포트폴리오 리스크 10.30% 가운데 8.63%는 미국 주식에 기인한다. 이 높은 수치는 자산집단의 높은 변동성, 포트폴리오 내의 높은 비중, 그리고 상관계수를 반영한다. 따라서 보고 시스템은 관행적인 비중, 즉

표 19.3 리스크 분석

자산	변동성	시장 배분	한계리스크	리스크 배분
미국 주식	15.50%	60.0%	0.1438	8.63%
미국 채권	7.40%	7.7%	0.0278	0.21%
비미국 채권	11.10%	32.3%	0.0451	1.46%
포트폴리오	10.30%	100.0%		10.30%

시장 배분뿐 아니라 리스크 배분도 나타내야 한다.

이런 분석은 포트폴리오 구조에 관한 유용한 직관을 제공한다. 희소한 리스크예산 하에서, 더 많은 리스크 배분은 다른 자산들에 비해 높은 기대수익에 의해서만 정당화될 수 있다. 실제로, 정확한 관계는 평균-분산 효율적인(즉, 샤프 비율을 극대화하는) 포트폴리오에서 성립한다. 만약 포트폴리오 P에서 이것이 사실이면, 모든 자산의 초과수익률의 한계리스크에 대한 비율은 같아야 한다. 또한, 이 비율은 트레이너 비율에 비례한다. 한편, 만약 P가 비효율적이면, 더 높은 기대수익 대 리스크 기여 비율을 가진 자산의 비중을 늘림으로써 성과를 개선할 수 있다. 따라서 주어진 일단의 리스크 척도와 자산집단에 관한 예측하에서, 포트폴리오 리스크의 하향식 분석은 투자자로 하여금 포트폴리오 성과를 개선할 수 있도록 도와준다.

예제 19.9 : 리스크 예산

AT&T 연금기금은 68%, 즉 130억 달러를 주식에 투자하였다. 정규분포와 연간 변동성 15%를 가정하자. 이 펀드의 절대적 리스크를 95% 신뢰수준에서 1년 VAR로 측정하면, 32억 달러이다. 이 연금기금은 리스크를 두 주식 매니저에게 배분하려 한다. 각 매니저는 동일한 VAR 예산을 받는다. 두 매니저 사이의 상관계수가 0.5이면, 각 매니저의 VAR 예산은 얼마인가?

a. 32억 달러 b. 24억 달러 c. 19억 달러 d. 16억 달러

예제 19.10 : FRM 시험 2005 – 문제 140

어떤 포트폴리오가 4개의 자산으로 이루어져 있다고 가정하자. 각 자산의 리스크 기여는 다음과 같다: 영국 대형주, 3.9%; 영국 소형주, 4.2%; 영국 채권, 0.9%; 비영국 채권, 1.1%. 영국 주식의 상대적으로 높은 리스크 기여에 관한 가능한 설명이 아닌 것은 무엇인가?

a. 영국 주식의 높은 기대수익률

b. 영국 주식에 대한 높은 가중치
c. 영국 주식의 높은 변동성
d. 포트폴리오의 다른 모든 자산과 영국 주식의 높은 상관관계

예제 19.11 : FRM 시험 2009 – 문제 8-9

어떤 리스크관리 담당자가 수익률의 결합분포는 다변량 정규분포라고 가정하고, 다음의 두 자산으로 이루어진 포트폴리오의 리스크를 측정한다.

자산	포지션	개별 VAR	한계 VAR	VAR 기여
1	100달러	23.3달러	0.176	17.6달러
2	100달러	46.6달러	0.440	44.0달러
계	200달러	61.6달러		62.6달러

만약 자산 2가 포트폴리오로부터 제외되면, 포트폴리오 VAR는 얼마나 감소하는가?

a. 15.0달러　　b. 38.3달러　　c. 44.0달러　　d. 46.6달러

예제 19.12 : FRM 시험 2009 – 문제 8-10

앞 문제에 이어서, $\beta_{ip} = \rho_{ip}\sigma_i/\sigma_p$라고 가정하자. 여기에서, $\rho_{i,P}$는 자산 i의 수익률과 포트폴리오 수익률의 상관계수, σ_i는 자산 i의 수익률 변동성, σ_P는 포트폴리오 수익률의 변동성이다. β_1와 β_2는 무엇인가?

a. $\beta_1=0.571$, $\beta_2=1.429$　　b. $\beta_1=0.756$, $\beta_2=1.513$
c. $\beta_1=0.286$, $\beta_2=0.714$　　d. 제시된 정보로부터 판단할 수 없다.

예제 19.13 : FRM 시험 2009 – 문제 8-12

Big Inc.의 연금 관리 애널리스트들은 연금 포트폴리오의 자산과 리스크를 관리하기 위해 두 단계의 과정을 거친다. 첫째, 네 개의 광범위한 자산집단에 걸친 배분을 결정하기 위해, VAR 기반 리스크예산 과정을 사용한다. 다음에는, 각 자산집단 안에서 벤치마크 지수의 최대 추적오차 허용치를 정하고 개별 매니저들에게 분배할 적극적 리스크예산을 결정한다. 수익률은 모두 정규분포를 따른다고 가정하자. 과정의 첫 단계로부터 다음 정보가 제공되었다.

	기대수익률(%)	변동성(%)	자산배분(%)	개별 VAR(달러)	한계 VAR
소형주	0.20%	2.66%	35.0%	6,491	0.055
대형주	0.15%	2.33%	40.0%	6,497	0.044
상품	0.10%	1.91%	16.7%	2,216	0.020
신흥시장	0.15%	2.70%	8.3%	1,570	0.047
	총 VAR: 13,322				

다음 보기 중 옳은 것은 무엇인가?

Ⅰ. 리스크예산 측정방법으로 VAR를 사용하면, 신흥시장 집단이 가장 작은 리스크 예산을 갖는다.

Ⅱ. 만약 1달러가 포트폴리오에 추가되면, 포트폴리오 VAR에 대한 한계적 영향은 소형주에 투자될 때 가장 클 것이다.

Ⅲ. 최대 추적오차 허용치가 낮아지면, 개별 매니저는 더 큰 초과수익률을 달성하기 위한 재량권을 더 많이 갖는다.

Ⅳ. 적절하게 설정된 리스크 한도를 정하고 리스크 수준을 주의 깊게 살피면, 리스크 한도는 결코 초과되지 않는다.

a. Ⅰ과 Ⅱ
b. Ⅰ, Ⅱ, Ⅲ, 그리고 Ⅳ
c. Ⅱ와 Ⅲ
d. Ⅰ

19.4 중요 공식

- 절대적 리스크 : $\sigma(\Delta P) = \sigma(\Delta P/P) \times P = \sigma(R_P) \times P$
- 상대적 리스크 : $\sigma(e)P = [\sigma(R_P - R_B)] \times P = \omega \times P$
- 추적오차 변동성(TEV) : $\omega = \sigma(\Delta P/P - \Delta B/B)$
- 샤프 비율(SR) : $\mathrm{SR} = [\mu(R_P) - R_F]/\sigma(R_P)$
- 위험조정 성과(RAP) : $\mathrm{RAP}_P = R_F + \frac{\sigma_B}{\sigma_P}[\mu(R_P) - R_F]$
- 정보비율(IR) : $\mathrm{IR} = [\mu(R_P) - \mu(R_B)]/\omega$
- 알파, 회귀식의 절편 : $R_{P,t} - R_{F,t} = \alpha + \beta_P[R_{M,t} - R_{F,t}] + \epsilon_{P,t}$
- 트레이너 비율(TR) : $\mathrm{TR} = [\mu(R_P) - R_F]/\beta_P$

- 시장예측 능력, 양의 δ :

$$R_{P,t}-R_{F,t}=\alpha_P+\beta_P[R_{M,t}-R_{F,t}]+\delta_P[R_{M,t}-R_{F,t}]^2+\epsilon_{P,t}$$

- 한계리스크 : 포트폴리오 총위험의, 포지션 i의 작은 변화에 기인한 변화 :

$$\text{MRISK}=\frac{\partial\sigma_p}{\partial w_i}=\frac{\text{cov}(R_i,\ R_p)}{\sigma_P}=\beta_{i,P}\sigma_P$$

- 리스크 기여 : 총 포트폴리오 리스크의 1개 포지션에 기인하는 요소: $\text{CRISK}=w_i\beta_{i,P}\sigma_P$

19.5 예제 풀이

예제 19.1: FRM 시험 2008 – 문제 5-9

a. 정보비율은 (7.8−7.2)/1.25=0.48이다. 통계적 유의성은 t-통계량이 일반적인 수치 1.96을 넘을 때 달성된다. 수식(19.5)에 의해, 통계적 유의성을 위한 최소 연수 T는 $(\text{IR}1.96)^2=16.7$이다. 그러나 IR문제의 정답은 단지 하나이기 때문에, 두 번째 계산을 수행할 필요는 없다.

예제 19.2: 연금기금 부채

d. 부채의 수정 듀레이션은 $D^*=-(\Delta P/P)/\Delta y=-(0.8/17.4)/0.0005=9.2$으로 계산된다. 따라서 이 부채는 약 9년의 듀레이션을 가진 채권의 매도포지션과 비슷하게 변동한다. 보기 a.와 b.는 옳지 않다. 부채는 고정된 미래 지급을 갖고 있기 때문이며, 이는 주식이나 현금성자산의 현금흐름 패턴과 비슷하지 않다. 만기 9년의 채권의 듀레이션은 9년보다 작기 때문에, 보기 c.는 옳지 않다. 예를 들어, 이표율 6%이고 만기 9년인 기준가 채권의 듀레이션은 7년에 불과하다.

예제 19.3: 연금기금 리스크

a. 펀드의 잉여는 자산이 부채를 초과하는 금액이다. 이는 \$19.6−\$17.4=\$2.2(십억 달러)이다. 95% 신뢰수준의 연간 surplus at risk는, 정규분포를 가정하면, 1.645×10%×\$2,200=\$360(백만 달러)이다. 보기 b.는 99% 신뢰수준을 사용하기 때문에 옳지 않다. 잉여 대신 부채 및 자산에 위험을 적용하기 때문에 보기 c.와 d.도 옳지 않다.

예제 19.4: FRM 시험 2006 – 문제 25

c. 이 부채는 채권의 매도(매수 아님) 포지션과 비슷하기 때문에 보기 I.은 옳지 않다. surplus at risk는 자산에서 부채를 뺀 상대적 리스크이기 때문에 보기 II.는 옳다. 이 회사는 8십억 달러가 아닌 8.8십억 달러를 투자해야 하기 때문에 보기 III.은 옳지 않다.

예제 19.5: FRM 시험 2009 – 문제 8-2

b. 적극적 매니저는 벤치마크에 비교되기 때문에 당신의 회사는 상대적 성과척도를 사용해야 한다(즉, 추적오차 변동성과 정보비율).

예제 19.6: FRM 시험 2008 – 문제 5-13

d. 알파는 (12.8%−4.85%)−0.7(5.25%)=4.27%이다.

예제 19.7: 성과 평가

c. 시장이 상승했기 때문에 양의 베타를 가진 포토폴리오는 부분적으로 시장의 영향에 기인한 양의 성과를 가질 것이다. 음의 베타를 가진 포트폴리오는 부분적으로 시장에 기인한 음의 성과를 거둘 것이다. 펀드 매니저는 여전히 재량적인 주식선택을 통해 약간의 알파를 만들 수 있기 때문에 보기 a.는 옳지 않다. 음의 베타와 시장 상승의 결합은 (양이 아닌) 음의 수익률을 만들기 때문에 보기 b.와 d.는 옳지 않다.

예제 19.8: FRM 시험 2005 – 문제 103

b. 이 데이터베이스는 1994년 이전의 자료를 포함하며, 따라서 사후보고 편의가 있다. 다음으로 보고를 중단한 펀드는 데이터베이스로부터 제외되며, 따라서 생존 편의가 존재한다. 변수오류 편의는 회귀분석 같은 다른 상황에서 발생한다. 마지막으로, 이 두 편의 때문에 펀드 수익률의 평균은 너무 높을 것이다(너무 낮지 않다). 따라서 I.과 II.는 옳다.

예제 19.9: 리스크 예산

c. x를 각 매니저에 대한 리스크예산 분배라고 부르자. 이는 $x^2+x^2+2\rho\ xx=\$3.2^2$을 충족해야 한다. $x\sqrt{1+1+2\rho}=x\sqrt{3}=\$3.2$를 풀면, $x=\$1.85$(십억 달러)이다.

보기 a.는 총 VAR에 관한 것이기 때문에 옳지 않다. 보기 b.는 0의 상관계수를 가정하기 때문에 옳지 않다. 보기 d.는 단순히 32억 달러의 VAR를 2로 나누기 때문에 위험분산효과를 무시하며, 따라서 보기 d.는 옳지 않다.

예제 19.10: FRM 시험 2005 - 문제 140

a. 리스크 기여는 가중치와 베타의 곱에 비례한다. 후자는 자산과 포트폴리오 사이의 상관관계와 자산 변동성을 반영한다. 더 높은 가중치, 상관계수, 그리고 변동성은 더 높은 리스크 기여를 초래한다. 반대로 높은 기대수익률은 높은 가중치를 설명하나, 높은 리스크 기여를 설명하지 못한다.

예제 19.11: FRM 시험 2009 - 문제 8-9

b. 이는 61.6에서 자산 1의 포트폴리오 VAR만을 뺀 것이다. 이는 23.3달러이며, 38.3의 차이를 보인다.

예제 19.12: FRM 시험 2009 - 문제 8-10

a. 수식(19.18)로부터, 베타는 한계리스크에 비례한다. 또는, VAR 기여는 베타와 가중치와 포트폴리오 VAR의 곱에 비례한다. 따라서 $\beta_1 = 17.6/(0.5 \times 61.6) = 0.57$과 $\beta_2 = 44.0/(0.5 \times 61.6) = 1.43$이다.

예제 19.13: FRM 시험 2009 - 문제 8-12

a. 리스크예산은 개별 VAR에 의해 표시된다. 이는 신흥시장에서 가장 작다. 따라서 보기 I.은 옳다. 한계 VAR는 소형주에서 가장 높으며, 따라서 이 자산집단에 추가하는 1달러가 포트폴리오에 가장 큰 영향을 미친다. TEV를 낮추면, 더 많은 재량권이 아닌 더 적은 재량권을 매니저에게 부여한다. 따라서 보기 III.은 옳지 않다. 마지막으로, 리스크 한도의 설정은 이 한도가 초과되지 않는다는 보장을 제공하지 않는다. 리스크 모형이 정확하더라도 불운과 예외가 발생할 수 있다.

Chapter 20

헤지펀드 리스크관리*

최초의 헤지펀드는 A. W. Jones에 의해 1949년에 시작되었다. 전형적인 주식 뮤추얼펀드와는 달리, 이 펀드는 주식의 매수 및 매도 포지션을 취했다. 이후 수십 년 동안, 헤지펀드 산업은 지수적 성장을 경험했다. 헤지펀드의 자기자본은 2009년 12월 기준으로 1조 6,000억 달러를 초과한다. 이는 **관리자산**(assets under management: AUM)으로 불린다.

헤지펀드(hedge fund)는 사적 파트너십으로 결성되고, 따라서 많은 본질적인 측면에서 뮤추얼펀드로부터 구별된다. 그들은 더 신축적인 투자기회를 제공하고, 덜 규제받는다. 투자전략에 대한 제약은 매우 적다. 특히, 다양한 시장에서 매수와 매도 포지션을 취할 수 있고 레버리지를 활용할 수 있다. 이 레버리지 때문에 통제하는 자산은 AUM보다 많다. 헤지펀드는 금융시장에서 중요한 동력이 되었으며, 일부 시장에서는 거래의 큰 부분을 차지한다.

모든 투자자에게 개방된 뮤추얼펀드와는 달리, 헤지펀드에는 승인된 투자자만 참여할 수 있다. 리스크가 크다고 인식되기 때문일 것이다. 리스크를 통제하기 위해, 대다수 헤지펀드는 포지션 기반의 value at risk(VAR) 유형의 기법을 채택하고 있다. 일부 헤지펀드의 전략은 상업은행의 자기계정 거래부서와 매우 비슷하기 때문에, 헤지펀드가 유사한 리스크관리 도구를 채택하는 것은 자연스러운 결과이다.

이 장의 목적은 헤지펀드 산업의 리스크관리를 개괄하는 것이다. 제20.1절은 헤지펀드 산업을 소개한다. 제20.2절은 매도의 기법과 다양한 레버리지 수단을 제시한다. 제20.3절은 헤지펀드에서 일반적으로 사용되는 전략을 분석하고, 리스크를 인식하고 측정하는 방

* FRM 시험 Part 2 주제.

법을 제시한다. 헤지펀드 특유의 리스크요인들은 제20.4절에 제시된다. 마지막으로, 제20.5절은 헤지펀드 리스크를 다루는 방법을 제시한다.

20.1 헤지펀드 산업

헤지펀드 산업의 성장은 〈그림 20.1〉에 묘사되어 있다. 현재, 약 9,000명의 헤지펀드 매니저가[1] 약 1조 6,000억 달러의 자기자본을 통제하고 있다. 이는 순자산으로도 불리며, 1990년의 400억 달러로부터 성장했다. 따라서 연간 성장률은 20%를 넘는다. 상대적으로, 미국의 뮤추얼펀드는 1990년 1조 650억 달러, 현재에는 11조 1,210억 달러를 관리하고 있다. 이는 13%의 연간 성장률에 해당한다. 따라서 헤지펀드는 뮤추얼펀드보다 같은 기간 동안 훨씬 더 빠르게 성장했다.

그림 20.1 헤지펀드 산업의 성장

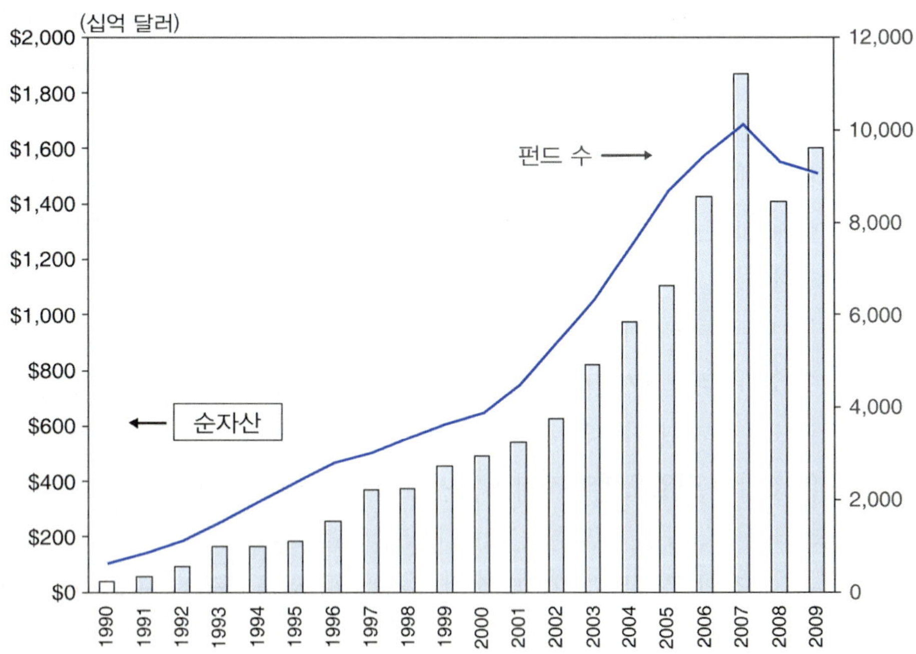

자료: Hedge Fund Research. 수치는 매년 12월 기준.

1) 이 수치는 약 2,200개에 달하는 모태펀드를 포함한다.

이 산업의 성장은 많은 요인에 기인한다. 투자자 입장에서, 헤지펀드의 성과는 매력적이었으며, 특히 2000-2002년 기간 주식시장의 저조한 실적에 비교하면 더욱 그렇다. 헤지펀드는 또한 낮은 베타를 갖고 있다고 주장하므로, 분산투자 수단으로 유용하다.

매니저 입장에서 헤지펀드는 전통적 투자펀드에 비해 높은 보수를 제공한다. 뮤추얼펀드의 일반적 투자관리 수수료는 AUM 대비 0.5%에서 2% 범위의 고정 요율이다. 대조적으로, 헤지펀드는 통상 자산의 1% 내지 2% 범위의 고정적 관리수수료와 이익의 20%에 해당하는 성과급을 징수한다.

헤지펀드는 또한 전형적으로 투자전략의 제약이 적고 규제가 덜하기 때문에 포트폴리오 매니저에게 더 많은 재량권을 제공한다. 더 신축적인 투자기회는 증권의 공매도, 포트폴리오의 레버리지, 파생상품 투자, 그리고 일반적으로 더 넓은 자산집합에 대한 투자 능력을 포함한다. 완화된 규제환경은 성과수수료, 환매제한 기간, 또는 매니저의 다른 형태의 재량적 행위를 실행할 수 있도록 만든다.

그러나 2008년의 전례 없는 혼란은 헤지펀드 산업에 큰 타격을 가했다. 많은 펀드가 저조한 성과를 발표하고, 광범위한 투자자의 환매 요구를 받았으며, 결국 많은 펀드가 폐쇄되었다. 그러나 헤지펀드들의 손실은 일반적으로 주가하락의 절반 수준이었다.

사례 수수료 계산

가장 일반적인 수수료 구조는 (1) 관리자산의 고정된 비율인 관리 수수료로서 전형적으로 2%, 그리고 (2) 인센티브 수수료로서, 전형적으로 연간 이익이 발생하면 그 금액의 20%이다. 때로, 인센티브 수수료는 성과가 LIBOR 같은 **최소수익률**(hurdle rate)을 초과해야만 지급된다.

예를 들어, 순자산가치(NAV)가 (총)수수료 차감 전 기준으로, 100으로부터 120으로 증가하고, LIBOR는 5%라고 가정하자. 수수료는 일반적인 2-20이다. 관리수수료는 먼저 기말 자산가치로부터 공제된다. 자산가치는 120으로부터 118로 감소한다. 총수수료는 이제 $100\times2\%+[(118-100)-5\%\times100]\times20\%$이다. 이 경우 총수익률은 20%, 매니저의 총수수료는 4.6%, 그리고 순수익률은 15.4%이다. 만약 최소수익률 기준이 없으면, 순수익률은 14.4%일 것이다.

20.2 레버리지, 매수 포지션과 매도 포지션

헤지펀드는 **프라임 브로커**(prime broker: PB)를 통해 차입이나 공매도를 할 수 있다. PB는 헤지펀드에게 거래조정(지급결제), 보호예수 서비스, 리스크관리, 그리고 기록유지를 포함하는 다양한 지원업무 서비스를 제공한다. 또한 차입금 조달을 위한 신용공여한도와 공매도 편의를 제공한다.

헤지펀드의 운영을 이해하려면 주식 차입과 증거금의 기능을 기술해야 한다. 전형적인 기업의 대차대조표 분석에서, **대차대조표 레버리지**(balance sheet leverage)는 대차대조표 상 자기자본 대비 자산의 비율이다. 그러나 이 단순한 척도는 모든 리스크는 자산으로부터 발생한다, 즉 미래 부채가치는 알려져 있다고 가정한다. 이런 정의는 헤지펀드 또는 대다수 금융기관에서 적당하지 않다. 이 경우 자산과 부채, 매수와 매도 포지션은 모두 리스크에 노출되어 있다.

다음에서 주식의 매수와 매도 포지션을 이용하는 원리를 예시한다. 그러나 이 분석은 매도가능한 모든 자산에 적용될 수 있으며, 각각 특정한 증거금 기준이 적용된다.

20.2.1 매수 포지션

가장 단순한 경우인 위험자산의 매수 포지션으로부터 시작하자. 예를 들어, $100(백만 달러)를 어떤 주식에 투자한 투자자를 생각해보자. 투자자의 자기자본이 $100일 수 있고, 또는 투자자는 차입할 수도 있다. 브로커는 50%의 증거금 적립을 요구한다고 가정하자. 이는 미국의 Regulation T 규정 하에서 최소 기준이다. 투자자는 단지 $50를 투자하고, 나머지는 브로커의 $50 대여로 조달될 수 있다. 이 포지션의 대차대조표는 다음과 같으며, 리스크 항목은 볼드체로 표시되어 있다. 레버리지를 자산의 자기자본에 대한 비율로 정의하면, 이 포지션의 레버리지는 2 대 1이다.

자산	부채
$100 **주식 매수**	$50 브로커 대여
	$50 주식

리스크는 주식가치의 하락 리스크이다. 예를 들어, 주식가치의 1%에 해당하는 1달러의 손실은 자기자본 가치의 1달러 손실을 초래한다. 이는 상대적 기준으로 2%의 손실이다.

따라서 자산가치의 변동은 레버리지 요인 L에 의해 확대된다. 만약 레버리지가 없으면 $(L=1)$, 최악의 손실은 주식가격이 0으로 하락할 때 발생한다.

자기자본 수익률은 주식의 매수 포지션 수익률 R_S의 L배에서 차입비용 R_F의 $(L-1)$배를 차감한 값이다.

$$R_E = LR_S - (L-1)R_F = R_F + L(R_S - R_F) \tag{20.1}$$

따라서 자기자본의 변동성은 주식 포지션의 변동성의 L배이다. 비슷하게 베타와 고유 변동성은 레버리지 배수만큼 증가한다.

$$\beta_E = L\beta_S \tag{20.2}$$

레버리지는 수익을 증폭할 뿐 아니라 더 많은 리스크를 초래한다.

레버리지는 또한 현금성자산 대신 파생상품에 의해 달성될 수 있다. 이는 단일 주식의 선물, 차액지급 계약, 또는 주식 스왑을 포함한다. 만약 주식선물 포지션이 단지 10%의 증거금으로 계약가능하면, 경제적으로 동등한 자본조달 구조는 90달러의 차입과 10달러의 자기자본으로 이루어진다. 노출금액은 여전히 100달러이나, 내포된 레버리지는 이제 훨씬 더 높은 10대 1이다

20.2.2 매도 포지션

이제 투자자가 주식 매도를 원하는 상황을 고려해보자. 주식대여 계약 하에서, 주식 소유자는 현금과 미래의 주식회수권을 대가로 투자자에게 주식을 대여한다. 그동안 투자자는 주식에서 발생하는 배당 같은 모든 현금흐름을 원 소유자에게 전달해야 한다.[2] 주식이 반환될 때, 주식 대여자는 현금과 이에 대한 단기금리에서 **주식대여 수수료**(stock loan fee)를 차감한 금액을 돌려준다. 이 수수료는 전형적으로 대다수 주식에서 20베이시스 포인트(bp)이나, 차입하기 어려운(소위 "on special") 주식의 경우에는 400bp에 달할 수 있다. 그동안 주식 대여자는 현금을 투자할 수 있으므로, 결국 20bp의 순수수료를 받는 것이다. 주식 대여자의 입장에서, 이는 주식 수익률을 다소 높이는 손쉬운 방법이다.

2) 전통적 주식대여는 일별로 이루어진다. 대여자는 언제든지 3일의 인도기간을 전제로 주식수익을 요구할 수 있다.

주식 차입자는 가격 하락을 예상하고, 이제 주식을 매도할 것이다. 그러나 매도는 브로커를 통하며, 매도자는 대금 전액을 수취하도록 허용되지 않는다. 미국의 Regulation T 하에서, 브로커는 매도대금의 50%를 보관한다. 이 증거금은 투자자가 온전하게 소유한 증권으로 납입될 수 있으며, 투자자의 레버리지를 제한한다.

따라서 투자자는 100달러 상당의 주식을 받아서 매도하며, 적어도 50달러를 브로커에게 증거금으로 맡긴다. 그의 희망은 주가하락, 그래서 더 낮은 가격으로 주식을 재매입할 수 있게 되는 것이다.

모든 현금흐름은 동시에 지급된다, 투자자는 100달러를 주식 대여자에게 보내야 한다. 그 절반은 매도대금 중 남은 금액, 나머지 절반은 투자된 자기자본 즉 투자자 자신의 자금으로 조달된다. 매도 포지션의 대차대조표는 다음과 같으며, 리스크 항목은 볼드체로 표시되어 있다. 여기에서 레버리지는 매도포지션 절대금액의 자기자본에 대한 비율로 정의되며, 이 경우 2대 1이다. 앞의 단순 매도포지션과 마찬가지로, 이 포지션은 50달러의 자기자본을 100달러의 주식 포지션으로 레버리지한 것이다. Regulation T는 최대 레버리지 비율을 2로 제한하며, 이는 브로커에 보관되는 공매도 대금 50%의 역수이다.

자산	부채
\$100 주식 소유자에게 대여된 현금	\$100 **주식 매도**
\$50 브로커에 보관된 증거금	\$50 주식

여기에서 리스크는 주식 가치의 상승 리스크이다. 만약 주식가격이 1달러 즉 1% 상승하면, 자기자본 손실은 1달러 즉 상대적 기준으로 2%이다. 이 비율은 레버리지 비율 2와 일치한다. 자기자본의 베타는 이제 주가에 대해 역의 상관관계를 갖는다.

$$\beta_E = -L\beta_S \tag{20.3}$$

그러나 매도 포지션은 내재적으로 매수 포지션보다 위험하다. 가격의 분포가 비대칭적이기 때문이다. 가격의 하한은 0이나, 상한은 확률은 낮지만 무한대이다. 매수 포지션에서 발생할 수 있는 최대손실은 \$100(백만 달러)이다. 매도 포지션에서, 가격은 \$100으로부터 \$200(백만 달러)로 상승할 수 있다. 또는 더 높이 상승할 수 있으며, 이 경우 손실금액은 \$100(백만 달러)를 초과할 것이다.

20.2.3 매수와 매도 포지션

매수와 매도 포지션을 모두 보유한 전형적인 헤지펀드를 생각해보자. 초기 자기자본은 100달러라고 하자. 이는 자기자본, 또는 **순자산가치**(net asset value: NAV)이다. 펀드는 앞에서와 같이 100달러 상당의 주식을 매입하고 100달러 상당의 주식을 매도할 수 있다. 주식 매수포지션의 일부는 주식 공매도를 위해 브로커의 최소 증거금 기준을 충족시키는 데 사용될 수 있다. 매수와 매도 포지션의 대차대조표는 다음과 같으며, 리스크 항목은 볼드체로 표시되어 있다.

자산	부채
$100 **주식 매수**	$100 **주식 매도**
$100 주식 소유자에게 대여된 현금	$100 주식

이제 전통적인 리스크 척도를 다루자. V_L, V_S, 그리고 V_E를 각각 주식 매수포지션, 주식 매도포지션, 그리고 자기자본의 (절대) 금액가치라고 정의하자. V_A는 총자산 가치이다. 만약 주식의 매수와 매도 포지션의 베타가 β_L과 β_S이면, 금액기준 총베타는 다음과 같다.

$$(\beta_L V_L - \beta_S V_S) = \beta_E V_E \tag{20.4}$$

이는 자기자본의 순베타, 즉 β_E를 나타낸다. 그러나 이 체계적위험의 순 척도는 고유위험을 무시한다.

전통적인 **레버리지**(leverage)는 리스크 척도로서 널리 사용된다.

$$\text{레버리지} = \frac{V_A}{V_E} = \frac{\text{주식 매수포지션과 현금}}{\text{자본}} \tag{20.5}$$

이 예에서, 이 값은 ($100+$100)/($100)=2이다. 일반적으로 현금은 무시되고, **매수 레버리지**(long leverage)는 1이다. 그러나 이는 주식 매도포지션의 헤지효과를 무시하므로 적당하지 않다.

총액을 이용한 **총레버리지**(gross leverage)는 다음과 같다.

$$\text{총레버리지} = \frac{V_L + V_S}{V_E} = \frac{\text{매수포지션 그리고 매도포지션의 절대금액}}{\text{자본}} \tag{20.6}$$

이 예에서, 이 값은 (\$100+\$100)/(\$100)=2이다.

총레버리지는 헤지펀드 리스크의 대략적 척도로서 빈번하게 사용된다. 그러나 이 척도는 주식 포지션의 체계적위험을 적절하게 파악하지 못한다. 만약 매수와 매도 포지션이 동일한 금액과 시장 베타를 갖고 있으면, 순베타는 0이다. 따라서 직접적 시장리스크는 존재하지 않는다. 극단적으로(실제로 그럴 필요는 없지만), 만약 매수와 매도 포지션이 동일 주식에 투자되어 있으면 리스크는 존재하지 않는다. 그러나 총레버리지는 높다.

빈번히 사용되는 또 다른 정의는 **순레버리지**(net leverage)이며 다음과 같다.

$$\text{순레버리지} = \frac{V_L - V_S}{V_E} = \frac{\text{매수포지션에서 매도포지션의 절대금액 차감}}{\text{자본}} \tag{20.7}$$

이 예에서, 이 값은 (\$100−\$100)/(\$100)=0이다.

순레버리지 또한 리스크 척도로서 부적당하다. 이는 체계적위험을 대략적으로 고려하나 매수와 매도 포지션 가치 사이의 잠재적 괴리를 반영할 수 없다. 다만, 제한적인 가정 하에서 적절하다. 예를 들어 만약 매수와 매도 포지션의 베타가 같으면, 주식 베타는 다음과 같다.

$$\beta_E = \frac{\beta_L(V_L - V_S)}{V_E} = \beta_L \times \text{순레버리지} \tag{20.8}$$

따라서 이 순레버리지 항은 매수 포지션의 베타에 적용되는 승수를 나타낸다. 그러나 이는 헤지펀드 매니저가 살펴야 할 바로 그 종류의 리스크인 고유위험을 완전히 무시한다. 결론적으로, 이 레버리지 척도들은 리스크의 대략적 지표로서 간주되어야 한다. 그러나 이들은 강건하고 쉽게 계산된다.

이는 업계가 더 종합적인 포지션 기반 리스크척도로 이행한 이유이다. 예를 들어, VAR는 포지션의 크기와 변동성, 그리고 자산과 부채의 상관관계를 고려한다. 따라서 손실 리스크의 더 우수한 척도이다.

예제 20.1 : FRM 시험 2006 – 문제 41

어떤 헤지펀드는 특정 주식들 3.15억 달러를 매수하고 다른 주식들 2.25억 달러를 매도한 상태이다. 이 헤지펀드의 자본은 1.85억 달러이다. 이 펀드의 전체 베타는 0.75이다. 총레버리지와 순레버리지를 계산하라.

a. 2.91, 0.48　　b. 2.18, 0.36　　c. 2.91, 0.36　　d. 2.18, 0.48

예제 20.2 : 헤지와 수익률

앞의 문제에 이어서 주식시장이 작년에 20%만큼 성장했다고 가정하자. 무위험이자율과 고유위험을 무시하고, 매수와 매도 포지션의 평균 베타는 모두 1이라고 가정한다. 동일 기간 중, 펀드의 수익률에 가장 가까운 것은 무엇인가?

a. 20%   b. 15%   c. 10%   d. 5%

예제 20.3 : FRM 시험 2004 – 문제 2

어떤 상대가치 헤지펀드 매니저는 거의 같은 원금 금액으로 자산 A를 매수하고 자산 B를 매도하였다. 현재 자산 A와 자산 B의 상관계수는 0.97이다. 리스크관리 담당자는 이 상관계수 가정을 무시하고, 분산-공분산 기반 VAR 모형에서 0.30을 사용하기로 결정했다. 이 변화가 VAR 척도에 미치는 영향은 무엇인가?

a. VAR는 증가한다.
b. VAR는 감소한다.
c. VAR에 영향을 주지 않으나, 이 전략의 이익이나 손실을 변화시킨다.
d. 정보가 충분하지 않다.

20.3 헤지펀드: 시장리스크

20.3.1 시장리스크의 종류

헤지펀드는 다른 경우보다 훨씬 더 이질적인 투자 매니저들의 집단이다. 이들은 상이한 스타일로 분류될 수 있는 매우 다양한 투자전략을 따른다. 더 일반적으로, 그들은 방향성 또는 비방향성 리스크를 선택하는지에 의해 구분될 수 있다.

- **방향성 리스크**(directional risk)는 주요 금융시장 변수들의 변동 방향에 대한 노출을 포함한다. 이런 방향성 노출은 다음과 같은 1차 또는 선형 근사값에 의해 측정된다.
  - 전체적인 주식시장 움직임에 대한 노출인 **베타**(beta)
  - 이자율 수준에 대한 노출인 **듀레이션**(duration)
  - 신용 스프레드의 움직임에 대한 노출인 **스프레드 듀레이션**(spread duration)

  - 옵션의 기초자산 가격 변동에 대한 노출인 **델타**(delta)
- **비방향성 리스크**(nondirectional risk)는 비선형 노출, 헤지포지션에 대한 노출, 그리고 변동성에 대한 노출 등 나머지 다른 노출들을 포함한다. 이런 비방향성 노출들은 다음과 같이 가격 변동의 차이, 또는 2차 노출에 의해 측정된다.
  - 관련된 자산들의 가격 차이를 포함하는 **베이시스 리스크**(basis risk)
  - 이자율의 2차 효과를 포함하는 **컨벡시티 리스크**(convexity risk)
  - 옵션의 2차 리스크를 포함하는 **감마 리스크**(gamma risk)
  - 변동성의 움직임을 포함하는 **변동성리스크**(volatility risk)

방향성 거래는 주식, 통화, 고정소득 상품, 그리고 상품 같은 주요 리스크요인에 대해 매수 또는 매도 포지션을 취할 수 있다. 결국, 방향성 포지션은 비방향성 포지션보다 큰 변동성을 갖고 있다. 방향성 리스크를 취한 펀드에서, 전체 포트폴리오의 리스크는 여러 리스크원천이나 거래전략에 대한 분산 그리고 리스크한도를 통해 통제된다.

많은 범주의 헤지펀드는 방향성 리스크에 대해 헤지되며, 결국 비방향성 리스크에 노출된다. 이런 전략은 방향성 거래의 매수 및 매도 포지션을 요구한다. 앞 절의 예에서, 한 주식의 100달러 상당의 매수 포지션은 다른 주식의 100달러 상당의 매도 포지션에 의해 상쇄되었다. 이런 전략은 주식시장에 대한 방향성 리스크는 거의 없으나, 두 주식의 상대적 가치 변화에 노출된다. 그러나 리스크를 제한하면 보상도 제한된다. 결국, 비방향성 전략은 비방향성 예측투자의 이득을 배가하기 위해 빈번하게 높은 레버리지를 취한다.

20.3.2 헤지펀드 스타일

헤지펀드는 노출대상 거래와 시장의 종류를 반영하여 다양한 스타일로 분류될 수 있다. 〈표 20.1〉은 다양한 헤지펀드 스타일을 수록한다. 이 분류는 어느 정도 자의적이다. 산업 내에서 범주는 달리 정의될 수 있다. 예를 들어, 상이한 헤지펀드지수 제공회사들은 심지어 비슷한 헤지펀드의 집단에 대해서 다른 분류를 사용할 수 있다. 또한, 만약 헤지펀드 매니저가 시간이 지나면서 전략을 바꾸면, 분류는 의미를 잃을 수 있다.

이 표는 또한 각 그룹 내에 존재하는 펀드의 수, 그리고 모든 펀드의 평균 연간 표준편차로 측정된 전형적 리스크를 보고한다.[3] 스타일은 통상적으로 리스크의 내림차순으

3) 리스크 척도는 생존 펀드 경우에만 수록된다. 따라서 자료는 생존편의에 노출된다. 현존 펀드의 리스크는 폐쇄된 펀드보다 작다.

표 20.1 헤지펀드 스타일

스타일	AUM (십억 달러)	펀드 수	리스크 (% pa)	설 명
방향성 전략				
주식 매수/매도	424	975	11%	주식의 매수와 매도 포지션의 결합, 순매수 편의
신흥시장	115	205	12%	신흥국가의 주식과 채권의 포지션, 순매수 편의
글로벌 매크로	122	148	11%	모든 자산집단에 걸친 매수 그리고/또는 매도 포지션
비방향성 전략				
상대가치 :				
주식시장 중립	71	183	6%	주식의 매수와 매도 포지션의 결합, 순베타는 0에 근접
고정소득증권 차익거래	59	138	6%	고정소득증권의 매수와 매도 포지션 상쇄
전환채권 차익거래	39	79	5%	전환채권의 매수 포지션, 주가리스크와 이자율리스크 헤지
이벤트 : 합병 차익거래, 부실화 증권, 신용헤지	318	289	6%	합병, 재조직, 그리고 파산절차 등 기업사건 기반 포지션
펀드 구조				
선물관리	57	235	17%	선물과 옵션 계약의 포지션(CTA 포함)
다중전략	181	262	9%	동일 펀드 안에서 헤지펀드 전략 결합
모태펀드		872	6%	분산된 헤지펀드의 포트폴리오

자료 : TASS 데이터베이스, 2007년 12월 현재 생존펀드의 미국 달러 기준 보고. 리스크는 과거 4년의 연율화 변동성의 횡단면 평균임.

로 수록된다.

〈표 20.2〉는 1994년부터 2009년 기간에 걸쳐 측정된 전형적인 헤지펀드 지수의 성과를 나타낸다. Credit Suisse First Boston(CSFB)은 각 영역의 지수를 소속 펀드들의 가치가중 평균으로 계산한다. 표는 복리계산된 성장률, 변동성, S&P 500 주가지수에 대한 베타, 현금성자산 대비 초과수익률, 그리고 주식 회귀분석의 알파를 나타낸다.

이 표는 동 기간에 전체적인 헤지펀드 지수 수익률이 9.3%였음을 보인다. 이는 S&P 500 지수의 수익률 7.6%를 초과하면서 훨씬 낮은 변동성을 갖고 있다. 그러나 지수의 베타는 약간 작은 양수인 0.27이므로, 성과의 일부는 주식 프리미엄에 기인한다. 마지막 행은 유의한 수준인 4.2%의 알파를 보여준다.

또한, 이 표의 변동성은 〈표 20.1〉과 직접 비교될 수 없다. 이는 평균 펀드 변동성이 아니고, 포트폴리오의 변동성이기 때문이다. 대조적으로, 포트폴리오의 베타는 펀드 베타

표 20.2 헤지펀드 성과: CSFB 지수, 1994-2009년

	성장	변동성	베타	초과수익률	알파
전체 지수	9.3%	7.8%	0.27	5.2%	4.2%
섹터 :					
주식 매수/매도	10.3%	10.0%	0.41	6.2%	4.8%
매도 편의	−2.5%	16.9%	−0.80	−6.6%	−3.8%
신흥시장	8.0%	15.6%	0.53	3.9%	2.1%
글로벌 매크로	12.4%	10.3%	0.16	8.3%	7.7%
주식시장 중립	5.5%	10.8%	0.18	1.3%	0.7%
고정소득증권 차익거래	4.8%	6.1%	0.14	0.7%	0.2%
전환채권 차익거래	7.7%	7.2%	0.16	3.6%	3.0%
ED-합병 차익거래	11.2%	6.7%	0.26	7.1%	6.2%
ED-부실화 증권	9.8%	6.4%	0.22	5.7%	4.9%
ED-신용헤지	7.4%	4.2%	0.13	3.2%	2.8%
선물관리	6.3%	11.8%	−0.11	2.2%	2.5%
다중전략	8.4%	5.5%	0.11	4.2%	3.9%
벤치마크 :					
현금	4.1%	0.0%	0.00	0.0%	0.0%
S&P 500 지수	7.6%	15.5%	1.00	3.5%	0.0%
미국 국채 지수	5.9%	4.8%	−0.03	1.8%	
고수익 지수	7.0%	9.5%	0.37	2.9%	

주 : 초과수익률은 1개월 런던 은행 간 매수 금리(LIBID)에 상대적으로 측정됨. 알파는 S&P 500 지수에 대한 시장 모형으로부터 측정됨. ED-이벤트 기반.

들의 가중평균이므로, 포트폴리오 베타는 개별 펀드의 전형적 베타를 잘 나타낸다.4)

주식 매수/매도(Long/Short Equity) 첫 번째 범주는 방향성 전략이다. 이들은 **주식 매수/매도 펀드**(long/short equity fund)를 포함하며, 〈표 20.1〉과 같이 가장 널리 사용되는 전략이다. 이 펀드들은 시장중립적이지 않고, 대다수는 매수 편의를 갖고 있다(예를 들어, NAV 100% 상당의 매수 포지션, 그리고 50% 상당의 매도 포지션). 실제로, 〈표 20.2〉는 0.41의 베타를 나타낸다.

관련된 범주의 하나는 순매도를 의미하는 **매도 편의된 펀드**(short biasd fund)들로 구성되어 있다. 〈표 20.2〉는 -1에 가까운 음의 베타를 나타낸다. 다른 범주는 **신흥시장 펀드**(emerging markets fund)이며, 브라질, 러시아, 인도, 그리고 중국 등 신흥국의 주식과 채권의 포지션으로 이루어져 있다.

4) 또한 이 수치들은 두 표 사이에서 직접 비교될 수 없는데, 이는 다른 기간에 측정되었기 때문이다.

이 펀드들은 전체적 시장리스크 요인과 함께 섹터 및 고유 리스크에 노출된다. 레버리지 때문에 변동성은 높으며, 모든 펀드의 평균은 11%이다. 이는 S&P 500의 레버리지 없는 포지션의 변동성과 비슷한 수준이다.

글로벌 매크로(Global Macro) 다음은 **글로벌 매크로 펀드**(global macro fund)이다. 이들은 세계의 주식, 고정소득증권, 통화, 그리고 상품 등 자산집단들에 대해 방향성과 레버리지를 갖는 예측투자를 한다. 이들은 매우 많은 시장을 아우르기 때문에, 동질적 리스크 프로파일을 공유하지 않는다. 하나의 예는 파운드 평가절하 직전에 독일 마르크화에 대해 영국 파운드화를 매도했던 조지 소로스의 펀드이다. 이 헤지펀드의 발표된 이익은 1조 달러에 달했다. 이 집단은 전통적인 투자 매니저 범주인 **세계적인 전술적 자산배분**(global tactical asset allocation: GTAA)과 비슷하다. GTAA 매니저들은 단기적 예측을 이용하기 위해 여러 나라의 주식시장, 고정소득시장, 그리고 통화에 걸친 포지션을 취한다. 파생상품이 빈번하게 활용된다.

이 펀드들은 많은 수의 일반적 시장리스크 요인, 그리고 섹터와 고유 리스크들에 노출된다. 평균 변동성은 11%이다. 이는 앞의 범주보다 낮다. 이 펀드들은 또한 주식보다 변동성이 작은 다른 시장들에도 투자하기 때문이다.

이제 비방향성 전략을 살펴보자. 다음 세 범주는 비슷한 특징을 가진 증권들의 비교에 의존하기 때문에 때로 **상대가치 펀드**(relative value fund)로 불린다. 이들은 미래의 가격 수렴을 기대하여, 저렴한 증권을 매수하고 비싼 증권을 매도한다.

주식시장 중립(Equity Market Neutral) 첫 번째 집단은, 주식시장의 균형 잡힌 매수와 매도 포지션을 통해 0의 베타를 유지하려고 시도하는 **주식시장 중립 펀드**(equity market neutral fund)이다. 이 펀드들은 산업, 스타일, 그리고 국가를 포함하는 다른 리스크요인들에 대해 중립적일 수 있고 아닐 수도 있다.

따라서 이 펀드들은 고유, 즉 주식특유 리스크와 함께 다른 리스크요인(산업, 스타일, 국가)에 노출되어 있다. 대차대조표 레버리지는 전형적으로 각 변에서 3배이다. 즉, 매수와 매도 포지션은 각각 자기자본의 300%에 달한다. 평균 변동성은 6%이며, 매도 포지션의 헤지효과 때문에 주식 지수들보다 훨씬 작다.

고정소득 차익거래(Fixed-Income Arbitrage) 다음 집단은 **고정소득 차익거래 펀드**(fixed-income arbitrage fund)이다. 이는 고정소득증권과 파생상품을 포함하는 다양한 전략을 의미하는 기본적 용어이다. 헤지펀드 매니저는 다양한 고정소득 상품들의 상대적 가치를 평가한다.

예를 들어, 온더런 채권은 정해진 만기 범위 안에서 가장 최근에 발행된 채권이고 따라서 가장 유동성이 높다. 다른 채권들은 오프더런으로 불린다. 만약 온더런 채권이 오프더런 채권에 비해 매우 비싸면, 펀드는 과소평가된 증권을 매수하고 비싼 증권을 매도한다. 이 포지션은 0에 가까운 순 듀레이션을 갖고 있으나, 두 증권 사이의 스프레드에 노출되어 있다. 다른 예는 스왑 스프레드 또는 자산유동화증권의 옵션조정 스프레드가 높을 때 이들의 포지션을 취하는 것이다. 이 집단은 부동산저당대출 차익거래를 포함한다.

이 펀드들은 이자율에 대한 방향성 노출을 회피하나, 스프레드 리스크 같은 다른 비방향성 리스크에 노출되어 있다. 개별 거래의 기대수익이 작기 때문에 고정소득 차익거래 펀드는 높은 레버리지를 갖고 있다. 레버리지 비율은 10 내지 25의 범위에 있다.

이 집단의 평균 변동성은 6%이다. 그러나 수익의 분포는 전형적으로 비대칭적이다. 예를 들어, 스왑 스프레드는 0 미만으로 좁혀질 수 없으나, 매우 큰 값으로 증가할 수 있으며 실제로 그런 적이 있다. 스프레드 분포의 비대칭성은 이익의 분포에 반영된다. 이런 헤지펀드는 음의 왜도를 갖는 분포를 따른다. 만약 이들의 손실이 발생하면, 큰 금액일 수 있다.

사례 LTCM의 투기

Long-Term Capital Management(LTCM)는 고정소득 차익거래 펀드로서 출발했다. 듀레이션 일치된 스왑 매수, 국채 매도 포지션 같은 상대가치 전략의 포지션을 취했다. LTCM은 47억 달러의 자기자본으로 1998년을 맞이했다.

1998년 8월 21일, 10년 만기 미국 국채 수익률이 5.38%로부터 5.32%로 하락했다. 한편, 스왑금리는 6.01%로부터 6.05%로 상승했다. 이 괴리는 매우 드문 상황이었다. 기준금액 500억 달러의 포지션과 8년의 수정 듀레이션을 취하면, 이는 국채의 매수포지션에서 $-8\times(5.32-5.38)/100\times\$50,000=+\$240$(백만 달러)의 가치 변화와 스왑의 매수포지션에서 $-8\times(6.05-6.01)/100\times\$50,000=-\$160$(백만 달러)의 가치변화를 초래한다. 스프레드 포지션이 스왑을 매수하고 국채를 매도했으므로, 이는 $400(백만 달러)의 총손실을 초래한다. 이는 자기자본의 약 10%에 가깝다.

LTCM은 또한 비싼 것으로 판단되는 옵션을 매도하고 0의 순델타 유지 목적으로 동태적으로 헤지하면서, 옵션시장의 포지션을 취했다. 내재변동성은 8월 21일에 급격히 상승하여, 옵션 포지션의 추가손실을 초래했다. 당일, LTCM의 보고된 손실은 550백만 달러였다.

전환채권 차익거래(Convertible Arbitrage) 상대가치 범주의 마지막 집단은 **전환채권 차익거래 펀드**(convertible arbitrage fund)이다. 헤지펀드 매니저는 자신의 옵션평가모형을 사용하여, 전환채권의 상대적 가치를 평가한다. 만약 전환채권이 저렴하면 헤지펀드는 채권을 매수하고 동시에 주요 리스크를 헤지한다.

전환채권은 콜옵션의 매수 포지션을 포함하기 때문에, 기초자산에 대해 양의 델타를 갖고 있다. 따라서 매니저는 포지션의 델타를 0에 가깝도록 낮추기 위해 주식을 매도해야 한다. 전형적으로 이자율리스크는 국채 또는 국채선물 매도에 의해 헤지된다. 때로 신용스프레드 리스크는 신용부도스왑 매수에 의해 헤지된다.

이 펀드들은 이자율에 대한 방향성 노출을 회피하나, 스프레드 리스크 같은 다른 비방향성 리스크에 노출된다. 전형적으로 전환채권을 매수하면, 옵션 매수포지션은 양의 감마와 베가를 초래한다(내재변동성 매수). 채권 포지션은, 만약 중도상환 불가능하면, 양의 컨벡시티를 초래한다. 이 전략은 또한 기업의 부도(헤지되지 않은 경우)와 인수 같은 사건 리스크에 노출된다. 레버리지는 보통 수준이다. 전형적으로, 전환채권 매수 포지션은 자기자본의 세 배를 넘지 않는다. 이 집단의 평균 변동성은 5%로서 상당히 낮으며, 이는 부분적으로 비유동성에 기인한다.

이벤트(Event Driven) 다음 집단은 **이벤트 펀드**(event-driven fund)를 포함한다. 이들은, 기업의 특정 사건이 발생하면, 이를 자산화하려고 시도한다. 이 집단은 **합병 차익거래 펀드**(merger arbitrage fund)와 **부실증권 펀드**(distressed securities fund)를 포함한다.

먼저, **리스크 차익거래 펀드**(risk arbitrage fund)로도 알려진 합병 차익거래 펀드에 초점을 맞추어보자. **인수 및 합병**(mergers and acquisitions)은 두 기업을 결합하여 하나의 새로운 기업을 만드는 거래이다.[5] 거래 당사자들은 매수를 제안하는 **인수기업**(acquiring firm) 또는 매수기업, 그리고 제안을 받아들이는 **목표기업**(target firm) 또는 피인수기업이다. 매수기업은 **인수 프리미엄**(takeover premium)을 지불하면서, 목표기업 매수를 제안한다. 인수 프리미엄은 매수가격과 목표기업의 제안 전 주식가격 사이의 차이이다. 이 프리미엄은 평균적으로 초기 주식가격의 50%에 달하는 높은 수준이다.

합병 발표 후, 목표기업의 가격은 강하게 반응한다. 예를 들어, 40% 상승한다고 가정

5) 이들은 때로 인수로 불린다. 인수는 합병 또는 공개매수의 형태를 띨 수 있다. 합병은 목표기업의 경영자와 직접 협상되고, 이사회의 의해 승인되며, 마지막으로 주주 투표에 의해 승인된다. 공개매수는 직접 목표기업 주주들에게 주식매입을 제안한다.

하자. 거래 성립의 불확실성 때문에, 이는 여전히 인수가격보다 낮다. 성사율은 평균적으로 83%이므로, 거래의 실패 가능성은 언제나 존재한다. 이런 일이 발생하면 목표기업의 가격은 전형적으로 대폭 하락한다. 결국 포트폴리오를 많은 거래에 걸쳐 분산하는 것이 중요하다.

제안은 매수기업의 현금 또는 주식으로 이루어진다. 현금 거래의 경우, 리스크 차익거래 포지션은 단순히 목표기업의 주식을 매수하고, 가격이 궁극적으로 인수가격만큼 상승하기를 바라는 것이다. 주식 거래의 경우, 매수기업은 목표기업의 주식을 매수기업의 Δ주로 교환할 것을 제안한다. 리스크 차익거래 포지션은 이제 목표기업 주식의 매수 포지션과 이를 상쇄하는 매수기업 주식 Δ주를 매도하는 포지션으로 구성된다. 이 포지션들은 평균적으로 10%의 연간 초과수익률을 창출한다.[6)]

이 집단의 변동성은 비교적 낮다. 목표기업의 주가변동 확률과정이 발표 이후에 변하기 때문에, 전통적인 포지션 기반 리스크척도들은 적절한 리스크척도가 아니다.[7)]

사례 Exxon–Mobil 합병

1998년 12월 1일, Exxon은 다른 주요 석유회사인 Mobil을 매수하기로 합의했다고 확인했다. 이는 850억 달러 상당의 거래이며, 사상 최대의 기업인수였다. 이 거래는 세계 최대의 상장 석유회사를 출현시켰으며, 시장가치는 2,500억 달러였다. 합의 조건 하에서 Mobil의 주주는 1주당 $\Delta=1.32015$주의 Exxon 주식을 받게 된다.

발표 전에 Mobil과 Exxon의 주가는 각각 78.4달러와 72.7달러였다. 이는 일반적 수준인 $(1.32016\times\$72.7)/\$78.4-1=22\%$의 프리미엄을 의미한다. 발표일 주변의 3일 동안 Mobil의 주식가격은 84.2달러로 +6.9% 상승했고, Exxon의 가격은 71.6달러로 −1.5% 하락했다. 이 주가 반응은 인수발표의 전형적 사례이다.

이 주식교환은 규제기관과 주주들의 승인을 거쳐, 1999년 11월 30일에 완결되었다. 당일, Mobil와 Exxon의 주가는 각각 104.4달러와 79.3달러였다. 후자를 1.32015로 곱하면, 104.7달러이며, 이는 Mobil의 최종 주가에 근접한다. 따라서 두 가격은 동일한 전환가치로 수렴했다. 리스크 차익거래의 이익은 주당 $(\$104.4-\$84.2)-1.32016(\$79.3-\$71.6)=\$10.0$이었다.

---

6) 이는 위험조정 초과수익률이다. 그러나 이 이익은 차익거래의 한계에 관련된 것으로 보인다. 대규모이며 더 낮은 고유위험을 갖고 있는 기업에서 더 작기 때문이다. M. Baker and S. Savasoglu, "Limited Arbitrage in Mergers and Acquisitions," *Journal of Financial Economics* 64 (2002): 91-115를 참고하라.

7) P. Jorion, "Risk Management for Event-Driven Funds," *Financial Analysis Journal* 64 (2008): 61-73 참고.

이벤트 펀드는 또한 **부실증권 펀드**(distressed securities fund)를 포함한다. 이는 재무적 곤경에 처한 기업의 주식이나 채권 같은 증권의 포지션을 취하는 것이다. 이런 상황에서, 헤지펀드 매니저는 구조조정이나 파산과정이 증권의 시장가격에 미치는 영향을 평가해야 한다. 이 일은 기업의 재무적 상황을 평가하고 관련된 법적 문제를 이해할 것을 요구한다. 예를 들어, 만약 파산 회사의 부채가 1달러당 40센트에 거래되고 재조직 후의 지급액이 50센트이면, 헤지펀드는 이익을 얻을 수 있다. 이런 펀드는 또한 파산과정과 재조직계획에 적극적으로 참여한다.

이 펀드들은 인수나 재조직이 실패하는 사건리스크에 노출된다. 만약 주식시장 리스크와 이자율 리스크가 헤지되지 않았으면, 이들에도 노출될 수 있다. 부실화된 증권은 활발히 거래되지 않기 때문에 유동성리스크도 존재한다.

이벤트 펀드의 레버리지는 낮거나 보통 수준이며, 2배를 넘지 않는다. 이벤트 펀드의 평균 변동성은 6%로서 상당히 낮다. 그러나 이는 수익의 분포가 비대칭적이라는 사실을 숨기고 있다. 전형적으로, 만약 인수나 재조직이 실패하면, 상승은 하락보다 제한적이다. 따라서 이 펀드들은 변동성 매도 포지션, 또는 희소한 사건에 노출된다. 사건의 특수성 때문에, 역사적 자료에 기초한 리스크 척도는 리스크를 예측하는 데 부정확할 수 있다.

선물관리 펀드(Managed Futures Fund) 헤지펀드의 다음 집단은 펀드의 기본적 구조에서 다른 펀드들로부터 구별된다. **선물관리 펀드**(managed futures fund)는 조직화된 거래소에서 거래되는 상품 및 금융 선물과 옵션을 이용하는 매니저들로 이루어져 있다. 거래전략은 빈번하게 **기술적 거래**(technical trading)를 포함하며, 여기에서 포지션은 가격의 역사적 자료의 패턴에 의해 결정된다. 레버리지는 높고, 따라서 변동성이 높다.

이 펀드들은 선물계약이 상장된 모든 시장에 대한 방향성 노출을 갖고 있다. 그들의 리스크요인은 글로벌 매크로 펀드와 중복된다. 예를 들어, GTAA 전략은 빈번하게 주가지수와 통화스왑을 포함한다. 이 집단의 평균 변동성은 17%로서 상당히 높다.

다중전략 펀드(Multistrategy Fund) 다음으로, **다중전략 펀드**(multistrategy fund)는 앞에 언급된 펀드전략들을 결합한 헤지펀드이다. 이런 펀드의 장점의 하나는 하나의 전략으로부터 다른 전략으로 신속하게 자본을 재배분할 수 있다는 것이다. 또한, 다양한 전략에 걸쳐 자동적 분산효과를 제공한다. 이 집단의 평균 변동성은 9%이다.

그러나 다중전략 펀드는 한 종류의 전략에 집중하는 경향이 있으며, 나중에 설명되는 모태펀드처럼 광범위한 분산효과를 제공하지 않는다. 예를 들어, Amaranth는 처음에 전환채권 차익거래에 초점을 맞춘 다중전략 펀드로 출발하였고, 천연가스 거래 업무로 전환하였으며, 결국 파산하였다. 모든 전략이 동일 펀드 안에서 실행되기 때문에, 한 전략에서 발생한 대규모 손실은 다른 전략의 자본에 영향을 미친다. 다시 말해, 모태펀드와는 달리, 전략들 사이에 방화벽이 없다.

모태펀드(Fund of Funds) 마지막으로 **모태펀드**(fund of funds)는 **멀티매니저 펀드**(multi-manager fund)로도 불리며, 헤지펀드의 포트폴리오이다. 이는 스타일과 투자 매니저를 주의 깊게 선택함으로써 가치를 창출한다. 또한, 새로운 펀드매니저를 평가하고 계속적으로 관찰하면서, 실사과정 같은 필수적 역할을 수행한다. 모태펀드는 전략들을 평가하고, 우월한 성과를 낼 것으로 예상되는 전략에 대한 배분을 늘릴 수 있다.

모태펀드는, 모든 기초펀드에 부과되는 수수료에 덧붙여서, 추가적 관리수수료를 받는다. 이는 전형적으로 약 1%이다. 그러나 모태펀드의 규모 때문에, 헤지펀드 매니저들과 수수료를 낮추는 협상을 할 수 있다.

다중전략 펀드에 비해 모태펀드의 수수료는 높다. 그러나 이 비용 차이는 모태펀드는 최고 수준의 매니저를 이용할 수 있다는 사실에 의해 상쇄된다. 이들은 일반적으로 자신의 펀드를 운용하기 원하며, 따라서 더 좋은 성과를 낸다.

또한 모태펀드는 Amaranth 경우처럼 투자금 전액을 잃는 파산의 손실리스크가 다중전략 펀드보다 낮다. 여기에는 두 가지 이유가 있다. 첫째, 모태펀드는 일반적으로 다중전략 펀드보다 다양한 전략에 분산되어 있다. 둘째, 모태펀드에 속한 헤지펀드들은 법적으로 상호분리되어 있다(즉, 방화벽이 있다). 결국, 한 헤지펀드가 파산하더라도 나머지 포트폴리오를 오염시키지 않으며, 이는 다중전략 펀드의 경우로부터 구별된다.

모태펀드는 분산된 헤지펀드 포트폴리오를 손쉽게 이용하는 편의성을 제공한다. 헤지펀드는 최소한의 투자금액을 요구하기 때문에, 만약 헤지펀드 배분 투자금액이 작으면 그런 위험분산효과는 달성되기 어렵다. 예를 들어, 헤지펀드에 배분된 1억 달러는 현실적으로 최대 10개의 헤지펀드에 투자될 수 있다. 대조적으로, 전형적 모태펀드는 50개의 펀드에 투자할 것이다. 모태펀드는 실사와 리스크감시 과정에서 규모의 경제를 제공한다. 모태펀드는 다른 투자자들보다 큰 용량과 높은 유동성을 가질 수 있다.

〈표 20.1〉은 이 집단의 평균 변동성은 6%임을 보인다. 이 낮은 수치는 매니저와 스타일에 걸친 효과적인 분산효과를 반영한다. 이 목록은 헤지펀드들이 매우 이질적인 집단임을 명확하게 보인다. 이들은 광범위한 리스크요인에 노출되어 있고, 상이한 거래 규칙을 따르며, 다양한 레버리지 및 리스크 수준을 갖고 있다. 그러나 공통적 요소는 리스크

관리의 필요성이다.

예제 20.4 : FRM 시험 2009 – 문제 8-7

모태펀드는 전략적 섹터, 투자 매니저, 스타일들을 결합한다. 따라서 모태펀드의 리스크관리 담당자는 전반적인 헤지펀드 전략들의 공통적 특성을 이해해야 한다. 다음 보기 중 틀린 것은 무엇인가?

a. 주식시장 중립 펀드는 전체 주식시장과 낮은 상관관계를 갖는 수익률을 올리고, 광범위한 시장리스크 요인들로부터 포트폴리오를 보호하려 한다.
b. 전환채권 차익거래 펀드는 전형적으로 발행 기업의 주식으로 전환될 수 있는 증권을 매수하고, 동시에 기초자산을 매도한다. 이 펀드의 수익률은 부분적으로 주식 변동성에 대한 감마 거래에서 발생한다.
c. 합병 차익거래 펀드는 목표기업의 주식을 매입하고 동시에 인수기업의 주식을 매도한다. 이 펀드들은 거래리스크에 대해 큰 노출을 갖고 있다.
d. 주식 공매도 펀드는, 주가가 하락할 것이라는 방향성 전략을 실행하기 위해, 현재 보유하지 않는 주식을 매도한다. 이 펀드들은 전통적 매수 100% 주식 포트폴리오와 상관관계를 갖지 않는 경향이 있다.

예제 20.5 : 고정소득 차익거래의 리스크

고정소득 차익거래 전략의 리스크는 무엇인가? 이는 국채의 매도포지션에 의해 헤지된 금리스왑의 매수포지션을 갖고 있다.

a. 이 전략은 스왑-국채 스프레드의 감소로부터 손실을 입을 수 있다.
b. 이 전략은, 다른 조건은 고정되었을 때, 국채금리 상승으로부터 손실을 입을 수 있다.
c. 이 전략의 수익은 음의 왜도를 갖고 있다.
d. 이 전략의 수익은 양의 왜도를 갖고 있다.

예제 20.6 : 전환채권 차익거래의 리스크

전환채권 차익거래 전략의 리스크는 무엇인가? 이는 국채와 기초 주식의 매도포지션에 의해 헤지된 전환채권의 매수포지션을 갖고 있다.

a. 내재변동성 매도
b. 장기의 듀레이션
c. 주식 델타의 매수
d. 양의 감마

예제 20.7 : 합병 차익거래의 리스크 – I

B회사를 목표로 하는 대규모 합병이 발표되었다. A회사의 제안은 2대 1의 비율을 가진 주식교환이다. 발표 직후, A회사와 B회사의 주가는 각각 50달러와 90달러이다. 어떤 헤지펀드는 B회사 주식의 매수포지션을 취하고, A회사의 주식으로 헤지한다. 합병이 성사된 후, 주가는 각각 60달러와 120달러이다. B회사의 1주당 이익은 얼마인가?

a. 30달러
b. 20달러
c. 10달러
d. 0달러, 합병이 성공적이기 때문

예제 20.8 : 합병 차익거래의 리스크 – II

합병 차익거래 작업의 이익은 만약 성공적이면 500만 달러이고, 만약 그렇지 않으면 -2,000만 달러이다. 성공확률은 83%이다. 이 작업의 기대수익은 무엇인가?

a. 500만 달러
b. 75만 달러
c. 0달러, 시장이 효율적이기 때문
d. 대칭적으로 분포됨

예제 20.9 : FRM 2005 – 문제 47

Big Bucks 헤지펀드는 다음과 같은 활동을 한다. 순베타가 0에 가까운 주식 매수/매도 포지션을 동시에 취한다. Big Bucks에 관한 다음 설명 중 옳은 것은 무엇인가?

Ⅰ. 방향성 전략을 사용한다.
Ⅱ. 상대가치 헤지펀드이다.
Ⅲ. 이 펀드는 고유위험에 노출된다.

a. Ⅰ과 Ⅱ
b. Ⅱ와 Ⅲ
c. Ⅰ과 Ⅲ
d. Ⅱ

20.4 헤지펀드: 특유리스크

20.4.1 대리인리스크

헤지펀드 매니저는 투자자들을 위한 대리인이다. 그러나 이 관계는 인센티브의 불일치를 초래할 수 있다. 인센티브 수수료는 이익이 발생하는 경우 그 일부를 매니저에게 지급한다. 결국, 헤지펀드 매니저는 옵션의 매수 포지션을 갖고 있다. 옵션의 가치는 변동성에 따라 상승하므로, 펀드 매니저는 펀드의 리스크를 증가시킬 인센티브를 갖게 된다.

다른 잠재적 문제는, 매니저가 투자패턴을 바꾸거나 새로운 시장으로 움직일 때 발생하는 **스타일 드리프트**(style drift)이다.

이런 종류의 행태는 여러 가지 방법으로 최소화될 수 있다. 우선 헤지펀드 매니저는 개인 재산의 큰 부분을 자신이 관리하는 펀드에 투자해야 한다. 이는 지나치게 많은 리스크를 부담할 인센티브를 약화시킨다.

프라임 브로커(PB) 수준에서 어느 정도의 리스크 감시가 이루어진다. 그러나 PB는 헤지펀드에 대한 대여금의 손실리스크에 주로 관심이 있으므로, 그들의 이해는 펀드 투자자들과 일치하지 않는다. 예를 들어, 대여자는 증거금 요구를 통해 펀드자산을 하락한 가격에서 청산하도록 강제할 수 있다. 초과담보가 존재하는 한, 대여자는 보호될 수 있다. 그러나 투자자는 희생된다.

리스크 추구 인센티브는 또한 손실이연 조항으로도 알려진 **최고수위 지표**(high-water mark)에 의해서도 약화된다.[8] 매니저는 현재 순자산가치(NAV)가 과거의 최고 NAV을 넘는 부분에 대해서만 성과수수료를 받는다. 예를 들어, 연속된 4년 동안 NAV는 100달러로부터 130달러, 120달러, 140달러로 변했다고 가정하자. NAV 130달러인 해에, 성과수수료는 30달러에 대해 적용될 것이다. 다음 해, 펀드가 손실을 입었기 때문에, 성과수수료는 없다. 마지막 해에, 140달러가 과거 NAV 최고값인 130달러를 초과하는 금액에 대해서만 성과수수료가 적용된다. 그러나 만약 기준금액이 너무 높으면, 이 구조는 완전한 보호를 제공하지 못할 수 있다. 이 경우, 펀드 매니저는 펀드를 해산하고 새로운 펀드를 시작하기로 선택할 수 있다(만약 투자자들을 찾을 수 있으면).

8) 때로 **클로백**(claw-back) 조항이 포함된다. 이는 펀드 가치가 하락할 때, 펀드 매니저로 하여금 성과수수료를 반납하도록 만든다.

20.4.2 유동성과 레버리지 리스크

헤지펀드는 수익을 높이기 위해 레버리지 포지션을 취할 수 있다. 특히, 고정소득 차익거래처럼 개별 거래의 기대수익이 일반적으로 낮은 비방향성 거래에서 그렇다.

그러나 이는 **유동성리스크**(liquidity risk)를 포함한 다른 종류의 리스크를 초래한다. 실제로 이 전략은 방향성 리스크를 피하면서 매우 높은 레버리지를 취했던 헤지펀드인 Long-Term Capital Management(LTCM)에서 실패했다. LTCM은 25대 1의 레버리지를 취했다. 펀드의 자산은 1,250억 달러까지 증가하여, 다음으로 큰 헤지펀드의 네 배였다. 일단 펀드의 손실이 누적되자, 큰 규모 때문에 포지션 청산이 어려웠다. LTCM은 또한 브로커의 증거금 요구에 응해야 했다. 펀드는 자기자본의 92%인 440억 달러의 손실을 보면서 정리되었다.

〈표 20.3〉은 유동성리스크의 원천을 헤지펀드 대차대조표에 연계시킨다. 유동성리스크는 자산 측면에서 발생하며, 포지션 크기와 거래 가격충격의 함수이다. 부채 측면에서 헤지펀드가 브로커로부터 차환하지 못하거나, 시가평가 포지션의 손실이나 할인율 증가가 현금유출을 초래할 때 자금조달리스크가 발생한다. 이는 빈번하게 헤지펀드의 주요 리스크원천이 된다. 펀드가 증거금 요구에 응하지 못하면, 대여자는 담보를 압류하고 펀드의 청산을 강제할 수 있기 때문이다. 마지막으로, 투자자들의 환매요구가 있을 때에도 자금조달리스크는 발생한다.

표 20.3 유동성리스크의 원천

자 산	부 채
포지션 규모	자금조달
가격충격	시가평가, 할인
	자 본
	투자자 환매

가격충격 함수는 상품에 따라 다르다. 예를 들어, 주요 통화, 대형주, 단기 국채 그리고 장기 국채의 유동성은 매우 높으므로, 가격에 대한 과도한 충격 없이 큰 금액이 거래될 수 있다. 다른 시장들은 기본적으로 유동성이 낮다. 예를 들어, 비주요 통화, 소형주, 그리고 대다수 회사채 상품들의 유동성은 일반적으로 낮다.

LTCM은 주로 유동성 높은 상품들을 거래했으나, 순전히 포지션 크기 때문에 유동성리스크에 노출되었다. 이 점이 헤지펀드가 종종 **최대 용량**(maximum capacity)을 언급하는 이유이다. 최적 규모를 초과하면, 시장충격 때문에 거래는 성사되기 어렵다.

레버리지에 의해 악화되는 다른 종류의 리스크는 **모형리스크**(model risk)이다. 이는 투자전략이 결함 있는 평가 또는 리스크 모형에 의존할 때 발생한다. 레버리지 때문에, 모형의 작은 오류는 리스크 척도의 큰 오류를 초래할 수 있다. 실제로 LTCM의 리스크측정 시스템은 결함이 있었고, 포지션을 유지하는 데 필요한 자본금액을 과소평가했다. 어떤 범주의 헤지펀드는, 상품들의 거래가 드물고 대부분의 거래에서 가격충격이 크기 때문에, 내재적 유동성리스크를 갖고 있다. 이 현상은 전환채권 그리고 특히 부실증권 헤지펀드에서 발생한다. 이 펀드들은 드물게 거래되는 증권에 투자하기 때문에, 작은 펀드의 경우에도 유동성리스크가 존재한다.

전형적으로, 유동성리스크가 큰 펀드는 긴 **환매제한 기간**(lockup period)과 **환매예고 기간**(redemption notice period)을 설정한다. 전자는 투자자의 자금이 펀드 안에 유지되어야 하는 최소한의 기간을 말한다. 후자는 환매의사를 펀드에 미리 알려야 하는 기간이다. 환매제한 기간은 평균 3개월이며, 5년까지 연장될 수 있다. 사전예고 기간은 평균 30일이다. 펀드들은 또한 종종 **게이트**(gate)를 설정하며, 이는 인출금액을 순자산의 일부로 제한한다. 극단적으로, 펀드는 직접적인 환매 **유예**(suspension)를 선언할 수도 있다.

상품의 유동성리스크는 리스크 측정에서 큰 문제를 일으킨다. 전형적으로, 펀드는 매월 말에 **순자산가치**(net asset value)를 보고한다. 만약 거래가격이 월말에 관찰되지 않으면, 평가는 월중에 발생했던 거래의 가격에 의해 이루어진다. 이 가격은 오래되고, 보고일의 거래의 수요공급을 반영하지 않기 때문에 **진부한 가격**(stale price)으로 불린다. 유감스럽게 이는 보고된 NAV와 리스크 척도를 왜곡한다.

첫 번째 영향은 보고된 월별 변동성은 진정한 변동성보다 작다는 것이다. 평균계산 과정과 비슷하게, 가격이 월중 거래에 기초하기 때문이다. 평균은 기말 가치보다 덜 변동적이다.

두 번째 영향은 월별 변화는 양의 자기상관을 보인다는 것이다. 어떤 방향으로의 변동은 월중에 측정된 가격에는 단지 부분적으로 반영된다. 다음 달에 동일 변동의 일부가 수익에 반영된다. 목표기간이 길면, 이 양의 자기상관은 리스크를 현저하게 증가시킨다. 예를 들어, 1개월 변동성으로 2개월 변동성의 근사값을 구하는 과정을 생각해보자. 통상적인 조정 요소는 $\sqrt{T}=\sqrt{2}=1.41$이다. 자기상관계수가 $\rho=0.5$이면, 이 조정요소는 $\sqrt{(1+1+2\rho)}=\sqrt{2(1+0.5)}=1.73$으로 바뀐다. 진정한 리스크가 $(1.73-1.41)/1.73=18\%$만큼 과소평가된다. 이 효과는 목표기간의 길이에 따라 확대된다. 〈표 20.1〉에 제시된 연간 변동성은 시간의 제곱근에 의해 월간 변동성으로부터 구해진 근사값이다. 결국, 이 수치는 진정한 연간 리스크를 과소평가할 가능성이 있다. 장기적 리스크 척도는 특히 관찰된 자기상관을 명백하게 고려해야 한다.

세 번째, 관련된 영향은 체계적위험의 척도는 체계적으로 하향편의될 수 있다는 것이다. 만약 월중에 시장이 상승하면, 이 상승의 일부만 NAV에 반영될 것이며, 베타 척도는 너무 낮게 측정된다. 베타의 수정은 포트폴리오의 현재 시장수익률에 대한 베타, 전월 수익률에 대한 베타, 익월 수익률에 대한 베타의 측정을 포함한다. 거래가 희소하면, 이 세 베타의 합은 현재 베타보다 크고, 따라서 진정한 체계적위험에 더 가까울 것이다.[9)]

레버리지는 **거래구축 리스크**(crowded trade risk)로 분류될 수 있는 다른 문제들을 일으킬 수 있다. 이는 레버리지를 사용한 많은 투자자들이 거래의 같은 측에 있을 때 발생한다.[10)] 포트폴리오 손실은 그들로 하여금 추가 증거금을 납입하도록 만들고, 이를 위해 여러 펀드가 비슷한 자산을 동시에 매도할 수 있다. 이는 시장의 혼란을 초래할 수 있다. 이는 일반적으로 계량적 모형에 기초하여 주식시장 중립(EMN) 전략을 구사하는 많은 계량 펀드들이 2007년 8월에 큰 손실을 겪은 이유를 설명할 수 있을 것이다. 이 이론은 대규모 다중전략 펀드가 신용상품 거래에서 손실을 입고, 가장 유동성이 높은 주식 포지션을 청산했다는 것이다. 이는 EMN 포트폴리오의 매수와 매도 포지션에서 대규모 손실을 초래했다. 이는 매우 예외적인 상황이다.

그러나 이는 단지 레버리지의 문제는 아니다. 손실 발생 후에 포지션을 청산하는 모든 기계적인 거래 규칙은, 만약 수요와 공급의 균형이 무너지면 비슷한 결과를 만들어낸다. 예를 들어 손절이 포함되며, 이는 옵션의 매수포지션을 인위적으로 복제하는 것과 동등하다.

20.4.3 레버리지와 거래상대방 리스크

레버리지는 또한 **거래상대방 리스크**(counterparty risk)라는 다른 형태의 리스크를 만들어낸다. 레버리지를 사용하는 헤지펀드는 프라임 브로커에게 담보를 제공한다. **담보계약**(hypothecation)은 대출을 보호하기 위해, 증거금 계좌의 고객소유 증권에 저당권을 설정하는 것이다. 브로커는 이 증권들을 다른 거래상대방에게 **재담보**(rehypothecate)할 수 있

9) 이 수정은 Dimson beta로 불린다. E. Dimson, "Risk Measurement When Shares Are Subject to Infrequent Trading," *Journal of Financial Economics* 7 (1979): 197–226을 참고하라.

10) 당연하게, 다른 투자자들은 거래의 상대편에 있어야 한다. 이 구분은 상대방 측의 레버리지는 그다지 높지 않다고 가정한다. 만약 그렇지 않으면 거래는 가격에 대한 큰 영향 없이 성사될 수 있다. 실제로 포지션은 비밀로 유지되고, 누가 거래의 어떤 측에 있는지 느낌만 있다.

는 권리를 갖는다. 그러나 만약 브로커가 파산하면, 재담보된 자산은 브로커에 대한 청구권의 일부가 된다.

Lehman사 파산 사건에서, Lehman의 유럽지역 프라임 브로커 부문에 의해 담보설정되어 있던 400억 달러 가운데 220억 달러가 재담보되어 있었다. 결국, 이 자산들을 다시 찾으려는 헤지펀드들은 Lehman사에 대한 일반 채권자들에 포함되었다.

20.4.4 사취 리스크

마지막 주제는 특히 복잡하거나 비유동적 자산에 대한 것으로, **자산의 부적절한 평가**(improper valuation of asset)이다. 이 문제는 보고주기 말에 자산의 시장균형 가격이 존재하지 않고 펀드 매니저가 스스로 NAV를 계산할 때 발생한다. 결국, 일부 비양심적인 헤지펀드 매니저는 거래손실을 감추기 위해 펀드 자산의 가치를 왜곡 보고하려는 유혹에 굴복했다.[11] 다른 펀드 매니저는 심지어 투자자의 자산을 횡령했다.

실제로, 최근의 연구는 헤지펀드 실패의 35%에서 평가문제가 영향을 주었고, 평가문제의 57%는 사기나 왜곡에 의해 초래되었다는 것을 보였다.[12] 헤지펀드 산업의 성장은 널리 알려진 사기사건과 함께 펀드들로 하여금 미국증권거래위원회(Securities & Exchange Commission: SEC)에 **등록하도록**(register) 요구하는 추세를 설명해준다.[13] SEC는 등록된 펀드의 활동을 검사할 수 있는 권한을 갖는다. 목적은 초기단계에서 준법 관련 문제를 발견하고, 사기를 방지하는 것이다. 등록된 펀드는 **최고준법책임자**(chief compliance officer)를 선임해야 한다. 그러나 실제로 미국에 설립된 헤지펀드의 대다수는 스스로 투자자문사로 등록하고 있다. 투자자들이 투자의 전제조건으로 등록을 요구하는 경우가 빈번하다.

펀드가 독립적인 **사무관리회사**(administrator)를 이용하고 있을 때, 사기의 가능성은

11) 그러나 SEC의 2003년 보고서는 헤지펀드 자문사들이 사기행위에 *상대적으로* 많이 관련된다는 증거는 없다고 언급했다.

12) C. Kundro and S. Feffer, "Valuation Issues and Operational Risk in Hedge Funds," (Capco white paper, 2003) 참고.

13) SEC는 2004년 12월에 새로운 기준을 공표했다. 이는 헤지펀드로 하여금 투자자문사로 등록하도록 요구했다. 이 기준은 미국 기반의 헤지펀드와 최소 14명의 미국 투자자를 가진 비미국 펀드에 적용된다. 2,500만 달러 미만의 관리자산을 가진 펀드는 따를 필요는 없었다. 그러나 2006년 6월, 이 등록요구는 미국 항소법원에 의해 무효화되었다. 그럼에도 불구하고, 의회는 2010년에 새로운 법을 제정해서 대다수 헤지펀드가 SEC에 등록하도록 만들었다.

감소한다. 사무관리회사는 펀드 운용, 특히 재무와 세무 보고에 관련된 일상적인 사무관리 업무를 수행한다. 그들은 순자산가치를 계산하고, 법규에 따른 장부와 기록을 유지하며, 주주 서비스 업무를 수행한다. 또한, 외부 **감사인**(auditor)은 중요한 추가 정보를 제공한다. 감사인들은 펀드 재무제표의 공정성에 관해 통상 연 단위로 서면의견을 제출한다. 절도를 방지하기 위해, 투자자들은 외부 **수탁회사**(custodian)를 요구해야 한다. 이는 은행이나 신탁회사 같은 금융기관이며, 펀드의 자산을 보관한다. 일반적으로, 펀드의 프라임 브로커가 수탁회사 역할을 수행한다.

사례 Ponzi 구조

Ponzi **구조**(Ponzi scheme)라는 용어는, 1919년에 신규 투자자의 자금으로 초기 투자자에게 상환하는 피라미드 시스템을 고안했던, Charles Ponzi에서 유래한다. 투자는 상대가치 거래에 기초했다. 미화 1센트 상당의 우편 쿠폰을 해외에서 구입하여 재판매함으로써 6장의 미국 1센트 우표를 사는 것이었다. 그러나 거래비용이 포함되면, 이 거래는 이익을 낼 수 없었다. 그럼에도 불구하고, 수천 명의 투자자들이 90일만에 50%의 수익률을 얻을 수 있다는 약속에 현혹되어 그에게 투자하였다. 결국, 그는 현재 시세로 1억 4,000만 달러의 투자자 자금을 잃고 사기죄로 수감되었다.

이후의 가장 유명한 Ponzi 구조 사건은 Bernard Madoff에 의해 저질러졌다. 그는 2008년에 자신의 중개회사 Bernard Madoff Investment Securities(BMIS)를 통해 500억 달러로 추정되는 금액을 투자자들로부터 사취한 혐의를 인정한 후 체포되었다. BMIS는 1960년에 설립되었고, 2007년 말에 약 170억 달러를 헤지펀드 투자로 관리했다. 기존 투자자의 수익은 새로운 투자를 이용하여 지급되었다. 이 구조는 투자자들이 2008년에 약 70억 달러의 환매를 요구했으나 이행되지 않았을 때 붕괴했다. Ponzi 구조는 새로운 자금이 유입되는 동안에만 작동한다. 투자자들은 Madoff 펀드의 지속적인 고수익에 이끌렸다. 그러나 이는 조작된 것으로 드러났다. 그러나 많은 모태펀드들은 Madoff를 실사했고, 그를 멀리하라는 경고 신호를 충분히 보냈다. BMIS는 투자자 자산의 수탁기관 역할을 했고, 외부 사무관리회사를 두지 않았으며, 알려지지 않은 3인의 직원을 가진 감사법인에 의존했다. 또한, 옵션거래 전략을 분석했던 어떤 사람들은 Madoff 전략은 내재된 거래량이 거래소 전체의 거래량을 초과하기 때문에 비현실적이라고 결론 내렸다. 이는 철저한 실사과정의 가치를 예시한다.

20.4.5 규제리스크

마지막으로, 헤지펀드는 **규제리스크**(regulatory risk)에 노출된다. 이는 규제변화에 기인하는 손실의 위험이다. 예를 들어, 2008년 9월, 많은 나라들이 주식 공매도를 직접적으로 금지했다.

이 규제는 헤지를 위해 공매도에 의존하는 전략들을 혼란에 빠트렸다. 예를 들어, 전환채권 차익거래 섹터는 그 몇 달 동안 극심한 손실을 입었다. 주식의 매수와 매도 포지션을 이용하는 통계적 차익거래 펀드는 많은 시장들로부터 물러나야 했다.

그러나 이런 금지조치가 가격하락을 멈추는 데 비효과적이라는 여론이 광범위하게 존재했다.[14] 금지조치는 또한 파급효과를 수반했다. 예를 들어, 전환채권 시장이 마비되었기 때문에, 전통적으로 전환채권을 발행하여 자금을 조달하는 은행 같은 금융기관들이 자금을 조달할 수 없었다. 또한, 금지조치는 투자자들로 하여금 시장을 떠나도록 만들었고, 유동성을 고갈시켰으며, 실제로 변동성을 높였다. 공매도 금지는 헤지펀드의 주된 리스크관리 수단을 제거했고, 시장이 절실히 필요했을 때 자본이탈을 가속화했다.

예제 20.10 : 유동성리스크

다음 중 자산 유동성리스크가 가장 두드러지는 것은 무엇인가?

a. 1,000만 달러의 부실채권 포지션
b. 1,000만 달러의 미국 장기국채 포지션
c. 1억 달러의 부실채권 포지션
d. 1억 달러의 미국 장기채권 포지션

예제 20.11 : FRM 시험 2006 – 문제 112

비유동적인 자산의 포트폴리오에서, 헤지펀드 매니저는 빈번하게 매 월말 포트폴리오 평가에서 상당한 재량권을 갖는다. 또한, 높은 수익률을 실제보다 낮추거나 낮은 수익률을 실제보다 높임으로써, 수익률의 편차를 줄이려는 유인을 가질 수 있다. 다음 중 수익률 조정의 결과가 아닌 것은 무엇인가?

14) L. Marsh and N. Niemet, "The Impact of Short Sales Restrictions" (working paper, Cass Business School, London, 2008).

a. 더 높은 샤프 비율 b. 더 낮은 변동성
c. 더 높은 시계열 상관계수 d. 더 높은 시장 베타

예제 20.12 : FRM 시험 2007 – 문제 62

당신은 헤지펀드의 S&P 500에 대한 노출을 측정하도록 요청받았다. 이 펀드는 매 주 시가평가한다고 주장하나 실제로는 단지 한 달에 한 번씩 시가평가를 한다. 펀드는 또한 단지 S&P 500을 지표로 하는 상장지수펀드(ETF)를 보유하고 있음을 투자자들에게 밝히지 않는다. 이 헤지펀드의 주장 때문에, 당신은 펀드의 주간수익률을 S&P 500의 주간수익률에 회귀분석하여 시장노출을 추정하기로 결정했다. 다음 중 당신의 회귀분석 추정치의 특성을 올바르게 설명하는 것은 무엇인가?

a. 회귀식의 절편은 양수이다. 이는 통상적 최소자승 회귀분석에 의해 추정될 때, 펀드가 양의 알파를 가짐을 보인다.
b. 헤지펀드의 노출은 비선형이기 때문에, 베타의 추정은 정확하지 않다.
c. 이 펀드는 S&P 500를 보유하기 때문에, 회귀식의 베타는 1이다.
d. 펀드 수익률이 S&P 500 수익률에 동조되지 않기 때문에, 회귀식의 베타는 0이다.

20.5 헤지펀드 리스크의 논의

이 리스크들 때문에 헤지펀드는 주의 깊게 감시되어야 한다. 이는 투자 전에 펀드를 체계적으로 조사하는 과정인 **실사**(due diligence)에서 시작한다. 운영 측면에서, 이는 펀드의 문서; 핵심 인원(배경 확인 포함); 펀드 서비스 제공회사(사무관리회사, 프라임 브로커, 법률 자문, 감사인); 규제에 따른 등록; 운영과 평가 과정의 분석을 포함한다. 투자 측면에서, 이는 투자전략, 리스크요인, 그리고 리스크통제 시스템의 분석을 포함한다. 일단 헤지펀드 매니저가 채용되면, 이 실사과정의 일부 요소는 정기적으로 확인되어야 한다.

그러나 포지션에 관한 정보가 없으면, 이 과정은 상당히 불완전하다. 예를 들어, 수익의 역사적 자료로부터 스타일 드리프트를 찾아내는 것은 매우 어렵다. 수익은 전형적으로 월별로 제공되기 때문에, 구조적 변화는 수년 후에 비로소 인식된다.

20.5.1 헤지펀드의 투명성 논의

헤지펀드는 일반적으로 그들의 포지션에 관한 정보를 공개하는 것을 꺼린다. 이런 투명성 부족은 투자자들에게 심각하게 불리하다.

공시제도는 헤지펀드의 리스크 감시를 가능하게 만든다. 이는 적극적 거래에서 특히 유용하다. 이는 투자자로 하여금 헤지펀드 매니저가 예고 없이 레버리지를 증가시키거나 스타일을 바꾸는 상황을 피할 수 있도록 도와줄 수 있다. 펀드를 더 주의 깊게 감시하면, 사기 또는 자산의 평가오류 가능성을 낮출 수 있다.

공시제도는 또한 리스크 통합에 중요하다. 투자자는 헤지펀드가 포트폴리오의 다른 자산들과 어떻게 상호작용하는지 알아야 한다. 헤지펀드가 포트폴리오의 나머지와 양의 상관관계를 갖는지 또는 음의 상관관계를 갖는지는 전체 포트폴리오 리스크에 영향을 미친다.

사례 리스크 통합의 근거

포지션 통합은 개별 명의(회사)에 대한 잠재적 집중을 인식하는 데 중요하다. 외부 매니저에게 자산을 배분하여 회사채, 성장주, 그리고 가치주에 투자한 대규모 연금기금의 사례가 있다. 2000년, Enron은 투자등급으로 평가되었고, 90달러의 높은 주가를 반영하여 성장주로 간주되었다. 펀드는 Enron 회사채 포지션을 보유했고, 성장주 매니저를 통해 Enron 주식을 보유했다.

다음 해에 부정적 소식이 전해지고, 주가는 2001년 10월 15달러로 하락했다. 많은 사람들이 주식을 매입할 좋은 기회라고 생각했다. 연금기금의 가치주 매니저는 주식을 매입하기 시작했다. 같은 시점에, 다른 매니저들은 매도하도록 통제되지 않았다. 2001년 12월, 주가는 0.03달러로 하락했다. 연금기금은 Enron 주식과 채권의 대규모 보유고를 갖고 있었으며, 집중리스크를 인식하는 데 실패하였기 때문에 막대한 손실을 입었다.

공시제도의 강화는 빈번하게 거래정보를 노출하고 제3자로 하여금 헤지펀드에게 불리한 거래를 하도록 만들 수 있다는 이유로 반대에 부딪친다. 그러나 이 우려는 브로커-딜러 사회에서 제기되며, 투자자의 일반적 우려는 아니다. 만약 이 점이 문제이면, 비밀유지 협약으로 민감한 정보의 누출을 막아야 한다. 헤지펀드는 일반적으로 이런 정보를, 직접 또는 관계회사를 통한 거래가 없고 따라서 정보로부터 이익을 취할 수 없는 투자자들에게 제공하기 원한다.

가끔 거론되는 다른 이유는 투자자의 지식 부족이다. 다시 말해, 포지션 공개는 제대로 정보를 이용할 수 없는 투자자에게 지나치게 많은 정보를 제공할 수 있다.

20.5.2 투명성 문제의 해결 방안

이 주장들에 대해 여러 가지 해결방안이 제시될 수 있다. 첫째는 외부의 리스크측정 서비스이다. 이 기업들은 적절한 비밀유지 협약을 체결한 후, 헤지펀드의 개별 포지션들을 파악하고 통합 리스크척도를 투자자들에게 제공한다. 그들은 단지 총레버리지와 순레버리지, 자산, 산업, 그리고 지리적 배분과 요인노출 같은 통합적 정보만 공개한다. 이는 리스크통합 문제를 해결한다.

다른 해결방안은 포지션 수준의 정보를 가진 모태펀드를 통하는 것이다. 모태펀드는 이 정보를 사용하여, 매니저를 감시하고 투자자들에게 통합적 정보를 제공할 수 있다. 따라서 이 접근법은 리스크감시와 리스크통합의 두 문제를 모두 해결한다.

예제 20.13 : 투명성

투자자들은 헤지펀드의 포지션에 관해 알 수 있도록 요구해야 한다. 그 이유는 무엇인가?

a. 투자자들은 헤지펀드보다 먼저 거래하려 한다.
b. 투자자들은 포지션 배후의 거래전략을 이해하지 못한다.
c. 투자자들은 헤지펀드의 리스크를 그들의 포트폴리오의 나머지와 통합하려 한다.
d. 투자자들은 프라임 브로커로부터 이 정보를 받는다.

예제 20.14 : FRM 시험 2009 - 문제 8-8

헤지펀드의 리스크관리는 전통적 투자관리회사가 일반적으로 당면하지 않는 문제를 갖고 있다. 다음 보기 중 헤지펀드의 리스크관리에 관한 설명으로 옳은 것은 무엇인가?

Ⅰ. 헤지펀드는 매수와 매도 포지션을 보유하고 파생상품과 레버리지를 사용할 수 있다. 따라서 헤지펀드의 시장리스크에 대한 노출은 크고 빠른 변화를 겪는다. 이는, 단지 월별 수익만 사용하는 노출평가를 어렵게 만든다.

Ⅱ. 많은 헤지펀드들은, 모형이나 호가에 의해 평가되는 장외 파생상품을 사용하고

빈번하게 비유동적 자산들을 보유한다. 결국, 이 전략의 수익률은 일반적으로 뮤추얼펀드의 수익률보다 훨씬 낮은 시계열 상관관계를 나타낸다.

Ⅲ. 수익률을 높이기 위해 레버리지를 사용하고, 불리한 상황에서 재빨리 거래로부터 빠져나오는 능력에 의존하는 헤지펀드 전략의 경우, 유동성리스크는 주의 깊게 관찰되고 관리되어야 한다.

Ⅳ. 헤지펀드의 수익률은 빈번하게, 비선형 수익을 가진 특수 파생상품의 바스켓의 수익률과 비슷하다. 따라서 과거성과에 기초한 리스크 측정은 옳지 않을 수 있다.

a. Ⅰ, Ⅱ, Ⅲ, 그리고 Ⅳ
b. Ⅰ, Ⅲ, 그리고 Ⅳ
c. Ⅰ과 Ⅲ
d. Ⅱ와 Ⅳ

20.6 중요 공식

- 순베타 : $(\beta_L V_L - \beta_S V_S) = \beta_E V_E$
- 매수 레버리지 : $\dfrac{V_A}{V_E} = \dfrac{\text{주식 매수포지션과 현금}}{\text{자본}}$
- 총레버리지 : $\dfrac{V_L + V_S}{V_E} = \dfrac{\text{매수포지션 그리고 매도포지션의 절대값}}{\text{자본}}$
- 순레버리지 : $\dfrac{V_L - V_S}{V_E} = \dfrac{\text{매수포지션에서 매도포지션의 절대값 차감}}{\text{자본}}$

20.7 예제 풀이

예제 20.1: FRM 시험 2006 – 문제 41

a. 총레버리지는 (315+225)/185=2.9이다. 순레버리지는 (315−225)/185=0.5이다. 이 계산에서 베타는 필요 없음에 유의하자.

예제 20.2: 레버리지와 수익률

c. 이 주식 포트폴리오의 순수익률은 $(\beta_L\$315-\beta_S\$225)\times 20\%$이다. 베타가 1이면, 이

는 1,800만 달러이다. 자본이 1억 8,500만 달러이면, 수익률은 약 10%이다. 시장에 대한 노출의 대부분은 헤지되었기 때문에 이 수익률은 시장수익률보다 작다.

예제 20.3: FRM 시험 2004 – 문제 2

a. 포지션은 매수와 매도이기 때문에 높은 상관성은 낮은 리스크를 의미한다. 반대로, 상관계수를 낮추면 리스크는 증가한다.

예제 20.4: FRM 시험 2009 – 문제 8-7

d. 보기 a., b., 그리고 c.는 옳다. 공매도하는 펀드는 매수포지션만 취한 포트폴리오와 음의 상관관계를 갖는다. 이들은 상관되지 않을 수 없다.

예제 20.5: 고정 소득 차익거래 리스크

c. 이 전략은 이자율 수준에 대한 노출은 갖지 않으나, 스왑-국채 스프레드의 확대에 노출된다. 예를 들어, 스왑과 국채 금리가 초기에 각각 5.5%와 5%라고 가정하자. 만약 이 금리들이 5.3%와 4.5%로 변하면, 스왑과 국채의 가치는 모두 상승한다. 그러나 국채금리 하락 폭이 더 크기 때문에 국채 가격은 스왑보다 더 하락하고, 포지션의 순손실을 초래한다. 이 전략은 스왑-국채 스프레드의 축소로부터 이득을 얻게 되므로, 보기 a.는 옳지 않다. 이 전략은 다른 조건이 같으면 국채금리의 상승으로부터 이득을 얻게 되므로, 보기 b.는 옳지 않다. 마지막으로, 수익의 분포는 스왑-국채 스프레드의 분포에 의존한다. 이는 0 미만으로 하락할 수 없기 때문에 수익의 상한이 존재한다. 이 포지션은 음의 왜도를 가지므로 보기 c.는 옳다.

예제 20.6: 전환채권 차익거래의 리스크

d. 이 포지션은 이자율리스크에 대해 헤지되었으므로 보기 b.는 옳지 않다. 이는 또한 주식의 방향성 변동에 대해 헤지되었으므로 보기 c.는 옳지 않다. 이 포지션은 (채권을 주식으로 전환하는) 옵션을 매수한 것이므로, 내재변동성의 매수포지션이다. 따라서 a.는 옳지 않다. 옵션의 매수포지션은 양의 감마를 갖고 있다.

예제 20.7: 합병 차익거래의 리스크 – I

c. 이 포지션은 B회사의 1주를 매수하고 있으며, 이는 A회사의 2주 매도포지션에 의해

상쇄된다. 수익은 (\$120−\$90)−2(\$60−\$50)=\$30−\$20=\$10이다.

예제 20.8: 합병 차익거래의 리스크 – II

b. 기대수익은 각 상태의 확률과 수익의 곱의 합계, 또는 83%×\$5+17%×(−\$20)=\$4.15−\$3.40=\$0.75이다. 이 분포는 매우 비대칭적이고, 큰 손실의 확률은 낮다.

예제 20.9: FRM 2005 – 문제 47

b. 이 펀드는 0의 베타를 가지므로 상대가치 펀드이다. 그러나 고유, 즉 주식 특유 위험에 노출된다.

예제 20.10: 유동성리스크

c. 자산의 유동성리스크는 포지션의 규모와 상품의 내재적 유동성의 함수이다. 부실 증권은 국채보다 덜 거래되므로, 더 많은 유동성리스크를 갖고 있다. 1억 달러의 포지션은 동일한 상품의 1,000만 달러 포지션보다 더 비유동적이다.

예제 20.11: FRM 시험 2006 – 문제 112

d. 비유동성은 총위험 척도의 과소평가를 초래한다. 결국, 샤프 비율은 인위적으로 상승한다. 어떤 달의 시장충격은 연속 2개월에 걸쳐 부분적으로 기록되므로, 비유동성은 수익률의 추세를 유발한다(높은 시계열 상관관계). 한편, 비유동성은 시장 베타의 하향편의를 초래한다.

예제 20.12: FRM 시험 2007 – 문제 62

d. 주간 수익률은 S&P의 주간 수익률과 동조되지 않는다. 결국, 주간 자료에 기초한 베타의 추정치는 0이 된다.

예제 20.13: 투명성

c. 리스크 통합은 투자자가 헤지펀드 투자의 포지션을 알아야 하는 중요한 이유이다. 헤지펀드의 발빠른 투자는 포지션 정보를 공시하지 않는 이유가 될 것이기 때문에, 보기 a.는 옳지 않다. 거래전략에 관한 이해의 부족은 포지션 정보를 요구하지 않는 이유일 것이므로, 보기 b.는 옳지 않다. 투자자들은 프라임 브로커로부터 포지

션 정보를 받지 않기 때문에 보기 d.는 옳지 않다.

예제 20.14: FRM 시험 2009 – 문제 8-8

b. 보기 I., III., 그리고 IV.는 옳다. 비유동적인 자산은 더 높은 시계열 상관관계를 초래하기 때문에 보기 II.는 옳지 않다.

부록 1

정량적 분석의 중요 공식

1.1 확률의 기초

- 확률밀도함수 : $f(x) = \mathrm{Prob}(X = x)$
- (누적) 분포함수 : $F(x) = \int_{-\infty}^{x} f(u)du$
- 평균 : $E(X) = \mu = \int xf(x)dx$
- 분산 : $V(X) = \sigma^2 = \int [x-\mu]^2 f(x)dx$
- 왜도 : $\gamma = \left(\int [x-\mu]^3 f(x)dx\right) / \sigma^3$
- 첨도 : $\delta = \left(\int [x-\mu]^4 f(x)dx\right) / \sigma^4$
- 분위수, VAR : $\mathrm{VAR} = E(X) - Q(X, c) = \alpha\sigma$
- 독립적 결합밀도 : $f_{12}(x_1 x_2) = f_1(x_1) \times f_2(x_2)$
- 한계밀도 : $f_1(x_1) = \int f_{12}(x_1, u_2)du_2$
- 조건부 밀도 : $f_{1 \cdot 2}(x_1 | x_2) = \dfrac{f_{12}(x_1, x_2)}{f_2(x_2)}$
- 공분산 : $\sigma_{12} = \int_1 \int_2 [x_1 - \mu_1][x_2 - \mu_2] f_{12} dx_1 dx_2$
- 상관계수 : $\rho_{12} = \sigma_{12} / (\sigma_1 \sigma_2)$
- 확률변수의 선형 변환 : $E(a + bX) = a + bE(X)$,
  $V(a + bX) = b^2 V(X)$, $\sigma(a + bX) = b\sigma(X)$

- 확률변수의 합 : $E(X_1+X_2)=\mu_1+\mu_2,\ \ V(X_1+X_2)=\sigma_1^2+\sigma_2^2+2\sigma_{12}$
- 확률변수의 포트폴리오 : $Y=w'X,\ \ E(Y)=\mu_p=w'\mu,\ \ \sigma_p^2=w'\Sigma w$
- 확률변수의 곱 : $E(X_1X_2)=\mu_1\mu_2+\sigma_{12},\ \ V(X_1X_2)=\mu_1^2\sigma_2^2+\sigma_1^2\mu_2^2+\sigma_1^2\sigma_2^2$
- 일양분포 : $E(X)=\dfrac{a+b}{2},\ \ V(X)=\dfrac{(b-a)^2}{12}$
- 정규분포 : $E(X)=\mu,\ \ V(X)=\sigma^2,\ \ \gamma=0,\ \ \delta=3$
- 로그정규분포 : $Y=\ln(X)$이 정규분포인 X에서, $E[X]=\exp\left[\mu+\dfrac{1}{2}\sigma^2\right]$,

  $V[X]=\exp[2\mu+2\sigma^2]-\exp[2\mu+\sigma^2]$
- t-분포 : $V[X]=\dfrac{k}{k-2},\ \ \gamma=0,\ \ \delta=3+\dfrac{6}{k-4}$
- 이항분포 : $E[X]=pn,\ \ V[X]=p(1-p)n$
- Poisson 분포 : $E[X]=\lambda,\ \ V[X]=\lambda$
- 평균의 분포, 중심극한정리(CLT) : $\overline{X}\rightarrow N\left(\mu,\ \dfrac{\sigma^2}{n}\right)$

1.2 통계학의 기초

- 이산적 수익률, 로그 수익률 : $r_t=(P_t-P_{t-1})/P_{t-1},\ \ R_t=\ln[P_t/P_{t-1}]$
- 기간 확장 : $\mathrm{E}(R_T)=\mathrm{E}(R_1)T,\ \ V(R_T)=V(R_1)T,\ \ \mathrm{SD}(R_T)=\mathrm{SD}(R_1)\sqrt{T}$
- 포트폴리오 수익률 : $r_{p,t+1}=\Sigma_{i=1}^{N}w_{i,t}r_{i,t+1}=w'R$
- 포트폴리오 분산 : $V[r_{p,t+1}]=w'\Sigma w$
- 추정된 평균 : $m=\hat{\mu}=\dfrac{1}{T}\Sigma_{i=1}^{T}x_i$
- 추정된 분산 : $s^2=\hat{\sigma}^2=\dfrac{1}{(T-1)}\Sigma_{i=1}^{T}(x_i-\hat{\mu})^2$
- 추정된 평균의 분포 : $m=\hat{\mu}\sim N(\mu,\sigma^2/T)$
- 추정된 분산의 분포 : $\dfrac{(T-1)\hat{\sigma}^2}{\sigma^2}\sim\chi^2(T-1),\ \ \hat{\sigma}^2\rightarrow N\left(\sigma^2,\sigma^4\dfrac{2}{(T-1)}\right)$
- 추정된 표준편차의 표준오차 : $\mathrm{se}(\hat{\sigma})=\sigma\sqrt{1/(2T)}$
- 단순회귀분석 : $y_t=\alpha+\beta x_t+\epsilon_t$

- 다중회귀분석 : $y_t = \alpha + \sum_{i=1}^{N} \beta_i x_{t,i} + \epsilon_t = X_t \beta + \epsilon_t$
- 추정된 베타 : $\hat{\beta} = (X'X)^{-1} X'y$
- 모집단 베타 : $\beta(y,x) = \frac{\mathrm{Cov}(y,x)}{V(x)} = \frac{\rho(y,x)\sigma(y)\sigma(x)}{\sigma^2(x)} = \rho(y,x)\frac{\sigma(y)}{\sigma(x)}$
- 회귀식의 R^2 : $R^2 = 1 - \frac{\mathrm{SSE}}{\mathrm{SSY}} = 1 - \frac{\sum_t \hat{\epsilon}_t^2}{\sum_t (y_t - \bar{y})^2}$
- 분산분해 : $V(y) = \beta^2 V(x) + V(\epsilon)$
- 가설 "회귀계수 = 0"의 t-통계량 : $t = \hat{\beta}/\sigma(\hat{\beta})$

1.3 몬테칼로 시뮬레이션

- Wiener 확률과정 : $\Delta z \sim N(0, \Delta t)$
- 일반화된 Wiener 확률과정 : $\Delta x = a\Delta t + b\Delta z$
- Ito 확률과정 : $\Delta x = a(x,t)\Delta t + b(x,t)\Delta z$
- 기하적 Brownian 운동 : $\Delta S = \mu S \Delta t + \sigma S \Delta z$
- 수익률의 단일요인 균형모형 : $\Delta r_t = \kappa(\theta - r_t)\Delta t + \sigma r_t^{\gamma} \Delta z_t$

  Vasicek 모형 : $\gamma = 0$

  로그정규분포 모형 : $\gamma = 1$

  CIR 모형 : $\gamma = 0.5$
- 차익거래 모형 :

  Ho-Lee 모형 : $\Delta r_t = \theta(t)\Delta t + \sigma \Delta z_t$

  Hull-White 모형 : $\Delta r_t = [\theta(t) - ar_t]\Delta t + \sigma \Delta z_t$

  Heath-Jarrow-Morton 모형 : $\Delta r_t = [\theta(t) - ar_t]\Delta t + \sigma(t)\Delta z_t$
- 이항적 경우의 수 : $u = e^{\sigma\sqrt{\Delta t}}$, $d = (1/u)$, $p = \frac{e^{\mu \Delta t} - d}{u - d}$
- Cholesky 요인 분해 : $R = TT'$, $\epsilon = T\eta$

1.4 위험요인의 모형화

- 수익의 i.i.d. 분포를 가정한 다기간 기대수익률과 변동성 : $\mu_T = \mu T,\ \sigma_T = \sigma\sqrt{T}$
- 자기상관이 존재하는 경우의 2기간 분산 : $V[R_t + R_{t-1}] = \sigma^2 \times 2[1+\rho]$
- 수익의 i.i.d. 분포를 가정한 VAR : $\mathrm{VAR}_T = \alpha(\sigma\sqrt{T})W = \mathrm{VAR}_1\sqrt{T}$
- 포트폴리오 VAR (공분산 행렬 Σ 및 금액기준 노출 x) : $\mathrm{VAR} = \alpha\sqrt{x'\Sigma x}$
- GARCH 과정 : $h_t = \alpha_0 + \alpha_1 r_{t-1}^2 + \beta h_{t-1}$
- GARCH 장기 평균 : $h = \alpha_0/(1-\alpha_1-\beta)$
- EWMA 과정 : $h_t = \lambda h_{t-1} + (1-\lambda) r_{t-1}^2$

부록 2

금융 시장 및 상품의 중요 공식

2.1 채권의 기초

- 복리 계산 : $(1+y)^T = (1+y^S/2)^{2T} = e^{y^C T}$
- 고정금리채권의 평가 : $P = \sum_{t=1}^{T} \frac{C_t}{(1+y)^t}$
- Taylor 전개식 : $P_1 = P_0 + f'(y_0)\Delta y + \frac{1}{2}f''(y_0)(\Delta y)^2 + \cdots$
- 노출 척도로서의 듀레이션 : $\frac{dP}{dy} = -D^* \times P$, $\mathrm{DD} = D^* \times P$, $\mathrm{DVBP} = \mathrm{DD} \times 0.0001$
- 수정 듀레이션 및 기본 듀레이션 : $D^* = \frac{D}{(1+y)}$, $D = \sum_{t=1}^{T} \frac{tC_t}{(1+y)^t} / P$
- 컨벡시티 : $\frac{d^2P}{dy^2} = C \times P$, $C = \sum_{t=1}^{T} \frac{t(t+1)C_t}{(1+y)^{t+2}} / P$
- 가격 변동 : $\Delta P = -[D^* \times P](\Delta y) + 0.5[C \times P](\Delta y)^2 + \cdots$
- 영구채권 : $P = \frac{c}{y}F$, $D = \frac{(1+y)}{y}$
- 포트폴리오의 듀레이션과 컨벡시티 : $D_P^* = \sum_{i=1}^{N} D_i^* w_i$, $C_p = \sum_{i=1}^{N} C_i w_i$

2.2 파생상품 개요

- 선도가격, 무배당 자산 : $F_t e^{-r\tau} = S_t$
- 선도가격, 배당 자산 :

  이산적 배당 : $F_t e^{-r\tau} = S_t - \mathrm{PV}(D)$

  연속적 배당 : $F_t e^{-r\tau} = S_t e^{-r^*\tau}$

- 선도 할증 또는 할인 : $\frac{(F_t - S_t)}{S_t} \approx (r - r^*)\tau$
- 선도계약의 평가 : $V_t = S_t e^{-r^*\tau} - Ke^{-r\tau} = F_t e^{-r\tau} - Ke^{-r\tau} = (F_t - K)e^{-r\tau}$

2.3 옵션시장

- 콜옵션과 풋옵션의 매수 포지션 수익 : $C_T = \text{Max}(S_T - K, 0)$, $P_T = \text{Max}(\text{K} - S_T, 0)$
- 풋-콜 패리티 : $c - p = Se^{-r^*\tau} - Ke^{-r\tau} = (F - K)e^{-r\tau}$
- 콜옵션 가치의 범위(무배당) : $c_t \leq C_t \leq S_t$, $c_t \geq S_t - Ke^{-r\tau}$
- 풋옵션 가치의 범위(무배당) : $p_t \leq P_t \leq K$, $p_t \geq Ke^{-r\tau} - S_t$
- 기하적 Brownian 운동 : $\ln(S_T) = \ln(S_0) + (\mu - \sigma^2/2)\tau + \sigma\sqrt{\tau}\,\epsilon$
- 위험중립적 할인 공식 : $f_t = E_{RN}[e^{-r\tau}F(S_T)]$
- 블랙-숄즈 콜옵션 평가모형 : $c = SN(d_1) - Ke^{-r\tau}N(d_2)$,

  $d_1 = \frac{\ln(S/Ke^{-r\tau})}{\sigma\sqrt{\tau}} + \frac{\sigma\sqrt{\tau}}{2}$, $d_2 = d_1 - \sigma\sqrt{\tau}$
- 블랙-숄즈 풋옵션 평가모형 : $p = S[N(d_1) - 1] - Ke^{-r\tau}[N(d_2) - 1]$
- 블랙-숄즈 평가모형(배당이 있는 경우), Garman-Kohlhagen 모형 :

  $c = Se^{-r^*\tau}N(d_1) - Ke^{-r\tau}N(d_2)$
- 블랙 모형, 선물 옵션 : $c = [FN(d_1) - KN(d_2)]e^{-r\tau}$
- 이항 옵션의 평가모형 : $c = Qe^{-r\tau}N(d_2)$
- 아시안 옵션 : $c_T = \text{Max}(S_{\text{AVE}}(t, T) - K, 0)$
- 이항 확률과정 : $u = e^{\sigma\sqrt{\Delta t}}$, $d = (1/u)$, $p = \frac{e^{\mu\Delta t} - d}{u - d}$

2.4 고정소득증권의 파생상품

- Long 1×4 FRA = 1개월 동안 투자, 4개월 동안 차입
- FRA의 현금흐름 : $V_T = (S_T - F) \times \tau \times$ 기준금액 $\times$ PV($1)
- 유로달러 계약의 평가 : $P_t = 10{,}000 \times [100 - 0.25(100 - \text{FQ}_t)] = 10{,}000 \times [100 - 0.25F_t]$
- 유로달러 계약의 리스크 : DV01=$25

- 선물의 컨벡시티 조정 : 선물 이자율=선도 이자율+$(1/2)\sigma^2 t_1 t_2$(계약 가치와 이자율 사이의 음의 관계)
- 장기국채 선물의 순 인도비용 : 비용 = 가격 − 선물 호가×CF
- 장기국채 선물의 전환계수 : CF = 이자율 6%에서 채권의 NPV
- 금리스왑의 평가 : $V = B_F$(고정금리) $- B_f$(변동금리)
  고정금리 수취 포지션 매수 = 고정금리채권 매수 + FRN 매도
- 금리스왑의 선도계약 평가모형을 이용한 평가 : $V = \sum_i n_i (F_i - K)/(1+R_i)^{\tau_i}$
- 이자율 cap : $C_T = \mathrm{Max}[i_T - K, 0]$
- 이자율 floor : $P_T = \mathrm{Max}[K - i_T, 0]$
- Collar : cap 매수와 floor 매도
- Cap의 평가 : $c = \sum_{j=1}^{N} c_j$, $c_j = [FN(d_1) - KN(d_2)]\mathrm{PV}(\$1)$
- 풋 스왑션(1Y×5Y)(고정금리를 지급할 수 있는 권리, 1년 후에 시작되어 5년 동안) :
  $P_T = \mathrm{Max}[V(i_T) - V(K), 0]$
- 유로달러 선물의 풋옵션 = 이자율 cap

2.5 주식, 통화, 그리고 상품 시장

- Gordon의 일정성장 주식평가모형 : $P = \dfrac{D}{r-g}$
- 주가지수 선물 : $F_t e^{-r\tau} = S_t e^{-y\tau}$
- 통화스왑의 두 개의 채권 포지션에 기초한 평가 : $V = S(\$/Y)P^*(Y) - P(\$)$
- 통화스왑의 일련의 선도계약에 기초한 평가 : $V = \sum_i n_i (F_i - K)\exp(-r_i \tau_i)$
- 상품 선물의 보관비용을 포함한 평가 : $F_t e^{-r\tau} = S_t + \mathrm{PV}(C)$, 또는
  $F_t e^{-r\tau} = S_t e^{c\tau}$
- 기대 가설 : $F_t = E_t[S_T]$
- Contango : $F_t > S_t$, $y > r$
- Backwardation : $F_t < S_t$, $y > r$

찾아보기

ㄱ

ㄴ

ㄷ

ㄹ

ㅁ

ㅂ

ㅅ

ㅇ

ㅈ

ㅊ

ㅋ

ㅌ

ㅍ

ㅎ

* * * * *

재무금융 리스크 관리

저 자 Philippe Jorion, GARP(Global Association of Risk Professionals)
역 자 위정범
발행자 한헌주
발행처 도서출판 **경문사**
서울특별시 서대문구 독립문로 21-9
전화 738-7035 FAX. 722-4678
E-mail : kmsp@korea.com
홈페이지 : http://www.kmsp.co.kr
등 록 1995년 11월 9일 제300-1995-138호

2014년 8월 22일 초판인쇄
2014년 8월 29일 초판발행

정가 38,000원
ISBN 978 89-420-0815-5 93320